中国共产党党内法规选编

（2012—2017）

中共中央办公厅法规局　编

法律出版社

图书在版编目(CIP)数据

中国共产党党内法规选编 : 2012—2017 / 中共中央办公厅法规局编. -- 北京 : 法律出版社, 2019(2024.3 重印)
ISBN 978-7-5197-4099-3

Ⅰ.①中… Ⅱ.①中… Ⅲ.①中国共产党-党的纪律-汇编-2012-2017 Ⅳ.①D262.13

中国版本图书馆 CIP 数据核字(2019)第 255233 号

中国共产党党内法规选编(2012—2017)
ZHONGGUO GONGCHANDANG DANGNEI FAGUI XUANBIAN(2012—2017)

中共中央办公厅法规局 编

责任编辑 张发靖 冯高琼 董 昱
装帧设计 李 瞻

出版发行 法律出版社
编辑统筹 法规出版分社
责任校对 张红蕊
责任印制 耿润瑜
经　　销 新华书店

开本 720 毫米×960 毫米 1/16
印张 48 **字数** 860 千
版本 2019 年 12 月第 1 版
印次 2024 年 3 月第 15 次印刷
印刷 天津嘉恒印务有限公司

地址:北京市丰台区莲花池西里 7 号(100073)
网址:www.lawpress.com.cn
投稿邮箱:info@lawpress.com.cn
举报盗版邮箱:jbwq@lawpress.com.cn

销售电话:010-83938349
客服电话:010-83938350
咨询电话:010-63939796

书号:ISBN 978-7-5197-4099-3
定价:138.00 元

凡购买本社图书,如有印装错误,我社负责退换。电话:010-83938349

编辑说明

为贯彻落实党中央关于加强党内法规制度建设的部署要求，加大党内法规和规范性文件公开力度，推动各级党组织和全体党员尊规学规守规用规，我们编辑了《中国共产党党内法规选编（2012—2017）》（以下简称《选编》）。

一、1996年以来，《中国共产党党内法规选编》已经编辑出版了4卷，按时间段分别为1978—1996年、1996—2000年、2001—2007年、2007—2012年，本卷为前4卷的续编。

二、《选编》收录了2012年11月至2017年10月党中央，中央纪委以及党中央工作机关制定的部分现行党内法规和规范性文件，共129件。其中，党中央制定的党内法规38部、规范性文件44件；中央纪委以及党中央工作机关制定的党内法规16部、规范性文件31件。

三、《选编》收录的党内法规和规范性文件，根据党内法规制度体系“1+4”的基本框架，分为党章以及党的组织法规制度、党的领导法规制度、党的自身建设法规制度、党的监督保障法规制度四大板块，按照法规文件规格、出台时间先后进行排序。

四、为便于读者学习使用，2012年11月至2017年10月期间出台、之后又修订的党内法规，同时收入现行文本和原文本。《中共中央关于废止、宣布失效和修改部分党内法规和规范性文件的决定》（中发〔2019〕9号）对有关党内法规作了个别文字修改的，仅收入现行文本。

五、收入《选编》的党内法规和规范性文件，均按照国家有关法律规定履行了解密手续。

中共中央办公厅法规局

2019年12月

目　　录

一、党　　章

二、党的组织法规制度

三、党的领导法规制度

四、党的自身建设法规制度

五、党的监督保障法规制度

(一)监督

党　章

中国共产党章程

（中国共产党第十九次全国代表大会部分修改，
2017 年 10 月 24 日通过）

总　纲

中国共产党是中国工人阶级的先锋队，同时是中国人民和中华民族的先锋队，是中国特色社会主义事业的领导核心，代表中国先进生产力的发展要求，代表中国先进文化的前进方向，代表中国最广大人民的根本利益。党的最高理想和最终目标是实现共产主义。

中国共产党以马克思列宁主义、毛泽东思想、邓小平理论、“三个代表”重要思想、科学发展观、习近平新时代中国特色社会主义思想作为自己的行动指南。

马克思列宁主义揭示了人类社会历史发展的规律，它的基本原理是正确的，具有强大的生命力。中国共产党人追求的共产主义最高理想，只有在社会主义社会充分发展和高度发达的基础上才能实现。社会主义制度的发展和完善是一个长期的历史过程。坚持马克思列宁主义的基本原理，走中国人民自愿选择的适合中国国情的道路，中国的社会主义事业必将取得最终的胜利。

以毛泽东同志为主要代表的中国共产党人，把马克思列宁主义的基本原理同中国革命的具体实践结合起来，创立了毛泽东思想。毛泽东思想是马克思列宁主义在中国的运用和发展，是被实践证明了的关于中国革命和建设的正确的理论原则和经验总结，是中国共产党集体智慧的结晶。在毛泽东思想指引下，中国共产党领导全国各族人民，经过长期的反对帝国主义、封建主义、官僚资本主义的革命斗争，取得了新民主主义革命的胜利，建立了人民民主专政的中华人民共和国；新中国成立以后，顺利地进行了社会主义改造，完成了从新民主主义到社会主义的过渡，确立了社会主义基本制度，发展了社会主义的经济、政治和文化。

十一届三中全会以来，以邓小平同志为主要代表的中国共产党人，总结新中国成立以来正反两方面的经验,解放思想,实事求是,实现全党工作中心向经济建设的转移,实行改革开放,开辟了社会主义事业发展的新时期,逐步形成了建设中国特色社会主义的路线、方针、政策,阐明了在中国建设社会主义、巩固和发展社会主义的基本问题,创立了邓小平理论。邓小平理论是马克思列宁主义的基本原理同当代中国实践和时代特征相结合的产物,是毛泽东思想在新的历史条件下的继承和发展,是马克思主义在中国发展的新阶段,是当代中国的马克思主义,是中国共产党集体智慧的结晶,引导着我国社会主义现代化事业不断前进。

十三届四中全会以来,以江泽民同志为主要代表的中国共产党人,在建设中国特色社会主义的实践中,加深了对什么是社会主义、怎样建设社会主义和建设什么样的党、怎样建设党的认识,积累了治党治国新的宝贵经验,形成了"三个代表"重要思想。"三个代表"重要思想是对马克思列宁主义、毛泽东思想、邓小平理论的继承和发展,反映了当代世界和中国的发展变化对党和国家工作的新要求,是加强和改进党的建设、推进我国社会主义自我完善和发展的强大理论武器,是中国共产党集体智慧的结晶,是党必须长期坚持的指导思想。始终做到"三个代表",是我们党的立党之本、执政之基、力量之源。

十六大以来,以胡锦涛同志为主要代表的中国共产党人,坚持以邓小平理论和"三个代表"重要思想为指导,根据新的发展要求,深刻认识和回答了新形势下实现什么样的发展、怎样发展等重大问题,形成了以人为本、全面协调可持续发展的科学发展观。科学发展观是同马克思列宁主义、毛泽东思想、邓小平理论、"三个代表"重要思想既一脉相承又与时俱进的科学理论,是马克思主义关于发展的世界观和方法论的集中体现,是马克思主义中国化重大成果,是中国共产党集体智慧的结晶,是发展中国特色社会主义必须长期坚持的指导思想。

十八大以来,以习近平同志为主要代表的中国共产党人,顺应时代发展,从理论和实践结合上系统回答了新时代坚持和发展什么样的中国特色社会主义、怎样坚持和发展中国特色社会主义这个重大时代课题,创立了习近平新时代中国特色社会主义思想。习近平新时代中国特色社会主义思想是对马克思列宁主义、毛泽东思想、邓小平理论、"三个代表"重要思想、科学发展观的继承和发展,是马克思主义中国化最新成果,是党和人民实践经验和集体智慧的结晶,是中国特色社会主义理论体系的重要组成部分,是全党全国人民为实现中华民族伟大复兴而奋斗的行动指南,必须长期坚持并不断发展。在习近平新时代中国特色社会主义思想指导下,中国共产党领导全国各族人民,统揽伟大斗争、伟大工程、伟大事业、伟大梦想,推动中国特色社会主义进入了新时代。

改革开放以来我们取得一切成绩和进步的根本原因，归结起来就是：开辟了中国特色社会主义道路，形成了中国特色社会主义理论体系，确立了中国特色社会主义制度，发展了中国特色社会主义文化。全党同志要倍加珍惜、长期坚持和不断发展党历经艰辛开创的这条道路、这个理论体系、这个制度、这个文化，高举中国特色社会主义伟大旗帜，坚定道路自信、理论自信、制度自信、文化自信，贯彻党的基本理论、基本路线、基本方略，为实现推进现代化建设、完成祖国统一、维护世界和平与促进共同发展这三大历史任务，实现“两个一百年”奋斗目标、实现中华民族伟大复兴的中国梦而奋斗。

我国正处于并将长期处于社会主义初级阶段。这是在原本经济文化落后的中国建设社会主义现代化不可逾越的历史阶段，需要上百年的时间。我国的社会主义建设，必须从我国的国情出发，走中国特色社会主义道路。在现阶段，我国社会的主要矛盾是人民日益增长的美好生活需要和不平衡不充分的发展之间的矛盾。由于国内的因素和国际的影响，阶级斗争还在一定范围内长期存在，在某种条件下还有可能激化，但已经不是主要矛盾。我国社会主义建设的根本任务，是进一步解放生产力，发展生产力，逐步实现社会主义现代化，并且为此而改革生产关系和上层建筑中不适应生产力发展的方面和环节。必须坚持和完善公有制为主体、多种所有制经济共同发展的基本经济制度，坚持和完善按劳分配为主体、多种分配方式并存的分配制度，鼓励一部分地区和一部分人先富起来，逐步消灭贫穷，达到共同富裕，在生产发展和社会财富增长的基础上不断满足人民日益增长的美好生活需要，促进人的全面发展。发展是我们党执政兴国的第一要务。必须坚持以人民为中心的发展思想，坚持创新、协调、绿色、开放、共享的发展理念。各项工作都要把有利于发展社会主义社会的生产力，有利于增强社会主义国家的综合国力，有利于提高人民的生活水平，作为总的出发点和检验标准，尊重劳动、尊重知识、尊重人才、尊重创造，做到发展为了人民、发展依靠人民、发展成果由人民共享。跨入新世纪，我国进入全面建设小康社会、加快推进社会主义现代化的新的发展阶段。必须按照中国特色社会主义事业“五位一体”总体布局和“四个全面”战略布局，统筹推进经济建设、政治建设、文化建设、社会建设、生态文明建设，协调推进全面建成小康社会、全面深化改革、全面依法治国、全面从严治党。在新世纪新时代，经济和社会发展的战略目标是，到建党一百年时，全面建成小康社会；到新中国成立一百年时，全面建成社会主义现代化强国。

中国共产党在社会主义初级阶段的基本路线是：领导和团结全国各族人民，以经济建设为中心，坚持四项基本原则，坚持改革开放，自力更生，艰苦创业，为把我国建设成为富强民主文明和谐美丽的社会主义现代化强国而奋斗。

中国共产党在领导社会主义事业中,必须坚持以经济建设为中心,其他各项工作都服从和服务于这个中心。要实施科教兴国战略、人才强国战略、创新驱动发展战略、乡村振兴战略、区域协调发展战略、可持续发展战略、军民融合发展战略,充分发挥科学技术作为第一生产力的作用,充分发挥创新作为引领发展第一动力的作用,依靠科技进步,提高劳动者素质,促进国民经济更高质量、更有效率、更加公平、更可持续发展。

坚持社会主义道路、坚持人民民主专政、坚持中国共产党的领导、坚持马克思列宁主义毛泽东思想这四项基本原则,是我们的立国之本。在社会主义现代化建设的整个过程中,必须坚持四项基本原则,反对资产阶级自由化。

坚持改革开放,是我们的强国之路。只有改革开放,才能发展中国、发展社会主义、发展马克思主义。要全面深化改革,完善和发展中国特色社会主义制度,推进国家治理体系和治理能力现代化。要从根本上改革束缚生产力发展的经济体制,坚持和完善社会主义市场经济体制;与此相适应,要进行政治体制改革和其他领域的改革。要坚持对外开放的基本国策,吸收和借鉴人类社会创造的一切文明成果。改革开放应当大胆探索,勇于开拓,提高改革决策的科学性,更加注重改革的系统性、整体性、协同性,在实践中开创新路。

中国共产党领导人民发展社会主义市场经济。毫不动摇地巩固和发展公有制经济,毫不动摇地鼓励、支持、引导非公有制经济发展。发挥市场在资源配置中的决定性作用,更好发挥政府作用,建立完善的宏观调控体系。统筹城乡发展、区域发展、经济社会发展、人与自然和谐发展、国内发展和对外开放,调整经济结构,转变经济发展方式,推进供给侧结构性改革。促进新型工业化、信息化、城镇化、农业现代化同步发展,建设社会主义新农村,走中国特色新型工业化道路,建设创新型国家和世界科技强国。

中国共产党领导人民发展社会主义民主政治。坚持党的领导、人民当家作主、依法治国有机统一,走中国特色社会主义政治发展道路,扩大社会主义民主,建设中国特色社会主义法治体系,建设社会主义法治国家,巩固人民民主专政,建设社会主义政治文明。坚持和完善人民代表大会制度、中国共产党领导的多党合作和政治协商制度、民族区域自治制度以及基层群众自治制度。发展更加广泛、更加充分、更加健全的人民民主,推进协商民主广泛、多层、制度化发展,切实保障人民管理国家事务和社会事务、管理经济和文化事业的权利。尊重和保障人权。广开言路,建立健全民主选举、民主决策、民主管理、民主监督的制度和程序。完善中国特色社会主义法律体系,加强法律实施工作,实现国家各项工作法治化。

中国共产党领导人民发展社会主义先进文化。建设社会主义精神文明，实行依法治国和以德治国相结合，提高全民族的思想道德素质和科学文化素质，为改革开放和社会主义现代化建设提供强大的思想保证、精神动力和智力支持，建设社会主义文化强国。加强社会主义核心价值体系建设，坚持马克思主义指导思想，树立中国特色社会主义共同理想，弘扬以爱国主义为核心的民族精神和以改革创新为核心的时代精神，培育和践行社会主义核心价值观，倡导社会主义荣辱观，增强民族自尊、自信和自强精神，抵御资本主义和封建主义腐朽思想的侵蚀，扫除各种社会丑恶现象，努力使我国人民成为有理想、有道德、有文化、有纪律的人民。对党员要进行共产主义远大理想教育。大力发展教育、科学、文化事业，推动中华优秀传统文化创造性转化、创新性发展，继承革命文化，发展社会主义先进文化，提高国家文化软实力。牢牢掌握意识形态工作领导权，不断巩固马克思主义在意识形态领域的指导地位，巩固全党全国人民团结奋斗的共同思想基础。

中国共产党领导人民构建社会主义和谐社会。按照民主法治、公平正义、诚信友爱、充满活力、安定有序、人与自然和谐相处的总要求和共同建设、共同享有的原则，以保障和改善民生为重点，解决好人民最关心、最直接、最现实的利益问题，使发展成果更多更公平惠及全体人民，不断增强人民群众获得感，努力形成全体人民各尽其能、各得其所而又和谐相处的局面。加强和创新社会治理。严格区分和正确处理敌我矛盾和人民内部矛盾这两类不同性质的矛盾。加强社会治安综合治理，依法坚决打击各种危害国家安全和利益、危害社会稳定和经济发展的犯罪活动和犯罪分子，保持社会长期稳定。坚持总体国家安全观，坚决维护国家主权、安全、发展利益。

中国共产党领导人民建设社会主义生态文明。树立尊重自然、顺应自然、保护自然的生态文明理念，增强绿水青山就是金山银山的意识，坚持节约资源和保护环境的基本国策，坚持节约优先、保护优先、自然恢复为主的方针，坚持生产发展、生活富裕、生态良好的文明发展道路。着力建设资源节约型、环境友好型社会，实行最严格的生态环境保护制度，形成节约资源和保护环境的空间格局、产业结构、生产方式、生活方式，为人民创造良好生产生活环境，实现中华民族永续发展。

中国共产党坚持对人民解放军和其他人民武装力量的绝对领导，贯彻习近平强军思想，加强人民解放军的建设，坚持政治建军、改革强军、科技兴军、依法治军，建设一支听党指挥、能打胜仗、作风优良的人民军队，切实保证人民解放军有效履行新时代军队使命任务,充分发挥人民解放军在巩固国防、保卫祖国和参加社会主义现代化建设中的作用。

中国共产党维护和发展平等团结互助和谐的社会主义民族关系,积极培养、选拔少数民族干部,帮助少数民族和民族地区发展经济、文化和社会事业,铸牢中华民族共同体意识,实现各民族共同团结奋斗、共同繁荣发展。全面贯彻党的宗教工作基本方针,团结信教群众为经济社会发展作贡献。

中国共产党同全国各民族工人、农民、知识分子团结在一起,同各民主党派、无党派人士、各民族的爱国力量团结在一起,进一步发展和壮大由全体社会主义劳动者、社会主义事业的建设者、拥护社会主义的爱国者、拥护祖国统一和致力于中华民族伟大复兴的爱国者组成的最广泛的爱国统一战线。不断加强全国人民包括香港特别行政区同胞、澳门特别行政区同胞、台湾同胞和海外侨胞的团结。按照"一个国家、两种制度"的方针,促进香港、澳门长期繁荣稳定,完成祖国统一大业。

中国共产党坚持独立自主的和平外交政策,坚持和平发展道路,坚持互利共赢的开放战略,统筹国内国际两个大局,积极发展对外关系,努力为我国的改革开放和现代化建设争取有利的国际环境。在国际事务中,坚持正确义利观,维护我国的独立和主权,反对霸权主义和强权政治,维护世界和平,促进人类进步,推动构建人类命运共同体,推动建设持久和平、共同繁荣的和谐世界。在互相尊重主权和领土完整、互不侵犯、互不干涉内政、平等互利、和平共处五项原则的基础上,发展我国同世界各国的关系。不断发展我国同周边国家的睦邻友好关系,加强同发展中国家的团结与合作。遵循共商共建共享原则,推进"一带一路"建设。按照独立自主、完全平等、互相尊重、互不干涉内部事务的原则,发展我党同各国共产党和其他政党的关系。

中国共产党要领导全国各族人民实现"两个一百年"奋斗目标、实现中华民族伟大复兴的中国梦,必须紧密围绕党的基本路线,坚持党要管党、全面从严治党,加强党的长期执政能力建设、先进性和纯洁性建设,以改革创新精神全面推进党的建设新的伟大工程,以党的政治建设为统领,全面推进党的政治建设、思想建设、组织建设、作风建设、纪律建设,把制度建设贯穿其中,深入推进反腐败斗争,全面提高党的建设科学化水平。坚持立党为公、执政为民,发扬党的优良传统和作风,不断提高党的领导水平和执政水平,提高拒腐防变和抵御风险的能力,不断增强自我净化、自我完善、自我革新、自我提高能力,不断增强党的阶级基础和扩大党的群众基础,不断提高党的创造力、凝聚力、战斗力,建设学习型、服务型、创新型的马克思主义执政党,使我们党始终走在时代前列,成为领导全国人民沿着中国特色社会主义道路不断前进的坚强核心。党的建设必须坚决实现以下五项基本要求：

第一，坚持党的基本路线。全党要用邓小平理论、“三个代表”重要思想、科学发展观、习近平新时代中国特色社会主义思想和党的基本路线统一思想，统一行动，并且毫不动摇地长期坚持下去。必须把改革开放同四项基本原则统一起来，全面落实党的基本路线，反对一切“左”的和右的错误倾向，要警惕右，但主要是防止“左”。加强各级领导班子建设，培养选拔党和人民需要的好干部，培养和造就千百万社会主义事业接班人，从组织上保证党的基本理论、基本路线、基本方略的贯彻落实。

第二，坚持解放思想，实事求是，与时俱进，求真务实。党的思想路线是一切从实际出发，理论联系实际，实事求是，在实践中检验真理和发展真理。全党必须坚持这条思想路线，积极探索，大胆试验，开拓创新，创造性地开展工作，不断研究新情况，总结新经验，解决新问题，在实践中丰富和发展马克思主义，推进马克思主义中国化。

第三，坚持全心全意为人民服务。党除了工人阶级和最广大人民群众的利益，没有自己特殊的利益。党在任何时候都把群众利益放在第一位，同群众同甘共苦，保持最密切的联系，坚持权为民所用、情为民所系、利为民所谋，不允许任何党员脱离群众，凌驾于群众之上。我们党的最大政治优势是密切联系群众，党执政后的最大危险是脱离群众。党风问题、党同人民群众联系问题是关系党生死存亡的问题。党在自己的工作中实行群众路线，一切为了群众，一切依靠群众，从群众中来，到群众中去，把党的正确主张变为群众的自觉行动。

第四，坚持民主集中制。民主集中制是民主基础上的集中和集中指导下的民主相结合。它既是党的根本组织原则，也是群众路线在党的生活中的运用。必须充分发扬党内民主，尊重党员主体地位，保障党员民主权利，发挥各级党组织和广大党员的积极性创造性。必须实行正确的集中，牢固树立政治意识、大局意识、核心意识、看齐意识，坚定维护以习近平同志为核心的党中央权威和集中统一领导，保证全党的团结统一和行动一致，保证党的决定得到迅速有效的贯彻执行。加强和规范党内政治生活，增强党内政治生活的政治性、时代性、原则性、战斗性，发展积极健康的党内政治文化，营造风清气正的良好政治生态。党在自己的政治生活中正确地开展批评和自我批评，在原则问题上进行思想斗争，坚持真理，修正错误。努力造成又有集中又有民主，又有纪律又有自由，又有统一意志又有个人心情舒畅生动活泼的政治局面。

第五，坚持从严管党治党。全面从严治党永远在路上。新形势下，党面临的执政考验、改革开放考验、市场经济考验、外部环境考验是长期的、复杂的、严峻的,精神懈怠危险、能力不足危险、脱离群众危险、消极腐败危险更加尖锐地摆在全党面前。要把严的标准、严的措施贯穿于管党治党全过程和各方面。坚持依规治党、标本兼治,坚持把纪律挺在前面,加强组织性纪律性,在党的纪律面前人人平等。强化管党治党主体责任和监督责任,加强对党的领导机关和党员领导干部特别是主要领导干部的监督,不断完善党内监督体系。深入推进党风廉政建设和反腐败斗争,以零容忍态度惩治腐败,构建不敢腐、不能腐、不想腐的有效机制。

中国共产党的领导是中国特色社会主义最本质的特征,是中国特色社会主义制度的最大优势。党政军民学,东西南北中,党是领导一切的。党要适应改革开放和社会主义现代化建设的要求,坚持科学执政、民主执政、依法执政,加强和改善党的领导。党必须按照总揽全局、协调各方的原则,在同级各种组织中发挥领导核心作用。党必须集中精力领导经济建设,组织、协调各方面的力量,同心协力,围绕经济建设开展工作,促进经济社会全面发展。党必须实行民主的科学的决策,制定和执行正确的路线、方针、政策,做好党的组织工作和宣传教育工作,发挥全体党员的先锋模范作用。党必须在宪法和法律的范围内活动。党必须保证国家的立法、司法、行政、监察机关,经济、文化组织和人民团体积极主动地、独立负责地、协调一致地工作。党必须加强对工会、共产主义青年团、妇女联合会等群团组织的领导,使它们保持和增强政治性、先进性、群众性,充分发挥作用。党必须适应形势的发展和情况的变化,完善领导体制,改进领导方式,增强执政能力。共产党员必须同党外群众亲密合作,共同为建设中国特色社会主义而奋斗。

第一章　党　　员

第一条　年满十八岁的中国工人、农民、军人、知识分子和其他社会阶层的先进分子,承认党的纲领和章程,愿意参加党的一个组织并在其中积极工作、执行党的决议和按期交纳党费的,可以申请加入中国共产党。

第二条　中国共产党党员是中国工人阶级的有共产主义觉悟的先锋战士。

中国共产党党员必须全心全意为人民服务,不惜牺牲个人的一切,为实现共产主义奋斗终身。

中国共产党党员永远是劳动人民的普通一员。除了法律和政策规定范围内的个人利益和工作职权以外,所有共产党员都不得谋求任何私利和特权。

第三条　党员必须履行下列义务:

（一）认真学习马克思列宁主义、毛泽东思想、邓小平理论、“三个代表”重要思想、科学发展观、习近平新时代中国特色社会主义思想，学习党的路线、方针、政策和决议，学习党的基本知识，学习科学、文化、法律和业务知识，努力提高为人民服务的本领。

（二）贯彻执行党的基本路线和各项方针、政策，带头参加改革开放和社会主义现代化建设，带动群众为经济发展和社会进步艰苦奋斗，在生产、工作、学习和社会生活中起先锋模范作用。

（三）坚持党和人民的利益高于一切，个人利益服从党和人民的利益，吃苦在前，享受在后，克己奉公，多做贡献。

（四）自觉遵守党的纪律，首先是党的政治纪律和政治规矩，模范遵守国家的法律法规，严格保守党和国家的秘密，执行党的决定，服从组织分配，积极完成党的任务。

（五）维护党的团结和统一，对党忠诚老实，言行一致，坚决反对一切派别组织和小集团活动，反对阳奉阴违的两面派行为和一切阴谋诡计。

（六）切实开展批评和自我批评，勇于揭露和纠正违反党的原则的言行和工作中的缺点、错误，坚决同消极腐败现象作斗争。

（七）密切联系群众，向群众宣传党的主张，遇事同群众商量，及时向党反映群众的意见和要求，维护群众的正当利益。

（八）发扬社会主义新风尚，带头实践社会主义核心价值观和社会主义荣辱观，提倡共产主义道德，弘扬中华民族传统美德，为了保护国家和人民的利益，在一切困难和危险的时刻挺身而出，英勇斗争，不怕牺牲。

第四条 党员享有下列权利：

（一）参加党的有关会议，阅读党的有关文件，接受党的教育和培训。

（二）在党的会议上和党报党刊上，参加关于党的政策问题的讨论。

（三）对党的工作提出建议和倡议。

（四）在党的会议上有根据地批评党的任何组织和任何党员，向党负责地揭发、检举党的任何组织和任何党员违法乱纪的事实，要求处分违法乱纪的党员，要求罢免或撤换不称职的干部。

（五）行使表决权、选举权，有被选举权。

（六）在党组织讨论决定对党员的党纪处分或作出鉴定时，本人有权参加和进行申辩，其他党员可以为他作证和辩护。

（七）对党的决议和政策如有不同意见，在坚决执行的前提下，可以声明保留，并且可以把自己的意见向党的上级组织直至中央提出。

(八)向党的上级组织直至中央提出请求、申诉和控告,并要求有关组织给以负责的答复。

党的任何一级组织直至中央都无权剥夺党员的上述权利。

第五条 发展党员,必须把政治标准放在首位,经过党的支部,坚持个别吸收的原则。

申请入党的人,要填写入党志愿书,要有两名正式党员作介绍人,要经过支部大会通过和上级党组织批准,并且经过预备期的考察,才能成为正式党员。

介绍人要认真了解申请人的思想、品质、经历和工作表现,向他解释党的纲领和党的章程,说明党员的条件、义务和权利,并向党组织作出负责的报告。

党的支部委员会对申请入党的人,要注意征求党内外有关群众的意见,进行严格的审查,认为合格后再提交支部大会讨论。

上级党组织在批准申请人入党以前,要派人同他谈话,作进一步的了解,并帮助他提高对党的认识。

在特殊情况下,党的中央和省、自治区、直辖市委员会可以直接接收党员。

第六条 预备党员必须面向党旗进行入党宣誓。誓词如下:我志愿加入中国共产党,拥护党的纲领,遵守党的章程,履行党员义务,执行党的决定,严守党的纪律,保守党的秘密,对党忠诚,积极工作,为共产主义奋斗终身,随时准备为党和人民牺牲一切,永不叛党。

第七条 预备党员的预备期为一年。党组织对预备党员应当认真教育和考察。

预备党员的义务同正式党员一样。预备党员的权利,除了没有表决权、选举权和被选举权以外,也同正式党员一样。

预备党员预备期满,党的支部应当及时讨论他能否转为正式党员。认真履行党员义务,具备党员条件的,应当按期转为正式党员;需要继续考察和教育的,可以延长预备期,但不能超过一年;不履行党员义务,不具备党员条件的,应当取消预备党员资格。预备党员转为正式党员,或延长预备期,或取消预备党员资格,都应当经支部大会讨论通过和上级党组织批准。

预备党员的预备期,从支部大会通过他为预备党员之日算起。党员的党龄,从预备期满转为正式党员之日算起。

第八条 每个党员,不论职务高低,都必须编入党的一个支部、小组或其他特定组织,参加党的组织生活,接受党内外群众的监督。党员领导干部还必须参加党委、党组的民主生活会。不允许有任何不参加党的组织生活、不接受党内外群众监督的特殊党员。

第九条　党员有退党的自由。党员要求退党,应当经支部大会讨论后宣布除名,并报上级党组织备案。

党员缺乏革命意志,不履行党员义务,不符合党员条件,党的支部应当对他进行教育,要求他限期改正;经教育仍无转变的,应当劝他退党。劝党员退党,应当经支部大会讨论决定,并报上级党组织批准。如被劝告退党的党员坚持不退,应当提交支部大会讨论,决定把他除名,并报上级党组织批准。

党员如果没有正当理由,连续六个月不参加党的组织生活,或不交纳党费,或不做党所分配的工作,就被认为是自行脱党。支部大会应当决定把这样的党员除名,并报上级党组织批准。

第二章　党的组织制度

第十条　党是根据自己的纲领和章程,按照民主集中制组织起来的统一整体。党的民主集中制的基本原则是:

(一)党员个人服从党的组织,少数服从多数,下级组织服从上级组织,全党各个组织和全体党员服从党的全国代表大会和中央委员会。

(二)党的各级领导机关,除它们派出的代表机关和在非党组织中的党组外,都由选举产生。

(三)党的最高领导机关,是党的全国代表大会和它所产生的中央委员会。党的地方各级领导机关,是党的地方各级代表大会和它们所产生的委员会。党的各级委员会向同级的代表大会负责并报告工作。

(四)党的上级组织要经常听取下级组织和党员群众的意见,及时解决他们提出的问题。党的下级组织既要向上级组织请示和报告工作,又要独立负责地解决自己职责范围内的问题。上下级组织之间要互通情报、互相支持和互相监督。党的各级组织要按规定实行党务公开,使党员对党内事务有更多的了解和参与。

(五)党的各级委员会实行集体领导和个人分工负责相结合的制度。凡属重大问题都要按照集体领导、民主集中、个别酝酿、会议决定的原则,由党的委员会集体讨论,作出决定;委员会成员要根据集体的决定和分工,切实履行自己的职责。

(六)党禁止任何形式的个人崇拜。要保证党的领导人的活动处于党和人民的监督之下,同时维护一切代表党和人民利益的领导人的威信。

第十一条　党的各级代表大会的代表和委员会的产生,要体现选举人的意志。选举采用无记名投票的方式。候选人名单要由党组织和选举人充分酝酿讨论。可以直接采用候选人数多于应选人数的差额选举办法进行正式选举。也可以先采用差额选举办法进行预选,产生候选人名单,然后进行正式选举。选举人有了解候选人情况、要求改变候选人、不选任何一个候选人和另选他人的权利。任何组织和个人不得以任何方式强迫选举人选举或不选举某个人。

党的地方各级代表大会和基层代表大会的选举,如果发生违反党章的情况,上一级党的委员会在调查核实后,应作出选举无效和采取相应措施的决定,并报再上一级党的委员会审查批准,正式宣布执行。

党的各级代表大会代表实行任期制。

第十二条 党的中央和地方各级委员会在必要时召集代表会议,讨论和决定需要及时解决的重大问题。代表会议代表的名额和产生办法,由召集代表会议的委员会决定。

第十三条 凡是成立党的新组织,或是撤销党的原有组织,必须由上级党组织决定。

在党的地方各级代表大会和基层代表大会闭会期间,上级党的组织认为有必要时,可以调动或者指派下级党组织的负责人。

党的中央和地方各级委员会可以派出代表机关。

第十四条 党的中央和省、自治区、直辖市委员会实行巡视制度,在一届任期内,对所管理的地方、部门、企事业单位党组织实现巡视全覆盖。

中央有关部委和国家机关部门党组(党委)根据工作需要,开展巡视工作。

党的市(地、州、盟)和县(市、区、旗)委员会建立巡察制度。

第十五条 党的各级领导机关,对同下级组织有关的重要问题作出决定时,在通常情况下,要征求下级组织的意见。要保证下级组织能够正常行使他们的职权。凡属应由下级组织处理的问题,如无特殊情况,上级领导机关不要干预。

第十六条 有关全国性的重大政策问题,只有党中央有权作出决定,各部门、各地方的党组织可以向中央提出建议,但不得擅自作出决定和对外发表主张。

党的下级组织必须坚决执行上级组织的决定。下级组织如果认为上级组织的决定不符合本地区、本部门的实际情况,可以请求改变;如果上级组织坚持原决定,下级组织必须执行,并不得公开发表不同意见,但有权向再上一级组织报告。

党的各级组织的报刊和其他宣传工具,必须宣传党的路线、方针、政策和决议。

第十七条 党组织讨论决定问题,必须执行少数服从多数的原则。决定重要问题,要进行表决。对于少数人的不同意见,应当认真考虑。如对重要问题发生争论，双方人数接近，除了在紧急情况下必须按多数意见执行外，应当暂缓作出决定，进一步调查研究，交换意见，下次再表决；在特殊情况下，也可将争论情况向上级组织报告，请求裁决。

党员个人代表党组织发表重要主张，如果超出党组织已有决定的范围，必须提交所在的党组织讨论决定，或向上级党组织请示。任何党员不论职务高低，都不能个人决定重大问题；如遇紧急情况，必须由个人作出决定时，事后要迅速向党组织报告。不允许任何领导人实行个人专断和把个人凌驾于组织之上。

第十八条　党的中央、地方和基层组织，都必须重视党的建设，经常讨论和检查党的宣传工作、教育工作、组织工作、纪律检查工作、群众工作、统一战线工作等，注意研究党内外的思想政治状况。

第三章　党的中央组织

第十九条　党的全国代表大会每五年举行一次，由中央委员会召集。中央委员会认为有必要，或者有三分之一以上的省一级组织提出要求，全国代表大会可以提前举行；如无非常情况，不得延期举行。

全国代表大会代表的名额和选举办法，由中央委员会决定。

第二十条　党的全国代表大会的职权是：

(一)听取和审查中央委员会的报告；

(二)审查中央纪律检查委员会的报告；

(三)讨论并决定党的重大问题；

(四)修改党的章程；

(五)选举中央委员会；

(六)选举中央纪律检查委员会。

第二十一条　党的全国代表会议的职权是：讨论和决定重大问题；调整和增选中央委员会、中央纪律检查委员会的部分成员。调整和增选中央委员及候补中央委员的数额，不得超过党的全国代表大会选出的中央委员及候补中央委员各自总数的五分之一。

第二十二条　党的中央委员会每届任期五年。全国代表大会如提前或延期举行，它的任期相应地改变。中央委员会委员和候补委员必须有五年以上的党龄。中央委员会委员和候补委员的名额，由全国代表大会决定。中央委员会委员出缺，由中央委员会候补委员按照得票多少依次递补。

中央委员会全体会议由中央政治局召集，每年至少举行一次。中央政治局向中央委员会全体会议报告工作，接受监督。

在全国代表大会闭会期间,中央委员会执行全国代表大会的决议,领导党的全部工作,对外代表中国共产党。

第二十三条 党的中央政治局、中央政治局常务委员会和中央委员会总书记,由中央委员会全体会议选举。中央委员会总书记必须从中央政治局常务委员会委员中产生。

中央政治局和它的常务委员会在中央委员会全体会议闭会期间,行使中央委员会的职权。

中央书记处是中央政治局和它的常务委员会的办事机构;成员由中央政治局常务委员会提名,中央委员会全体会议通过。

中央委员会总书记负责召集中央政治局会议和中央政治局常务委员会会议,并主持中央书记处的工作。

党的中央军事委员会组成人员由中央委员会决定,中央军事委员会实行主席负责制。

每届中央委员会产生的中央领导机构和中央领导人,在下届全国代表大会开会期间,继续主持党的经常工作,直到下届中央委员会产生新的中央领导机构和中央领导人为止。

第二十四条 中国人民解放军的党组织,根据中央委员会的指示进行工作。中央军事委员会负责军队中党的工作和政治工作,对军队中党的组织体制和机构作出规定。

第四章 党的地方组织

第二十五条 党的省、自治区、直辖市的代表大会,设区的市和自治州的代表大会,县(旗)、自治县、不设区的市和市辖区的代表大会,每五年举行一次。

党的地方各级代表大会由同级党的委员会召集。在特殊情况下,经上一级委员会批准,可以提前或延期举行。

党的地方各级代表大会代表的名额和选举办法,由同级党的委员会决定,并报上一级党的委员会批准。

第二十六条 党的地方各级代表大会的职权是:

(一)听取和审查同级委员会的报告;

(二)审查同级纪律检查委员会的报告;

(三)讨论本地区范围内的重大问题并作出决议;

(四)选举同级党的委员会,选举同级党的纪律检查委员会。

第二十七条 党的省、自治区、直辖市、设区的市和自治州的委员会,每届任期五年。这些委员会的委员和候补委员必须有五年以上的党龄。

党的县(旗)、自治县、不设区的市和市辖区的委员会,每届任期五年。这些委员会的委员和候补委员必须有三年以上的党龄。

党的地方各级代表大会如提前或延期举行,由它选举的委员会的任期相应地改变。

党的地方各级委员会的委员和候补委员的名额,分别由上一级委员会决定。党的地方各级委员会委员出缺,由候补委员按照得票多少依次递补。

党的地方各级委员会全体会议,每年至少召开两次。

党的地方各级委员会在代表大会闭会期间,执行上级党组织的指示和同级党代表大会的决议,领导本地方的工作,定期向上级党的委员会报告工作。

第二十八条　党的地方各级委员会全体会议,选举常务委员会和书记、副书记,并报上级党的委员会批准。党的地方各级委员会的常务委员会,在委员会全体会议闭会期间,行使委员会职权;在下届代表大会开会期间,继续主持经常工作,直到新的常务委员会产生为止。

党的地方各级委员会的常务委员会定期向委员会全体会议报告工作,接受监督。

第二十九条　党的地区委员会和相当于地区委员会的组织,是党的省、自治区委员会在几个县、自治县、市范围内派出的代表机关。它根据省、自治区委员会的授权,领导本地区的工作。

第五章　党的基层组织

第三十条　企业、农村、机关、学校、科研院所、街道社区、社会组织、人民解放军连队和其他基层单位,凡是有正式党员三人以上的,都应当成立党的基层组织。

党的基层组织,根据工作需要和党员人数,经上级党组织批准,分别设立党的基层委员会、总支部委员会、支部委员会。基层委员会由党员大会或代表大会选举产生,总支部委员会和支部委员会由党员大会选举产生,提出委员候选人要广泛征求党员和群众的意见。

第三十一条　党的基层委员会、总支部委员会、支部委员会每届任期三年至五年。基层委员会、总支部委员会、支部委员会的书记、副书记选举产生后,应报上级党组织批准。

第三十二条　党的基层组织是党在社会基层组织中的战斗堡垒,是党的全部工作和战斗力的基础。它的基本任务是:

(一)宣传和执行党的路线、方针、政策,宣传和执行党中央、上级组织和本组织的决议,充分发挥党员的先锋模范作用,积极创先争优,团结、组织党内外的干部和群众,努力完成本单位所担负的任务。

(二)组织党员认真学习马克思列宁主义、毛泽东思想、邓小平理论、"三个代表"重要思想、科学发展观、习近平新时代中国特色社会主义思想,推进"两学一做"学习教育常态化制度化,学习党的路线、方针、政策和决议,学习党的基本知识,学习科学、文化、法律和业务知识。

(三)对党员进行教育、管理、监督和服务,提高党员素质,坚定理想信念,增强党性,严格党的组织生活,开展批评和自我批评,维护和执行党的纪律,监督党员切实履行义务,保障党员的权利不受侵犯。加强和改进流动党员管理。

(四)密切联系群众,经常了解群众对党员、党的工作的批评和意见,维护群众的正当权利和利益,做好群众的思想政治工作。

(五)充分发挥党员和群众的积极性创造性,发现、培养和推荐他们中间的优秀人才,鼓励和支持他们在改革开放和社会主义现代化建设中贡献自己的聪明才智。

(六)对要求入党的积极分子进行教育和培养,做好经常性的发展党员工作,重视在生产、工作第一线和青年中发展党员。

(七)监督党员干部和其他任何工作人员严格遵守国家法律法规,严格遵守国家的财政经济法规和人事制度,不得侵占国家、集体和群众的利益。

(八)教育党员和群众自觉抵制不良倾向,坚决同各种违纪违法行为作斗争。

第三十三条 街道、乡、镇党的基层委员会和村、社区党组织,领导本地区的工作和基层社会治理,支持和保证行政组织、经济组织和群众自治组织充分行使职权。

国有企业党委(党组)发挥领导作用,把方向、管大局、保落实,依照规定讨论和决定企业重大事项。国有企业和集体企业中党的基层组织,围绕企业生产经营开展工作。保证监督党和国家的方针、政策在本企业的贯彻执行;支持股东会、董事会、监事会和经理(厂长)依法行使职权;全心全意依靠职工群众,支持职工代表大会开展工作;参与企业重大问题的决策;加强党组织的自身建设,领导思想政治工作、精神文明建设和工会、共青团等群团组织。

非公有制经济组织中党的基层组织,贯彻党的方针政策,引导和监督企业遵守国家的法律法规,领导工会、共青团等群团组织,团结凝聚职工群众,维护各方的合法权益,促进企业健康发展。

社会组织中党的基层组织,宣传和执行党的路线、方针、政策,领导工会、共青团等群团组织，教育管理党员，引领服务群众，推动事业发展。

实行行政领导人负责制的事业单位中党的基层组织，发挥战斗堡垒作用。实行党委领导下的行政领导人负责制的事业单位中党的基层组织，对重大问题进行讨论和作出决定，同时保证行政领导人充分行使自己的职权。

各级党和国家机关中党的基层组织，协助行政负责人完成任务，改进工作，对包括行政负责人在内的每个党员进行教育、管理、监督，不领导本单位的业务工作。

第三十四条　党支部是党的基础组织，担负直接教育党员、管理党员、监督党员和组织群众、宣传群众、凝聚群众、服务群众的职责。

第六章　党的干部

第三十五条　党的干部是党的事业的骨干，是人民的公仆，要做到忠诚干净担当。党按照德才兼备、以德为先的原则选拔干部，坚持五湖四海、任人唯贤，坚持事业为上、公道正派，反对任人唯亲，努力实现干部队伍的革命化、年轻化、知识化、专业化。

党重视教育、培训、选拔、考核和监督干部，特别是培养、选拔优秀年轻干部。积极推进干部制度改革。

党重视培养、选拔女干部和少数民族干部。

第三十六条　党的各级领导干部必须信念坚定、为民服务、勤政务实、敢于担当、清正廉洁，模范地履行本章程第三条所规定的党员的各项义务，并且必须具备以下的基本条件：

（一）具有履行职责所需要的马克思列宁主义、毛泽东思想、邓小平理论、“三个代表”重要思想、科学发展观的水平，带头贯彻落实习近平新时代中国特色社会主义思想，努力用马克思主义的立场、观点、方法分析和解决实际问题，坚持讲学习、讲政治、讲正气，经得起各种风浪的考验。

（二）具有共产主义远大理想和中国特色社会主义坚定信念，坚决执行党的基本路线和各项方针、政策，立志改革开放，献身现代化事业，在社会主义建设中艰苦创业，树立正确政绩观，做出经得起实践、人民、历史检验的实绩。

（三）坚持解放思想，实事求是，与时俱进，开拓创新，认真调查研究，能够把党的方针、政策同本地区、本部门的实际相结合，卓有成效地开展工作，讲实话，办实事，求实效。

（四）有强烈的革命事业心和政治责任感，有实践经验，有胜任领导工作的组织能力、文化水平和专业知识。

(五)正确行使人民赋予的权力,坚持原则,依法办事,清正廉洁,勤政为民,以身作则,艰苦朴素,密切联系群众,坚持党的群众路线,自觉地接受党和群众的批评和监督,加强道德修养,讲党性、重品行、作表率,做到自重、自省、自警、自励,反对形式主义、官僚主义、享乐主义和奢靡之风,反对任何滥用职权、谋求私利的行为。

(六)坚持和维护党的民主集中制,有民主作风,有全局观念,善于团结同志,包括团结同自己有不同意见的同志一道工作。

第三十七条 党员干部要善于同党外干部合作共事,尊重他们,虚心学习他们的长处。

党的各级组织要善于发现和推荐有真才实学的党外干部担任领导工作,保证他们有职有权,充分发挥他们的作用。

第三十八条 党的各级领导干部,无论是由民主选举产生的,或是由领导机关任命的,他们的职务都不是终身的,都可以变动或解除。

年龄和健康状况不适宜于继续担任工作的干部,应当按照国家的规定退、离休。

第七章 党的纪律

第三十九条 党的纪律是党的各级组织和全体党员必须遵守的行为规则,是维护党的团结统一、完成党的任务的保证。党组织必须严格执行和维护党的纪律,共产党员必须自觉接受党的纪律的约束。

第四十条 党的纪律主要包括政治纪律、组织纪律、廉洁纪律、群众纪律、工作纪律、生活纪律。

坚持惩前毖后、治病救人,执纪必严、违纪必究,抓早抓小、防微杜渐,按照错误性质和情节轻重,给以批评教育直至纪律处分。运用监督执纪“四种形态”,让“红红脸、出出汗”成为常态,党纪处分、组织调整成为管党治党的重要手段,严重违纪、严重触犯刑律的党员必须开除党籍。

党内严格禁止用违反党章和国家法律的手段对待党员,严格禁止打击报复和诬告陷害。违反这些规定的组织或个人必须受到党的纪律和国家法律的追究。

第四十一条 对党员的纪律处分有五种:警告、严重警告、撤销党内职务、留党察看、开除党籍。

留党察看最长不超过两年。党员在留党察看期间没有表决权、选举权和被选举权。党员经过留党察看,确已改正错误的,应当恢复其党员的权利;坚持错误不改的,应当开除党籍。

开除党籍是党内的最高处分。各级党组织在决定或批准开除党员党籍的时候,应当全面研究有关的材料和意见,采取十分慎重的态度。

第四十二条　对党员的纪律处分,必须经过支部大会讨论决定,报党的基层委员会批准;如果涉及的问题比较重要或复杂,或给党员以开除党籍的处分,应分别不同情况,报县级或县级以上党的纪律检查委员会审查批准。在特殊情况下,县级和县级以上各级党的委员会和纪律检查委员会有权直接决定给党员以纪律处分。

对党的中央委员会委员、候补委员,给以警告、严重警告处分,由中央纪律检查委员会常务委员会审议后,报党中央批准。对地方各级党的委员会委员、候补委员,给以警告、严重警告处分,应由上一级纪律检查委员会批准,并报它的同级党的委员会备案。

对党的中央委员会和地方各级委员会的委员、候补委员,给以撤销党内职务、留党察看或开除党籍的处分,必须由本人所在的委员会全体会议三分之二以上的多数决定。在全体会议闭会期间,可以先由中央政治局和地方各级委员会常务委员会作出处理决定,待召开委员会全体会议时予以追认。对地方各级委员会委员和候补委员的上述处分,必须经过上级纪律检查委员会常务委员会审议,由这一级纪律检查委员会报同级党的委员会批准。

严重触犯刑律的中央委员会委员、候补委员,由中央政治局决定开除其党籍;严重触犯刑律的地方各级委员会委员、候补委员,由同级委员会常务委员会决定开除其党籍。

第四十三条　党组织对党员作出处分决定,应当实事求是地查清事实。处分决定所依据的事实材料和处分决定必须同本人见面,听取本人说明情况和申辩。如果本人对处分决定不服,可以提出申诉,有关党组织必须负责处理或者迅速转递,不得扣压。对于确属坚持错误意见和无理要求的人,要给以批评教育。

第四十四条　党组织如果在维护党的纪律方面失职,必须问责。

对于严重违犯党的纪律、本身又不能纠正的党组织,上一级党的委员会在查明核实后,应根据情节严重的程度,作出进行改组或予以解散的决定,并报再上一级党的委员会审查批准,正式宣布执行。

第八章　党的纪律检查机关

第四十五条　党的中央纪律检查委员会在党的中央委员会领导下进行工作。党的地方各级纪律检查委员会和基层纪律检查委员会在同级党的委员会和上级纪律检查委员会双重领导下进行工作。上级党的纪律检查委员会加强对下级纪律检查委员会的领导。

党的各级纪律检查委员会每届任期和同级党的委员会相同。

党的中央纪律检查委员会全体会议,选举常务委员会和书记、副书记,并报党的中央委员会批准。党的地方各级纪律检查委员会全体会议,选举常务委员会和书记、副书记,并由同级党的委员会通过,报上级党的委员会批准。党的基层委员会是设立纪律检查委员会,还是设立纪律检查委员,由它的上一级党组织根据具体情况决定。党的总支部委员会和支部委员会设纪律检查委员。

党的中央和地方纪律检查委员会向同级党和国家机关全面派驻党的纪律检查组。纪律检查组组长参加驻在部门党的领导组织的有关会议。他们的工作必须受到该机关党的领导组织的支持。

第四十六条 党的各级纪律检查委员会是党内监督专责机关,主要任务是:维护党的章程和其他党内法规,检查党的路线、方针、政策和决议的执行情况,协助党的委员会推进全面从严治党、加强党风建设和组织协调反腐败工作。

党的各级纪律检查委员会的职责是监督、执纪、问责,要经常对党员进行遵守纪律的教育,作出关于维护党纪的决定;对党的组织和党员领导干部履行职责、行使权力进行监督,受理处置党员群众检举举报,开展谈话提醒、约谈函询;检查和处理党的组织和党员违反党的章程和其他党内法规的比较重要或复杂的案件,决定或取消对这些案件中的党员的处分;进行问责或提出责任追究的建议;受理党员的控告和申诉;保障党员的权利。

各级纪律检查委员会要把处理特别重要或复杂的案件中的问题和处理的结果,向同级党的委员会报告。党的地方各级纪律检查委员会和基层纪律检查委员会要同时向上级纪律检查委员会报告。

各级纪律检查委员会发现同级党的委员会委员有违犯党的纪律的行为,可以先进行初步核实,如果需要立案检查的,应当在向同级党的委员会报告的同时向上一级纪律检查委员会报告;涉及常务委员的,报告上一级纪律检查委员会,由上一级纪律检查委员会进行初步核实,需要审查的,由上一级纪律检查委员会报它的同级党的委员会批准。

第四十七条 上级纪律检查委员会有权检查下级纪律检查委员会的工作,并且有权批准和改变下级纪律检查委员会对于案件所作的决定。如果所要改变的该下级纪律检查委员会的决定,已经得到它的同级党的委员会的批准,这种改变必须经过它的上一级党的委员会批准。

党的地方各级纪律检查委员会和基层纪律检查委员会如果对同级党的委员会处理案件的决定有不同意见,可以请求上一级纪律检查委员会予以复查;如果发现同级党的委员会或它的成员有违犯党的纪律的情况，在同级党的委员会不给予解决或不给予正确解决的时候，有权向上级纪律检查委员会提出申诉，请求协助处理。

第九章　党　　组

第四十八条　在中央和地方国家机关、人民团体、经济组织、文化组织和其他非党组织的领导机关中，可以成立党组。党组发挥领导核心作用。党组的任务，主要是负责贯彻执行党的路线、方针、政策；加强对本单位党的建设的领导，履行全面从严治党责任；讨论和决定本单位的重大问题；做好干部管理工作；讨论和决定基层党组织设置调整和发展党员、处分党员等重要事项；团结党外干部和群众，完成党和国家交给的任务；领导机关和直属单位党组织的工作。

第四十九条　党组的成员，由批准成立党组的党组织决定。党组设书记，必要时还可以设副书记。

党组必须服从批准它成立的党组织领导。

第五十条　对下属单位实行集中统一领导的国家工作部门可以建立党委，党委的产生办法、职权和工作任务，由中央另行规定。

第十章　党和共产主义青年团的关系

第五十一条　中国共产主义青年团是中国共产党领导的先进青年的群团组织，是广大青年在实践中学习中国特色社会主义和共产主义的学校，是党的助手和后备军。共青团中央委员会受党中央委员会领导。共青团的地方各级组织受同级党的委员会领导，同时受共青团上级组织领导。

第五十二条　党的各级委员会要加强对共青团的领导，注意团的干部的选拔和培训。党要坚决支持共青团根据广大青年的特点和需要，生动活泼地、富于创造性地进行工作，充分发挥团的突击队作用和联系广大青年的桥梁作用。

团的县级和县级以下各级委员会书记，企业事业单位的团委员会书记，是党员的，可以列席同级党的委员会和常务委员会的会议。

第十一章　党徽党旗

第五十三条　中国共产党党徽为镰刀和锤头组成的图案。

第五十四条　中国共产党党旗为旗面缀有金黄色党徽图案的红旗。

第五十五条　中国共产党的党徽党旗是中国共产党的象征和标志。党的各级组织和每一个党员都要维护党徽党旗的尊严。要按照规定制作和使用党徽党旗。

党的组织法规制度

中国共产党党组工作条例

(中共中央2019年4月6日印发)

第一章　总　　则

第一条　为了进一步规范和改进党组工作,坚持和加强党的全面领导,提高党的长期执政能力和领导水平,更好发挥党总揽全局、协调各方的领导核心作用,根据《中国共产党章程》,制定本条例。

第二条　党组是党在中央和地方国家机关、人民团体、经济组织、文化组织和其他非党组织的领导机关中设立的领导机构,在本单位发挥领导作用,是党对非党组织实施领导的重要组织形式。

第三条　党组工作必须坚持以马克思列宁主义、毛泽东思想、邓小平理论、"三个代表"重要思想、科学发展观、习近平新时代中国特色社会主义思想为指导,坚决维护习近平总书记核心地位,坚决维护党中央权威和集中统一领导,切实履行领导职责,充分发挥领导作用,不断提高领导水平,确保本单位全面贯彻党的基本理论、基本路线、基本方略,确保党始终成为中国特色社会主义事业的坚强领导核心。

第四条　党组工作应当遵循以下原则:

(一)坚持旗帜鲜明讲政治,加强党的领导,增强"四个意识"、坚定"四个自信"、做到"两个维护",坚决贯彻落实党的理论和路线方针政策,坚决贯彻落实党中央重大决策部署,在思想上政治上行动上同以习近平同志为核心的党中央保持高度一致;

(二)坚持全面从严治党,担当管党治党主体责任,贯彻新时代党的建设总要求,贯彻新时代党的组织路线,推动全面从严治党向纵深发展;

(三)坚持民主集中制,确保党组活力和坚强有力,推动形成良好政治局面;

(四)坚持依据党章党规开展工作,在宪法法律范围内活动;

(五)坚持正确领导方式,实现党组发挥领导作用与本单位领导班子依法依章程履行职责相统一。

第五条 党中央和地方各级党委加强对党组工作的领导。党组必须服从批准其设立的党组织领导。

党委组织部门负责党组设立审核、日常管理等方面的具体工作,纪检监察机关、党的机关工委和其他工作机关根据职责做好相关工作。

第二章 设 立

第六条 中央和地方国家机关、人民团体、经济组织、文化组织和其他非党组织的领导机关中,有党员领导成员3人以上的,经批准可以设立党组。

第七条 下列单位一般应当设立党组:

(一)县级以上人大常委会、政府、政协、法院、检察院;

(二)县级以上政府工作部门、派出机关(街道办事处除外)、直属事业单位;

(三)县级以上工会、妇联等人民团体;

(四)中管企业;

(五)县级以上政府设立的有关管委会的工作部门;

(六)其他有必要设立党组的单位。

第八条 下列单位经党中央批准,可以设立党组:

(一)全国性的重要文化组织、社会组织;

(二)其他需要设立党组的单位。

第九条 下列单位一般不设立党组:

(一)领导机关中的党员领导成员不足3人的;

(二)与党的机关合并设立或者合署办公的;

(三)由党的机关代管或者管理等并纳入党的机关序列的;

(四)县级以上政府直属事业单位以外的其他事业单位;

(五)共青团组织;

(六)中管企业的下属企业,地方国有企业;

(七)地方文化组织、社会组织。

第十条 市级以上人大常委会、政府、政协,应当设立机关党组。

县级人大常委会、政府、政协根据工作需要,可以设立机关党组。

人大常委会、政府、政协设立机关党组的,其办公厅(室)不再设立党组。

第十一条 下列单位经批准,可以设立分党组:

(一)国务院有关部门的派出机构;

(二)具有行业、系统管理需要的国务院有关直属事业单位、中央一级有关人

民团体的下属单位;

(三)省级以上人大、政协的专门委员会;

(四)市级以上法院、检察院的派出机构。

设立分党组的单位,其下属单位不再设立分党组。

第十二条 党组的设立,应当由党中央或者本级地方党委审批。有关管委会的工作部门设立党组,由本级党委授权管委会党工委审批。党组不得审批设立党组。

分党组的设立,由党组报本级党委组织部门审批。

新成立的有关单位符合设立党组条件的,党中央或者本级地方党委可以根据需要作出设立党组的决定,也可以由需要设立党组的单位或者其上级主管部门党组织提出设立申请,由党中央或者本级地方党委审批。

变更、撤销党组的,由批准其设立的党组织作出决定。

第十三条 国家机关、人民团体党组一般不设立工作机构,确需设立的经批准可以在本单位有关内设机构加挂党组办公室牌子。

第十四条 党组设书记,必要时可以设副书记。

党组书记一般由本单位领导班子主要负责人担任,主要负责人不是中共党员或者由上级领导兼任以及因其他情况不宜担任党组书记的,党组书记、主要负责人可以分设。党组其他成员一般由本单位领导班子成员中的党员干部、派驻本单位的纪检监察组组长担任,必要时也可以由本单位重要职能部门或者下属单位党员主要负责人担任。

国有企业党组书记根据企业内部治理结构形式确定,建立董事会的一般由董事长担任,未建立董事会的一般由总经理担任。党组其他成员一般由进入董事会、监事会、经理层的党员领导人员和纪检监察组组长(派驻本企业的纪检监察组组长)根据工作需要担任。

党组成员一般设3至7人。副省部级以上单位、中管企业党组成员一般不超过9人,个别单位确需增加的,由党中央决定。市县两级政府及县级以上地方政府个别工作部门确需增加的,按程序报请省级党委批准,但总数不得超过9人。

第十五条 党组成员除应当具备党章和《党政领导干部选拔任用工作条例》规定的党员领导干部的基本条件外,还应当有3年以上党龄,其中厅局级以上单位的党组成员应当有5年以上党龄。

党组成员的任免一般由批准设立党组的党组织决定。实行双重领导的单位设立党组的,其党组成员的任免按照干部管理权限执行。分党组成员的任免由上级单位党组决定。企业党组成员的任免,按照干部管理权限执行。

第三章 职 责

第十六条 党组发挥把方向、管大局、保落实的领导作用,全面履行领导责任,加强对本单位业务工作和党的建设的领导,推动党的主张和重大决策转化为法律法规、政策政令和社会共识,确保党的理论和路线方针政策的贯彻落实。

第十七条 党组讨论和决定本单位下列重大问题:

(一)贯彻落实党中央以及上级党组织决策部署的重大举措;

(二)制定拟订法律法规规章和重要规范性文件中的重大事项;

(三)业务工作发展战略、重大部署和重大事项;

(四)重大改革事项;

(五)重要人事任免等事项;

(六)重大项目安排;

(七)大额资金使用、大额资产处置、预算安排;

(八)职能配置、机构设置、人员编制事项;

(九)审计、巡视巡察、督查检查、考核奖惩等重大事项;

(十)重大思想动态的政治引导;

(十一)党的建设方面的重大事项;

(十二)其他应当由党组讨论和决定的重大问题。

党组应当紧密结合本单位实际,对前款规定的重大问题进行明确细化、列出具体清单。清单内容根据需要动态调整。

第十八条 党组必须坚持党建工作与业务工作同谋划、同部署、同推进、同考核,加强对本单位党的建设的领导,落实新时代党的建设总要求,履行全面从严治党责任,提高党的建设质量。具体包括:

(一)把党的政治建设摆在首位,增强"四个意识"、坚定"四个自信"、做到"两个维护",提高政治站位,彰显政治属性,强化政治引领,切实增强政治能力,始终在政治立场、政治方向、政治原则、政治道路上同以习近平同志为核心的党中央保持高度一致;

(二)强化理论武装,组织学习习近平新时代中国特色社会主义思想,推进"两学一做"学习教育常态化制度化,引导党员、干部坚定理想信念宗旨,自觉加强党性锻炼;

(三)落实意识形态工作责任制,确保业务工作体现意识形态工作要求、维护意识形态安全;

(四)按照党管干部、党管人才原则,加强高素质专业化干部队伍建设,做好

人才工作;

(五)加强党的基层组织建设和党员队伍建设,讨论和决定基层党组织设置调整和发展党员、处分党员等重要事项;

(六)加强和改进作风,密切联系群众,严格落实中央八项规定精神,坚决反对"四风"特别是形式主义、官僚主义;

(七)加强党的纪律建设,履行党风廉政建设主体责任,支持纪检监察机关履行监督责任;

(八)推进建章立制,建立健全体现党中央要求、符合本单位特点、比较完备、务实管用的党建工作制度,并抓好落实。

党组领导机关和直属单位党组织的工作,支持配合党的机关工委对本单位党的工作的统一领导,自觉接受党的机关工委对其履行机关党建主体责任的指导督促。

党组书记必须认真履行抓党建第一责任人职责,党组其他成员按照"一岗双责"要求抓好职责范围内党的建设工作。

第十九条 党组应当加强对本单位统战工作和工会、共青团、妇联等群团工作的领导,重视对党外干部、人才的培养使用,更好团结带领党外干部和群众,凝聚各方面智慧力量,完成党中央以及上级党组织交给的任务。

第二十条 实行双重领导并以上级单位领导为主的单位党组,可以讨论和决定本系统工作规划部署、机构设置、干部队伍管理、党的建设等重要事项。

国有企业党组讨论和决定重大事项时,应当与《中华人民共和国公司法》、《中华人民共和国企业国有资产法》等法律法规相符合,并与公司章程相衔接。重大经营管理事项必须经党组研究讨论后,再由董事会或者经理层作出决定。

第二十一条 党组书记主持党组全面工作,负责召集和主持党组会议,组织党组活动,签发党组文件。

党组副书记和党组其他成员根据党组决定,按照授权负责有关工作,行使相关职权。

党组书记空缺时,上级党组织可以指定党组副书记或者党组其他成员主持党组日常工作。

第二十二条 党组及其成员应当自觉加强自身建设,坚定政治信仰,增强"四个意识"、坚定"四个自信"、做到"两个维护",严肃党内政治生活,严守党的纪律规矩,弘扬党的优良传统作风,不断提高领导本领,敢于担当负责,自觉接受监督,在深入学习贯彻习近平新时代中国特色社会主义思想上作表率,在始终同以习近平同志为核心的党中央保持高度一致上作表率,在坚决贯彻落实党中央决策部署上作表率。

第四章 组织原则

第二十三条 党组及其成员必须始终在政治立场、政治方向、政治原则、政治道路上同以习近平同志为核心的党中央保持高度一致,坚决执行党中央决策部署以及上级党组织决定,党组任何工作部署都必须以贯彻党中央精神为前提,坚决维护习近平总书记核心地位,坚决维护党中央权威和集中统一领导。

第二十四条 下列党组在履行职责过程中,除必须服从批准其设立的党组织领导外,还应当按照规定接受有关党组的领导或者指导:

(一)人大常委会机关党组、政府机关党组、政协机关党组,分别接受人大常委会党组、政府党组、政协党组的领导;

(二)政府工作部门党组、政府派出机关党组、政府直属事业单位党组,接受政府党组的指导督促;

(三)政府工作部门管理的单位党组,接受部门党组的指导督促;

(四)实行双重领导的单位党组,接受上级单位党组的领导。

中央组织部负责全国国有企业党建工作的宏观指导,会同国务院国资委党委履行对中管企业党建工作的具体指导职能,国务院国资委党委履行对中管企业党建工作的日常管理职责。

第二十五条 分党组应当接受上级单位党组的领导,上级单位设立机关党组的,还应当接受机关党组的指导。

第二十六条 党组应当按照《中国共产党重大事项请示报告条例》等有关规定,向批准其设立的党组织和其他有关党组织请示报告工作。

县级以上人大常委会党组、政府党组、政协党组、法院党组、检察院党组应当按照规定,向本级党委请示报告工作。

第二十七条 党组对有关重要问题作出决定时,应当根据需要充分征求机关和直属单位党组织以及本单位党员群众的意见,重要情况应当及时进行通报。党组应当按照规定实行党务公开。

第二十八条 党组实行集体领导制度。凡属党组职责范围内的事项,必须执行少数服从多数的原则,由党组成员集体讨论和决定,任何个人或者少数人无权擅自决定。

党组书记应当带头执行民主集中制,不得凌驾于组织之上,不得独断专行。党组其他成员应当对党组讨论和决定的事项积极提出意见和建议。

党组成员必须坚决服从党组集体决定,有不同意见的,在坚决执行的前提下,可以声明保留,也可以向上级党组织反映,但不得在其他场合发表不同意见。

第二十九条 以党组名义发布或者上报的文件、发表的文章,党组成员代表党组的讲话和报告,应当事先经党组集体讨论或者传批审定。党组成员署名发表或者出版同工作有关的文章、著作、言论,应当事先经党组审定或者党组书记批准。

党组成员在调查研究、检查指导工作或者参加其他公务活动时发表的个人意见,应当符合党中央以及上级党组织、党组的有关精神。

第五章 决策与执行

第三十条 党组应当按照集体领导、民主集中、个别酝酿、会议决定的原则作出决策,实行科学决策、民主决策、依法决策。

第三十一条 党组作出重大决策,一般应当经过调查研究、征求意见、充分酝酿等程序,按照规则由集体讨论和决定。

党组讨论和决定人事任免事项,应当严格按照《党政领导干部选拔任用工作条例》等有关规定执行。

党组讨论和决定基层党组织设置调整和发展党员、处分党员重要事项,应当严格按照党章党规和党中央有关规定执行。

第三十二条 党组决策一般采用党组会议形式。党组会议一般每月召开1次,遇有重要情况可以随时召开。

党组会议议题由党组书记提出,或者由党组其他成员提出建议、党组书记综合考虑后确定。会议议题应当提前书面通知党组成员。

第三十三条 党组会议应当有半数以上党组成员到会方可召开,讨论和决定干部任免、处分党员事项必须有三分之二以上党组成员到会。党组成员因故不能参加会议的应当在会前请假,其意见可以用书面形式表达。党组会议议题涉及本人或者其亲属以及存在其他需要回避情形的,有关党组成员应当回避。

根据工作需要,召开党组会议可以请不是党组成员的本单位领导班子成员列席。会议召集人可以根据议题指定有关人员列席会议。批准其设立的党组织等可以派员列席党组会议。

第三十四条 党组会议议题提交表决前,应当进行充分讨论。

表决可以采用口头、举手、无记名投票或者记名投票等方式进行,赞成票超过应到会党组成员半数为通过。未到会党组成员的书面意见不得计入票数。表决实行会议主持人末位表态制。会议研究决定多个事项的,应当逐项进行表决。

党组会议由专门人员如实记录,决定事项应当编发会议纪要,并按照规定存档备查。

第三十五条 党组决策一经作出,应当坚决执行。党组应当督促推动本单位领导班子依法依章程及时全面落实党组决策。党组成员应当在职责范围内认真抓好党组决策贯彻落实。

党组应当建立有效的督查、评估和反馈机制,确保党组决策落实。

第六章 党组性质党委

第三十六条 党组性质党委,是指党在对下属单位实行集中统一领导的国家工作部门和有关单位的领导机关中设立的领导机构,在本单位、本系统发挥领导作用。

党组性质党委,由上级党组织直接批准设立,不同于由选举产生的地方党委和基层党委。

第三十七条 下列国家工作部门和单位经批准,可以设立党组性质党委:

(一)对下属单位实行集中统一领导的国家工作部门;

(二)根据中央授权对有关单位实行集中统一领导的国家工作部门;

(三)政治要求高、工作性质特殊、系统规模大的国家工作部门;

(四)对下级单位实行垂直管理的国家工作部门;

(五)金融监管机构;

(六)中管金融企业。

地方国家机关设立党组性质党委,一般应当同中央国家机关对应。

第三十八条 党组性质党委的设立、变更和撤销,一般应当由党中央或者本级地方党委审批。

对下属单位实行集中统一领导的国家工作部门和单位党组性质党委,根据党中央授权可以负责审批下属单位党组性质党委的设立、变更和撤销。

党组性质党委根据需要并按照规定权限和程序审批后,可以设立工作机构。

第三十九条 党组性质党委除履行本条例第三章规定的党组相关职责外,还领导或者指导本系统党组织的工作,讨论和决定下属单位工作规划部署、机构设置、干部队伍管理、党的建设等重要事项。

第七章 监督与追责

第四十条 建立党组(党委)书记述责述廉制度。批准设立党组(党委)的党组织根据需要可以听取党组(党委)书记报告履职情况,加强对权力运行的监督制约。

建立党组(党委)及其成员履职考核制度,一般由批准设立党组(党委)的党组织负责考核,纪检监察机关、党的有关工作机关、党的机关工委参与。

实行双重领导且以上级单位领导为主的单位党组(党委)及其成员,可以由上级单位党组(党委)会同地方党委组织开展考核。具体考核工作按照党中央有关规定执行。

实行垂直管理单位的党组性质党委及其成员,由上级单位党组性质党委组织开展考核,如有需要,可以按照规定征求地方党委意见。

党组(党委)及其成员执行本条例情况,应当自觉接受纪检监察机关、本单位基层党组织和党员群众的监督,纳入巡视巡察范围和党员民主评议内容。

第四十一条 党组(党委)及其成员、有关党组织及其工作人员应当严格按照本条例履行职责。违反本条例的,根据情节轻重,给予批评教育、责令作出检查、诫勉、通报批评或者调离岗位、责令辞职、免职、降职等处理,或者依规依纪依法给予处分;涉嫌犯罪的,依法追究刑事责任。

对发生集体违反本条例行为的,或者在其他党组(党委)成员出现严重违反本条例行为上存在重大过失的,还应当追究党组(党委)书记的相关责任。

党组(党委)重大决策失误的,对参与决策的党组(党委)成员实行终身责任追究。

党组(党委)成员在讨论和决定有关事项时,对重大失误决策明确持不赞成态度或者保留意见的,应当免除或者减轻责任。

第八章　附　　则

第四十二条 党组性质党委、机关党组、分党组的设立和运行等,除本条例有专门规定外,适用党组有关规定。

第四十三条 党组(党委)应当根据本条例,结合实际制定和完善工作规则。

第四十四条 本条例由中央组织部会同中央办公厅解释。

第四十五条 本条例自 2019 年 4 月 6 日起施行。2015 年 6 月 11 日中共中央印发的《中国共产党党组工作条例(试行)》同时废止。其他有关党组(党委)规定,凡与本条例不一致的,按照本条例执行。

附：

中国共产党党组工作条例(试行)

(中共中央2015年6月11日印发)

第一章　总　　则

第一条　为进一步规范党组工作,加强和改善党的领导,提高党的执政能力,更好发挥党总揽全局、协调各方的领导核心作用,根据《中国共产党章程》,制定本条例。

第二条　党组是党在中央和地方国家机关、人民团体、经济组织、文化组织、社会组织和其他组织领导机关中设立的领导机构,在本单位发挥领导核心作用。

第三条　党组工作应当遵循以下原则:

(一)坚持党的领导,保证党的理论和路线方针政策贯彻落实;

(二)坚持全面从严治党,依据党章和其他党内法规开展工作,落实党组管党治党责任;

(三)坚持民主集中制,确保党组的活力和党的团结统一;

(四)坚持党组发挥领导核心作用与本单位领导班子依法依章程履行职责相统一,把党的主张通过法定、民主程序转化为本单位领导班子的决定。

第四条　党组必须服从批准其设立的党组织领导。党的中央委员会和地方各级委员会应当加强对党组工作的领导。党委组织部门负责党组设立审核、日常管理等方面的具体工作,纪律检查机关、党委其他工作部门和有关派出机构根据职责分工做好相关工作。

第二章　设　　立

第五条　中央和地方国家机关、人民团体、经济组织、文化组织、社会组织和其他组织领导机关中,有党员领导成员3人以上的,经批准可以设立党组。

县级以上人大常委会、政府及其工作部门、政协、法院、检察院和工会、妇联等人民团体,一般应当设立党组。县级以上人大常委会机关、政府机关、政协机关,经本级党的委员会批准,可以设立机关党组。

县级以上政府的直属事业单位,可以设立党组,但按照规定应当设立基层党组织的除外。

中管国有重要骨干企业、中管金融企业,经党的中央委员会批准,可以设立党组,但其下属企业一般不再设立党组。

全国性的重要文化组织、社会组织,经党的中央委员会批准,可以设立党组。

上述规定以外的其他组织,因工作需要,经批准可以设立党组。

第六条 党组的设立,一般应当由党的中央委员会或者本级党的地方委员会审批。党组不得审批设立党组。

已设立党组的有关组织,因行业、系统管理需要等确需在下属单位设立分党组的,由党组报本级党委组织部门审批。

新成立的有关组织符合设立党组条件的,党的中央委员会或者本级党的地方委员会可以根据需要作出设立党组的决定,也可以由需要设立党组的单位或者其上级主管部门提出设立申请,由党的中央委员会或者本级党的地方委员会决定。

有关组织因机构改革、部门职能变化、区划调整等原因需要变更、撤销党组的,由批准其设立的党组织及时作出决定。

第七条 党组设书记,必要时可以设副书记。

党组书记一般由本单位领导班子主要负责人担任,主要负责人不是中共党员或者由上级领导兼任以及因其他情况不宜担任党组书记的,党组书记、主要负责人可以分设。其他党组成员一般由本单位领导班子成员中的党员干部和纪检组组长担任,必要时也可以由本单位重要职能部门或者下属单位党员主要负责人担任。

国有企业党组书记根据企业内部治理结构形式确定,建立董事会的一般由董事长兼任,未建立董事会的一般与总经理分设。其他党组成员一般由进入董事会、监事会、经理层的党员领导人员和纪检组组长根据工作需要担任。

党组成员一般设 3 至 7 人,省部级以上单位、中管国有重要骨干企业和中管金融企业党组成员一般不超过 9 人。

第八条 党组成员除应当具备党章和《党政领导干部选拔任用工作条例》规定的党员领导干部的基本条件外,还应当有 3 年以上党龄,其中厅局级以上单位的党组成员应当有 5 年以上党龄。

党组成员一般由批准设立党组的党组织决定。实行垂直管理或者实行双重领导的单位设立党组的,其下级单位党组成员的任免按照干部管理权限执行。分党组成员由其上级单位党组决定。企业党组成员的任免,按照干部管理权限执行。

第三章 职 责

第九条 党组应当认真履行政治领导责任,做好理论武装和思想政治工作,负责学习、宣传、贯彻执行党的理论和路线方针政策,贯彻落实党中央和上级党组织的决策部署,发挥好把方向、管大局、保落实的重要作用。

第十条 党组讨论和决定本单位下列重大问题:

(一)需要向上级党组织请示报告的重要事项,下级单位党组、机关和直属单位党组织请示报告的重要事项;

(二)内部机构设置、职责、人员编制等事项;

(三)重大决策、重要人事任免、重大项目安排、大额资金使用等事项;

(四)基层党组织和党员队伍建设方面的重要事项;

(五)意识形态工作、思想政治工作和精神文明建设方面的重要事项;

(六)党风廉政建设和反腐败工作方面的重要事项;

(七)其他应当由党组讨论和决定的重大问题。

第十一条 党组应当贯彻党管干部原则,按照信念坚定、为民服务、勤政务实、敢于担当、清正廉洁的好干部标准,加强干部队伍建设,完善干部培养选拔机制,加强干部教育培训,从严管理监督干部。

党组应当贯彻党管人才原则,按照党中央和上级党组织关于人才工作重要决策部署,加强人才队伍建设。

第十二条 党组应当加强对本单位统战工作和工会、共青团、妇联等群团工作的领导,重视对党外干部、人才的培养使用,更好团结带领党外干部和群众,凝聚各方面智慧力量,完成党中央和上级党组织交给的任务。

第十三条 党组应当认真履行党要管党、从严治党责任,加强对本单位党的建设的领导,落实党建工作责任制。党组书记应当履行抓党建第一责任人的职责,其他党组成员根据分工抓好职责范围内党的建设工作。

党组应当加强对本机关和直属单位党组织工作的指导,支持党的机关工作委员会履行对机关和直属单位党组织工作的领导职责。

党组应当认真履行党风廉政建设主体责任,支持纪检监察机构履行监督责任。

第十四条 党组及其成员应当加强思想政治建设,坚定理想信念,严守政治纪律和政治规矩。严肃党内政治生活,按照规定召开民主生活会,开展严肃认真的批评和自我批评。严格落实中央关于改进工作作风、密切联系群众的各项规定,坚决反对形式主义、官僚主义、享乐主义和奢靡之风。切实增强践行“三严三实"要求的思想自觉和行动自觉。严格遵守党员领导干部廉洁从政有关规定,自觉接受党组织和党员群众的监督。

第十五条 实行垂直管理或者实行双重领导并以上级单位领导为主的单位党组,可以讨论决定本系统工作规划部署、机构设置、干部队伍管理、党风廉政建设等重要事项。

下属单位设立分党组的单位党组,可以领导分党组的工作。

国有企业党组讨论和决定重大事项时,应当与公司法、企业国有资产法等法律法规相一致,并与公司章程相衔接。经营管理方面事项一般按照企业内部治理结构由董事会或者经理层决定,涉及国家宏观调控、国家发展战略、国家安全等重大经营管理事项应当经党组研究讨论后由董事会或者经理层作出决定。

第十六条 县级以上人大常委会机关党组、政府机关党组、政协机关党组,必须服从批准其设立的党组织领导,在履行职责过程中还应当接受本级人大常委会党组、政府党组、政协党组的领导。

实行垂直管理或者实行双重领导的单位党组,在履行职责过程中,除接受批准其设立的党组织领导外,还应当向本系统上级单位党组或者本级地方党委请示报告党的工作。

第十七条 党组书记主持党组全面工作,负责召集和主持党组会议,组织党组活动,签发党组文件。

党组副书记协助党组书记工作,受党组书记委托履行相关职责。

党组书记空缺时,上级党组织可以指定党组副书记或者其他党组成员主持党组日常工作。

党组成员根据党组决定,按照授权负责有关工作,行使相关职权。

第四章 组织原则

第十八条 党组必须坚决执行党中央和上级党组织的指示和决定,坚决维护党中央权威,确保中央政令畅通。

第十九条 建立健全党组向批准其设立的党组织请示报告工作制度。党组每年至少作1次全面报告,遇有重大问题应当及时请示报告。

执行党中央和上级党组织以及上级单位党组某项重要指示和决定的情况,应当进行专题报告。

第二十条 党组对有关重要问题作出决定时,应当根据需要充分征求机关和直属单位党组织及本单位党员群众的意见。重要情况应当及时进行通报。

第二十一条 党组实行集体领导制度。凡属党组职责范围内的事项,应当按照少数服从多数原则，由党组成员集体讨论决定。

党组书记应当带头执行民主集中制，不得凌驾于组织之上，不得独断专行。党组成员应当认真执行党组集体决定，勇于担当、敢于负责，切实履行职责。

第二十二条 以党组名义发布或者上报的文件、发表的文章，党组成员代表党组的讲话和报告，应当事先经党组集体讨论或者传批审定。党组成员署名发表的与工作有关的文章，应当事先经党组审定或者经党组书记批准。

党组成员在调查研究、检查指导工作或者参加其他活动时发表的个人意见，应当符合党组决定精神。

第五章 议事决策

第二十三条 党组议事决策应当坚持集体领导、民主集中、个别酝酿、会议决定，重大决策应当充分协商，实行科学决策、民主决策、依法决策。

党组应当结合本单位实际，在其工作规则中明确议事内容目录，实行清单管理。议事内容目录可以根据工作需要适时进行调整。

第二十四条 党组作出重大决策，一般应当在调查研究基础上提出方案，充分听取各方面意见，进行风险评估和合法合规性审查，经过集体讨论决定。

党组讨论决定人事任免事项，应当严格按照《党政领导干部选拔任用工作条例》执行。

第二十五条 党组议事决策一般采用党组会议形式。党组会议一般每月召开 1 次，遇有重要情况可以随时召开。

党组会议议题由党组书记提出，或者由其他党组成员提出建议、党组书记综合考虑后确定。

第二十六条 党组会议应当有半数以上党组成员到会方可召开，讨论决定干部任免事项必须有三分之二以上党组成员到会。党组成员因故不能参加会议的应当在会前请假，对会议议题的重要意见可以用书面形式表达。党组会议议题涉及本人或者其亲属以及存在其他需要回避情形的，有关党组成员应当回避。

根据工作需要，召开党组会议可以请不是党组成员的本单位领导班子成员列席。会议召集人可以根据议题指定有关人员列席会议。批准其设立的党组织可以派员列席党组会议。

第二十七条 党组会议议题提交表决前，应当进行充分讨论。

表决可以采用口头、举手、无记名投票或者记名投票等方式进行，赞成票超过应到会党组成员半数为通过。未到会党组成员的书面意见不得计入票数。表决实行主持人末位表态制。会议研究决定多个事项的，应当逐项进行表决。

党组会议由专门人员如实记录,并按照规定存档备查。

第二十八条 党组决策一经作出,应当坚决执行。党组成员对党组决策有不同意见的,可以保留或者向上级党组织反映,但在党组决策改变前应当坚决执行。党组应当建立有效的督查和反馈机制,确保党组决策落实。

第六章 责任追究

第二十九条 建立党组书记述职制度。批准设立党组的党组织根据需要可以听取党组书记报告履职情况。

建立党组及其成员履职考核制度,由批准设立党组的党组织负责,纪律检查机关、党委有关工作部门、党的机关工作委员会参与。考核应当每年开展1次,可以与党组工作报告和领导班子年度考核、民主生活会结合开展。

党组及其成员执行本条例情况,应当自觉接受纪律检查机关及其派驻机构、本单位基层党组织和党员群众的监督,纳入巡视监督范围和党员定期评议内容。

第三十条 有下列情形之一的,应当追究有关党组成员的责任:

(一)贯彻执行党的理论和路线方针政策、上级党组织指示和决定不及时不得力的;

(二)因违反决策程序或者决策失误造成重大损失或者恶劣影响的;

(三)干部选拔任用方面出现重大问题的;

(四)不认真履行从严治党责任,造成本单位党组织软弱涣散、党建工作削弱的;

(五)不履行党风廉政建设主体责任,造成严重后果的;

(六)擅自公开发表或者出版同中央精神、党组决定不符的讲话、报告、文章、著作的,或者在互联网上发表同中央精神、党组决定不符的言论的;

(七)泄露应当保密的会议内容和讨论情况的;

(八)对其他造成严重后果或者恶劣社会影响的行为负有责任的。

对发生集体违反本条例行为的,或者在其他党组成员出现严重违反本条例行为上存在重大过失的,还应当追究党组书记的相关责任。

党组重大决策失误的,对参与决策的党组成员实行终身责任追究。

党组成员在讨论决定有关事项时,对重大失误决策明确持不赞成态度或者保留意见的,应当免除或者减轻责任。

第三十一条 对违反本条例的党组成员,根据情节轻重,给予批评教育、责令作出检查、诫勉谈话、通报批评或者调离岗位、责令辞职、免职、降职等处理。

应当追究党纪政纪责任的,依照《中国共产党纪律处分条例》、《行政机关公务员处分条例》等有关规定给予相应的党纪政纪处分。

涉嫌违法犯罪的,按照国家有关法律规定处理。

第七章　国家工作部门党委

第三十二条　本章所称国家工作部门党委,是指根据党章第四十八条规定,党在对下属单位实行集中统一领导的国家工作部门中设立的领导机构,在本部门、本系统发挥领导核心作用。

国家工作部门党委,是党组性质的党委,由上级党组织直接批准设立,不同于由选举产生的党的地方委员会和基层委员会。

第三十三条　在以下国家工作部门和单位中,可以设立党委:

(一)对下属单位实行集中统一领导的国家工作部门;

(二)根据中央授权对有关单位实行集中统一领导的国家工作部门;

(三)金融监管机构;

(四)根据工作需要可以设立党委的其他单位。

党委的设立和撤销,一般应当由党的中央委员会或者本级党的地方委员会审批。实行垂直管理的国家工作部门和单位的党委,负责审批下属单位党委的设立和撤销。

党委根据需要可以设立工作机构,负责党委日常工作。

第三十四条　党委除履行本条例第三章规定的党组相关职责外,还领导本部门机关和直属单位党组织的工作,领导或者指导本系统党组织的工作,讨论决定下属单位工作规划部署、机构设置、干部队伍管理、党风廉政建设等重要事项。

第三十五条　党委设立和撤销的具体程序、委员配备、组织原则、议事决策和责任追究等有关事宜,按照本条例关于党组工作有关规定执行。

第八章　附　　则

第三十六条　各省、自治区、直辖市党委,可以根据本条例,结合实际制定实施细则。

党组(党委)应当根据本条例,结合各自实际制定和完善工作规则。

第三十七条　党组(党委)制定的工作规则等规范性文件,应当参照《中国共产党党内法规和规范性文件备案规定》,报送批准其设立的党组织备案。

第三十八条　本条例由中央办公厅商中央组织部解释。

第三十九条　本条例自 2015 年 6 月 11 日起施行。其他有关党组(党委)规定,凡与本条例不一致的,按照本条例执行。

中共中央关于加强和改进新形势下党校工作的意见

(2015年12月9日)

党校事业是党的事业的重要组成部分。重视发挥党校作用是党的优良传统和政治优势,是提高党的执政能力、执政水平的重要保证。为适应党和国家面临的新形势新任务,更好地促进党校事业发展,现就加强和改进新形势下党校工作提出如下意见。

一、加强和改进党校工作的重要意义

(一)加强和改进党校工作是协调推进"四个全面"战略布局的迫切需要。长期以来,各级党校在干部队伍建设中发挥了重要作用,为推进我国革命、建设和改革事业提供了有力支撑。现在,我们党正带领人民进行具有许多新的历史特点的伟大斗争,致力于协调推进"四个全面"战略布局,实现"两个一百年"奋斗目标和中华民族伟大复兴的中国梦。办好中国的事情,关键在党,在于锻造一支能够担当重任的高素质领导干部队伍。提高党的执政能力,实现党的执政使命,迫切需要按照建设学习型、服务型、创新型马克思主义执政党的要求,进一步发挥党校培训党员领导干部的主渠道作用,推动党员领导干部强化战略思维、历史思维、辩证思维、系统思维、创新思维、底线思维,全面提升能力素养,解决新形势下能力欠缺、"本领恐慌"问题,更好推进国家治理体系和治理能力现代化。

(二)加强和改进党校工作是落实全面从严治党的内在要求。全面从严治党,必须加强党的思想政治建设,提高党员干部思想理论素养和党性修养。现在,一些干部不合格,主要是思想政治素质不合格;一些干部出问题,根子是世界观、人生观、价值观这个"总开关"出问题。党校承担着强化理论武装、加强理想信念教育的重要职责,肩负着加强党性党风教育、传承党的优良传统作风的重要使命。加强和改进党校工作,充分发挥"三个阵地、一个熔炉"的重要作用,有利于推动党员干部落实"三严三实"要求,从思想、政治、作风等方面严起来、强起来,做到对党忠诚、个人干净、敢于担当,把全面从严治党的任务落到实处。

(三)加强和改进党校工作是促进党校事业健康发展的紧迫课题。伴随着党和国家事业发展,党校事业取得历史性进步,各方面工作取得明显成效。同时,在实际工作中,也存在一些亟待解决的问题:有的定位不准,没有突出党校有别于一般学校和社会培训机构的特色和优势；有的主业主课不突出，存在重一般知识技能培训、轻党的理论教育和党性教育的现象；有的教学针对性实效性不强，不善于运用科学理论说明和解决实际问题；有的在管理上失之于宽、失之于软，导致学风不好、校风不正；有的对党校重视不够，投入不足、保障不力，等等。这些问题严重制约党校事业发展和党校作用发挥，必须认真解决。

二、坚持党校姓党根本原则

（四）坚定政治方向。坚持正确政治方向是党校办学第一位的要求，是党校姓党最重要的标志。要全面贯彻党的十八大和十八届三中、四中、五中全会精神，以马克思列宁主义、毛泽东思想、邓小平理论、“三个代表”重要思想、科学发展观为指导，深入贯彻习近平总书记系列重要讲话精神，紧紧围绕“四个全面”战略布局，坚持以党的旗帜为旗帜、以党的意志为意志、以党的使命为使命，严守党的政治纪律和政治规矩，在思想上政治上行动上同以习近平同志为总书记的党中央保持高度一致。一切教学、科研和办学活动都要坚持党性原则、遵循党的政治路线，做到党的重大理论成果、重大战略部署及时进课堂，党中央作出的决策迅速贯彻、关注的问题深入研究、交付的任务认真完成。

（五）坚持实事求是。实事求是是马克思主义活的灵魂，是党校姓党的内在要求。必须坚持解放思想、实事求是、与时俱进，把实事求是的精神贯穿到党校各项工作中，反对主观主义、教条主义、形式主义，防止书斋式的空谈、教条式的研究。既加强对学员进行实事求是思想方法、工作方法、领导方法教育，又倡导教职工坚持理论联系实际，深入开展调查研究，弘扬求真务实风气、民主讨论风气、创新进取风气。鼓励学员之间、教员之间、学员和教员之间开展平等讨论交流，实现学学相长、教学相长。

（六）坚持质量立校。办学质量是党校安身立命之本。要把质量立校作为党校工作的重要遵循，作为全面提升党校工作水平的一项战略任务。坚持高标准办学，不断总结实践经验，积极探索和运用党校教育规律、干部成长规律，着力提高教学、科研和管理水平。坚持以改革创新为动力，加快形成以质量为办学导向的考核评价机制、激励约束机制、责任落实机制，充分调动教职工和学员的积极性创造性，更好发挥党校特色和优势。

（七）坚持从严治校。从严治校是全面从严治党在党校工作中的具体体现，是对党校校风、校纪、校规的根本要求。要坚持严以治校、严以治教、严以治学，坚持艰苦奋斗、勤俭办学，严格落实中央八项规定精神，建立健全各项管理制度，加强校风学风建设，严肃查处自由散漫、请客送礼、经营人脉等不正之风。对到党校学习培训的干部，无论什么身份、什么职务，都要作为学员严格要求、严格教育、严格管理,引导学员严格遵守学习培训和廉洁自律各项规定,自觉维护教学秩序。对党校的学历教育,要加强规范,从严管理。

三、把党的理论教育和党性教育作为党校教学首要任务

(八)突出党的理论教育和党性教育的主课地位。马克思主义理论教育和党性教育是党校的主课,是党校教学最重要的任务,是必须重点抓好的教学内容。这两类课,在中央党校、省(自治区、直辖市)委党校、市(地)委党校教学安排中不低于总课时的70%。按照分级分类和规范班次学制的要求,党校的培训类班次,省(自治区、直辖市)委党校一般不少于3个月,市(地)委党校一般不少于2个月,县(市)委党校一般不少于1个月;进修类班次一般不少于1个月;专题研讨班一般不少于5天。在一个任期内,县委书记、乡镇(街道)党委书记、村(社区)党组织书记分别由中央党校、省(自治区、直辖市)委党校、市(地)委党校集中轮训一次。突出主课安排,完善教学布局,所有主体班次都应当在教学安排中充分体现党的理论教育和党性教育的主课地位。

(九)强化党的理论教育。坚持把马克思主义中国化最新成果作为理论教育中心内容,把马克思主义经典著作导读课作为重要课程,抓好马克思列宁主义、毛泽东思想学习教育,抓好中国特色社会主义理论体系学习教育,引导学员系统掌握马克思主义基本原理和立场观点方法。紧跟党的理论创新步伐,把深入学习习近平总书记系列重要讲话精神作为重中之重,做好讲话精神进教材、进课堂、进学员头脑工作,引导学员坚持读原著、学原文、悟原理,坚持及时学、跟进学、深入学,坚持学而信、学而用、学而行,坚定中国特色社会主义道路自信、理论自信、制度自信,提高分析和解决实际问题的能力,更好地用讲话精神武装头脑、指导实践、推动工作。

(十)强化党性教育。各级党校每个主体班次都要设置专门的“党性教育单元”,针对不同班次的学制长短,安排充分的教学内容和时间,确保党性教育课不低于总课时的20%。深入开展理想信念教育、党的宗旨教育,深入开展党史国史教育、革命传统教育,深入开展道德品行教育、法治思维教育、反腐倡廉教育,引导学员提升政治修养、道德修养、法纪修养、作风修养,带头践行社会主义核心价值观,传承红色基因,保持共产党人的政治本色。坚持先进典型示范教育与反面典型警示教育相结合、党性分析与组织生活相结合,加强对违法违纪典型案例的剖析,推动党员干部自觉打扫政治灰尘、净化思想灵魂,认真践行“三严三实”要求,时时铭记、事事坚持、处处上心,增强教育的针对性实效性。

(十一)强化党章党规党纪教育。各级党校要把党章教育作为党性教育的重要组成部分,列为各个班次的必修课,打造党章精品课程,推动学员把党章作为加强党性修养的根本遵循，自觉学习党章、遵守党章、贯彻党章、维护党章，真正使党章内化于心、外化于行。抓好党规党纪学习教育，加强党内政治生活若干准则、中国共产党廉洁自律准则和中国共产党纪律处分条例等党内法规的学习教育，加强党内有关规章制度学习教育，引导学员守住党规党纪底线，自觉用党规党纪规范言行。

（十二）创新优化党的理论教育和党性教育方式。弘扬马克思主义优良学风，强化问题导向、实践导向，注重回答学员关心的热点难点问题。倡导和运用研讨式教学、案例式教学、体验式教学、情景模拟式教学和现场教学等多种教学方式，深入开展领导工作经验交流和党性分析等教学活动，重视运用网络信息技术，提高教学的吸引力感染力。加强教学基地建设，规范基地管理。制定全国党校理论教育教学大纲和党性教育教学大纲，加强基础课程、公共课程统编教材建设。实行严格的教案审核、集体备课、课前试讲等制度，对课堂教学进行科学评估并建立激励机制。根据不同班次特点建立学习考核制度，激发学员学习动力。

（十三）加强优势学科和重点学科建设。根据党校定位确定重点学科，加强以中国特色社会主义理论体系为主的马克思主义理论学科建设，加强党性教育学科建设，积极扶持教学急需且相对薄弱学科，逐步形成突出党校特色、满足干部培训需要的学科体系。积极参加马克思主义理论研究和建设工程，深入实施马克思主义理论骨干人才计划，把培养高素质马克思主义理论人才工作做实做好做出更大成效，确保党的理论教育后继有人。重视学位点建设，加强学科带头人培养工作。学位研究生教育要坚持国家标准、办出党校特色。党校学科建设和学科发展，纳入国家哲学社会科学创新体系建设。

四、提升党校科研水平和影响力

（十四）发挥科研工作的支撑作用。党校科研要紧紧围绕教学展开，以更多有价值的研究成果服务于党校教育培训。加强对马克思列宁主义、毛泽东思想、邓小平理论、“三个代表”重要思想、科学发展观研究，加强对习近平总书记系列重要讲话精神研究，加强对“四个全面”战略布局研究，加强对基础理论和重大现实问题研究，建立健全科研考核激励机制，确保既出成果又出人才。及时跟进中央重大决策部署，做到重大节点有声音、重大问题亮观点、重大时段搭平台，为党员干部学习贯彻中央精神提供正确引领和学理支撑。加强对社会思潮的辨析和引导，发挥党校报刊、网站等思想理论阵地的作用，及时澄清模糊认识，抵制错误思想，弘扬主旋律，传播正能量。加强同国内理论界学术界联系与交流，不断提高党校科研的影响力。加大对外交流力度，注重用中国理论阐述中国实践，进一步提高对外交流工作水平。

(十五)积极推进新型智库建设。中央党校和省(自治区、直辖市)委党校要聚焦党和国家中心工作、党委和政府重大决策部署、社会热点难点问题进行深入研究,及时向中央和地方各级党委反映重要思想理论动态、提出有价值的对策建议。建立和完善符合党校智库运行特点的经费管理使用机制,加强智库成果在决策中的转化应用。创新党校学员参与决策咨询机制。建立全国党校系统智库建设协作机制,确立决策咨询模式和智库成员管理模式,提高决策咨询服务水平。加强党校系统与行政学院系统、高等学校系统、科研院所系统的智库交流与合作,构建协同创新的新模式新机制。

五、加强党校师资队伍和干部队伍建设

(十六)严格政治要求。加强和改进党校思想政治工作,教育引导教师夯实马克思主义理论功底,忠诚于党、忠诚于党校事业,坚持党的立场,坚定党的信仰,践行党的宗旨。严明政治纪律和组织纪律,坚持学术研究无禁区、讲坛论坛有纪律,促进教师正确宣传党的理论和路线方针政策,在大是大非问题面前旗帜鲜明、同党中央保持一致。加强师德师风建设,推动教师明大德、守公德、严私德,恪守职业道德,弘扬优良作风,坚持为人师表,自觉维护党的形象和党校声誉。对师德师风不良或不适宜从事党校教学的,调整工作岗位或调离党校。

(十七)优化教师队伍结构。落实人才强校战略,把更多优秀人才吸引到党校事业中来。拓宽教师来源渠道,坚持严格的政治标准和业务标准,注重从高等学校优秀毕业生中招录青年教研人员,从高等学校和其他部门引进符合党校教学要求的优秀人才。加强党校与其他党政机关和单位干部的交流力度,畅通人才双向交流渠道。选聘政治素质过硬、理论水平较高、善于课堂讲授的党政军领导干部、企事业单位领导人员,选聘先进典型人物、知名专家学者,担任党校兼职教师。

(十八)切实提高师资水平。建立健全科学有效的人才激励机制,实施党校系统"名师工程",以学科学术带头人为主体,着力培养政治强、业务精、作风好的知名教师。通过加强经典著作学习、加强教学科研实践、发挥优秀教师传帮带作用等多种途径,加强拔尖人才、学术领军人才培养,加快中青年教师培养。加大党校教师到党政机关或基层挂职锻炼力度,实行蹲点调研制度,组织党校教研人员到基层一线深入了解实际,加深对国情党情的认识,增强分析和解决问题的能力。提高专职教研岗位在全校岗位总量中的比例。

(十九)创新师资管理。推进党校组织人事制度改革,进一步形成民主、公开、竞争、择优的选人用人机制。探索建立符合干部教育培训特点的师资准入和退出机制、师资考核评价体系、职称评定和岗位聘任办法,推行教师竞争竞聘上岗,探索建立岗位等级、工作业绩与薪酬福利挂钩机制。切实保障党校教师工资待遇,增强党校教师岗位的吸引力。

(二十)抓好组织员或班主任队伍建设。党校的组织员或班主任处于教学管理一线,在联系、管理和服务学员中负有重要责任。根据党校层级、编制数量、办学规模等,配好配强相应级别和数量的组织员或班主任。引导组织员或班主任提高自身素质,强化责任意识,讲认真、敢较真,督促学员严格遵守学习纪律、课堂纪律、考试纪律、请假纪律,对违反纪律和规定的学员,该提醒的提醒、该批评的批评、该通报的通报,落实好从严管理学员的责任。

六、充分发挥党校系统整体优势

(二十一)加强上级党校对下级党校的指导。坚持统筹协调、上下联动,强化全国党校系统的整体功能。中央党校要制定对地方党校和中央党校分校业务指导的年度工作计划;制定《〈中国共产党党校工作条例〉执行情况评估办法》和《党校办学质量评估指标体系》并抓好督促落实;制定全国党校系统干部培训班次及其培训目标建议清单、各种培训班课程设置建议清单,提高党校系统培训的规范性、科学性和整体质量。中央党校和省(自治区、直辖市)委党校、副省级城市党委党校,设立党校教研与管理骨干研修班,为下级党校培训师资和干部。在中央党校建立全国党校教师进修学院,有计划培训党校教师。加强中央党校分校建设,不断提高办学质量和水平。加强各级党校之间交流,科学统筹党校系统资源,强化教学、科研、管理服务等方面合作,提升资源利用效率和教学效果。深入开展精品课示范教学,建立全国党校系统名师名课库,推动名师名课资源共享。

(二十二)因地制宜推进县(市)委党校办学体制改革。坚持从实际出发,有效整合县域干部教育培训资源。有条件的县(市)可独立设置党校,并探索实行县委党校与讲师团合并。提倡和鼓励将市辖区委党校和不具备办学条件的县委党校设为市(地)委党校分校,由市(地)委党校统筹安排有关培训任务和师资力量,集中力量办好市(地)委党校。党政部门、国有企业、高等学校、部队等所属党校是培训党员干部和开展党建工作的重要阵地,都要履行好职能,充分发挥作用。

七、加强和改善党委对党校工作的领导

(二十三)坚持党委办党校。各级党委要把办好管好建好党校作为履行党建工作责任制的重要内容,把党校工作纳入党委整体工作部署和党的建设总体安排,每年至少专题研究一次党校工作。各级党委主要负责同志要经常过问党校工作,每年至少一次到党校调研指导或与学员座谈。兼任党校校长的党委负责同志要认真履职尽责，做到时间到位、精力到位、工作到位。各级党委要点名选调重要岗位干部和优秀干部到党校培训，防止和纠正一些领导骨干和业务骨干多年未参加培训、部分干部多次重复培训的现象，真正使党校成为既培养人才又发现人才的重要渠道。支持和促进党校人员外派挂职交流，为党校教师挂职锻炼、进行社会调查提供必要帮助。

(二十四)选优配强党校领导班子。地方党委党校校长一般由同级党委书记或副书记兼任。选拔政治立场坚定、理论功底扎实、有实践经验、年富力强、开拓创新的优秀干部担任主持日常工作的副校长。地方党委党校主持日常工作的副校长可按同级党委部门正职领导干部选配并作为同级党委成员提名人选，主管教学、科研的副校长人选一般从教师队伍中选拔产生，防止把党校作为单纯照顾安排干部的地方。

(二十五)建立和实行领导干部到党校讲课制度。领导干部到党校讲课是我们党的一个传统、一大优势，必须长期坚持并形成制度。坚持中央领导同志带头到中央党校讲课的做法。省、市、县党委领导班子成员每人每年至少到同级党校讲一次课。县级以上党委和政府工作部门主要负责人，根据需要不定期到同级党校讲课。每年领导干部讲课总课时，占各级党校主体班次总课时的比例不低于20%。领导干部到党校讲课，要以问题为导向，紧密结合干部思想实际和工作实际，采取形势报告、专题讲座、讲党课等形式，为学员阐明形势、解析政策、交流经验、答疑释惑，增强讲授的思想性和指导性。各级党委要把领导干部到党校讲课作为加强领导班子思想政治建设的重要内容，纳入经常性工作，作出制度性安排。

(二十六)重视地方党校基础设施建设和办学经费保障。学员教室、学员宿舍、学员食堂、学员图书馆等设施是党校正常办学必需的基础设施，相关经费由同级财政性资金等途径解决。健全党校经费保障机制，党校办学经费纳入同级财政预算统筹考虑。中央财政加大对中西部地区、民族地区、革命老区和欠发达地区的转移支付力度，相关地区可统筹中央补助和自有财力加大对党校的经费投入。

中国共产党地方委员会工作条例

（中共中央2015年12月25日印发）

第一章 总　　则

第一条 为了落实全面从严治党要求，加强和改进党的地方委员会工作，提高党的执政能力和领导水平，促进党的执政目标的实现，根据《中国共产党章程》，制定本条例。

第二条 本条例适用于党的省、自治区、直辖市，设区的市和自治州，县（旗）、自治县、不设区的市和市辖区委员会及其常务委员会。

第三条 党的地方委员会在本地区发挥总揽全局、协调各方的领导核心作用，按照协调推进"四个全面"战略布局，对本地区经济建设、政治建设、文化建设、社会建设、生态文明建设实行全面领导，对本地区党的建设全面负责。

第四条 党的地方委员会工作必须遵循以下原则：

（一）坚持高举中国特色社会主义伟大旗帜，坚决贯彻党的理论和路线方针政策。

（二）坚持立党为公、执政为民，认真践行党的宗旨和群众路线。

（三）坚持解放思想、实事求是、与时俱进、求真务实，结合本地区实际创造性开展工作。

（四）坚持民主集中制，增强党的地方委员会领导集体活力和党的团结统一。

（五）坚持党要管党、从严治党，始终保持党的先进性和纯洁性。

（六）坚持在宪法和法律范围内活动，依据党章和其他党内法规履职尽责。

第五条 党的地方委员会主要实行政治、思想和组织领导，把方向、管大局、作决策、保落实：

（一）对本地区重大问题作出决策。

（二）通过法定程序使党组织的主张成为地方性法规、地方政府规章或者其他政令。

（三）加强对本地区宣传思想文化工作的领导，牢牢掌握意识形态工作领导权、话语权。

（四）按照干部管理权限任免和管理干部，向地方国家机关、政协组织、人民团体、国有企事业单位等推荐重要干部。

(五)支持和保证人大、政府、政协、法院、检察院、人民团体等依法依章程独立负责、协调一致地开展工作,发挥这些组织中党组的领导核心作用。

(六)加强对本地区群团工作和统一战线工作的领导。

(七)动员、组织所属党组织和广大党员,团结带领群众实现党的目标任务。

第二章　组织和成员

第六条　党的地方委员会由同级党代表大会选举产生,由委员、候补委员组成,每届任期5年。

党的地方委员会的常务委员会(简称常委会)由党的地方委员会全体会议(简称全会)选举产生,由党的地方委员会书记、副书记和常委会其他委员组成。

第七条　党的地方委员会委员、候补委员配备应当具有代表性,符合党龄、年龄、性别、专业等方面要求。人选应当包括书记、副书记和常委会其他委员,一般还应当包括同级政府领导班子成员,同级人大常委会、政协、法院、检察院主要负责人,同级党委和政府有关部门主要负责人,同级工会、共青团、妇联主要负责人,下一级党委和政府主要负责人,以及适当比例的基层党员。

党的地方委员会任期内,委员出缺的由候补委员按照得票多少依次递补,递补后仍有空缺的可以召开党代表大会或者党代表会议补选。

因调离本地区、辞去公职、退休等原因不适宜继续担任党委委员、候补委员的,应当辞去或者由所在的党的地方委员会按程序免去其党委委员、候补委员职务。死亡、丧失国籍、被追究刑事责任、被停止党籍、受到留党察看以上党纪处分的,委员、候补委员职务自动终止。辞去、免去或者自动终止委员、候补委员职务的,应当报上一级党委备案。确有必要时,上一级党委可以任免下级党委委员、候补委员职务。

第八条　常委会委员配备,由上级党委根据工作需要,按照有利于贯彻执行民主集中制、提高议事决策水平的原则决定。常委会委员名额,省级为11至13人,市、县两级为9至11人,个别地方需要适当增减的,由党中央决定或者省级党委根据中央精神审批。

党的地方委员会设书记1名、副书记2名,个别民族自治地方需要适当增加副书记职数的,由党中央决定或者省级党委根据中央精神审批。

党的地方委员会换届时,书记、副书记和常委会其他委员由全会选举产生,并报上一级党委审批。新当选的书记、副书记和常委会其他委员一般应当任满一届。在党代表大会闭会期间，上级党委可以根据工作需要，调动、任免下级党委书记、副书记和常委会其他委员，其数额在任期内一般不得超过常委会委员职数的二分之一。

第三章　职　　责

第九条　党的地方委员会在党代表大会闭会期间，执行上级党组织的指示和同级党代表大会的决议、决定，领导本地区的工作。

党的地方委员会应当通过召开全会的方式履行以下职责：

（一）制定贯彻执行党中央和上级党组织决策部署以及同级党代表大会决议、决定的重大措施。

（二）讨论和决定本地区经济社会发展战略、重大改革事项、重大民生保障等经济社会发展重大问题。

（三）讨论和决定本地区党的建设方面的重大问题，审议通过重要党内法规或者规范性文件。

（四）决定召开同级党代表大会或者党代表会议，并对提议事项先行审议、提出意见。

（五）听取和审议常委会工作报告或者专项工作报告。

（六）选举书记、副书记和常委会其他委员；通过同级党的纪律检查委员会全体会议选举产生的书记、副书记和常委会其他委员。

（七）决定递补党委委员；批准辞去或者决定免去党委委员、候补委员；决定改组或者解散下一级党组织；决定或者追认给予党委委员、候补委员撤销党内职务以上党纪处分。

（八）研究讨论本地区行政区划调整以及有关党政群机构设立、变更和撤销方案。

（九）对常委会提请决定的事项或者应当由全会决定的其他重要事项作出决策。

第十条　常委会在全会闭会期间行使党的地方委员会职权，主持经常工作。其主要职责是：

（一）召集全会，向全会报告工作并接受监督；对拟提交全会讨论和决定的事项先行审议、提出意见。

（二）组织实施上级党组织决策部署和全会决议、决定。

（三）向上级党组织请示报告工作，讨论和决定下级党组织请示报告的重要事项。

(四)对本地区经济社会发展和宣传思想文化工作、组织工作、纪律检查工作、群众工作、统一战线工作、政法工作等方面经常性工作中的重要问题作出决定。

(五)按照有关规定推荐、提名、任免干部,必要时对重要干部的任免可以征求党委委员意见;教育、管理、监督干部;研究决定党员干部纪律处分有关事项。

(六)对应当由常委会决定的其他重要事项作出决定。

第十一条 党委书记主持党的地方委员会全面工作,组织常委会活动,协调常委会委员的工作,对党委工作负主要责任。

担任政府正职的党委副书记主持政府全面工作,组织政府党组活动。不担任政府职务的党委副书记主要协助书记抓党的建设工作,同时可以根据需要协调和负责其他方面工作。

常委会其他委员根据分工负责有关工作,履行分管领域从严治党责任。

第十二条 党的地方委员会应当建立职责清单制度,明确常委会及其成员职责,并在一定范围内公开。

第十三条 党的地方委员会必须认真履行全面从严治党主体责任,书记必须履行抓党建第一责任人职责。常委会应当定期研究党建工作,每年至少向全会和上一级党委专题报告1次抓党建工作情况。充分发挥党的建设工作领导小组职能作用。加强基层党组织建设,实行市、县两级党委书记抓基层党建工作述职评议考核制度,完善党建工作考核综合评价体系,确保党建各项部署落到实处。

党的地方委员会应当认真履行党风廉政建设主体责任,领导和支持纪律检查机关履行监督责任,坚持纪在法前、纪严于法,严格执行和维护党的纪律,推动形成不敢腐、不能腐、不想腐的廉洁从政环境。

第十四条 党的地方委员会及其成员应当加强思想政治建设,坚持用马克思列宁主义、毛泽东思想、中国特色社会主义理论体系武装头脑,深入学习贯彻习近平总书记系列重要讲话精神,坚定理想信念,严守政治纪律和政治规矩。严肃党内政治生活,按照规定参加民主生活会和组织生活会。严格落实中央关于改进工作作风、密切联系群众的各项规定,坚决反对形式主义、官僚主义、享乐主义和奢靡之风。切实增强践行“三严三实”要求的思想自觉和行动自觉,带头营造良好政治生态。严格遵守《中国共产党廉洁自律准则》等有关规定,切实做到为民、务实、清廉。

第四章 组织原则

第十五条 党的地方委员会必须始终在思想上政治上行动上同党中央保持高度一致,坚决贯彻执行党中央决策部署和上级党组织决定,坚决维护党中央权威,任何地方工作部署都必须以贯彻中央精神为前提。

党的地方委员会应当每年向上一级党委作1次全面工作情况报告,执行党中央和上级党组织某项重要决定的情况应当专题报告。遇有重大突发事件、重大问题应当及时请示报告。

第十六条 党的地方委员会应当支持和保证下级党组织依法依规正常履职。凡属下级党组织职责范围内的事项,如无特殊情况,应当由下级党组织处理。

党的地方委员会作出同下级党组织有关的重要决定,一般应当事前征求下级党组织意见。需要同级党代表大会代表、下级党组织和党员了解的重要情况和重大问题,应当及时通报。

第十七条 党的地方委员会应当坚持民主集中制,实行集体领导和个人分工负责相结合的制度。凡属应当由全会或者常委会会议讨论和决定的事项,必须由集体研究决定,任何个人或者少数人无权擅自决定。在集体讨论和决定问题时,个人应当充分发表意见。个人对集体作出的决定必须坚决执行,有不同意见的可以保留,也可以向上级党组织报告。

常委会委员应当根据分工和集体决定,勇于担当、敢于负责,切实履行职责;对不属于自己分管的工作,也应当从全局出发关心支持,加强研究,积极提出意见和建议。

第十八条 党委书记应当带头执行民主集中制,充分发扬党内民主,善于集中正确意见,自觉接受常委会其他委员监督,不得凌驾于组织之上、班子之上,不得搞独断专行。

常委会其他委员应当支持书记开展工作,自觉接受书记对其工作的督促检查。

常委会委员应当在党性原则基础上维护团结,互相信任、互相谅解、互相支持、互相监督。

第十九条 常委会委员代表党委的讲话和报告,署名发表或者出版同工作有关的文章、著作、言论,应当事先经过常委会审定或者党委书记批准。

常委会委员在调查研究、检查指导工作或者参加其他公务活动时发表的个人意见,应当符合党委集体决定精神。

第五章　议事和决策

第二十条　党的地方委员会及其常委会议事决策应当坚持集体领导、民主集中、个别酝酿、会议决定，实行科学决策、民主决策、依法决策。

第二十一条　党的地方委员会及其常委会应当健全决策咨询机制，重大决策一般应当在调查研究基础上提出方案，充分听取各方面意见，进行风险评估和合法合规性审查，经过全会或者常委会会议讨论和决定。

第二十二条　全会每年至少召开2次，遇有重要情况可以随时召开。全会由常委会召集并主持，议题一般由常委会征询党委委员、候补委员意见后确定。

全会应当有三分之二以上党委委员到会方可召开。党委委员、候补委员因故不能参加会议的应当在会前请假，其意见可以用书面形式表达。根据工作需要，常委会可以确定有关人员列席全会。

表决可以根据讨论和决定事项的不同，采用举手、无记名投票或者记名投票等方式进行，赞成票超过应到会党委委员半数为通过。未到会党委委员的意见不得计入票数。候补委员没有表决权。

对党委委员、候补委员作出撤销党内职务以上党纪处分决定，必须由全会三分之二以上多数决定。在特殊情况下，可以先由常委会作出处理决定，待召开全会时予以追认。对党委委员、候补委员的上述处分，必须经上级党委批准。

第二十三条　常委会会议一般每月召开2次，遇有重要情况可以随时召开。

常委会会议由党委书记召集并主持。书记不能参加会议的，可以委托副书记召集并主持。会议议题由书记提出，或者由常委会其他委员提出建议、书记综合考虑后确定。

常委会会议应当有半数以上常委会委员到会方可召开。讨论和决定干部任免事项必须有三分之二以上常委会委员到会。常委会委员因故不能参加会议的应当在会前请假，其意见可以用书面形式表达。根据工作需要，会议召集人可以确定有关人员列席会议。

表决可以根据讨论和决定事项的不同，采用口头、举手、无记名投票或者记名投票等方式进行，赞成票超过应到会常委会委员半数为通过。未到会常委会委员的意见不得计入票数。会议讨论和决定多个事项，应当逐项表决。

常委会会议由专门人员如实记录，决定事项应当编发会议纪要。经常委会会议讨论通过、以党委名义上报或者下发的文件，由书记签发。

遇重大突发事件、抢险救灾等紧急情况，不能及时召开常委会会议决策的，书记、副书记或者常委会其他委员可以临机处置，事后应当及时向常委会报告。

第二十四条 党的地方委员会及其常委会可以根据工作需要召开扩大会议，但不得代替全会、常委会会议作出决策。

第二十五条 需要提交常委会会议审议的重要事项，可以先召开书记专题会议进行酝酿。书记专题会议由书记主持，副书记和其他有关常委会委员等参加。书记专题会议不得代替常委会会议作出决策。

常委会委员可以根据工作需要，在其职责范围内主持召开议事协调会议，研究解决有关问题，但不得超越权限作出决策。

党的地方委员会应当加强对同级人大、政府、政协等的领导，建立健全沟通协调机制，及时通报重要情况。注重通过国家机关、政协组织、民主党派、人民团体、基层单位等渠道，就经济社会发展重大问题和涉及群众切身利益实际问题，广泛协商、广集民智、增进共识、增强合力。

第二十六条 党的地方委员会通过全会作出的决策，由常委会负责组织实施；常委会作出的决策，由常委会委员分工负责组织实施。

党的地方委员会应当建立有效的督查、评估和反馈机制，确保决策落实。决策执行过程中需作重大调整的，应当按照谁决策、谁调整的原则通过召开全会或者常委会会议决定。

第六章 监督和追责

第二十七条 党的地方委员会向同级党代表大会负责并报告工作，应当自觉接受上级党委领导和工作监督，并接受上级和同级纪律检查机关监督，接受下级党组织和党员群众的监督，接受各民主党派和无党派人士的民主监督。

党的地方委员会应当有计划地邀请同级党代表大会代表列席全会或者常委会会议等重要会议，适当增加列席的人员数量和频次。定期组织党代表大会代表进行专题调研，组织党代表大会代表开展提案提议，充分听取意见建议。

第二十八条 上级党委应当定期对下一级党委常委会及其成员履行职责情况进行考核，建立健全奖惩机制。考核具体工作由上级党委组织部门牵头，纪律检查机关、党委有关部门参与。

第二十九条 违反本条例有关规定的，根据情节轻重，给予批评教育、责令作出检查、诫勉谈话、通报批评或者调离岗位、责令辞职、免职、降职等处理；应当追究党纪政纪责任的，依照《中国共产党纪律处分条例》、《行政机关公务员处分条例》等有关规定给予相应处分；涉嫌违法犯罪的，按照国家有关法律规定处理。

第七章　附　　则

第三十条　党的地区委员会和相当于地区委员会的组织,可以参照执行本条例。

第三十一条　党的地方各级委员会应当根据本条例,结合各自实际制定和完善工作规则。

第三十二条　本条例由中央办公厅商中央组织部解释。

第三十三条　本条例自2015年12月25日起施行。1996年4月5日中共中央印发的《中国共产党地方委员会工作条例(试行)》同时废止。

中国共产党工作机关条例(试行)

(中共中央2017年3月1日印发)

第一章 总 则

第一条 为了规范党的工作机关的设立和运行,提高党的工作机关履职能力和工作水平,保证党的理论和路线方针政策得到有效贯彻执行,根据《中国共产党章程》,制定本条例。

第二条 党的工作机关是党实施政治、思想和组织领导的政治机关,是落实党中央和地方各级党委决策部署,实施党的领导、加强党的建设、推进党的事业的执行机关,主要包括办公厅(室)、职能部门、办事机构和派出机关。

第三条 本条例适用于中央和地方党的工作机关。

党委直属事业单位、设在党的工作机关或者由党的工作机关管理的机关,参照本条例执行,法律法规和中央另有规定的除外。

党的纪律检查机关的产生和运行,按照党章和中央有关规定执行。

第四条 党的工作机关开展工作应当遵循以下原则:

(一)坚持加强党的领导,坚决维护党中央权威;

(二)坚持党的政治路线、思想路线、组织路线、群众路线;

(三)坚持贯彻民主集中制,增强党的团结统一和机关工作活力;

(四)坚持各司其职、相互配合,确保党的各项工作协调一致、协同推进;

(五)坚持全面从严治党、依规治党,依照党章党规履行职责;

(六)坚持在宪法法律范围内活动,支持同级国家机关和其他组织依法依章程开展工作。

第二章 设 立

第五条 党的工作机关的设立,应当适应加强党的领导和党的建设的需要,遵循精简、统一、效能原则,实行总量控制和限额管理。

根据工作需要,党的工作机关可以与职责相近的国家机关等合并设立或者合署办公。合并设立或者合署办公仍由党委主管。

严格控制议事协调机构常设办事机构的设立。议事协调机构负责的事项,可以交由现有工作机关牵头协调或者建立协调配合机制解决的,不另设常设办事机构。

第六条 党中央工作机关的设立、撤销、合并或者变更,由中央机构编制管理部门提出方案,按程序报党中央审批决定。

地方党委工作机关的设立、撤销、合并或者变更,由同级机构编制管理部门提出方案,按规定程序由本级党委讨论决定后,报上级党委审批。

第七条 党的工作机关的领导机构和决策形式是部(厅、室)务会或者委员会,一般由正职、副职、派驻纪检组组长或者纪工委书记及其他成员组成。

党的工作机关的领导职数,根据工作需要和从严控制的原则,严格按照有关规定执行。

党的工作机关正职由上级机构领导成员兼任的,可以设常务副职,协助其处理日常工作。

党的工作机关不设正职领导助理,一般不设秘书长。确有必要时,经党中央批准,党中央职能部门可以设秘书长。

第八条 党的工作机关根据工作需要和精干效能的原则设置必要的内设机构。内设机构的设立、撤销、合并或者变更,按照规定的权限和程序审批。

第九条 党的工作机关在核定的行政编制内配备机关工作人员。

第三章 职 责

第十条 党的工作机关应当职责明确、权责一致,其职责一般依据党章党规确定,具体职责由有关职能配置、内设机构、人员编制规定予以明确。

应当由党委履行的职责,党委不得将其授予工作机关。

第十一条 党的工作机关应当履行以下职责:

(一)坚决贯彻落实党的理论和路线方针政策以及党委决策部署,确保政令畅通;

(二)研究部署职责范围内的工作,按照规定制发党内法规和规范性文件,抓好组织实施和督促落实;

(三)当好党委参谋助手,及时报告有关情况、反映问题、提出意见建议,为党委决策提供服务;

(四)抓好机关党的建设工作,加强对本单位群团工作的领导;

(五)承办党委和上级工作机关交办的有关事项。

第十二条 党委办公厅(室)是党委的综合部门,负责推动党委决策部署的落实,按照党委要求协调有关方面开展工作,承担党委运行保障具体事务。

第十三条 党委职能部门是负责党委某一方面工作的主管部门，按照规定行使相对独立的管理职能，制定相关政策法规并组织实施，协调指导本系统、本领域工作。

第十四条 党委办事机构是协助党委办理某一方面重要事务的机构，一般是指党委为加强跨领域、跨部门重要工作的领导和组织协调而设立的议事协调机构的常设办事机构，承担议事协调机构的综合性服务工作，可以根据有关规定履行特定管理职责。

第十五条 党委派出机关是党委为加强对特定领域、行业、系统领导而派出的工作机关，根据有关规定代表党委领导该领域、行业、系统的工作。

第十六条 党的工作机关必须牢固树立政治意识、大局意识、核心意识、看齐意识，始终在思想上政治上行动上同党中央保持高度一致。按照全面从严治党要求，加强机关党的建设和队伍思想政治建设，教育引导党员干部坚定理想信念，强化宗旨意识，始终保持对党的事业、对党中央的绝对忠诚，自觉践行“三严三实”要求，在守纪律、讲规矩方面作出表率。

党的工作机关应当加强业务能力建设，开展经常性的学习培训和业务交流，勇于探索实践，善于总结工作规律，不断提高干部队伍专业化水平和履职尽责本领。

第四章 决策与执行

第十七条 党的工作机关必须坚持民主集中制，领导班子实行集体领导和个人分工负责相结合的制度。凡属本机关重大事项，应当按照集体领导、民主集中、个别酝酿、会议决定的原则，由领导班子集体研究决定。领导班子成员应当根据集体决定和分工，勇于担当，敢于负责，切实履行职责。

第十八条 党的工作机关应当通过召开部(厅、室)务会会议、委员会会议等形式讨论决定下列重大事项：

(一)学习贯彻党中央、上级和本级党委的有关决定、指示和工作部署；

(二)研究讨论贯彻执行本机关职责范围内相关方针政策与法律法规的具体措施；

(三)讨论决定本机关重大决策、重要人事任免、重大项目安排、大额资金使用等事项；

(四)审议向党中央或者本级党委以及上级党的工作机关请示报告的重要事项；

(五)研究部署本机关党的建设方面的重要事项；

(六)研究讨论其他重要事项。

党的工作机关领导班子应当科学决策、民主决策、依法决策。对重大事项的决策,一般应当经过调查研究、征求意见、专业评估、合法合规性审查和集体讨论决定等程序。

第十九条 部(厅、室)务会会议、委员会会议由党的工作机关主要负责同志召集并主持,领导班子成员参加。根据工作需要,会议召集人可以确定有关人员列席会议。会议由专门人员如实记录,对决定事项编发会议纪要,并按照规定存档备查。

第二十条 党的工作机关应当建立有效的督查、评估和反馈机制,确保领导班子决策落实。

第二十一条 党的工作机关根据工作需要,可以召开部长(主任、书记)办公会议,组织推进部(厅、室)务会会议、委员会会议决策事项的落实和研究讨论专项工作。部长(主任、书记)办公会议由部长(主任、书记)或者委托领导班子其他成员主持召开,领导班子有关成员和有关内设机构主要负责人等参加。部长(主任、书记)办公会议不得代替部(厅、室)务会会议、委员会会议作出决策。

第二十二条 党的工作机关领导班子及其成员应当加强思想政治建设,认真学习马克思列宁主义、毛泽东思想,坚持用中国特色社会主义理论体系武装头脑,深入学习贯彻习近平总书记系列重要讲话精神和治国理政新理念新思想新战略,不断增强中国特色社会主义的道路自信、理论自信、制度自信、文化自信。严守党的政治纪律和政治规矩,严肃党内政治生活。严格落实中央关于改进工作作风、密切联系群众的各项规定,坚决反对形式主义、官僚主义、享乐主义和奢靡之风。

党的工作机关领导班子应当认真履行全面从严治党主体责任,落实党风廉政建设责任制,模范执行廉洁自律各项规定,坚决维护党的纪律,推动形成风清气正、干事创业的良好环境。

第五章 监督与追责

第二十三条 党的工作机关接受党委的全面监督,每年至少向党委作1次全面工作情况报告,遇有重要情况及时请示报告。执行党中央和上级党组织某项重要指示和决定的情况,应当进行专题报告。对党的工作机关作出的不适当决定,本级党委或者上级党的工作机关有权撤销或者变更。

党的工作机关应当自觉接受党的纪律检查机关及其派驻机构、党委直属机关纪工委以及机关纪委的监督。

第二十四条 党的工作机关领导班子应当自觉接受党内监督和群众监督。领导班了成员应当如实向党组织报告个人有关事项、述职述廉述德，接受组织监督。

第二十五条 党委应当定期对所属工作机关履职情况进行检查考核，具体工作由党委组织部门负责，考核结果在一定范围内通报。

第二十六条 党的工作机关领导班子成员违反本条例有关规定的，根据情节轻重，给予批评教育、责令作出检查、诫勉、通报批评或者调离岗位、责令辞职、免职、降职等处理；应当追究党纪政纪责任的，依照有关规定给予相应处分。

第六章 附　　则

第二十七条 机构编制管理部门应当根据本条例科学编制党的工作机关职能配置、内设机构、人员编制规定，按程序报本级党委审批后，以党委文件或者党委办公厅（室）文件形式发布。

第二十八条 中央军事委员会可以根据本条例，制定相关规定。

第二十九条 本条例由中央办公厅商中央组织部、中央机构编制委员会办公室解释。

第三十条 本条例自 2017 年 3 月 1 日起施行。

党的领导法规制度

(一)综合

中共中央关于全面深化改革若干重大问题的决定

(2013年11月12日中国共产党第十八届中央委员会
第三次全体会议通过)

为贯彻落实党的十八大关于全面深化改革的战略部署,十八届中央委员会第三次全体会议研究了全面深化改革的若干重大问题,作出如下决定。

一、全面深化改革的重大意义和指导思想

(1)改革开放是党在新的时代条件下带领全国各族人民进行的新的伟大革命,是当代中国最鲜明的特色。党的十一届三中全会召开三十五年来,我们党以巨大的政治勇气,锐意推进经济体制、政治体制、文化体制、社会体制、生态文明体制和党的建设制度改革,不断扩大开放,决心之大、变革之深、影响之广前所未有,成就举世瞩目。

改革开放最主要的成果是开创和发展了中国特色社会主义,为社会主义现代化建设提供了强大动力和有力保障。事实证明,改革开放是决定当代中国命运的关键抉择,是党和人民事业大踏步赶上时代的重要法宝。

实践发展永无止境,解放思想永无止境,改革开放永无止境。面对新形势新任务,全面建成小康社会,进而建成富强民主文明和谐的社会主义现代化国家、实现中华民族伟大复兴的中国梦,必须在新的历史起点上全面深化改革,不断增强中国特色社会主义道路自信、理论自信、制度自信。

(2)全面深化改革,必须高举中国特色社会主义伟大旗帜,以马克思列宁主义、毛泽东思想、邓小平理论、“三个代表”重要思想、科学发展观为指导,坚定信心,凝聚共识,统筹谋划,协同推进,坚持社会主义市场经济改革方向,以促进社会公平正义、增进人民福祉为出发点和落脚点,进一步解放思想、解放和发展社会生产力、解放和增强社会活力，坚决破除各方面体制机制弊端，努力开拓中国特色社会主义事业更加广阔的前景。

全面深化改革的总目标是完善和发展中国特色社会主义制度，推进国家治理体系和治理能力现代化。必须更加注重改革的系统性、整体性、协同性，加快发展社会主义市场经济、民主政治、先进文化、和谐社会、生态文明，让一切劳动、知识、技术、管理、资本的活力竞相迸发，让一切创造社会财富的源泉充分涌流，让发展成果更多更公平惠及全体人民。

紧紧围绕使市场在资源配置中起决定性作用深化经济体制改革，坚持和完善基本经济制度，加快完善现代市场体系、宏观调控体系、开放型经济体系，加快转变经济发展方式，加快建设创新型国家，推动经济更有效率、更加公平、更可持续发展。

紧紧围绕坚持党的领导、人民当家作主、依法治国有机统一深化政治体制改革，加快推进社会主义民主政治制度化、规范化、程序化，建设社会主义法治国家，发展更加广泛、更加充分、更加健全的人民民主。

紧紧围绕建设社会主义核心价值体系、社会主义文化强国深化文化体制改革，加快完善文化管理体制和文化生产经营机制，建立健全现代公共文化服务体系、现代文化市场体系，推动社会主义文化大发展大繁荣。

紧紧围绕更好保障和改善民生、促进社会公平正义深化社会体制改革，改革收入分配制度，促进共同富裕，推进社会领域制度创新，推进基本公共服务均等化，加快形成科学有效的社会治理体制，确保社会既充满活力又和谐有序。

紧紧围绕建设美丽中国深化生态文明体制改革，加快建立生态文明制度，健全国土空间开发、资源节约利用、生态环境保护的体制机制，推动形成人与自然和谐发展现代化建设新格局。

紧紧围绕提高科学执政、民主执政、依法执政水平深化党的建设制度改革，加强民主集中制建设，完善党的领导体制和执政方式，保持党的先进性和纯洁性，为改革开放和社会主义现代化建设提供坚强政治保证。

（3）全面深化改革，必须立足于我国长期处于社会主义初级阶段这个最大实际，坚持发展仍是解决我国所有问题的关键这个重大战略判断，以经济建设为中心，发挥经济体制改革牵引作用，推动生产关系同生产力、上层建筑同经济基础相适应，推动经济社会持续健康发展。

经济体制改革是全面深化改革的重点，核心问题是处理好政府和市场的关系，使市场在资源配置中起决定性作用和更好发挥政府作用。市场决定资源配置是市场经济的一般规律，健全社会主义市场经济体制必须遵循这条规律，着力解决市场体系不完善、政府干预过多和监管不到位问题。

必须积极稳妥从广度和深度上推进市场化改革,大幅度减少政府对资源的直接配置,推动资源配置依据市场规则、市场价格、市场竞争实现效益最大化和效率最优化。政府的职责和作用主要是保持宏观经济稳定,加强和优化公共服务,保障公平竞争,加强市场监管,维护市场秩序,推动可持续发展,促进共同富裕,弥补市场失灵。

(4)改革开放的成功实践为全面深化改革提供了重要经验,必须长期坚持。最重要的是,坚持党的领导,贯彻党的基本路线,不走封闭僵化的老路,不走改旗易帜的邪路,坚定走中国特色社会主义道路,始终确保改革正确方向;坚持解放思想、实事求是、与时俱进、求真务实,一切从实际出发,总结国内成功做法,借鉴国外有益经验,勇于推进理论和实践创新;坚持以人为本,尊重人民主体地位,发挥群众首创精神,紧紧依靠人民推动改革,促进人的全面发展;坚持正确处理改革发展稳定关系,胆子要大、步子要稳,加强顶层设计和摸着石头过河相结合,整体推进和重点突破相促进,提高改革决策科学性,广泛凝聚共识,形成改革合力。

当前,我国发展进入新阶段,改革进入攻坚期和深水区。必须以强烈的历史使命感,最大限度集中全党全社会智慧,最大限度调动一切积极因素,敢于啃硬骨头,敢于涉险滩,以更大决心冲破思想观念的束缚、突破利益固化的藩篱,推动中国特色社会主义制度自我完善和发展。

到二〇二〇年,在重要领域和关键环节改革上取得决定性成果,完成本决定提出的改革任务,形成系统完备、科学规范、运行有效的制度体系,使各方面制度更加成熟更加定型。

二、坚持和完善基本经济制度

公有制为主体、多种所有制经济共同发展的基本经济制度,是中国特色社会主义制度的重要支柱,也是社会主义市场经济体制的根基。公有制经济和非公有制经济都是社会主义市场经济的重要组成部分,都是我国经济社会发展的重要基础。必须毫不动摇巩固和发展公有制经济,坚持公有制主体地位,发挥国有经济主导作用,不断增强国有经济活力、控制力、影响力。必须毫不动摇鼓励、支持、引导非公有制经济发展,激发非公有制经济活力和创造力。

(5)完善产权保护制度。产权是所有制的核心。健全归属清晰、权责明确、保护严格、流转顺畅的现代产权制度。公有制经济财产权不可侵犯,非公有制经济财产权同样不可侵犯。

国家保护各种所有制经济产权和合法利益,保证各种所有制经济依法平等使用生产要素、公开公平公正参与市场竞争、同等受到法律保护,依法监管各种所有制经济。

(6)积极发展混合所有制经济。国有资本、集体资本、非公有资本等交叉持股、相互融合的混合所有制经济,是基本经济制度的重要实现形式,有利于国有资本放大功能、保值增值、提高竞争力,有利于各种所有制资本取长补短、相互促进、共同发展。允许更多国有经济和其他所有制经济发展成为混合所有制经济。国有资本投资项目允许非国有资本参股。允许混合所有制经济实行企业员工持股,形成资本所有者和劳动者利益共同体。

完善国有资产管理体制,以管资本为主加强国有资产监管,改革国有资本授权经营体制,组建若干国有资本运营公司,支持有条件的国有企业改组为国有资本投资公司。国有资本投资运营要服务于国家战略目标,更多投向关系国家安全、国民经济命脉的重要行业和关键领域,重点提供公共服务、发展重要前瞻性战略性产业、保护生态环境、支持科技进步、保障国家安全。

划转部分国有资本充实社会保障基金。完善国有资本经营预算制度,提高国有资本收益上缴公共财政比例,二〇二〇年提到百分之三十,更多用于保障和改善民生。

(7)推动国有企业完善现代企业制度。国有企业属于全民所有,是推进国家现代化、保障人民共同利益的重要力量。国有企业总体上已经同市场经济相融合,必须适应市场化、国际化新形势,以规范经营决策、资产保值增值、公平参与竞争、提高企业效率、增强企业活力、承担社会责任为重点,进一步深化国有企业改革。

准确界定不同国有企业功能。国有资本加大对公益性企业的投入,在提供公共服务方面作出更大贡献。国有资本继续控股经营的自然垄断行业,实行以政企分开、政资分开、特许经营、政府监管为主要内容的改革,根据不同行业特点实行网运分开、放开竞争性业务,推进公共资源配置市场化。进一步破除各种形式的行政垄断。

健全协调运转、有效制衡的公司法人治理结构。建立职业经理人制度,更好发挥企业家作用。深化企业内部管理人员能上能下、员工能进能出、收入能增能减的制度改革。建立长效激励约束机制,强化国有企业经营投资责任追究。探索推进国有企业财务预算等重大信息公开。

国有企业要合理增加市场化选聘比例,合理确定并严格规范国有企业管理人员薪酬水平、职务待遇、职务消费、业务消费。

(8)支持非公有制经济健康发展。非公有制经济在支撑增长、促进创新、扩大就业、增加税收等方面具有重要作用。坚持权利平等、机会平等、规则平等,废除对非公有制经济各种形式的不合理规定,消除各种隐性壁垒,制定非公有制企业进入特许经营领域具体办法。

鼓励非公有制企业参与国有企业改革,鼓励发展非公有资本控股的混合所有制企业,鼓励有条件的私营企业建立现代企业制度。

三、加快完善现代市场体系

建设统一开放、竞争有序的市场体系,是使市场在资源配置中起决定性作用的基础。必须加快形成企业自主经营、公平竞争,消费者自由选择、自主消费,商品和要素自由流动、平等交换的现代市场体系,着力清除市场壁垒,提高资源配置效率和公平性。

(9)建立公平开放透明的市场规则。实行统一的市场准入制度,在制定负面清单基础上,各类市场主体可依法平等进入清单之外领域。探索对外商投资实行准入前国民待遇加负面清单的管理模式。推进工商注册制度便利化,削减资质认定项目,由先证后照改为先照后证,把注册资本实缴登记制逐步改为认缴登记制。推进国内贸易流通体制改革,建设法治化营商环境。

改革市场监管体系,实行统一的市场监管,清理和废除妨碍全国统一市场和公平竞争的各种规定和做法,严禁和惩处各类违法实行优惠政策行为,反对地方保护,反对垄断和不正当竞争。建立健全社会征信体系,褒扬诚信,惩戒失信。健全优胜劣汰市场化退出机制,完善企业破产制度。

(10)完善主要由市场决定价格的机制。凡是能由市场形成价格的都交给市场,政府不进行不当干预。推进水、石油、天然气、电力、交通、电信等领域价格改革,放开竞争性环节价格。政府定价范围主要限定在重要公用事业、公益性服务、网络型自然垄断环节,提高透明度,接受社会监督。完善农产品价格形成机制,注重发挥市场形成价格作用。

(11)建立城乡统一的建设用地市场。在符合规划和用途管制前提下,允许农村集体经营性建设用地出让、租赁、入股,实行与国有土地同等入市、同权同价。缩小征地范围,规范征地程序,完善对被征地农民合理、规范、多元保障机制。扩大国有土地有偿使用范围,减少非公益性用地划拨。建立兼顾国家、集体、个人的土地增值收益分配机制,合理提高个人收益。完善土地租赁、转让、抵押二级市场。

(12)完善金融市场体系。扩大金融业对内对外开放,在加强监管前提下,允许具备条件的民间资本依法发起设立中小型银行等金融机构。推进政策性金融机构改革。健全多层次资本市场体系,推进股票发行注册制改革,多渠道推动股权融资,发展并规范债券市场,提高直接融资比重。完善保险经济补偿机制,建立巨灾保险制度。发展普惠金融。鼓励金融创新,丰富金融市场层次和产品。

完善人民币汇率市场化形成机制,加快推进利率市场化,健全反映市场供求关系的国债收益率曲线。推动资本市场双向开放,有序提高跨境资本和金融交易可兑换程度,建立健全宏观审慎管理框架下的外债和资本流动管理体系,加快实现人民币资本项目可兑换。

落实金融监管改革措施和稳健标准,完善监管协调机制,界定中央和地方金融监管职责和风险处置责任。建立存款保险制度,完善金融机构市场化退出机制。加强金融基础设施建设,保障金融市场安全高效运行和整体稳定。

(13)深化科技体制改革。建立健全鼓励原始创新、集成创新、引进消化吸收再创新的体制机制,健全技术创新市场导向机制,发挥市场对技术研发方向、路线选择、要素价格、各类创新要素配置的导向作用。建立产学研协同创新机制,强化企业在技术创新中的主体地位,发挥大型企业创新骨干作用,激发中小企业创新活力,推进应用型技术研发机构市场化、企业化改革,建设国家创新体系。

加强知识产权运用和保护,健全技术创新激励机制,探索建立知识产权法院。打破行政主导和部门分割,建立主要由市场决定技术创新项目和经费分配、评价成果的机制。发展技术市场,健全技术转移机制,改善科技型中小企业融资条件,完善风险投资机制,创新商业模式,促进科技成果资本化、产业化。

整合科技规划和资源,完善政府对基础性、战略性、前沿性科学研究和共性技术研究的支持机制。国家重大科研基础设施依照规定应该开放的一律对社会开放。建立创新调查制度和创新报告制度,构建公开透明的国家科研资源管理和项目评价机制。

改革院士遴选和管理体制,优化学科布局,提高中青年人才比例,实行院士退休和退出制度。

四、加快转变政府职能

科学的宏观调控,有效的政府治理,是发挥社会主义市场经济体制优势的内在要求。必须切实转变政府职能,深化行政体制改革,创新行政管理方式,增强政府公信力和执行力,建设法治政府和服务型政府。

(14)健全宏观调控体系。宏观调控的主要任务是保持经济总量平衡,促进重大经济结构协调和生产力布局优化,减缓经济周期波动影响,防范区域性、系统性风险,稳定市场预期,实现经济持续健康发展。健全以国家发展战略和规划为导向、以财政政策和货币政策为主要手段的宏观调控体系,推进宏观调控目标制定和政策手段运用机制化,加强财政政策、货币政策与产业、价格等政策手段协调配合,提高相机抉择水平,增强宏观调控前瞻性、针对性、协同性。形成参与国际宏观经济政策协调的机制,推动国际经济治理结构完善。

深化投资体制改革,确立企业投资主体地位。企业投资项目,除关系国家安全和生态安全、涉及全国重大生产力布局、战略性资源开发和重大公共利益等项目外,一律由企业依法依规自主决策,政府不再审批。强化节能节地节水、环境、技术、安全等市场准入标准,建立健全防范和化解产能过剩长效机制。

完善发展成果考核评价体系,纠正单纯以经济增长速度评定政绩的偏向,加大资源消耗、环境损害、生态效益、产能过剩、科技创新、安全生产、新增债务等指标的权重,更加重视劳动就业、居民收入、社会保障、人民健康状况。加快建立国家统一的经济核算制度,编制全国和地方资产负债表,建立全社会房产、信用等基础数据统一平台,推进部门信息共享。

(15)全面正确履行政府职能。进一步简政放权,深化行政审批制度改革,最大限度减少中央政府对微观事务的管理,市场机制能有效调节的经济活动,一律取消审批,对保留的行政审批事项要规范管理、提高效率;直接面向基层、量大面广、由地方管理更方便有效的经济社会事项,一律下放地方和基层管理。

政府要加强发展战略、规划、政策、标准等制定和实施,加强市场活动监管,加强各类公共服务提供。加强中央政府宏观调控职责和能力,加强地方政府公共服务、市场监管、社会管理、环境保护等职责。推广政府购买服务,凡属事务性管理服务,原则上都要引入竞争机制,通过合同、委托等方式向社会购买。

加快事业单位分类改革,加大政府购买公共服务力度,推动公办事业单位与主管部门理顺关系和去行政化,创造条件,逐步取消学校、科研院所、医院等单位的行政级别。建立事业单位法人治理结构,推进有条件的事业单位转为企业或社会组织。建立各类事业单位统一登记管理制度。

(16)优化政府组织结构。转变政府职能必须深化机构改革。优化政府机构设置、职能配置、工作流程,完善决策权、执行权、监督权既相互制约又相互协调的行政运行机制。严格绩效管理,突出责任落实,确保权责一致。

统筹党政群机构改革,理顺部门职责关系。积极稳妥实施大部门制。优化行政区划设置,有条件的地方探索推进省直接管理县(市)体制改革。严格控制机构编制,严格按规定职数配备领导干部,减少机构数量和领导职数,严格控制财政供养人员总量。推进机构编制管理科学化、规范化、法制化。

五、深化财税体制改革

财政是国家治理的基础和重要支柱,科学的财税体制是优化资源配置、维护市场统一、促进社会公平、实现国家长治久安的制度保障。必须完善立法、明确事权、改革税制、稳定税负、透明预算、提高效率,建立现代财政制度,发挥中央和地方两个积极性。

（17）改进预算管理制度。实施全面规范、公开透明的预算制度。审核预算的重点由平衡状态、赤字规模向支出预算和政策拓展。清理规范重点支出同财政收支增幅或生产总值挂钩事项，一般不采取挂钩方式。建立跨年度预算平衡机制，建立权责发生制的政府综合财务报告制度，建立规范合理的中央和地方政府债务管理及风险预警机制。

完善一般性转移支付增长机制，重点增加对革命老区、民族地区、边疆地区、贫困地区的转移支付。中央出台增支政策形成的地方财力缺口，原则上通过一般性转移支付调节。清理、整合、规范专项转移支付项目，逐步取消竞争性领域专项和地方资金配套，严格控制引导类、救济类、应急类专项，对保留专项进行甄别，属地方事务的划入一般性转移支付。

（18）完善税收制度。深化税收制度改革，完善地方税体系，逐步提高直接税比重。推进增值税改革，适当简化税率。调整消费税征收范围、环节、税率，把高耗能、高污染产品及部分高档消费品纳入征收范围。逐步建立综合与分类相结合的个人所得税制。加快房地产税立法并适时推进改革，加快资源税改革，推动环境保护费改税。

按照统一税制、公平税负、促进公平竞争的原则，加强对税收优惠特别是区域税收优惠政策的规范管理。税收优惠政策统一由专门税收法律法规规定，清理规范税收优惠政策。完善国税、地税征管体制。

（19）建立事权和支出责任相适应的制度。适度加强中央事权和支出责任，国防、外交、国家安全、关系全国统一市场规则和管理等作为中央事权；部分社会保障、跨区域重大项目建设维护等作为中央和地方共同事权，逐步理顺事权关系；区域性公共服务作为地方事权。中央和地方按照事权划分相应承担和分担支出责任。中央可通过安排转移支付将部分事权支出责任委托地方承担。对于跨区域且对其他地区影响较大的公共服务，中央通过转移支付承担一部分地方事权支出责任。

保持现有中央和地方财力格局总体稳定，结合税制改革，考虑税种属性，进一步理顺中央和地方收入划分。

六、健全城乡发展一体化体制机制

城乡二元结构是制约城乡发展一体化的主要障碍。必须健全体制机制，形成以工促农、以城带乡、工农互惠、城乡一体的新型工农城乡关系，让广大农民平等参与现代化进程、共同分享现代化成果。

（20）加快构建新型农业经营体系。坚持家庭经营在农业中的基础性地位，推进家庭经营、集体经营、合作经营、企业经营等共同发展的农业经营方式创新。坚持农村土地集体所有权,依法维护农民土地承包经营权,发展壮大集体经济。稳定农村土地承包关系并保持长久不变,在坚持和完善最严格的耕地保护制度前提下,赋予农民对承包地占有、使用、收益、流转及承包经营权抵押、担保权能,允许农民以承包经营权入股发展农业产业化经营。鼓励承包经营权在公开市场上向专业大户、家庭农场、农民合作社、农业企业流转,发展多种形式规模经营。

鼓励农村发展合作经济,扶持发展规模化、专业化、现代化经营,允许财政项目资金直接投向符合条件的合作社,允许财政补助形成的资产转交合作社持有和管护,允许合作社开展信用合作。鼓励和引导工商资本到农村发展适合企业化经营的现代种养业,向农业输入现代生产要素和经营模式。

(21)赋予农民更多财产权利。保障农民集体经济组织成员权利,积极发展农民股份合作,赋予农民对集体资产股份占有、收益、有偿退出及抵押、担保、继承权。保障农户宅基地用益物权,改革完善农村宅基地制度,选择若干试点,慎重稳妥推进农民住房财产权抵押、担保、转让,探索农民增加财产性收入渠道。建立农村产权流转交易市场,推动农村产权流转交易公开、公正、规范运行。

(22)推进城乡要素平等交换和公共资源均衡配置。维护农民生产要素权益,保障农民工同工同酬,保障农民公平分享土地增值收益,保障金融机构农村存款主要用于农业农村。健全农业支持保护体系,改革农业补贴制度,完善粮食主产区利益补偿机制。完善农业保险制度。鼓励社会资本投向农村建设,允许企业和社会组织在农村兴办各类事业。统筹城乡基础设施建设和社区建设,推进城乡基本公共服务均等化。

(23)完善城镇化健康发展体制机制。坚持走中国特色新型城镇化道路,推进以人为核心的城镇化,推动大中小城市和小城镇协调发展、产业和城镇融合发展,促进城镇化和新农村建设协调推进。优化城市空间结构和管理格局,增强城市综合承载能力。

推进城市建设管理创新。建立透明规范的城市建设投融资机制,允许地方政府通过发债等多种方式拓宽城市建设融资渠道,允许社会资本通过特许经营等方式参与城市基础设施投资和运营,研究建立城市基础设施、住宅政策性金融机构。完善设市标准,严格审批程序,对具备行政区划调整条件的县可有序改市。对吸纳人口多、经济实力强的镇,可赋予同人口和经济规模相适应的管理权。建立和完善跨区域城市发展协调机制。

推进农业转移人口市民化,逐步把符合条件的农业转移人口转为城镇居民。创新人口管理,加快户籍制度改革,全面放开建制镇和小城市落户限制,有序放开中等城市落户限制，合理确定大城市落户条件，严格控制特大城市人口规模。稳步推进城镇基本公共服务常住人口全覆盖，把进城落户农民完全纳入城镇住房和社会保障体系，在农村参加的养老保险和医疗保险规范接入城镇社保体系。建立财政转移支付同农业转移人口市民化挂钩机制，从严合理供给城市建设用地，提高城市土地利用率。

七、构建开放型经济新体制

适应经济全球化新形势，必须推动对内对外开放相互促进、引进来和走出去更好结合，促进国际国内要素有序自由流动、资源高效配置、市场深度融合，加快培育参与和引领国际经济合作竞争新优势，以开放促改革。

(24)放宽投资准入。统一内外资法律法规，保持外资政策稳定、透明、可预期。推进金融、教育、文化、医疗等服务业领域有序开放，放开育幼养老、建筑设计、会计审计、商贸物流、电子商务等服务业领域外资准入限制，进一步放开一般制造业。加快海关特殊监管区域整合优化。

建立中国上海自由贸易试验区是党中央在新形势下推进改革开放的重大举措，要切实建设好、管理好，为全面深化改革和扩大开放探索新途径、积累新经验。在推进现有试点基础上，选择若干具备条件地方发展自由贸易园(港)区。

扩大企业及个人对外投资，确立企业及个人对外投资主体地位，允许发挥自身优势到境外开展投资合作，允许自担风险到各国各地区自由承揽工程和劳务合作项目，允许创新方式走出去开展绿地投资、并购投资、证券投资、联合投资等。

加快同有关国家和地区商签投资协定，改革涉外投资审批体制，完善领事保护体制，提供权益保障、投资促进、风险预警等更多服务，扩大投资合作空间。

(25)加快自由贸易区建设。坚持世界贸易体制规则，坚持双边、多边、区域次区域开放合作，扩大同各国各地区利益汇合点，以周边为基础加快实施自由贸易区战略。改革市场准入、海关监管、检验检疫等管理体制，加快环境保护、投资保护、政府采购、电子商务等新议题谈判，形成面向全球的高标准自由贸易区网络。

扩大对香港特别行政区、澳门特别行政区和台湾地区开放合作。

(26)扩大内陆沿边开放。抓住全球产业重新布局机遇，推动内陆贸易、投资、技术创新协调发展。创新加工贸易模式，形成有利于推动内陆产业集群发展的体制机制。支持内陆城市增开国际客货运航线，发展多式联运，形成横贯东中西、联结南北方对外经济走廊。推动内陆同沿海沿边通关协作，实现口岸管理相关部门信息互换、监管互认、执法互助。

加快沿边开放步伐,允许沿边重点口岸、边境城市、经济合作区在人员往来、加工物流、旅游等方面实行特殊方式和政策。建立开发性金融机构,加快同周边国家和区域基础设施互联互通建设,推进丝绸之路经济带、海上丝绸之路建设,形成全方位开放新格局。

八、加强社会主义民主政治制度建设

发展社会主义民主政治,必须以保证人民当家作主为根本,坚持和完善人民代表大会制度、中国共产党领导的多党合作和政治协商制度、民族区域自治制度以及基层群众自治制度,更加注重健全民主制度、丰富民主形式,从各层次各领域扩大公民有序政治参与,充分发挥我国社会主义政治制度优越性。

(27)推动人民代表大会制度与时俱进。坚持人民主体地位,推进人民代表大会制度理论和实践创新,发挥人民代表大会制度的根本政治制度作用。完善中国特色社会主义法律体系,健全立法起草、论证、协调、审议机制,提高立法质量,防止地方保护和部门利益法制化。健全"一府两院"由人大产生、对人大负责、受人大监督制度。健全人大讨论、决定重大事项制度,各级政府重大决策出台前向本级人大报告。加强人大预算决算审查监督、国有资产监督职能。落实税收法定原则。加强人大常委会同人大代表的联系,充分发挥代表作用。通过建立健全代表联络机构、网络平台等形式密切代表同人民群众联系。

完善人大工作机制,通过座谈、听证、评估、公布法律草案等扩大公民有序参与立法途径,通过询问、质询、特定问题调查、备案审查等积极回应社会关切。

(28)推进协商民主广泛多层制度化发展。协商民主是我国社会主义民主政治的特有形式和独特优势,是党的群众路线在政治领域的重要体现。在党的领导下,以经济社会发展重大问题和涉及群众切身利益的实际问题为内容,在全社会开展广泛协商,坚持协商于决策之前和决策实施之中。

构建程序合理、环节完整的协商民主体系,拓宽国家政权机关、政协组织、党派团体、基层组织、社会组织的协商渠道。深入开展立法协商、行政协商、民主协商、参政协商、社会协商。加强中国特色新型智库建设,建立健全决策咨询制度。

发挥统一战线在协商民主中的重要作用。完善中国共产党同各民主党派的政治协商,认真听取各民主党派和无党派人士意见。中共中央根据年度工作重点提出规划,采取协商会、谈心会、座谈会等进行协商。完善民主党派中央直接向中共中央提出建议制度。贯彻党的民族政策,保障少数民族合法权益,巩固和发展平等团结互助和谐的社会主义民族关系。

发挥人民政协作为协商民主重要渠道作用。重点推进政治协商、民主监督、参政议政制度化、规范化、程序化。各级党委和政府、政协制定并组织实施协商年度工作计划，就一些重要决策听取政协意见。完善人民政协制度体系，规范协商内容、协商程序。拓展协商民主形式，更加活跃有序地组织专题协商、对口协商、界别协商、提案办理协商，增加协商密度，提高协商成效。在政协健全委员联络机构，完善委员联络制度。

（29）发展基层民主。畅通民主渠道，健全基层选举、议事、公开、述职、问责等机制。开展形式多样的基层民主协商，推进基层协商制度化，建立健全居民、村民监督机制，促进群众在城乡社区治理、基层公共事务和公益事业中依法自我管理、自我服务、自我教育、自我监督。健全以职工代表大会为基本形式的企事业单位民主管理制度，加强社会组织民主机制建设，保障职工参与管理和监督的民主权利。

九、推进法治中国建设

建设法治中国，必须坚持依法治国、依法执政、依法行政共同推进，坚持法治国家、法治政府、法治社会一体建设。深化司法体制改革，加快建设公正高效权威的社会主义司法制度，维护人民权益，让人民群众在每一个司法案件中都感受到公平正义。

（30）维护宪法法律权威。宪法是保证党和国家兴旺发达、长治久安的根本法，具有最高权威。要进一步健全宪法实施监督机制和程序，把全面贯彻实施宪法提高到一个新水平。建立健全全社会忠于、遵守、维护、运用宪法法律的制度。坚持法律面前人人平等，任何组织或者个人都不得有超越宪法法律的特权，一切违反宪法法律的行为都必须予以追究。

普遍建立法律顾问制度。完善规范性文件、重大决策合法性审查机制。建立科学的法治建设指标体系和考核标准。健全法规、规章、规范性文件备案审查制度。健全社会普法教育机制，增强全民法治观念。逐步增加有地方立法权的较大的市数量。

（31）深化行政执法体制改革。整合执法主体，相对集中执法权，推进综合执法，着力解决权责交叉、多头执法问题，建立权责统一、权威高效的行政执法体制。减少行政执法层级，加强食品药品、安全生产、环境保护、劳动保障、海域海岛等重点领域基层执法力量。理顺城管执法体制，提高执法和服务水平。

完善行政执法程序，规范执法自由裁量权，加强对行政执法的监督，全面落实行政执法责任制和执法经费由财政保障制度，做到严格规范公正文明执法。完善行政执法与刑事司法衔接机制。

（32）确保依法独立公正行使审判权检察权。改革司法管理体制，推动省以下地方法院、检察院人财物统一管理，探索建立与行政区划适当分离的司法管辖制度,保证国家法律统一正确实施。

建立符合职业特点的司法人员管理制度,健全法官、检察官、人民警察统一招录、有序交流、逐级遴选机制,完善司法人员分类管理制度,健全法官、检察官、人民警察职业保障制度。

(33)健全司法权力运行机制。优化司法职权配置,健全司法权力分工负责、互相配合、互相制约机制,加强和规范对司法活动的法律监督和社会监督。

改革审判委员会制度,完善主审法官、合议庭办案责任制,让审理者裁判、由裁判者负责。明确各级法院职能定位,规范上下级法院审级监督关系。

推进审判公开、检务公开,录制并保留全程庭审资料。增强法律文书说理性,推动公开法院生效裁判文书。严格规范减刑、假释、保外就医程序,强化监督制度。广泛实行人民陪审员、人民监督员制度,拓宽人民群众有序参与司法渠道。

(34)完善人权司法保障制度。国家尊重和保障人权。进一步规范查封、扣押、冻结、处理涉案财物的司法程序。健全错案防止、纠正、责任追究机制,严禁刑讯逼供、体罚虐待,严格实行非法证据排除规则。逐步减少适用死刑罪名。

废止劳动教养制度,完善对违法犯罪行为的惩治和矫正法律,健全社区矫正制度。

健全国家司法救助制度,完善法律援助制度。完善律师执业权利保障机制和违法违规执业惩戒制度,加强职业道德建设,发挥律师在依法维护公民和法人合法权益方面的重要作用。

十、强化权力运行制约和监督体系

坚持用制度管权管事管人,让人民监督权力,让权力在阳光下运行,是把权力关进制度笼子的根本之策。必须构建决策科学、执行坚决、监督有力的权力运行体系,健全惩治和预防腐败体系,建设廉洁政治,努力实现干部清正、政府清廉、政治清明。

(35)形成科学有效的权力制约和协调机制。完善党和国家领导体制,坚持民主集中制,充分发挥党的领导核心作用。规范各级党政主要领导干部职责权限,科学配置党政部门及内设机构权力和职能,明确职责定位和工作任务。

加强和改进对主要领导干部行使权力的制约和监督,加强行政监察和审计监督。

推行地方各级政府及其工作部门权力清单制度,依法公开权力运行流程。完善党务、政务和各领域办事公开制度,推进决策公开、管理公开、服务公开、结果公开。

(36)加强反腐败体制机制创新和制度保障。加强党对党风廉政建设和反腐败工作统一领导。改革党的纪律检查体制,健全反腐败领导体制和工作机制,改革和完善各级反腐败协调小组职能。

落实党风廉政建设责任制,党委负主体责任,纪委负监督责任,制定实施切实可行的责任追究制度。各级纪委要履行协助党委加强党风建设和组织协调反腐败工作的职责,加强对同级党委特别是常委会成员的监督,更好发挥党内监督专门机关作用。

推动党的纪律检查工作双重领导体制具体化、程序化、制度化,强化上级纪委对下级纪委的领导。查办腐败案件以上级纪委领导为主,线索处置和案件查办在向同级党委报告的同时必须向上级纪委报告。各级纪委书记、副书记的提名和考察以上级纪委会同组织部门为主。

全面落实中央纪委向中央一级党和国家机关派驻纪检机构,实行统一名称、统一管理。派驻机构对派出机关负责,履行监督职责。改进中央和省区市巡视制度,做到对地方、部门、企事业单位全覆盖。

健全反腐倡廉法规制度体系,完善惩治和预防腐败、防控廉政风险、防止利益冲突、领导干部报告个人有关事项、任职回避等方面法律法规,推行新提任领导干部有关事项公开制度试点。健全民主监督、法律监督、舆论监督机制,运用和规范互联网监督。

(37)健全改进作风常态化制度。围绕反对形式主义、官僚主义、享乐主义和奢靡之风,加快体制机制改革和建设。健全领导干部带头改进作风、深入基层调查研究机制,完善直接联系和服务群众制度。改革会议公文制度,从中央做起带头减少会议、文件,着力改进会风文风。健全严格的财务预算、核准和审计制度,着力控制"三公"经费支出和楼堂馆所建设。完善选人用人专项检查和责任追究制度,着力纠正跑官要官等不正之风。改革政绩考核机制,着力解决"形象工程"、"政绩工程"以及不作为、乱作为等问题。

规范并严格执行领导干部工作生活保障制度,不准多处占用住房和办公用房,不准超标准配备办公用房和生活用房,不准违规配备公车,不准违规配备秘书,不准超规格警卫,不准超标准进行公务接待,严肃查处违反规定超标准享受待遇等问题。探索实行官邸制。

完善并严格执行领导干部亲属经商、担任公职和社会组织职务、出国定居等相关制度规定,防止领导干部利用公共权力或自身影响为亲属和其他特定关系人谋取私利,坚决反对特权思想和作风。

十一、推进文化体制机制创新

建设社会主义文化强国,增强国家文化软实力,必须坚持社会主义先进文化前进方向,坚持中国特色社会主义文化发展道路,培育和践行社会主义核心价值观,巩固马克思主义在意识形态领域的指导地位,巩固全党全国各族人民团结奋斗的共同思想基础。坚持以人民为中心的工作导向,坚持把社会效益放在首位、社会效益和经济效益相统一,以激发全民族文化创造活力为中心环节,进一步深化文化体制改革。

(38)完善文化管理体制。按照政企分开、政事分开原则,推动政府部门由办文化向管文化转变,推动党政部门与其所属的文化企事业单位进一步理顺关系。建立党委和政府监管国有文化资产的管理机构,实行管人管事管资产管导向相统一。

健全坚持正确舆论导向的体制机制。健全基础管理、内容管理、行业管理以及网络违法犯罪防范和打击等工作联动机制,健全网络突发事件处置机制,形成正面引导和依法管理相结合的网络舆论工作格局。整合新闻媒体资源,推动传统媒体和新兴媒体融合发展。推动新闻发布制度化。严格新闻工作者职业资格制度,重视新型媒介运用和管理,规范传播秩序。

(39)建立健全现代文化市场体系。完善文化市场准入和退出机制,鼓励各类市场主体公平竞争、优胜劣汰,促进文化资源在全国范围内流动。继续推进国有经营性文化单位转企改制,加快公司制、股份制改造。对按规定转制的重要国有传媒企业探索实行特殊管理股制度。推动文化企业跨地区、跨行业、跨所有制兼并重组,提高文化产业规模化、集约化、专业化水平。

鼓励非公有制文化企业发展,降低社会资本进入门槛,允许参与对外出版、网络出版,允许以控股形式参与国有影视制作机构、文艺院团改制经营。支持各种形式小微文化企业发展。

在坚持出版权、播出权特许经营前提下,允许制作和出版、制作和播出分开。建立多层次文化产品和要素市场,鼓励金融资本、社会资本、文化资源相结合。完善文化经济政策,扩大政府文化资助和文化采购,加强版权保护。健全文化产品评价体系,改革评奖制度,推出更多文化精品。

(40)构建现代公共文化服务体系。建立公共文化服务体系建设协调机制,统筹服务设施网络建设,促进基本公共文化服务标准化、均等化。建立群众评价和反馈机制,推动文化惠民项目与群众文化需求有效对接。整合基层宣传文化、党员教育、科学普及、体育健身等设施,建设综合性文化服务中心。

明确不同文化事业单位功能定位,建立法人治理结构,完善绩效考核机制。推动公共图书馆、博物馆、文化馆、科技馆等组建理事会,吸纳有关方面代表、专业人士、各界群众参与管理。

引入竞争机制，推动公共文化服务社会化发展。鼓励社会力量、社会资本参与公共文化服务体系建设，培育文化非营利组织。

(41)提高文化开放水平。坚持政府主导、企业主体、市场运作、社会参与，扩大对外文化交流，加强国际传播能力和对外话语体系建设，推动中华文化走向世界。理顺内宣外宣体制，支持重点媒体面向国内国际发展。培育外向型文化企业，支持文化企业到境外开拓市场。鼓励社会组织、中资机构等参与孔子学院和海外文化中心建设，承担人文交流项目。

积极吸收借鉴国外一切优秀文化成果，引进有利于我国文化发展的人才、技术、经营管理经验。切实维护国家文化安全。

十二、推进社会事业改革创新

实现发展成果更多更公平惠及全体人民，必须加快社会事业改革，解决好人民最关心最直接最现实的利益问题，努力为社会提供多样化服务，更好满足人民需求。

(42)深化教育领域综合改革。全面贯彻党的教育方针，坚持立德树人，加强社会主义核心价值体系教育，完善中华优秀传统文化教育，形成爱学习、爱劳动、爱祖国活动的有效形式和长效机制，增强学生社会责任感、创新精神、实践能力。强化体育课和课外锻炼，促进青少年身心健康、体魄强健。改进美育教学，提高学生审美和人文素养。大力促进教育公平，健全家庭经济困难学生资助体系，构建利用信息化手段扩大优质教育资源覆盖面的有效机制，逐步缩小区域、城乡、校际差距。统筹城乡义务教育资源均衡配置，实行公办学校标准化建设和校长教师交流轮岗，不设重点学校重点班，破解择校难题，标本兼治减轻学生课业负担。加快现代职业教育体系建设，深化产教融合、校企合作，培养高素质劳动者和技能型人才。创新高校人才培养机制，促进高校办出特色争创一流。推进学前教育、特殊教育、继续教育改革发展。

推进考试招生制度改革，探索招生和考试相对分离、学生考试多次选择、学校依法自主招生、专业机构组织实施、政府宏观管理、社会参与监督的运行机制，从根本上解决一考定终身的弊端。义务教育免试就近入学，试行学区制和九年一贯对口招生。推行初高中学业水平考试和综合素质评价。加快推进职业院校分类招考或注册入学。逐步推行普通高校基于统一高考和高中学业水平考试成绩的综合评价多元录取机制。探索全国统考减少科目、不分文理科、外语等科目社会化考试一年多考。试行普通高校、高职院校、成人高校之间学分转换，拓宽终身学习通道。

深入推进管办评分离，扩大省级政府教育统筹权和学校办学自主权，完善学校内部治理结构。强化国家教育督导,委托社会组织开展教育评估监测。健全政府补贴、政府购买服务、助学贷款、基金奖励、捐资激励等制度,鼓励社会力量兴办教育。

(43)健全促进就业创业体制机制。建立经济发展和扩大就业的联动机制,健全政府促进就业责任制度。规范招人用人制度,消除城乡、行业、身份、性别等一切影响平等就业的制度障碍和就业歧视。完善扶持创业的优惠政策,形成政府激励创业、社会支持创业、劳动者勇于创业新机制。完善城乡均等的公共就业创业服务体系,构建劳动者终身职业培训体系。增强失业保险制度预防失业、促进就业功能,完善就业失业监测统计制度。创新劳动关系协调机制,畅通职工表达合理诉求渠道。

促进以高校毕业生为重点的青年就业和农村转移劳动力、城镇困难人员、退役军人就业。结合产业升级开发更多适合高校毕业生的就业岗位。政府购买基层公共管理和社会服务岗位更多用于吸纳高校毕业生就业。健全鼓励高校毕业生到基层工作的服务保障机制,提高公务员定向招录和事业单位优先招聘比例。实行激励高校毕业生自主创业政策,整合发展国家和省级高校毕业生就业创业基金。实施离校未就业高校毕业生就业促进计划,把未就业的纳入就业见习、技能培训等就业准备活动之中,对有特殊困难的实行全程就业服务。

(44)形成合理有序的收入分配格局。着重保护劳动所得,努力实现劳动报酬增长和劳动生产率提高同步,提高劳动报酬在初次分配中的比重。健全工资决定和正常增长机制,完善最低工资和工资支付保障制度,完善企业工资集体协商制度。改革机关事业单位工资和津贴补贴制度,完善艰苦边远地区津贴增长机制。健全资本、知识、技术、管理等由要素市场决定的报酬机制。扩展投资和租赁服务等途径,优化上市公司投资者回报机制,保护投资者尤其是中小投资者合法权益,多渠道增加居民财产性收入。

完善以税收、社会保障、转移支付为主要手段的再分配调节机制,加大税收调节力度。建立公共资源出让收益合理共享机制。完善慈善捐助减免税制度,支持慈善事业发挥扶贫济困积极作用。

规范收入分配秩序,完善收入分配调控体制机制和政策体系,建立个人收入和财产信息系统,保护合法收入,调节过高收入,清理规范隐性收入,取缔非法收入,增加低收入者收入,扩大中等收入者比重,努力缩小城乡、区域、行业收入分配差距,逐步形成橄榄型分配格局。

(45)建立更加公平可持续的社会保障制度。坚持社会统筹和个人账户相结合的基本养老保险制度,完善个人账户制度,健全多缴多得激励机制,确保参保人权益，实现基础养老金全国统筹，坚持精算平衡原则。推进机关事业单位养老保险制度改革。整合城乡居民基本养老保险制度、基本医疗保险制度。推进城乡最低生活保障制度统筹发展。建立健全合理兼顾各类人员的社会保障待遇确定和正常调整机制。完善社会保险关系转移接续政策，扩大参保缴费覆盖面，适时适当降低社会保险费率。研究制定渐进式延迟退休年龄政策。加快健全社会保障管理体制和经办服务体系。健全符合国情的住房保障和供应体系，建立公开规范的住房公积金制度，改进住房公积金提取、使用、监管机制。

健全社会保障财政投入制度，完善社会保障预算制度。加强社会保险基金投资管理和监督，推进基金市场化、多元化投资运营。制定实施免税、延期征税等优惠政策，加快发展企业年金、职业年金、商业保险，构建多层次社会保障体系。

积极应对人口老龄化，加快建立社会养老服务体系和发展老年服务产业。健全农村留守儿童、妇女、老年人关爱服务体系，健全残疾人权益保障、困境儿童分类保障制度。

(46)深化医药卫生体制改革。统筹推进医疗保障、医疗服务、公共卫生、药品供应、监管体制综合改革。深化基层医疗卫生机构综合改革，健全网络化城乡基层医疗卫生服务运行机制。加快公立医院改革，落实政府责任，建立科学的医疗绩效评价机制和适应行业特点的人才培养、人事薪酬制度。完善合理分级诊疗模式，建立社区医生和居民契约服务关系。充分利用信息化手段，促进优质医疗资源纵向流动。加强区域公共卫生服务资源整合。取消以药补医，理顺医药价格，建立科学补偿机制。改革医保支付方式，健全全民医保体系。加快健全重特大疾病医疗保险和救助制度。完善中医药事业发展政策和机制。

鼓励社会办医，优先支持举办非营利性医疗机构。社会资金可直接投向资源稀缺及满足多元需求服务领域，多种形式参与公立医院改制重组。允许医师多点执业，允许民办医疗机构纳入医保定点范围。

坚持计划生育的基本国策，启动实施一方是独生子女的夫妇可生育两个孩子的政策，逐步调整完善生育政策，促进人口长期均衡发展。

十三、创新社会治理体制

创新社会治理，必须着眼于维护最广大人民根本利益，最大限度增加和谐因素，增强社会发展活力，提高社会治理水平，全面推进平安中国建设，维护国家安全，确保人民安居乐业、社会安定有序。

(47)改进社会治理方式。坚持系统治理，加强党委领导，发挥政府主导作用，鼓励和支持社会各方面参与，实现政府治理和社会自我调节、居民自治良性互动。坚持依法治理,加强法治保障,运用法治思维和法治方式化解社会矛盾。坚持综合治理,强化道德约束,规范社会行为,调节利益关系,协调社会关系,解决社会问题。坚持源头治理,标本兼治、重在治本,以网格化管理、社会化服务为方向,健全基层综合服务管理平台,及时反映和协调人民群众各方面各层次利益诉求。

(48)激发社会组织活力。正确处理政府和社会关系,加快实施政社分开,推进社会组织明确权责、依法自治、发挥作用。适合由社会组织提供的公共服务和解决的事项,交由社会组织承担。支持和发展志愿服务组织。限期实现行业协会商会与行政机关真正脱钩,重点培育和优先发展行业协会商会类、科技类、公益慈善类、城乡社区服务类社会组织,成立时直接依法申请登记。加强对社会组织和在华境外非政府组织的管理,引导它们依法开展活动。

(49)创新有效预防和化解社会矛盾体制。健全重大决策社会稳定风险评估机制。建立畅通有序的诉求表达、心理干预、矛盾调处、权益保障机制,使群众问题能反映、矛盾能化解、权益有保障。

改革行政复议体制,健全行政复议案件审理机制,纠正违法或不当行政行为。完善人民调解、行政调解、司法调解联动工作体系,建立调处化解矛盾纠纷综合机制。

改革信访工作制度,实行网上受理信访制度,健全及时就地解决群众合理诉求机制。把涉法涉诉信访纳入法治轨道解决,建立涉法涉诉信访依法终结制度。

(50)健全公共安全体系。完善统一权威的食品药品安全监管机构,建立最严格的覆盖全过程的监管制度,建立食品原产地可追溯制度和质量标识制度,保障食品药品安全。深化安全生产管理体制改革,建立隐患排查治理体系和安全预防控制体系,遏制重特大安全事故。健全防灾减灾救灾体制。加强社会治安综合治理,创新立体化社会治安防控体系,依法严密防范和惩治各类违法犯罪活动。

坚持积极利用、科学发展、依法管理、确保安全的方针,加大依法管理网络力度,加快完善互联网管理领导体制,确保国家网络和信息安全。

设立国家安全委员会,完善国家安全体制和国家安全战略,确保国家安全。

十四、加快生态文明制度建设

建设生态文明,必须建立系统完整的生态文明制度体系,实行最严格的源头保护制度、损害赔偿制度、责任追究制度,完善环境治理和生态修复制度,用制度保护生态环境。

(51)健全自然资源资产产权制度和用途管制制度。对水流、森林、山岭、草原、荒地、滩涂等自然生态空间进行统一确权登记,形成归属清晰、权责明确、监管有效的自然资源资产产权制度。建立空间规划体系,划定生产、生活、生态空间开发管制界限,落实用途管制。健全能源、水、土地节约集约使用制度。

健全国家自然资源资产管理体制,统一行使全民所有自然资源资产所有者职责。完善自然资源监管体制,统一行使所有国土空间用途管制职责。

(52)划定生态保护红线。坚定不移实施主体功能区制度,建立国土空间开发保护制度,严格按照主体功能区定位推动发展,建立国家公园体制。建立资源环境承载能力监测预警机制,对水土资源、环境容量和海洋资源超载区域实行限制性措施。对限制开发区域和生态脆弱的国家扶贫开发工作重点县取消地区生产总值考核。

探索编制自然资源资产负债表,对领导干部实行自然资源资产离任审计。建立生态环境损害责任终身追究制。

(53)实行资源有偿使用制度和生态补偿制度。加快自然资源及其产品价格改革,全面反映市场供求、资源稀缺程度、生态环境损害成本和修复效益。坚持使用资源付费和谁污染环境、谁破坏生态谁付费原则,逐步将资源税扩展到占用各种自然生态空间。稳定和扩大退耕还林、退牧还草范围,调整严重污染和地下水严重超采区耕地用途,有序实现耕地、河湖休养生息。建立有效调节工业用地和居住用地合理比价机制,提高工业用地价格。坚持谁受益、谁补偿原则,完善对重点生态功能区的生态补偿机制,推动地区间建立横向生态补偿制度。发展环保市场,推行节能量、碳排放权、排污权、水权交易制度,建立吸引社会资本投入生态环境保护的市场化机制,推行环境污染第三方治理。

(54)改革生态环境保护管理体制。建立和完善严格监管所有污染物排放的环境保护管理制度,独立进行环境监管和行政执法。建立陆海统筹的生态系统保护修复和污染防治区域联动机制。健全国有林区经营管理体制,完善集体林权制度改革。及时公布环境信息,健全举报制度,加强社会监督。完善污染物排放许可制,实行企事业单位污染物排放总量控制制度。对造成生态环境损害的责任者严格实行赔偿制度,依法追究刑事责任。

十五、深化国防和军队改革

紧紧围绕建设一支听党指挥、能打胜仗、作风优良的人民军队这一党在新形势下的强军目标,着力解决制约国防和军队建设发展的突出矛盾和问题,创新发展军事理论,加强军事战略指导,完善新时期军事战略方针,构建中国特色现代军事力量体系。

(55)深化军队体制编制调整改革。推进领导管理体制改革,优化军委总部领导机关职能配置和机构设置,完善各军兵种领导管理体制。健全军委联合作战指挥机构和战区联合作战指挥体制,推进联合作战训练和保障体制改革。完善新型作战力量领导体制。加强信息化建设集中统管。优化武装警察部队力量结构和指挥管理体制。

优化军队规模结构,调整改善军兵种比例、官兵比例、部队与机关比例,减少非战斗机构和人员。依据不同方向安全需求和作战任务改革部队编成。加快新型作战力量建设。深化军队院校改革,健全军队院校教育、部队训练实践、军事职业教育三位一体的新型军事人才培养体系。

(56)推进军队政策制度调整改革。健全完善与军队职能任务需求和国家政策制度创新相适应的军事人力资源政策制度。以建立军官职业化制度为牵引,逐步形成科学规范的军队干部制度体系。健全完善文职人员制度。完善兵役制度、士官制度、退役军人安置制度改革配套政策。

健全军费管理制度,建立需求牵引规划、规划主导资源配置机制。健全完善经费物资管理标准制度体系。深化预算管理、集中收付、物资采购和军人医疗、保险、住房保障等制度改革。

健全军事法规制度体系,探索改进部队科学管理的方式方法。

(57)推动军民融合深度发展。在国家层面建立推动军民融合发展的统一领导、军地协调、需求对接、资源共享机制。健全国防工业体系,完善国防科技协同创新体制,改革国防科研生产管理和武器装备采购体制机制,引导优势民营企业进入军品科研生产和维修领域。改革完善依托国民教育培养军事人才的政策制度。拓展军队保障社会化领域。深化国防教育改革。健全国防动员体制机制,完善平时征用和战时动员法规制度。深化民兵预备役体制改革。调整理顺边海空防管理体制机制。

十六、加强和改善党对全面深化改革的领导

全面深化改革必须加强和改善党的领导,充分发挥党总揽全局、协调各方的领导核心作用,建设学习型、服务型、创新型的马克思主义执政党,提高党的领导水平和执政能力,确保改革取得成功。

(58)全党同志要把思想和行动统一到中央关于全面深化改革重大决策部署上来,正确处理中央和地方、全局和局部、当前和长远的关系,正确对待利益格局调整,充分发扬党内民主,坚决维护中央权威,保证政令畅通,坚定不移实现中央改革决策部署。

中央成立全面深化改革领导小组,负责改革总体设计、统筹协调、整体推进、督促落实。

各级党委要切实履行对改革的领导责任，完善科学民主决策机制，以重大问题为导向，把各项改革举措落到实处。加强各级领导班子建设，完善干部教育培训和实践锻炼制度，不断提高领导班子和领导干部推动改革能力。创新基层党建工作，健全党的基层组织体系，充分发挥基层党组织的战斗堡垒作用，引导广大党员积极投身改革事业，发扬“钉钉子”精神，抓铁有痕、踏石留印，为全面深化改革作出积极贡献。

(59)全面深化改革，需要有力的组织保证和人才支撑。坚持党管干部原则，深化干部人事制度改革，构建有效管用、简便易行的选人用人机制，使各方面优秀干部充分涌现。发挥党组织领导和把关作用，强化党委(党组)、分管领导和组织部门在干部选拔任用中的权重和干部考察识别的责任，改革和完善干部考核评价制度，改进竞争性选拔干部办法，改进优秀年轻干部培养选拔机制，区分实施选任制和委任制干部选拔方式，坚决纠正唯票取人、唯分取人等现象，用好各年龄段干部，真正把信念坚定、为民服务、勤政务实、敢于担当、清正廉洁的好干部选拔出来。

打破干部部门化，拓宽选人视野和渠道，加强干部跨条块跨领域交流。破除“官本位”观念，推进干部能上能下、能进能出。完善和落实领导干部问责制，完善从严管理干部队伍制度体系。深化公务员分类改革，推行公务员职务与职级并行、职级与待遇挂钩制度，加快建立专业技术类、行政执法类公务员和聘任人员管理制度。完善基层公务员录用制度，在艰苦边远地区适当降低进入门槛。

建立集聚人才体制机制，择天下英才而用之。打破体制壁垒，扫除身份障碍，让人人都有成长成才、脱颖而出的通道，让各类人才都有施展才华的广阔天地。完善党政机关、企事业单位、社会各方面人才顺畅流动的制度体系。健全人才向基层流动、向艰苦地区和岗位流动、在一线创业的激励机制。加快形成具有国际竞争力的人才制度优势，完善人才评价机制，增强人才政策开放度，广泛吸引境外优秀人才回国或来华创业发展。

(60)人民是改革的主体，要坚持党的群众路线，建立社会参与机制，充分发挥人民群众积极性、主动性、创造性，充分发挥工会、共青团、妇联等人民团体作用，齐心协力推进改革。鼓励地方、基层和群众大胆探索，加强重大改革试点工作，及时总结经验，宽容改革失误，加强宣传和舆论引导，为全面深化改革营造良好社会环境。

全党同志要紧密团结在以习近平同志为总书记的党中央周围，锐意进取，攻坚克难，谱写改革开放伟大事业历史新篇章，为全面建成小康社会、不断夺取中国特色社会主义新胜利、实现中华民族伟大复兴的中国梦而奋斗！

(二)宣传思想文化工作

关于培育和践行社会主义核心价值观的意见(略有删节)

(中共中央办公厅2013年12月11日印发)

社会主义核心价值观是社会主义核心价值体系的内核,体现社会主义核心价值体系的根本性质和基本特征,反映社会主义核心价值体系的丰富内涵和实践要求,是社会主义核心价值体系的高度凝练和集中表达。为深入贯彻落实党的十八大和十八届三中全会精神,积极培育和践行社会主义核心价值观,现提出如下意见。

一、培育和践行社会主义核心价值观的重要意义和指导思想

(一)培育和践行社会主义核心价值观,是推进中国特色社会主义伟大事业、实现中华民族伟大复兴中国梦的战略任务。党的十八大提出,倡导富强、民主、文明、和谐,倡导自由、平等、公正、法治,倡导爱国、敬业、诚信、友善,积极培育和践行社会主义核心价值观。这与中国特色社会主义发展要求相契合,与中华优秀传统文化和人类文明优秀成果相承接,是我们党凝聚全党全社会价值共识作出的重要论断。富强、民主、文明、和谐是国家层面的价值目标,自由、平等、公正、法治是社会层面的价值取向,爱国、敬业、诚信、友善是公民个人层面的价值准则,这24个字是社会主义核心价值观的基本内容,为培育和践行社会主义核心价值观提供了基本遵循。面对世界范围思想文化交流交融交锋形势下价值观较量的新态势,面对改革开放和发展社会主义市场经济条件下思想意识多元多样多变的新特点,积极培育和践行社会主义核心价值观,对于巩固马克思主义在意识形态领域的指导地位、巩固全党全国人民团结奋斗的共同思想基础,对于促进人的全面发展、引领社会全面进步,对于集聚全面建成小康社会、实现中华民族伟大复兴中国梦的强大正能量,具有重要现实意义和深远历史意义。

(二)培育和践行社会主义核心价值观的指导思想是:高举中国特色社会主义伟大旗帜,以邓小平理论、"三个代表"重要思想、科学发展观为指导,深入学习贯彻党的十八大精神和习近平同志系列讲话精神,紧紧围绕坚持和发展中国特色社会主义这一主题,紧紧围绕实现中华民族伟大复兴中国梦这一目标,紧紧围绕“三个倡导”这一基本内容，注重宣传教育、示范引领、实践养成相统一，注重政策保障、制度规范、法律约束相衔接，使社会主义核心价值观融入人们生产生活和精神世界，激励全体人民为夺取中国特色社会主义新胜利而不懈奋斗。

（三）培育和践行社会主义核心价值观要坚持以下原则：坚持以人为本，尊重群众主体地位，关注人们利益诉求和价值愿望，促进人的全面发展；坚持以理想信念为核心，抓住世界观、人生观、价值观这个总开关，在全社会牢固树立中国特色社会主义共同理想，着力铸牢人们的精神支柱；坚持联系实际，区分层次和对象，加强分类指导，找准与人们思想的共鸣点、与群众利益的交汇点，做到贴近性、对象化、接地气；坚持改进创新，善于运用群众喜闻乐见的方式，搭建群众便于参与的平台，开辟群众乐于参与的渠道，积极推进理念创新、手段创新和基层工作创新，增强工作的吸引力感染力。

二、把培育和践行社会主义核心价值观融入国民教育全过程

（四）培育和践行社会主义核心价值观要从小抓起、从学校抓起。坚持育人为本、德育为先，围绕立德树人的根本任务，把社会主义核心价值观纳入国民教育总体规划，贯穿于基础教育、高等教育、职业技术教育、成人教育各领域，落实到教育教学和管理服务各环节，覆盖到所有学校和受教育者，形成课堂教学、社会实践、校园文化多位一体的育人平台，不断完善中华优秀传统文化教育，形成爱学习、爱劳动、爱祖国活动的有效形式和长效机制，努力培养德智体美全面发展的社会主义建设者和接班人。适应青少年身心特点和成长规律，深化未成年人思想道德建设和大学生思想政治教育，构建大中小学有效衔接的德育课程体系和教材体系，创新中小学德育课和高校思想政治理论课教育教学，推动社会主义核心价值观进教材、进课堂、进学生头脑。完善学校、家庭、社会三结合的教育网络，引导广大家庭和社会各方面主动配合学校教育，以良好的家庭氛围和社会风气巩固学校教育成果，形成家庭、社会与学校携手育人的强大合力。

（五）拓展青少年培育和践行社会主义核心价值观的有效途径。注重发挥社会实践的养成作用，完善实践教育教学体系，开发实践课程和活动课程，加强实践育人基地建设，打造大学生校外实践教育基地、高职实训基地、青少年社会实践活动基地，组织青少年参加力所能及的生产劳动和爱心公益活动、益德益智的科研发明和创新创造活动、形式多样的志愿服务和勤工俭学活动。注重发挥校园文化的熏陶作用，加强学校报刊、广播电视、网络建设，完善校园文化活动设施，重视校园人文环境培育和周边环境整治，建设体现社会主义特点、时代特征、学校特色的校园文化。

（六）建设师德高尚、业务精湛的高素质教师队伍。实施师德师风建设工程，坚持师德为上,完善教师职业道德规范,健全教师任职资格准入制度,将师德表现作为教师考核、聘任和评价的首要内容,形成师德师风建设长效机制。着重抓好学校党政干部和共青团干部,思想品德课、思想政治理论课和哲学社会科学课教师,辅导员和班主任队伍建设。引导广大教师自觉增强教书育人的荣誉感和责任感,学为人师、行为世范,做学生健康成长的指导者和引路人。

三、把培育和践行社会主义核心价值观落实到经济发展实践和社会治理中

(七)确立经济发展目标和发展规划,出台经济社会政策和重大改革措施,开展各项生产经营活动,要遵循社会主义核心价值观要求,做到讲社会责任、讲社会效益,讲守法经营、讲公平竞争、讲诚信守约,形成有利于弘扬社会主义核心价值观的良好政策导向、利益机制和社会环境。与人们生产生活和现实利益密切相关的具体政策措施,要注重经济行为和价值导向有机统一,经济效益和社会效益有机统一,实现市场经济和道德建设良性互动。建立完善相应的政策评估和纠偏机制,防止出现具体政策措施与社会主义核心价值观相背离的现象。

(八)法律法规是推广社会主流价值的重要保证。要把社会主义核心价值观贯彻到依法治国、依法执政、依法行政实践中,落实到立法、执法、司法、普法和依法治理各个方面,用法律的权威来增强人们培育和践行社会主义核心价值观的自觉性。厉行法治,严格执法,公正司法,捍卫宪法和法律尊严,维护社会公平正义。加强法制宣传教育,培育社会主义法治文化,弘扬社会主义法治精神,增强全社会学法尊法守法用法意识。注重把社会主义核心价值观相关要求上升为具体法律规定,充分发挥法律的规范、引导、保障、促进作用,形成有利于培育和践行社会主义核心价值观的良好法治环境。

(九)要把践行社会主义核心价值观作为社会治理的重要内容,融入制度建设和治理工作中,形成科学有效的诉求表达机制、利益协调机制、矛盾调处机制、权益保障机制,最大限度增进社会和谐。创新社会治理,完善激励机制,褒奖善行义举,实现治理效能与道德提升相互促进,形成好人好报、恩将德报的正向效应。完善市民公约、村规民约、学生守则、行业规范,强化规章制度实施力度,在日常治理中鲜明彰显社会主流价值,使正确行为得到鼓励、错误行为受到谴责。

四、加强社会主义核心价值观宣传教育

(十)用社会主义核心价值观引领社会思潮、凝聚社会共识。深入开展中国特色社会主义和中国梦宣传教育,不断增强人们的道路自信、理论自信、制度自信,坚定全社会全面深化改革的意志和决心。把社会主义核心价值观学习教育纳入各级党委(党组)中心组学习计划,纳入各级党委讲师团经常性宣讲内容。深入研究社会主义核心价值观的理论和实际问题,深刻解读社会主义核心价值观的丰富内涵和实践要求,为实践发展提供学理支撑。深入推进马克思主义理论研究和建设工程,发挥国家社科基金的导向带动作用,推出更多有分量有价值的研究成果。加强社会思潮动态分析,强化社会热点难点问题的正面引导,在尊重差异中扩大社会认同,在包容多样中形成思想共识。严格社团、讲座、论坛、研讨会、报告会的管理。

(十一)新闻媒体要发挥传播社会主流价值的主渠道作用。坚持团结稳定鼓劲、正面宣传为主,牢牢把握正确舆论导向,把社会主义核心价值观贯穿到日常形势宣传、成就宣传、主题宣传、典型宣传、热点引导和舆论监督中,弘扬主旋律,传播正能量,不断巩固壮大积极健康向上的主流思想舆论。党报党刊、通讯社、电台电视台要拿出重要版面时段、推出专栏专题,出版社要推出专项出版,运用新闻报道、言论评论、访谈节目、专题节目和各类出版物等形式传播社会主义核心价值观。都市类、行业类媒体要增强传播主流价值的社会责任,积极发挥自身优势,适应分众化特点,多联系群众身边事例,多运用大众化语言,在生动活泼的宣传报道中引导人们培育和践行社会主义核心价值观。强化传播媒介管理,不为错误观点提供传播渠道。新闻出版单位和从业人员要强化行业自律,切实增强传播社会主义核心价值观的责任意识和能力,将个人道德修养作为从业资格考评重要内容。

(十二)建设社会主义核心价值观的网上传播阵地。适应互联网快速发展形势,善于运用网络传播规律,把社会主义核心价值观体现到网络宣传、网络文化、网络服务中,用正面声音和先进文化占领网络阵地。做大做强重点新闻网站,发挥主要商业网站建设性作用,形成良好的网上舆论环境,集聚网上舆论引导合力。做好重大信息网上发布,回应网民关切,主动有效进行网上引导。推动中华优秀传统文化和当代文化精品网络化传播,创作适于新兴媒体传播、格调健康的网络文化作品。依法加强网络社会管理,加强对网络新技术新应用的管理,推进网络法制建设,规范网上信息传播秩序,整治网络淫秽色情和低俗信息,打击网络谣言和违法犯罪,使网络空间清朗起来。

(十三)发挥精神文化产品育人化人的重要功能。一切文化产品、文化服务和文化活动,都要弘扬社会主义核心价值观,传递积极人生追求、高尚思想境界和健康生活情趣。提升文化产品的思想品格和艺术品位,用思想性艺术性观赏性相统一的优秀作品,弘扬真善美,贬斥假恶丑。加强对新型文化业态、文化样式的引导,让不同类型文化产品都成为弘扬社会主流价值的生动载体。加大对优秀文化产品的推广力度,开展优秀文化产品展演展映展播活动、经典作品阅读观看活动。完善文化产品评价体系,坚持文艺评论评奖的正确价值取向。完善公共文化服务体系,提供均等优质的文化产品,开展多姿多彩的文化活动,丰富群众精神文化生活。

五、开展涵养社会主义核心价值观的实践活动

(十四)广泛开展道德实践活动。以诚信建设为重点,加强社会公德、职业道德、家庭美德、个人品德教育,形成修身律己、崇德向善、礼让宽容的道德风尚。大力宣传先进典型,评选表彰道德模范,形成学习先进、争当先进的浓厚风气。在国家博物馆设立英模陈列馆。深化公民道德宣传日活动,组织道德论坛、道德讲堂、道德修身等活动。加强政务诚信、商务诚信、社会诚信和司法公信建设,开展道德领域突出问题专项教育和治理,完善企业和个人信用记录,健全覆盖全社会的征信系统,加大对失信行为的约束和惩戒力度,在全社会广泛形成守信光荣、失信可耻的氛围。把开展道德实践活动与培育廉洁价值理念相结合,营造崇尚廉洁、鄙弃贪腐的良好社会风尚。

(十五)深化学雷锋志愿服务活动。大力弘扬雷锋精神,广泛开展形式多样的学雷锋实践活动,采取措施推动学雷锋活动常态化。以城乡社区为重点,以相互关爱、服务社会为主题,围绕扶贫济困、应急救援、大型活动、环境保护等方面,围绕空巢老人、留守妇女儿童、困难职工、残疾人等群体,组织开展各类形式的志愿服务活动,形成我为人人、人人为我的社会风气。把学雷锋和志愿服务结合起来,建立健全志愿服务制度,完善激励机制和政策法规保障机制,把学雷锋志愿服务活动做到基层、做到社区、做进家庭。

(十六)深化群众性精神文明创建活动。各类精神文明创建活动要在突出社会主义核心价值观的思想内涵上求实效。推进文明城市、文明村镇、文明单位、文明家庭等创建活动,开展全民阅读活动,不断提升公民文明素质和社会文明程度。广泛开展美丽中国建设宣传教育。开展礼节礼仪教育,在重要场所和重要活动中升挂国旗、奏唱国歌,在学校开学、学生毕业时举行庄重简朴的典礼,完善重大灾难哀悼纪念活动,使礼节礼仪成为培育社会主流价值的重要方式。加强对公民文明旅游的宣传教育、规范约束和社会监督,增强公民旅游的文明意识。

(十七)发挥优秀传统文化怡情养志、涵育文明的重要作用。中华优秀传统文化积淀着中华民族最深沉的精神追求,包含着中华民族最根本的精神基因,代表着中华民族独特的精神标识,是中华民族生生不息、发展壮大的丰厚滋养。建设优秀传统文化传承体系,加大文物保护和非物质文化遗产保护力度,加强对优秀传统文化思想价值的挖掘,梳理和萃取中华文化中的思想精华,作出通俗易懂的当代表达,赋予新的时代内涵,使之与中国特色社会主义相适应,让优秀传统文化在新的时代条件下不断发扬光大。重视民族传统节日的思想熏陶和文化教育功能，丰富民族传统节日的文化内涵，开展优秀传统文化教育普及活动，培育特色鲜明、气氛浓郁的节日文化。增加国民教育中优秀传统文化课程内容，分阶段有序推进学校优秀传统文化教育。开展移风易俗，创新民俗文化样式，形成与历史文化传统相承接、与时代发展相一致的新民俗。

（十八）发挥重要节庆日传播社会主流价值的独特优势。开展革命传统教育，加强对革命传统文化时代价值的阐发，发扬党领导人民在革命、建设、改革中形成的优良传统，弘扬民族精神和时代精神。挖掘各种重要节庆日、纪念日蕴藏的丰富教育资源，利用五四、七一、八一、十一等政治性节日，三八、五一、六一等国际性节日，党史国史上重大事件、重要人物纪念日等，举办庄严庄重、内涵丰富的群众性庆祝和纪念活动。利用党和国家成功举办大事、妥善应对难事的时机，因势利导地开展各类教育活动。加强爱国主义教育基地建设，形成实体展馆与网上展馆相结合、涵盖各个历史时期的爱国主义教育基地体系。推进公共博物馆、纪念馆、爱国主义教育基地和文化馆、图书馆、美术馆、科技馆等免费开放，积极发展红色旅游。

（十九）运用公益广告传播社会主流价值、引领文明风尚。围绕社会主义核心价值观，加强公益广告的选题规划和内容创意，形成公益广告传播先进文化、传扬新风正气的强大声势。加大公益广告刊播力度，广播电视、报纸期刊要拿出黄金时段、重要版面和显著位置，持续刊播公益广告。互联网和手机媒体要发挥传输快捷、覆盖广泛的优势，运用多种方式扩大公益广告的影响力。社会公共场所、公共交通工具要在适当位置悬挂张贴公益广告。各类公益广告要注重导向鲜明、富有内涵、引人向上，注重形式多样、品位高雅、创意新颖，体现时代感厚重感，增强传播力感染力。

六、加强对培育和践行社会主义核心价值观的组织领导

（二十）各级党委和政府要充分认识培育和践行社会主义核心价值观的重要性，把这项任务摆上重要位置，把握方向，制定政策，营造环境，切实负起政治责任和领导责任。把社会主义核心价值观要求体现到经济建设、政治建设、文化建设、社会建设、生态文明建设和党的建设各领域，推动培育和践行社会主义核心价值观同实际工作融为一体、相互促进。建立健全培育和践行社会主义核心价值观的领导体制和工作机制，加强统筹协调，加强组织实施，加强督促落实，提高工作科学化水平。党的基层组织要在推动社会主义核心价值观培育和践行方面，发挥政治核心作用和战斗堡垒作用，筑牢社会和谐的精神纽带，打牢党执政的思想基础。

（二十一）党员、干部要做培育和践行社会主义核心价值观的模范。党员、干部特别是领导干部要在培育和践行社会主义核心价值观方面带好头,以身作则、率先垂范,讲党性、重品行、作表率,为民、务实、清廉,以人格力量感召群众、引领风尚。加强理想信念教育,引导党员、干部着力增强走中国特色社会主义道路、为党和人民事业不懈奋斗的自觉性和坚定性,做共产主义远大理想和中国特色社会主义共同理想的坚定信仰者。加强党性教育,引导党员、干部贯彻党的群众路线,弘扬党的优良传统和作风,以优良党风促政风带民风。加强道德建设,引导党员、干部始终保持高洁生活情趣,坚守共产党人精神追求。

(二十二)培育和践行社会主义核心价值观是全社会的共同责任。坚持全党动手、全社会参与,把培育和践行社会主义核心价值观同各领域的行政管理、行业管理和社会管理结合起来,形成齐抓共管的工作格局。党政各部门,工会、共青团、妇联等人民团体,要在党委统一领导下,加强沟通、密切配合,形成共同推进社会主义核心价值观培育和践行的良好局面。各地区各部门各单位要制定实施方案,落实工作责任制,明确任务分工,完善工作措施。重视发挥民主党派和工商联的重要作用,支持民主党派和工商联开展培育和践行社会主义核心价值观的各项工作。加强同知识界的联系,引导知识分子用正确观点阐释和传播社会主义核心价值观。党委宣传部门要切实担负起组织指导、协调推进的重要职责,积极会同有关部门采取有力措施,推动各项任务落到实处。

(二十三)把培育和践行社会主义核心价值观的任务落实到基层。城乡基层是培育和践行社会主流价值的重要依托,农村、企业、社区、机关、学校等基层单位要重视社会主义核心价值观的培育和践行,使之融入基层党组织建设、基层政权建设中,融入城乡居民自治中,融入人们生产生活和工作学习中,努力实现全覆盖,推动社会主义核心价值观不断转化为社会群体意识和人们自觉行动。充分发挥工人、农民、知识分子的主力军作用,发挥党员、干部的模范带头作用,发挥青少年的生力军作用,发挥社会公众人物的示范作用,发挥非公有制经济组织和新社会组织从业人员的积极作用,形成人人践行社会主义核心价值观的生动景象。

关于加强中国特色新型智库建设的意见(略有删节)

(中共中央办公厅、国务院办公厅2014年11月30日印发)

为深入贯彻落实党的十八大和十八届三中、四中全会精神,加强中国特色新型智库建设,建立健全决策咨询制度,现提出如下意见。

一、重大意义

(一)中国特色新型智库是党和政府科学民主依法决策的重要支撑。决策咨询制度是我国社会主义民主政治建设的重要内容。我们党历来高度重视决策咨询工作。改革开放以来,我国智库建设事业快速发展,为党和政府决策提供了有力的智力支持。当前,全面建成小康社会进入决定性阶段,破解改革发展稳定难题和应对全球性问题的复杂性艰巨性前所未有,迫切需要健全中国特色决策支撑体系,大力加强智库建设,以科学咨询支撑科学决策,以科学决策引领科学发展。

(二)中国特色新型智库是国家治理体系和治理能力现代化的重要内容。纵观当今世界各国现代化发展历程,智库在国家治理中发挥着越来越重要的作用,日益成为国家治理体系中不可或缺的组成部分,是国家治理能力的重要体现。全面深化改革,完善和发展中国特色社会主义制度,推进国家治理体系和治理能力现代化,推动协商民主广泛多层制度化发展,建立更加成熟更加定型的制度体系,必须切实加强中国特色新型智库建设,充分发挥智库在治国理政中的重要作用。

(三)中国特色新型智库是国家软实力的重要组成部分。一个大国的发展进程,既是经济等硬实力提高的进程,也是思想文化等软实力提高的进程。智库是国家软实力的重要载体,越来越成为国际竞争力的重要因素,在对外交往中发挥着不可替代的作用。树立社会主义中国的良好形象,推动中华文化和当代中国价值观念走向世界,在国际舞台上发出中国声音,迫切需要发挥中国特色新型智库在公共外交和文化互鉴中的重要作用,不断增强我国的国际影响力和国际话语权。

智力资源是一个国家、一个民族最宝贵的资源。近年来,我国智库发展很快,在出思想、出成果、出人才方面取得很大成绩,为推动改革开放和社会主义现代化建设作出了重要贡献。同时,随着形势发展,智库建设跟不上、不适应的问题也越来越突出,主要表现在:智库的重要地位没有受到普遍重视,具有较大影响力和国际知名度的高质量智库缺乏,提供的高质量研究成果不够多,参与决策咨询缺乏制度性安排,智库建设缺乏整体规划,资源配置不够科学,组织形式和管理方式亟待创新,领军人物和杰出人才缺乏。解决这些问题,必须从党和国家事业发展全局的战略高度,把中国特色新型智库建设作为一项重大而紧迫的任务,采取有力措施,切实抓紧抓好。

二、指导思想、基本原则和总体目标

(四)指导思想。深入贯彻党的十八大和十八届三中、四中全会精神,高举中国特色社会主义伟大旗帜,坚持以马克思列宁主义、毛泽东思想、邓小平理论、“三个代表”重要思想、科学发展观为指导,深入贯彻习近平总书记系列重要讲话精神,以服务党和政府决策为宗旨,以政策研究咨询为主攻方向,以完善组织形式和管理方式为重点,以改革创新为动力,努力建设面向现代化、面向世界、面向未来的中国特色新型智库体系,更好地服务党和国家工作大局,为实现中华民族伟大复兴的中国梦提供智力支撑。

(五)基本原则

——坚持党的领导,把握正确导向。坚持党管智库,坚持中国特色社会主义方向,遵守国家宪法法律法规,始终以维护国家利益和人民利益为根本出发点,立足我国国情,充分体现中国特色、中国风格、中国气派。

——坚持围绕大局,服务中心工作。紧紧围绕党和政府决策急需的重大课题,围绕全面建成小康社会、全面深化改革、全面推进依法治国的重大任务,开展前瞻性、针对性、储备性政策研究,提出专业化、建设性、切实管用的政策建议,着力提高综合研判和战略谋划能力。

——坚持科学精神,鼓励大胆探索。坚持求真务实,理论联系实际,强化问题意识,积极建言献策,提倡不同学术观点、不同政策建议的切磋争鸣、平等讨论,创造有利于智库发挥作用、积极健康向上的良好环境。

——坚持改革创新,规范有序发展。按照公益服务导向和非营利机构属性的要求,积极推进不同类型、不同性质智库分类改革,科学界定各类智库的功能定位。加强顶层设计、统筹协调和分类指导,突出优势和特色,调整优化智库布局,促进各类智库有序发展。

(六)总体目标。到2020年,统筹推进党政部门、社科院、党校行政学院、高校、军队、科研院所和企业、社会智库协调发展,形成定位明晰、特色鲜明、规模适度、布局合理的中国特色新型智库体系,重点建设一批具有较大影响力和国际知名度的高端智库,造就一支坚持正确政治方向、德才兼备、富于创新精神的公共政策研究和决策咨询队伍,建立一套治理完善、充满活力、监管有力的智库管理体制和运行机制,充分发挥中国特色新型智库咨政建言、理论创新、舆论引导、社会服务、公共外交等重要功能。

中国特色新型智库是以战略问题和公共政策为主要研究对象、以服务党和政府科学民主依法决策为宗旨的非营利性研究咨询机构,应当具备以下基本标准:(1)遵守国家法律法规、相对稳定、运作规范的实体性研究机构;(2)特色鲜明、长期关注的决策咨询研究领域及其研究成果;(3)具有一定影响的专业代表性人物和专职研究人员;(4)有保障、可持续的资金来源;(5)多层次的学术交流平台和成果转化渠道;(6)功能完备的信息采集分析系统;(7)健全的治理结构及组织章程;(8)开展国际合作交流的良好条件等。

三、构建中国特色新型智库发展新格局

(七)促进社科院和党校行政学院智库创新发展。社科院和党校行政学院要深化科研体制改革,调整优化学科布局,加强资源统筹整合,重点围绕提高国家治理能力和经济社会发展中的重大现实问题开展国情调研和决策咨询研究。发挥中国社会科学院作为国家级综合性高端智库的优势,使其成为具有国际影响力的世界知名智库。支持中央党校、国家行政学院把建设中国特色新型智库纳入事业发展总体规划,推动教学培训、科学研究与决策咨询相互促进、协同发展,在决策咨询方面发挥更大作用。地方社科院、党校行政学院要着力为地方党委和政府决策服务,有条件的要为中央有关部门提供决策咨询服务。

(八)推动高校智库发展完善。发挥高校学科齐全、人才密集和对外交流广泛的优势,深入实施中国特色新型高校智库建设推进计划,推动高校智力服务能力整体提升。深化高校智库管理体制改革,创新组织形式,整合优质资源,着力打造一批党和政府信得过、用得上的新型智库,建设一批社会科学专题数据库和实验室、软科学研究基地。实施高校哲学社会科学走出去计划,重点建设一批全球和区域问题研究基地、海外中国学术研究中心。

(九)建设高水平科技创新智库和企业智库。科研院所要围绕建设创新型国家和实施创新驱动发展战略,研究国内外科技发展趋势,提出咨询建议,开展科学评估,进行预测预判,促进科技创新与经济社会发展深度融合。发挥中国科学院、中国工程院、中国科协等在推动科技创新方面的优势,在国家科技战略、规划、布局、政策等方面发挥支撑作用,使其成为创新引领、国家倚重、社会信任、国际知名的高端科技智库。支持国有及国有控股企业兴办产学研用紧密结合的新型智库,重点面向行业产业,围绕国有企业改革、产业结构调整、产业发展规划、产业技术方向、产业政策制定、重大工程项目等开展决策咨询研究。

(十)规范和引导社会智库健康发展。社会智库是中国特色新型智库的组成部分。坚持把社会责任放在首位,由民政部会同有关部门研究制定规范和引导社会力量兴办智库的若干意见,确保社会智库遵守国家宪法法律法规,沿着正确方向健康发展。进一步规范咨询服务市场,完善社会智库产品供给机制。探索社会智库参与决策咨询服务的有效途径,营造有利于社会智库发展的良好环境。

(十一)实施国家高端智库建设规划。加强智库建设整体规划和科学布局,统筹整合现有智库优质资源,重点建设50至100个国家亟需、特色鲜明、制度创新、引领发展的专业化高端智库。支持中央党校、中国科学院、中国社会科学院、中国工程院、国务院发展研究中心、国家行政学院、中国科协、中央重点新闻媒体、部分高校和科研院所、军队系统重点教学科研单位及有条件的地方先行开展高端智库建设试点。

(十二)增强中央和国家机关所属政策研究机构决策服务能力。中央和国家机关所属政策研究机构要围绕中心任务和重点工作,定期发布决策需求信息,通过项目招标、政府采购、直接委托、课题合作等方式,引导相关智库开展政策研究、决策评估、政策解读等工作。中央政研室、中央财办、中央外办、国务院研究室、国务院发展研究中心等机构要加强与智库的沟通联系,高度重视、充分运用智库的研究成果。全国人大要加强智库建设,开展人民代表大会制度和中国特色社会主义法律体系理论研究。全国政协要推进智库建设,开展多党合作和政治协商制度、社会主义协商民主制度理论研究。人民团体要发挥密切联系群众的优势,拓展符合自身特点的决策咨询服务方式。

四、深化管理体制改革

(十三)深化组织管理体制改革。按照行政管理体制改革和事业单位分类改革的要求,遵循智库发展规律,推进不同类型智库管理体制改革。强化政府在智库发展规划、政策法规、统筹协调等方面的宏观指导责任,创新管理方式,形成既能把握正确方向、又有利于激发智库活力的管理体制。

(十四)深化研究体制改革。鼓励智库与实际部门开展合作研究,提高研究工作的针对性实效性。健全课题招标或委托制度,完善公开公平公正、科学规范透明的立项机制,建立长期跟踪研究、持续滚动资助的长效机制。重视决策理论和跨学科研究,推进研究方法、政策分析工具和技术手段创新,搭建互联互通的信息共享平台,为决策咨询提供学理支撑和方法论支持。

(十五)深化经费管理制度改革。建立健全规范高效、公开透明、监管有力的资金管理机制,探索建立和完善符合智库运行特点的经费管理制度,切实提高资金使用效益。科学合理编制和评估经费预算，规范直接费用支出管理，合规合理使用间接费用，发挥绩效支出的激励作用。加强资金监管和财务审计，加大对资金使用违规行为的查处力度，建立预算和经费信息公开公示制度，健全考核问责制度，不断完善监督机制。

（十六）深化成果评价和应用转化机制改革。完善以质量创新和实际贡献为导向的评价办法，构建用户评价、同行评价、社会评价相结合的指标体系。建立智库成果报告制度，拓宽成果应用转化渠道，提高转化效率。对党委和政府委托研究课题和涉及国家安全、科技机密、商业秘密的智库成果，未经允许不得公开发布。加强智库成果知识产权创造、运用和管理，加大知识产权保护力度。

（十七）深化国际交流合作机制改革。加强中国特色新型智库对外传播能力和话语体系建设，提升我国智库的国际竞争力和国际影响力。建立与国际知名智库交流合作机制，开展国际合作项目研究，积极参与国际智库平台对话。坚持引进来与走出去相结合，吸纳海外智库专家、汉学家等优秀人才，支持我国高端智库设立海外分支机构，推荐知名智库专家到有关国际组织任职。重视智库外语人才培养、智库成果翻译出版和开办外文网站等工作。简化智库外事活动管理、中外专家交流、举办或参加国际会议等方面的审批程序。坚持以我为主、为我所用，学习借鉴国外智库的先进经验。

五、健全制度保障体系

（十八）落实政府信息公开制度。按照政府信息公开条例的规定，依法主动向社会发布政府信息，增强信息发布的权威性和及时性。完善政府信息公开方式和程序，健全政府信息公开申请的受理和处置机制。拓展政府信息公开渠道和查阅场所，发挥政府网站以及政务微博、政务微信等新兴信息发布平台的作用，方便智库及时获取政府信息。健全政府信息公开保密审查制度，确保不泄露国家秘密。

（十九）完善重大决策意见征集制度。涉及公共利益和人民群众切身利益的决策事项，要通过举行听证会、座谈会、论证会等多种形式，广泛听取智库的意见和建议，增强决策透明度和公众参与度。鼓励人大代表、政协委员、政府参事、文史馆员与智库开展合作研究。探索建立决策部门对智库咨询意见的回应和反馈机制，促进政府决策与智库建议之间良性互动。

（二十）建立健全政策评估制度。除涉密及法律法规另有规定外，重大改革方案、重大政策措施、重大工程项目等决策事项出台前，要进行可行性论证和社会稳定、环境、经济等方面的风险评估，重视对不同智库评估报告的综合分析比较。加强对政策执行情况、实施效果和社会影响的评估，建立有关部门对智库评估意见的反馈、公开、运用等制度,健全决策纠错改正机制。探索政府内部评估与智库第三方评估相结合的政策评估模式,增强评估结果的客观性和科学性。

(二十一)建立政府购买决策咨询服务制度。探索建立政府主导、社会力量参与的决策咨询服务供给体系,稳步推进提供服务主体多元化和提供方式多样化,满足政府部门多层次、多方面的决策需求。研究制定政府向智库购买决策咨询服务的指导意见,明确购买方和服务方的责任和义务。凡属智库提供的咨询报告、政策方案、规划设计、调研数据等,均可纳入政府采购范围和政府购买服务指导性目录。建立按需购买、以事定费、公开择优、合同管理的购买机制,采用公开招标、邀请招标、竞争性谈判、单一来源等多种方式购买。

(二十二)健全舆论引导机制。着眼于壮大主流舆论、凝聚社会共识,发挥智库阐释党的理论、解读公共政策、研判社会舆情、引导社会热点、疏导公众情绪的积极作用。鼓励智库运用大众媒体等多种手段,传播主流思想价值,集聚社会正能量。坚持研究无禁区、宣传有纪律。

六、加强组织领导

(二十三)高度重视智库建设。各级党委和政府要充分认识中国特色新型智库的地位和作用,把智库建设作为推进科学执政、依法行政、增强政府公信力的重要内容,列入重要议事日程。建立健全党委统一领导、有关部门分工负责的工作体制,切实加强对智库建设工作的领导。

(二十四)不断完善智库管理。有关部门和业务主管单位要按照谁主管、谁负责和属地管理、归口管理的原则,切实负起管理责任,建章立制,立好规矩,制定具体明晰的标准规范和管理措施,确保智库所从事的各项活动符合党的路线方针政策,遵守国家法律法规。加强统筹协调,做好整体规划,优化资源配置,避免重复建设,防止一哄而上和无序发展。

(二十五)加大资金投入保障力度。各级政府要研究制定和落实支持智库发展的财政、金融政策,探索建立多元化、多渠道、多层次的投入体系,健全竞争性经费和稳定支持经费相协调的投入机制。根据不同类型智库的性质和特点,研究制定不同的支持办法。落实公益捐赠制度,鼓励企业、社会组织、个人捐赠资助智库建设。

(二十六)加强智库人才队伍建设。各级党委和政府要把人才队伍作为智库建设重点,实施中国特色新型智库高端人才培养规划。推动党政机关与智库之间人才有序流动,推荐智库专家到党政部门挂职任职。深化智库人才岗位聘用、职称评定等人事管理制度改革,完善以品德、能力和贡献为导向的人才评价机制和激励政策。探索有利于智库人才发挥作用的多种分配方式,建立健全与岗位职责、工作业绩、实际贡献紧密联系的薪酬制度。加强智库专家职业精神、职业道德建设,引导其自觉践行社会主义核心价值观,增强社会责任感和诚信意识,牢固树立国家安全意识、信息安全意识、保密纪律意识,积极主动为党和政府决策贡献聪明才智。

各地区各有关部门要结合实际,按照本意见精神制定具体办法。

关于实施中华优秀传统文化传承发展工程的意见

(中共中央办公厅、国务院办公厅 2017 年 1 月 24 日印发)

文化是民族的血脉,是人民的精神家园。文化自信是更基本、更深层、更持久的力量。中华文化独一无二的理念、智慧、气度、神韵,增添了中国人民和中华民族内心深处的自信和自豪。为建设社会主义文化强国,增强国家文化软实力,实现中华民族伟大复兴的中国梦,现就实施中华优秀传统文化传承发展工程提出如下意见。

一、重要意义和总体要求

1. 重要意义。中华文化源远流长、灿烂辉煌。在 5000 多年文明发展中孕育的中华优秀传统文化,积淀着中华民族最深沉的精神追求,代表着中华民族独特的精神标识,是中华民族生生不息、发展壮大的丰厚滋养,是中国特色社会主义植根的文化沃土,是当代中国发展的突出优势,对延续和发展中华文明、促进人类文明进步,发挥着重要作用。

中国共产党在领导人民进行革命、建设、改革伟大实践中,自觉肩负起传承发展中华优秀传统文化的历史责任,是中华优秀传统文化的忠实继承者、弘扬者和建设者。党的十八大以来,在以习近平同志为核心的党中央领导下,各级党委和政府更加自觉、更加主动推动中华优秀传统文化的传承与发展,开展了一系列富有创新、富有成效的工作,有力增强了中华优秀传统文化的凝聚力、影响力、创造力。同时要看到,随着我国经济社会深刻变革、对外开放日益扩大、互联网技术和新媒体快速发展,各种思想文化交流交融交锋更加频繁,迫切需要深化对中华优秀传统文化重要性的认识,进一步增强文化自觉和文化自信;迫切需要深入挖掘中华优秀传统文化价值内涵,进一步激发中华优秀传统文化的生机与活力;迫切需要加强政策支持,着力构建中华优秀传统文化传承发展体系。实施中华优秀传统文化传承发展工程,是建设社会主义文化强国的重大战略任务,对于传承中华文脉、全面提升人民群众文化素养、维护国家文化安全、增强国家文化软实力、推进国家治理体系和治理能力现代化,具有重要意义。

2. 指导思想。高举中国特色社会主义伟大旗帜,全面贯彻党的十八大和十八届三中、四中、五中、六中全会精神,坚持以马克思列宁主义、毛泽东思想、邓小平理论、"三个代表"重要思想、科学发展观为指导,深入贯彻习近平总书记系列重要讲话精神和治国理政新理念新思想新战略,紧紧围绕实现中华民族伟大复兴的中国梦,深入贯彻新发展理念,坚持以人民为中心的工作导向,坚持以社会主义核心价值观为引领,坚持创造性转化、创新性发展,坚守中华文化立场、传承中华文化基因,不忘本来、吸收外来、面向未来,汲取中国智慧、弘扬中国精神、传播中国价值,不断增强中华优秀传统文化的生命力和影响力,创造中华文化新辉煌。

3. 基本原则

——牢牢把握社会主义先进文化前进方向。坚持中国特色社会主义文化发展道路,立足于巩固马克思主义在意识形态领域的指导地位、巩固全党全国人民团结奋斗的共同思想基础,弘扬社会主义核心价值观,培育民族精神和时代精神,解决现实问题、助推社会发展。

——坚持以人民为中心的工作导向。坚持为了人民、依靠人民、共建共享,注重文化熏陶和实践养成,把跨越时空的思想理念、价值标准、审美风范转化为人们的精神追求和行为习惯,不断增强人民群众的文化参与感、获得感和认同感,形成向上向善的社会风尚。

——坚持创造性转化和创新性发展。坚持辩证唯物主义和历史唯物主义,秉持客观、科学、礼敬的态度,取其精华、去其糟粕,扬弃继承、转化创新,不复古泥古,不简单否定,不断赋予新的时代内涵和现代表达形式,不断补充、拓展、完善,使中华民族最基本的文化基因与当代文化相适应、与现代社会相协调。

——坚持交流互鉴、开放包容。以我为主、为我所用,取长补短、择善而从,既不简单拿来,也不盲目排外,吸收借鉴国外优秀文明成果,积极参与世界文化的对话交流,不断丰富和发展中华文化。

——坚持统筹协调、形成合力。加强党的领导,充分发挥政府主导作用和市场积极作用,鼓励和引导社会力量广泛参与,推动形成有利于传承发展中华优秀传统文化的体制机制和社会环境。

4. 总体目标。到 2025 年,中华优秀传统文化传承发展体系基本形成,研究阐发、教育普及、保护传承、创新发展、传播交流等方面协同推进并取得重要成果,具有中国特色、中国风格、中国气派的文化产品更加丰富,文化自觉和文化自信显著增强,国家文化软实力的根基更为坚实,中华文化的国际影响力明显提升。

二、主要内容

5. 核心思想理念。中华民族和中国人民在修齐治平、尊时守位、知常达变、开物成务、建功立业过程中培育和形成的基本思想理念,如革故鼎新、与时俱进的思想,脚踏实地、实事求是的思想,惠民利民、安民富民的思想,道法自然、天人合一的思想等,可以为人们认识和改造世界提供有益启迪,可以为治国理政提供有益借鉴。传承发展中华优秀传统文化,就要大力弘扬讲仁爱、重民本、守诚信、崇正义、尚和合、求大同等核心思想理念。

6. 中华传统美德。中华优秀传统文化蕴含着丰富的道德理念和规范,如天下兴亡、匹夫有责的担当意识,精忠报国、振兴中华的爱国情怀,崇德向善、见贤思齐的社会风尚,孝悌忠信、礼义廉耻的荣辱观念,体现着评判是非曲直的价值标准,潜移默化地影响着中国人的行为方式。传承发展中华优秀传统文化,就要大力弘扬自强不息、敬业乐群、扶危济困、见义勇为、孝老爱亲等中华传统美德。

7. 中华人文精神。中华优秀传统文化积淀着多样、珍贵的精神财富,如求同存异、和而不同的处世方法,文以载道、以文化人的教化思想,形神兼备、情景交融的美学追求,俭约自守、中和泰和的生活理念等,是中国人民思想观念、风俗习惯、生活方式、情感样式的集中表达,滋养了独特丰富的文学艺术、科学技术、人文学术,至今仍然具有深刻影响。传承发展中华优秀传统文化,就要大力弘扬有利于促进社会和谐、鼓励人们向上向善的思想文化内容。

三、重点任务

8. 深入阐发文化精髓。加强中华文化研究阐释工作,深入研究阐释中华文化的历史渊源、发展脉络、基本走向,深刻阐明中华优秀传统文化是发展当代中国马克思主义的丰厚滋养,深刻阐明传承发展中华优秀传统文化是建设中国特色社会主义事业的实践之需,深刻阐明丰富多彩的多民族文化是中华文化的基本构成,深刻阐明中华文明是在与其他文明不断交流互鉴中丰富发展的,着力构建有中国底蕴、中国特色的思想体系、学术体系和话语体系。加强党史国史及相关档案编修,做好地方史志编纂工作,巩固中华文明探源成果,正确反映中华民族文明史,推出一批研究成果。实施中华文化资源普查工程,构建准确权威、开放共享的中华文化资源公共数据平台。建立国家文物登录制度。建设国家文献战略储备库、革命文物资源目录和大数据库。实施国家古籍保护工程,完善国家珍贵古籍名录和全国古籍重点保护单位评定制度,加强中华文化典籍整理编纂出版工作。完善非物质文化遗产、馆藏革命文物普查建档制度。

9. 贯穿国民教育始终。围绕立德树人根本任务,遵循学生认知规律和教育教学规律,按照一体化、分学段、有序推进的原则,把中华优秀传统文化全方位融入思想道德教育、文化知识教育、艺术体育教育、社会实践教育各环节,贯穿于启蒙教育、基础教育、职业教育、高等教育、继续教育各领域。以幼儿、小学、中学教材为重点,构建中华文化课程和教材体系。编写中华文化幼儿读物,开展"少年传承中华传统美德"系列教育活动,创作系列绘本、童谣、儿歌、动画等。修订中小学道德与法治、语文、历史等课程教材。推动高校开设中华优秀传统文化必修课，在哲学社会科学及相关学科专业和课程中增加中华优秀传统文化的内容。加强中华优秀传统文化相关学科建设，重视保护和发展具有重要文化价值和传承意义的“绝学”、冷门学科。推进职业院校民族文化传承与创新示范专业点建设。丰富拓展校园文化，推进戏曲、书法、高雅艺术、传统体育等进校园，实施中华经典诵读工程，开设中华文化公开课，抓好传统文化教育成果展示活动。研究制定国民语言教育大纲，开展好国民语言教育。加强面向全体教师的中华文化教育培训，全面提升师资队伍水平。

10. 保护传承文化遗产。坚持保护为主、抢救第一、合理利用、加强管理的方针，做好文物保护工作，抢救保护濒危文物，实施馆藏文物修复计划，加强新型城镇化和新农村建设中的文物保护。加强历史文化名城名镇名村、历史文化街区、名人故居保护和城市特色风貌管理，实施中国传统村落保护工程，做好传统民居、历史建筑、革命文化纪念地、农业遗产、工业遗产保护工作。规划建设一批国家文化公园，成为中华文化重要标识。推进地名文化遗产保护。实施非物质文化遗产传承发展工程，进一步完善非物质文化遗产保护制度。实施传统工艺振兴计划。大力推广和规范使用国家通用语言文字，保护传承方言文化。开展少数民族特色文化保护工作，加强少数民族语言文字和经典文献的保护和传播，做好少数民族经典文献和汉族经典文献互译出版工作。实施中华民族音乐传承出版工程、中国民间文学大系出版工程。推动民族传统体育项目的整理研究和保护传承。

11. 滋养文艺创作。善于从中华文化资源宝库中提炼题材、获取灵感、汲取养分，把中华优秀传统文化的有益思想、艺术价值与时代特点和要求相结合，运用丰富多样的艺术形式进行当代表达，推出一大批底蕴深厚、涵育人心的优秀文艺作品。科学编制重大革命和历史题材、现实题材、爱国主义题材、青少年题材等专项创作规划，提高创作生产组织化程度，彰显中华文化的精神内涵和审美风范。加强对中华诗词、音乐舞蹈、书法绘画、曲艺杂技和历史文化纪录片、动画片、出版物等的扶持。实施戏曲振兴工程，做好戏曲“像音像”工作，挖掘整理优秀传统剧目，推进数字化保存和传播。实施网络文艺创作传播计划，推动网络文学、网络音乐、网络剧、微电影等传承发展中华优秀传统文化。实施中国经典民间故事动漫创作工程、中华文化电视传播工程，组织创作生产一批传承中华文化基因、具有大众亲和力的动画片、纪录片和节目栏目。大力加强文艺评论，改革完善文艺评奖，建立有中国特色的文艺研究评论体系，倡导中华美学精神，推动美学、美德、美文相结合。

12. 融入生产生活。注重实践与养成、需求与供给、形式与内容相结合,把中华优秀传统文化内涵更好更多地融入生产生活各方面。深入挖掘城市历史文化价值,提炼精选一批凸显文化特色的经典性元素和标志性符号,纳入城镇化建设、城市规划设计,合理应用于城市雕塑、广场园林等公共空间,避免千篇一律、千城一面。挖掘整理传统建筑文化,鼓励建筑设计继承创新,推进城市修补、生态修复工作,延续城市文脉。加强"美丽乡村"文化建设,发掘和保护一批处处有历史、步步有文化的小镇和村庄。用中华优秀传统文化的精髓涵养企业精神,培育现代企业文化。实施中华老字号保护发展工程,支持一批文化特色浓、品牌信誉高、有市场竞争力的中华老字号做精做强。深入开展"我们的节日"主题活动,实施中国传统节日振兴工程,丰富春节、元宵、清明、端午、七夕、中秋、重阳等传统节日文化内涵,形成新的节日习俗。加强对传统历法、节气、生肖和饮食、医药等的研究阐释、活态利用,使其有益的文化价值深度嵌入百姓生活。实施中华节庆礼仪服装服饰计划,设计制作展现中华民族独特文化魅力的系列服装服饰。大力发展文化旅游,充分利用历史文化资源优势,规划设计推出一批专题研学旅游线路,引导游客在文化旅游中感知中华文化。推动休闲生活与传统文化融合发展,培育符合现代人需求的传统休闲文化。发展传统体育,抢救濒危传统体育项目,把传统体育项目纳入全民健身工程。

13. 加大宣传教育力度。综合运用报纸、书刊、电台、电视台、互联网站等各类载体,融通多媒体资源,统筹宣传、文化、文物等各方力量,创新表达方式,大力彰显中华文化魅力。实施中华文化新媒体传播工程。充分发挥图书馆、文化馆、博物馆、群艺馆、美术馆等公共文化机构在传承发展中华优秀传统文化中的作用。编纂出版系列文化经典。加强革命文物工作,实施革命文物保护利用工程,做好革命遗址、遗迹、烈士纪念设施的保护和利用。推动红色旅游持续健康发展。深入开展"爱我中华"主题教育活动,充分利用重大历史事件和中华历史名人纪念活动、国家公祭仪式、烈士纪念日,充分利用各类爱国主义教育基地、历史遗迹等,展示爱国主义深刻内涵,培育爱国主义精神。加强国民礼仪教育。加大对国家重要礼仪的普及教育与宣传力度,在国家重大节庆活动中体现仪式感、庄重感、荣誉感,彰显中华传统礼仪文化的时代价值,树立文明古国、礼仪之邦的良好形象。研究提出承接传统习俗、符合现代文明要求的社会礼仪、服装服饰、文明用语规范,建立健全各类公共场所和网络公共空间的礼仪、礼节、礼貌规范,推动形成良好的言行举止和礼让宽容的社会风尚。把优秀传统文化思想理念体现在社会规范中,与制定市民公约、乡规民约、学生守则、行业规章、团体章程相结合。弘扬孝敬文化、慈善文化、诚信文化等,开展节俭养德全民行动和学雷锋志愿服务。广泛开展文明家庭创建活动,挖掘和整理家训、家书文化,用优良的家风家教培育青少年。挖掘和保护乡土文化资源,建设新乡贤文化,培育和扶持乡村文化骨干,提升乡土文化内涵,形成良性乡村文化生态,让子孙后代记得住乡愁。加强港澳台中华文化普及和交流,积极举办以中华文化为主题的青少年夏令营、冬令营以及诵读和书写中华经典等交流活动,鼓励港澳台艺术家参与国家在海外举办的感知中国、中国文化年(节)、欢乐春节等品牌活动,增强国家认同、民族认同、文化认同。

14. 推动中外文化交流互鉴。加强对外文化交流合作,创新人文交流方式,丰富文化交流内容,不断提高文化交流水平。充分运用海外中国文化中心、孔子学院,文化节展、文物展览、博览会、书展、电影节、体育活动、旅游推介和各类品牌活动,助推中华优秀传统文化的国际传播。支持中华医药、中华烹饪、中华武术、中华典籍、中国文物、中国园林、中国节日等中华传统文化代表性项目走出去。积极宣传推介戏曲、民乐、书法、国画等我国优秀传统文化艺术,让国外民众在审美过程中获得愉悦、感受魅力。加强"一带一路"沿线国家文化交流合作。鼓励发展对外文化贸易,让更多体现中华文化特色、具有较强竞争力的文化产品走向国际市场。探索中华文化国际传播与交流新模式,综合运用大众传播、群体传播、人际传播等方式,构建全方位、多层次、宽领域的中华文化传播格局。推进国际汉学交流和中外智库合作,加强中国出版物国际推广与传播,扶持汉学家和海外出版机构翻译出版中国图书,通过华侨华人、文化体育名人、各方面出境人员,依托我国驻外机构、中资企业、与我友好合作机构和世界各地的中餐馆等,讲好中国故事、传播好中国声音、阐释好中国特色、展示好中国形象。

四、组织实施和保障措施

15. 加强组织领导。各级党委和政府要从坚定文化自信、坚持和发展中国特色社会主义、实现中华民族伟大复兴的高度,切实把中华优秀传统文化传承发展工作摆上重要日程,加强宏观指导,提高组织化程度,纳入经济社会发展总体规划,纳入考核评价体系,纳入各级党校、行政学院教学的重要内容。各级党委宣传部门要发挥综合协调作用,整合各类资源,调动各方力量,推动形成党委统一领导、党政群协同推进、有关部门各负其责、全社会共同参与的中华优秀传统文化传承发展工作新格局。各有关部门和群团组织要按照责任分工,制定实施方案,完善工作机制,把各项任务落到实处。

16. 加强政策保障。加强中华优秀传统文化传承发展相关扶持政策的制定与实施,注重政策措施的系统性协同性操作性。加大中央和地方各级财政支持力度,同时统筹整合现有相关资金,支持中华优秀传统文化传承发展重点项目。

制定和完善惠及中华优秀传统文化传承发展工程项目的金融支持政策。加大对国家重要文化和自然遗产、国家级非物质文化遗产等珍贵遗产资源保护利用设施建设的支持力度。建立中华优秀传统文化传承发展相关领域和部门合作共建机制。制定文物保护和非物质文化遗产保护专项规划。制定和完善历史文化名城名镇名村和历史文化街区保护的相关政策。完善相关奖励、补贴政策,落实税收优惠政策,引导和鼓励企业、社会组织及个人捐赠或共建相关文化项目。建立健全中华优秀传统文化传承发展重大项目首席专家制度,培养造就一批人民喜爱、有国际影响的中华文化代表人物。完善中华优秀传统文化传承发展的激励表彰制度,对为中华优秀传统文化传承发展和传播交流作出贡献、建立功勋、享有声誉的杰出海内外人士按规定授予功勋荣誉或进行表彰奖励。有关部门要研究出台入学、住房保障等方面的倾斜政策和措施,用以倡导和鼓励自强不息、敬业乐群、扶正扬善、扶危济困、见义勇为、孝老爱亲等传统美德。

17. 加强文化法治环境建设。修订文物保护法。制定文化产业促进法、公共图书馆法等相关法律,对中华优秀传统文化传承发展有关工作作出制度性安排。在教育、科技、卫生、体育、城乡建设、互联网、交通、旅游、语言文字等领域相关法律法规的制定修订中,增加中华优秀传统文化传承发展内容。加大涉及保护传承弘扬中华优秀传统文化法律法规施行力度,加强对法律法规实施情况的监督检查。充分发挥各行政主管部门在传承发展中华优秀传统文化中的重要作用,建立完善联动机制,严厉打击违法经营行为。加强法治宣传教育,增强全社会依法传承发展中华优秀传统文化的自觉意识,形成礼敬守护和传承发展中华优秀传统文化的良好法治环境。各地要根据本地传统文化传承保护的现状,制定完善地方性法规和政府规章。

18. 充分调动全社会积极性创造性。传承发展中华优秀传统文化是全体中华儿女的共同责任。坚持全党动手、全社会参与,把中华优秀传统文化传承发展的各项任务落实到农村、企业、社区、机关、学校等城乡基层。各类文化单位机构、各级文化阵地平台,都要担负起守护、传播和弘扬中华优秀传统文化的职责。各类企业和社会组织要积极参与文化资源的开发、保护与利用,生产丰富多样、社会价值和市场价值相统一、人民喜闻乐见的优质文化产品,扩大中高端文化产品和服务的供给。充分尊重工人、农民、知识分子的主体地位,发挥领导干部的带头作用,发挥公众人物的示范作用,发挥青少年的生力军作用,发挥先进模范的表率作用,发挥非公有制经济组织和社会组织从业人员的积极作用,发挥文化志愿者、文化辅导员、文艺骨干、文化经营者的重要作用,形成人人传承发展中华优秀传统文化的生动局面。

国家高端智库管理办法(试行)

(中共中央宣传部2015年11月24日印发)

第一章 总 则

第一条 为贯彻落实《中共中央办公厅、国务院办公厅关于加强中国特色新型智库建设的意见》,加强和规范国家高端智库(以下简称高端智库)建设和管理,制定本办法。

第二条 本办法所称高端智库是指经中央批准确定,以战略问题和公共政策为主要研究对象,以直接服务党和政府决策为宗旨的非营利性研究咨询机构。

第三条 高端智库的建设目标是,到2020年,在经济、政治、法律、文化、社会、生态、科技、教育、国防、外交等领域,重点建设50—100个"国家亟需、特色鲜明、制度创新、引领发展",具有较大影响力和国际知名度的高水平智库,形成结构合理、规模适度的新型智库体系。

第四条 高端智库建设必须遵循以下原则:

1. 坚持正确方向,体现中国特色。坚持党的领导,坚持中国特色社会主义方向,坚持立足中国国情,遵守国家宪法法律法规,充分体现中国风格、中国气派。积极借鉴国外智库有益经验,不照搬外国智库模式。

2. 坚持高端定位,积极服务决策。坚持高起点推进、高水平建设,加强整体规划和科学布局,统筹整合优质资源,适应党和国家事业发展的战略需求,注重前瞻性、针对性、储备性政策研究,提供切实管用的政策建议。

3. 坚持研以致用,专业性和综合性相结合。优先发展专业性智库,适当发展综合性智库。突出问题导向,强化问题意识,凝练主攻方向,形成特色品牌,更好地发挥外脑和参谋作用。

4. 坚持改革创新,建立灵活高效的运行机制。遵循智库发展规律和决策咨询工作规律,创新组织形式和管理方式,建立有效的内部治理机制、供需之间沟通联系机制、互联互通的信息共享机制、持续稳定的经费投入机制、广泛的国际合作与交流机制。

5. 坚持人才为先,凝聚一流研究队伍。按照政治素质好、学术造诣高、社会影响大、事业心和责任感强的要求,选好首席专家,建强研究团队。实行"小机构大网络”,专职与兼职相结合、“走出去”与“引进来”相结合,形成开放、竞争、流动的人才格局。

第五条 高端智库建设由中央宣传部牵头,全国哲学社会科学规划领导小组(以下简称全国社科规划领导小组)负责宏观指导和组织实施,全国哲学社会科学规划办公室(以下简称全国社科规划办)负责日常联系。

第二章 入选条件和认定程序

第六条 入选高端智库应当符合以下条件:

1. 必须为依法设立、相对稳定、运作规范的实体性非营利研究机构,拥有独立办公场所和必备基础设施。

2. 必须有特色鲜明、长期关注的决策咨询研究领域,并在该领域达到国内领先水平。

3. 拥有 1—2 名具有较大影响力和知名度的领军人物,具备梯次合理的核心团队,配备一定数量的学术助手和管理人员。

4. 具有稳定的、可持续的资金来源渠道。接受社会捐赠、企业资助、境外资金必须符合国家法律和有关政策规定。

5. 具有多层次的学术交流平台和成果转化载体,至少拥有 1 种学术期刊或内刊内参。

6. 具有功能完备的信息采集分析系统,拥有专业资料室和网站。

7. 具备完善的内部治理结构及组织章程,具有独立运行能力,设有专门管理机构(如理事会等)、学术委员会。

8. 具备开展国际合作与交流的良好条件,有较强的国际影响力和话语权。

第七条 高端智库认定坚持“公平公正、择优支持、分类推进、分批实施”的原则,按照“部门推荐、智库申请、考察评估、审核报批”的程序进行。由智库主管部门推荐,主办单位报送书面材料,全国社科规划办组织考察和综合评估,经全国社科规划领导小组审议后,报中央批准确定。

第三章 主要职责和任务

第八条 高端智库要按照服务决策、适度超前的要求,根据自身研究专长和优势,制定中长期研究规划,确定相对稳定的研究领域,形成持续跟踪研究的长效机制。加强选题策划和项目遴选。

第九条 高端智库要重视学术基础理论研究,加强政策模拟仿真、政策背景分析研究,推进研究方法、政策分析工具、技术手段创新和跨学科平台建设。

第十条 高端智库要认真完成中央或有关部门交办的研究任务,集中优势力量攻关,按时提交高质量的决策咨询报告。鼓励高端智库与实际部门开展合作研究,提高政策研究、评估、解读工作的针对性、实效性、准确性。

对于中央决策急需的重大课题,或涉及国民经济和社会发展、国家安全和战略利益、重大公共政策等方面的研究,可由2—3家高端智库分别完成,提供多种政策选项。

第十一条 高端智库要加强与有关决策部门的沟通联系,及时了解重大决策需求和信息,积极参加有关部门组织的论证会、座谈会、协商会、听证会等活动,拓宽决策咨询服务的方式和范围,更好地服务于党和政府决策。

第十二条 高端智库要围绕经济社会发展的现实问题,深入开展实地调查研究和数据抽样调查,了解和掌握真实情况,充分获取第一手数据资料,为决策咨询研究提供科学依据和坚实支撑。

第十三条 高端智库要充分利用大数据、云计算等技术,加强专业数据库、案例库和信息系统平台建设,为决策咨询研究提供必要的信息和技术保障。

第四章 成果报送和使用

第十四条 建立高端智库成果报告制度,各高端智库每季度须向全国社科规划办提交一定数量的高质量研究报告。研究报告要求主题鲜明、资料翔实、分析深刻、对策具体、逻辑严密,有较强的决策参考价值。

第十五条 全国社科规划办主办《国家高端智库报告》内刊,主要刊登中央决策急需、具有战略和全局意义、现实针对性强的高质量研究报告,直接报送中央领导同志参考。

第十六条 高端智库要建立一套高效顺畅的成果报送和传递制度,严格规范报送的时限、范围、形式和流程。党中央、国务院、中央军委直属的综合性研究机构,可通过原有渠道将重要成果报送中央及有关部门,同时抄送全国社科规划办,涉密成果按保密规定报送;其他各类智库拟报送中央及有关部门的研究成果,由全国社科规划办统一上报。

第十七条 有关部门应当在党委和政府决策、政策法规制定、重要文件起草、重大工程项目论证及风险评估等方面,高度重视、认真研究吸纳高端智库提出的咨询建议,并及时反馈采纳和运用情况。

第十八条 坚持内外有别,严格遵守国家保密规定。对于涉及国家安全、科技机密、商业秘密、军事机密等方面的资料数据和研究成果,必须按规定确定密级和报送范围,不得公开发布。对于党委和政府委托研究课题、向全国社科规划办或有关部门报送的材料,未经授权不得公开或发表。

第十九条 高端智库要通过成果发布会、研讨会、论坛讲座、报刊图书、广播电视、网络传媒等多种传播手段,阐释党的理论、解读公共政策、研判社会舆情、疏导公众情绪,积极引导社会舆论。

第五章 经费保障

第二十条 中央财政设立高端智库专项经费,主要用于支持高端智库开展决策咨询研究工作。专项经费由中央财政按年度拨款,从国家社会科学基金中单独列支。

第二十一条 高端智库专项经费的管理和使用,应当坚持"稳定支持、遵循规律、绩效导向、专款专用"的原则,建立规范高效、公开透明、监管有力的经费管理机制和绩效考核机制。

第二十二条 按照国家法律法规和有关政策规定,制定符合智库发展规律和运行特点、有别于科研项目经费管理和使用的高端智库专项经费管理办法。合理确定专项经费支出范围,体现科研人员的智力劳动价值,激发科研人员的积极性和创造性。坚持激励与约束相统一,建立年度绩效考核与专项经费安排紧密联系的有效机制,提高资金使用效益。加强对专项经费的监督管理,确保资金规范使用和安全运行。

第二十三条 在政府持续稳定投入的基础上,高端智库可通过接受购买服务、项目委托、社会捐助等多种途径筹措经费,建立多元化、多渠道、多层次的经费保障机制。高端智库接受社会资金、境外资助,必须报全国社科规划领导小组审批。探索采用基金方式运作管理。

第二十四条 主管主办单位应当从原有资金渠道合理安排高端智库人员经费和日常公用经费,加大对决策咨询研究工作的支持力度。

第六章 组织管理

第二十五条 全国社科规划领导小组设立高端智库理事会,作为指导高端智库建设的议事机构和评估机构。理事会下设秘书处作为日常办事机构,设在全国社科规划办。理事会由中央部委综合性决策需求部门和有关主管部门的分管领导,以及部分高端智库代表组成,设理事长 1 名,副理事长 1—3 名,理事若干名。每届理事会成员任期 5 年。每年至少召开两次理事会全体会议,总结工作,讨论重点研究课题,研究重要事项。

理事会的主要职责是:

1. 审议高端智库建设规划和规章制度；

2. 对高端智库进行综合评估，提出设立、调整和撤销的建议；

3. 研究提出决策急需的重点研究任务；

4. 为高端智库开展决策咨询研究提供必要帮助；

5. 完成全国社科规划领导小组交办的其他任务。

第二十六条　主管主办单位要按照谁主管、谁负责和属地管理、归口管理的原则，加强对高端智库建设的引导和管理，主要职责是：

1. 负责本部门高端智库建设规划、资源整合和统筹协调；

2. 推荐符合条件的研究机构申报高端智库；

3. 协调解决人事、资金、办公场所、资料设备等支撑条件和服务保障等方面问题；

4. 制定高端智库管理细则和财务管理办法；

5. 配合上级主管部门做好年检、评估和审计工作；

6. 决定其他重要事项。

第二十七条　高端智库可以成立理事会，主要职责是：

1. 制定和修改章程；

2. 选举理事长、副理事长、学术委员会主席、首席专家；

3. 审议工作计划、年度报告、经费预决算和财务会计报告；

4. 决定接受捐赠资助等重要事项；

5. 制定绩效考核、奖励等内部管理制度；

6. 决定其他重要事项。

第二十八条　高端智库应当成立学术委员会，主要职责是：

1. 制定中长期研究规划和年度计划；

2. 评审科研项目并提出资助意见；

3. 审核鉴定研究成果并择优向有关部门推荐；

4. 对学风和诚信问题进行监督；

5. 决定其他重要事项。

第二十九条　高端智库日常运行管理可以实行首席专家负责制，其主要职责是：

1. 执行理事会（学术委员会）的决定；

2. 组织开展项目研究，举办研讨会、报告会、论坛等学术活动；

3. 聘任专兼职研究人员、访问学者、行政辅助人员；

4. 执行理事会批准的经费支出；

5. 向理事会(学术委员会)提出重要事项动议;
6. 向主管主办单位汇报工作;
7. 负责其他事项。

第七章 人员管理

第三十条 建立体现智库运行规律和特点、符合国家有关政策规定的用人制度。专职研究人员可长期聘用,保持相对稳定,每年驻机构工作时间不少于6个月。推行访问学者、客座教授、博士后工作站等流动科研岗位制度。重视青年智库型人才培养,改进研究生教育培养模式。

第三十一条 鼓励具有丰富决策咨询经验、社会知名度高的退休或离职党政官员进入高端智库,兼职人员的年龄和任(聘)期由高端智库根据需要自行确定,但一般不超过70周岁。

第三十二条 积极创造条件,推荐高端智库专家到党、政、军部门挂职、任职、兼职,推动形成党政机关和智库之间人才有序流动的"旋转门"机制。

第三十三条 高端智库要健全与岗位职责、工作业绩、实际贡献紧密联系的内部分配机制,充分体现智力劳动价值,调动智库人才积极性。智库所聘用人员的薪酬待遇应当与国民经济发展相协调、与社会进步相适应,保持合理水平。

第三十四条 完善高端智库人员职称评定办法,提高决策咨询类成果在考核评价体系中的权重,推进职称评定与岗位聘用有机结合。

第三十五条 建立高端智库优秀人才激励机制,对决策咨询作出突出贡献的研究人员,按照国家有关规定给予表彰。落实知识产权利益分享机制。

第八章 国际合作与交流

第三十六条 高端智库应当在中外人文交流中发挥引领作用,树立国际视野、开放思维,坚持以我为主、为我所用,积极开展国际合作与人员交流,增强国际竞争力和国际影响力,提升国家软实力和国际话语权。

第三十七条 高端智库应当开展与国际知名智库的项目合作研究,积极参与国际学术组织和国际科学计划,深度参与全球治理研究和政策对话,提升参与重大国际议题设置、国际规则制定、国际协商谈判的能力和水平。

第三十八条 高端智库要加强对外传播能力建设,通过举办国际学术研讨会,参加国际高端智库平台对话或高峰论坛,对外翻译出版智库成果(非涉密),以及接受访谈、发表演讲、开办外文网站等多种方式,在国际舞台上讲好中国故事,传播好中国声音。

第三十九条 高端智库要积极吸纳对华友好的海外知名学者、汉学家、智库专家等优秀人才，推荐知名智库专家到有关国际和地区组织任职，加强国别研究，建立中外智库人员常态化互访机制，以人员交流促进思想交流、信息交流。

第四十条 高端智库研究人员执行《外交部、科技部、财政部关于对部分科研人员因公临时出国实行分类管理的意见》(外发〔2014〕61 号)规定的五类科研任务，实行分类管理，不计入本单位和个人年度因公临时出国批次限量管理范围，出访团组、人次数和经费单独统计。

第九章 考核和评估

第四十一条 加强对高端智库的绩效考核和综合评估，以质量创新、实际贡献和社会效益为主要标准，建立一套涵盖决策影响力、学术影响力、社会影响力、国际影响力等内容的综合评价指标体系，采用用户评价、同行评价、第三方评价相结合的评价方式，增强评估结果的科学性、客观性和权威性。

第四十二条 高端智库理事会制定高端智库绩效评估细则，每 3 年对入选高端智库进行一次综合评估，评估合格的继续予以支持，不合格的动态调整，形成优胜劣汰、有进有出的竞争机制。全国社科规划办每年对高端智库进行年度绩效考核，高端智库应按规定向全国社科规划办报送年度工作计划和年度总结、研究成果、人员聘用情况、国际合作与交流情况、专项经费分配方案和决算等。

高端智库成果得到中央领导同志重视和肯定，或被有关部门采纳情况，每年报送决策咨询报告的数量及其被《国家高端智库报告》刊发情况，作为年度绩效考核和 3 年综合评估的重要依据。

对于为中央决策作出突出贡献的高端智库，在经费投入方面予以重点支持，并按照国家有关规定给予表彰奖励。

第四十三条 高端智库要建立一套具有可操作性的社会诚信和学风监督机制。智库人员要弘扬科学精神，倡导学术伦理，强化责任意识，恪守科研诚信，遵守职业道德，自觉接受有关方面的监督。对存在抄袭剽窃、弄虚作假、沽名钓誉、浮躁浮夸等严重学术不端行为的人员，视情节轻重采取相应的惩戒措施。

第四十四条 高端智库要建立健全信息公开制度，除涉密及法律法规另有规定外，一律按规定向社会公开主要人员、组织架构、科研项目、经费使用、研究成果、重要活动、公开出版物、公共传播平台等情况，接受社会和舆论监督。

第四十五条 高端智库要建立保密制度，智库机构负责人和研究人员要签署保密责任书。出现泄密并造成严重后果的，依法追究当事人责任。

第四十六条 建立健全逐级考核问责制度，加大对违规行为的惩处力度。

对违反国家法律法规和相关管理规定的,视情况分别采取书面警告、通报批评、暂停拨款、撤销资格等处罚措施。

第十章 附 则

第四十七条 高端智库标识由全国社科规划领导小组统一授权使用,未经授权不得擅自使用。

第四十八条 各高端智库要根据本办法制定实施细则。

第四十九条 本办法自发布之日起施行。

关于深化国有文化企业分类改革的意见

（中共中央宣传部、中央网络安全和信息化领导小组办公室、
财政部、文化部、国家新闻出版广电总局
2016年7月5日印发）

为贯彻落实《中共中央、国务院关于深化国有企业改革的指导意见》、《中共中央办公厅、国务院办公厅印发〈关于推动国有文化企业把社会效益放在首位、实现社会效益和经济效益相统一的指导意见〉的通知》，现就深化国有文化企业分类改革提出以下意见。

国有文化企业是繁荣发展文化产业、弘扬社会主义核心价值观、建设社会主义先进文化的重要力量。深化国有文化企业分类改革是新形势下建立有文化特色的现代企业制度、进一步增强国有文化企业实力活力竞争力的重要举措。要在国有企业改革大框架下，充分体现文化例外要求，与国有企业功能界定和分类相衔接，积极稳妥推进。依据不同国有文化企业的战略定位、功能作用、改革发展现状及其主营业务和核心业务范围，将国有文化企业分为新闻信息服务类、内容创作生产类、传播渠道类、投资运营类和综合经营类，区别对待，分类施策，确保国有文化资产保值增值，增强国有文化企业核心竞争力，更好实现社会效益和经济效益相统一。

一、新闻信息服务类

新闻信息服务类国有文化企业以新闻宣传为主业，主要从事新闻信息服务及相关业务，包括党报党刊、通讯社、广播电台、电视台等新闻单位所属的传媒企业和已按规定转制的非时政类报刊社、新闻网站等。

新闻信息服务承载着引导舆论、推动发展的特殊功能，对人们思想意识和社会生活有着重大影响。新闻信息服务类国有文化企业要始终坚持党性原则、树立阵地意识、把握正确导向，强化互联网思维和一体化发展要求，加快媒体融合发展，构建全方位、多层次、多声部的主流舆论矩阵，加快形成一批新型主流媒体和主流媒体集团，不断壮大新闻舆论主阵地，提高党的新闻舆论传播力引导力影响力公信力。

要突出导向性、时效性，强化内部管理，优化资源配置，健全坚持正确舆论导向的体制机制。推动将所有从事新闻信息服务、具有媒体属性和舆论动员功能

的传播平台纳入管理范围,对所有新闻信息服务和相关业务从业人员实行准入管理。加大媒体结构调整力度,新建改建一批、重组整合一批,有效整合各种媒介资源、生产要素。适应融合发展要求,推动媒体内部组织结构和制度创新,实现由相“加”阶段向相“融”阶段转变,实现全面转型、一体化发展。实行事业体制的党报党刊、通讯社、广播电台、电视台等新闻单位要探索事业与企业分开,强化出资主体责任,加强和规范对所办传媒企业的管理,建立健全协调沟通机制,推动事业与企业良性互动、产业反哺主业。坚持采编和经营两分开、两加强,划定经营工作底线,规范经营活动,禁止采编播人员与经营人员混岗。鼓励以党报党刊所属的非时政类报刊社和实力雄厚的行业性报刊社为龙头整合本区域本行业报刊资源,鼓励党政部门主管主办的非时政类报刊社组建传媒集团。对长期经营困难、无法正常履行新闻宣传职责的国有传媒企业实行关、停、并、转。鼓励已转制新闻网站通过改制上市、并购重组等方式实现跨越式发展,打造新型互联网文化企业,抢占网络舆论制高点。

二、内容创作生产类

内容创作生产类国有文化企业以内容创作生产为主业,包括出版、影视、演艺、动漫等领域的国有及国有控股文化企业。

文化产业本质上属于内容产业,内容强、产业兴。内容创作生产类国有文化企业要紧紧扭住创作生产优秀作品这个中心环节,坚持以人民为中心的创作导向,坚持传播当代中国价值观念、体现中华文化精神、反映中国人民奋斗追求,坚持把作品质量放在第一位,加强原创和现实题材创作,推动文化表现形式和营销方式创新,着力打造一批文化内容提供商,推出更多思想性、艺术性、观赏性俱佳的精品力作。

要突出原创性、艺术性,完善内容把关程序,健全内部组织架构,推动形成有利于文化创新创造的激励约束机制。健全绩效考核办法,对企业内容生产部门和经营部门实行差异化考核,推动资源资金和收入分配向内容创作生产部门和岗位倾斜。支持符合条件的企业实现整体上市,鼓励已上市国有控股公司把符合条件的资产全部注入上市公司,优化治理结构,发展壮大主业。充分发挥面向社会化创作生产的服务平台作用,发现、挖掘和团结文化名家、网络作家、自由撰稿人、独立制片人、独立演员歌手等多方力量,在服务中实现引导功能,在引导中提升创新能力。探索国有文化企业以资本为纽带或项目合作模式,同民营文化工作室、民营文化经纪机构、网络文艺社群等新组织开展多种形式合作,引导和推动文化内容创作生产。顺应网络文化创作生产开放性和互动性新趋势,集成各种文化要素和技术要素,推动文化创作生产方式转变。推进“互联网+”和“文化+”，以自主知识产权为基础和核心，延伸产业链，建立体现自身独特优势、可持续发展的经营模式，打造知名文化品牌。

三、传播渠道类

传播渠道类国有文化企业以文化信息传播为主业，包括广电传输网络、出版物印刷发行、电影发行放映、文艺演出场所等领域的国有及国有控股文化企业。

渠道、终端是联接文化生产和消费的桥梁，是增强文化体验性和互动性、促进和引导文化消费的纽带。传播渠道类国有文化企业要以服务文化创新、传播先进文化为己任，确保信息传输播出安全和流通营销渠道安全，推动文化业态创新，加强农村、社区和学校等基层文化网点建设，构建贯通城乡、互联互通、传输便捷、双向互动的现代传播体系，不断扩大优秀文化产品和服务的覆盖面、影响力，满足人民群众的文化需求。

要突出安全性、先进性，创新经营管理机制，推进跨地区并购重组，提升运用数字化、网络化、智能化技术的能力和水平。广电传输网络企业要主动适应互联网快速发展、三网融合深入推进的新形势，发挥广电传输网络“防火墙”作用，加快网络整合和智能化建设，推动技术改造和业务升级，建立互联互通、安全可控的全国性数字化文化传播渠道。

出版物印刷发行、电影发行放映、文艺演出场所等企业要加快股份制改造，引入战略投资者，发展连锁经营等现代流通组织形式，加强实体书店等基层文化设施建设，加快各类文化体验场所发展，繁荣和活跃文化市场。图书发行企业要加强与电商企业的合作，文艺演出场所等可探索政府和社会资本合作模式（PPP）吸引社会资本参与建设。

四、投资运营类

投资运营类国有文化企业以投资、资产运营为主业，包括各类国有及国有控股的文化产业投资公司、投资基金管理公司、文化资产投资运营公司等。文化产权交易所可参照此类。

加强国有文化资本投资运营，是更好发挥市场积极作用和政府引导作用、优化文化领域资源配置的重要途径。投资运营类国有文化企业要坚持发展壮大文化主业，结合文化投融资体制改革和国有文化资产监管体制改革，优化国有资本投向，促进国有产权流转处置，推动国有文化企业布局战略性调整，培育发展新兴文化产业，推进文化产业供给侧结构性改革，努力增强国有资本的竞争力、控制力和影响力。

要突出战略性、前瞻性，规范操作流程，强化监督管理，提高国有文化资本运营效率。财政探索注入引导资金、吸引国有资本参与组建国有文化产业投资基金,对重点领域文化企业进行股权投资。创新基金投资模式,探索以创业投资、风险投资等方式,加大对战略性新兴文化产业以及社会效益显著但经济效益尚不确定的重大文化项目投资力度,发挥基金的引导和杠杆作用,推动文化企业跨地区、跨行业、跨所有制并购重组。探索以管资本为主加强国有文化资产监管,选择部分国有独资性质的文化企业集团公司,开展改组为国有资本投资运营公司的试点。组建国家文化投资控股公司,作为国有资本投资运营公司,对部分中央文化企业实施联合重组、资源整合。

五、综合经营类

主营业务涵盖新闻信息服务类、内容创作生产类、传播渠道类、投资运营类四个类别中两个及以上的,可归为综合经营类国有文化企业。

培育一批国有或国有控股大型文化企业或企业集团,培育文化产业领域战略投资者,是提高文化产业规模化集约化专业化水平的重要任务,是推进文化领域供给侧结构性改革的内在要求。综合经营类国有文化企业要着眼媒体融合、产业融合新趋势,着眼国际文化产业发展前沿,增强创新驱动发展能力,强化导向管理,全面提质增效,努力成为主业突出、有国际竞争力的文化产业发展旗舰。

要突出引领性、成长性,运用市场机制,加大并购重组力度,强化企业创新主体和主导作用。推进文化科技、文化金融创新,推动文化产业与相关产业融合,培育文化新业态,拓展发展新空间。理顺集团公司与其发起设立的上市公司的关系,合理限定法人层级,有效压缩管理层级。推动国有文化企事业单位资源整合,扩大与各方战略合作和业务合作,壮大宣传文化主业的经营规模和实力。鼓励开展对外文化投资和对外文化贸易,参与国际文化市场竞争。

加强对深化国有文化企业分类改革的组织实施。各地各有关部门要结合各自实际,科学划分国有文化企业类别,并根据企业改革发展情况,及时进行动态调整。宣传文化部门要会同有关部门共同组织对国有文化企业进行分类综合考核,各类别国有文化企业社会效益指标考核权重均应占50%以上,其中新闻信息服务类企业应占60%及以上。要加强统筹指导,根据国有文化企业功能界定与分类改革要求,不断完善国有文化企业有关业绩考核、领导人员管理、收入分配制度改革等具体方案,提出有针对性、差异化的政策措施,切实抓好落实。

国有文化企业进一步
健全法人治理结构的若干规定(试行)

(中共中央宣传部、中央网络安全和信息化领导小组办公室、
财政部、文化部、国家新闻出版广电总局
2016年8月1日印发)

为贯彻落实《中共中央、国务院关于深化国有企业改革的指导意见》、《中共中央办公厅、国务院办公厅印发〈关于推动国有文化企业把社会效益放在首位、实现社会效益和经济效益相统一的指导意见〉的通知》,推动国有文化企业建立健全有文化特色的现代企业制度,根据《中华人民共和国公司法》等有关法律法规和相关规定,制定本规定。

一、已实现公司制改造的国有文化企业应依法设立股东会、董事会、监事会和经理层,建立健全权责对等、运转协调、有效制衡的决策执行监督机制,充分发挥董事会的决策作用、监事会的监督作用、经理层的经营管理作用。上市公司应当同时遵守证券监管的相关规定,规范各治理主体严格依法行权,依规则运行。

深化国有文化企业公司制股份制改革,把建立有文化特色的现代企业制度与健全党委和政府监管有机结合、宣传部门有效主导的国有文化资产监督管理机构结合起来,强化国有资产监管和综合效益考核,创新内容导向管理,完善经营运行机制,确保始终把社会效益放在首位、实现社会效益和经济效益相统一。

二、公司章程中应明确党建工作总体要求,把加强党的领导与完善公司治理统一起来,进一步巩固党组织在公司治理中的法定地位,充分发挥党组织政治核心作用。

公司应将党组织的机构设置、职责分工、工作任务纳入公司管理体制和制度规范,明确党组织在公司决策、执行、监督各环节的权责和工作方式以及与其他治理主体的关系。

三、公司股东依法享有资产收益、参与重大决策和选择管理者等权利,股东会是公司的权力机构。国有独资公司不设股东会,由国有文化资产监督管理机构行使股东会职权。

四、董事会由公司股东会选举产生,对公司的发展目标和重大经营活动作出决策,维护出资人的权益。

落实一人一票表决制度,董事对董事会决议承担责任。改进董事会和董事评价办法,强化对董事的考核评价和管理,对重大决策失误负有直接责任的要及时调整或解聘,并依法追究责任。对于国有股权董事,除了对本人追责外,还应对股权董事派出机构进行追责。

国有独资或全资公司董事会成员、国有控股或参股公司国有股权代表,通过法定程序进入董事会。国有独资或全资公司的董事会应有职工代表,职工代表由公司职工代表大会选举产生。国有独资或全资公司董事会成员中的外部董事应占多数,鼓励选聘符合条件的文化工作者担任外部董事。股东人数较少或者规模较小的有限责任公司,可以设一名执行董事,不设董事会。

公司党组织领导班子成员依法定程序,以双向进入、交叉任职的方式进入董事会,党委(党组)书记兼任董事长、为公司法定代表人,切实履行内容导向管理第一责任人职责。董事会成员中符合条件的党员应依照有关规定和程序进入党组织领导班子。公司党组织支持董事会依法履行职责。

公司党委(党组)会、董事会要依据各自的职责、权限和议事规则,讨论决定涉及内容导向管理的重大事项及公司运营与发展的重大决策、重要人事任免、重大项目安排、大额度资金使用等事项。董事会就上述事项正式决策之前,应事先与党委(党组)沟通听取意见,对涉及内容导向管理的重大事项,必须由党委(党组)集体讨论决定。进入董事会的党委(党组)成员应当贯彻党组织的意见或决定,并及时向党组织反馈董事会决策结果。

从事内容创作生产传播的公司,设董事会的,须设立编辑委员会或艺术委员会等专门委员会,作为董事会下设机构,为董事会有关内容导向管理的重大事项提供决策咨询。

五、经理层是公司的经营者、执行者,由董事会聘任。推行经理层成员任期制和契约化管理,明确责任、权利、义务,严格任期管理和目标考核。

不设董事会的公司,执行董事可兼任公司经理。

坚持党管干部原则与董事会依法选择经营管理者、经营管理者依法行使用人权相结合。有序推进董事会选聘经理层成员工作。集团公司下属的二级公司可开展职业经理人制度试点,按市场化方式选聘和管理职业经理人,合理增加市场化选聘比例。

从事内容创作生产传播的公司,须设立总编辑、艺术总监等专门岗位以及专门工作机构,承担内容导向把关日常工作职能。

六、监事会是公司的监督机构,对公司的财务和董事、经理层的行为履行监督职能。

加强公司内设监事会建设,监事会应包括股东代表和比例不低于三分之一的公司职工代表,适当提高专职监事比例。董事、经理和其他高级管理人员不得兼任监事。

股东人数较少或者规模较小的有限责任公司,可以设一名至二名监事,不设监事会。

对国有独资或全资以及控股公司,试行外派监事会制度,强化内容导向和文化安全监督,建立健全违法违规经营责任追究体系、重大决策失误和失职渎职责任追究倒查机制。

中央文化企业国有资产监督管理暂行办法

(中共中央宣传部、财政部 2017 年 1 月 22 日印发)

第一章　总　　则

第一条　为加强中央文化企业国有资产监督管理,推动中央文化企业改革发展,根据《中华人民共和国企业国有资产法》《中华人民共和国公司法》等法律法规及有关规定制定本办法。

第二条　中央文化企业国有资产是指国家对中央文化企业各种形式的出资所形成的权益,以及依法被认定为国家所有的其他权益。

第三条　本办法所称中央文化企业包括国有独资企业、国有独资公司以及国有资本控股公司。

第四条　建立党委和政府监管有机结合、中宣部有效主导、财政部代表国务院有效履行出资人职责的中央文化企业国有资产监督管理工作机制,中宣部、财政部切实加强对中央文化企业国有资产监管工作的领导,推动实现管人管事管资产管导向相统一。

第五条　中央文化企业国有资产监督管理部门加快推动中央文化企业深化改革,实现政企分开,建立健全有文化特色的现代企业制度,依法行使企业法人财产权和经营自主权,成为合格的市场主体。

第六条　中央文化企业自觉接受中央文化企业国有资产监督管理部门依法依规实施的管理和监督,接受社会公众的监督,勇于承担社会责任,始终把社会效益放在首位,努力实现社会效益和经济效益相统一。

第二章　中央文化企业国有资产基础管理

第七条　财政部负责研究制定中央文化企业国有资产基础管理相关制度,对中央文化企业国有资产产权界定、产权登记、资产评估、清产核资、资产统计、财务等进行监督管理。

第八条　财政部负责加强中央文化企业国有资本经营预算管理,优化国有资本配置,通过国有资本金注入,发挥国有资本引导作用,推进企业转型升级,促进文化产业布局优化。

第九条 财政部加强中央文化企业国有资产产权交易监督管理，促进国有资产合理流动，防止国有资产损失。

第十条 主管部门负责监督中央文化企业执行国有资产基础管理制度，并对相关事项实施具体管理。

第十一条 中央文化企业依照相关规定定期向中宣部和行业管理部门报告社会效益情况，向财政部报告财务状况、生产经营状况和国有资产保值增值状况。

第十二条 中央文化企业依照国家有关规定建立健全财务、审计、企业法律顾问和职工民主监督等制度，加强内部监督和风险控制。

第十三条 中央文化企业切实做好著作权等无形资产的管理和运营工作，提高企业核心竞争力。

第三章 中央文化企业重大事项管理

第十四条 中央文化企业发展战略规划须充分体现国家文化发展战略和规划，符合国民经济和社会发展规划，征求行业管理部门意见，经中宣部、财政部同意后实施。

第十五条 中央文化企业章程制定和修改、注册资本增减、重组整合、破产解散、改制上市、国有产权转让、无偿划转、组建集团、发行债券、法定代表人变更等重大资产变动事项，须报经主管部门审核同意后报财政部审批。涉及重组整合、股改上市、重大投融资活动、法定代表人变更等事项，须报中宣部同意。

第十六条 主管部门根据职责对中央文化企业的国有文化资产重大事项实施具体管理，建立中央文化企业重大决策失误的责任追究制度。

第十七条 中央文化企业应当建立健全重大事项管理制度和内部决策机制。企业党委（党组）会、董事会、未设董事会的经理班子等决策机构依据各自的职责、权限和议事规则，讨论决定涉及内容导向管理的重大事项及企业运营与发展的重大决策、重要人事任免、重大项目安排、大额度资金使用等事项。

第四章 中央文化企业负责人管理

第十八条 中央确定组建的大型文化企业集团公司主要负责人，由中宣部会同相关部门进行考察并提出任免建议，按照干部管理权限和程序履行审批手续；中央确定组建的大型文化企业集团公司其他负责人和其他中央文化企业负责人管理，暂维持现行体制不变，主管部门任免前，须征得中宣部、财政部同意。

第十九条 公司制中央文化企业中非职工代表出任的董事、监事，由财政部会同主管部门依照法律、行政法规及企业章程委派。

第二十条 主管部门组织实施由其任命的企业负责人年度和任期考核,建立健全企业负责人经济责任审计制度,中宣部、财政部根据国家有关规定对考核进行指导和监督。

第五章 附 则

第二十一条 中央文化企业国有资产监督管理部门对国有参股文化企业国有资产的监督管理,以管资本为主,相关具体管理事项参照本办法执行。

第二十二条 违反本办法相关规定的,依法依规依纪严肃处理。本办法由中宣部、财政部负责解释。

第二十三条 本办法自发布之日起施行。

（三）统一战线工作

中共中央关于加强社会主义协商民主建设的意见

（2015年1月5日）

社会主义协商民主是中国社会主义民主政治的特有形式和独特优势，是党的群众路线在政治领域的重要体现，是深化政治体制改革的重要内容。为深入贯彻落实党的十八大和十八届三中、四中全会精神，推进协商民主广泛多层制度化发展，建设社会主义政治文明，推进国家治理体系和治理能力现代化，现就加强社会主义协商民主建设提出如下意见。

一、加强协商民主建设的重要意义

协商民主是在中国共产党领导下，人民内部各方面围绕改革发展稳定重大问题和涉及群众切身利益的实际问题，在决策之前和决策实施之中开展广泛协商，努力形成共识的重要民主形式。

（1）发展历程。社会主义协商民主是中国共产党和中国人民的伟大创造，源自中国共产党领导人民进行革命、建设、改革的长期实践。党的十八大和十八届三中全会深刻总结我国社会主义民主政治建设的经验和规律，作出健全社会主义协商民主制度、推进协商民主广泛多层制度化发展的重大战略部署。协商民主在我国具有深厚的文化基础、理论基础、实践基础、制度基础，为发展中国社会主义民主政治丰富了形式，拓展了渠道，增加了内涵。

（2）重要意义。当前，我国正处在全面建成小康社会的决定性阶段。面对改革开放进程中利益格局深刻调整的新形势，面对社会新旧矛盾相互交织的新变化，面对市场经济条件下思想观念多元多样的新情况，面对世界范围内不同政治发展道路竞争博弈的新挑战，加强协商民主建设，有利于扩大公民有序政治参与、更好实现人民当家作主的权利，有利于促进科学民主决策、推进国家治理体系和治理能力现代化，有利于化解矛盾冲突、促进社会和谐稳定，有利于保持党同人民群众的血肉联系、巩固和扩大党的执政基础，有利于发挥我国政治制度优越性，增强中国特色社会主义道路自信、理论自信、制度自信。

二、加强协商民主建设的指导思想、基本原则和渠道程序

(3)指导思想。加强协商民主建设,必须贯彻落实党的十八大和十八届三中、四中全会精神,高举中国特色社会主义伟大旗帜,以马克思列宁主义、毛泽东思想、邓小平理论、"三个代表"重要思想、科学发展观为指导,深入贯彻落实习近平总书记系列重要讲话精神,坚持和完善我国根本政治制度和基本政治制度,以保证人民当家作主为根本,构建程序合理、环节完整的协商民主体系,推进协商民主广泛多层制度化发展,为发展中国社会主义民主政治注入新的活力,为实现"两个一百年"奋斗目标、实现中华民族伟大复兴的中国梦凝聚智慧和力量。

(4)基本原则。加强协商民主建设,必须坚持党的领导、人民当家作主、依法治国有机统一,贯彻民主集中制,坚定不移走中国特色社会主义政治发展道路。坚持围绕中心、服务大局,促进经济持续健康发展,维护社会和谐稳定。坚持依法有序、积极稳妥,确保协商民主有制可依、有规可守、有章可循、有序可遵。坚持协商于决策之前和决策实施之中,增强决策的科学性和实效性。坚持广泛参与、多元多层,更好保障人民群众的知情权、参与权、表达权、监督权。坚持求同存异、理性包容,切实提高协商质量和效率。

(5)协商渠道。继续重点加强政党协商、政府协商、政协协商,积极开展人大协商、人民团体协商、基层协商,逐步探索社会组织协商。发挥各协商渠道自身优势,做好衔接配合,不断健全和完善社会主义协商民主制度。各类协商要根据自身特点和实际需要,合理确定协商内容和方式。

(6)协商程序。从实际出发,按照科学合理、规范有序、简便易行、民主集中的要求,制定协商计划、明确协商议题和内容、确定协商人员、开展协商活动、注重协商成果运用反馈,确保协商活动有序务实高效。

三、继续加强政党协商

发挥中国特色社会主义政党制度优势,坚持长期共存、互相监督、肝胆相照、荣辱与共,加强中国共产党同民主党派的政治协商,搞好合作共事,巩固和发展和谐政党关系。

(7)继续探索规范政党协商形式。完善协商的会议形式,就党和国家重要方针政策、重大问题召开专题协商座谈会,由中共中央主要负责同志主持;就重要人事安排在酝酿阶段召开人事协商座谈会,由中共中央负责同志主持;就民主党派的重要调研课题召开调研协商座谈会,由中共中央负责同志主持,邀请相关部门参加;根据工作需要,召开协商座谈会,沟通思想、交换意见、通报重要情况,由中共中央负责同志或委托有关部门主持。完善中共中央负责同志与民主党派中央负责同志约谈形式。完善中共中央与民主党派中央书面沟通协商形式。

(8)完善民主党派中央直接向中共中央提出建议制度。民主党派中央每年以调研报告、建议等形式直接向中共中央提出意见和建议。民主党派中央负责同志可以个人名义向中共中央和国务院直接反映情况、提出建议。中共中央政治局常委、委员开展的国内考察调研以及重要外事活动，可根据需要、经统一安排邀请民主党派中央负责同志参加。

(9)加强政党协商保障机制建设。健全知情明政机制，有关部门定期提供相关材料，组织专题报告会，协助民主党派优化考察调研选题。加强政府有关部门、司法机关与民主党派的联系，视情邀请民主党派列席有关会议、参加专项调研和检查督导工作。完善协商反馈机制，中共中央将协商意见交付有关部门办理，有关部门及时反馈落实情况。支持民主党派加强协商能力建设。

无党派人士是政治协商的重要组成部分，工商联是具有统战性的人民团体和民间商会，有关部门要为无党派人士和工商联参加协商做好联络服务。

各省(自治区、直辖市)、市(地、州、盟)党委要结合实际，对开展政党协商作出具体安排。

四、积极开展人大协商

人民代表大会制度是保证人民当家作主的根本政治制度。各级人大要依法行使职权，同时在重大决策之前根据需要进行充分协商，更好汇聚民智、听取民意，支持和保证人民通过人民代表大会行使国家权力。

(10)深入开展立法工作中的协商。制定立法规划、立法工作计划，要广泛听取各方面的意见和建议。健全法律法规起草协调机制，加强人大专门委员会、工作委员会与相关方面的沟通协商。健全立法论证、听证、评估机制，探索建立有关国家机关、社会团体、专家学者等对立法中涉及的重大利益调整论证咨询机制。拓宽公民有序参与立法途径，健全法律法规草案公开征求意见和公众意见采纳情况反馈机制。对于法律关系复杂、意见分歧较大的法律法规草案，要进行广泛深入的调研、论证、协商，在各方面基本取得共识基础上再依法提请表决。

(11)发挥好人大代表在协商民主中的作用。健全法律法规规章起草征求人大代表意见制度，增加人大代表列席人大常委会会议人数，更好发挥人大代表在立法协商中的作用。提高代表议案建议质量，有关方面要加强与代表的沟通协商，增强议案建议办理实效。建立健全代表联络机构、网络平台等形式，密切代表同人民群众联系。

鼓励基层人大在履职过程中依法开展协商，探索协商形式，丰富协商内容。

五、扎实推进政府协商

围绕有效推进科学民主依法决策加强政府协商，增强决策透明度和公众参与度,解决好人民最关心最直接最现实的利益问题,推进政府职能转变,提高政府治理能力和水平。

(12)探索制定并公布协商事项目录。政府根据法律法规规定和工作实际,探索制定并公布协商事项目录。列入目录的事项,要进行沟通协商。未列入目录的事项,根据实际需要进行沟通协商。

(13)增强协商的广泛性针对性。坚持社会公众广泛参与,加强与人大代表、政协委员以及民主党派、无党派人士、工商联等的沟通协商。专业事项坚持专家咨询论证。涉及经济社会发展重大问题、重大公共利益或重大民生的,重视听取社会各方面的意见和建议,吸纳社会公众特别是利益相关方参与协商。涉及特定群体利益的,加强与相关人民团体、社会组织以及群众代表的沟通协商。

(14)完善政府协商机制。做好政府信息公开工作,为各方面参与政府协商创造条件。完善意见征集和反馈机制,在立法、设定决策议题、进行决策时广泛听取意见,及时反馈意见采纳情况。规范听证机制,听证会依法公开举行,及时公开相关信息。建立健全决策咨询机制,完善咨询程序,提高咨询质量和公信力。完善人大代表议案建议和政协提案办理联系机制,建立和完善台账制度,将建议和提案办理纳入政府年度督查工作计划,办理结果逐步向社会公开。

六、进一步完善政协协商

充分发挥人民政协作为协商民主重要渠道和专门协商机构的作用,坚持团结和民主两大主题,推进政治协商、民主监督、参政议政制度建设,不断提高人民政协协商民主制度化、规范化、程序化水平。

(15)明确政协协商的主要内容。主要包括国家和地方的大政方针以及政治、经济、文化和社会生活中的重要问题,各党派参加人民政协工作的共同性事务,政协内部的重要事务,以及有关爱国统一战线的其他重要问题等。

(16)完善政协会议及其他协商形式。改进政协通过会议进行协商的形式,适当增加专题议政性常委会议和专题协商会次数,完善协商座谈会制度。更加灵活、更为经常地开展专题协商、对口协商、界别协商、提案办理协商,探索网络议政、远程协商等新形式。增加集体提案比重,提高提案质量,建立交办、办理、督办提案协商机制。通过协商会议、建议案、视察、提案、反映社情民意信息等形式提出意见和建议,积极履行民主监督职能。

(17)加强政协协商与党委和政府工作的有效衔接。规范协商议题提出机制,认真落实由党委、人大、政府、民主党派、人民团体等提出议题的规定,探索由界别和委员联名提出议题。规范年度协商计划的制定,由党委常委会会议专题讨论并列入党委年度工作要点。健全知情明政制度,相关部门定期通报有关情况,为政协委员履职提供便利、创造条件。规范党委和政府领导及部门负责人参加政协协商活动。完善协商成果采纳、落实和反馈机制。

(18)加强人民政协制度建设。政协全国委员会研究制定规范政治协商、民主监督、参政议政的具体意见。深入开展调查研究,在条件成熟时对政协界别适当进行调整。完善委员推荐提名工作机制,优化委员构成。研究制定政协委员管理的指导性意见。在政协建立健全委员联络机构,完善委员联络制度。

七、认真做好人民团体协商

围绕做好新形势下党的群众工作开展协商,更好组织和代表所联系群众参与公共事务,有效反映群众意愿和利益诉求,发挥人民团体作为党和政府联系人民群众的桥梁和纽带作用。

(19)建立完善人民团体参与各渠道协商的工作机制。对涉及群众切身利益的实际问题,特别是事关特定群体权益保障的,有关部门要加强与相关人民团体协商。政协要充分发挥人民团体及其界别委员的作用,积极组织人民团体参与协商、视察、调研等活动,密切各专门委员会和人民团体的联系。

(20)组织引导群众开展协商。人民团体要健全直接联系群众工作机制,及时围绕涉及所联系群众切身利益的问题开展协商。拓展联系渠道和工作领域,把联系服务新兴社会群体纳入工作范围,增强协商的广泛性和代表性。积极发挥对相关领域社会组织的联系服务引领作用,搭建相关社会组织与党委和政府沟通交流的平台。

八、稳步推进基层协商

涉及人民群众利益的大量决策和工作,主要发生在基层。要按照协商于民、协商为民的要求,建立健全基层协商民主建设协调联动机制,稳步开展基层协商,更好解决人民群众的实际困难和问题,及时化解矛盾纠纷,促进社会和谐稳定。

(21)推进乡镇、街道的协商。围绕本地城乡规划、工程项目、征地拆迁以及群众反映强烈的民生问题等,组织有关方面开展协商。加强乡镇、街道对行政村、社区协商活动的指导。跨行政村或跨社区的重要决策事项,根据需要由乡镇、街道乃至县(市、区、旗)组织开展协商。

(22)推进行政村、社区的协商。坚持村(居)民会议、村(居)民代表会议制度,规范议事规程。积极探索村(居)民议事会、村(居)民理事会、恳谈会等协商形式。重视吸纳利益相关方、社会组织、外来务工人员、驻村(社区)单位参加协商。通过协商无法解决或存在较大争议的问题或事项,应提交村(居)民会议或村(居)民代表会议决定。

(23)推进企事业单位的协商。健全以职工代表大会为基本形式的企事业单位民主管理制度。畅通职工表达合理诉求渠道,健全各层级职工沟通协商机制。积极推动由工会代表职工与企业就调整和规范劳动关系等重要决策事项进行集体协商。逐步完善以劳动行政部门、工会组织、企业组织为代表的劳动关系三方协商机制。

探索开展社会组织协商。坚持党的领导和政府依法管理,健全与相关社会组织联系的工作机制和沟通渠道,引导社会组织有序开展协商,更好为社会服务。

九、加强和完善党对协商民主建设的领导

党的领导是中国特色社会主义最本质的特征。加强协商民主建设,必须坚持党的领导,充分发挥党总揽全局、协调各方的领导核心作用,把握正确方向,形成强大合力,确保有序高效开展。

(24)高度重视协商民主建设。各级党委要充分认识加强协商民主建设的重大意义,把协商民主建设纳入总体工作部署和重要议事日程,对职责范围内各类协商民主活动进行统一领导、统一规划、统一部署。要做到协商于决策之前和决策实施之中,根据各方面的意见和建议来决定和调整决策和工作,从制度上保障协商成果落地,使决策和工作更好顺乎民意、合乎实际。党委领导同志要以身作则,带头学习掌握协商民主理论,熟悉协商民主工作方法,把握协商民主工作规律,努力成为加强协商民主建设的积极组织者、有力促进者、自觉实践者,通过推进协商民主改善党的领导、加强党的领导、巩固党的执政地位。

(25)建立健全党领导协商民主建设的工作制度。建立党委统一领导、各方分工负责、公众积极参与的领导体制和工作机制。各级党委要按照民主集中制原则,坚持民主基础上的集中和集中指导下的民主相统一,确保协商依法开展、有序进行,防止议而不决、决而不行。加强统筹协调,认真研究制定协商计划,解决协商民主建设的重大问题,支持人大、政府、政协、党派团体、基层组织和社会组织依照法律法规和各自章程开展协商,有计划有步骤地推进协商活动。加强对协商民主建设落实情况的监督检查。

(26)支持鼓励协商民主建设探索创新。协商民主建设是一个不断发展的过程。各级党委要加强领导和组织协调,鼓励探索创新,通过各种途径、各种渠道、各种方式进行广泛协商,建立健全提案、会议、座谈、论证、听证、公示、评估、咨询、网络、民意调查等多种协商方式。尊重群众首创精神,注重实践经验提炼总结,并适时上升为制度规范。加强中国特色新型智库建设,建立健全决策咨询制度。加强协商民主理论研究,不断丰富和发展社会主义协商民主理论体系。研究制定协商民主建设党内法规。

(27)营造协商民主建设良好氛围。各级党委要自觉把协商民主建设贯穿于各领域,坚持有事多协商,遇事多协商,做事多协商。健全党内民主制度,以党内民主带动和促进协商民主发展。党委宣传部门和主要新闻媒体,要加强正确舆论引导,普及协商民主知识,宣传协商民主理论和实践,树立协商民主建设先进典型,发挥好示范引领作用。

各地区各相关部门要根据本意见,结合实际,制定具体实施办法。

中国共产党统一战线工作条例(试行)(略有删节)

(中共中央2015年5月18日印发)

第一章　总　　则

第一条　为加强和规范统一战线工作,巩固和发展爱国统一战线,根据《中国共产党章程》,制定本条例。

第二条　本条例所称统一战线,是指中国共产党领导的、以工农联盟为基础的,包括全体社会主义劳动者、社会主义事业建设者、拥护社会主义爱国者、拥护祖国统一和致力于中华民族伟大复兴爱国者的联盟。

统一战线是中国共产党凝聚人心、汇聚力量的政治优势和战略方针,是夺取革命、建设、改革事业胜利的重要法宝,是增强党的阶级基础、扩大党的群众基础、巩固党的执政地位的重要法宝,是全面建成小康社会、加快推进社会主义现代化、实现中华民族伟大复兴中国梦的重要法宝。

第三条　统一战线工作的指导思想和主要任务是:在中国共产党领导下,以马克思列宁主义、毛泽东思想、邓小平理论、"三个代表"重要思想、科学发展观为指导,深入学习贯彻习近平总书记系列重要讲话精神,坚定不移走中国特色社会主义道路,紧紧围绕全面建成小康社会、全面深化改革、全面依法治国、全面从严治党的战略布局,高举爱国主义、社会主义旗帜,坚持大团结大联合的主题,坚持正确处理一致性和多样性关系的方针,积极促进政党关系、民族关系、宗教关系、阶层关系、海内外同胞关系和谐,巩固和发展最广泛的爱国统一战线,为实现"两个一百年"奋斗目标、实现中华民族伟大复兴的中国梦服务,为维护社会和谐稳定、维护国家主权安全发展利益服务,为保持香港澳门长期繁荣稳定、实现祖国完全统一服务。

第四条　统一战线工作范围和对象是:

(一)民主党派成员;

(二)无党派人士;

(三)党外知识分子;

(四)少数民族人士;

(五)宗教界人士;

（六）非公有制经济人士；

（七）新的社会阶层人士；

（八）出国和归国留学人员；

（九）香港同胞、澳门同胞；

（十）台湾同胞及其在大陆的亲属；

（十一）华侨、归侨及侨眷；

（十二）其他需要联系和团结的人员。

统一战线工作对象为党外人士，重点是其中的代表人士。

第二章　组织领导与职责

第五条　中央和县级以上地方党委设置统战部。统一战线工作任务重的乡（镇、街道）党组织应当明确专人负责统一战线工作。

统一战线工作任务重的中央和省市两级党委派出机构，统一战线工作任务重的高等学校、科研院所党委，应当设置统一战线工作机构；统一战线工作任务重的大型国有企业党委应当明确机构和人员负责统一战线工作。

有关人民团体应当明确相关机构负责统一战线工作。

第六条　中央和地方各级党委开展统一战线工作的主要职责包括：

（一）将统一战线工作纳入重要议事日程，定期专题研究重大问题；

（二）制定和贯彻统一战线方针政策，推动与统一战线相关的法律法规的制定，督促检查统一战线方针政策和相关法律法规的落实情况，把统一战线工作作为对党委领导班子和领导干部考核的内容；

（三）组织开展统一战线理论、政策的研究、宣传和教育，把统一战线工作纳入宣传工作计划，把统一战线理论、政策纳入各级党校、行政学院、干部学院、社会主义学院教学内容，把统一战线知识纳入国民教育内容；

（四）加强对人大、政府、政协、司法机关、有关人民团体中统一战线工作的领导；

（五）发现、培养、使用、管理党外代表人士，尊重、维护和照顾同盟者利益；

（六）落实中央关于统一战线工作部门和统战干部队伍建设的要求；

（七）向上级党委报告统一战线工作。

其他部门、单位的党委（党组）参照上述规定履行相应统一战线工作职责。

各地区各部门各单位党委（党组）主要负责人为统一战线工作第一责任人。党委（党组）领导班子成员应当带头学习宣传和贯彻落实党的统一战线理论、方针、政策和法律法规，带头参加统一战线重要活动，带头广交深交党外朋友。

第七条 统战部是党委主管统一战线工作的职能部门,承担了解情况、掌握政策、协调关系、安排人事、增进共识、加强团结等职责,主要是:

(一)调查研究统一战线的理论、政策和法律法规,向党委全面反映统一战线情况,提出开展统一战线工作的意见和建议,组织协调统一战线政策和法律法规的贯彻落实,检查执行情况,协调统一战线各方面关系。

(二)负责联系民主党派,牵头协调无党派人士工作,研究贯彻做好民主党派和无党派人士工作的方针政策,支持民主党派和无党派人士履行职责、发挥作用,支持、帮助民主党派和无党派人士加强自身建设。

(三)调查研究党外知识分子的情况,反映意见,协调关系,提出政策建议,联系党外知识分子代表人士。

(四)调查研究民族、宗教工作的理论、方针、政策和法律法规,牵头协调检查落实情况,做好重要工作和重大问题的处理,协调开展马克思主义民族观、宗教观和相关理论、政策的宣传教育,联系少数民族和宗教界的代表人士,会同有关部门做好少数民族干部培养和举荐工作。

(五)调查研究非公有制经济人士的情况,协调关系,提出政策建议,团结、服务、引导、教育非公有制经济人士,开展思想政治工作。

(六)开展港澳台海外统一战线工作,联系香港、澳门、台湾和海外有关党派、团体及代表人士,会同有关部门对香港、澳门地区统一战线工作方针政策和法律法规进行调查研究,做好台胞、台属有关工作。

(七)负责党外代表人士在人大、政协安排的有关工作,会同有关部门做好安排党外代表人士担任政府和司法机关等领导职务的工作,做好党外代表人士和后备干部队伍建设工作,协助民主党派做好干部管理工作,反映和解决党外代表人士工作生活中的实际困难。

(八)指导下级党委统一战线工作,协助管理下级党委统战部部长,负责下级统战部负责人培训工作;协调政府有关部门统一战线工作,协助做好民族、宗教等工作部门领导班子成员推荐工作;领导工商联党组,指导工商联工作;做好有关统战团体管理工作。

中央统战部领导中央社会主义学院党组,指导中央社会主义学院工作。

(九)负责开展统一战线宣传工作。

第八条 统战部牵头协调和监督检查统一战线工作。统战部应当加强同政协组织的沟通协调配合,加强对民族、宗教工作部门和参事室、文史研究馆的工作指导,支持配合外事、对台、侨务、港澳等工作部门做好相关工作。

第九条 省级党委统战部部长一般由同级党委常委担任,市、县两级党委统战部部长由同级党委常委担任或者兼任。民族、宗教工作部门主要负责人具备条件的,可以担任同级党委统战部副部长。

第十条 中央成立统一战线工作领导小组,办公室设在中央统战部,对统一战线贯彻落实中央重大方针、政策、法律法规情况进行研究、协调指导和督促检查。

第三章 民主党派和无党派人士工作

第十一条 中国共产党领导的多党合作和政治协商制度是我国的一项基本政治制度。中国共产党同各民主党派实行长期共存、互相监督、肝胆相照、荣辱与共的基本方针。

民主党派是接受中国共产党领导、同中国共产党通力合作的亲密友党,是中国特色社会主义参政党。

无党派人士是指没有参加任何政党、有参政议政愿望和能力、对社会有积极贡献和一定影响的人士,其主体是知识分子。

民主党派的基本职能是参政议政、民主监督,参加中国共产党领导的政治协商。无党派人士可以参照民主党派履行职能。

第十二条 政党协商是中国共产党同民主党派的政治协商。政党协商主要包括下列内容:中国共产党全国和地方各级代表大会、中央和地方各级党委的有关重要文件;宪法的修改建议,有关重要法律的制定、修改建议,有关重要地方性法规的制定、修改建议;人大常委会、政府、政协领导班子成员和人民法院院长、人民检察院检察长建议人选;关系统一战线和多党合作的重大问题。

政党协商主要采取会议协商、约谈协商、书面协商等形式。

中央和地方各级党委应当按照规定程序开展政党协商。

支持民主党派和无党派人士参与人大协商、政府协商、政协协商及其他方面的协商。

第十三条 支持民主党派和无党派人士参政的主要内容是:参加国家政权,参与重要方针政策、重要领导人选的协商,参与国家事务的管理,参与国家方针政策、法律法规的制定和执行。

支持民主党派和无党派人士就经济社会发展重大问题进行考察调研,发挥其在反映社情民意、协调社会关系、维护社会稳定、开展对外交往方面的积极作用。支持民主党派和无党派人士开展社会服务活动。

支持民主党派和无党派人士就各级政府拟提交人民代表大会审议的政府工

作报告、有关重大政策措施和重大建设项目提出意见和建议;支持民主党派负责人、无党派人士参加重要会议,参与有关政策、规划的制定和检查工作。

中共中央领导同志的国内考察调研以及重要外事活动,根据统一安排和工作需要,可以邀请民主党派中央负责人、无党派代表人士参加。地方党委可以结合实际作出具体安排。

第十四条 中国共产党和各民主党派实行互相监督。中国共产党处于领导和执政地位,更需要自觉接受民主党派的监督。民主党派和无党派人士的民主监督是指在坚持四项基本原则的基础上,通过提出意见、批评、建议的方式对中国共产党进行的政治监督。主要有下列形式:

(一)在政治协商中提出意见和建议;

(二)在党委主要负责人召开的专门会议上对党委领导班子及其成员提出意见和建议;

(三)对党委党风廉政建设和反腐败工作提出意见和建议;

(四)向党委及其职能部门提出书面意见和建议;

(五)参加党委有关方针政策、重大决策部署执行和实施情况的检查,参加廉政建设情况检查、其他专项检查和执法监督工作;

(六)受党委委托就有关重大问题进行专项监督;

(七)民主党派成员、无党派人士中的人大代表在人大会议中提出意见和建议,参加人大及其常委会和各专门委员会组织的有关调查研究;

(八)在政协召开的各种会议、组织的视察调研中提出意见,或者以提案等形式提出批评和建议;

(九)对人民法院、人民检察院工作提出意见和建议;

(十)担任司法机关和政府部门的特约人员参加相关监督检查工作。

第十五条 各级党委应当支持民主党派和无党派人士加强自身建设。

(一)支持民主党派加强思想建设,巩固共同思想政治基础;

(二)支持民主党派加强组织建设,做好组织发展和成员教育管理工作;

(三)支持民主党派加强制度建设,完善内部管理和监督制度,健全各项工作机制;

(四)支持民主党派加强机关建设,提升干部队伍素质,协调解决机构、编制、经费、办公场所、干部交流和挂职锻炼等方面的问题;

(五)完善联系无党派人士的机制,为无党派人士履行职责提供必要保障;

(六)支持社会主义学院发挥民主党派和无党派人士联合党校的作用。

第四章 党外知识分子工作

第十六条 国家机关和国有企事业单位党外知识分子工作的重点对象是：具有高级职称的党外知识分子，学科带头人或者重要业务骨干中的党外知识分子，担任中层以上领导职务的党外知识分子，其他有成就、有影响的党外知识分子。

国家机关和国有企事业单位党组（党委）负责本领域、本单位党外知识分子工作，组织党外知识分子参加统一战线工作和活动。

第十七条 在党委统一领导下，坚持充分尊重、广泛联系、加强团结、热情帮助、积极引导的方针，建立由统战部牵头、党政有关部门参加、社会有关团体参与的联席会议制度，做好新的社会阶层中的党外知识分子工作。

第十八条 坚持广泛团结、热情服务、积极引导、发挥作用的方针，做好出国和归国留学人员统一战线工作。

欧美同学会（中国留学人员联谊会）是党联系留学人员的桥梁纽带、做好留学人员工作的助手、留学人员之家。各省（自治区、直辖市）、副省级城市和省会城市应当建立留学人员组织。留学人员比较集中的其他城市和高等学校、科研院所等单位，可以成立留学人员组织。

各省（自治区、直辖市）可以成立党外知识分子联谊会。

第五章 民族工作

第十九条 民族工作的根本要求是：坚定不移走中国特色解决民族问题的正确道路，坚持中国共产党的领导，坚持中国特色社会主义道路，坚持维护祖国统一，坚持各民族一律平等，坚持和完善民族区域自治制度，坚持各民族共同团结奋斗、共同繁荣发展，坚持打牢中华民族共同体的思想基础，坚持依法治国，加强各民族交往交流交融，促进各民族和睦相处、和衷共济、和谐发展，巩固和发展平等团结互助和谐的社会主义民族关系，依靠各民族共同力量实现中华民族伟大复兴。

第二十条 围绕促进民族团结、改善民生，推动民族地区经济社会发展，提高民族地区就业水平和基本公共服务水平。发展少数民族教育文化事业，全面推广国家通用语言文字，尊重、支持各少数民族语言文字的学习和使用。

全面深入持久开展民族团结进步创建活动，积极培育中华民族共同体意识，增进各族群众对伟大祖国、中华民族、中华文化、中国共产党、中国特色社会主义的认同。

反对大民族主义主要是大汉族主义,反对狭隘民族主义。尊重少数民族风俗习惯,反对一切形式的民族歧视。依法处理涉及民族因素的矛盾和纠纷,同一切分裂祖国的行为作坚决斗争,维护国家统一、民族团结和社会稳定。

第二十一条 大力培养民族地区各族干部,大力选拔使用少数民族干部。密切联系少数民族代表人士,重视培养民族地区知识分子特别是少数民族党外知识分子骨干,积极培养少数民族专业人才。

第六章 宗教工作

第二十二条 党的宗教工作基本方针是:全面贯彻党的宗教信仰自由政策,依法管理宗教事务,坚持独立自主自办原则,积极引导宗教与社会主义社会相适应。

尊重和保护公民信仰宗教和不信仰宗教的权利。坚持政教分离,禁止以行政力量消灭或者发展宗教,禁止利用恐吓、欺骗等手段传播宗教,禁止利用宗教进行破坏社会秩序、损害公民身体健康、妨碍国家教育制度、制造民族矛盾、破坏祖国统一的活动。

坚持保护合法、制止非法、遏制极端、抵御渗透、打击犯罪。健全宗教事务管理法规和制度,依法处置涉及宗教因素的矛盾和问题。

防范外国势力干预和支配我国宗教团体和宗教事务。支持宗教界在独立自主、平等友好、互相尊重的基础上开展对外交往。防范和抵御境外势力利用宗教进行渗透。

支持和引导宗教界人士对宗教教义作出适应时代进步要求的阐释。发挥宗教界人士和信教群众在促进经济社会发展中的积极作用。

第二十三条 坚持政治上团结合作、信仰上互相尊重,加强爱国宗教界代表人士队伍建设,支持宗教团体加强自身建设,巩固和发展党同宗教界的爱国统一战线。

共产党员应当团结信教群众,但不得信仰宗教。

第二十四条 加强基层宗教工作。建立健全县(市、区、旗)、乡(镇、街道)、村(社区)三级宗教工作网络和乡(镇、街道)、村(社区)两级责任制。宗教工作任务重的乡(镇、街道),党委和政府应当有领导干部分管宗教工作,并明确专人负责。

第七章 非公有制经济领域统一战线工作

第二十五条 坚持和完善我国基本经济制度,制定、宣传、贯彻党关于发展非公有制经济的方针政策，推动形成有利于非公有制经济发展的政策环境、法治环境、市场环境、社会环境。引导非公有制企业建立现代企业制度，加强自主创新。

第二十六条 引导非公有制经济人士爱国、敬业、创新、守法、诚信、贡献，做合格的中国特色社会主义事业建设者。

（一）开展理想信念教育，引导非公有制经济人士增强对中国特色社会主义的信念、对党和政府的信任、对企业发展的信心、对社会的信誉。

（二）引导非公有制经济人士依法诚信经营，了解反映非公有制经济人士诉求，帮助其依照法定程序维护合法权益。

（三）畅通非公有制经济人士有序政治参与渠道，帮助提高议政建言水平。

（四）引导非公有制经济人士投身光彩事业和公益慈善事业，积极履行社会责任。

第二十七条 统战部、工商联按照同级党委安排，参与非公有制企业党建工作。工商联党组应当支持和配合做好所属会员企业、各类商会党组织组建工作，推动成立行业性或者区域性党组织。

第二十八条 工商联是党领导的以非公有制企业和非公有制经济人士为主体的，具有统战性、经济性、民间性有机统一基本特征的人民团体和商会组织。

（一）工商联应当围绕促进非公有制经济健康发展和非公有制经济人士健康成长的主题，履行职责、发挥作用。

工商联参加政治协商、参政议政、民主监督的具体内容和形式参照本条例第三章有关规定执行。

（二）中央和地方各级党委应当加强对工商联工作的领导。工商联党组书记由统战部副部长担任。

（三）工商联党组发挥领导核心作用，保证党的方针政策和党委决策部署的贯彻落实；加强对工商联代表大会、执委会、常委会工作的指导；支持工商联主席工作，发挥党外干部作用；按照干部管理权限，管理工商联机关干部。

工商联所属商会是工商联的基层组织和工作依托。工商联对所属商会进行指导、引导和服务，对所属商会会员开展思想政治工作、教育培训，对主要负责人进行考核。

第八章 港澳台海外统一战线工作

第二十九条 港澳统一战线工作的主要任务是：全面准确贯彻“一国两制”、“港人治港”、“澳人治澳”、高度自治的方针，严格依照宪法和基本法办事，支持特别行政区行政长官和政府依法施政,发展壮大爱国爱港、爱国爱澳力量,增强香港同胞、澳门同胞的国家观念和中华民族意识,保持香港、澳门长期繁荣稳定。

第三十条 对台统一战线工作的主要任务是:贯彻执行中央对台工作大政方针,坚持一个中国原则,反对“台独”分裂活动,广泛团结台湾同胞,巩固深化两岸关系和平发展的政治、经济、文化、社会基础,在实现中华民族伟大复兴进程中完成祖国统一大业。

第三十一条 海外统一战线工作的主要任务是:凝聚侨心、汇集侨智、发挥侨力、维护侨益,引导华侨、归侨和侨眷致力于祖国现代化建设及和平统一大业,推进全球反“独”促统活动,传承和弘扬中华优秀文化,增进中国人民与世界各国人民的友谊。

第三十二条 支持民主党派和无党派人士,指导相关人民团体以及中国和平统一促进会、海外联谊会等统一战线团体,在港澳台海外统一战线工作中发挥作用。

第九章 党外代表人士队伍建设

第三十三条 党外代表人士是指与中国共产党团结合作、作出较大贡献、有一定社会影响的人士,其标准是政治坚定、业绩突出、群众认同。

第三十四条 加强党外代表人士的发现储备。

发挥高等学校、科研院所培养和选拔党外代表人士的重要基地作用,注意从国家机关、国有企事业单位以及新的社会阶层人士、出国和归国留学人员等领域发现党外代表人士。

第三十五条 坚持政治培训为主,开展对党外代表人士的理论培训。发挥社会主义学院作为统一战线人才教育培养主阵地作用,重视发挥党校、行政学院、干部学院的作用,合理利用高等学校等培训资源及境外培训资源。

加强党外代表人士的实践锻炼,将党外干部纳入党政领导干部交流总体安排。

第三十六条 党外代表人士在各级人大代表、人大常委会委员和人大专门委员会主任委员、副主任委员及委员中应当占有适当比例。全国人大常委会副委员长、县级以上地方各级人大常委会副主任中应当有适当数量的党外代表人士。

全国和省级人大常委会中应当有民主党派成员或者无党派人士担任专职副秘书长。

统战部门会商有关部门,负责党外人大代表、党外人大常委会组成人员候选人的推荐提名工作。

第三十七条 省、市两级地方政府领导班子应当配备党外干部。县级从实际出发,做好政府领导班子配备党外干部工作。

各级政府部门除有特殊要求外,均可以积极配备党外干部担任领导职务,重点在行政执法监督、与群众利益密切相关、紧密联系知识分子和专业技术性强的部门配备。

符合条件的党外干部可以担任政府部门(单位)行政正职。各省(自治区、直辖市)在政府组成部门中应当配备2名左右党外正职。

第三十八条 党外代表人士在各级政协中应当占有较大比例,在换届时委员不少于60%,常委不少于65%;在各级政协领导班子中副主席不少于50%(不包括民族自治地方)。

全国政协和省级政协应当有民主党派成员或者无党派人士担任专职副秘书长。

政协各专门委员会主任、副主任及委员中的党外代表人士应当占有适当比例。

各级政协委员人选推荐工作应当坚持广泛协商,党内的由组织部门提名,党外的由统战部门提名,其中的民主党派成员、非公有制经济人士应当在提名前与民主党派、工商联协商,继续提名的各界别政协委员应当听取政协党组意见。建议名单由统战部门汇总并征求有关方面意见后,由组织部门报同级党委审定,然后按《中国人民政治协商会议章程》规定的程序办理。

第三十九条 各级人民法院、人民检察院领导班子应当配备党外干部。

高等学校领导班子中一般应当配备党外干部,符合条件的党外干部可以担任行政正职。加大在人民团体、科研院所、国有企业领导班子中选配党外干部的力度。

坚持参事室统战性、咨询性和文史研究馆统战性、荣誉性的性质,文史研究馆馆员应当以党外代表人士为主体,参事室中共党员参事不超过30%。参事室、文史研究馆领导班子中应当配备党外代表人士。

聘请党外代表人士担任司法机关和政府部门特约人员。举荐党外代表人士在有关社会团体任职。

第四十条 符合条件的省级民主党派主委、工商联主席、无党派代表人士一般应当进入同级人大常委会、政府、政协领导班子。

除特殊情况外,人大常委会、政协领导班子中的党外代表人士应当与担任同级职务的党内干部享受同等待遇。

第四十一条 各级人大代表候选人和各级政协委员中应当有适当数量的非公有制经济人士。

非公有制企业主要出资人并以经营管理为主要职业的，在推荐安排中应当界定为非公有制经济人士。

推荐为人大代表候选人、政协委员以及在工商联等人民团体、社会组织中任职的非公有制经济人士，应当经综合评价，并征求企业党组织、非公有制企业党建工作机构和地方工会组织的意见。

第四十二条 加强对党外代表人士的管理，重点了解掌握其政治表现、思想状况、履行职责、廉洁自律情况，特别是在重大原则问题上的政治立场和态度。

统战部门负责牵头协调党外代表人士管理工作。党委有关部门、人大和政协党组、党外代表人士所在单位党组织，应当各负其责，加强日常管理考核。发挥党外代表人士所在党派和团体自我管理、自我教育、自我监督的作用。

第四十三条 搞好党同党外代表人士的合作共事。坚持集体领导和个人分工负责相结合，保证党外干部对分管工作享有行政管理的指挥权、处理问题的决定权、人事任免的建议权。

第四十四条 各级党委应当把党外代表人士队伍建设纳入干部和人才队伍建设总体规划。按照多于可配备职数的要求，建立统一的党外后备干部名单。

组织部门、统战部门应当建立健全协作配合机制。在动议和讨论决定党外干部的任免、调动、交流前，应当征求统战部门的意见。

第十章　附　　则

第四十五条 本条例由中央统战部负责解释。

第四十六条 本条例自 2015 年 5 月 18 日起施行。

关于加强人民政协协商民主建设的实施意见

（中共中央办公厅 2015 年 6 月 15 日印发）

人民政协是社会主义协商民主的重要渠道和专门协商机构，是国家治理体系的重要组成部分。为深入贯彻落实党的十八大和十八届三中、四中全会精神，按照《中共中央关于加强社会主义协商民主建设的意见》，现就进一步加强人民政协协商民主建设提出如下实施意见。

一、加强人民政协协商民主建设的重要意义、指导思想和重要原则

1. 重要意义。人民政协协商民主是在中国共产党领导下，参加人民政协的各党派团体、各族各界人士履行政治协商、民主监督、参政议政职能，围绕改革发展稳定重大问题和涉及群众切身利益的实际问题，在决策之前和决策实施之中广泛协商、凝聚共识的重要民主形式。

社会主义协商民主是中国共产党和中国人民的伟大创造。人民政协协商民主是社会主义协商民主的重要组成部分。1949 年中国人民政治协商会议第一届全体会议的召开，标志着中国共产党领导的多党合作和政治协商制度正式确立。1954 年第一届全国人民代表大会召开后，人民政协作为中国共产党领导的多党合作和政治协商机构、作为统一战线组织继续发挥重要作用。改革开放以来，人民政协的性质、作用被庄严载入宪法，党中央对加强人民政协工作作出一系列重要部署。党的十八大和十八届三中、四中全会强调，健全社会主义协商民主制度，推进协商民主广泛多层制度化发展，为人民政协事业发展指明了方向。

人民政协以宪法、政协章程和相关政策为依据，以中国共产党领导的多党合作和政治协商制度为保障，集协商、监督、参与、合作于一体，是各党派团体和各族各界人士发扬民主、参与国是、团结合作的重要平台，是适合中国国情、具有鲜明中国特色的制度安排。充分发挥人民政协作为协商民主重要渠道和专门协商机构的作用，有利于广纳群言、广谋良策、广聚共识，有利于促进党和政府决策科学化、民主化，有利于更好实现人民当家作主，有利于化解矛盾、促进社会和谐稳定，有利于推进国家治理体系和治理能力现代化。

2. 指导思想。加强人民政协协商民主建设，必须贯彻落实党的十八大和十八届三中、四中全会精神，高举中国特色社会主义伟大旗帜，以马克思列宁主义、毛泽东思想、邓小平理论、“三个代表”重要思想、科学发展观为指导，深入贯彻落实习近平总书记系列重要讲话精神,坚持围绕协调推进“四个全面”战略布局,坚持和完善中国共产党领导的多党合作和政治协商制度,坚持团结和民主两大主题,把协商民主贯穿履行职能全过程,重点推进政治协商、民主监督、参政议政制度化、规范化、程序化,拓展协商内容、丰富协商形式、规范协商程序、增加协商密度、提高协商成效,广泛凝聚各党派团体、各族各界人士的智慧和力量,为实现“两个一百年”奋斗目标、实现中华民族伟大复兴的中国梦作出更大贡献。

3. 重要原则。加强人民政协协商民主建设,必须坚持党的领导,坚定不移走中国特色社会主义政治发展道路;坚持宪法和政协章程确定的人民政协性质定位,始终围绕中心、服务大局;坚持协商于决策之前和决策实施之中,切实提高协商实效;坚持民主协商、平等议事、求同存异、体谅包容,努力营造良好协商氛围。

二、明确政协协商的内容

4. 政协协商的主要内容。国家大政方针和地方的重要举措以及政治、经济、文化和社会生活中的重要问题,各党派参加人民政协工作的共同性事务,政协内部的重要事务,以及有关爱国统一战线的其他重要问题等。

5. 制定政协年度协商计划。党委会同政府、政协制定年度协商计划,对明确规定需要协商的事项必须经协商后提交决策实施。政协专题议政性常务委员会会议议题、专题协商会议题及其他协商形式的重要议题,应列入年度协商计划,做到协商议题和协商形式相匹配。

建立健全制定年度协商计划的工作机制。政协办公厅(室)在广泛征求政协参加单位、政协委员和有关部门意见的基础上,形成年度协商计划草案。党委办公厅(室)会同政府办公厅(室)、政协办公厅(室)修改完善年度协商计划草案。经政协主席会议审议后,报党委常委会会议确定。

6. 在实践中丰富协商内容。鼓励各级政协根据形势发展,围绕党和国家中心工作,结合实际丰富协商内容,拓宽协商范围。政府起草一些重要法律法规的过程中,视情可在政协听取意见。充分发挥政协委员、民主党派、工商联、无党派人士、人民团体等在立法协商中的作用。

三、规范政协协商的形式

7. 完善政协全体会议协商制度。政协全体会议期间,党委、人大常委会、政府和人民法院、人民检察院领导同志出席开幕会、闭幕会,参加界别联组和委员小组讨论;党委和政府有关领导同志听取大会发言;有关部门负责同志参加界别联组和委员小组讨论、听取意见。可安排跨界别联组讨论;界别联组和小组会议应安排时间讨论界别提案、推荐界别大会发言。规范会议活动程序和机制。完善大会发言遴选机制,提高发言质量。改进会议成果报送工作,如实反映委员意见建议。

8. 健全专题议政性常务委员会会议制度。全国政协一般每年召开 2 次专题议政性常务委员会会议,地方政协可视情安排。会议按专题分组讨论,进行大会发言。根据议题需要,政协邀请党政有关领导同志出席会议通报情况,听取意见,并可与委员互动交流;邀请有关部门负责同志到会听取意见,参加讨论。会议成果以政协党组报告、大会发言专报、政协信息等多种形式报送党委和政府及有关部门。

9. 规范专题协商会。全国政协一般每年召开 2 次专题协商会,地方政协可视情安排。根据议题需要,政协邀请党政分管相关工作的领导同志及有关部门负责同志,出席会议,听取意见,与委员互动交流。组织相关委员和专家学者参加。会议发言应充分反映政协专门委员会专题调研、委员视察、界别调研和民主党派调研等成果。会后,相关意见建议以政协党组报告、政协信息等形式报送党委和政府及有关部门。

10. 完善双周协商座谈会制度。全国政协应选择内容具体、针对性强的问题作为双周协商座谈会的议题,部分重要议题列入政协年度协商计划。视情每年召开若干次双周协商座谈会。根据议题需要,政协邀请有关部门负责同志参加并介绍情况。优化参会人员结构,以委员中的民主党派成员和无党派人士为主,视情邀请有关专家学者参加。会前,全国政协相关专门委员会和有关方面应深入开展调研。会后,及时将会议主要内容、形成的共识和重要意见建议,以信息专报等形式报送党委和政府及有关部门参阅。推动协商过程和协商成果公开,增加影响力和共识度。地方政协可结合实际,对协商座谈会等活动作出安排。

11. 开展对口协商和界别协商。政协各专门委员会与对口联系的有关部门以议题为纽带建立健全对口联系工作机制,开展对口协商。加强走访交流,建立信息共享机制,确定对口协商议题。对口部门根据情况邀请政协相关专门委员会参加重要工作会议或重要活动,政协组织的视察和调研活动可邀请对口部门参加。

充分发挥界别在视察、调研、提案、大会发言、反映社情民意信息等工作中的作用。完善政协领导同志和专门委员会联系界别的制度。专门委员会根据工作整体部署组织界别委员开展专题调研,举行界别协商会、座谈会等活动。政协主席会议成员根据工作需要参加界别协商活动。健全政协办公厅(室)和专门委员会服务界别协商的工作机制和保障机制。

12. 健全提案办理协商制度。修订提案审查工作细则,严格立案标准,提高提案质量。加大专门委员会和界别提交提案力度,增加集体提案比重。建立交办、办理、督办提案协商机制。在提案交办环节,建立共同交办机制,召开提案交办会,做好落实责任的协商。在提案办理环节,建立健全联系沟通、办理询问、研讨交流机制,把沟通协商作为提案办理的必经环节。在提案督办环节,建立健全跟踪督查和成果反馈机制,做好成果转化的协商。建立和完善台账制度,把提案办理纳入政府年度督查计划。完善提案办理考核评价机制,逐步将提案办理工作纳入绩效考核体系。落实提案及办理结果公开的有关规定。制定政协提案办理协商办法。落实政协办公厅(室)和专门委员会参与重点提案遴选与督办的工作制度。全国政协完善主席办公会议协商督办重点提案的做法。

13. 拓展协商形式。政协在党委和政府重大决策形成过程中及时召开专题座谈会,有关方面负责同志到会听取意见建议。在视察、考察、专题调研等活动中开展协商。通过视察报告、调研报告、提案、建议案等形式开展协商。整合现有网络资源,探索网络议政、远程协商等新形式。

四、加强政协协商与党委和政府工作的有效衔接

14. 规范协商议题提出机制。认真落实由党委、人大、政府、民主党派、人民团体等提出议题的规定。建立党委同政府、政协重点协商议题会商机制,议题可由党委和政府交办,可由党委召开的秘书长联席会议研究提出,可由政协与党委和政府及有关部门沟通协商提出。建立政协内部选题机制,通过常务委员会会议、专门委员会会议以及座谈会、发函等形式征集议题,积极探索由界别、委员联名、委员小组提出议题。

15. 健全知情明政制度。党委召开的有关重要工作会议可安排政协领导同志参加。国务院或地方政府召开全体会议和有关会议,可视情邀请政协有关领导同志列席。有关部门召开的重要会议可视情邀请政协有关方面负责同志参加。建立相关部门定期通报情况制度,为政协委员履行职责提供便利、创造条件。政协全体会议召开前,根据需要可组织情况通报会,请有关部门通报年度工作情况。协商活动举办前,有关部门应提供需要协商的相关材料。组织委员视察调研,可邀请有关部门同志介绍情况、交换意见。

16. 完善协商成果采纳、落实和反馈机制。党委会同政府、政协制定协商成果采纳、落实和反馈办法。协商后形成的视察报告、调研报告、政协信息、大会发言专报、重要提案摘报等成果,党政领导同志作出批示的,应及时告知政协办公厅(室);对领导同志要求有关部门落实的,应将落实情况抄送政协办公厅(室)。

五、加强人民政协制度建设

17. 政协全国委员会研究制定规范政治协商、民主监督、参政议政的具体意见。认真贯彻《中共中央关于加强人民政协工作的意见》对政治协商、民主监督、参政议政的规定。加强政治协商的制度建设,把政治协商作为重要环节纳入决策程序,明确党委、政府和政协在协商活动中的职责。

适时制定民主监督的专项规定,完善民主监督的组织领导、权益保障、知情反馈、沟通协调机制。重视发挥协商会议、视察、提案、建议案、专题调研、大会发言、反映社情民意信息、委员举报等在民主监督中的作用。政协各种协商活动特别是专题议政性常务委员会会议、专题协商会、协商座谈会等,增加民主监督内容,加大民主监督力度。政协办公厅(室)和专门委员会应开展监督性的视察和专题调研。参加有关部门组织的调查和检查活动。政协可应有关行政执法部门邀请推荐特约监督员。密切与党委和政府监督机构以及新闻媒体的联系,加强工作协调和配合。总结推广专题民主监督、民主评议的做法。

建立健全参政议政的各项工作制度,加强和改进经常性工作。修订专门委员会通则,发挥专门委员会在政协工作中的基础作用。修订视察工作条例。做好党委和政府委托政协开展的重大课题调研和邀请委员参与的重大项目研究论证,集中优势资源,发挥委员主体作用,形成整体合力,提出高质量的意见建议。

18. 研究制定规范委员履职工作的指导性意见。进一步明确委员的权利和义务,规范委员履职服务管理,建立委员履职档案,实行委员履职情况统计,将委员履职情况作为换届时继续提名的重要参考;严格会议请假制度,委员出席会议和参加活动的情况书面通知本人并在一定范围通报;探索建立委员每届任期内就履职情况向本级政协报告的制度。强化廉洁自律,逐步建立委员履职的利益冲突回避机制,制定委员违反政协章程的处理办法。

19. 在政协建立健全委员联络机构,完善委员联络制度。建立覆盖全体委员的联系网络,充分发挥政协参加单位、专门委员会、界别、机关、所在地全国政协委员活动召集人等联络服务委员的作用。完善发挥全国政协委员作用的意见。各级政协领导考察调研,可视情与当地同级政协委员座谈。政协的视察考察和专题调研活动可安排当地相关同级政协委员参加。全国政协定期向京外委员和港澳地区委员通报工作情况。建立健全与委员联络的具体机构,明确职责,做好委员日常联络工作,为委员履行职责提供服务管理,依法维护委员依照政协章程履行职责的权利;配合专门委员会,联系政协参加单位和界别召集人,及时通报政协会议精神和工作情况;做好接待委员信访的工作。

六、提高政协协商能力

20. 提高政治把握能力。完善政协常务委员会会议和主席会议学习制度,组织委员专题学习研讨。加强委员对党的路线方针政策和宪法法律的学习,在履行职责的实践中,提高运用科学理论分析判断形势,运用法治思维和法治方式研究解决问题的能力和水平,坚定理想信念,增进政治认同。

21. 提高调查研究能力。坚持问题导向,重视调查研究,制定加强和改进调研工作实施办法。视察和专题调研课题应与政协年度协商计划和政协重点工作相衔接,由主席会议或主席办公会议统筹审定。优化调研队伍构成,采取集中调研、分散调研、蹲点调研等形式摸清真实情况。加强对调研成果的研究论证。加强人民政协智库建设,整合各级政协组织、政协委员等各方面智力资源,发挥中国经济社会理事会、中国宗教界和平委员会、中国人民政协理论研究会作用。

22. 提高联系群众能力。坚持党的群众路线,建立健全社情民意表达和汇集分析机制,畅通和拓宽各界群众的利益诉求表达渠道,积极反映社情民意。修订政协反映社情民意信息工作条例。密切政协各专门委员会与人民团体等界别的联系,积极组织委员参与协商、视察、调研等活动,及时向有关部门反映其提供的相关信息和意见建议。有条件的地方可推广委员联系点、委员网上信箱等联系群众的新形式。委员应主动向群众宣传党的路线方针政策,解疑释惑,引导群众理性有序合法表达诉求。

23. 提高合作共事能力。完善工作机制,搭建更多平台,加强政协组织与党委统战部门的沟通协调,为民主党派委员和无党派人士委员在政协履行职能、协商议政、发挥作用创造条件。建立政协主席、副主席联系各界别委员制度。强化政协开展统战工作的职责要求。政协委员中的共产党员和政协机关中的共产党员应广交、深交党外朋友。在工作中既增进对党的路线方针政策的共识,又包容不同意见的存在和表达,提高合作共事的质量和水平。

七、加强和完善党对人民政协协商民主建设的领导

24. 高度重视人民政协协商民主建设。中国共产党的领导是人民政协事业发展进步的根本保证。人民政协事业要沿着正确方向发展,就必须毫不动摇坚持中国共产党的领导。按照党总揽全局、协调各方的原则,支持人民政协依照宪法法律和政协章程独立负责、协调一致地开展工作。各级党委要充分认识加强人民政协协商民主建设的重大意义,认真贯彻落实《中共中央关于加强社会主义协商民主建设的意见》,善于运用人民政协这一政治组织和民主形式为实现党的总任务、总目标服务。

25. 建立健全党领导人民政协协商民主建设的工作制度。各级党委应把人民政协协商民主建设纳入总体工作部署和重要议事日程,及时研究并统筹解决工作中的重大问题。按照党委统一领导、各方分工负责的原则,统筹制定加强党委和政府工作与政协协商有效衔接的相关制度。支持政协制定并实施政治协商、民主监督、参政议政的专项制度。建立健全党委常委会会议听取政协党组工作汇报，讨论政协常务委员会工作报告和年度协商计划等的制度。深入研究发挥政协界别作用的思路和办法，拓展有序政治参与空间。深入开展调查研究，在条件成熟时对政协界别适当进行调整。完善委员推荐提名工作机制，优化委员构成。改进委员产生机制，严把委员素质关，真正把代表性强、议政水平高、群众认可、德才兼备的优秀人士吸收到委员队伍中来。加强政协机关领导班子和干部队伍建设，加强干部选拔、交流和任用，加大干部培训学习、挂职锻炼的力度。加强对人民政协协商民主建设落实情况的监督检查。

26. 发挥政协党组领导核心作用。政协党组肩负着实现党对人民政协领导的重大政治责任，要发挥领导核心作用，坚定不移贯彻执行党关于人民政协的方针政策，把党的有关重大决策和工作部署贯彻到政协全部工作中去。按照民主集中制原则，确保协商依法开展、有序进行。健全政协重大工作向党委报告制度。认真落实党风廉政建设主体责任，抓好委员队伍建设和政协机关干部队伍建设，强化正风肃纪、反腐倡廉。

27. 营造全党全社会重视和支持人民政协协商民主建设的良好氛围。坚持“不打棍子、不扣帽子、不抓辫子”的方针，营造畅所欲言、各抒己见、理性有度、合法依章的良好协商氛围。大力推动关于人民政协协商民主的理论研究，将其列入各级党校、行政学院、干部学院、社会主义学院的教学计划。把对人民政协协商民主的宣传列入各级党委宣传部门的工作计划，积极宣传各级政协和政协委员履职的生动实践，形成有利于推进人民政协协商民主建设的良好环境。

关于加强政党协商的实施意见(略有删节)

(中共中央办公厅2015年10月13日印发)

政党协商是中国共产党领导的多党合作和政治协商制度的重要内容,是社会主义协商民主体系的重要组成部分,是中国共产党提高执政能力的重要途径。为贯彻落实《中共中央关于加强社会主义协商民主建设的意见》,进一步加强政党协商,制定本实施意见。

一、政党协商的指导思想和重要意义

政党协商是中国共产党同民主党派基于共同的政治目标,就党和国家重大方针政策和重要事务,在决策之前和决策实施之中,直接进行政治协商的重要民主形式。

政党协商以马克思列宁主义、毛泽东思想、邓小平理论、"三个代表"重要思想、科学发展观为指导,深入贯彻落实习近平总书记系列重要讲话精神,坚持中国特色社会主义政治发展道路,坚持中国共产党领导的多党合作和政治协商制度,坚持长期共存、互相监督、肝胆相照、荣辱与共的基本方针,发挥我国政党制度优势,巩固发展和谐政党关系,为实现"两个一百年"奋斗目标、实现中华民族伟大复兴的中国梦凝聚智慧和力量。

政党协商在协调推进全面建成小康社会、全面深化改革、全面依法治国、全面从严治党战略布局中具有独特优势和作用。加强政党协商,有利于扩大民主党派和无党派人士有序政治参与、畅通意见表达渠道,有利于增进政治共识、广泛凝心聚力,有利于促进科学民主决策、推进国家治理体系和治理能力现代化。

无党派人士是政治协商的重要组成部分,参加政党协商。

工商联是具有统战性的人民团体和商会组织,参加政党协商。

二、政党协商的内容

中共中央同民主党派中央开展政党协商的主要内容包括:中共全国代表大会、中共中央委员会的有关重要文件;宪法的修改建议,有关重要法律的制定、修改建议;国家领导人建议人选;国民经济和社会发展的中长期规划以及年度经济社会发展情况;关系改革发展稳定等重要问题;统一战线和多党合作的重大问题;其他需要协商的重要问题。

三、政党协商的形式

(一)会议协商

专题协商座谈会。由中共中央主要负责同志主持召开,就党和国家重要方针政策、事关全局的重大问题进行协商,一般每年4至5次。

人事协商座谈会。由中共中央负责同志主持召开,就重要人事安排在酝酿阶段进行协商。

调研协商座谈会。由中共中央负责同志主持召开,主要就民主党派中央的重点考察调研成果及建议进行协商,邀请有关部门参加,一般每年2次。

其他协商座谈会。由中共中央负责同志或委托中共中央统战部主持召开,通报重要情况,听取意见建议。

(二)约谈协商

中共中央负责同志或委托中共中央统战部,不定期邀请民主党派中央负责同志就共同关心的问题开展小范围谈心活动,沟通情况、交换意见。

民主党派中央主要负责同志可约请中共中央负责同志个别交谈,就经济社会发展以及参政党自身建设等重要问题反映情况、沟通思想。

(三)书面协商

中共中央就有关重要文件、重要事项书面征求民主党派中央的意见建议,民主党派中央以书面形式反馈。

民主党派中央以调研报告、建议等形式直接向中共中央提出意见和建议。民主党派中央负责同志可以个人名义向中共中央和国务院直接反映情况、提出建议。

四、政党协商的程序

(一)会议协商的程序

每年年初,中共中央办公厅会同中共中央统战部等部门,在广泛听取民主党派中央意见建议的基础上,研究提出全年会议协商计划,确定议题、时间、参加范围等,报中共中央政治局常委会审议通过后,通报民主党派中央。

中共中央办公厅会同中共中央统战部,根据全年协商计划制定具体工作方案并组织实施。每次会前,一般提前10天告知民主党派中央;有关部门一般提前5天提供文件稿,民主党派中央负责同志集中阅读,相关部门负责同志作解读说明;民主党派中央集体研究准备意见建议。

会议协商中,中共中央负责同志作有关情况说明,民主党派中央主要负责同志发表意见建议,进行交流讨论。

(二)约谈协商的程序

中共中央负责同志提出的约谈,应将相关信息提前告知有关民主党派中央主要负责同志,可根据需要由中共中央办公厅或中共中央统战部负责落实。

民主党派中央主要负责同志提出的约谈,可由中共中央统战部报中共中央,并协助中共中央办公厅落实。

(三)书面协商的程序

中共中央提出的书面沟通协商,由中共中央统战部负责落实。民主党派中央的协商意见由中共中央统战部汇总后报送中共中央。

民主党派中央或其负责同志的调研报告、建议等书面意见,可由其直接向中共中央提出。

五、政党协商的保障机制

(一)知情明政机制。有关部门应适时向民主党派中央直接提供有关材料。中共中央统战部定期组织专题报告会和情况通报会,邀请有关部门介绍情况。

(二)考察调研机制。中共中央每年委托民主党派中央就经济社会发展重大问题开展重点考察调研,由中共中央统战部组织实施。中共中央统战部每年召开选题介绍会,协助民主党派中央确定调研题目,协调有关部门参与调研,做好组织保障工作。支持民主党派中央结合自身特色开展经常性考察调研。地方党委和政府应予以积极支持配合。

(三)工作联系机制。中共中央政治局常委、委员开展的国内考察调研以及重要外事、内事活动,可根据需要、经统一安排邀请民主党派中央负责同志参加。最高人民法院、最高人民检察院和国务院有关部门应加强同民主党派中央的联系,视情邀请民主党派列席有关工作会议、参加专项调研和检查督导工作。

(四)协商反馈机制。需要办理的协商意见由中共中央办公厅会同中共中央统战部交付有关部门,办理情况一般在3个月内向中共中央办公厅报告,并抄送中共中央统战部,由中共中央统战部反馈民主党派中央。

各省(自治区、直辖市)、市(地、州、盟)党委要结合实际,参照上述规定对开展政党协商作出具体安排。

六、加强和完善党对政党协商的领导

中国共产党的领导是中国特色社会主义最本质的特征。政党协商必须坚持中国共产党的领导。各级党委要切实加强领导,把握正确方向,充分发扬民主,广泛集智聚力,确保政党协商规范有序、务实高效、充满活力。

(一)高度重视政党协商。要深刻认识加强政党协商的重大意义,充分发挥党总揽全局、协调各方的领导核心作用,把政党协商列入党委重要议事日程,统一领导、统筹安排，切实纳入决策程序，从制度上保障协商成果落地。把政党协商列入新闻宣传工作计划，改进宣传方式，加强正确舆论引导。对政党协商开展情况进行督促检查。

（二）营造宽松和谐氛围。党委特别是领导干部要带头发扬民主，形成知无不言、言无不尽的协商氛围。坚持真诚协商、务实协商，鼓励和支持民主党派讲真话、建诤言。坚持求同存异、体谅包容，提倡在协商中加强互动交流，允许不同意见表达，在各种观点交融互鉴中凝聚最大共识。

（三）加强协商能力建设。党委特别是领导干部要强化政党协商意识，熟悉政党协商方法，总结政党协商经验，推进政党协商实践。支持民主党派加强领导班子和人才队伍建设，提高履职能力和协商水平。支持民主党派密切与党政有关部门、人民团体、高等学校、科研院所的联系，完善民主党派参政议政工作机制，建立具有自身特色、服务参政议政的智库。

(四)人才工作

关于深化人才发展体制机制改革的意见

(中共中央2016年2月27日印发)

人才是经济社会发展的第一资源。人才发展体制机制改革是全面深化改革的重要组成部分,是党的建设制度改革的重要内容。协调推进“四个全面”战略布局,贯彻落实创新、协调、绿色、开放、共享的发展理念,实现“两个一百年”奋斗目标,必须深化人才发展体制机制改革,加快建设人才强国,最大限度激发人才创新创造创业活力,把各方面优秀人才集聚到党和国家事业中来。现就深化人才发展体制机制改革提出如下意见。

一、指导思想、基本原则和主要目标

(一)指导思想

高举中国特色社会主义伟大旗帜,全面贯彻党的十八大和十八届三中、四中、五中全会精神,以邓小平理论、“三个代表”重要思想、科学发展观为指导,深入贯彻习近平总书记系列重要讲话精神,坚持聚天下英才而用之,牢固树立科学人才观,深入实施人才优先发展战略,遵循社会主义市场经济规律和人才成长规律,破除束缚人才发展的思想观念和体制机制障碍,解放和增强人才活力,构建科学规范、开放包容、运行高效的人才发展治理体系,形成具有国际竞争力的人才制度优势。

(二)基本原则

——坚持党管人才。充分发挥党的思想政治优势、组织优势和密切联系群众优势,进一步加强和改进党对人才工作的领导,健全党管人才领导体制和工作格局,创新党管人才方式方法,为深化人才发展体制机制改革提供坚强的政治和组织保证。

——服务发展大局。围绕经济社会发展需求,聚焦国家重大战略,科学谋划改革思路和政策措施,促进人才规模、质量和结构与经济社会发展相适应、相协调,实现人才发展与经济建设、政治建设、文化建设、社会建设、生态文明建设深度融合。

——突出市场导向。充分发挥市场在人才资源配置中的决定性作用和更好发挥政府作用，加快转变政府人才管理职能，保障和落实用人主体自主权，提高人才横向和纵向流动性，健全人才评价、流动、激励机制，最大限度激发和释放人才创新创造创业活力，使人才各尽其能、各展其长、各得其所，让人才价值得到充分尊重和实现。

——体现分类施策。根据不同领域、行业特点，坚持从实际出发，具体问题具体分析，增强改革针对性、精准性。纠正人才管理中存在的行政化、“官本位”倾向，防止简单套用党政领导干部管理办法管理科研教学机构学术领导人员和专业人才。

——扩大人才开放。树立全球视野和战略眼光，充分开发利用国内国际人才资源，主动参与国际人才竞争，完善更加开放、更加灵活的人才培养、吸引和使用机制，不唯地域引进人才，不求所有开发人才，不拘一格用好人才，确保人才引得进、留得住、流得动、用得好。

（三）主要目标

通过深化改革，到2020年，在人才发展体制机制的重要领域和关键环节上取得突破性进展，人才管理体制更加科学高效，人才评价、流动、激励机制更加完善，全社会识才爱才敬才用才氛围更加浓厚，形成与社会主义市场经济体制相适应、人人皆可成才、人人尽展其才的政策法律体系和社会环境。

二、推进人才管理体制改革

（四）转变政府人才管理职能。根据政社分开、政事分开和管办分离要求，强化政府人才宏观管理、政策法规制定、公共服务、监督保障等职能。推动人才管理部门简政放权，消除对用人主体的过度干预，建立政府人才管理服务权力清单和责任清单，清理和规范人才招聘、评价、流动等环节中的行政审批和收费事项。

（五）保障和落实用人主体自主权。充分发挥用人主体在人才培养、吸引和使用中的主导作用，全面落实国有企业、高校、科研院所等企事业单位和社会组织的用人自主权。创新事业单位编制管理方式，对符合条件的公益二类事业单位逐步实行备案制管理。改进事业单位岗位管理模式，建立动态调整机制。探索高层次人才协议工资制等分配办法。

（六）健全市场化、社会化的人才管理服务体系。构建统一、开放的人才市场体系，完善人才供求、价格和竞争机制。深化人才公共服务机构改革。大力发展专业性、行业性人才市场，鼓励发展高端人才猎头等专业化服务机构，放宽人才服务业准入限制。积极培育各类专业社会组织和人才中介服务机构，有序承接政府转移的人才培养、评价、流动、激励等职能。充分运用云计算和大数据等技术，为用人主体和人才提供高效便捷服务。扩大社会组织人才公共服务覆盖面。

完善人才诚信体系,建立失信惩戒机制。

(七)加强人才管理法制建设。研究制定促进人才开发及人力资源市场、人才评价、人才安全等方面的法律法规。完善外国人才来华工作、签证、居留和永久居留管理的法律法规。制定人才工作条例。清理不合时宜的人才管理法律法规和政策性文件。

三、改进人才培养支持机制

(八)创新人才教育培养模式。突出经济社会发展需求导向,建立高校学科专业、类型、层次和区域布局动态调整机制。统筹产业发展和人才培养开发规划,加强产业人才需求预测,加快培育重点行业、重要领域、战略性新兴产业人才。注重人才创新意识和创新能力培养,探索建立以创新创业为导向的人才培养机制,完善产学研用结合的协同育人模式。

(九)改进战略科学家和创新型科技人才培养支持方式。更大力度实施国家高层次人才特殊支持计划(国家"万人计划"),完善支持政策,创新支持方式。构建科学、技术、工程专家协同创新机制。建立统一的人才工程项目信息管理平台,推动人才工程项目与各类科研、基地计划相衔接。按照精简、合并、取消、下放要求,深入推进项目评审、人才评价、机构评估改革。

建立基础研究人才培养长期稳定支持机制。加大对新兴产业以及重点领域、企业急需紧缺人才支持力度。支持新型研发机构建设,鼓励人才自主选择科研方向、组建科研团队,开展原创性基础研究和面向需求的应用研发。

(十)完善符合人才创新规律的科研经费管理办法。改革完善科研项目招投标制度,健全竞争性经费和稳定支持经费相协调的投入机制,提高科研项目立项、评审、验收科学化水平。进一步改革科研经费管理制度,探索实行充分体现人才创新价值和特点的经费使用管理办法。下放科研项目部分经费预算调整审批权,推行有利于人才创新的经费审计方式。完善企业研发费用加计扣除政策。探索实行哲学社会科学研究成果后期资助和事后奖励制。

(十一)优化企业家成长环境。遵循企业家成长规律,拓宽培养渠道。建立有利于企业家参与创新决策、凝聚创新人才、整合创新资源的新机制。依法保护企业家财产权和创新收益,进一步营造尊重、关怀、宽容、支持企业家的社会文化环境。合理提高国有企业经营管理人才市场化选聘比例,畅通各类企业人才流动渠道。研究制定在国有企业建立职业经理人制度的指导意见。完善国有企业经营管理人才中长期激励措施。

(十二)建立产教融合、校企合作的技术技能人才培养模式。大力培养支撑中国制造、中国创造的技术技能人才队伍,加快构建现代职业教育体系,深化技术技能人才培养体制改革,加强统筹协调,形成工作合力。创新技术技能人才教育培训模式,促进企业和职业院校成为技术技能人才培养的“双主体”,开展校企联合培养试点。研究制定技术技能人才激励办法,探索建立企业首席技师制度,试行年薪制和股权制、期权制。健全以职业农民为主体的农村实用人才培养机制。弘扬劳动光荣、技能宝贵、创造伟大的时代风尚,不断提高技术技能人才经济待遇和社会地位。

(十三)促进青年优秀人才脱颖而出。破除论资排辈、求全责备等陈旧观念,抓紧培养造就青年英才。建立健全对青年人才普惠性支持措施。加大教育、科技和其他各类人才工程项目对青年人才培养支持力度,在国家重大人才工程项目中设立青年专项。改革博士后制度,发挥高校、科研院所、企业在博士后研究人员招收培养中的主体作用,有条件的博士后科研工作站可独立招收博士后研究人员。拓宽国际视野,吸引国外优秀青年人才来华从事博士后研究。

四、创新人才评价机制

(十四)突出品德、能力和业绩评价。制定分类推进人才评价机制改革的指导意见。坚持德才兼备,注重凭能力、实绩和贡献评价人才,克服唯学历、唯职称、唯论文等倾向。不将论文等作为评价应用型人才的限制性条件。建立符合中小学教师、全科医生等岗位特点的人才评价机制。

(十五)改进人才评价考核方式。发挥政府、市场、专业组织、用人单位等多元评价主体作用,加快建立科学化、社会化、市场化的人才评价制度。基础研究人才以同行学术评价为主,应用研究和技术开发人才突出市场评价,哲学社会科学人才强调社会评价。注重引入国际同行评价。应用型人才评价应根据职业特点突出能力和业绩导向。加强评审专家数据库建设,建立评价责任和信誉制度。适当延长基础研究人才评价考核周期。

(十六)改革职称制度和职业资格制度。深化职称制度改革,提高评审科学化水平。研究制定深化职称制度改革的意见。突出用人主体在职称评审中的主导作用,合理界定和下放职称评审权限,推动高校、科研院所和国有企业自主评审。对职称外语和计算机应用能力考试不作统一要求。探索高层次人才、急需紧缺人才职称直聘办法。畅通非公有制经济组织和社会组织人才申报参加职称评审渠道。清理减少准入类职业资格并严格管理,推进水平类职业资格评价市场化、社会化。放宽急需紧缺人才职业资格准入。

五、健全人才顺畅流动机制

(十七)破除人才流动障碍。打破户籍、地域、身份、学历、人事关系等制约,促进人才资源合理流动、有效配置。建立高层次人才、急需紧缺人才优先落户制度。加快人事档案管理服务信息化建设,完善社会保险关系转移接续办法,为人才跨地区、跨行业、跨体制流动提供便利条件。

(十八)畅通党政机关、企事业单位、社会各方面人才流动渠道。研究制定吸引非公有制经济组织和社会组织优秀人才进入党政机关、国有企事业单位的政策措施,注重人选思想品德、职业素养、从业经验和专业技能综合考核。

(十九)促进人才向艰苦边远地区和基层一线流动。研究制定鼓励和引导人才向艰苦边远地区和基层一线流动的意见,提高艰苦边远地区和基层一线人才保障水平,使他们在政治上受重视、社会上受尊重、经济上得实惠。重大人才工程项目适当向艰苦边远地区倾斜。边远贫困和民族地区县以下单位招录人才,可适当放宽条件、降低门槛。鼓励西部地区、东北地区、边远地区、民族地区、革命老区设立人才开发基金。完善东、中部地区对口支持西部地区人才开发机制。

六、强化人才创新创业激励机制

(二十)加强创新成果知识产权保护。完善知识产权保护制度,加快出台职务发明条例。研究制定商业模式、文化创意等创新成果保护办法。建立创新人才维权援助机制。建立人才引进使用中的知识产权鉴定机制,防控知识产权风险。完善知识产权质押融资等金融服务机制,为人才创新创业提供支持。

(二十一)加大对创新人才激励力度。赋予高校、科研院所科技成果使用、处置和收益管理自主权,除事关国防、国家安全、国家利益、重大社会公共利益外,行政主管部门不再审批或备案。允许科技成果通过协议定价、在技术市场挂牌交易、拍卖等方式转让转化。完善科研人员收入分配政策,依法赋予创新领军人才更大人财物支配权、技术路线决定权,实行以增加知识价值为导向的激励机制。完善市场评价要素贡献并按贡献分配的机制。研究制定国有企事业单位人才股权期权激励政策,对不适宜实行股权期权激励的采取其他激励措施。探索高校、科研院所担任领导职务科技人才获得现金与股权激励管理办法。完善人才奖励制度。

(二十二)鼓励和支持人才创新创业。研究制定高校、科研院所等事业单位科研人员离岗创业的政策措施。高校、科研院所科研人员经所在单位同意,可在科技型企业兼职并按规定获得报酬。允许高校、科研院所设立一定比例的流动岗位,吸引具有创新实践经验的企业家、科技人才兼职。鼓励和引导优秀人才向企业集聚。重视吸收民营企业育才引才用才经验做法。总结推广各类创新创业孵化模式,打造一批低成本、便利化、开放式的众创空间。

七、构建具有国际竞争力的引才用才机制

(二十三)完善海外人才引进方式。实行更积极、更开放、更有效的人才引进政策,更大力度实施海外高层次人才引进计划(国家“千人计划”),敞开大门,不拘一格,柔性汇聚全球人才资源。对国家急需紧缺的特殊人才,开辟专门渠道,实行特殊政策,实现精准引进。支持地方、部门和用人单位设立引才项目,加强动态管理。鼓励社会力量参与人才引进。扩大来华留学规模,优化外国留学生结构,提高政府奖学金资助标准,出台学位研究生毕业后在华工作的相关政策。

(二十四)健全工作和服务平台。对引进人才充分信任、放手使用,支持他们深度参与国家计划项目、开展科研攻关。研究制定外籍科学家领衔国家科技项目办法。完善引才配套政策,解决引进人才任职、社会保障、户籍、子女教育等问题。对外国人才来华签证、居留,放宽条件、简化程序、落实相关待遇。整合人才引进管理服务资源,优化机构与职能配置。

(二十五)扩大人才对外交流。鼓励支持人才更广泛地参加国际学术交流与合作,完善相关管理办法。支持有条件的高校、科研院所、企业在海外建立办学机构、研发机构,吸引使用当地优秀人才。完善国际组织人才培养推送机制。创立国际人才合作组织,促进人才国际交流与合作。研究制定维护国家人才安全的政策措施。

八、建立人才优先发展保障机制

(二十六)促进人才发展与经济社会发展深度融合。坚持人才引领创新发展,将人才发展列为经济社会发展综合评价指标。综合运用区域、产业政策和财政、税收杠杆,加大人才资源开发力度。坚持人才发展与实施重大国家战略、调整产业布局同步谋划、同步推进。研究制定“一带一路”建设、京津冀协同发展、长江经济带建设、“中国制造 2025”、自贸区建设以及国家重大项目和重大科技工程等人才支持措施。创新人才工作服务发展政策,鼓励和支持地方开展人才管理改革试验探索。围绕实施国家“十三五”规划,编制地区、行业系统以及重点领域人才发展规划。鼓励各类优秀人才投身国防事业,促进军民深度融合发展,建立军地人才、技术、成果转化对接机制。

(二十七)建立多元投入机制。优化财政支出结构,完善人才发展投入机制,加大人才开发投入力度。实施重大建设工程和项目时,统筹安排人才开发培养经费。调整和规范人才工程项目财政性支出,提高资金使用效益。发挥人才发展专项资金、中小企业发展基金、产业投资基金等政府投入的引导和撬动作用,建立政府、企业、社会多元投入机制。创新人才与资本、技术对接合作模式。研究制定鼓励企业、社会组织加大人才投入的政策措施。发展天使投资和创业投资引导基金,鼓励金融机构创新产品和服务,加大对人才创新创业资金扶持力度。落实有利于人才发展的税收支持政策,完善国家有关鼓励和吸引高层次人才的税收优惠政策。

九、加强对人才工作的领导

(二十八)完善党管人才工作格局。发挥党委(党组)总揽全局、协调各方的领导核心作用,加强党对人才工作统一领导,切实履行管宏观、管政策、管协调、管服务职责。改进党管人才方式方法,完善党委统一领导,组织部门牵头抓总,有关部门各司其职、密切配合,社会力量发挥重要作用的人才工作新格局。进一步明确人才工作领导小组职责任务和工作规则,健全领导机构,配强工作力量,完善宏观指导、科学决策、统筹协调、督促落实机制。理顺党委和政府人才工作职能部门职责,将行业、领域人才队伍建设列入相关职能部门"三定"方案。

(二十九)实行人才工作目标责任考核。建立各级党政领导班子和领导干部人才工作目标责任制,细化考核指标,加大考核力度,将考核结果作为领导班子评优、干部评价的重要依据。将人才工作列为落实党建工作责任制情况述职的重要内容。

(三十)坚持对人才的团结教育引导服务。加强政治引领和政治吸纳,充分发挥党的组织凝聚人才作用。制定加强党委联系专家工作意见,建立党政领导干部直接联系人才机制。加强各类人才教育培训、国情研修,增强认同感和向心力。完善专家决策咨询制度,畅通建言献策渠道,充分发挥新型智库作用。建立健全特殊一线岗位人才医疗保健制度。加强优秀人才和工作典型宣传,营造尊重人才、见贤思齐的社会环境,鼓励创新、宽容失败的工作环境,待遇适当、无后顾之忧的生活环境,公开平等、竞争择优的制度环境。

各级党委和政府要切实增强责任感、使命感,统一思想、加强领导,部门协同、上下联动,推动各项改革任务落实。鼓励支持各地区各部门因地制宜,开展差别化改革探索。加强指导监督,研究解决人才发展体制机制改革中遇到的新情况新问题。有关方面要抓紧制定任务分工方案,明确各项改革的进度安排。各地应当结合实际研究制定实施意见。加强政策解读和舆论引导,形成全社会关心支持人才发展体制机制改革的良好氛围。

中长期青年发展规划(2016—2025年)(略有删节)

(中共中央、国务院2017年4月3日印发)

青年是国家的未来、民族的希望。青年兴则民族兴,青年强则国家强。促进青年更好成长、更快发展,是国家的基础性、战略性工程。依据党和国家有关政策法规,按照经济社会发展的总体目标和要求,结合我国青年发展的实际情况,制定本规划。

本规划所指的青年,年龄范围是14—35周岁(规划中涉及婚姻、就业、未成年人保护等领域时,年龄界限依据有关法律法规的规定)。

序　　言

党和国家历来高度重视青年、关怀青年、信任青年,始终坚持把青年作为党和人民事业发展的生力军,为青年在革命、建设、改革中施展才华创造条件、提供舞台;尊重青年敢想敢干、富有梦想的特质,注重激发青年的参与热情和创新活力,引领青年勇开风气之先、走在时代前列;关心、解决青年的现实问题和迫切需求,支持青年在人民的伟大奋斗中实现自己的人生理想。党的十八大以来,以习近平同志为核心的党中央高度重视青年发展事业,反复强调青年一代有理想、有担当,国家就有前途,民族就有希望,实现中华民族伟大复兴就有源源不断的强大力量;进一步明确中国特色社会主义青年运动方向,全面加强对青年的思想政治引领和成长成才服务,制定实施一系列促进青年发展的政策措施,激励引导青年与民族同命运、与祖国共奋进、与时代齐发展,为广大青年指明了正确成长道路,创造了良好成长环境。

在党和国家的关心、支持和推动下,我国青年发展事业取得巨大进步和历史性成就。青年的思想政治面貌总体健康向上,拥护中国共产党的领导,对中国特色社会主义事业充满信心;青年的基本生活条件不断改善,物质生活水平显著提高,精神文化生活日益丰富,青年群体文明程度不断提升;教育事业长足发展,青壮年人口文盲基本消除,新增劳动力平均受教育年限达到13.3年,处于我国历史上最好水平,与发达国家之间的差距显著缩小;社会保障制度更加健全、水平不断提升,法治国家建设不断推进,青年发展权益得到更好维护;青年的创新能力、创业活力不断增强,青年人才队伍不断壮大,在报效祖国、服务人民、奉献社会的过程中实现着自身的成长发展。

未来10年,是实现"两个一百年"奋斗目标、实现中华民族伟大复兴中国梦的关键时期。面对复杂多变的国际环境和国内艰巨繁重的改革发展任务,统筹推进"五位一体"总体布局和协调推进"四个全面"战略布局,适应和引领经济发展新常态,牢固树立和贯彻落实创新、协调、绿色、开放、共享的发展理念,需要青年一代充分发挥作用,在改革发展稳定第一线建功立业、接续奋斗。

青年是国家经济社会发展的生力军和中坚力量。党和国家事业要发展,青年首先要发展。必须清醒认识到,青年发展事业与社会主义现代化建设的新要求、经济社会发展的新形势、广大青年的新期待相比,还存在不少亟待解决的突出问题。主要是:青年思想教育的时代性、实效性有待增强,用共产主义和中国特色社会主义引领青年,用中国梦和社会主义核心价值观凝聚共识、汇聚力量的任务尤为紧迫;青年体质健康水平亟待提高,部分青年心理健康问题日益凸显;青年社会教育和实践教育需要加强,提高教育质量的任务仍十分艰巨;青年就业的结构性矛盾比较突出,影响就业公平的障碍有待进一步破除;青年创业创新的热情有待进一步激发,鼓励青年创业创新的政策和社会环境需要不断优化;人口结构的新特点新变化使得青年一代的工作和生活压力不断增大,在婚恋、社会保障等方面需要获得更多关心和帮助;统筹协调青年发展工作的体制机制还不完善,各方面共同推进青年发展的合力有待进一步形成。

赢得青年才能赢得未来,塑造青年才能塑造未来。要站在党和国家事业后继有人、兴旺发达的高度,把青年发展摆在党和国家工作全局中更加重要的战略位置,整体思考、科学规划、全面推进,努力形成青年人人都能成才、人人皆可出彩的生动局面,为实现"两个一百年"奋斗目标、实现中华民族伟大复兴的中国梦注入强劲、持久的青春动力。

一、指导思想、根本遵循、总体目标

1.指导思想。高举中国特色社会主义伟大旗帜,全面贯彻党的十八大和十八届三中、四中、五中、六中全会精神,坚持以马克思列宁主义、毛泽东思想、邓小平理论、"三个代表"重要思想、科学发展观为指导,深入学习贯彻习近平总书记系列重要讲话精神和治国理政新理念新思想新战略,坚持党管青年原则,牢牢把握为实现中华民族伟大复兴中国梦而奋斗的时代主题,充分照顾青年的特点和利益,优化青年成长环境,服务青年紧迫需求,维护青年发展权益,促进青年全面发展,引导青年树立共产主义远大理想和中国特色社会主义共同理想,坚定中国特色社会主义道路自信、理论自信、制度自信、文化自信,自觉团结凝聚在党的周围,更好成长为中国特色社会主义事业的合格建设者和可靠接班人。

2. 根本遵循。坚持马克思主义青年观和中国特色社会主义青年运动方向，全面贯彻落实以习近平同志为核心的党中央关于青年工作的决策部署，引导广大青年坚定不移听党话、跟党走；坚持以青年为本，尊重青年主体地位，把服务与成才紧密结合，让青年有更多获得感，促进青年在投身实现中华民族伟大复兴中国梦的实践中放飞青春梦想、实现全面发展；坚持全局视野，从战略高度看待青年发展事业，党委加强领导，政府、群团组织、社会等各方面协同施策，共同营造有利于青年发展的良好环境。

3. 总体目标。到 2020 年，具有中国特色的青年发展政策体系和工作机制初步形成，广大青年思想政治素养和全面发展水平进一步提升，在决胜全面建成小康社会伟大实践中的生力军和突击队作用得到充分发挥。到 2025 年，具有中国特色的青年发展政策体系和工作机制更加完善，广大青年思想政治素养和全面发展水平明显提升，不断成长为志存高远、德才并重、情理兼修、勇于开拓，堪当实现中华民族伟大复兴中国梦历史重任的有生力量。

二、发展领域、发展目标、发展措施

（一）青年思想道德

发展目标：广大青年积极践行社会主义核心价值观，中国特色社会主义道路自信、理论自信、制度自信、文化自信进一步增强，思想道德水平和文明素质进一步提高，为实现中国梦而奋斗的共同思想道德基础更加巩固。

发展措施：

1. 加强青年理想信念教育。深入开展共产主义、中国特色社会主义和中国梦学习宣传教育，开展习近平总书记系列重要讲话精神和治国理政新理念新思想新战略学习教育，使中国梦成为青年共同追求的奋斗目标，使中国特色社会主义成为青年衷心拥护的发展道路，使共产主义成为青年矢志追求的远大理想，增进青年对党的信赖、信念、信心。注重引导青年学习马克思主义基本原理，树立辩证唯物主义和历史唯物主义的世界观、方法论。注重加强宣传教育、示范引领和实践养成，引导广大青年增强使命意识和责任意识，自觉把人生追求融入党和国家事业。深入实施青年马克思主义者培养工程。充分发挥思想政治理论课在青年学生思想政治教育中的主渠道作用。实施高校思想政治理论课建设体系创新计划，建设学生真心喜爱、终身受益的高校思想政治理论课。

2. 在青年中培育和践行社会主义核心价值观。引导青年勤学、修德、明辨、笃实，使社会主义核心价值观内化为青年的坚定信念，外化为青年的自觉行动。大力弘扬以爱国主义为核心的民族精神和以改革创新为核心的时代精神，把爱国主义教育贯穿国民教育和精神文明建设全过程，引导青年学习了解党史国史、近现代史和改革开放史,继承五四运动以来的革命文化传统,坚持爱国、爱党、爱社会主义相统一,自觉培养爱国之情、砥砺强国之志、实践报国之行。引导青年传承弘扬中华优秀传统文化,增强文化自信和价值观自信。深入开展形式多样的青年群众性精神文明创建活动,引导青年大力弘扬社会公德、职业道德、家庭美德,培养良好个人品德,积极倡导和培育诚信品格,争当"向上向善好青年",在引领社会文明风尚中发挥积极作用。加强民族团结宣传教育,推动各族青年交往交流交融,树立正确的国家观、民族观、历史观、文化观、宗教观,自觉抵制宗教极端思想,共同维护祖国统一和各民族繁荣发展。开展青年国防教育,推动军地青年共建共育,教育适龄青年自觉履行兵役义务。

3. 分类开展青年思想教育和引导。面向中学中职学生,广泛开展"与人生对话"主题活动,引导他们从小确立人生奋斗的远大志向,培养爱国、爱党、爱社会主义的感情。面向大学生,广泛开展"与信仰对话"主题活动,引导他们认识马克思主义的真理性,坚定走中国特色社会主义道路的信念。面向企业青年,广泛开展岗位建功活动,引导他们正确看待个人、企业、社会、国家的关系,以积极、务实、理性的态度面对职业生涯中遇到的具体问题。面向进城务工青年,注重把解决思想问题与解决实际问题相结合,在排忧解难、传递关怀中引导他们心向党和政府、矢志拼搏奋斗。面向农村青年,广泛宣传党和政府的支农惠农政策,引导他们树立"农村天地广阔、青年大有可为"的思想认识。

4. 强化网上思想引领。把互联网作为开展青年思想教育的重要阵地,团结、带动和壮大网上积极力量,大力开展正面宣传,实施"青年好声音"系列网络文化行动,增强网络正能量,消解网络负能量。提升网络舆情分析和引导能力,疏导青年情绪,澄清误解和谣言,引导青年形成正确认知。在青年群体中广泛开展网络素养教育,引导青年科学、依法、文明、理性用网。广泛开展青年网络文明志愿者行动,组织动员广大青年注册成为网络文明志愿者,参与监督和遏止网上各种违法和不良信息传播,为构建清朗网络空间作贡献。

(二)青年教育

发展目标:青年受教育权利得到更好保障,基本公共教育服务均等化逐步实现,教育公平程度明显提升。新增劳动力平均受教育年限达到13.5年以上,高等教育毛入学率达到50%以上。

发展措施:

1. 提高学校育人质量。坚持立德树人,深化教育改革,把增强学生社会责任感、法治意识、创新精神、实践能力作为重点任务贯彻到学校教育全过程。改善课堂教学,调动青年学生自主学习的积极性,完善知识结构,培养创新兴趣和科学素养。科学设计开展实践育人活动,通过探索实施高校共青团"第二课堂成绩单"制度等途径,帮助学生开阔视野、了解社会、提升综合素质。丰富学生创新实践平台,深入开展"挑战杯"竞赛和中国青少年科技创新奖评选,支持培育学生科技创新社团,营造校园科技创新氛围,为学生开展科技创新探索提供必要条件。将中小学共青团、少先队工作纳入教育督导。完善现代职业教育体系,推进产教融合、校企合作,办好全国职业院校技能大赛。深化考试招生制度改革,把促进学生健康成长成才作为改革的出发点和落脚点,扭转片面应试教育倾向。加强教师队伍建设,严格教师准入制度,突出教师职业道德教育和业务能力培训,深化教师评价管理体系改革。深入开展文明校园、绿色校园创建,创造和谐优美校园环境。在社会科学研究机构、高等学校加强青年学研究。

2. 科学配置教育资源。加大公共教育投入向中西部和民族边远贫困地区的倾斜力度,逐步缩小地区间教育资源差距。普及高中阶段教育,逐步分类实现中等职业教育全部免除学杂费,率先从建档立卡的家庭经济困难学生实施普通高中免除学杂费。实施国家贫困地区定向招生专项计划。完善贫困家庭学生、进城务工青年、少数民族青年和残疾青年等特殊青年群体帮扶救助机制,健全资助体系、完善资助方式,实现家庭经济困难学生资助全覆盖。进一步完善和落实进城务工人员随迁子女接受义务教育后在当地参加升学考试政策。

3. 强化社会实践教育。完善扶持政策,加大经费投入,加强青年社会实践基地建设,鼓励机关、军队、企事业单位、社会组织为有组织的青年社会实践提供帮助和便利。在青年中广泛开展科普教育和群众性科技创新活动,引导广大青年讲科学、爱科学、学科学、用科学。广泛开展大中专学生"三下乡"、志愿服务等社会实践活动,鼓励青年参与社会公共服务和社会公益事业。推进青年信用体系建设,逐步应用到青年入学、就业、创业等领域,引导青年践行诚信理念。

4. 促进青年终身学习。强化家庭教育基础作用,全面宣传普及家庭教育科学理念、知识和方法,实现家庭教育对优秀传统文化、爱国主义、社会责任、生活技能、勤俭美德、自律能力的基础性培养。大力发展继续教育,建立个人学习账号和学分累计制度,开展师生互动式、同伴共享式技能学习培训。加大青年社会教育投入,建立多渠道筹措资金投入机制。创造社会教育良好环境,规划青年成长成才各个环节的教育需求,统筹协调文化、出版、影视、网络等资源,实现对青年教育空间的全覆盖。构建并推行终身职业技能培训制度。推动各类学习资源开放共享,鼓励社会力量和民间资本提供多样化教育服务,推进教育信息化,发展在线教育和远程教育,扩大优质教育资源覆盖面,构建灵活开放的终身教育培训体系。

5. 培育青年人才队伍。实施青年英才开发计划,在重点学科领域培养扶持一批青年拔尖人才;在高水平研究型大学和科研院所优势基础学科建设一批国家青年英才培养基地。统筹推进党政人才、企业经营管理人才、专业技术人才、高技能人才、农村实用人才、社会工作人才等领域青年人才队伍建设。建立健全对青年人才普惠性支持措施。加大教育、科技和其他各类人才工程项目对青年人才培养支持力度,在国家重大人才工程项目中设立青年专项。改革完善青年人才管理体制,创新青年人才培养开发、评价发现、选拔任用、流动配置、激励保障机制,善于发现、重点支持、放手使用青年优秀人才。加强知识产权保护,鼓励青年人才创新创造。鼓励和支持青年人才参与战略前沿领域研究,着力培养一批青年科技创新领军人才。坚持自主培养开发与海外引进并举,用好国内优秀人才,吸引海外高层次青年人才和急需紧缺青年专门人才。

(三)青年健康

发展目标:持续提升青年营养健康水平和体质健康水平,青年体质达标率不低于90%;有效控制青年心理健康问题发生率,青年心理健康辅导和服务水平得到较大提升;引领青年积极投身健康中国建设。

发展措施:

1. 提高青年体质健康水平。实施全民健身计划,严格执行《国家体育锻炼标准》和《国家学生体质健康标准》,在学校教育中强化体质健康指标的硬约束。加强学校体育工作,完善国家体育与健康课程标准,发挥学校体育考核评价体系的导向作用,保证体育课时和课外锻炼时间得到落实。组织青年广泛参与全民健身运动,培养体育运动爱好,提升身体素质,掌握运动技能,养成终身锻炼的习惯。在城乡社区建设更多适应青年特点的体育设施和场所,配备充足的体育器材,方便青年就近就便开展健身运动。鼓励和支持青年体育类社会组织发展,带动更多青年培养体育兴趣和爱好。

2. 加强青年心理健康教育和服务。注重加强对青年的人文关怀和心理疏导,引导青年自尊自信、理性平和、积极向上,培养良好心理素质和意志品质。促进青年身心和谐发展,指导青年正确处理个人与他人、个人与集体、个人与社会的关系。加强对不同青年群体社会心态和群体情绪的研究、管控和疏导,引导青年形成合理预期,主动防范和化解群体性社会风险。加强青年心理健康知识宣传普及,提高心理卫生知晓率。支持各级各类青年专业心理辅导机构和社会组织建设,大力培养青年心理辅导专业人才。重点抓好学校心理健康教育,在高校、中学和职业学校普遍设置心理健康辅导咨询室,有条件的学校配备专职心理健康教育师资队伍。构建和完善青年心理问题高危人群预警及干预机制。加强源头预防,注重对青年心理健康问题成因的研究分析,及时识别青年心理问题高危人群,采取有效措施解决或缓解青年在学业、职业、生活和情感等方面的压力。

3. 提高各类青年群体健康水平。重视服务残疾青年的专业康复训练,落实器材、场所等配套保障。解决农村地区、贫困地区、西部地区青年学生的营养健康问题。引导高校学生"走下网络、走出宿舍、走向操场",养成健康文明的生活习惯。做好青年职业病的预防和治疗工作,大幅度降低在职青年职业病发生率。关注进城务工青年健康状况,开展健康监测。动员社会力量,通过志愿服务、慈善捐助等形式为青年群体提供有针对性的健康服务。

4. 加强青年健康促进工作。编撰和出版有关生命教育的读物,引导青年尊重生命、热爱生活。定期组织青年参与公共场所安全演练,开展灾害逃生、伤害自护、防恐自救、互助互救等体验教育,增强青年在应对突发性事件中的自我保护意识和防灾避险能力。在青年中倡导健康生活方式,加强健康教育,提升青年健康素养水平。广泛开展禁烟宣传,让青年成为支持禁烟、自觉禁烟的主体人群。完善艾滋病和性病的防治工作机制,针对重点青年群体加强宣传教育,推广有效的干预措施,切实降低艾滋病和性病发生率。做好禁毒宣传教育工作,提高青年群体尤其是青年学生群体对毒品及其危害性的认识。强化对娱乐场所的监管,严厉打击吸毒贩毒、卖淫嫖娼等违法犯罪行为。

(四)青年婚恋

发展目标:青年婚恋观念更加文明、健康、理性;青年婚姻家庭和生殖健康服务水平进一步提升;青年的相关法定权利得到更好保障。

发展措施:

1. 加强青年婚恋观、家庭观教育和引导。将婚恋教育纳入高校教育体系,强化青年对情感生活的尊重意识、诚信意识和责任意识,引导青年树立文明、健康、理性的婚恋观。发挥大众传媒的社会影响力,广泛传播正面的婚恋观念,鲜明抵制负面的婚恋观念,形成积极健康的舆论导向。倡导结婚登记颁证、集体婚礼等文明节俭的婚庆礼仪。引导青年树立正确的家庭观念,倡导尊老爱幼、男女平等、夫妻和睦、勤俭持家、邻里团结,传承优良家教家风,培育家庭文明。加强青年敬老、养老、助老道德建设,大力弘扬孝敬老人的传统美德。

2. 切实服务青年婚恋交友。支持开展健康的青年交友交流活动,重点做好大龄未婚青年等群体的婚姻服务工作。规范已有的社会化青年交友信息平台,打造一批诚信度较高的青年交友信息平台。依法整顿婚介服务市场,严厉打击婚托、婚骗等违法婚介行为。充分发挥工会、共青团、妇联等群团组织和社会组织的作用,为青年婚恋交友提供必要的基础保障和适合青年特点的便利条件。

3. 开展青年性健康教育和优生优育宣传教育。在青年中加强对国家人口发展战略和政策的宣传教育,促进人口均衡发展。加大对性知识的普及力度,在有条件的学校推广性健康课程,加强专兼职性健康教育师资队伍建设。预防和减少不当性行为对青年造成的伤害,大幅度降低意外妊娠的发生率。大力弘扬以"婚育文明、性别平等;计划生育、优生优育;生殖健康、家庭幸福"为核心的婚育文化,坚决抵制非医学需要的胎儿性别鉴定和选择性别人工终止妊娠行为。加大对适龄青年的婚育辅导力度,加大适龄青年婚前检查、孕前检查和产前检查的普及力度。

4. 保障青年在孕期、产假、哺乳期期间享有的法定权益。全面落实女性青年在怀孕、生育和哺乳期间依法享有的各项权利。鼓励条件成熟的地方探索在物质、假期等方面给予青年更多支持。

(五)青年就业创业

发展目标:青年就业比较充分,高校毕业生就业保持在较高水平;青年就业权利保障更加完善,青年的薪资待遇、劳动保护、社会保险等合法权益得到充分保护;青年创业服务体系更加完善,创业活力明显提升。

发展措施:

1. 推动完善促进青年就业创业政策体系。根据就业形势和就业工作重点变化,加强就业政策与产业、贸易、财税、金融等政策的协调,进一步完善积极就业政策。发挥公共财政促进青年就业作用,完善落实财政金融扶持政策,扶持发展现代服务业、战略性新兴产业、劳动密集型企业和小微企业,吸纳青年就业。加强对灵活就业、新就业形态的支持,促进青年自主就业,鼓励多渠道多形式就业。进一步完善青年创业就业配套政策及法律法规。加强就业统计工作,健全青年就业统计指标体系。

2. 加强青年就业服务。实施青年就业见习计划。健全城乡均等的公共就业创业服务体系,完善服务功能,把有就业意愿的青年全部纳入服务范围,全面落实免费公共就业服务,对就业困难青年提供就业援助,帮助长期失业青年就业。创新就业信息服务方式方法,注重运用互联网技术打造适合青年特点的就业服务模式。加强青年职业培训,健全面向青年的劳动预备制培训计划,落实职业培训补贴政策。实施离校未就业高校毕业生就业促进计划,为毕业生提供职业指导、就业信息、就业见习、就业帮扶等服务。开展青年农民工职业技能培训,通过订单、定向和定岗式培训,对农村未升学初高中毕业生等新生代农民工开展就业技能培训,为有创业意愿的青年农民工提供创业培训。开展青年重点群体职业培训,加大贫困家庭子女、青年失业人员和转岗职工、退役青年军人和残疾青年等劳动者职业技能和创业培训力度，按规定提供培训补贴，对农村贫困家庭学员和城市居民最低生活保障家庭学员给予生活补贴。

3. 推动青年投身创业实践。建立青年创业人才汇聚平台，建设青年创业导师团队，开展普及性培训和“一对一”辅导相结合的创业培训活动，帮助青年增强创业意识、增进创业本领。推动青年创业第三方综合服务体系建设，搭建各类青年创业孵化平台，完善政策咨询、融资服务、跟踪扶持、公益场地等孵化功能。加大青年创业金融服务落地力度，优化银行贷款等间接融资方式，支持创业担保贷款发展，拓宽股权投资等直接融资渠道。支持青年创业基金发展，发挥好国家新兴产业创业投资引导基金和中小企业发展基金等政府引导基金的作用，带动社会资本投入，解决青年创业融资难题。落实结构性减税和普遍性降费政策。建设青年创业项目展示和资源对接平台，搭建青年创业信息公共服务网络，办好青年创新创业大赛、展交会、博览会等创业品牌活动。着力培育服务青年创业的社会组织，建设专业化的服务队伍和服务实体。深入实施大学生创业引领计划，建立健全教学与实践相融合的高校创新创业教育体系，显著提升青年创新型人才培养质量；整合发展国家和省级高校毕业生就业创业基金。深入开展农村青年创业致富带头人培养，支持青年返乡创业。完善互联网创新创业政策，实施青年电商培育工程。加强对留学回国创业青年的服务，帮助他们了解国内信息、熟悉创业环境、交流创业经验、获得政策扶持。推动形成鼓励创新、宽容失败的体制机制和社会环境，更好激发青年创新潜能和创业活力。

4. 加强青年就业权益保障。完善青年就业、劳动保障权益保护机制，加大劳动保障监察执法、劳动人事争议调解仲裁诉讼、安全生产监管监察工作力度。加强人力资源市场监管，规范招人用人制度，营造公平就业环境。完善失业保险、社会救助与就业的联动机制。

（六）青年文化

发展目标：更好引导青年传承中华优秀传统文化、弘扬社会主义先进文化。青年文化活动更加丰富，文化精品不断增多，传播能力大幅提升，人才队伍发展壮大，服务设施、机构和体制更加健全。青年对提升国家文化软实力贡献率显著提高。

发展措施：

1. 加强文化精品创作生产。发挥精神文明建设“五个一工程”、国家舞台艺术精品创作工程、中国艺术节、中国文化艺术政府奖、中国新闻奖、中国出版政府奖等国家级重大工程项目、评奖的引导带动作用，鼓励文化机构、文艺工作者特别是青年文化人才，创作生产展现当代青年奋发向上、崇德向善、传承中华文明的文化精品。引领网络文化,保护网络文化知识产权,扶持高质量网络文化产品生产,加强微电影、动漫、游戏等内容创作创新,提升优秀网络文化产品供给能力和传播能力。国家艺术基金、国家出版基金等文化发展基金要加强对青年题材重点选题项目的扶持,鼓励优秀青年文化人才参与创作,支持青年题材优秀图书、影视、音乐、舞蹈、戏剧、曲艺、美术等生产、发行和推广。

2. 丰富青年文化活动。广泛开展优秀文化作品全国性巡展巡演。深入挖掘中华优秀传统文化的时代价值,开展优秀传统文化艺术展示交流,引导青年积极参与文化遗产保护、传统工艺振兴、民间文艺传承。以校园文化、企业文化、军营文化、乡村文化、社区文化、社团文化、网络文化为载体,加强基层特色文化品牌建设,推动青年人均年度图书阅读量和艺术鉴赏、科普水平逐年提高。加强中国青年与各国青年人文交流,学习、吸收、借鉴世界优秀文化成果,讲好中国故事、传播好中国声音,不断提升文化自信。

3. 造就青年文化人才。通过全国文化名家暨“四个一批”人才培养工程、文化产业人才培养工程、非物质文化遗产传承人、新闻出版广播影视领军人才和互联网创新人才培养等项目,实施青年文化人才培养计划,资助具备文化创新能力、掌握现代传媒技术、熟悉国际人文交流、善于经营管理的青年文化人才主持重大课题研究、领衔重点文化项目。加强后备文化人才队伍建设,面向青年文化工作者开展文化创意服务、文化生产实践、文化经营管理、媒体融合发展、国际合作规则等方面培训,凝聚文化研究、创作、表演、传播、经营、管理、志愿服务等青年人才。

4. 优化青年文化环境。鼓励和支持有条件的报刊、电台、电视台、新闻网站设立青年栏目、节目,制作和传播有益于青年健康成长的内容,增加青年题材报道内容和播出时间,大力宣传青年在推动经济社会发展中的积极作用。在报刊和网络重点栏目、电视和院线黄金时段,增加优秀青年文化精品的宣传内容、频次,引导青年树立高尚精神追求、文明生活方式和正确消费观念。推进公共文化设施免费开放,增强针对青年群体的服务功能。

5. 积极支持青年文化建设。加强文化理论研究,及时掌握青年文化需求、文化观念、文化潮流的动态变化,引领和指导青年文化实践。扶持以服务青年为主要功能的报纸、刊物、新闻出版、网站等文化企事业单位发展。完善公益性演出补贴制度,通过票价补贴、剧场运营补贴等方式,支持青年艺术表演团体公益演出。促进企业和民间资本增加对青年文化事业的投入。鼓励国家投资、资助或拥有版权的文化产品无偿用于公益性青年文化活动和服务。鼓励和支持各类文化单位在五四青年节面向青年免费或低收费开展文化活动、提供文化服务。采取政府购买、项目补贴、定向资助等方式,鼓励青年文化阵地、青年文化团体等社会力量承接青年文化服务。

（七）青年社会融入与社会参与

发展目标:青年更加主动、自信地适应社会、融入社会。青年社会参与的渠道和方式进一步丰富和畅通,实现积极有序、理性合法参与。共青团、青联、学联组织在促进青年社会融入和社会参与中的主导作用充分发挥,带动各类青年组织在促进青年有序社会参与中发挥积极作用。青年参与社会主义现代化建设的积极性主动性进一步增强,青年志愿服务水平进一步提高。不同青年群体相互理解尊重。青年对外交流合作不断拓展。

发展措施:

1. 健全党领导下的以共青团为主导的青年组织体系。积极推进共青团改革,着力构建凝聚青年、服务大局、当好桥梁、从严治团的工作格局,充分发挥共青团作为党的助手的作用。加强共青团自身建设,适应青年发展的新情况新特点,不断创新组织设置,更多更广地覆盖新兴领域青年和流动青年;尊重青年主体地位,调动广大青年参与的积极性和主动性,活跃基层团组织,完善青年社会参与的基本组织依托。教育广大共青团员切实增强先进性光荣感,自觉做共产主义远大理想和中国特色社会主义共同理想的坚定信仰者和忠实实践者,充分发挥在青年中的模范作用和对青年的凝聚作用。充分发挥青联在爱国主义、社会主义旗帜下广泛团结各族各界青年的功能,强化共青团在青联组织中的引领作用,推动青联组织带领各族各界青年在大团结大联合中实现共同发展。加强共青团对学联组织的指导,推动学联组织引导学生追求进步、维护学生合法权益。发展培育青年社团,加强对各行各业青年的凝聚和服务。更好联系、服务和引导青年社会组织,促进青年有序社会参与。支持共青团、青联、学联依法承接政府职能转移,更好参与青年社会事务管理和服务;支持各类青年社会组织立足自身优势,以合适方式参与政府购买服务。

2. 着力促进青年更好实现社会融入。鼓励和支持青年参与社会实践和公益服务,推动理论学习与劳动实践相结合,突出个人实践与社会公益有机统一,学会自我教育、自我管理、自我提升,在为家庭谋幸福、为他人送温暖、为社会作贡献的过程中增加人生历练,强化社会交往能力和社会责任感。充分发挥家庭在青少年社会融入中的重要作用,鼓励青少年自强自立,为青少年接触社会、开展社会交往创造更多机会、提供有效指导。学校教育要支持青年学生开展各种课外和校外活动,加强对青年学生社会融入的针对性指导,促进青年学生学会生存生活,学会做人做事,主动了解社会、适应社会。积极促进在内地就学、就业少数民族青年和进城务工青年及其子女的社会融入,帮助他们更快适应当地习俗、更好融入所在社区。充分发挥青年社会组织等社会力量的独特作用,吸引和带动青年广泛参与各类社会服务,不断培养和提升社会化技能。引导青年正确认识网络空间与现实社会的关系,多到社会实践中长见识、练本领,防止沉迷网络。要在全社会推动形成鼓励青年多样化参与、支持青年个性发展、宽容青年失误的氛围,为青年更好融入社会营造良好环境。

3. 引领青年有序参与政治生活和社会公共事务。支持共青团、青联代表和带领青年积极参与人大、政府、政协、司法机关、社会有关方面各类协商,就涉及青年成长发展的重大问题协商探讨、提出意见、凝聚共识,充分发挥政治参与职能。探索建立有关人大代表、政协委员青少年事务联系机制,为青年参与畅通渠道、搭建平台。鼓励青年参与城乡基层群众自治,推动完善民主恳谈、民主议事制度,在实践中提高青年政治参与能力。推荐优秀青年代表担任人民陪审员、人民监督员、人民调解员等,依法履行相关职责。

4. 鼓励青年在经济社会发展中充分发挥生力军和突击队作用。围绕国家整体发展战略需要,深化各类建功活动,树立先进典型,激励青年在各行各业积极创新,拓展工作领域和空间,形成发展新动力。鼓励青年积极参与生态环境保护,带头践行绿色生产生活方式,共建生态文明,共创美丽中国。组织动员广大青年积极投身脱贫攻坚,充分发挥青年企业家、青年科技工作者、青年致富带头人、青年志愿者等群体作用,为贫困地区改善区域发展环境、促进经济社会发展提供资金、人才、技术、管理等支持。摸清底数、精准施策,充分发挥教育和就业创业在青年脱贫中的重要作用,促进贫困青年早日脱贫。坚持围绕大局、服务社会需求、突出青年特色,深化青年志愿服务工作,组织引导广大青年大力弘扬"奉献、友爱、互助、进步"的志愿精神。

5. 引导青年社会组织健康有序发展。加强对青年社会组织的政治引领,完善党委和政府与青年社会组织沟通交流机制,把对青年社会组织的管理和引导纳入法治化轨道。改进对青年社会组织的联系服务,充分发挥共青团和青联组织作用,通过资金支持、提供阵地场所、培训骨干人员等方式扶持青年社会组织健康发展。重点支持行为规范、运作有序、公信力强、适应经济社会发展要求的青年社会组织,重点发展科技类、公益慈善类、城乡社区服务类青年社会组织,积极发挥重点青年社会组织的示范带动作用。改善对青年社会组织的监督管理,建立完善民政部门和共青团、青联等群团组织及有关职能部门协同发挥作用的管理机制。

6. 增进不同青年群体的交流融合。整合各方资源,帮助解决重点、新兴领域青年群体的实际困难,增进新生代农民工、青年企业家、青年社会组织骨干、青年新媒体从业人员、高校青年教师、归国留学青年等群体的政治认同和社会参与。发挥共青团组织优势,主动联系新的社会阶层青年群体,吸纳他们中的优秀分子进入组织体系。创造条件推动不同阶层、不同领域青年群体进行经常性对话交流,增进理解、认同和包容,舒缓社会压力,融洽社会关系。

7. 增强港澳台青年的国家认同、民族认同和文化认同。实施港澳台青少年交流计划,以中华文化为纽带,不断探索创新工作方式,提高交流实效,实现在多元文化背景下包容差异、消除隔阂、增进认同。积极创造条件,搭建港澳台青年来内地创新创业平台,支持港澳台青年在国家发展及海峡两岸暨港澳经贸融合中寻找发展机会,为港澳台青年就业创业提供便利服务。帮助港澳台青年形成对"一国两制"的正确认知、对祖国文化的认同。

8. 支持青年参与国际交往。拓宽青年参与国际交往的渠道,为青年开展国际交流与合作搭建更广阔的平台。完善选拔方式、丰富选拔手段,让更多的青年群体代表参与国际交流。培养推荐青年优秀人才到国际组织任职。加大宣传力度,提升青年国际交流活动的影响力和辐射面。

(八)维护青少年合法权益

发展目标:青少年权益维护的法律法规和政策体系更加完善,得到全面贯彻实施。青少年权益保护的工作体系和工作机制更加健全,合法权益得到切实维护。侵害青少年合法权益的行为受到有效打击和遏制。

发展措施:

1. 全面贯彻实施有关青少年发展的法律法规。加强《中华人民共和国未成年人保护法》、《中华人民共和国预防未成年人犯罪法》以及教育、卫生、就业创业、社会保障等领域涉及青少年权益的法律法规贯彻实施,切实保障青年合法权益。共青团等群团组织要及时了解和研判青年发展状况,监督涉及青年发展权益的法律法规和政策执行,代表青年向有关部门反映问题、提出建议,推动及时有效解决青年实现发展权益面临的现实困难和突出问题。

2. 完善青少年权益维护法律法规和政策。针对青年权益保障中的突出问题,制定修改相关法律法规和政策,在现有法律法规和政策体系中增加有利于维护青年普遍性权益的内容。以《中华人民共和国未成年人保护法》、《中华人民共和国预防未成年人犯罪法》和《中华人民共和国刑事诉讼法》中的"未成年人刑事案件诉讼程序"专章为基础,建立健全涵盖福利、保护、司法等内容的未成年人法律制度。加快制定电子商务、个人信息保护、互联网信息服务管理等法律法规,出台《未成年人网络保护条例》,严格落实互联网服务提供者的主体责任,有效防范暴力、色情、赌博、毒品、迷信、邪教等腐朽没落文化和丑化党和国家形象及革命先烈的信息传播。

3. 健全青少年权益保护机制。尊重青年主体地位,拓展青年权益表达渠道,充分发挥共青团、青联组织代表和反映青年普遍性利益诉求的作用。建立青年权益状况舆情监测体系和舆论引导机制。支持共青团建设青少年维权工作网络平台和12355青少年服务台,把法治宣传教育与法律服务结合起来,带动青年社会组织、青少年事务社会工作者积极参与维护青少年权益。深化"青少年维权岗"创建活动,建立健全基层青少年维权工作机制。加强对困难青年群体、进城务工青年及其未成年子女等群体的关爱和权益维护工作。完善法律援助工作网络,鼓励和支持法律服务机构、社会组织、事业单位等依法为未成年人提供公益性法律服务和援助。健全未成年人行政保护与司法保护衔接机制,加强监护缺失、受到监护侵害的未成年人权益保护工作。

4. 依法打击侵害青少年合法权益的行为。贯彻落实涉及青少年权益保护的法律法规,严厉打击拐卖、性侵害、遗弃、虐待等侵害未成年人合法权益的违法犯罪行为。大力开展青少年禁毒工作,依法惩处涉及青少年的毒品违法犯罪活动。严厉打击涉校违法犯罪活动。加强网络领域综合执法,严厉打击各类涉青少年网络违法犯罪。

(九)预防青少年违法犯罪

发展目标:青少年法治宣传教育常态化、全覆盖,青少年法治观念和法治意识不断增强,成长环境进一步净化。形成比较完善的重点青少年群体服务管理和预防犯罪工作格局,建立针对有严重不良行为和涉罪青少年进行教育矫治的有效机制,青少年涉案涉罪数据逐步下降。

发展措施:

1. 加强法治宣传教育。在青少年中广泛开展法治宣传教育,使青少年明确基本的法律底线和行为边界,自觉尊法学法守法用法。把法治教育纳入国民教育体系,坚持课堂教学主渠道,积极开拓第二课堂,配齐配强中小学校兼职法治副校长、辅导员。落实国家机关"谁执法谁普法"普法责任制,建立法官、检察官、行政执法人员、律师在法律实施过程中面向青少年开展法治教育的制度规范。把法治教育纳入精神文明创建和平安建设内容,健全媒体公益普法制度,注重运用网络新媒体扩大宣传教育覆盖面,统筹青少年法治教育实践基地建设,发展壮大青少年普法工作队伍和志愿者队伍。

2. 优化青少年成长环境。清理和整治社会文化环境,加大"扫黄打非"工作力度,打击各类侵权盗版行为,加强对影视节目的审查,强化以未成年人为题材和主要销售对象的出版物市场监管。加强校园周边环境治理和安全防范工作，严格落实禁止在中小学校园周边开办上网服务营业场所、娱乐场所、彩票专营场所等相关规定。依法采取必要惩戒措施，有效遏制校园欺凌、校园暴力等案(事)件发生。净化网络空间，完善网络文化、网络出版、网络视听节目审查制度和市场监管，定期开展专项整治行动，持续整治网络涉毒、淫秽色情及低俗信息。推动互联网上网服务行业健康发展，进一步规范上网服务营业场所服务管理，依法查处违规接纳未成年人的行为，依法取缔无照场所。

3. 做好重点青少年群体服务管理工作。大力推进“为了明天”预防青少年违法犯罪工程，推动预防青少年违法犯罪工作列入各地工作规划和财政预算，不断健全组织机构和工作体系。在全国县级地区全面推开并不断深化重点青少年群体服务管理工作，明确各类群体工作重点，建立覆盖完整、切实有效、主责清晰、协调联动的工作机制。强化家庭监护和学校教育职责，防止青少年脱离与家庭、学校的联系，出现不良行为时能够及时采取有针对性的预防措施。加强专门学校建设和专门教育工作，畅通有严重不良行为未成年人进入专门学校接受教育矫治的渠道，研究建立符合条件的涉案未成年人进入专门学校接受教育矫治的程序。完善专门学校管理体制和运行机制，加强教师队伍建设，不断提高教育矫治水平。充分发挥青少年事务社会工作专业人才和社会工作服务机构作用，对重点青少年群体提供困难帮扶、法治教育、法律援助、心理疏导、行为矫治等专业服务。

4. 完善未成年人司法保护制度。深化未成年人司法改革，公安机关、人民检察院、人民法院、司法行政机关要加强专门机制建设，明确专门机构或者指定专人办理未成年人违法犯罪案件。改革完善未成年人收容教养制度。在侦查、起诉、审判、刑事执行涉及未成年人案件中，落实社会调查、心理疏导与测评、分押分管、严格限制适用逮捕措施、强制辩护、合适成年人参与、当事人和解、附条件不起诉、分案起诉、法庭教育、回访帮教、犯罪记录封存、分类矫治等特殊保护制度。有条件的地区建立未成年人帮教基地。妥善安置附条件不起诉、适用非监禁刑、特赦的未成年人以及解除收容教养和其他刑满释放的青少年。

(十)青年社会保障

发展目标：社会保障体系充分覆盖青年急需的保障需求，并在各类青年群体之间逐步实现均等化。

发展措施：

1. 加强对残疾青年的关心关爱和扶持保障。健全完善残疾青年教育、医疗、就业等方面的服务保障政策，进一步提高保障水平和服务能力。推动残疾青年平等参与社会生活、共享经济社会发展成果，依法保障残疾青年政治、经济、社会、文化教育权利。大力开展面向残疾青年的专业社会工作和志愿服务,鼓励和引导社会各界参与、支持残疾青年权益维护,培育理解、尊重、关心、帮助残疾青年的社会风尚。

2. 加强青年社会救助工作。完善社会救助制度,健全救助服务管理工作机制。加大对流浪未成年人的救助力度,促使其回归家庭,有针对性地解决流浪未成年人在心理、健康、技能等方面存在的问题。为家庭困难的失学、失业、失管青年提供就业、就学、就医、生活等方面的帮助。加大临时救助政策的落实力度,解决包括进城务工青年在内的困难群众突发性、紧迫性、临时性生活困难。切实解决部分农村留守儿童中存在的学业失教、生活失助、亲情失落、心理失衡、安全失保问题。大力推进城镇基本公共服务向常住人口全覆盖,为进城务工青年与其未成年子女共同生活提供生活居住、日间照料、义务教育、医疗卫生等方面的帮助。

三、重点项目

1. 青年马克思主义者培养工程。着重在青年学生骨干、团干部、青年知识分子等青年群体中选拔一批骨干作为培养对象,以理想信念教育为核心,开设党性教育、理论学习、实践锻炼、工作锤炼、对外交流等方面的课程,进行阶段性集中教育培训,着力培养一批对党忠诚、信仰坚定、素质优良、作风过硬的中国特色社会主义事业合格建设者和可靠接班人。注重后续跟踪培养,动态调整培养方式,充分发挥骨干力量对各行业的示范带动作用。青年马克思主义者培养工程分全国、省级、省级以下三级实施,每年培养不少于 20 万人。

2. 青年社会主义核心价值观培养工程。坚持不懈用党的科学理论武装青年,推动邓小平理论、"三个代表"重要思想、科学发展观特别是习近平总书记系列重要讲话精神和治国理政新理念新思想新战略进课堂、进教材、进头脑,引导青年深入理解党的理论和路线方针政策。把社会主义核心价值观融入青年教育全过程,搭建课堂教学、社会实践、文化熏陶等多位一体的育人平台;开展革命传统教育和公民道德宣传,宣传先进青年典型,开展社会道德实践,引导青年形成修身律己、崇德向善、诚信互助、礼让宽容的道德风尚。引导青年传承弘扬中华优秀传统文化,深刻挖掘重要节庆日、纪念日蕴藏的丰富教育资源,引导青年汲取中华优秀传统文化的思想精华和道德精髓,增强做中国人的骨气和底气。

3. 青年体质健康提升工程。深化学校体育改革,强化体育课和课外锻炼,以足球为突破口,集中打造青年群众性体育活动载体,大力开展阳光体育系列活动和大学生"走下网络、走出宿舍、走向操场"主题课外体育锻炼活动,使坚持体育锻炼成为青年的生活方式和时尚。培养青年体育运动爱好,经常性参加足球、篮球、排球、田径、游泳、乒乓球、羽毛球、网球等体育运动项目和健身操(舞)、健步走、传统武术、太极拳、骑车、登山、跳绳、踢毽等健身活动,力争使每个青年具备1项以上体育运动爱好,养成终身锻炼的习惯。引导青年树立健康促进理念,在健康促进事业中发挥积极作用。完善青年体质健康监测体系,实现定期抽样监测和公开发布监测结果,倡导青年形成良好的饮食、用眼和睡眠习惯,控制肥胖、近视、龋齿等常见病的发生率。改进普通高校高水平运动队招生工作,激励青年学生参与体育锻炼。

4. 青年就业见习计划。按照"项目化运作、社会化动员、规范化管理"思路,在企业、社区、科研院所建设一批见习、实习基地,开发一批具有职业发展空间、技能训练机会的见习、实习岗位。把大学生实习纳入高校实践学分管理。把未就业大中专毕业生、各类社会青年纳入就业见习范围。加强青年就业见习培训和管理,提高见习实效。充分汇聚政府、企业、社会的力量,为青年参与就业见习提供补贴与支持。

5. 青年文化精品工程。支持青年文化精品创作推广,支持青年文化创意赛事及文化体验,支持青年文化创意人才培养。每年创作生产一批思想性、艺术性、观赏性俱佳的涵盖各文化类别的青年题材文艺精品。打造一批有影响力的青年网络新媒体产品展播平台,开展全国性青年互联网创新创意活动。在国家级文化、出版类评奖推荐活动中,每年向青年推荐优秀影视、网络、动漫文化作品不少于100小时,图书、报刊文字量不少于200万字,应用类网络游戏不少于3部、网络音乐不少于10首。

6. 青年网络文明发展工程。深入推进"阳光跟帖"行动,引导广大青年依法上网、文明上网、理性上网,争当"中国好网民"。发展壮大青年网络文明志愿者队伍,持续广泛、强有力、有针对性地发出青年好声音。鼓励支持互联网企业、社会组织、文化机构制作推广符合社会主义核心价值观和青年喜欢的网络新媒体文化产品。加大对中国青年网、未来网、中青在线等青年门户网站、青年公益组织专属网站以及"两微一端"平台的建设扶持力度;加大对青少年新媒体领域社会组织的引导和支持力度,举办网络安全、网络技能、网络文化产品等方面竞赛,发掘、吸引、培养各方面的青年网络人才;加大网络文明队伍指挥协调系统建设力度,开发运行平台,形成管理机制,提升组织效能。倡导网络公益活动,使互联网空间成为青年成长的温馨家园。

7. 中国青年志愿者行动。全面推行青年志愿者实名注册制度,发挥共青团员示范作用,到2025年实现实名注册的青年志愿者总数突破1亿人。稳步培育青年志愿服务骨干队伍,构建分层分类志愿服务项目库,扩大基层志愿服务组织覆盖,加强激励评价、保险保障等机制建设,形成规模宏大、来源广泛、门类齐全、管理规范的全国青年志愿服务队伍、项目和组织体系,推动青年志愿服务制度化、日常化、便利化开展。坚持以社区为主阵地,广泛开展青年学雷锋志愿服务活动。深入开展大学生志愿服务西部计划,每年选派2万名应届大学毕业生到中西部地区开展志愿服务。坚持立德树人,建立健全学生志愿服务工作体系。深化关爱农民工子女志愿服务专项行动和中国青年志愿者助残"阳光行动"。积极参与并做好重大赛事和会议的志愿服务工作。大力实施中国青年志愿者海外服务计划。

8. 青年民族团结进步促进工程。实施青年民族团结交流万人计划,每年组织边疆民族地区青年与内地各族青年开展互访、联谊活动,鼓励不同民族青年之间结对子、互帮互助。开展高校"中华文化进校园"活动,每年在200所高校举办图片、影视展和歌舞活动,宣传中华民族形成发展历史,增进中华文化认同,宣传各民族为祖国作出的贡献,增强各族青年学生的中华民族共同体意识。在广大青年中开展民族常识和民族法律法规政策知识大赛。在少数民族流动人口较多的沿海地区和大中城市开展"中华一家亲,可爱城市共同建"活动,为外来少数民族青年融入城市提供帮助。

9. 港澳台青少年交流工程。进一步扩大内地与港澳青少年之间的交流规模,提升交流质量。继续办好港澳青少年实习实践、体验营、训练营和形式多样的交流考察活动,支持内地与港澳青年组织举办青年论坛,组织青少年开展常态化的结对交流和项目合作,促进相互了解。举办海峡青年论坛、两岸青年社团负责人圆桌会议、两岸青年联欢节等活动。

10. 青少年事务社会工作专业人才队伍建设工程。到2020年建成20万人、到2025年建成30万人的青少年事务社会工作专业人才队伍,全面参与基层社区社会工作,重点在青少年成长发展、权益维护、犯罪预防等领域发挥作用。在青少年事务社会工作专业教育培训领域,重点扶持发展10家高等教育机构,建立30家具有继续教育资质的培训机构、50家重点实训基地、100家标准化示范单位。制定青少年社会工作服务标准,推动各级团组织以及青少年服务组织和机构设置社会工作岗位,培育青少年事务社会工作服务机构,逐步实现每个"青年之家"综合服务平台至少配备1名青少年事务社会工作专业人才。把青少年社会工作服务纳入政府购买服务指导性目录,组织实施涵盖重点群体、重点领域、重点环节的青少年事务社会工作项目。依法成立青少年事务社会工作领域的社会组织,建设人才队伍管理信息系统平台。建立健全青少年事务领域社区、社会组织、专业社会工作联动机制和社会工作专业人才、志愿者协作机制。完善青少年事务社会工作专业人才培养、评价、使用、激励相关政策配套体系。

四、组织实施

1. 加强对规划实施工作的组织领导。在党中央统一领导下，设立推动规划落实的部际联席会议机制，共青团中央具体承担协调、督促职责。各地区各部门要高度重视青年工作，关心、支持青年事业的发展，形成工作合力。县级以上党委和政府建立青年工作联席会议机制，负责推动本规划在本地区的落实，协调解决规划落实中的问题，县级以上团委具体承担协调、督促职责。在规划实施中，要积极回应和解决青年关心的问题，多为青年办实事。

2. 建立健全青年发展规划体系。各地要以本规划为指导，根据实际编制本地区青年发展规划。注重加强青年发展规划与各地经济社会发展规划及相关专项规划的衔接，更加重视青年发展工作。

3. 充分发挥共青团维护青年发展权益重要作用。共青团要按照《中共中央关于加强和改进党的群团工作的意见》和中央党的群团工作会议精神，全面推进自身改革，保持和增强政治性、先进性、群众性，始终紧跟党走在时代前列、走在青年前列，切实代表和维护青年发展权益。同时，要引导青年识大体、顾大局，依法理性表达诉求，自觉维护社会和谐稳定。

4. 加强服务青年发展阵地建设。大力推进“青年之声”网络互动社交平台建设，依托城乡社区综合服务设施建设“青年之家”综合服务平台，加强网上网下深度融合对接，使其成为服务青年发展的重要阵地。

5. 保障青年发展经费投入。各级政府将本规划实施所需经费纳入财政预算。动员社会力量，多渠道筹集资金，支持青年发展。

6. 营造规划实施良好社会环境。大力宣传党和国家关于青年工作的重大战略思想和方针政策，宣传关心青年就是关心未来的理念，宣传青年先进典型和成功经验，形成全社会关心、支持青年发展的良好社会氛围，形成推动本规划实施的强大合力。

7. 建立规划实施情况监测评估机制。对本规划实施情况进行年度监测、中期评估和终期评估，制定和调整促进青年发展政策措施，推动本规划实现。规范和完善与青年发展有关的统计指标体系，收集、整理、分析相关数据和信息，建立和完善中央、省（自治区、直辖市）两级青年发展监测数据库。

关于深化职称制度改革的意见

(中共中央办公厅、国务院办公厅2016年12月27日印发)

职称是专业技术人才学术技术水平和专业能力的主要标志。职称制度是专业技术人才评价和管理的基本制度,对于党和政府团结凝聚专业技术人才,激励专业技术人才职业发展,加强专业技术人才队伍建设具有重要意义。按照党中央关于深化人才发展体制机制改革的部署,现就深化职称制度改革提出以下意见。

一、总体要求

(一)指导思想。高举中国特色社会主义伟大旗帜,全面贯彻党的十八大和十八届三中、四中、五中、六中全会精神,以邓小平理论、"三个代表"重要思想、科学发展观为指导,深入贯彻习近平总书记系列重要讲话精神和治国理政新理念新思想新战略,紧紧围绕统筹推进"五位一体"总体布局和协调推进"四个全面"战略布局,牢固树立和贯彻落实新发展理念,立足服务人才强国战略和创新驱动发展战略,坚持党管人才原则,遵循人才成长规律,把握职业特点,以职业分类为基础,以科学评价为核心,以促进人才开发使用为目的,建立科学化、规范化、社会化的职称制度,为客观科学公正评价专业技术人才提供制度保障。

(二)基本原则

——坚持服务发展、激励创新。围绕经济社会发展和人才队伍建设需求,服务人才强国战略和创新驱动发展战略,充分发挥人才评价"指挥棒"作用,进一步简政放权,最大限度释放和激发专业技术人才创新创造创业活力,推动大众创业、万众创新。

——坚持遵循规律、科学评价。遵循人才成长规律,以品德、能力、业绩为导向,完善评价标准,创新评价方式,克服唯学历、唯资历、唯论文的倾向,科学客观公正评价专业技术人才,让专业技术人才有更多时间和精力深耕专业,让作出贡献的人才有成就感和获得感。

——坚持问题导向、分类推进。针对现行职称制度存在的问题特别是专业技术人才反映的突出问题,精准施策。把握不同领域、不同行业、不同层次专业技术人才特点,分类评价。

——坚持以用为本、创新机制。围绕用好用活人才,创新人才评价机制,把人才评价与使用紧密结合,促进专业技术人才职业发展,满足各类用人单位选才用才需要。

(三)主要目标。通过深化职称制度改革,重点解决制度体系不够健全、评价标准不够科学、评价机制不够完善、管理服务不够规范配套等问题,使专业技术人才队伍结构更趋合理,能力素质不断提高。力争通过3年时间,基本完成工程、卫生、农业、会计、高校教师、科学研究等职称系列改革任务;通过5年努力,基本形成设置合理、评价科学、管理规范、运转协调、服务全面的职称制度。

二、健全职称制度体系

(四)完善职称系列。保持现有职称系列总体稳定。继续沿用工程、卫生、农业、经济、会计、统计、翻译、新闻出版广电、艺术、教师、科学研究等领域的职称系列,取消个别不适应经济社会发展的职称系列,整合职业属性相近的职称系列。适应经济社会发展新需求,探索在新兴职业领域增设职称系列。新设职称系列由中央和国家机关有关部门提出,经人力资源社会保障部审核后,报国务院批准。各地区各部门未经批准不得自行设置职称系列。职称系列可根据专业领域设置相应专业类别。

军队专业技术人才参加通用专业职称评审按照国家有关规定执行;相近专业职称评审可参照国家有关规定;特殊专业职称评审可根据军队实际情况制定评审办法,评审结果纳入国家人才评价管理体系。

(五)健全层级设置。各职称系列均设置初级、中级、高级职称,其中高级职称分为正高级和副高级,初级职称分为助理级和员级,可根据需要仅设置助理级。目前未设置正高级职称的职称系列均设置到正高级,以拓展专业技术人才职业发展空间。

(六)促进职称制度与职业资格制度有效衔接。以职业分类为基础,统筹研究规划职称制度和职业资格制度框架,避免交叉设置,减少重复评价,降低社会用人成本。在职称与职业资格密切相关的职业领域建立职称与职业资格对应关系,专业技术人才取得职业资格即可认定其具备相应系列和层级的职称,并可作为申报高一级职称的条件。初级、中级职称实行全国统一考试的专业不再进行相应的职称评审或认定。

三、完善职称评价标准

(七)坚持德才兼备、以德为先。坚持把品德放在专业技术人才评价的首位,重点考察专业技术人才的职业道德。用人单位通过个人述职、考核测评、民意调查等方式全面考察专业技术人才的职业操守和从业行为,倡导科学精神,强化社会责任,坚守道德底线。探索建立职称申报评审诚信档案和失信黑名单制度,纳入全国信用信息共享平台。完善诚信承诺和失信惩戒机制,实行学术造假“一票否决制”,对通过弄虚作假、暗箱操作等违纪违规行为取得的职称,一律予以撤销。

(八)科学分类评价专业技术人才能力素质。以职业属性和岗位需求为基础,分系列修订职称评价标准,实行国家标准、地区标准和单位标准相结合,注重考察专业技术人才的专业性、技术性、实践性、创造性,突出对创新能力的评价。合理设置职称评审中的论文和科研成果条件,不将论文作为评价应用型人才的限制性条件。对在艰苦边远地区和基层一线工作的专业技术人才,淡化或不作论文要求;对实践性、操作性强,研究属性不明显的职称系列,可不作论文要求;探索以专利成果、项目报告、工作总结、工程方案、设计文件、教案、病历等成果形式替代论文要求;推行代表作制度,重点考察研究成果和创作作品质量,淡化论文数量要求。对职称外语和计算机应用能力考试不作统一要求。确实需要评价外语和计算机水平的,由用人单位或评审机构自主确定评审条件。对在艰苦边远地区和基层一线工作的专业技术人才,以及对外语和计算机水平要求不高的职称系列和岗位,不作职称外语和计算机应用能力要求。

(九)突出评价专业技术人才的业绩水平和实际贡献。注重考核专业技术人才履行岗位职责的工作绩效、创新成果,增加技术创新、专利、成果转化、技术推广、标准制定、决策咨询、公共服务等评价指标的权重,将科研成果取得的经济效益和社会效益作为职称评审的重要内容。取得重大基础研究和前沿技术突破、解决重大工程技术难题、在经济社会各项事业发展中作出重大贡献的专业技术人才,可直接申报评审高级职称。对引进的海外高层次人才和急需紧缺人才,放宽资历、年限等条件限制,建立职称评审绿色通道。对长期在艰苦边远地区和基层一线工作的专业技术人才,侧重考察其实际工作业绩,适当放宽学历和任职年限要求。

四、创新职称评价机制

(十)丰富职称评价方式。建立以同行专家评审为基础的业内评价机制,注重引入市场评价和社会评价。基础研究人才评价以同行学术评价为主,应用研究和技术开发人才评价突出市场和社会评价,哲学社会科学研究人才评价重在同行认可和社会效益。对特殊人才通过特殊方式进行评价。鼓励有条件的地区单独建立基层专业技术人才职称评审委员会或评审组,单独评审。采用考试、评审、考评结合、考核认定、个人述职、面试答辩、实践操作、业绩展示等多种评价方式,提高职称评价的针对性和科学性。

(十一)拓展职称评价人员范围。进一步打破户籍、地域、身份、档案、人事关系等制约,创造便利条件,畅通非公有制经济组织、社会组织、自由职业专业技术人才职称申报渠道。科技、教育、医疗、文化等领域民办机构专业技术人才与公立机构专业技术人才在职称评审等方面享有平等待遇。高校、科研院所、医疗机构等企事业单位中经批准离岗创业或兼职的专业技术人才,3 年内可在原单位按规定正常申报职称,其创业或兼职期间工作业绩作为职称评审的依据。打通高技能人才与工程技术人才职业发展通道,符合条件的高技能人才,可参加工程系列专业技术人才职称评审。在内地就业的港澳台专业技术人才,以及持有外国人永久居留证或各地颁发的海外高层次人才居住证的外籍人员,可按规定参加职称评审。公务员不得参加专业技术人才职称评审。

(十二)推进职称评审社会化。对专业性强、社会通用范围广、标准化程度高的职称系列,以及不具备评审能力的单位,依托具备较强服务能力和水平的专业化人才服务机构、行业协会学会等社会组织,组建社会化评审机构进行职称评审。建立完善个人自主申报、业内公正评价、单位择优使用、政府指导监督的社会化评审机制,满足非公有制经济组织、社会组织以及新兴业态职称评价需求,服务产业结构优化升级和实体经济发展。

(十三)加强职称评审监督。完善各级职称评审委员会核准备案管理制度,明确界定评审委员会评审的专业和人员范围,从严控制面向全国的职称评审委员会。完善评审专家遴选机制,加强评审专家库建设,积极吸纳高校、科研机构、行业协会学会、企业专家,实行动态管理。健全职称评审委员会工作程序和评审规则,严肃评审纪律,明确评审委员会工作人员和评审专家责任,强化评审考核,建立倒查追责机制。建立职称评审公开制度,实行政策公开、标准公开、程序公开、结果公开。企事业单位领导不得利用职务之便为本人或他人评定职称谋取利益。建立职称评审回避制度、公示制度和随机抽查、巡查制度,建立复查、投诉机制,加强对评价全过程的监督管理,构建政府监管、单位(行业)自律、社会监督的综合监管体系。严禁社会组织以营利为目的开展职称评审,突出职称评审公益性,加强评价能力建设,强化自我约束和外部监督。

依法清理规范各类职称评审、考试、发证和收费事项,大力查处开设虚假网站、制作和贩卖假证等违纪违法行为,打击考试舞弊、假冒职称评审、扰乱职称评审秩序、侵害专业技术人才利益等违法行为。

五、促进职称评价与人才培养使用相结合

(十四)促进职称制度与人才培养制度的有效衔接。充分发挥职称制度对提高人才培养质量的导向作用,紧密结合专业技术领域人才需求和职业标准,在工程、卫生、经济、会计、统计、审计、教育、翻译、新闻出版广电等专业领域,逐步建立与职称制度相衔接的专业学位研究生培养制度,加快培育重点行业、重要领域专业技术人才;推进职称评审与专业技术人才继续教育制度相衔接,加快专业技术人才知识更新。

(十五)促进职称制度与用人制度的有效衔接。用人单位结合用人需求,根据职称评价结果合理使用专业技术人才,实现职称评价结果与各类专业技术人才聘用、考核、晋升等用人制度的衔接。对于全面实行岗位管理、专业技术人才学术技术水平与岗位职责密切相关的事业单位,一般应在岗位结构比例内开展职称评审。对于不实行岗位管理的单位,以及通用性强、广泛分布在各社会组织的职称系列和新兴职业,可采用评聘分开方式。坚持以用为本,深入分析职业属性、单位性质和岗位特点,合理确定评价与聘用的衔接关系,评以适用、以用促评。健全考核制度,加强聘后管理,在岗位聘用中实现人员能上能下。

六、改进职称管理服务方式

(十六)下放职称评审权限。进一步推进简政放权、放管结合、优化服务。政府部门在职称评价工作中要加强宏观管理,加强公共服务,加强事中事后监管,减少审批事项,减少微观管理,减少事务性工作。发挥用人主体在职称评审中的主导作用,科学界定、合理下放职称评审权限,人力资源社会保障部门对职称的整体数量、结构进行宏观调控,逐步将高级职称评审权下放到符合条件的市地或社会组织,推动高校、医院、科研院所、大型企业和其他人才智力密集的企事业单位按照管理权限自主开展职称评审。对于开展自主评审的单位,政府不再审批评审结果,改为事后备案管理。加强对自主评审工作的监管,对于不能正确行使评审权、不能确保评审质量的,将暂停自主评审工作直至收回评审权。

(十七)健全公共服务体系。按照全覆盖、可及性、均等化的要求,打破地域、所有制、身份等限制,建立权利平等、条件平等、机会平等的职称评价服务平台,简化职称申报手续和审核环节。健全专业化的考试评价机构,建立职称评审考试信息化管理系统,开展职称证书查询验证服务。选择应用性、实践性、社会通用性强的职称系列,依托京津冀协同发展等国家战略,积极探索跨区域职称互认。在条件成熟的领域探索专业技术人才评价结果的国际互认。

(十八)加强领导,落实责任。坚持党管人才原则,切实加强党委和政府对职称工作的统一领导。各级党委及其组织部门要把职称制度改革作为人才工作的重要内容,在政策研究、宏观指导等方面发挥统筹协调作用。各级政府人力资源社会保障部门会同行业主管部门负责职称政策制定、制度建设、协调落实和监督检查;充分发挥社会组织专业优势,鼓励其参与评价标准制定,有序承接具体评价工作;用人单位作为人才使用主体,要根据本单位岗位设置和人员状况,自主组织开展职称评审或推荐本单位专业技术人才参加职称评审,实现评价结果与使用有机结合。

各地区各部门要充分认识职称制度改革的重要性、复杂性、敏感性,将职称制度改革列入重要议事日程,加强组织领导,狠抓工作落实。人力资源社会保障部要会同有关部门抓紧制定配套措施,分系列推进职称制度改革。各地区各部门要深入调查研究,制定具体实施方案,坚持分类推进、试点先行、稳步实施,妥善处理改革中遇到的矛盾和问题。加强职称管理法治建设,完善职称政策法规体系。加强舆论引导,搞好政策解读,做好深入细致的思想政治工作,引导广大专业技术人才积极支持和参与职称制度改革,确保改革平稳推进和顺利实施。

(五)编制工作

机构编制事项备案办法

(中央机构编制委员会办公室2013年12月12日印发)

第一条 为进一步加强和规范机构编制管理,维护机构编制工作的统一性和严肃性,依据《国务院行政机构设置和编制管理条例》以及党中央、国务院和中央机构编制委员会(以下简称中央编委)关于机构编制工作的有关规定,制定本办法。

第二条 中央和国家机关各部门,各省、自治区、直辖市和新疆生产建设兵团机构编制委员会(以下简称报备单位),就机构编制事项向中央编委报送备案,适用本办法。

本办法所称机构编制备案事项,是指职能转变和机构改革相关文件的制定实施,机构编制管理规范性文件的制定出台,以及机构的设置、编制的分配和机构编制的调整等情况。

第三条 机构编制事项备案,应当做到有件必备、有备必审、有错必纠。

第四条 中央机构编制委员会办公室(以下简称中央编办)具体承办报送中央编委有关机构编制事项备案工作,履行备案登记和审查监督职责。涉及机构编制调整变化的备案事项,抄送财政部门。

中央和国家机关各部门负责机构编制工作的内设机构和省级机构编制部门,具体承办本部门、本地区机构编制事项的报送备案工作。

第五条 下列事项,由中央和国家机关各部门报送备案:

(一)部门内设处级机构的设立、撤销或者合并情况;

(二)部门按照国务院批准的行政审批事项制定本部门行政审批事项及目录的文件;

(三)部门在机构编制法规和文件规定的权限内设置、调整事业单位及其编制分配情况;

(四)部门垂直管理系统接收军队转业干部核增行政编制的分配情况;

(五)部门就职责分工争议协商达成一致意见的协商工作纪要;

(六)部门制定的关于加强和规范机构编制管理的规范性文件;

（七）其他按照党中央、国务院和中央编委、中央编办文件要求应当报送备案的机构编制事项。

第六条 下列事项，由各省、自治区、直辖市和新疆生产建设兵团机构编制委员会报送备案：

（一）市县政府职能转变和机构改革指导意见；

（二）根据中央文件确定的军队转业干部计划分配数及比例应核增的行政编制数以及省、市、市辖区、县的分配数；

（三）省、自治区、直辖市和新疆生产建设兵团制定的本地区事业单位机构编制标准；

（四）省、自治区、直辖市和新疆生产建设兵团机构编制委员会以及机构编制委员会办公室制定的关于加强和规范机构编制管理的规范性文件；

（五）其他按照党中央、国务院和中央编委、中央编办文件要求应当报送备案的机构编制事项。

第七条 机构编制事项备案，除本办法第五条第（一）、（四）项和第六条第（二）项规定的事项外，应当在确定、调整机构编制事项或者有关机构编制管理文件印发之日起 30 个工作日内报送备案。

对本办法第五条第（一）项规定的事项，按年度报送备案，且应当于每年 3 月 31 日前完成上一年度的报送备案工作。

对本办法第五条第（四）项、第六条第（二）项规定的事项，按年度报送备案，且应当于每年 12 月 31 日前完成上一年度的报送备案工作。

第八条 机构编制事项备案应当提交备案报告和备案事项正式文本。备案材料应当真实、完整，一式五份，同时报送电子文本。

中央编办就备案材料格式、内容、具体要求等，负责对报备单位进行指导。备案材料不符合规定的，报备单位应当及时补充报送或者重新报送。

第九条 中央编办负责对报送的备案事项进行审查。主要审查以下内容：

（一）是否符合法律法规以及党中央、国务院有关规定；

（二）是否符合机构编制工作有关规定；

（三）是否按照规定权限和程序确定、调整机构编制事项；

（四）是否符合职能转变和机构改革的要求以及机构编制管理实际。

第十条 审查备案事项时，中央编办需要报备单位说明有关情况的，报备单位应当在规定期限内予以说明。

第十一条 除本办法第六条第（一）项规定的事项外，中央编办应当自收到备案报告后 30 个工作日内完成备案审查。

对本办法第六条第(一)项规定的事项,中央编办应当自收到备案报告后5个工作日内完成备案审查。

对本办法第五条第(四)项、第六条第(二)项规定的事项,中央编办审查后应当以书面形式反馈。

第十二条 经审查,备案事项存在本办法第九条第(一)、(二)、(三)项所列问题的,中央编办可以建议制定机关自行纠正,制定机关应当在30个工作日内作出处理并反馈处理情况;逾期不作出处理的,由中央编办按照机构编制监督检查相关规定进行处理,或者提出纠正建议报中央编委决定。

备案事项存在本办法第九条第(四)项所列问题的,中央编办应当与制定机关沟通,提出修改完善的意见建议。

第十三条 经审查的备案事项由中央编办存档,作为机构编制监督检查以及评估机构和编制执行情况的依据。中央编办应当定期向报备单位公布备案事项目录。

第十四条 对不按时报送备案事项的,中央编办应当及时通知报备单位限期报送。逾期仍不报送的,予以通报。

第十五条 现行机构编制法规,党中央、国务院(含中共中央办公厅、国务院办公厅)关于机构编制工作的文件,以及中央编委和中央编办的有关文件,对专项工作、试点工作、阶段性工作中要求备案的事项,按照有关规定执行;没有明确具体程序和要求的,参照本办法执行,或者另行制定实施办法。

第十六条 党中央、国务院直属事业单位,由中央机构编制部门直接管理机构编制的群众团体机关,以及相关单位所属事业单位的机构编制事项备案,参照本办法执行。

第十七条 省级机构编制部门可以参照本办法,结合实际,制定相应办法。

第十八条 本办法由中央编办负责解释。

第十九条 本办法自印发之日起施行。

中央机构编制委员会办公室
关于创新事业单位机构编制管理方式的意见

（2014年11月18日）

为深入贯彻落实十八届三中全会《中共中央关于全面深化改革若干重大问题的决定》和《中共中央、国务院关于分类推进事业单位改革的指导意见》精神，进一步创新事业单位机构编制管理，更好地服务于公益事业发展，现提出如下意见：

一、总体要求

（一）转变职能、简政放权。创新事业单位机构编制管理方式，增强事业单位法人自主权，进一步减少微观管理和直接管理，更多地管总量、管标准；改变机构编制单一审批制管理，逐步形成审批制与备案制相结合、编制保障与购买服务相结合、事前审批与事中事后监督相结合的管理方式。

（二）控制总量、优化配置。严格控制机构编制总量、盘活存量、优化结构、增减平衡、促进发展。根据经济社会发展需要，建立事业单位机构编制动态调整机制，充分发挥现有机构编制潜力。在存量上，通过自然减员、空编调整、机构职能整合等方式优化编制结构，减少编制，推动政府购买服务。原则上不再新增机构、新增编制，通过内部挖潜和调剂，在一定时期内将事业编制总量控制在2012年底统计数内，调剂出来的编制用于经济社会发展亟需的领域。

（三）区别功能、分类管理。对公益一类和公益二类事业单位，根据其不同类型特点和运行规律，分别实行编制审批制管理、备案制管理或不纳入编制管理，相应实施不同的登记管理方式。

（四）加强监督、突出效能。强化机构编制综合约束机制，建立机构编制信息共享平台。推行机构编制信息公开，加强对事业单位履职和编制使用的监督和评估，实现资源配置效用最大化。

二、严格管理公益一类事业单位机构编制

（一）对公益一类事业单位，继续实行审批制管理，明确职责任务、机构类型、领导职数、编制数额等。

（二）对申请设立公益一类事业单位的，进行充分论证，严格掌握标准和条件。坚持增减平衡，原则上机构“撤一建一”，编制在部门内部调剂。

(三)对申请设立面向社会提供公益服务的公共图书馆、博物馆、文化馆、科技馆等,从严核定编制,能够购买服务的通过政府购买服务等方式予以支持,不再通过增加编制的方式予以支持。

(四)对承担义务教育、公共卫生等面向社会提供公益服务的公益一类事业单位,建立和完善编制标准,严格总量控制。

(五)对现有公益一类事业单位,进行严格测算,逐步引导调整结构,优化编制配置,在部门机构编制总量内统筹。

三、区别管理公益二类事业单位机构编制

(一)对申请设立主要为机关行使职能提供支持保障的公益二类事业单位,继续实行审批制管理,明确职责任务、领导职数、编制数额等。

(二)对申请设立面向社会提供公益服务、尚未制定编制标准、又缺乏编制总量参考标准的公益二类事业单位,合理核定编制,对后勤保障等一般性服务,通过政府购买服务方式予以支持。

(三)对面向社会提供公益服务、尚未制定编制标准的科研院所,以核定的编制总量为基数,实行编制总量控制,总量内调整由主管部门报机构编制部门备案。

(四)对申请设立面向社会提供公益服务、已制定编制标准的高等院校、公立医院等公益二类事业单位,实行备案制管理。机构编制部门根据标准核定编制总量,主管部门根据工作需要在总量内动态调整,优化机构编制结构,报机构编制部门备案。

对高等院校、公立医院等,逐步创造条件,保留其事业单位性质,探索不再纳入编制管理。现有编内人员实行实名统计,按“退休一个、核销一个”的办法逐步核销编制。涉及与编制管理相关的财政经费、养老保险、户籍管理、出国交流、住房补贴等,由相关部门按符合改革方向的有关规定实施管理。

(五)对现有公益二类事业单位,进行评估测算,逐步引导调整结构,优化编制配置,在部门机构编制总量内统筹;逐步探索主要不以增加编制、更多以政府购买服务方式支持事业发展。

四、分层次管理垂直系统事业单位机构编制

对部门所属垂直管理的事业单位,实行机构编制总量控制、分层次管理,审批管理与备案管理相结合的管理方式。

(一)对水利、交通、海洋等按流域或区域设置的事业单位,审批一级流域(区域)机构及其直属事业单位和该流域(区域)分级机构编制总量,二级及以下机构编制由主管部门在总量内自行审批,报机构编制部门备案。

（二）对海关、检验检疫等按口岸设置的事业单位，审批机构编制总量、一级口岸事业单位和分级口岸编制总量，二级及以下口岸机构编制由主管部门在总量内自行审批，报机构编制部门备案。

（三）对统计、税务、地震、气象等按省设置的事业单位，审批机构编制总量，省级及以下机构编制由主管部门在总量内自行审批，报机构编制部门备案。

（四）对银监会、证监会、保监会等金融监管部门的派出机构，继续实行审批制管理。

五、强化监督管理

（一）建立组织、机构编制、财政、人事、审计等多方监督协商机制，分类对事业单位机构编制加强监管。对公益一类事业单位编制，实行实名管理。对备案制管理的公益二类事业单位编制，实行总量控制。报机构编制部门备案事项，同时抄报财政部门。建立事业单位机构编制信息共享平台，加强对编制、人员、经费划拨的动态监测，及时发现和制止违规行为。

（二）加强社会监督。完善信息公开制度，面向社会提供公益服务的事业单位要建立信息披露制度，重要事项和年度报告向社会公示，涉及人民群众切身利益的重大公益服务事项要进行听证。

（三）对部门使用编制和执行相关规定的情况进行评估，加大对违反机构编制管理规定问题的查处力度。对违反机构编制管理规定的，予以通报批评并责令限期整改。整改期间，暂缓办理机构编制审批事项。

对划入行政类的事业单位，在改革过渡期内严格机构编制管理，编制不再增加，人员只出不进，转一个行政编制，核销一个事业编制，在编人员离退休或调出的及时核销编制。对划入生产经营类的事业单位，按照分业推进要求，推动改革到位，及时注销事业机构，核销事业编制。

本《实施意见》主要适用于中央国家机关所属事业单位的机构编制管理。各省根据实际情况参照制定本省创新事业单位机构编制管理的实施意见或办法。

关于政法专项编制内部挖潜和创新管理的若干意见

(中央机构编制委员会办公室、中共中央政法委员会、
最高人民法院、最高人民检察院、公安部、
国家安全部、司法部 2015 年 2 月 9 日印发)

政法专项编制是行政编制的重要组成部分。党中央、国务院和中央编委历来高度重视政法队伍建设,自 1982 年政法专项编制单列管理以来,根据各个不同时期经济社会发展要求和政法队伍建设需要,有计划、分批次下达政法专项编制,为政法机关依法履行职责、维护国家安全和社会稳定、促进社会公平正义提供了有力保障。

近年来,按照中央精神,各级机构编制部门会同政法部门,积极探索政法体制机制创新,完善政法专项编制管理,积累了大量经验,取得了显著成效。但当前政法专项编制使用和管理还存在一些问题,主要是编制结构不够合理、内设机构设置过细、管理层级过多、编制使用效能不高等,政法机关内部存有一定的挖潜空间。为贯彻落实中央关于严控机构编制的精神,有效配置编制资源,更好地满足政法事业发展需要,现就政法专项编制内部挖潜和创新管理问题提出如下意见。

一、确保政法专项编制专编专用

政法专项编制用于地方各级法院、检察院、公安、国家安全、司法行政机关和纳入国家统一司法管理体系的铁路、交通、民航、林业、农垦等领域的政法机关,以及职业制公安边检、海关缉私等警察队伍,其他党政机关、事业单位和社会团体不得挤占、挪用或截留。

中央下达的政法专项编制要专编专用,不得限制政法机关使用空编招录人员;对于历史原因形成的挤占、挪用或截留政法专项编制问题,各级机构编制部门要通过清查、整顿及置换等方式收回所占政法专项编制,用于充实政法基层和一线。要结合政法系统编制实名制管理制度的推行以及机构编制核查工作,防止再出现类似问题。

二、加强政法专项编制动态管理

根据形势任务的发展和依法履职的需要,按照控制总量、盘活存量、动态调

整、优化结构的原则，强化政法专项编制动态管理，促进编制资源有序流动，提高编制使用效能。

各省（区、市）要在政法专项编制总量内，按照统筹兼顾、突出重点的原则，综合考虑辖区面积、人口、自然条件、经济社会发展水平、治安状况、工作任务量等因素，推动编制资源向案件量大、维稳任务重的地区和部门倾斜。

政法专项编制按法院、检察院、公安、国家安全、司法行政分系统下达和管理。在省（区、市）内跨系统调剂，由省级机构编制部门提出申请，中央机构编制部门征求中央相关政法部门意见后审批；在政法各系统内跨省（区、市）调剂，由中央相关政法部门商相关省（区、市）提出申请，中央机构编制部门审批。

三、调整编制层级分布

省级机构编制部门会同省级政法各部门要切实采取有效措施，在地方政法各系统编制总量内，调整编制层级分布，积极推动政法专项编制向基层和一线倾斜。在现有基础上，逐步提高基层法院、基层检察院、公安所队、司法所编制数量占本系统编制总量的比例。遵循各部门、各警种的业务特点和工作规律，提高实战能力，提高服务基层、服务群众的水平，为基层政法机关在化解社会矛盾、维护社会稳定等方面发挥职能作用提供有力保障。

在同一个行政区域内不同层级之间，由上至下调配使用政法专项编制的，由省级机构编制部门审批，抄送中央机构编制部门和中央相关政法部门；由下至上调配使用的，由省级机构编制部门提出申请，中央机构编制部门征求中央相关政法部门意见后审批。

四、压缩综合管理人员编制

按照精简机关、充实一线的原则，调整综合管理机构和人员与执法、审判、检察等业务机构和人员的编制配比。区分不同层级公安机关的职责定位和履职重点，统筹考虑编制规模和工作量等因素，将地方各级公安机关综合管理机构的人员编制数占编制总数的比例控制在合理范围内，从严掌握执法勤务机构中综合管理人员的比重。地方各级法院检察院的法官检察官、司法辅助人员、司法行政人员所占比例，要严格按照中央司法体制改革的要求核定。

五、精干内设机构及警种设置

遵循地方各级政法机关执法办案工作运行规律，根据法律法规赋予的职责任务，进一步优化职能配置。综合考虑职能相关性，精简和撤并职能交叉重叠、业务相近的机构，着力充实加强执法办案业务机构。按照精简效能原则，设定政法机关内设机构数额、规格和领导职数。

各级政法机关机构设置越往基层越应综合设置。积极探索实行“大部门”、

"大警种"制，着力解决分工过细、职能交叉、警力分散问题。要根据地方实际和各部门、各警种任务关联性，健全部门、警种间协调配合和联动机制，提升整体实战能力。同时积极探索实行扁平化管理、专业化运作，缩短领导指挥链条，提高快速反应能力。

六、推进辅助管理和后勤服务社会化

各地要积极推进政法机关辅助管理和后勤服务社会化改革。对于非涉密的服务性、事务性、保障性工作岗位所需人员，按照"公开、竞争、择优、高效"的原则，采取政府购买服务的方式解决。省级政法各部门可结合本系统工作特点，会同省级组织、编制、财政、人力资源社会保障部门研究拟订相应岗位人员管理办法，明确政府购买服务人员的具体适用岗位、购买服务方式、经费保障渠道，健全这部分人员的日常管理制度，统一标准，规范管理。对于仍占用政法专项编制的工勤人员，各地要通过后勤服务社会化、调出调离、自然减员等方式逐步消化解决，也可结合实际采取其他积极稳妥的措施，将其占用的政法专项编制置换出来，充实基层和一线执法办案力量。

七、优化政法干部队伍结构

在地方公务员管理、编制、财政部门的组织指导下，地方各级政法机关要严把人员入口关，按照规定条件和程序招录、选调人员，优化年龄结构和知识结构。积极采取有效措施，对基层特别是艰苦、边远地区政法机关在干部人事、工资待遇、经费装备等方面给予倾斜政策，引导警力下沉，让基层招得到人、留得住人。建立健全遴选竞争、择优选拔机制和机关、基层及一线交流轮岗机制，形成政法机关人才资源的良性循环。加强业务培训，提升队伍整体素质。

八、完善政法机关内部管理

地方各级政法机关要以执法办案业务为主线，优化工作流程，健全绩效考核和责任追究机制。合理划分职位类别，按有关规定实行人员分类管理。建立健全岗位责任制，完善配套激励机制，提高执法一线人员工作积极性。根据工作需要所聘用的辅助人员，不得用于执法岗位和涉密岗位，要严格控制规模，加强规范化管理。

积极推动地方各级政法机关科技信息化建设，用现代信息技术改造执法办案流程、创新警务模式、推进司法公开、促进公正司法。加强科技装备建设，推进高新科技成果在政法机关中广泛应用，发挥"科技创安、科技强警、科技强院、科技兴检"作用，有效提升政法队伍战斗力。

九、健全相关管理制度

政法专项编制的核定、审批权限在中央，地方无权自行确定。对中央下达的政法专项编制，各省（区、市）在分配落实前，须将具体分配使用方案按要求报中央机构编制部门备案。各地要进一步健全机构编制、组织人事、财政等相关部门间配合制约机制，切实提高机构编制管理的严肃性和权威性。省级机构编制部门、政法部门要加强对本省（区、市）政法机关编制使用情况的监管，特别是着力解决超编进人、自定编制等问题。

各级机构编制部门、政法部门要切实把主要精力集中到政法专项编制内部挖潜和创新管理上来，充分发挥主观能动性，用好用活现有编制资源。中央编办、中央政法委将会同中央政法各部门，及时研究解决全局性、普遍性问题，加强督促指导。

中央机构编制委员会关于中央和国家机关实行机构编制实名制管理的意见

(2016年7月18日)

为落实党的十八届三中、四中、五中全会精神,严格控制机构编制和财政供养人员总量,推进机构编制、人员、财政管理相互衔接,中央机构编制委员会决定在中央和国家机关实行机构编制实名制管理,现提出以下意见:

一、充分认识在中央和国家机关实行机构编制实名制管理的重要意义

中央和国家机关在国家政权建设中处于枢纽地位,发挥表率作用。多年来,中央和国家机关各部门带头贯彻执行机构编制管理各项政策法规,严格机构编制管理,总体情况是好的。但同时也应看到,有的部门机构编制资源配置不够合理,管理制度和体系还不完善,有的部门仍不同程度地存在违规设置机构、超职数配备领导干部、混用行政编制和事业编制等问题,必须采取有力措施加以解决。

2014年2月,中央机构编制委员会印发《关于开展中央和国家机关机构和人员编制核查的通知》(中编发〔2014〕1号),要求中央和国家机关各部门在核查的基础上推行机构编制实名制管理。通过彻底核查,中央和国家机关各部门实现了机构清、编制清、领导职数清、实有人员清,全面完成了机构编制实名制信息采集。在中央和国家机关实行机构编制实名制管理,既是巩固和深化核查成果的需要,也是严格控制机构编制、盘活机构编制资源、防范"吃空饷"等违规行为、实现财政供养人员只减不增的重要保障。中央和国家机关各部门要统一思想、提高认识,切实做好机构编制实名制管理各项工作。

二、机构编制实名制管理的总体要求

(一)工作目标。建立覆盖中央和国家机关各部门及事业单位的机构编制实名制管理制度,构建互联互通、运转协调、综合约束、信息共享的实名制管理平台,实现具体机构设置与按规定审批的机构相对应,实际配备人员和财政供养人员与批准的编制和职数相对应,提升机构编制管理科学化、规范化、精细化水平,为优化机构编制资源配置、推进简政放权和政府职能转变提供有力支撑。

(二)实施范围。机构编制实名制管理的实施范围是党中央各部门,全国人大机关,国务院各部门,全国政协机关,最高人民法院,最高人民检察院,民主党派中央机关,有关群众团体机关,党中央、国务院直属事业单位及上述机关事业单位的垂直管理机构、派出机构、所属事业单位和中央编办管理机构编制的其他事业单位。

(三)管理内容。机构编制实名制管理的基本内容包括:机构、编制、领导职数等情况,以及使用编制和领导职数的实有人员信息情况。

三、实行机构编制实名制管理的主要措施

(一)建立机构编制实名制管理互联互通系统。中央编办负责在机构和人员编制核查基础上完善非涉密机构编制实名制管理系统,作为中央和国家机关机构编制实名制管理的工作平台。中央编办、中央组织部、财政部、人力资源社会保障部、公安部要按照资源整合、数据共享的要求,加快推进实名制管理系统与公务员管理、工资核定与统发、机关事业单位养老保险管理、全国人口基础信息资源等系统之间的对接工作,奠定相关数据交换比对的坚实基础。

(二)及时更新机构编制实名制管理信息。中央和国家机关各部门通过相关管理系统开展本部门及所属机构的实名制管理工作,按要求与中央和国家机关机构编制实名制管理工作平台进行对接和报送非涉密数据信息,并按照管理权限及时更新实名制信息。使用空缺的编制和领导职数录用人员、选配干部或因调离、退休等原因减员的,应当在人员变动后,及时更新编制和领导职数使用情况。在管理权限内设立、撤销、合并有关内设机构或垂直管理、派出机构的,应当在机构变更后及时完成更新。

(三)完善机构编制实名制管理台账。中央和国家机关各部门要建立健全机构、编制、领导职数以及实有人员等管理台账,并逐步实现电子化、数据化管理。要切实加强实名制台账管理,确保机构的沿革、设置、撤并、更名,编制、领导职数的核定、调整,人员的录用、选配等信息清晰准确、全程可溯、有据可查,确保实名制信息的真实、完整和规范。

(四)健全机构编制综合约束机制。中央编办、中央组织部、财政部、人力资源社会保障部、公安部、审计署要密切配合,各负其责,强化机构编制管理与组织人事管理、财政管理、人口信息管理、审计监督的综合约束。建立用编审核机制,严格以机构编制部门设置的机构和核定的编制、领导职数为基础录用人员、选配干部。建立实名制管理信息和工资核定与统发、基本养老保险账户等信息比对机制,除涉密人员外,对未纳入实名制管理的人员,不得核定工资和纳入机关事业单位工作人员养老保险范围,不得发放工资、缴纳养老保险费。建立人员身份核查机制,充分利用公安部人口信息开展实有人员身份核查,并逐步将身份核查纳入实名制管理业务流程。审计署要将机构编制实名制信息作为预算执行审计、经济责任审计的重要依据。

(五)推动机构编制管理创新。中央和国家机关各部门要以推进实名制管理为契机,严格在核定的编制限额和领导职数内配备干部和人员,严格控制财政供养人员总量,进一步提升本部门机构编制管理科学化水平。中央编办要依托实名制管理工作平台,创新机构编制管理,深入开展机构编制核查、统计工作,并逐步开展有关机构编制申请、审核、审批、征求意见、备案等机构编制日常业务工作,规范工作流程,提高工作效能;要充分运用大数据理念、技术和方法,实现对机构设置、职能配置、编制和领导职数及其使用等情况更为准确的动态监管、分析预测和跟踪预警,不断提高机构编制决策、执行、监督的科学性、有效性、针对性。

(六)加强实名制落实情况监督检查。中央编办、中央组织部、财政部、人力资源社会保障部、公安部等部门,对中央和国家机关各部门实名制管理工作落实情况定期进行督导检查。对未按要求及时更新实名制信息或实名制信息不准确的,责令限期纠正;情节严重的,暂停受理该部门的机构编制、人员录用、经费预算、养老保险等事项。发现违规设置机构、超职数配备干部、超编进人、“吃空饷”以及伪造、篡改、虚报、瞒报机构编制和实有人员信息等违规违纪行为的,依纪依法追究直接责任人和有关领导人员的责任。

四、加强对机构编制实名制管理工作的组织领导

中央和国家机关各部门要高度重视,加强对机构编制实名制管理工作的组织领导,把机构编制实名制管理工作作为严格控制机构编制、规范机构编制管理的重要举措,认真抓好落实。要加强对垂直管理机构、派出机构、所属事业单位的指导,建立健全信息涉密审核机制,确保实名制信息的安全。中央编办负责机构编制实名制管理工作的综合协调,在 2016 年年底完成中央和国家机关实名制管理的基础工作。中央编办、中央组织部、财政部、人力资源社会保障部、公安部、审计署要各司其职,加强协调配合,依托统一的电子政务内网,尽快实现与中央和国家机关机构编制实名制管理工作平台对接,并建立工作机制,形成合力,共同做好机构编制实名制管理工作。

中共中央组织部、中央机构编制委员会办公室关于进一步规范领导职数管理的意见

（2016年11月28日）

领导职数管理是贯彻落实全面从严治党要求，加强党的制度建设、巩固国家政权的一项十分重要的基础性工作。党的十八大和十八届三中全会明确要求严格按照规定职数配备领导干部，减少领导职数。经中央同意，2014年，中央组织部、中央编办、国家公务员局下发《关于严禁超职数配备干部的通知》，对超职数配备干部问题开展专项检查。各地各部门按照中央要求进行整改消化，总体情况向好，但违规核定领导职数并配备干部的问题在有的地方和部门仍然存在。为进一步规范领导职数管理，现提出如下意见。

一、总体要求

（一）管理范围。纳入本意见管理的领导职数是指领导职务的名称、层次和数量，具体范围是：各级党政群机关的部门领导职数，包括部门正副职及职务层次相当于部门副职的其他领导职数；各级党政群机关的内设机构、派出机构和直属机构领导职数，包括内设机构、派出机构和直属机构正副职及职务层次相当于内设机构、派出机构和直属机构正副职的其他领导职数；各级事业单位领导成员及内设机构领导职数。

（二）基本原则

坚持依法依规。领导职数管理以法律法规，党中央、国务院、中央编委文件及中央机构编制、组织部门文件和省、自治区、直辖市党委、政府、编委文件为依据。上级业务部门印发的文件不得作为领导职数管理的依据。

坚持从严管理。以部门职责为核心，综合机构性质、机构规格、编制规模和管理幅度等因素严格核定领导职数。强化领导职数的刚性约束，严格按核定的职数配备领导干部。

坚持稳妥推进。统筹兼顾、结合实际，逐步规范领导职数管理，不搞“一刀切”，确保党政群机关及事业单位各项工作有序运转。

二、规范核定领导职数

（三）领导职务名称。领导职务的名称和设置范围由法律、行政法规，党中央、国务院、中央编委文件及中央机构编制、组织部门文件明确规定，各级党政群

机关和事业单位不得自行设置领导职务名称并配备相应干部。各级党政机关领导职务的名称应当与机构的名称、规格相对应。

(四)领导职务层次。各级党政机关领导职务层次应当与机构规格相一致。除党中央、国务院、中央编委文件及中央机构编制、组织部门文件另有规定外,正部级党政机关的内设机构(包括派出机构、直属机构,下同)正职为厅局级正职;副部级党政机关的内设机构正职为厅局级副职。正厅级党政机关的内设机构正职为县处级正职;副厅级党政机关内设机构正职为县处级正职或县处级副职。正处级党政机关的内设机构正职为乡科级正职;副处级党政机关的内设机构正职为乡科级正职或乡科级副职。

(五)领导职务数量。各级党政群机关及事业单位领导职务的数量根据法律法规,党中央、国务院、中央编委文件及中央机构编制部门文件和省、自治区、直辖市党委、政府、编委文件的规定确定。目前没有明确规定的,各地要按照"减少领导职数"的原则,制定出台核定数量标准。各级党政群机关及事业单位领导职务的数量应与其机构性质、职责任务、管理幅度相适应,与编制规模保持适当比例。

三、严格管理领导职数

(六)严格领导职数审批权限和程序。领导职数实行集中统一管理,凡涉及领导职数的核定和调整,统一由机构编制部门评估论证后按程序办理。上级业务部门不得以任何形式干预下级部门的领导职数事项。

(七)建立领导职数总量控制和动态调整机制。各级机构编制部门可探索对下级党政群机关的部门领导职数实行总量控制,各地在上级机构编制部门下达的总量控制数内,统筹平衡核定部门领导职数,并进行动态调整。各部门在机构编制部门核定的内设机构领导职数总量内,根据有关规定,并结合工作实际具体确定各个内设机构的领导职数。

(八)建立领导职数管理综合约束机制。各级机构编制部门会同组织部门,根据机构设置、领导职数核定和实际配备情况,建立领导职数管理台账,并依托机构编制实名制管理平台进行动态管理、实时更新。各地各部门应严格按照《党政领导干部选拔任用工作条例》、《事业单位领导人员管理暂行规定》等规定,在核定的领导职数内选拔任用干部。对未按核定领导职数选拔任用的干部,机构编制部门不得办理相关机构编制事项变更手续,上级组织人事部门在审核把关时不得办理相关任职审批手续。

(九)建立领导职数公示公开制度。除涉密单位外,各级党政群机关和事业单位应当采取有效方式,公开领导职数核定和配备情况,接受监督。

四、加强监督检查

（十）各级机构编制部门应当严格按照规定核定领导职数，严禁超出规定的领导职务名称、设置范围核定领导职数，严禁以任何形式超机构规格核定领导职数，严禁未经批准擅自超出规定的数量标准核定领导职数。对违反规定核定领导职数的，上级机构编制部门要严肃查处，给予通报批评并责令限期改正。对有关责任人员，要依照党纪政纪有关规定从严处理。

（十一）各级组织人事部门应当严格按照机构编制部门核定的职数配备领导干部。已经明确规格的机构，除因工作需要经批准保留原职级的人员外，不得超机构规格配备领导干部。因机构改革、换届等特殊情况确需超职数配备领导干部的，应当明确过渡期限、消化方式，并按照《关于严禁超职数配备干部的通知》规定的程序报批。对违反规定超职数配备领导干部的，上级组织人事部门要严肃查处，依照党纪政纪有关规定，追究党委（党组）和组织人事部门主要负责人的责任。

（十二）各级机构编制、组织部门要对领导职数核定及配备情况开展检查。要将领导职数管理情况列为巡视检查、选人用人专项检查、干部选拔任用“一报告两评议”、党政领导干部经济责任审计等工作内容。

五、组织实施

（十三）本意见印发后，各地各部门要根据本意见制定贯彻落实的具体措施，清理有关领导职数核定和管理的规范性文件，此前没有规定的，要出台新规定；此前有规定但不符合本意见精神和要求的，要尽快修改完善或重新制定。已经核定的领导职数、配备的领导干部与本意见不一致的，机构编制、组织人事部门应当按照职责权限，采取有效措施，逐步调整到位，不得通过违规核增领导职数的方式消化超职数配备的领导干部。未完全调整到位前，不得配备同一职务层次的领导干部。上级机构编制、组织部门要加强督促检查，确保本意见各项规定落到实处。

关于建立健全事业单位机构编制标准体系的意见

(中央机构编制委员会办公室2016年12月1日印发)

建立健全事业单位机构编制标准体系,是贯彻落实党的十八届三中全会关于推进机构编制管理科学化、规范化、法制化精神的必然要求,是分类推进事业单位改革、创新事业单位机构编制管理的重要举措。按照《党的十八届三中全会重要改革举措实施规划(2014—2020年)》要求,现就事业单位机构编制标准体系建设提出如下意见。

一、总体要求和基本原则

(一)总体要求

建立健全事业单位机构编制标准体系,要着眼于促进公益事业发展、强化基本公共服务体系建设,着眼于严控事业编制总量、创新事业单位机构编制管理、不断提高事业单位机构编制管理水平,明确事业单位机构编制标准制定的纵向层级、行业领域和先后次序,以完善基本公共服务领域事业单位机构编制标准为重点,统筹规划,稳步推进,力争用5到10年时间,逐步形成涵盖基本公共服务主要领域、科学规范的事业单位机构编制标准体系。

(二)基本原则

坚持服务改革、促进发展。贯彻落实中央全面深化改革和全面推进依法治国精神,服从和服务于分类推进事业单位改革的总体目标和要求,与有关行业管理体制改革相衔接,促进公益事业健康均衡发展。

坚持整体规划、重点推进。立足事业单位改革发展总体布局和国家基本公共服务体系建设,从整体上规划事业单位机构编制标准体系建设,重点制定好基本公共服务领域和其他亟需的公益事业单位机构编制标准。

坚持积极稳妥、循序渐进。与经济社会发展水平和财政承受能力相适应,充分考虑地区差异和现实可行性,成熟一个出台一个,有序推进、逐步健全,并根据需要适时修订现有事业单位机构编制标准。

坚持科学合理、便于操作。根据不同类型事业单位特点,全面分析影响编制配备的相关要素,既要科学确定指标及权重,又要实事求是、便于操作。

坚持总量控制、精简效能。认真贯彻中央关于严控机构编制总量精神,把制定和实施标准的重心放到着力优化结构、提高素质上来,充分发挥现有机构编制资源的最大效用。各地在制定和实施标准过程中,不得在本地区现有人员编制总量外新增人员编制。

坚持统一领导、分级负责。事业单位机构编制标准体系由中央统一规划和部署,并制定指导原则。中央和省级机构编制部门负责具体标准的制定和实施。省级机构编制部门制定的标准,应当报中央机构编制部门备案审核。

二、标准内容和类别

事业单位机构编制标准内容根据不同单位类型特点确定,一般应包括事业单位主要职责、人员编制配备标准等基本内容,还可以包括事业单位性质、内设机构设置、领导职数配备等内容。形式上可以采用定额标准、比例标准、幅度标准、最低标准等。适用范围主要为纳入事业编制管理的人员,不包括工勤、劳务派遣等人员。积极推广政府购买服务,对于能够通过购买服务解决的用人需求,不再通过核定编制方式予以支持。

事业单位机构编制标准分为全国性标准和地方性标准。全国性标准主要适用于以下事业单位:一是对基本公共服务均等化要求较高的公益性事业单位;二是设置管理权限在中央,或在全国范围内普遍设立、需要国家统一规范的其他公益性事业单位。全国性标准主要由中央机构编制部门牵头制定指导意见,在全国范围内施行。地方性标准主要适用于设置管理权限在地方、在本地区普遍设立且地方差异性较为突出的公益性事业单位。各地为贯彻全国性标准制定的标准实施办法也属于地方性标准。地方性标准由省级机构编制部门牵头制定,在本省范围内施行。

全国性标准和地方性标准主要依据经济社会发展水平、财政保障能力和实际工作需要进行划分,并随着经济社会的发展和基本公共服务体系的逐步健全适时进行调整。在全国性标准出台之前,各地可以根据本地区情况和实际工作需要,先行制定某些领域或行业的地方性标准。现列为地方性标准的,如果实施效果良好且确有必要在全国范围内统一规范,今后可调整为全国性标准。

三、重点任务

根据国家基本公共服务体系建设布局、中央关于分类推进事业单位改革和有关行业改革精神,重点制定和完善以下领域的事业单位机构编制标准。

(一)公共教育领域。根据中央关于优先发展教育有关精神,以及国家中长期教育改革和发展规划纲要,重点制定3项标准。其中,全国性标准1项:中小学教职工编制标准。地方性标准2项:公立幼儿园机构设置和人员配备规范、中等职业学校机构设置和人员配备规范。

(二)医疗卫生领域。根据中央深化医药卫生体制改革关于逐步实现人人享有基本医疗卫生服务的目标要求,重点制定5项标准。其中,全国性标准3项:社区卫生服务中心机构编制标准、乡镇卫生院机构编制标准、疾病预防控制中心机构编制标准。地方性标准2项:妇幼保健院(所、站)机构编制标准、急救中心机构编制标准。

(三)公共文化领域。按照中央关于大力发展公益性文化事业,加快构建现代公共文化服务体系精神,重点制定3项标准。其中,全国性标准1项:公共图书馆机构编制标准。地方性标准2项:公共博物馆纪念馆美术馆机构编制标准、县以上文化馆群艺馆机构编制标准。

(四)社会服务领域。根据中央关于加强和创新社会管理体制、强化社会服务职能、完善社会服务体系的精神,重点制定5项标准。其中,全国性标准1项:社会救助管理服务机构编制标准。地方性标准4项:劳动就业公共服务机构编制标准、优抚安置机构编制标准、社保经办机构编制标准、社会福利机构编制标准。

(五)农林水利环保领域。根据中央关于加强"三农服务"、加强生态文明建设和环境保护等有关精神,重点制定6项标准。其中,全国性标准3项:环境监测机构编制标准、动物疫病预防控制机构编制标准、自然资源保护机构编制标准。地方性标准有3项:基层农业技术推广机构编制标准、基层林业技术推广机构编制标准、基层水利服务机构编制标准。

(六)其他领域。重点制定2项标准,其中全国性标准1项:气象观测机构编制标准。地方性标准1项:基础测绘和公益性地质调查机构编制标准。

除上述标准外,各地可根据实际工作需要研究制定其他地方性标准。承担行政执法职能的城管、交通、环保、卫生、文化、农业、林业等事业单位机构编制标准,根据分类推进事业单位改革和综合行政执法体制改革进程,另行研究制定。

四、工作步骤

建立健全事业单位机构编制标准体系是一项长期复杂的基础性工作,按照积极稳妥的要求,分三个阶段推进。

(一)总体设计和重点推进阶段(2016—2020年)

围绕"十三五"时期国民经济社会发展目标,按照保基本、强基层的原则,重点制定一批符合当前改革需要、均等化要求较高的基本公共服务领域事业单位机构编制标准,为建立健全事业单位机构编制标准体系奠定坚实基础。

中央机构编制部门重点制定以下全国性标准:环境监测机构编制标准、公共图书馆机构编制标准、社会救助管理服务机构编制标准。同时,委托部分省级机构编制部门牵头研究动物疫病预防控制机构编制标准。

各省、自治区、直辖市机构编制部门结合本地实际，重点研究制定以下地方性标准：公立幼儿园机构设置和人员配备规范、中等职业学校机构设置和人员配备规范、妇幼保健院（所、站）机构编制标准、急救中心机构编制标准、公共博物馆纪念馆美术馆机构编制标准、劳动就业公共服务机构编制标准、社保经办机构编制标准、基层农业技术推广机构编制标准。

（二）全面推进阶段（2021—2025年）

全面推进事业单位机构编制标准工作，完成纳入事业单位机构编制标准体系建设重点任务的全国性标准制定工作，基本完成纳入事业单位机构编制标准体系建设重点任务的地方性标准制定工作，建立起相对完备的事业单位机构编制标准体系。

（三）健全完善阶段（2025年以后）

全面完成纳入事业单位机构编制标准体系建设重点任务的标准制定工作。根据经济社会发展变化和机构编制动态管理要求，适时对实施时间较长的标准进行修订完善。探索研究制定其他行业和领域的机构编制标准。

五、保障措施

（一）加强领导

建立健全事业单位机构编制标准体系是当前和今后一段时期创新机构编制管理的重要任务。各级机构编制部门要从提升机构编制管理水平、促进公益事业发展出发，统一思想，提高认识，加强领导，制定工作方案，细化任务分工，精心组织实施，切实抓紧抓好。

（二）分工协作

中央机构编制部门要从整体上规划好事业单位机构编制标准体系建设，及时制定出台全国性标准指导意见，加强对地方的指导，并根据情况变化和工作需要对重点任务进行调整。省级机构编制部门要贯彻落实好全国性标准，根据中央机构编制部门委托牵头开展有关全国性标准的研究起草工作，积极开展地方性标准制定工作，按照有关规定做好已经出台标准的备案工作；研究标准制定和实施中遇到的情况和问题，及时提出工作建议。对于没有列入体系的其他标准，各地也可以根据实际需要探索研究制定。各级机构编制部门要加强纵向和横向上的沟通协作，促进资源共享、优势互补。要加强与行业管理部门的沟通协作，充分发挥行业管理部门作用，共同做好机构编制标准研究制定工作。

根据中央机构编制部门委托，省级机构编制部门可以牵头研究起草有关全国性机构编制标准，经中央机构编制部门审核论证后，以中央机构编制部门名义印发。对于一些全国普遍适用的地方性标准，可在地方已经出台标准中选择范本,或委托部分省级机构编制部门研究制定范本,供其他省份借鉴使用。

(三)加强实施评估

标准出台实施前,要对实施情况进行预评估,对编制增减进行测算并研究制定相应措施办法,充分发挥机构编制标准在优化机构编制资源配置中的作用。标准出台实施后,要加强跟踪了解,及时开展实施效果评估,适时修订完善。对有些情况比较复杂的领域,可以先制定试行标准,根据试行情况修订完善后,再出台正式标准。

附表:事业单位机构编制标准体系建设重点任务表

附表

事业单位机构编制标准体系建设重点任务表

领域	序号	标　　准	标准层级	时间安排
公共教育	1	中小学教职工编制标准	全国性标准	已经制定
	2	公立幼儿园机构设置和人员配备规范	地方性标准	2016-2020年
	3	中等职业学校机构设置和人员配备规范	地方性标准	2016-2020年
医疗卫生	1	社区卫生服务中心机构编制标准	全国性标准	已经制定
	2	乡镇卫生院机构编制标准	全国性标准	已经制定
	3	疾病预防控制中心机构编制标准	全国性标准	已经制定
	4	妇幼保健院(所、站)机构编制标准	地方性标准	2016-2020年
	5	急救中心机构编制标准	地方性标准	2016-2020年
公共文化	1	公共图书馆机构编制标准	全国性标准	2016-2020年
	2	公共博物馆纪念馆美术馆机构编制标准	地方性标准	2016-2020年
	3	县以上文化馆群艺馆机构编制标准	地方性标准	2021年以后
社会服务	1	社会救助管理服务机构编制标准	全国性标准	2016-2020年
	2	劳动就业公共服务机构编制标准	地方性标准	2016-2020年
	3	优抚安置机构编制标准	地方性标准	2021年以后
	4	社保经办机构编制标准	地方性标准	2016-2020年
	5	社会福利机构编制标准	地方性标准	2021年以后
农林、水利、环保	1	环境监测机构编制标准	全国性标准	2016-2020年
	2	动物疫病预防控制机构编制标准	全国性标准	2016-2020年
	3	自然资源保护机构编制标准	全国性标准	2021-2025年
	4	基层农业技术推广机构编制标准	地方性标准	2016-2020年
	5	基层林业技术推广机构编制标准	地方性标准	2021年以后
	6	基层水利服务机构编制标准	地方性标准	2021年以后
其他	1	气象观测机构编制标准	全国性标准	2021-2025年
	2	基础测绘和公益性地质调查机构编制标准	地方性标准	2021年以后

关于地方事业编制挖潜创新服务发展的指导意见

（中央机构编制委员会办公室2017年3月13日印发）

为进一步贯彻落实中央关于财政供养人员只减不增的精神，严格控制事业单位机构编制总量，更好地满足经济社会快速发展和公益服务不断增长的需求，现就做好事业编制内部挖潜、创新管理和服务发展提出以下指导意见。

一、总体要求

事业编制挖潜创新要坚持"瘦身"和"健身"相结合，既要实现财政供养人员只减不增，又要满足经济社会发展急需；坚持严格管理与深化改革相结合，既要从严控制优化结构，又要大胆推进各项改革，借势借机借力；坚持盘活存量与创新管理相结合，既要提高现有机构编制效率，又要创新编制管理和公益服务提供方式；坚持服务全局与重点保障相结合，既要满足本地区基本公益服务需求，又要着眼重点领域和基层一线，尤其是基础教育、公共卫生、公共文化等基本需求。

二、加强编制管理，优化资源配置

从各地实际出发，在现有事业单位机构编制总量内，严格日常管理，整合机构设置，优化编制结构，严肃编制纪律，充分挖掘潜力，盘活存量资源，实现机构编制有效配置。

1. 严格控制新增事业机构编制。提高日常审批门槛，原则上不新增事业单位和事业编制，工作确需的按照机构撤一建一、编制内部调剂等方式解决。办理机构编制调整事项，可视情况核减编制。

2. 通过整合撤并机构核减编制。对职责任务相近、设置重复分散、中间层次过多、规模较小事业单位，大力整合资源、优化结构，实行综合设置，进一步精简压缩编制。

3. 通过重新明确职能核减编制。对职责任务发生较大变化的事业单位，可根据当前工作需要，重新明确职能任务，从严核定编制；对职能弱化、任务不饱和的事业单位，大力核减编制。

4. 通过适当压缩空编核减编制。对长期大量空编的事业单位，应进行机构编制使用情况评估，确有富余的可按一定比例适当核减空编。

5. 通过明确一定比例核减编制。有条件的地方，可以结合实际需要，区别不同情况，试行按一定比例统一核减事业编制。

6. 通过查处违规行为核减编制。加大机构编制违规处罚力度,越权审批机构的,要撤销相应机构,纠正违规行为;违规增加编制的,要坚决予以核销;对存在吃空饷的单位,要按照有关规定核减编制。

7. 通过集中编制资源发挥规模效益。有条件的地区,可对同一系统不同事业单位内职责任务相对单一的岗位,实行编制集中核定人员统一管理,提高编制使用效益。

三、借助专项改革,精简核销编制

按照中央关于事业单位分类改革、行业体制改革和其他专项改革的要求,积极推动和配合各项改革工作,借势借机借力尽可能精简机构,核销编制。

8. 通过深化事业单位分类改革核减编制。承担行政职能的事业单位完成职能清理后,要及时整合机构、核减事业编制。明确划入经营类的,要按有关规定尽快注销事业单位法人,核销事业编制。

9. 通过深化科研单位改革核减编制。对能够由市场配置资源的技术开发类科研机构,推进转企改制,核销事业编制。对面向社会提供公益服务的基础性科研机构,要调整布局、整合机构、优化结构,进一步压缩人员编制规模。

10. 通过深化文化体制改革核减编制。推进出版社、非时政类报刊社、艺术院团和新闻网站等文化事业单位转企改制,注销事业单位法人,核销事业编制;确需保留的少量公益性单位,要整合优化资源,综合设置机构,从紧核定编制。

11. 通过推进后勤服务社会化改革核减编制。机关后勤服务机构根据中央有关政策要求,按照精简原则严格核定所需编制,多余部分予以核销。优化事业单位编制结构,压缩工勤岗位事业编制,能够市场化和社会化的一律不再核编。

12. 通过清理规范中介机构核减编制。根据行政审批制度改革要求,及时撤销承担竞争性业务的检验检测、环评等事业性质中介服务机构,推进转企改制,核销事业编制。对部分从事经营活动又承担公益服务的事业单位,重新界定职能,剥离经营服务,并核减相应的事业编制。

13. 通过推进国有林区林场改革核减编制。区分情况推进国有林区林场改革,实行政事事企分开。对已明确转企改制的事业单位,核销事业编制;继续保留的要按照精简原则,整合资源、优化布局、综合设置,压缩事业编制。

14. 通过推进国有农场改革核减编制。加大国有农场集团化、市场化力度,对已经明确转企改制的,抓紧推进改革,核销事业编制。

15. 通过推进行业协会商会与行政机关脱钩核减编制。行业协会商会与行政机关脱钩以及事业单位并入行业协会后,现有事业编制要全部核销。行业协会商会代管的事业单位划转相关部门管理后,适当精简事业编制。

16. 通过推进培训疗养机构改革核减编制。对清理撤销和转企改制的,核销全部事业编制。对保留的或纳入优化整合的,适当精简机构编制。对转为健康养老服务、医疗卫生、职业教育、公共文化等其他类型事业单位的,根据新的职责任务,精简并重新核定编制。

17. 通过推进综合行政执法改革优化编制配置。根据综合行政执法改革要求,大力精简整合现有重复分散设置的各类执法机构,从严从紧核定编制。规范和统一综合行政执法队伍编制管理,推动编制资源向基层一线倾斜。

四、创新服务方式,降低编制需求

进一步解放思想,创新事业单位机构编制管理,有针对性地解决发展中的问题和难题,积极创造条件转变公共服务提供方式,构建服务主体多元化的发展格局,满足人民群众公益服务需求。

18. 加大事业编制省级统筹力度。充分发挥省级机构编制部门统筹协调作用,合理调整布局结构,通过跨地区、跨层级、跨行业、跨部门调剂事业编制,向经济社会发展急需、基本公益服务领域和基层一线倾斜,实现盘活现有资源、提高使用效益的目标。

19. 探索事业单位人员控制数管理。创新事业单位人员编制管理方式,推进公益二类单位实行备案制,有条件的地方可结合实际探索实行人员控制数管理、人员总量管理、员额制管理等,并做好与机构编制统计、实名制管理、财政经费、岗位设置、社会保障等政策衔接。

20. 加大政府购买服务力度。加强事业单位机构编制管理与政府购买服务之间的联动,建立财政经费与人员编制协调约束机制。已纳入政府购买服务范围的公益服务事项,一般不新设事业单位承担;现由事业单位承担并适宜由社会力量提供的服务事项,全部转为通过政府购买服务方式提供,有条件的单位也可转化为社会组织,核销相应机构编制。

21. 鼓励社会力量举办公益事业。转变靠政府大包大揽的观念和思路,吸引社会资本参与,创新公共服务提供方式,缓解事业单位增编压力。鼓励支持社会力量直接举办公益事业,或通过公私合营、民办公助等形式与政府合作举办,更好地满足人民群众对各类公益服务的不同需求。

做好事业编制挖潜创新促发展的工作,是当前机构编制部门的一项重要任务。各级编办要当好党委、政府和编委的参谋助手,围绕中心服务大局,从实际出发,进一步解放思想,大胆创新,积极作为,勇于担当。要深入调查研究,摸清事业单位机构编制底数,找准存在的突出问题,参照上述措施认真做好改革管理创新工作,为挖潜调剂创造更大的空间,精简下来的编制要优先满足重点领域、关键环节和基层一线等事关经济社会发展基本需求。要充分发挥部门和系统的积极性,加强沟通协调,协同推进各项工作。

全国机构编制核查暂行办法

（中央机构编制委员会2017年5月3日印发）

第一章　总　　则

第一条　为科学有效地组织实施全国机构编制核查，根据党中央关于机构编制管理的有关规定和《国务院行政机构设置和编制管理条例》、《地方各级人民政府机构设置和编制管理条例》等规定，制定本办法。

第二条　全国机构编制核查是指按照统一的规范对全国机构编制资源的实际配置情况进行定期核实、检查、分析和规范的活动。

第三条　全国机构编制核查的目的是全面及时查清全国机构编制资源的审批和执行情况，准确掌握机构编制基础数据，集中规范机构编制管理秩序，为深化行政管理体制改革、加强机构编制管理提供依据和保障。

第四条　全国机构编制核查按照统一领导、分工协作、分级负责、共同参与的原则组织实施。

第五条　全国机构编制核查一般每5年开展一次，核查信息采集的标准时点为核查年份的12月31日。

第六条　机构编制管理范围内的党的机关、国家机关和各民主党派机关、群众团体机关及事业单位都应纳入核查范围。

第七条　机构编制核查的主要内容包括：机构设置情况、编制核定和实有人员情况、职数核定和配备情况以及其他需要核查的情况。

第八条　属于国家秘密事项范围的机构编制的核查，应严格按照有关保密要求执行。

第二章　组织实施

第九条　全国机构编制核查由中央机构编制委员会部署。中央机构编制委员会办公室会同中央组织部、财政部、人力资源和社会保障部等部门具体负责组织实施。

中央和国家机关各部门对本机关及所属事业单位、垂管派出机构核查工作负责。

地方各级机构编制委员会对本地区核查工作负责。地方各级机构编制委员会办公室会同同级组织、财政、人力资源和社会保障等部门具体负责组织实施。

各机关事业单位应当配合核查工作,依法依规提供核查所需资料信息,对发现问题予以说明。

第十条 全国机构编制核查通知由中央机构编制委员会办公室会同中央组织部、财政部、人力资源和社会保障部等部门起草,报中央机构编制委员会批准后印发。

第十一条 中央机构编制委员会办公室会同中央组织部、财政部、人力资源和社会保障部等部门,根据全国机构编制核查通知精神,制订印发全国核查方案、核查指标和验收标准。

地方各级机构编制委员会办公室会同同级相关部门,按照全国机构编制核查通知和上一级核查方案精神,结合实际制订本地区实施方案,经本级机构编制委员会批准后组织实施。

第十二条 中央机构编制委员会办公室应根据核查需求,区分地区、部门和行业特点,加强技术指导,提供功能完备、便捷实用的数据采集和分析软件,承担全国机构编制核查数据的汇总、校验等事宜。

各地区各部门应按照核查技术要求,加强技术衔接,规范数据报送。

第十三条 中央和地方各级机构编制委员会办公室应会同相关部门建立联动机制,通过单位自查、公示监督、部门联审、检查验收等方式,核实机构编制信息,查找存在问题,规范日常管理。

核查数据的采集更新应充分利用现有资源和工作基础,减少重复和无效劳动。

第十四条 地方各级核查汇总数据经本级机构编制委员会同意后,由各级机构编制委员会办公室逐级上报。同时,根据需要将部门联审、检查验收情况,以及汇总数据报表抄报上一级组织、财政、人力资源和社会保障等部门。

中央和国家机关核查汇总数据直接报送中央机构编制委员会办公室。中央机构编制委员会办公室负责汇总全国机构编制核查数据,形成全国机构编制核查数据库。同时,将汇总数据报表抄送中央组织部、财政部、人力资源和社会保障部等部门。

第三章 成果运用

第十五条 机构编制核查成果是行政管理体制改革和机构编制管理的重要依据。

中央和国家机关各部门、地方各级机构编制委员会应当充分发挥核查成果的基础支撑作用,加强和规范机构编制管理。

第十六条 机构编制核查成果形式主要有:

(一)数据及数据库;

(二)核查情况报告;

(三)数据分析报告;

(四)问题整改台账;

(五)核查档案。

第十七条 中央和国家机关各部门,各省、自治区、直辖市和新疆生产建设兵团机构编制委员会应将核查情况报告报中央机构编制委员会办公室。中央机构编制委员会办公室汇总形成全国核查情况报告,报中央机构编制委员会。

第十八条 各级机构编制委员会办公室应深度挖掘、分析和应用核查数据,有效支持科学决策和精准管理。核查数据分析报告应及时报本级机构编制委员会。

第十九条 各级机构编制委员会办公室应以问题为导向督促指导机关事业单位规范管理。对于核查发现的问题,视情况分别移送组织、财政、人力资源和社会保障等部门处理。机关事业单位没有采取整改措施或整改没有取得成效的,机构编制、组织、财政、人力资源和社会保障等部门可结合实际暂停办理相关问题责任单位的机构编制审批、经费拨付、人员录(聘)用等事宜。

第二十条 各级机构编制委员会办公室和各机关事业单位应按有关规定建立健全核查工作资料档案,形成沿革清晰、台账齐全、信息准确、管理规范的电子和纸质档案。

第四章 监督检查

第二十一条 各级机构编制委员会应加强对本级机关事业单位以及下级核查工作的指导和督查。未按要求完成核查进度或核查数据质量问题较多的,上级机构编制委员会办公室应约谈该地方核查工作负责人,或给予通报批评;情节严重,造成不良影响的,按有关规定追究相关责任人责任。

第二十二条 被核查部门、单位妨碍核查或弄虚作假的,按有关规定由有管理权限的机构编制委员会办公室给予通报批评,责令限期改正,并视情建议相关部门、单位对负有领导责任和直接责任的人员给予组织处理或党纪政纪处分。

第五章 附则

第二十三条 各省级机构编制委员会可参照本办法,结合本地区实际制定相关办法,开展本地区机构编制核查工作。

第二十四条 本办法自公布之日起施行。

中央机构编制委员会办公室
关于加强机构编制违规违纪行为预防工作的意见

(2017年5月3日)

党的十八大以来,中央对严格控制机构编制、加强机构编制管理、严肃机构编制纪律提出明确要求。随着机构编制管理情况纳入中央巡视和审计工作内容,机构编制纪律体系基本健全,机构编制的权威性和刚性约束不断增强。但是,一些地方和部门仍然存在违规设置机构、违规核定领导职数并配备干部、上级业务部门干预下级机构编制等违规违纪问题。为进一步严肃机构编制纪律,坚持惩防并举,在坚决查处违规违纪问题的同时,进一步加强机构编制违规违纪行为预防工作,从源头上杜绝违规违纪问题发生,经中央编委领导同志同意,现提出如下意见。

一、总体要求

围绕深化行政体制和机构改革,严格机构编制管理,建立健全教育宣传、制度、监督并重的机构编制违规违纪行为预防工作体系,以具有机构编制决策权、审批权的领导干部以及从事机构编制工作的人员作为重点,全面推进关口前移、惩防并举、全程监管的机构编制违规违纪行为预防工作,充分发挥各种预防措施的整体功能,严格执行机构编制管理权限和审批程序,减少和防范机构编制违规违纪行为的发生,强化机构编制刚性约束,为深化行政体制改革、加强和创新机构编制管理提供有力纪律保障。

二、深入开展机构编制纪律教育宣传,筑牢依法办事的思想防线

充分发挥教育在预防工作中的基础性作用,以机构编制领域党纪政纪规定为重点,着力推动机构编制纪律教育与践行“四个意识”有机统一,扎实有效地开展预防教育。要针对不同对象,制定有特色的教育工作方案,分级分类组织实施。对于领导干部,重点强化机构编制“红线”意识,树立机构编制法治观念。要将机构编制法规纪律列入党校、行政学院主体班教学内容,切实提升领导干部的机构编制纪律意识。积极探索将机构编制法规纪律列入地方党委、部门党组(委)理论中心组学习和领导干部学法用法内容,提升领导干部运用法治思维和法治方式管理机构编制的水平。对于从事机构编制工作的同志,重点强化“敢于担当”的责任意识,做到守土有责、守土负责、守土尽责,切实把维护机构编制纪律责任落到实处。今后各级机构编制部门组织的业务培训,要把机构编制纪律作为必设课程,列入培训内容。省级机构编制部门定期举办省直部门和市县编办机构编制纪律专题培训班,着力强化责任担当意识。要及时通报机构编制违规违纪典型案件,深入开展案例教育,充分发挥典型案件警示震慑作用。

开展经常性的机构编制纪律宣传活动。各级机构编制部门要主动编印通俗易懂的机构编制纪律宣传材料送同级编委领导及各单位主要领导。要抓住党委政府换届、行政体制和机构改革以及主要领导干部职务调整等重要时间节点,同步宣传机构编制纪律。要把纪律宣传融入日常工作,利用工作调研、部门商谈、实地督导等开展经常性的机构编制纪律宣传。要创新宣传方式方法,充分发挥广播、电视、报纸、网络等各类媒体作用,通过开设宣传专栏、新闻发布、电视访谈、知识竞赛、印发资料、举办展览等多种形式,宣传机构编制法规制度和纪律规定,为加强和创新机构编制管理营造良好社会氛围。

三、加强"关口前移"的预防制度建设,把权力关进制度的笼子

要善于用法治思维和法治方式加强预防工作,让相关制度规定刚性运行。各级机构编制部门要不断完善和严格执行机构编制议事规则,进一步规范机构编制审批权限和程序规定。健全将机构编制法规文件和纪律要求向编委领导同志报告制度,坚决杜绝超越权限和不按程序审批机构编制等问题发生。建立机构编制评估制度,督促各部门树立严格管理机构编制的意识,提高编制资源使用效益。要严格把关,切实防止随意性审批,提高机构编制管理的规范化、科学化水平。改进机构编制事项受理制度,凡机构编制问题未整改到位的,原则上要暂停受理该部门机构编制事项申请。健全机构编制备案事项制度。在各级编委领导下,机构编制、组织、人事、财政等部门建立按职数配备干部的部门联动机制,有效遏制超职数配备领导干部问题发生。

四、建立全方位监督工作机制,确保机构编制权力正确行使

各级机构编制部门要全面推行机构编制实名制管理,依托实名制开展用编审核、定期核查等工作,将监督渗透到管理的各个环节。利用信息化手段加强对编制的管理监督。积极推进机构编制与组织、人事、财政等部门信息共享共用的动态监测平台建设。建立健全机构编制执行情况监测预警机制,对机构编制事项变化频繁、情况异动的地方和部门以及机构编制领域公共事件,采取电话提醒、书面警示、实地督查等方式提前预警,努力将违规违纪行为消灭在萌芽状态。

各级机构编制部门要按照公开为常态、不公开为例外的原则,逐步推进机构编制信息公开,主动公开机构编制法规政策、业务范围、审批程序等,推动部门公开机构设置、主要职能、行政审批事项、权力清单和责任清单等信息。要健全完善电话、网络、信访三位一体的“12310”举报平台,推广聘请人大代表、政协委员担任机构编制监督员等经验做法,充分发挥社会监督作用。要充分借助巡视检查、干部监督、审计监督等平台开展机构编制检查,加强对领导干部机构编制权力行使的监督和制约。

五、加强组织领导

地方各级编委要把机构编制违规违纪行为预防工作摆在重要位置,切实加强领导。各级机构编制部门要进一步加强与纪检监察、组织、人事、财政、审计等部门的协作配合,建立健全信息共享、重大问题协商、重大案件联合督查机制,充分发挥机构编制在录用、聘用、调配工作人员、配备领导干部等方面的基础性作用。要结合实际抓紧制定贯彻落实本意见的实施办法,落实加强和改进机构编制违规违纪行为预防工作的制度措施,并在实践中积极探索创新,不断提高预防工作水平。

（六）群团工作

中共中央关于加强和改进党的群团工作的意见

（2015年1月8日）

群团事业是党的事业的重要组成部分，党的群团工作是党治国理政的一项经常性、基础性工作，是党组织动员广大人民群众为完成党的中心任务而奋斗的重要法宝。工会、共青团、妇联等群团组织联系的广大人民群众是全面建成小康社会、坚持和发展中国特色社会主义的基本力量，是全面深化改革、全面推进依法治国、巩固党的执政地位、维护国家长治久安的基本依靠。为更好发挥群团组织作用，把广大人民群众更加紧密地团结在党的周围，汇聚起实现"两个一百年"奋斗目标、实现中华民族伟大复兴中国梦的强大正能量，现就加强和改进党的群团工作提出如下意见。

一、新形势下加强和改进党的群团工作的重要性和紧迫性

在革命、建设、改革各个历史时期，党始终高度重视群团工作，加强群团组织建设，发挥群团组织特殊优势，团结带领广大人民群众共同为实现党在各个时期的历史任务而奋斗。新形势下，党的群团工作只能加强，不能削弱；只能改进提高，不能停滞不前。

党的十八大提出"两个一百年"奋斗目标，习近平总书记提出实现中华民族伟大复兴的中国梦，描绘了国家富强、民族振兴、人民幸福的美好前景。实现我们党确定的宏伟目标，根本上要靠全体人民的劳动、创造、奉献，必须加强和改进党的群团工作，更好组织动员群众、教育引导群众、联系服务群众、维护群众合法权益，充分激发蕴藏在人民群众中的巨大创造力，凝聚起实现"两个一百年"奋斗目标和中国梦的磅礴力量。

当前，全面建成小康社会、全面深化改革、全面推进依法治国、全面从严治党的历史重任摆在全党面前。人民是国家的主人、改革的主体。做好改革发展稳定各项工作，必须依靠人民群众支持和拥护，必须加强和改进党的群团工作，充分发挥群团组织作用，调动人民群众的积极性、主动性、创造性。

我国发展的内外环境正在发生深刻变化，党面临的挑战和考验前所未有。人心向背关系党的生死存亡。巩固党的执政地位，经受住执政考验、改革开放考验、市场经济考验、外部环境考验,应对好精神懈怠危险、能力不足危险、脱离群众危险、消极腐败危险,核心是保持党同人民群众的血肉联系。必须加强和改进党的群团工作,全心全意依靠工人阶级和广大人民群众,最大限度把人民群众团结在党的周围,打造抵御国内外敌对势力干扰破坏和“颜色革命”的铜墙铁壁,夯实党执政治国的群众基础。

这些年,党的群团工作在继承创新中不断加强,但与新形势新任务的要求相比仍存在许多不适应的问题。有的地方和部门党组织对群团工作重视不够,对群团工作的特点和规律缺乏深入研究,对发挥群团组织作用缺乏有力指导和支持。群团组织基层基础薄弱、有效覆盖面不足、吸引力凝聚力不够问题突出,特别是在非公有制经济组织、社会组织和各类新兴群体中的影响力亟待增强;有的群团组织工作和活动方式单一,进取意识和创新精神不强,存在机关化、脱离群众现象;群团干部能力素质需要进一步提高,作风需要改进。各级党委必须高度重视做好新形势下党的群团工作,全面提高水平,切实解决问题,不断开创党的群团工作新局面。

二、坚定不移走中国特色社会主义群团发展道路

中国特色社会主义群团发展道路,是对党的群团工作长期奋斗历史经验的科学总结。这条道路是中国共产党开展群众工作、推进党的事业的伟大创造,是党领导群众实现共同梦想的历史选择,是群团组织与时俱进、发展壮大的必由之路。这条道路是中国特色社会主义道路的重要组成部分,其基本特征是各群团自觉接受党的领导、团结服务所联系群众、依法依章程开展工作相统一。

新形势下加强和改进党的群团工作,必须贯彻落实党的十八大和十八届三中、四中全会精神,高举中国特色社会主义伟大旗帜,以邓小平理论、“三个代表”重要思想、科学发展观为指导,深入贯彻习近平总书记系列重要讲话精神,牢牢把握为实现中华民族伟大复兴中国梦而奋斗的时代主题,坚定不移走中国特色社会主义群团发展道路,最广泛把群众组织起来、动员起来、团结起来,奋力推进中国特色社会主义伟大事业。

——坚持党对群团工作的统一领导。党的领导是做好群团工作的根本保证。各级党组织必须负起政治责任,加强对群团组织的政治领导、思想领导、组织领导,把党的理论和路线方针政策贯彻落实到群团工作各方面、全过程。群团组织必须坚持正确政治方向,自觉服从党的领导,贯彻党的意志和主张,严守政治纪律和政治规矩,在思想上政治上行动上始终同以习近平同志为总书记的党中央保持高度一致,不断增强中国特色社会主义道路自信、理论自信、制度自信。

——坚持发挥桥梁和纽带作用。群团组织是党和政府联系人民群众的桥梁和纽带。各级党组织要重视依靠群团组织推动党的理论和路线方针政策在群众中的贯彻落实，更好践行群众路线，做好群众工作。群团组织要经常深入群众，倾听群众呼声、反映群众意愿，深入做好群众的思想政治工作，把党的决策部署变成群众的自觉行动，把党的关怀送到群众中去。

——坚持围绕中心、服务大局。为党和国家工作大局服务，始终是群团工作的价值所在。各级党组织要指导群团组织紧紧围绕中国特色社会主义经济建设、政治建设、文化建设、社会建设、生态文明建设，围绕外交工作大局和祖国统一大业，找准工作的结合点和着力点，团结动员所联系群众为完成党和国家中心任务贡献力量。群团组织要坚持在大局下思考、在大局下行动，明确职责定位、展现自身价值，更好促进改革发展、维护社会和谐稳定。

——坚持服务群众的工作生命线。群团组织是党直接领导的群众自己的组织，为群众服务是群团组织的天职。各级党组织要推动群团组织贯彻党的群众路线，为群团组织服务群众创造条件。群团组织要增强群众观念，多为群众办好事、解难事，维护和发展群众利益，不断增强自身影响力和感召力。

——坚持与时俱进、改革创新。改革创新是群团工作发展进步的不竭动力。各级党组织和群团组织要把握时代脉搏，适应社会发展变化，尊重基层首创精神，不断推进群团工作和群团组织建设理论创新、实践创新、制度创新，始终与党和国家事业同步前进。

——坚持依法依章程独立自主开展工作。尊重群团组织性质和特点是做好群团工作的重要原则。各级党组织要支持群团组织发挥各自优势、体现群众特点，创造性开展工作。群团组织要大胆履责、积极作为，依法依章程开展活动、维护群众权益，最广泛吸引和团结群众。

三、加强党委对群团工作的组织领导

各级党委要明确对群团工作的领导责任，健全组织制度，完善工作机制，从上到下形成强有力的组织领导体系。

群团组织实行分级管理、以同级党委领导为主的体制，工会、共青团、妇联受同级党委和各自上级组织双重领导。地方党委负责指导同级群团组织贯彻落实党的理论和路线方针政策，研究决定群团工作重大问题，管理同级群团组织领导班子，协调群团组织同党政部门的关系及群团组织之间的关系。上级群团组织依法依章程领导或指导下级群团组织工作。地方党委应该注意听取上级群团组织意见，加强沟通协调，形成工作合力。

地方党委要建立和完善研究决定群团工作重大事项制度。党委在每届任期内应该召开专门的群团工作会议；党委常委会应该定期听取各群团组织工作汇报,每年都要专题研究群团工作。一般由党委专职副书记分管群团工作,具体分工根据实际确定。建立党委群团工作联席会议制度,协调解决问题,推动工作落实。建立党委群团工作考核制度,把群团工作成效作为考核党委领导班子和分管负责同志工作的重要内容。

地方党委有关工作会议应该请工会、共青团、妇联等群团组织主要负责人参加或列席。县级以下共青团组织主要负责人按党章规定列席同级党组织有关会议。乡镇(街道)的工会、妇联组织主要负责人可列席同级党委有关会议。工会、共青团、妇联的党员负责人应该考虑作为同级党委委员候选人提名人选。

把群团建设纳入党建工作总体部署。完善党建带群建制度机制,把党建带群建作为党建工作责任制的重要内容。统筹基层党群组织工作资源配置和使用,基层党组织活动阵地、党员服务站点的规划建设应该考虑群团组织需要。制定群团组织推优办法,把群团组织推优作为产生入党积极分子人选的方式之一。非公有制经济组织、社会组织中的党建和群建工作要整体推进、共建互促。

群团组织中的党组要充分发挥领导核心作用。善于团结党外干部群众,善于把党的主张和任务转化成群团组织的决议和群众的自觉行动。认真贯彻民主集中制,健全集体领导制度,严格管理干部。加强对重大问题的调查研究,密切关注群众思想、工作、生活等方面的变化,引导群众正确理解和自觉支持党的理论和路线方针政策以及中央决策部署。落实从严治党责任,严格执行党的纪律,重大事项及时向批准党组设立的党组织请示报告。没有设立党组的群团组织,其领导班子应该承担起贯彻执行党的理论和路线方针政策的政治责任和抓党的建设的主体责任。群团组织中的党员要按照党的标准严格要求自己,发挥先锋模范作用,影响和带动周围干部群众努力完成党和国家的任务。

领导干部要加强对群团工作理论政策的学习研究。党校、行政学院、干部学院、社会主义学院应该开设党的群团工作理论政策课程。党委理论学习中心组应该把群团工作作为专题学习的重要内容。加强群团工作学科建设,群团工作研究列入国家哲学社会科学研究规划。

四、推动群团组织团结动员群众围绕中心任务建功立业

各级党委要重视发挥群团组织团结动员群众干事创业的重要作用。群团组织要把深化改革开放、推动科学发展、促进社会和谐作为发挥作用的主战场,把工人阶级主力军、青年生力军、妇女半边天作用和人才第一资源作用,转化为促进经济社会发展的强大力量。要积极主动宣传改革和依法治国,组织引导群众理解改革、支持改革、参与改革、推进改革,积极投身社会主义法治国家建设,促进形成最广泛的合力。

群团组织要紧紧结合自身职责，深入开展群众性劳动竞赛、技能比武、科技创新、科学普及等活动，动员群众立足岗位创新创业创优。积极开展对所联系群众的知识技能培训，促进能力素质提高。大力宣传生态文明理念，广泛发动群众，共建美丽中国。完善应急动员、公益募捐等行动机制，在保障重大任务、支援抢险救灾、应对重大突发事件中发挥积极作用。

群团组织要广泛开展民族团结进步宣传教育，动员所联系群众旗帜鲜明反对民族分裂、维护祖国统一，促进各民族群众手足相亲、守望相助。加强同香港同胞、澳门同胞、台湾同胞和海外侨胞的往来和交流，推进国家现代化建设和祖国和平统一。多领域、多渠道、多层次开展民间对外交流，增进中国人民同各国人民友谊，维护国家核心利益。

五、推动群团组织引导群众自觉培育和践行社会主义核心价值观

群团组织是群众自我教育、自我管理的重要平台。各级党委要推动群团组织引导所联系群众继承和弘扬中华优秀文化，自觉培育和践行社会主义核心价值观。

群团组织要从所联系群众的实际出发，设计务实管用的载体，把社会主义核心价值观转化为生动活泼、特色鲜明、富有成效的群众性实践。引导广大职工弘扬劳模精神、劳动精神、工人阶级伟大品格，增强主人翁意识，打造健康文明、昂扬向上的职工文化。加强对青年的理想信念教育，引导广大青年把社会主义核心价值观的根扎牢植正。加强和改进未成年人思想道德建设，开展好少先队组织教育、自主教育和实践活动，帮助少年儿童养成好思想、好品格、好习惯。引导广大妇女弘扬传统美德和自尊自信自立自强精神，培育良好家风，推进家庭文明建设。引导科技工作者发挥示范作用，弘扬科学精神，推动形成崇尚科学、追求进步的社会氛围。推动文学艺术、新闻宣传、法律、教育、社会公益等领域工作者积极发挥作用，引领全社会崇德向善、敬业诚信、遵纪守法、互助友爱、文明和谐。

群团组织要坚持广泛发动，利用遍布城乡的组织网络和基层阵地，深化群众性精神文明创建活动，把社会主义核心价值观教育做细做实。加强正面引导，大力宣传弘扬社会主义核心价值观的新风正气，及时批评违背社会主义核心价值观的模糊认识、错误观点、不良风气，引导群众明辨真假、是非、善恶、美丑。搞好典型引路，发挥各行各业先进典型、道德模范、“最美人物”等的示范带动作用，激发全社会学习先进、追赶先进、争当先进的持久内生动力。

六、支持群团组织加强服务群众和维护群众合法权益工作

群团组织服务群众要盯牢群众所急、党政所需、群团所能的领域，重点帮助群众解决日常工作生活中最关心、最直接、最现实的利益问题和最困难、最操心、最忧虑的实际问题。有针对性地开展创业就业、心理疏导、大病救助、法律援助、婚恋交友、居家养老等服务,特别是要做好对困难职工、留守老人妇女儿童、归难侨、残疾人等群体的帮扶,对高等学校毕业生、留学回国人员、农民工的服务。制定服务型基层组织建设意见,打造符合群众需求的工作品牌,推动构建覆盖广泛、快捷有效的服务群众体系。通过项目招聘、购买服务等方式吸引社会工作人才、专家学者、社会组织等力量参与服务群众工作。广泛开展志愿服务,完善组织管理,提升志愿服务水平。

维护群众合法权益是群团组织的重要工作。各级党委和政府要把群团工作纳入党政主导的维护群众权益机制,支持群团组织在维护全国人民总体利益的同时更好维护各自所联系群众的具体利益。群团组织维权工作应该主动有为,哪里的群众合法权益受到侵害,哪里的群团组织就要帮助群众通过合法渠道、正常途径,合理伸张利益诉求,促进社会公平正义。要主动代表所联系群众参与相关法律法规和政策的制定,推动建立健全协调劳动关系等方面制度机制,从源头上保障群众权益、发展群众利益。善于运用法治思维和法治方式维权,注重通过集体协商、对话协商等方式协调各方利益,通过信访代理、推动公益诉讼、依法参与调解仲裁等方式为利益受到损害或侵犯的群众提供帮助。同时,要引导群众识大体、顾大局,依法理性表达诉求,自觉维护社会和谐稳定。

各级党委、人大、政府及有关部门研究制定涉及群众切身利益的政策措施、法律法规、发展规划、重大决策,应该请相关群团组织参与调研和论证,充分听取意见、吸收合理建议,充分考虑相关群体利益。重大决策社会稳定风险评估机制,应该吸收群团组织参加。支持群团组织切实履行代表维护职能,推动落实男女平等基本国策,健全妇女、未成年人、残疾人等合法权益保护机制。

七、支持群团组织在社会主义民主中发挥作用

群团组织特别是人民团体是广大群众依法、有序、广泛参与管理国家事务和社会事务、管理经济和文化事业的重要渠道。各级党委要重视发挥群团组织在社会主义民主中的作用,更好保证人民当家作主。

按照协商于民、协商为民的要求,拓宽人民团体参与政治协商的渠道,规范人民团体参与协商民主的内容、程序、形式。政府可通过召开会议或其他适当方式,定期向人民团体通报重要工作部署和相关重大举措,加强决策之前和决策实施之中的协商。各级政协要充分发挥人民团体及其界别委员在密切联系群众、增进社会各阶层和不同利益群体和谐中的作用,密切各专门委员会与人民团体的联系。

党委、人大要支持人民团体在县、乡人大代表换届选举中,依法按程序提名推荐代表候选人。县以上人大代表、政协委员人选的提名推荐,应该加强与人民团体的沟通协商,落实好有关人选的比例规定和政策要求。选任人民陪审员、人民监督员、人民调解员,落实人民建议征集制度,应该重视发挥人民团体作用。

群团组织应该加强对经济社会发展等方面政策的研究,提高参政议政水平。依照党的政策和国家法律法规,积极代表和组织所联系群众参与协商民主,通过多种方式反映群众意见。积极参加城乡基层群众自治和企事业单位民主管理,引导所联系群众正确行使民主权利,推动基层民主健康发展。

八、支持群团组织参与创新社会治理和维护社会稳定

群团组织是创新社会治理和维护社会和谐稳定的重要力量。各级党委和政府要合理配置职能和资源,支持群团组织依法参与社会事务管理,把适合群团组织承担的一些社会管理服务职能按照法定程序转由群团组织行使;支持群团组织立足自身优势,以合适方式参与政府购买服务。群团组织承接政府转移职能要试点先行,承接职能后应该建立符合公共服务特点的运行机制,确保能负责、能问责;参与政府购买服务,要严格管理、规范实施,做到政府放心、社会认可、自身有活力。

各级党委和政府要支持群团组织在党组织领导下发挥作用,加强对有关社会组织的政治引领、示范带动、联系服务。群团组织要通过服务来引导和促进社会组织健康有序发展。推动政府治理和社会自我调节、基层群众自治良性互动,促进多元治理主体协同协作协调、互促互补互融。组织群众主动参加社会治安综合治理、基层社区网格化管理、平安创建,积极协调化解矛盾纠纷和利益冲突。

各级党委和政府要重视发挥群团组织在全面推进依法治国特别是法治社会建设中的积极作用。支持群团组织开展群众性法治文化活动,引导群众自觉守法、遇事找法、解决问题靠法。支持群团组织参与群众普法教育,推动建设普法和法律服务志愿者队伍。建立健全群团组织参与社会事务、维护公共利益、救助困难群众、帮扶特殊人群、预防违法犯罪的机制和制度化渠道。发挥群团组织对其成员的行为导引、规则约束、权益维护作用。

九、推动群团组织改革创新、增强活力

各级党委要推动群团组织勇于改革创新,通过创造性工作增强发展活力、赢得群众信任。

基层组织是做好群团工作的基础和关键。工会、共青团、妇联等群团组织要以提高吸引力、凝聚力、战斗力和扩大有效覆盖面为目标,在巩固按行政区划、依托基层单位建立组织、开展工作的同时,创新基层组织设置、成员发展、联系群众、开展活动的方式。立体化、多层面扩大组织覆盖,重点向非公有制经济组织、社会组织、城乡社区等领域和农民工、自由职业者等群体延伸组织体系。加强高等学校群团组织建设,更好联系、引导、服务青年学生和教师。

群团组织要牢固树立以群众为本的理念,健全依靠所联系群众推进工作制度。以群众喜闻乐见、便于参加的形式和方法开展工作,组织活动请群众一起设计,部署任务请群众一起参与,表彰先进请群众一起评议。完善群团组织代表大会制度和委员会制度,建立重大事项报告制度,代表和委员履职述职制度和直接联系群众、接受群众评议制度。完善群团组织事务公开制度,主动接受群众和社会监督。

打造网上网下相互促进、有机融合的群团工作新格局。群团组织要提高网上群众工作水平,实施上网工程,建设各具特色的群团网站,推进互联互通及与主流媒体、门户网站的合作。加强网宣队伍建设,综合运用维权热线和网络论坛、手机报、微博、微信等新媒体平台进行网上引导和动员。站在网上舆论斗争最前沿,主动发声、及时发声,弘扬网上主旋律。逐步建立统一的群团组织基础信息统计制度。

适应完成党的中心任务和基层工作、群众工作需要,改革和改进机关机构设置、管理模式、运行机制,充分体现群团组织的政治性、群众性特点,防止机关化、娱乐化倾向发生。

十、加大对群团工作的支持保障力度

各地要统筹管好用好现有群众活动阵地和设施,整合用好社会资源,纳入现代公共文化服务体系,坚持公益属性,真正发挥作用。主要新闻媒体要加强对群团工作的舆论宣传。新闻出版等部门要加强对群团组织所办报刊、出版社、网站的指导管理,确保正确舆论导向。

完善群团工作经费保障制度。依法足额收缴工会经费,由财政拨款支持的群团组织工作经费列入同级财政年度预算并予以保证。各级财政加大对革命老区、民族地区、边疆地区、贫困地区的支持力度,对基层群团组织的经费补贴应该落实到位,按人头划拨的经费重点向基层倾斜。基层单位应该根据需要合理安排群团工作经费。规范群团组织资产管理使用制度,任何组织和个人不得侵占、挪用或任意调拨群团组织资产。

鼓励群团组织在国家法律和相关规定许可范围内,通过多种方式筹措事业发展资金,依法享受扶持政策。群团组织应该建立健全社会资金募集、管理、使用全过程公开制度,建立第三方监督评价机制,提高社会公信力。

强化群团工作法治保障,提高群团工作法治化水平。推进涉及群团组织工作的立法,加强群团工作相关法律法规的实施和执法检查。

十一、加强群团组织领导班子和干部队伍建设

各级党委要加强群团组织领导班子建设，努力打造政治坚定、团结务实、群众拥护的坚强领导集体。坚持德才兼备、以德为先，按照信念坚定、为民服务、勤政务实、敢于担当、清正廉洁的好干部标准，选拔群众工作经验丰富、在所联系群众中威信高的同志，推荐作为群团组织主要负责人人选。领导班子成员人选的考察推荐应该广泛听取群众意见，结构要合理优化，工会、共青团、妇联负责人中基层一线代表人士的兼职比例应该适当增加。尊重群团组织民主选举结果，保持领导干部任期内稳定。健全县级以上群团组织领导班子中心组理论学习、党员领导干部民主生活会、新进班子成员任职培训等制度。坚持严字当头，加强党风廉政建设。探索建立符合群团工作特点的群团组织领导班子和领导干部综合考评机制。

群团干部是党的干部队伍的重要组成部分。各级党委要重视抓群团干部培养，全面加强群团干部队伍建设。将群团干部培训纳入干部教育培训总体规划，分级负责、分系统落实。重视推动群团干部到火热的实践一线摸爬滚打、锻炼成才，注重从企业、农村、城乡社区等基层一线选拔优秀人才充实群团干部队伍。选好配强基层群团组织负责人，更多采用兼职、聘用等方式吸引优秀社会人才加入群团工作队伍。推进群团干部跨系统多岗位交流，加强群团组织与党政部门之间干部双向交流，把群团工作岗位作为提高干部做群众工作能力的重要平台。改进群团干部参照公务员法管理工作，支持群团组织根据自身工作特点按规定考录和遴选机关工作人员。群团干部要自觉加强学习，增强党性修养，提高能力素质。

坚持从群众中来、到群众中去，建好群众之家、当好群众之友。群团组织领导机关要带头践行党的群众路线，把密切联系群众作为根本的工作作风，把工作重心放在最广大普通群众身上。健全防止和克服“四风”问题的长效机制，坚持定期分析检查、公开承诺整改等制度，经常开展下基层接地气、请群众评机关等活动，坚决克服机关化、脱离群众现象。群团组织领导机关干部要带头树立经常联系群众、直接服务群众、真情同群众交友的好作风，竭诚为群众服务。

各省、自治区、直辖市党委，全国总工会、共青团中央、全国妇联等中央管理的群团组织，要根据本意见要求制定实施方案。中央各部委，国家机关各部委党组（党委），解放军各总部、各大单位党委，要结合各自实际研究提出贯彻落实本意见的具体措施。

关于加强欧美同学会(留学人员联谊会)建设的意见(略有删节)

(中共中央办公厅 2016 年 5 月 12 日印发)

欧美同学会(留学人员联谊会)是中国共产党领导的、以归国留学人员为主体自愿组成的、统战性的群众团体,是党联系广大留学人员的桥梁和纽带、党和政府做好留学人员工作的助手、广大留学人员之家。为深入贯彻落实中央统战工作会议、中央党的群团工作会议精神,深入贯彻落实习近平总书记在欧美同学会成立 100 周年庆祝大会上的重要讲话精神,把广大留学人员更加紧密地团结在党的周围,为协调推进"四个全面"战略布局、实现"两个一百年"奋斗目标和中华民族伟大复兴中国梦提供广泛力量支持,现就加强欧美同学会(留学人员联谊会)建设提出如下意见。

一、总体要求

(一)指导思想。全面贯彻党的十八大和十八届三中、四中、五中全会精神,以邓小平理论、"三个代表"重要思想、科学发展观为指导,深入贯彻习近平总书记系列重要讲话精神,坚持中国共产党领导,坚持弘扬留学报国传统,以健全组织体系为基础,以扩大组织覆盖为重点,以提升组织效能为关键,充分发挥留学报国人才库、建言献策智囊团、民间外交生力军的作用,为全面推进科教兴国战略和人才强国战略、实现中华民族伟大复兴的中国梦贡献力量。

(二)基本职责。欧美同学会(留学人员联谊会)要贯彻支持留学、鼓励回国、来去自由、发挥作用的方针,落实党和政府的留学人员政策;加强对归国留学人员的政治引领和政治吸纳,增进国情认知,坚定中国特色社会主义道路自信、理论自信、制度自信;吸引和举荐归国留学人才,做好归国留学人员代表人士发现、培养、使用、管理、服务工作;引导支持归国留学人员创新创业,宣传鼓励优秀归国留学人员,弘扬留学报国传统;关心归国留学人员的工作、学习、生活,反映其愿望诉求,维护其合法权益;加强同海外留学人员和留学人员组织联系,开展形式多样的交往交流活动。

二、主要任务

(三)健全组织体系。欧美同学会(中国留学人员联谊会)由中共中央书记处领导、中央统战部代管。各省(自治区、直辖市)、副省级城市和省会城市应当建立留学人员组织,由同级党委领导,并作为上一级欧美同学会(留学人员联谊会)的团体会员,接受其业务指导。

(四)配强工作力量。加强欧美同学会(留学人员联谊会)领导班子建设,注重结构优化,兼顾体制内外,把政治坚定、业绩突出、代表性强的优秀归国留学人员选进领导班子。加强常务理事会、理事会建设,认真做好常务理事、理事的推荐选拔。加强工作机构建设,充实工作力量,选好配强工作机构秘书长班子。加强机关干部队伍建设,建立健全干部培养、选拔、交流、考核、激励、监督机制。

(五)扩大会员队伍。欧美同学会(留学人员联谊会)的会员主体应当是归国留学人员。要坚持代表性和广泛性相结合的原则,拓宽发展渠道,创新吸纳方式,积极做好会员发展工作,不断增强吸引力、凝聚力、影响力。将承认欧美同学会(留学人员联谊会)章程并符合会员资格规定的归国留学人员吸纳为个人会员,同时可以吸收下一级欧美同学会(留学人员联谊会)和部分其他留学人员组织作为团体会员。坚持质量和数量并重,优化会员结构,规范会员管理,加强培养锻炼,努力建设一支高素质的归国留学人员代表人士队伍。

中央和国家机关有关部门、高等学校、科研院所、高新技术产业开发区、大型企业等单位依法成立的留学人员社团或其他留学人员组织,经申请批准,可以成为同级欧美同学会(留学人员联谊会)的团体会员。

支持欧美同学会(留学人员联谊会)按照立足国内、开拓海外的要求,吸纳适量海外优秀留学人才入会。

(六)完善工作制度。依法修订完善组织章程,依照章程开展工作。探索建立一套符合留学人员工作特点和规律的制度体系,全面加强思想建设、组织建设、载体建设、机制建设,不断提高工作科学化水平。认真贯彻落实党中央关于改进工作作风、密切联系群众的要求,建立健全理论学习、调查研究、联谊交友、内部管理等制度。

三、重要作用

(七)发挥留学报国人才库作用。建立归国留学人才信息库,及时掌握归国留学人才情况。中央人才工作协调小组要加强统筹,促进信息资源共享共用,维护人才信息安全。发挥人才引进窗口和以才引才作用,拓宽吸引海外人才渠道。加强留学报国基地建设,组织留学人员服务团,搭建归国留学人员创新创业平台。

(八)发挥建言献策智囊团作用。紧紧围绕党和政府中心工作,运用新媒体等现代科技手段,整合智力资源,拓宽建言渠道,健全工作机制,提高归国留学人员建言献策的针对性和实效性,打造具有留学人员特点的新型智库。

(九)发挥民间外交生力军作用。鼓励和引导留学人员讲好中国故事,传播好中国声音,当好中外友好交流的使者。按照党和国家外交工作总体部署,加强同驻华使领馆、商会协会、国际组织(机构)等的联系,积极开展民间外交工作,服务"一带一路"建设等国家战略,促进中外交流合作和友好交往。

四、保障措施

(十)加强组织领导。各级党委要高度重视欧美同学会(留学人员联谊会)组织建设,结合留学人员工作实际,解决组织建设中存在的突出问题。在资源配置、人才培养、政治安排等方面给予倾斜,为欧美同学会(留学人员联谊会)开展工作创造有利条件。制定涉及留学人员的政策或重大决策,要听取欧美同学会(留学人员联谊会)的意见。加强对留学人员工作的理论研究和宣传,营造留学报国的良好氛围。要在党委统一领导下,形成统战部门牵头,组织、人力资源社会保障、教育、科技、外专等有关部门和方面共同支持欧美同学会(留学人员联谊会)开展工作的格局。统战部门要与有关部门密切协作,明确责任分工,理顺工作关系,提供支持帮助。

(十一)加强党的建设。各级党委要重视加强欧美同学会(留学人员联谊会)的党建工作,依照党章,结合欧美同学会(留学人员联谊会)特点,开展党的工作。欧美同学会(留学人员联谊会)应当成立党组,并发挥领导核心作用,保证党的理论和路线方针政策贯彻落实,始终保持正确方向。充分发挥基层党组织战斗堡垒作用和党员先锋模范作用。

(十二)加强工作保障。各地要加强对欧美同学会(留学人员联谊会)工作的经费保障,为其提供必要的办公场所、活动场地,帮助解决工作中遇到的困难。欧美同学会(留学人员联谊会)要建立健全社会资金募集、管理、使用全过程公开制度,建立第三方监督评价机制,提高社会公信力。

（七）政府工作

关于推行地方各级政府工作部门权力清单制度的指导意见

（中共中央办公厅、国务院办公厅2015年3月3日印发）

推行地方各级政府工作部门权力清单制度，是党中央、国务院部署的重要改革任务，是国家治理体系和治理能力现代化建设的重要举措，对于深化行政体制改革，建设法治政府、创新政府、廉洁政府具有重要意义。近年来，一些地方在推行权力清单和相应责任清单方面进行了有益探索，取得了积极成效。为全面推进这项工作，现提出以下指导意见。

一、基本要求

（一）工作目标。将地方各级政府工作部门行使的各项行政职权及其依据、行使主体、运行流程、对应的责任等，以清单形式明确列示出来，向社会公布，接受社会监督。通过建立权力清单和相应责任清单制度，进一步明确地方各级政府工作部门职责权限，大力推动简政放权，加快形成边界清晰、分工合理、权责一致、运转高效、依法保障的政府职能体系和科学有效的权力监督、制约、协调机制，全面推进依法行政。

（二）实施范围。地方各级政府工作部门作为地方行政职权的主要实施机关，是这次推行权力清单制度的重点。依法承担行政职能的事业单位、垂直管理部门设在地方的具有行政职权的机构等，也应推行权力清单制度。

二、主要任务

（三）全面梳理现有行政职权。地方各级政府工作部门要对行使的直接面对公民、法人和其他组织的行政职权，分门别类进行全面彻底梳理，逐项列明设定依据，汇总形成部门行政职权目录。各省（自治区、直辖市）政府可参照行政许可、行政处罚、行政强制、行政征收、行政给付、行政检查、行政确认、行政奖励、行政裁决和其他类别的分类方式，结合本地实际，制定统一规范的分类标准，明确梳理的政策要求；其他类别的确定，要符合国家法律法规。

（四）大力清理调整行政职权。在全面梳理基础上，要按照职权法定原则，对现有行政职权进行清理、调整。对没有法定依据的行政职权，应及时取消，确有必要保留的,按程序办理;可下放给下级政府和部门的职权事项,应及时下放并做好承接工作;对虽有法定依据但不符合全面深化改革要求和经济社会发展需要的,法定依据相互冲突矛盾的,调整对象消失、多年不发生管理行为的行政职权,应及时提出取消或调整的建议。行政职权取消下放后,要加强事中事后监管。

(五)依法律法规审核确认。地方各级政府要对其工作部门清理后拟保留的行政职权目录,按照严密的工作程序和统一的审核标准,依法逐条逐项进行合法性、合理性和必要性审查。需修改法律法规的,要先修法再调整行政职权,先立后破,有序推进。在审查过程中,要广泛听取基层、专家学者和社会公众的意见。审查结果按规定程序由同级党委和政府确认。

(六)优化权力运行流程。对确认保留的行政职权,地方各级政府工作部门要按照透明、高效、便民原则,制定行政职权运行流程图,切实减少工作环节,规范行政裁量权,明确每个环节的承办机构、办理要求、办理时限等,提高行政职权运行的规范化水平。

(七)公布权力清单。地方各级政府对其工作部门经过确认保留的行政职权,除保密事项外,要以清单形式将每项职权的名称、编码、类型、依据、行使主体、流程图和监督方式等,及时在政府网站等载体公布。垂直管理部门设在地方的具有行政职权的机构,其权力清单由其上级部门进行合法性、合理性和必要性审核确认,并在本机构业务办理窗口、上级部门网站等载体公布。

(八)建立健全权力清单动态管理机制。权力清单公布后,要根据法律法规立改废释情况、机构和职能调整情况等,及时调整权力清单,并向社会公布。对权力清单未明确但应由政府管理的事项,政府部门要切实负起责任,需列入权力清单的,按程序办理。建立权力清单的动态调整和长效管理机制。

(九)积极推进责任清单工作。在建立权力清单的同时,要按照权责一致的原则,逐一厘清与行政职权相对应的责任事项,建立责任清单,明确责任主体,健全问责机制。已经建立权力清单的,要加快建立责任清单;尚未建立权力清单的,要把建立责任清单作为一项重要改革内容,与权力清单一并推进。

(十)强化权力监督和问责。权力清单公布后,地方各级政府工作部门、依法承担行政职能的事业单位、垂直管理部门设在地方的具有行政职权的机构等,都要严格按照权力清单行使职权,切实维护权力清单的严肃性、规范性和权威性。要大力推进行政职权网上运行,加大公开透明力度,建立有效的权力运行监督机制。对不按权力清单履行职权的单位和人员,依纪依法追究责任。

三、组织实施

(十一)加强组织领导。各级党委要高度重视推行权力清单制度工作,切实履行对改革的领导责任，把这项工作列入重要议事日程，研究重大问题，把握改革方向。各省（自治区、直辖市）政府要制定本地区推行权力清单制度工作方案，明确工作步骤，细化政策措施，认真研究部署。上级政府要加强对下级政府的指导和督促检查，重要事项及时向党委报告。国务院各部门要支持地方推行权力清单制度工作，实行垂直管理的部门要指导督促本系统设在地方的具有行政职权的机构落实权力清单制度。

（十二）坚持问题导向。要把有利于服务人民、有利于群众办事作为推行权力清单制度基本出发点，抓好清权、减权、制权、晒权等主要环节，把与企业生产经营活动关系紧密、审批权力集中的部门作为重点，把与群众生活密切相关的职权事项放在优先位置，着力解决行政许可、行政处罚、行政强制等领域社会反映强烈的突出问题，让公众切身感受到改革带来的变化。

（十三）坚持实事求是。推行权力清单制度是一项艰巨复杂的工作，要立足于我国法治建设实际，渐进有序、积极稳慎推行。政府工作部门要按照权力清单行使职权，防止乱作为；也要积极主动履行职责，避免不作为。对关系人民生产生活、社会发展稳定的事务，要勇于负责、敢于担当，切实履行职责。

（十四）坚持因地制宜。各地要紧密结合本地实际制定工作部署，提出有针对性的政策措施，扎实推行权力清单制度，勇于探索、勇于实践，创造性地开展工作。要把推行权力清单制度与简政放权、政府职能转变等结合起来，形成改革合力。已经推行权力清单制度的地方，要不断深化和完善；尚未推行的地方，要学习借鉴其他地方经验，抓紧做好相关工作。

（十五）统筹协调推进。省级政府 2015 年年底前、市县两级政府 2016 年年底前要基本完成政府工作部门、依法承担行政职能的事业单位权力清单的公布工作。乡镇政府推行权力清单制度工作由各省（自治区、直辖市）结合实际研究确定。垂直管理部门设在地方的具有行政职权的机构的权力清单公布，要与当地政府工作部门权力清单公布相衔接。中央编办、国务院法制办要加强对地方的指导，地方各级机构编制部门和政府法制部门要切实负起责任，在同级党委和政府领导下，会同有关部门积极做好推行权力清单制度工作。对推行权力清单制度情况，相关部门要适时组织督查。

关于全面推进政务公开工作的意见

(中共中央办公厅、国务院办公厅 2016 年 2 月 4 日印发)

公开透明是法治政府的基本特征。全面推进政务公开,让权力在阳光下运行,对于发展社会主义民主政治,提升国家治理能力,增强政府公信力执行力,保障人民群众知情权、参与权、表达权、监督权具有重要意义。党中央、国务院高度重视政务公开,作出了一系列重大部署,各级政府认真贯彻落实,政务公开工作取得积极成效。但与人民群众的期待相比,与建设法治政府的要求相比,仍存在公开理念不到位、制度规范不完善、工作力度不够强、公开实效不理想等问题。为进一步做好当前和今后一个时期政务公开工作,现提出以下意见。

一、全面推进政务公开工作的总体要求

(一)指导思想。认真落实党的十八大和十八届三中、四中、五中全会精神,深入贯彻习近平总书记系列重要讲话精神,紧紧围绕"四个全面"战略布局,牢固树立创新、协调、绿色、开放、共享的发展理念,深入推进依法行政,全面落实党中央、国务院有关决策部署和政府信息公开条例,坚持以公开为常态、不公开为例外,推进行政决策公开、执行公开、管理公开、服务公开和结果公开,推动简政放权、放管结合、优化服务改革,激发市场活力和社会创造力,打造法治政府、创新政府、廉洁政府和服务型政府。

(二)基本原则。紧紧围绕经济社会发展和人民群众关注关切,以公开促落实,以公开促规范,以公开促服务。依法依规明确政务公开的主体、内容、标准、方式、程序,加快推进权力清单、责任清单、负面清单公开。坚持改革创新,注重精细化、可操作性,务求公开实效,让群众看得到、听得懂、能监督。以社会需求为导向,以新闻媒体为载体,推行"互联网+政务",扩大公众参与,促进政府有效施政。

(三)工作目标。到 2020 年,政务公开工作总体迈上新台阶,依法积极稳妥实行政务公开负面清单制度,公开内容覆盖权力运行全流程、政务服务全过程,公开制度化、标准化、信息化水平显著提升,公众参与度高,用政府更加公开透明赢得人民群众更多理解、信任和支持。

二、推进政务阳光透明

(四)推进决策公开。把公众参与、专家论证、风险评估、合法性审查、集体讨

论决定确定为重大行政决策法定程序。实行重大决策预公开制度,涉及群众切身利益、需要社会广泛知晓的重要改革方案、重大政策措施、重点工程项目,除依法应当保密的外,在决策前应向社会公布决策草案、决策依据,通过听证座谈、调查研究、咨询协商、媒体沟通等方式广泛听取公众意见,以适当方式公布意见收集和采纳情况。探索利益相关方、公众、专家、媒体等列席政府有关会议制度,增强决策透明度。决策作出后,按照规定及时公开议定事项和相关文件。

(五)推进执行公开。主动公开重点改革任务、重要政策、重大工程项目的执行措施、实施步骤、责任分工、监督方式,根据工作进展公布取得成效、后续举措,听取公众意见建议,加强和改进工作,确保执行到位。各级政府及其工作部门都要做好督查和审计发现问题及整改落实情况的公开,对不作为、慢作为、乱作为问责情况也要向社会公开,增强抓落实的执行力。

(六)推进管理公开。全面推行权力清单、责任清单、负面清单公开工作,建立健全清单动态调整公开机制。推行行政执法公示制度,各级政府要根据各自的事权和职能,按照突出重点、依法有序、准确便民的原则,推动执法部门公开职责权限、执法依据、裁量基准、执法流程、执法结果、救济途径等,规范行政裁量,促进执法公平公正。推进监管情况公开,重点公开安全生产、生态环境、卫生防疫、食品药品、保障性住房、质量价格、国土资源、社会信用、交通运输、旅游市场、国有企业运营、公共资源交易等监管信息。公开民生资金等分配使用情况,重点围绕实施精准扶贫、精准脱贫,加大扶贫对象、扶贫资金分配、扶贫资金使用等信息公开力度,接受社会监督。

(七)推进服务公开。把实体政务服务中心与网上办事大厅结合起来,推动政务服务向网上办理延伸。各地区各部门要全面公开服务事项,编制发布办事指南,简化优化办事流程,让群众不跑冤枉路,办事更明白、更舒心。公布行政审批中介服务事项清单,公开项目名称、设置依据、服务时限。推行政府购买公共服务、政府和社会资本合作(PPP)提供公共服务的公开。大力推进公共企事业单位办事公开,行业主管部门要加强分类指导,组织编制公开服务事项目录,制定完善具体办法,切实承担组织协调、监督指导职责。通过最大限度方便企业和群众办事,打通政府联系服务群众“最后一公里”。

(八)推进结果公开。各级行政机关都要主动公开重大决策、重要政策落实情况,加大对党中央、国务院决策部署贯彻落实结果的公开力度。推进发展规划、政府工作报告、政府决定事项落实情况的公开,重点公开发展目标、改革任务、民生举措等方面事项。建立健全重大决策跟踪反馈和评估制度,注重运用第三方评估、专业机构鉴定、社情民意调查等多种方式,科学评价政策落实效果,增强结果公开的可信度,以工作实绩取信于民。

(九)推进重点领域信息公开。着力推进财政预决算、公共资源配置、重大建设项目批准和实施、社会公益事业建设等领域的政府信息公开,有关部门要制定实施办法,明确具体要求。各级行政机关对涉及公民、法人或其他组织权利和义务的规范性文件,都要按照政府信息公开要求和程序予以公布。规范性文件清理结果要向社会公开。加强突发事件、公共安全、重大疫情等信息发布,负责处置的地方和部门是信息发布第一责任人,要快速反应、及时发声,根据处置进展动态发布信息。

三、扩大政务开放参与

(十)推进政府数据开放。按照促进大数据发展行动纲要的要求,实施政府数据资源清单管理,加快建设国家政府数据统一开放平台,制定开放目录和数据采集标准,稳步推进政府数据共享开放。优先推动民生保障、公共服务和市场监管等领域的政府数据向社会有序开放。制定实施稳步推进公共信息资源开放的政策意见。支持鼓励社会力量充分开发利用政府数据资源,推动开展众创、众包、众扶、众筹,为大众创业、万众创新提供条件。

(十一)加强政策解读。将政策解读与政策制定工作同步考虑,同步安排。各地区各部门要发挥政策参与制定者,掌握相关政策、熟悉有关领域业务的专家学者和新闻媒体的作用,注重运用数字化、图表图解、音频视频等方式,提高政策解读的针对性、科学性、权威性。对涉及面广、社会关注度高、实施难度大、专业性强的政策法规,要通过新闻发布、政策吹风、接受访谈、发表文章等方式做好解读,深入浅出地讲解政策背景、目标和要点。各省(自治区、直辖市)政府和国务院各部门要充分利用新闻发布会和政策吹风会进行政策解读,领导干部要带头宣讲政策,特别是遇有重大突发事件、重要社会关切等,主要负责人要带头接受媒体采访,表明立场态度,发出权威声音,当好"第一新闻发言人"。新闻媒体、新闻网站、研究机构要做好党中央、国务院重大政策解读工作。

(十二)扩大公众参与。通过政务公开让公众更大程度参与政策制定、执行和监督,汇众智定政策抓落实,不断完善政策,改进工作。研究探索不同层级、不同领域公众参与的事项种类和方式,搭建政民互动平台,问政于民、问需于民、问计于民,增进公众对政府工作的认同和支持。充分利用互联网优势,积极探索公众参与新模式,提高政府公共政策制定、公共管理、公共服务的响应速度。

(十三)回应社会关切。建立健全政务舆情收集、研判、处置和回应机制,加强重大政务舆情回应督办工作,开展效果评估。对涉及本地区本部门的重要政务舆情、媒体关切、突发事件等热点问题,要按程序及时发布权威信息,讲清事实真相、政策措施以及处置结果等，认真回应关切。依法依规明确回应主体，落实责任，确保在应对重大突发事件及社会热点事件时不失声、不缺位。

（十四）发挥媒体作用。把新闻媒体作为党和政府联系群众的桥梁纽带，运用主要新闻媒体及时发布信息，解读政策，引领社会舆论。安排中央和地方媒体、新闻网站负责人参与重要活动，了解重大决策；畅通采访渠道，积极为媒体采访提供便利。同时也要发挥新闻网站、商业网站以及微博微信、移动客户端等新媒体的网络传播力和社会影响力，提高宣传引导的针对性和有效性。

四、提升政务公开能力

（十五）完善制度规范。建立健全政务公开制度，注重将政务公开实践成果上升为制度规范，对不适应形势要求的规定及时予以调整清理。修订政府信息公开条例，完善主动公开、依申请公开信息等规定。建立公开促进依法行政的机制，推动相关部门解决行政行为不规范等问题。建立健全政务公开内容、流程、平台、时限等相关标准。推进政务服务中心标准化建设，统一名称标识、进驻部门、办理事项、管理服务等。制定政府网站发展指引，明确功能定位、栏目设置、内容保障等要求。

（十六）建立政务公开负面清单。各省（自治区、直辖市）政府和国务院各部门要依法积极稳妥制定政务公开负面清单，细化明确不予公开范围，对公开后危及国家安全、经济安全、公共安全、社会稳定等方面的事项纳入负面清单管理，及时进行调整更新。负面清单要详细具体，便于检查监督，负面清单外的事项原则上都要依法依规予以公开。健全公开前保密审查机制，规范保密审查程序，妥善处理好政务公开与保守秘密的关系，对依法应当保密的，要切实做好保密工作。

（十七）提高信息化水平。积极运用大数据、云计算、移动互联网等信息技术，提升政务公开信息化、集中化水平。加快推进“互联网+政务”，构建基于互联网的一体化政务服务体系，通过信息共享、互联互通、业务协同，实行审批和服务事项在线咨询、网上办理、电子监察，做到利企便民。推动信用信息互联共享，促进“信用中国”建设。充分利用政务微博微信、政务客户端等新平台，扩大信息传播，开展在线服务，增强用户体验。

（十八）加强政府门户网站建设。强化政府门户网站信息公开第一平台作用，整合政府网站信息资源，加强各级政府网站之间协调联动，强化与中央和地方主要新闻媒体、主要新闻网站、重点商业网站的联动，充分运用新媒体手段拓宽信息传播渠道，完善功能，健全制度，加强内容和技术保障，将政府网站打造成更加全面的信息公开平台、更加权威的政策发布解读和舆论引导平台、更加及时的回应关切和便民服务平台。

(十九)抓好教育培训。各级政府要把政务公开列入公务员培训科目,依托各级党校、行政学院、干部学院等干部教育培训机构,加强对行政机关工作人员特别是领导干部的培训,增强公开意识,提高发布信息、解读政策、回应关切的能力。制定业务培训计划,精心安排培训科目和内容,分级分层组织实施,力争3年内将全国从事政务公开工作人员轮训一遍,支持政务公开工作人员接受相关继续教育。教育主管部门要鼓励高等学校开设政务公开课程,培养政务公开方面的专门人才。

五、强化保障措施

(二十)加强组织领导。各级党委和政府要高度重视政务公开工作。各级政府要在党委统一领导下,牵头做好政务公开工作,确定一位政府领导分管,建立健全协调机制,明确责任分工,切实抓好工作落实。各级政府及其工作部门办公厅(室)是政务公开工作的主管部门,具体负责组织协调、指导推进、监督检查本地区本系统的政务公开工作,要整合政务公开方面的力量和资源,加强与新闻媒体、新闻网站等的沟通协调,做好统筹指导;进一步理顺机制,明确工作机构,配齐配强专职工作人员。有条件的应把政务公开、政务服务、政府数据开放、公共资源交易监督管理等工作统筹考虑、协同推进。要加强政务公开工作经费保障,为工作顺利开展创造条件。鼓励通过引进社会资源、购买服务等方式,提升政务公开专业化水平。

(二十一)加强考核监督。把政务公开工作纳入绩效考核体系,加大分值权重。鼓励支持第三方机构对政务公开质量和效果进行独立公正的评估。指导新闻媒体和政府网站做好发布政府信息、解读政策、回应关切的工作。充分发挥人大代表、政协委员、民主党派、人民团体、社会公众、新闻媒体对政务公开工作的监督作用。强化激励和问责,对政务公开工作落实好的,按照有关规定予以表彰;对公开工作落实不到位的,予以通报批评;对违反政务公开有关规定、不履行公开义务或公开不应当公开事项,并造成严重影响的,依法依规严肃追究责任。

国务院办公厅根据本意见制定相关实施细则。各地区各部门要结合实际,制定具体实施办法,细化任务措施,明确责任分工,认真抓好落实。

关于深入推进经济发达镇行政管理体制改革的指导意见

（中共中央办公厅、国务院办公厅2016年12月8日印发）

2010年以来，按照中央统一部署，一些地区开展了经济发达镇行政管理体制改革试点，取得了预期成效，为探索和创新新型城镇化行政管理体制提供了可借鉴的经验，但仍存在人口集聚多、经济规模大的经济发达镇行政管理体制不适应等问题。为贯彻落实党的十八届三中全会提出的“对吸纳人口多、经济实力强的镇，可赋予同人口和经济规模相适应的管理权”精神和加快推进新型城镇化的部署要求，加强对经济发达镇行政管理体制改革工作的指导，现提出以下意见。

一、总体目标

全面贯彻党的十八大和十八届三中、四中、五中、六中全会精神，以马克思列宁主义、毛泽东思想、邓小平理论、“三个代表”重要思想、科学发展观为指导，深入贯彻习近平总书记系列重要讲话精神和治国理政新理念新思想新战略，以加强基层政权建设、巩固党的执政基础为核心，以扩大经济社会管理权限、完善基层政府功能为重点，以探索建立简约精干的组织架构、务实高效的用编用人制度和适应经济发达镇实际的财政管理模式为保障，构建符合基层政权定位、适应城镇化发展需求的新型行政管理体制，进一步激发经济发达镇发展内生动力，充分发挥其对周边辐射带动作用，为推进基层治理体系和治理能力现代化、提高新型城镇化质量水平和加快实现城乡统筹发展提供体制机制保障。

二、改革任务

（一）扩大经济社会管理权限。根据经济发达镇工作实际，重点强化发展产业经济、提供公共服务、加强社会管理和城镇规划建设等职能，完善基层政府功能。理顺县（市、区、旗）和经济发达镇的关系，做到权责相称。省（自治区、直辖市）政府可以将基层管理迫切需要且能够有效承接的一些县级管理权限包括行政审批、行政处罚及相关行政强制和监督检查权等赋予经济发达镇，制定目录向社会公布，明确镇政府为权力实施主体。法律规定的县级政府及其部门上述管理权限需要赋予经济发达镇的，按法定程序和要求办理。暂时不具备条件下放的管理权限，要积极创造条件，成熟一批，赋予一批。加强相关立法，为经济发达镇扩大经济社会管理权限提供法律依据。建立并公布行政权力清单和行政权力事项责任清单,明确权力下放后的运行程序、规则和权责关系,健全权力监督机制,确保下放权力接得住、用得好。

(二)构建简约精干的组织架构。遵循精简、统一、效能原则,统筹镇党委和政府机构设置,建立健全工作机制,强化镇党委领导核心作用。立足基层工作实际,优化业务流程,减少管理层级,建立扁平高效的基层组织架构。加强行政执法和综合服务等前台机构建设,统一履行直接面对公民、法人的行政审批、公共服务和行政执法职责,提高服务管理效能。整合内部决策、管理、监督、服务职责和工作力量,为前台工作提供支持和保障。设有开发区的经济发达镇可探索镇区管理机构合一体制,实行一套班子、两块牌子,促进开发区与经济发达镇融合发展。市县政府部门派驻在经济发达镇的机构,原则上应下放实行属地管理。继续实行派驻体制的,工作考核要以经济发达镇为主,干部任免应当听取所在镇党委和政府意见。

(三)推进集中审批服务和综合行政执法。整合基层公共服务和行政审批职责,打造综合、便民、高效的政务服务平台,实行"一门式办理"、"一站式服务"。公开办事依据和标准,精简程序和环节,规范自由裁量权。推广首问负责、办事代理、限时办结、服务承诺等经验做法,积极推行行政审批和公共服务网上办理,方便群众办事。发挥社会组织在经济发达镇社会治理创新中的重要作用。整合现有的站、所、分局力量和资源,由经济发达镇统一管理并实行综合行政执法。全面落实行政执法责任制,严格执行行政事业性收费和罚没收入收支两条线制度,规范执法程序和行为。建立健全镇政府与县直部门行政执法协调配合机制,强化监督问责。

(四)建立务实高效的用编用人制度。在地方机构编制限额内,赋予经济发达镇灵活用人自主权。大力推行政府购买服务,凡是适宜通过政府购买服务提供的公共服务和事务性、辅助性工作等,都要引入竞争机制,通过合同、委托等方式实行购买,由花钱养人向花钱办事转变。选配素质好、能力强的干部到经济发达镇党政领导岗位,对工作业绩突出、表现优秀的党政正职,可在职数规定范围内提拔为上一级领导班子成员并继续兼任现有职务。推进机关公务员职务与职级并行、事业单位管理岗位职员等级晋升制度,拓宽选拔任用渠道,完善人才引进机制,落实基层干部待遇政策,确保基层需要的人才进得来、留得住、干得好。

(五)探索适应经济发达镇实际的财政管理模式。按照事权和支出责任相适应的原则,逐步明确经济发达镇政府事权和支出责任。上级政府对下放给经济发达镇的事权,要给予相应财力支持。应由上级政府承担的支出责任,不得转移给经济发达镇政府承担。结合财税体制改革,完善与经济发达镇相关的财政分成办法。落实支持农业转移人口市民化的若干财政政策,促进基本公共服务均等化。建立财政激励机制,各地可明确一定时期在基建投资以及新增财政收入返还、土地出让金等方面对经济发达镇给予支持,统筹地方政府债券资金用于经济发达镇公益性项目。有条件的地方可安排专项资金对经济发达镇给予支持。鼓励金融机构和各类社会资本在经济发达镇设立分支机构、村镇银行等新型农村金融机构,为城镇建设发展提供金融服务。

(六)创新基层服务管理方式。落实党建工作责任制,强化城乡社区党组织建设,加大非公有制经济组织、社会组织及经营网点、工程项目、服务窗口党建工作力度,加强和改进党员队伍教育管理,健全党员立足岗位创先争优长效机制,充分发挥基层党组织的战斗堡垒作用。以网格化管理、社会化服务为方向,健全基层综合服务管理体系。完善城乡社区治理体制,依法厘清基层政府和基层群众性自治组织权责边界,推进城乡社区服务体系建设,大力发展专业社会工作,建立社区、社会组织、社会工作者联动机制,促进公共服务、便民利民服务、志愿服务有机衔接。通过鼓励社会资本参与城镇公用设施投资和运营,加大对基础设施建设及教育、卫生、文化等社会事业投入。坚持依法治理,加强法治保障,运用法治思维和法治方式化解社会矛盾,解决社会问题。尊重群众知情权、参与权、监督权,健全权益保障和矛盾化解机制,鼓励和支持社会各方面参与,促进政府治理和社会自我调节、居民自治良性互动。

三、组织实施

(一)加强组织领导。地方各级党委要切实履行领导责任,把经济发达镇行政管理体制改革工作列入重要议事日程,研究重大问题,凝聚改革共识,牢牢把握正确的改革方向。省(自治区、直辖市)政府要制定经济发达镇行政管理体制改革实施意见,认真研究部署,协调深入推进改革。市县政府要细化政策措施,抓好组织实施,完善考核评价体系,确保改革取得实效。上级政府要加强对下级政府的指导和督促检查,重要事项及时向同级党委报告。中央编办要会同有关部门成立工作小组,完善协调配合机制,加强督促检查和工作指导,及时研究解决改革中遇到的困难和问题。

(二)坚持因地制宜。根据经济发达镇不同地域特征和产业特点,科学制定改革方案和工作重点,加强理念引导、标准规范和技术指导,促进设计力量、专业技术人才、社会资本向经济发达镇流动汇集,建设特色鲜明、产城融合、充满魅力的新型城镇。充分考虑地区发展水平差异和主体功能区布局,合理确定经济发达镇认定标准。东部地区经济发达镇建成区常住人口一般在 10 万人左右,中部和东北地区一般在 5 万人左右,西部地区一般在 3 万人左右;常住人口城镇化率、公共财政收入等指标连续2年位居本省(自治区、直辖市)所辖乡镇前10%以内。对落实国家重大战略、完善区域城镇体系和促进区域协调发展具有特殊地位和作用的镇,以及历史文化名镇等特色小镇,应予重点考虑。省级党委和政府要结合实际研究制定经济发达镇的具体认定程序和标准,严格把关、规范审批。

(三)坚持统筹协调。统筹推进经济发达镇行政管理体制改革和新型城镇化综合改革,赋予相同的土地、建设、金融扶持政策,形成改革合力。加强城镇化宏观管理,完善城镇发展规划和各类专项规划,提升城镇规划标准,探索"多规合一",优化城镇化布局和形态,推动经济发达镇与周边城镇、乡村协同发展。符合法定标准、具备行政区划调整条件,且行政管理体制改革成果显著的经济发达镇可稳妥有序推进设立市辖区或县级市工作。统筹生产生活生态三大布局,控制城镇开发强度,提高城镇建设水平,实现生产空间集约高效、生活空间宜居适度、生态空间山清水秀。

(四)坚持积极稳妥。已开展改革试点的省份,要切实巩固试点成果,完善政策措施,渐次有序推开改革;未开展试点的省份,可以边试点边总结,逐步扩大改革范围。由省级党委和政府制定改革方案,报中央编办备案后组织实施,用3年左右时间基本实现改革总体目标。要加强舆论引导,防止急于求成、政府包办等倾向,扩大社会参与,营造良好改革氛围,确保改革顺利平稳推进。加强年度评估考核,建立能进能出动态淘汰机制,促进经济发达镇更好更快持续发展。

(八)企事业单位和社会组织工作

关于坚持和完善普通高等学校党委领导下的校长负责制的实施意见

(中共中央办公厅2014年10月1日印发)

党委领导下的校长负责制是中国共产党对国家举办的普通高等学校(以下简称“高等学校”)领导的根本制度,是高等学校坚持社会主义办学方向的重要保证,必须毫不动摇、长期坚持并不断完善。根据《中国共产党章程》、《中华人民共和国高等教育法》、《中国共产党普通高等学校基层组织工作条例》等有关规定,结合高等学校实际,现就进一步坚持和完善党委领导下的校长负责制提出以下实施意见。

一、党委统一领导学校工作

1. 高等学校党的委员会是学校的领导核心,履行党章等规定的各项职责,把握学校发展方向,决定学校重大问题,监督重大决议执行,支持校长依法独立负责地行使职权,保证以人才培养为中心的各项任务完成。

(1)全面贯彻执行党的路线方针政策,贯彻执行党的教育方针,坚持社会主义办学方向,坚持立德树人,依法治校,依靠全校师生员工推动学校科学发展,培养德智体美全面发展的中国特色社会主义事业合格建设者和可靠接班人。

(2)讨论决定事关学校改革发展稳定及教学、科研、行政管理中的重大事项和基本管理制度。

(3)坚持党管干部原则,按照干部管理权限负责干部的选拔、教育、培养、考核和监督,讨论决定学校内部组织机构的设置及其负责人的人选,依照有关程序推荐校级领导干部和后备干部人选。做好老干部工作。

(4)坚持党管人才原则,讨论决定学校人才工作规划和重大人才政策,创新人才工作体制机制,优化人才成长环境,统筹推进学校各类人才队伍建设。

(5)领导学校思想政治工作和德育工作,坚持用中国特色社会主义理论体系武装师生员工头脑,培育和践行社会主义核心价值观,牢牢掌握学校意识形态工作的领导权、管理权、话语权。维护学校安全稳定,促进和谐校园建设。

(6)加强大学文化建设,发挥文化育人作用,培育良好校风学风教风。

(7)加强对学校院(系)等基层党组织的领导,做好发展党员和党员教育、管理、服务工作,发展党内基层民主,充分发挥基层党组织的战斗堡垒作用和党员的先锋模范作用。加强学校党委自身建设。

(8)领导学校党的纪律检查工作,落实党风廉政建设主体责任,推进惩治和预防腐败体系建设。

(9)领导学校工会、共青团、学生会等群众组织和教职工代表大会。做好统一战线工作。

(10)讨论决定其他事关师生员工切身利益的重要事项。

2. 党委实行集体领导与个人分工负责相结合,坚持民主集中制,集体讨论决定学校重大问题和重要事项,领导班子成员按照分工履行职责。

3. 党委书记主持党委全面工作,负责组织党委重要活动,协调党委领导班子成员工作,督促检查党委决议贯彻落实,主动协调党委与校长之间的工作关系,支持校长开展工作。

二、校长主持学校行政工作

4. 校长是学校的法定代表人,在学校党委领导下,贯彻党的教育方针,组织实施学校党委有关决议,行使高等教育法等规定的各项职权,全面负责教学、科研、行政管理工作。

(1)组织拟订和实施学校发展规划、基本管理制度、重要行政规章制度、重大教学科研改革措施、重要办学资源配置方案。组织制定和实施具体规章制度、年度工作计划。

(2)组织拟订和实施学校内部组织机构的设置方案。按照国家法律和干部选拔任用工作有关规定,推荐副校长人选,任免内部组织机构的负责人。

(3)组织拟订和实施学校人才发展规划、重要人才政策和重大人才工程计划。负责教师队伍建设,依据有关规定聘任与解聘教师以及内部其他工作人员。

(4)组织拟订和实施学校重大基本建设、年度经费预算等方案。加强财务管理和审计监督,管理和保护学校资产。

(5)组织开展教学活动和科学研究,创新人才培养机制,提高人才培养质量,推进文化传承创新,服务国家和地方经济社会发展,把学校办出特色、争创一流。

(6)组织开展思想品德教育,负责学生学籍管理并实施奖励或处分,开展招生和就业工作。

(7)做好学校安全稳定和后勤保障工作。

(8)组织开展学校对外交流与合作,依法代表学校与各级政府、社会各界和境外机构等签署合作协议,接受社会捐赠。

(9)向党委报告重大决议执行情况,向教职工代表大会报告工作,组织处理教职工代表大会、学生代表大会、工会会员代表大会和团员代表大会有关行政工作的提案。支持学校各级党组织、民主党派基层组织、群众组织和学术组织开展工作。

(10)履行法律法规和学校章程规定的其他职权。

三、健全党委与行政议事决策制度

5. 高等学校应按期召开党员大会(党员代表大会),选举产生党的委员会。党的委员会对党员大会(党员代表大会)负责并报告工作。经上级党组织批准,规模较大、党员人数较多的高等学校党的委员会可设立常务委员会(以下简称“常委会”)。设常委会的党委一般设委员 15 至 31 人,委员中除校级领导干部外,还应有院(系)、党政工作部门负责人及师生员工代表;常委会一般设委员 7 至 11 人,学校行政领导班子成员是党员的,一般应进入常委会。不设常委会的党委,一般设委员 7 至 11 人,委员中除校级领导干部外,还可有院(系)和党政工作部门负责人代表。

6. 学校党的委员会全体会议(以下简称“全委会”)在党员大会(党员代表大会)闭会期间领导学校工作,主要对事关学校改革发展稳定和师生员工切身利益及党的建设等全局性重大问题作出决策,听取和审议常委会工作报告、纪委工作报告。会议由常委会召集,议题由常委会确定。全委会必须有三分之二以上委员到会方能召开。表决事项时,以超过应到会委员人数的半数同意为通过。

7. 常委会主持党委经常工作,主要对学校改革发展稳定和教学、科研、行政管理及党的建设等方面的重要事项作出决定,按照干部管理权限和有关程序推荐、提名、决定任免干部。常委会会议由党委书记召集并主持。会议议题由学校领导班子成员提出,党委书记确定。会议必须有半数以上常委到会方能召开;讨论决定干部任免等重要事项时,应有三分之二以上常委到会方能召开。表决事项时,以超过应到会常委人数的半数同意为通过。不是党委常委的行政领导班子成员可列席会议。

不设常委会的党委,其会议制度和议事规则参照常委会会议有关规定执行。

8. 校长办公会议或校务会议是学校行政议事决策机构,主要研究提出拟由党委讨论决定的重要事项方案,具体部署落实党委决议的有关措施,研究处理教学、科研、行政管理工作。会议由校长召集并主持。会议成员一般为学校行政领导班子成员。会议议题由学校领导班子成员提出,校长确定。会议必须有半数以上成员到会方能召开。校长应在广泛听取与会人员意见基础上,对讨论研究的事项作出决定。党委书记、副书记、纪委书记等可视议题情况参加会议。

9. 党委会议和校长办公会议(校务会议)要坚持科学决策、民主决策、依法决策,防止个人或少数人专断和议而不决、决而不行。讨论决定学校重大问题,应在调查研究基础上提出建议方案,经领导班子成员沟通酝酿且无重大分歧后提交会议讨论决定。对干部任免建议方案,在提交党委会议讨论决定前,应在党委书记、校长、分管组织工作的副书记、纪委书记等范围内进行充分酝酿。对专业性、技术性较强的重要事项,应经过专家评估及技术、政策、法律咨询。对事关师生员工切身利益的重要事项,应通过教职工代表大会或其他方式,广泛听取师生员工的意见建议。对会议决定的事项如需变更、调整,应根据决策程序进行复议。

高等学校要结合实际,制定全委会、常委会、校长办公会议(校务会议)的会议制度和议事规则。

四、完善协调运行机制

10. 党委领导下的校长负责制是一个不可分割的有机整体,必须坚持党委的领导核心地位,保证校长依法行使职权,建立健全党委统一领导、党政分工合作、协调运行的工作机制。要合理确定领导班子成员分工,明确工作职责。领导班子成员要认真执行集体决定,按照分工积极主动开展工作。

11. 党委书记和校长要树立政治意识、大局意识,相互信任,加强团结。建立定期沟通制度,及时交流工作情况。党委会议有关教学、科研、行政管理工作等议题,应在会前听取校长意见;校长办公会议(校务会议)的重要议题,应在会前听取党委书记意见。意见不一致的议题暂缓上会,待进一步交换意见、取得共识后再提交会议讨论。集体决定重大事项前,党委书记、校长和有关领导班子成员要个别酝酿、充分沟通。

12. 学校领导班子应经常沟通情况、协调工作。党委书记、校长要发扬民主,充分听取和尊重班子成员的意见,支持他们的工作。领导班子成员要相互理解、相互支持,对职责分工交叉的工作,要注意协调配合。

13. 坚持领导干部双重组织生活会制度,提高组织生活质量。认真开好民主生活会,正确运用批评和自我批评的武器,开展积极健康的思想斗争。落实谈心谈话制度,党委书记和校长要定期相互谈心,定期同其他领导班子成员谈心,对在思想、作风、廉洁自律等方面出现的苗头性倾向性问题,要早提醒、早纠正;领导班子成员之间要经常交流思想、交换意见,努力营造团结共事的和谐氛围。

14. 加强学术组织建设,健全以学术委员会为核心的学术管理体系与组织架构,合理确定学术组织人员构成,制定学术组织章程,保障学术组织依照章程行使职权,充分发挥其在学科建设、学术评价、学术发展和学风建设等方面的重要作用,积极探索教授治学的有效途径。

15. 发挥教职工代表大会及群众组织作用,健全师生员工参与民主管理和监督的工作机制。实行党务公开和校务公开,及时向师生员工、群众团体、民主党派、离退休老同志等通报学校重大决策及实施情况。推行高等学校党员代表大会代表任期制和提案制,健全学校党委常委会向全委会报告工作并接受监督等制度。

五、加强组织领导

16. 按照社会主义政治家、教育家目标要求,选好配强高等学校领导班子特别是党委书记和校长。加强领导班子思想政治建设和作风建设,加大教育培训力度,不断提高领导干部思想政治素质和办学治校能力。进一步完善高等学校领导干部培养选拔机制,加强管理和监督。高等学校领导干部要认真履职尽责,正确处理领导管理工作和个人学术研究的关系,确保有足够的时间和主要精力投入学校管理工作,党委书记和校长一般不担任科研项目主要负责人。

17. 加强学校基层党组织建设,完善院(系)党政联席会议制度,集体讨论决定重大事项。完善教职工党支部和学生党支部设置形式,创新党支部活动方式。提高发展党员质量,加强党员教育管理。大力创建基层服务型党组织,不断提高基层党组织的创造力凝聚力战斗力,保证党的路线方针政策和学校各项决定的贯彻落实。

18. 加强和改进思想政治工作,深入开展中国特色社会主义和中国梦宣传教育,引导师生员工坚持正确政治方向,坚定中国特色社会主义道路自信、理论自信、制度自信。深入开展坚持中国共产党的领导的教育,进一步深化师生员工对党委领导下的校长负责制的理解和认同,增强坚持和完善这一制度的自觉性和坚定性。

19. 学校党委要加强对领导班子成员贯彻执行党委领导下的校长负责制情况的监督,发现问题及时纠正。上级党委和有关部门要加强对高等学校贯彻执行这一制度情况的检查,将其作为巡视工作及领导班子和领导干部考核评价的重要内容,巡视和考核结果作为学校领导干部选拔任用和奖惩的重要依据。对违反民主集中制原则,不执行党委决议,或因班子内部不团结而严重影响工作的,应根据具体情况追究相关人员责任,必要时对班子进行调整。

20. 上级党委和有关部门要通过教育培训、经验交流等方式,加强对高等学校贯彻执行党委领导下的校长负责制的工作指导。注意宣传和推广好经验好做法,及时研究解决工作中出现的问题,支持高等学校探索创新,不断提高贯彻执行党委领导下的校长负责制的水平。

各地区各高等学校应根据本实施意见,结合实际制定具体实施办法。

(九)法治建设

中共中央关于全面推进依法治国若干重大问题的决定

(2014年10月23日中国共产党第十八届中央委员会第四次全体会议通过)

为贯彻落实党的十八大作出的战略部署,加快建设社会主义法治国家,十八届中央委员会第四次全体会议研究了全面推进依法治国若干重大问题,作出如下决定。

一、坚持走中国特色社会主义法治道路,建设中国特色社会主义法治体系

依法治国,是坚持和发展中国特色社会主义的本质要求和重要保障,是实现国家治理体系和治理能力现代化的必然要求,事关我们党执政兴国,事关人民幸福安康,事关党和国家长治久安。

全面建成小康社会、实现中华民族伟大复兴的中国梦,全面深化改革、完善和发展中国特色社会主义制度,提高党的执政能力和执政水平,必须全面推进依法治国。

我国正处于社会主义初级阶段,全面建成小康社会进入决定性阶段,改革进入攻坚期和深水区,国际形势复杂多变,我们党面对的改革发展稳定任务之重前所未有、矛盾风险挑战之多前所未有,依法治国在党和国家工作全局中的地位更加突出、作用更加重大。面对新形势新任务,我们党要更好统筹国内国际两个大局,更好维护和运用我国发展的重要战略机遇期,更好统筹社会力量、平衡社会利益、调节社会关系、规范社会行为,使我国社会在深刻变革中既生机勃勃又井然有序,实现经济发展、政治清明、文化昌盛、社会公正、生态良好,实现我国和平发展的战略目标,必须更好发挥法治的引领和规范作用。

我们党高度重视法治建设。长期以来,特别是党的十一届三中全会以来,我们党深刻总结我国社会主义法治建设的成功经验和深刻教训,提出为了保障人民民主,必须加强法治,必须使民主制度化、法律化,把依法治国确定为党领导人民治理国家的基本方略,把依法执政确定为党治国理政的基本方式,积极建设社会主义法治,取得历史性成就。目前,中国特色社会主义法律体系已经形成,法治政府建设稳步推进,司法体制不断完善,全社会法治观念明显增强。

同时,必须清醒看到,同党和国家事业发展要求相比,同人民群众期待相比,同推进国家治理体系和治理能力现代化目标相比,法治建设还存在许多不适应、不符合的问题,主要表现为:有的法律法规未能全面反映客观规律和人民意愿,针对性、可操作性不强,立法工作中部门化倾向、争权诿责现象较为突出;有法不依、执法不严、违法不究现象比较严重,执法体制权责脱节、多头执法、选择性执法现象仍然存在,执法司法不规范、不严格、不透明、不文明现象较为突出,群众对执法司法不公和腐败问题反映强烈;部分社会成员尊法信法守法用法、依法维权意识不强,一些国家工作人员特别是领导干部依法办事观念不强、能力不足,知法犯法、以言代法、以权压法、徇私枉法现象依然存在。这些问题,违背社会主义法治原则,损害人民群众利益,妨碍党和国家事业发展,必须下大气力加以解决。

全面推进依法治国,必须贯彻落实党的十八大和十八届三中全会精神,高举中国特色社会主义伟大旗帜,以马克思列宁主义、毛泽东思想、邓小平理论、“三个代表”重要思想、科学发展观为指导,深入贯彻习近平总书记系列重要讲话精神,坚持党的领导、人民当家作主、依法治国有机统一,坚定不移走中国特色社会主义法治道路,坚决维护宪法法律权威,依法维护人民权益、维护社会公平正义、维护国家安全稳定,为实现“两个一百年”奋斗目标、实现中华民族伟大复兴的中国梦提供有力法治保障。

全面推进依法治国,总目标是建设中国特色社会主义法治体系,建设社会主义法治国家。这就是,在中国共产党领导下,坚持中国特色社会主义制度,贯彻中国特色社会主义法治理论,形成完备的法律规范体系、高效的法治实施体系、严密的法治监督体系、有力的法治保障体系,形成完善的党内法规体系,坚持依法治国、依法执政、依法行政共同推进,坚持法治国家、法治政府、法治社会一体建设,实现科学立法、严格执法、公正司法、全民守法,促进国家治理体系和治理能力现代化。

实现这个总目标,必须坚持以下原则。

——坚持中国共产党的领导。党的领导是中国特色社会主义最本质的特征,是社会主义法治最根本的保证。把党的领导贯彻到依法治国全过程和各方面,是我国社会主义法治建设的一条基本经验。我国宪法确立了中国共产党的领导地位。坚持党的领导,是社会主义法治的根本要求,是党和国家的根本所在、命脉所在,是全国各族人民的利益所系、幸福所系,是全面推进依法治国的题中应有之义。党的领导和社会主义法治是一致的,社会主义法治必须坚持党的领导,党的领导必须依靠社会主义法治。只有在党的领导下依法治国、厉行法治,人民当家作主才能充分实现,国家和社会生活法治化才能有序推进。依法执政,既要求党依据宪法法律治国理政,也要求党依据党内法规管党治党。必须坚持党领导立法、保证执法、支持司法、带头守法,把依法治国基本方略同依法执政基本方式统一起来,把党总揽全局、协调各方同人大、政府、政协、审判机关、检察机关依法依章程履行职能、开展工作统一起来,把党领导人民制定和实施宪法法律同党坚持在宪法法律范围内活动统一起来,善于使党的主张通过法定程序成为国家意志,善于使党组织推荐的人选通过法定程序成为国家政权机关的领导人员,善于通过国家政权机关实施党对国家和社会的领导,善于运用民主集中制原则维护中央权威、维护全党全国团结统一。

——坚持人民主体地位。人民是依法治国的主体和力量源泉,人民代表大会制度是保证人民当家作主的根本政治制度。必须坚持法治建设为了人民、依靠人民、造福人民、保护人民,以保障人民根本权益为出发点和落脚点,保证人民依法享有广泛的权利和自由、承担应尽的义务,维护社会公平正义,促进共同富裕。必须保证人民在党的领导下,依照法律规定,通过各种途径和形式管理国家事务,管理经济文化事业,管理社会事务。必须使人民认识到法律既是保障自身权利的有力武器,也是必须遵守的行为规范,增强全社会学法尊法守法用法意识,使法律为人民所掌握、所遵守、所运用。

——坚持法律面前人人平等。平等是社会主义法律的基本属性。任何组织和个人都必须尊重宪法法律权威,都必须在宪法法律范围内活动,都必须依照宪法法律行使权力或权利、履行职责或义务,都不得有超越宪法法律的特权。必须维护国家法制统一、尊严、权威,切实保证宪法法律有效实施,绝不允许任何人以任何借口任何形式以言代法、以权压法、徇私枉法。必须以规范和约束公权力为重点,加大监督力度,做到有权必有责、用权受监督、违法必追究,坚决纠正有法不依、执法不严、违法不究行为。

——坚持依法治国和以德治国相结合。国家和社会治理需要法律和道德共同发挥作用。必须坚持一手抓法治、一手抓德治,大力弘扬社会主义核心价值观,弘扬中华传统美德,培育社会公德、职业道德、家庭美德、个人品德,既重视发挥法律的规范作用,又重视发挥道德的教化作用,以法治体现道德理念、强化法律对道德建设的促进作用,以道德滋养法治精神、强化道德对法治文化的支撑作用,实现法律和道德相辅相成、法治和德治相得益彰。

——坚持从中国实际出发。中国特色社会主义道路、理论体系、制度是全面推进依法治国的根本遵循。必须从我国基本国情出发,同改革开放不断深化相适应,总结和运用党领导人民实行法治的成功经验,围绕社会主义法治建设重大理论和实践问题,推进法治理论创新,发展符合中国实际、具有中国特色、体现社会发展规律的社会主义法治理论,为依法治国提供理论指导和学理支撑。汲取中华法律文化精华,借鉴国外法治有益经验,但决不照搬外国法治理念和模式。

全面推进依法治国是一个系统工程,是国家治理领域一场广泛而深刻的革命,需要付出长期艰苦努力。全党同志必须更加自觉地坚持依法治国、更加扎实地推进依法治国,努力实现国家各项工作法治化,向着建设法治中国不断前进。

二、完善以宪法为核心的中国特色社会主义法律体系,加强宪法实施

法律是治国之重器,良法是善治之前提。建设中国特色社会主义法治体系,必须坚持立法先行,发挥立法的引领和推动作用,抓住提高立法质量这个关键。要恪守以民为本、立法为民理念,贯彻社会主义核心价值观,使每一项立法都符合宪法精神、反映人民意志、得到人民拥护。要把公正、公平、公开原则贯穿立法全过程,完善立法体制机制,坚持立改废释并举,增强法律法规的及时性、系统性、针对性、有效性。

(一)健全宪法实施和监督制度。宪法是党和人民意志的集中体现,是通过科学民主程序形成的根本法。坚持依法治国首先要坚持依宪治国,坚持依法执政首先要坚持依宪执政。全国各族人民、一切国家机关和武装力量、各政党和各社会团体、各企业事业组织,都必须以宪法为根本的活动准则,并且负有维护宪法尊严、保证宪法实施的职责。一切违反宪法的行为都必须予以追究和纠正。

完善全国人大及其常委会宪法监督制度,健全宪法解释程序机制。加强备案审查制度和能力建设,把所有规范性文件纳入备案审查范围,依法撤销和纠正违宪违法的规范性文件,禁止地方制发带有立法性质的文件。

将每年十二月四日定为国家宪法日。在全社会普遍开展宪法教育,弘扬宪法精神。建立宪法宣誓制度,凡经人大及其常委会选举或者决定任命的国家工作人员正式就职时公开向宪法宣誓。

(二)完善立法体制。加强党对立法工作的领导,完善党对立法工作中重大问题决策的程序。凡立法涉及重大体制和重大政策调整的,必须报党中央讨论决定。党中央向全国人大提出宪法修改建议,依照宪法规定的程序进行宪法修改。法律制定和修改的重大问题由全国人大常委会党组向党中央报告。

健全有立法权的人大主导立法工作的体制机制,发挥人大及其常委会在立法工作中的主导作用。建立由全国人大相关专门委员会、全国人大常委会法制工作委员会组织有关部门参与起草综合性、全局性、基础性等重要法律草案制度。增加有法治实践经验的专职常委比例。依法建立健全专门委员会、工作委员会立法专家顾问制度。

加强和改进政府立法制度建设,完善行政法规、规章制定程序,完善公众参与政府立法机制。重要行政管理法律法规由政府法制机构组织起草。

明确立法权力边界,从体制机制和工作程序上有效防止部门利益和地方保护主义法律化。对部门间争议较大的重要立法事项,由决策机关引入第三方评估,充分听取各方意见,协调决定,不能久拖不决。加强法律解释工作,及时明确法律规定含义和适用法律依据。明确地方立法权限和范围,依法赋予设区的市地方立法权。

(三)深入推进科学立法、民主立法。加强人大对立法工作的组织协调,健全立法起草、论证、协调、审议机制,健全向下级人大征询立法意见机制,建立基层立法联系点制度,推进立法精细化。健全法律法规规章起草征求人大代表意见制度,增加人大代表列席人大常委会会议人数,更多发挥人大代表参与起草和修改法律作用。完善立法项目征集和论证制度。健全立法机关主导、社会各方有序参与立法的途径和方式。探索委托第三方起草法律法规草案。

健全立法机关和社会公众沟通机制,开展立法协商,充分发挥政协委员、民主党派、工商联、无党派人士、人民团体、社会组织在立法协商中的作用,探索建立有关国家机关、社会团体、专家学者等对立法中涉及的重大利益调整论证咨询机制。拓宽公民有序参与立法途径,健全法律法规规章草案公开征求意见和公众意见采纳情况反馈机制,广泛凝聚社会共识。

完善法律草案表决程序,对重要条款可以单独表决。

(四)加强重点领域立法。依法保障公民权利,加快完善体现权利公平、机会公平、规则公平的法律制度,保障公民人身权、财产权、基本政治权利等各项权利不受侵犯,保障公民经济、文化、社会等各方面权利得到落实,实现公民权利保障法治化。增强全社会尊重和保障人权意识,健全公民权利救济渠道和方式。

社会主义市场经济本质上是法治经济。使市场在资源配置中起决定性作用和更好发挥政府作用,必须以保护产权、维护契约、统一市场、平等交换、公平竞争、有效监管为基本导向,完善社会主义市场经济法律制度。健全以公平为核心原则的产权保护制度,加强对各种所有制经济组织和自然人财产权的保护,清理有违公平的法律法规条款。创新适应公有制多种实现形式的产权保护制度,加强对国有、集体资产所有权、经营权和各类企业法人财产权的保护。国家保护企业以法人财产权依法自主经营、自负盈亏,企业有权拒绝任何组织和个人无法律依据的要求。加强企业社会责任立法。完善激励创新的产权制度、知识产权保护制度和促进科技成果转化的体制机制。加强市场法律制度建设,编纂民法典,制定和完善发展规划、投资管理、土地管理、能源和矿产资源、农业、财政税收、金融等方面法律法规,促进商品和要素自由流动、公平交易、平等使用。依法加强和改善宏观调控、市场监管,反对垄断,促进合理竞争,维护公平竞争的市场秩序。加强军民融合深度发展法治保障。

制度化、规范化、程序化是社会主义民主政治的根本保障。以保障人民当家作主为核心,坚持和完善人民代表大会制度,坚持和完善中国共产党领导的多党合作和政治协商制度、民族区域自治制度以及基层群众自治制度,推进社会主义民主政治法治化。加强社会主义协商民主制度建设,推进协商民主广泛多层制度化发展,构建程序合理、环节完整的协商民主体系。完善和发展基层民主制度,依法推进基层民主和行业自律,实行自我管理、自我服务、自我教育、自我监督。完善国家机构组织法,完善选举制度和工作机制。加快推进反腐败国家立法,完善惩治和预防腐败体系,形成不敢腐、不能腐、不想腐的有效机制,坚决遏制和预防腐败现象。完善惩治贪污贿赂犯罪法律制度,把贿赂犯罪对象由财物扩大为财物和其他财产性利益。

建立健全坚持社会主义先进文化前进方向、遵循文化发展规律、有利于激发文化创造活力、保障人民基本文化权益的文化法律制度。制定公共文化服务保障法,促进基本公共文化服务标准化、均等化。制定文化产业促进法,把行之有效的文化经济政策法定化,健全促进社会效益和经济效益有机统一的制度规范。制定国家勋章和国家荣誉称号法,表彰有突出贡献的杰出人士。加强互联网领域立法,完善网络信息服务、网络安全保护、网络社会管理等方面的法律法规,依法规范网络行为。

加快保障和改善民生、推进社会治理体制创新法律制度建设。依法加强和规范公共服务,完善教育、就业、收入分配、社会保障、医疗卫生、食品安全、扶贫、慈善、社会救助和妇女儿童、老年人、残疾人合法权益保护等方面的法律法规。加强社会组织立法,规范和引导各类社会组织健康发展。制定社区矫正法。

贯彻落实总体国家安全观,加快国家安全法治建设,抓紧出台反恐怖等一批急需法律,推进公共安全法治化,构建国家安全法律制度体系。

用严格的法律制度保护生态环境,加快建立有效约束开发行为和促进绿色发展、循环发展、低碳发展的生态文明法律制度,强化生产者环境保护的法律责任,大幅度提高违法成本。建立健全自然资源产权法律制度,完善国土空间开发保护方面的法律制度,制定完善生态补偿和土壤、水、大气污染防治及海洋生态环境保护等法律法规,促进生态文明建设。

实现立法和改革决策相衔接,做到重大改革于法有据、立法主动适应改革和经济社会发展需要。实践证明行之有效的,要及时上升为法律。实践条件还不成熟、需要先行先试的,要按照法定程序作出授权。对不适应改革要求的法律法规,要及时修改和废止。

三、深入推进依法行政,加快建设法治政府

法律的生命力在于实施,法律的权威也在于实施。各级政府必须坚持在党的领导下、在法治轨道上开展工作,创新执法体制,完善执法程序,推进综合执法,严格执法责任,建立权责统一、权威高效的依法行政体制,加快建设职能科学、权责法定、执法严明、公开公正、廉洁高效、守法诚信的法治政府。

(一)依法全面履行政府职能。完善行政组织和行政程序法律制度,推进机构、职能、权限、程序、责任法定化。行政机关要坚持法定职责必须为、法无授权不可为,勇于负责、敢于担当,坚决纠正不作为、乱作为,坚决克服懒政、怠政,坚决惩处失职、渎职。行政机关不得法外设定权力,没有法律法规依据不得作出减损公民、法人和其他组织合法权益或者增加其义务的决定。推行政府权力清单制度,坚决消除权力设租寻租空间。

推进各级政府事权规范化、法律化,完善不同层级政府特别是中央和地方政府事权法律制度,强化中央政府宏观管理、制度设定职责和必要的执法权,强化省级政府统筹推进区域内基本公共服务均等化职责,强化市县政府执行职责。

(二)健全依法决策机制。把公众参与、专家论证、风险评估、合法性审查、集体讨论决定确定为重大行政决策法定程序,确保决策制度科学、程序正当、过程公开、责任明确。建立行政机关内部重大决策合法性审查机制,未经合法性审查或经审查不合法的,不得提交讨论。

积极推行政府法律顾问制度,建立政府法制机构人员为主体、吸收专家和律师参加的法律顾问队伍,保证法律顾问在制定重大行政决策、推进依法行政中发挥积极作用。

建立重大决策终身责任追究制度及责任倒查机制,对决策严重失误或者依法应该及时作出决策但久拖不决造成重大损失、恶劣影响的,严格追究行政首长、负有责任的其他领导人员和相关责任人员的法律责任。

(三)深化行政执法体制改革。根据不同层级政府的事权和职能,按照减少层次、整合队伍、提高效率的原则,合理配置执法力量。

推进综合执法,大幅减少市县两级政府执法队伍种类,重点在食品药品安全、工商质检、公共卫生、安全生产、文化旅游、资源环境、农林水利、交通运输、城乡建设、海洋渔业等领域内推行综合执法,有条件的领域可以推行跨部门综合执法。

完善市县两级政府行政执法管理,加强统一领导和协调。理顺行政强制执行体制。理顺城管执法体制,加强城市管理综合执法机构建设,提高执法和服务水平。

严格实行行政执法人员持证上岗和资格管理制度,未经执法资格考试合格,不得授予执法资格,不得从事执法活动。严格执行罚缴分离和收支两条线管理制度,严禁收费罚没收入同部门利益直接或者变相挂钩。

健全行政执法和刑事司法衔接机制,完善案件移送标准和程序,建立行政执法机关、公安机关、检察机关、审判机关信息共享、案情通报、案件移送制度,坚决克服有案不移、有案难移、以罚代刑现象,实现行政处罚和刑事处罚无缝对接。

(四)坚持严格规范公正文明执法。依法惩处各类违法行为,加大关系群众切身利益的重点领域执法力度。完善执法程序,建立执法全过程记录制度。明确具体操作流程,重点规范行政许可、行政处罚、行政强制、行政征收、行政收费、行政检查等执法行为。严格执行重大执法决定法制审核制度。

建立健全行政裁量权基准制度,细化、量化行政裁量标准,规范裁量范围、种类、幅度。加强行政执法信息化建设和信息共享,提高执法效率和规范化水平。

全面落实行政执法责任制,严格确定不同部门及机构、岗位执法人员执法责任和责任追究机制,加强执法监督,坚决排除对执法活动的干预,防止和克服地方和部门保护主义,惩治执法腐败现象。

(五)强化对行政权力的制约和监督。加强党内监督、人大监督、民主监督、行政监督、司法监督、审计监督、社会监督、舆论监督制度建设,努力形成科学有效的权力运行制约和监督体系,增强监督合力和实效。

加强对政府内部权力的制约,是强化对行政权力制约的重点。对财政资金分配使用、国有资产监管、政府投资、政府采购、公共资源转让、公共工程建设等权力集中的部门和岗位实行分事行权、分岗设权、分级授权,定期轮岗,强化内部流程控制,防止权力滥用。完善政府内部层级监督和专门监督,改进上级机关对下级机关的监督,建立常态化监督制度。完善纠错问责机制,健全责令公开道歉、停职检查、引咎辞职、责令辞职、罢免等问责方式和程序。

完善审计制度,保障依法独立行使审计监督权。对公共资金、国有资产、国有资源和领导干部履行经济责任情况实行审计全覆盖。强化上级审计机关对下级审计机关的领导。探索省以下地方审计机关人财物统一管理。推进审计职业化建设。

(六)全面推进政务公开。坚持以公开为常态、不公开为例外原则,推进决策公开、执行公开、管理公开、服务公开、结果公开。各级政府及其工作部门依据权力清单,向社会全面公开政府职能、法律依据、实施主体、职责权限、管理流程、监督方式等事项。重点推进财政预算、公共资源配置、重大建设项目批准和实施、社会公益事业建设等领域的政府信息公开。

涉及公民、法人或其他组织权利和义务的规范性文件,按照政府信息公开要求和程序予以公布。推行行政执法公示制度。推进政务公开信息化,加强互联网政务信息数据服务平台和便民服务平台建设。

四、保证公正司法,提高司法公信力

公正是法治的生命线。司法公正对社会公正具有重要引领作用,司法不公对社会公正具有致命破坏作用。必须完善司法管理体制和司法权力运行机制,规范司法行为,加强对司法活动的监督,努力让人民群众在每一个司法案件中感受到公平正义。

(一)完善确保依法独立公正行使审判权和检察权的制度。各级党政机关和领导干部要支持法院、检察院依法独立公正行使职权。建立领导干部干预司法活动、插手具体案件处理的记录、通报和责任追究制度。任何党政机关和领导干部都不得让司法机关做违反法定职责、有碍司法公正的事情,任何司法机关都不得执行党政机关和领导干部违法干预司法活动的要求。对干预司法机关办案的,给予党纪政纪处分;造成冤假错案或者其他严重后果的,依法追究刑事责任。

健全行政机关依法出庭应诉、支持法院受理行政案件、尊重并执行法院生效裁判的制度。完善惩戒妨碍司法机关依法行使职权、拒不执行生效裁判和决定、藐视法庭权威等违法犯罪行为的法律规定。

建立健全司法人员履行法定职责保护机制。非因法定事由,非经法定程序,不得将法官、检察官调离、辞退或者作出免职、降级等处分。

(二)优化司法职权配置。健全公安机关、检察机关、审判机关、司法行政机关各司其职,侦查权、检察权、审判权、执行权相互配合、相互制约的体制机制。

完善司法体制,推动实行审判权和执行权相分离的体制改革试点。完善刑罚执行制度,统一刑罚执行体制。改革司法机关人财物管理体制,探索实行法院、检察院司法行政事务管理权和审判权、检察权相分离。

最高人民法院设立巡回法庭,审理跨行政区域重大行政和民商事案件。探索设立跨行政区划的人民法院和人民检察院,办理跨地区案件。完善行政诉讼体制机制,合理调整行政诉讼案件管辖制度,切实解决行政诉讼立案难、审理难、执行难等突出问题。

改革法院案件受理制度,变立案审查制为立案登记制,对人民法院依法应该受理的案件,做到有案必立、有诉必理,保障当事人诉权。加大对虚假诉讼、恶意诉讼、无理缠诉行为的惩治力度。完善刑事诉讼中认罪认罚从宽制度。

完善审级制度,一审重在解决事实认定和法律适用,二审重在解决事实法律争议、实现二审终审,再审重在解决依法纠错、维护裁判权威。完善对涉及公民人身、财产权益的行政强制措施实行司法监督制度。检察机关在履行职责中发现行政机关违法行使职权或者不行使职权的行为,应该督促其纠正。探索建立检察机关提起公益诉讼制度。

明确司法机关内部各层级权限,健全内部监督制约机制。司法机关内部人员不得违反规定干预其他人员正在办理的案件,建立司法机关内部人员过问案件的记录制度和责任追究制度。完善主审法官、合议庭、主任检察官、主办侦查员办案责任制,落实谁办案谁负责。

加强职务犯罪线索管理,健全受理、分流、查办、信息反馈制度,明确纪检监察和刑事司法办案标准和程序衔接,依法严格查办职务犯罪案件。

(三)推进严格司法。坚持以事实为根据、以法律为准绳,健全事实认定符合客观真相、办案结果符合实体公正、办案过程符合程序公正的法律制度。加强和规范司法解释和案例指导,统一法律适用标准。

推进以审判为中心的诉讼制度改革,确保侦查、审查起诉的案件事实证据经得起法律的检验。全面贯彻证据裁判规则,严格依法收集、固定、保存、审查、运用证据,完善证人、鉴定人出庭制度,保证庭审在查明事实、认定证据、保护诉权、公正裁判中发挥决定性作用。

明确各类司法人员工作职责、工作流程、工作标准,实行办案质量终身负责制和错案责任倒查问责制,确保案件处理经得起法律和历史检验。

(四)保障人民群众参与司法。坚持人民司法为人民,依靠人民推进公正司法,通过公正司法维护人民权益。在司法调解、司法听证、涉诉信访等司法活动中保障人民群众参与。完善人民陪审员制度,保障公民陪审权利,扩大参审范围,完善随机抽选方式,提高人民陪审制度公信度。逐步实行人民陪审员不再审理法律适用问题,只参与审理事实认定问题。

构建开放、动态、透明、便民的阳光司法机制,推进审判公开、检务公开、警务公开、狱务公开,依法及时公开执法司法依据、程序、流程、结果和生效法律文书,杜绝暗箱操作。加强法律文书释法说理,建立生效法律文书统一上网和公开查询制度。

(五)加强人权司法保障。强化诉讼过程中当事人和其他诉讼参与人的知情权、陈述权、辩护辩论权、申请权、申诉权的制度保障。健全落实罪刑法定、疑罪从无、非法证据排除等法律原则的法律制度。完善对限制人身自由司法措施和侦查手段的司法监督,加强对刑讯逼供和非法取证的源头预防,健全冤假错案有效防范、及时纠正机制。

切实解决执行难,制定强制执行法,规范查封、扣押、冻结、处理涉案财物的司法程序。加快建立失信被执行人信用监督、威慑和惩戒法律制度。依法保障胜诉当事人及时实现权益。

落实终审和诉讼终结制度,实行诉访分离,保障当事人依法行使申诉权利。对不服司法机关生效裁判、决定的申诉,逐步实行由律师代理制度。对聘不起律师的申诉人,纳入法律援助范围。

(六)加强对司法活动的监督。完善检察机关行使监督权的法律制度,加强对刑事诉讼、民事诉讼、行政诉讼的法律监督。完善人民监督员制度,重点监督检察机关查办职务犯罪的立案、羁押、扣押冻结财物、起诉等环节的执法活动。司法机关要及时回应社会关切。规范媒体对案件的报道,防止舆论影响司法公正。

依法规范司法人员与当事人、律师、特殊关系人、中介组织的接触、交往行为。严禁司法人员私下接触当事人及律师、泄露或者为其打探案情、接受吃请或者收受其财物、为律师介绍代理和辩护业务等违法违纪行为,坚决惩治司法掮客行为,防止利益输送。

对因违法违纪被开除公职的司法人员、吊销执业证书的律师和公证员,终身禁止从事法律职业,构成犯罪的要依法追究刑事责任。

坚决破除各种潜规则,绝不允许法外开恩,绝不允许办关系案、人情案、金钱案。坚决反对和克服特权思想、衙门作风、霸道作风,坚决反对和惩治粗暴执法、野蛮执法行为。对司法领域的腐败零容忍,坚决清除害群之马。

五、增强全民法治观念,推进法治社会建设

法律的权威源自人民的内心拥护和真诚信仰。人民权益要靠法律保障,法律权威要靠人民维护。必须弘扬社会主义法治精神,建设社会主义法治文化,增强全社会厉行法治的积极性和主动性,形成守法光荣、违法可耻的社会氛围,使全体人民都成为社会主义法治的忠实崇尚者、自觉遵守者、坚定捍卫者。

(一)推动全社会树立法治意识。坚持把全民普法和守法作为依法治国的长期基础性工作,深入开展法治宣传教育,引导全民自觉守法、遇事找法、解决问题靠法。坚持把领导干部带头学法、模范守法作为树立法治意识的关键,完善国家工作人员学法用法制度,把宪法法律列入党委(党组)中心组学习内容,列为党校、行政学院、干部学院、社会主义学院必修课。把法治教育纳入国民教育体系,从青少年抓起,在中小学设立法治知识课程。

健全普法宣传教育机制，各级党委和政府要加强对普法工作的领导，宣传、文化、教育部门和人民团体要在普法教育中发挥职能作用。实行国家机关“谁执法谁普法”的普法责任制，建立法官、检察官、行政执法人员、律师等以案释法制度，加强普法讲师团、普法志愿者队伍建设。把法治教育纳入精神文明创建内容，开展群众性法治文化活动，健全媒体公益普法制度，加强新媒体新技术在普法中的运用，提高普法实效。

牢固树立有权力就有责任、有权利就有义务观念。加强社会诚信建设，健全公民和组织守法信用记录，完善守法诚信褒奖机制和违法失信行为惩戒机制，使尊法守法成为全体人民共同追求和自觉行动。

加强公民道德建设，弘扬中华优秀传统文化，增强法治的道德底蕴，强化规则意识，倡导契约精神，弘扬公序良俗。发挥法治在解决道德领域突出问题中的作用，引导人们自觉履行法定义务、社会责任、家庭责任。

（二）推进多层次多领域依法治理。坚持系统治理、依法治理、综合治理、源头治理，提高社会治理法治化水平。深入开展多层次多形式法治创建活动，深化基层组织和部门、行业依法治理，支持各类社会主体自我约束、自我管理。发挥市民公约、乡规民约、行业规章、团体章程等社会规范在社会治理中的积极作用。

发挥人民团体和社会组织在法治社会建设中的积极作用。建立健全社会组织参与社会事务、维护公共利益、救助困难群众、帮教特殊人群、预防违法犯罪的机制和制度化渠道。支持行业协会商会类社会组织发挥行业自律和专业服务功能。发挥社会组织对其成员的行为导引、规则约束、权益维护作用。加强在华境外非政府组织管理，引导和监督其依法开展活动。

高举民族大团结旗帜，依法妥善处置涉及民族、宗教等因素的社会问题，促进民族关系、宗教关系和谐。

（三）建设完备的法律服务体系。推进覆盖城乡居民的公共法律服务体系建设，加强民生领域法律服务。完善法律援助制度，扩大援助范围，健全司法救助体系，保证人民群众在遇到法律问题或者权利受到侵害时获得及时有效法律帮助。

发展律师、公证等法律服务业，统筹城乡、区域法律服务资源，发展涉外法律服务业。健全统一司法鉴定管理体制。

（四）健全依法维权和化解纠纷机制。强化法律在维护群众权益、化解社会矛盾中的权威地位，引导和支持人们理性表达诉求、依法维护权益，解决好群众最关心最直接最现实的利益问题。

构建对维护群众利益具有重大作用的制度体系，建立健全社会矛盾预警机制、利益表达机制、协商沟通机制、救济救助机制,畅通群众利益协调、权益保障法律渠道。把信访纳入法治化轨道,保障合理合法诉求依照法律规定和程序就能得到合理合法的结果。

健全社会矛盾纠纷预防化解机制,完善调解、仲裁、行政裁决、行政复议、诉讼等有机衔接、相互协调的多元化纠纷解决机制。加强行业性、专业性人民调解组织建设,完善人民调解、行政调解、司法调解联动工作体系。完善仲裁制度,提高仲裁公信力。健全行政裁决制度,强化行政机关解决同行政管理活动密切相关的民事纠纷功能。

深入推进社会治安综合治理,健全落实领导责任制。完善立体化社会治安防控体系,有效防范化解管控影响社会安定的问题,保障人民生命财产安全。依法严厉打击暴力恐怖、涉黑犯罪、邪教和黄赌毒等违法犯罪活动,绝不允许其形成气候。依法强化危害食品药品安全、影响安全生产、损害生态环境、破坏网络安全等重点问题治理。

六、加强法治工作队伍建设

全面推进依法治国,必须大力提高法治工作队伍思想政治素质、业务工作能力、职业道德水准,着力建设一支忠于党、忠于国家、忠于人民、忠于法律的社会主义法治工作队伍,为加快建设社会主义法治国家提供强有力的组织和人才保障。

(一)建设高素质法治专门队伍。把思想政治建设摆在首位,加强理想信念教育,深入开展社会主义核心价值观和社会主义法治理念教育,坚持党的事业、人民利益、宪法法律至上,加强立法队伍、行政执法队伍、司法队伍建设。抓住立法、执法、司法机关各级领导班子建设这个关键,突出政治标准,把善于运用法治思维和法治方式推动工作的人选拔到领导岗位上来。畅通立法、执法、司法部门干部和人才相互之间以及与其他部门具备条件的干部和人才交流渠道。

推进法治专门队伍正规化、专业化、职业化,提高职业素养和专业水平。完善法律职业准入制度,健全国家统一法律职业资格考试制度,建立法律职业人员统一职前培训制度。建立从符合条件的律师、法学专家中招录立法工作者、法官、检察官制度,畅通具备条件的军队转业干部进入法治专门队伍的通道,健全从政法专业毕业生中招录人才的规范便捷机制。加强边疆地区、民族地区法治专门队伍建设。加快建立符合职业特点的法治工作人员管理制度,完善职业保障体系,建立法官、检察官、人民警察专业职务序列及工资制度。

建立法官、检察官逐级遴选制度。初任法官、检察官由高级人民法院、省级人民检察院统一招录,一律在基层法院、检察院任职。上级人民法院、人民检察院的法官、检察官一般从下一级人民法院、人民检察院的优秀法官、检察官中遴选。

（二）加强法律服务队伍建设。加强律师队伍思想政治建设，把拥护中国共产党领导、拥护社会主义法治作为律师从业的基本要求，增强广大律师走中国特色社会主义法治道路的自觉性和坚定性。构建社会律师、公职律师、公司律师等优势互补、结构合理的律师队伍。提高律师队伍业务素质，完善执业保障机制。加强律师事务所管理，发挥律师协会自律作用，规范律师执业行为，监督律师严格遵守职业道德和职业操守，强化准入、退出管理，严格执行违法违规执业惩戒制度。加强律师行业党的建设，扩大党的工作覆盖面，切实发挥律师事务所党组织的政治核心作用。

各级党政机关和人民团体普遍设立公职律师，企业可设立公司律师，参与决策论证，提供法律意见，促进依法办事，防范法律风险。明确公职律师、公司律师法律地位及权利义务，理顺公职律师、公司律师管理体制机制。

发展公证员、基层法律服务工作者、人民调解员队伍。推动法律服务志愿者队伍建设。建立激励法律服务人才跨区域流动机制，逐步解决基层和欠发达地区法律服务资源不足和高端人才匮乏问题。

（三）创新法治人才培养机制。坚持用马克思主义法学思想和中国特色社会主义法治理论全方位占领高校、科研机构法学教育和法学研究阵地，加强法学基础理论研究，形成完善的中国特色社会主义法学理论体系、学科体系、课程体系，组织编写和全面采用国家统一的法律类专业核心教材，纳入司法考试必考范围。坚持立德树人、德育为先导向，推动中国特色社会主义法治理论进教材进课堂进头脑，培养造就熟悉和坚持中国特色社会主义法治体系的法治人才及后备力量。建设通晓国际法律规则、善于处理涉外法律事务的涉外法治人才队伍。

健全政法部门和法学院校、法学研究机构人员双向交流机制，实施高校和法治工作部门人员互聘计划，重点打造一支政治立场坚定、理论功底深厚、熟悉中国国情的高水平法学家和专家团队，建设高素质学术带头人、骨干教师、专兼职教师队伍。

七、加强和改进党对全面推进依法治国的领导

党的领导是全面推进依法治国、加快建设社会主义法治国家最根本的保证。必须加强和改进党对法治工作的领导，把党的领导贯彻到全面推进依法治国全过程。

（一）坚持依法执政。依法执政是依法治国的关键。各级党组织和领导干部要深刻认识到，维护宪法法律权威就是维护党和人民共同意志的权威，捍卫宪法法律尊严就是捍卫党和人民共同意志的尊严,保证宪法法律实施就是保证党和人民共同意志的实现。各级领导干部要对法律怀有敬畏之心,牢记法律红线不可逾越、法律底线不可触碰,带头遵守法律,带头依法办事,不得违法行使权力,更不能以言代法、以权压法、徇私枉法。

健全党领导依法治国的制度和工作机制,完善保证党确定依法治国方针政策和决策部署的工作机制和程序。加强对全面推进依法治国统一领导、统一部署、统筹协调。完善党委依法决策机制,发挥政策和法律的各自优势,促进党的政策和国家法律互联互动。党委要定期听取政法机关工作汇报,做促进公正司法、维护法律权威的表率。党政主要负责人要履行推进法治建设第一责任人职责。各级党委要领导和支持工会、共青团、妇联等人民团体和社会组织在依法治国中积极发挥作用。

人大、政府、政协、审判机关、检察机关的党组织和党员干部要坚决贯彻党的理论和路线方针政策,贯彻党委决策部署。各级人大、政府、政协、审判机关、检察机关的党组织要领导和监督本单位模范遵守宪法法律,坚决查处执法犯法、违法用权等行为。

政法委员会是党委领导政法工作的组织形式,必须长期坚持。各级党委政法委员会要把工作着力点放在把握政治方向、协调各方职能、统筹政法工作、建设政法队伍、督促依法履职、创造公正司法环境上,带头依法办事,保障宪法法律正确统一实施。政法机关党组织要建立健全重大事项向党委报告制度。加强政法机关党的建设,在法治建设中充分发挥党组织政治保障作用和党员先锋模范作用。

(二)加强党内法规制度建设。党内法规既是管党治党的重要依据,也是建设社会主义法治国家的有力保障。党章是最根本的党内法规,全党必须一体严格遵行。完善党内法规制定体制机制,加大党内法规备案审查和解释力度,形成配套完备的党内法规制度体系。注重党内法规同国家法律的衔接和协调,提高党内法规执行力,运用党内法规把党要管党、从严治党落到实处,促进党员、干部带头遵守国家法律法规。

党的纪律是党内规矩。党规党纪严于国家法律,党的各级组织和广大党员干部不仅要模范遵守国家法律,而且要按照党规党纪以更高标准严格要求自己,坚定理想信念,践行党的宗旨,坚决同违法乱纪行为作斗争。对违反党规党纪的行为必须严肃处理,对苗头性倾向性问题必须抓早抓小,防止小错酿成大错、违纪走向违法。

依纪依法反对和克服形式主义、官僚主义、享乐主义和奢靡之风,形成严密的长效机制。完善和严格执行领导干部政治、工作、生活待遇方面各项制度规定,着力整治各种特权行为。深入开展党风廉政建设和反腐败斗争,严格落实党风廉政建设党委主体责任和纪委监督责任,对任何腐败行为和腐败分子,必须依纪依法予以坚决惩处,决不手软。

(三)提高党员干部法治思维和依法办事能力。党员干部是全面推进依法治国的重要组织者、推动者、实践者,要自觉提高运用法治思维和法治方式深化改革、推动发展、化解矛盾、维护稳定能力,高级干部尤其要以身作则、以上率下。把法治建设成效作为衡量各级领导班子和领导干部工作实绩重要内容,纳入政绩考核指标体系。把能不能遵守法律、依法办事作为考察干部重要内容,在相同条件下,优先提拔使用法治素养好、依法办事能力强的干部。对特权思想严重、法治观念淡薄的干部要批评教育,不改正的要调离领导岗位。

(四)推进基层治理法治化。全面推进依法治国,基础在基层,工作重点在基层。发挥基层党组织在全面推进依法治国中的战斗堡垒作用,增强基层干部法治观念、法治为民的意识,提高依法办事能力。加强基层法治机构建设,强化基层法治队伍,建立重心下移、力量下沉的法治工作机制,改善基层基础设施和装备条件,推进法治干部下基层活动。

(五)深入推进依法治军从严治军。党对军队绝对领导是依法治军的核心和根本要求。紧紧围绕党在新形势下的强军目标,着眼全面加强军队革命化现代化正规化建设,创新发展依法治军理论和实践,构建完善的中国特色军事法治体系,提高国防和军队建设法治化水平。

坚持在法治轨道上积极稳妥推进国防和军队改革,深化军队领导指挥体制、力量结构、政策制度等方面改革,加快完善和发展中国特色社会主义军事制度。

健全适应现代军队建设和作战要求的军事法规制度体系,严格规范军事法规制度的制定权限和程序,将所有军事规范性文件纳入审查范围,完善审查制度,增强军事法规制度科学性、针对性、适用性。

坚持从严治军铁律,加大军事法规执行力度,明确执法责任,完善执法制度,健全执法监督机制,严格责任追究,推动依法治军落到实处。

健全军事法制工作体制,建立完善领导机关法制工作机构。改革军事司法体制机制,完善统一领导的军事审判、检察制度,维护国防利益,保障军人合法权益,防范打击违法犯罪。建立军事法律顾问制度,在各级领导机关设立军事法律顾问,完善重大决策和军事行动法律咨询保障制度。改革军队纪检监察体制。

强化官兵法治理念和法治素养,把法律知识学习纳入军队院校教育体系、干部理论学习和部队教育训练体系,列为军队院校学员必修课和部队官兵必学必训内容。完善军事法律人才培养机制。加强军事法治理论研究。

(六)依法保障"一国两制"实践和推进祖国统一。坚持宪法的最高法律地位和最高法律效力,全面准确贯彻"一国两制"、"港人治港"、"澳人治澳"、高度自治的方针,严格依照宪法和基本法办事,完善与基本法实施相关的制度和机制,依法行使中央权力,依法保障高度自治,支持特别行政区行政长官和政府依法施政,保障内地与香港、澳门经贸关系发展和各领域交流合作,防范和反对外部势力干预港澳事务,保持香港、澳门长期繁荣稳定。

运用法治方式巩固和深化两岸关系和平发展,完善涉台法律法规,依法规范和保障两岸人民关系、推进两岸交流合作。运用法律手段捍卫一个中国原则、反对"台独",增进维护一个中国框架的共同认知,推进祖国和平统一。

依法保护港澳同胞、台湾同胞权益。加强内地同香港和澳门、大陆同台湾的执法司法协作,共同打击跨境违法犯罪活动。

(七)加强涉外法律工作。适应对外开放不断深化,完善涉外法律法规体系,促进构建开放型经济新体制。积极参与国际规则制定,推动依法处理涉外经济、社会事务,增强我国在国际法律事务中的话语权和影响力,运用法律手段维护我国主权、安全、发展利益。强化涉外法律服务,维护我国公民、法人在海外及外国公民、法人在我国的正当权益,依法维护海外侨胞权益。深化司法领域国际合作,完善我国司法协助体制,扩大国际司法协助覆盖面。加强反腐败国际合作,加大海外追赃追逃、遣返引渡力度。积极参与执法安全国际合作,共同打击暴力恐怖势力、民族分裂势力、宗教极端势力和贩毒走私、跨国有组织犯罪。

各级党委要全面准确贯彻本决定精神,健全党委统一领导和各方分工负责、齐抓共管的责任落实机制,制定实施方案,确保各项部署落到实处。

全党同志和全国各族人民要紧密团结在以习近平同志为总书记的党中央周围,高举中国特色社会主义伟大旗帜,积极投身全面推进依法治国伟大实践,开拓进取,扎实工作,为建设法治中国而奋斗!

法治政府建设实施纲要(2015—2020年)

(中共中央、国务院2015年12月23日印发)

党的十八大把法治政府基本建成确立为到2020年全面建成小康社会的重要目标之一,意义重大、影响深远、任务艰巨。为深入推进依法行政,加快建设法治政府,如期实现法治政府基本建成的奋斗目标,针对当前法治政府建设实际,制定本纲要。

一、总体要求

(一)指导思想

高举中国特色社会主义伟大旗帜,全面贯彻党的十八大和十八届二中、三中、四中、五中全会精神,以马克思列宁主义、毛泽东思想、邓小平理论、"三个代表"重要思想、科学发展观为指导,深入贯彻习近平总书记系列重要讲话精神,根据全面建成小康社会、全面深化改革、全面依法治国、全面从严治党的战略布局,围绕建设中国特色社会主义法治体系、建设社会主义法治国家的全面推进依法治国总目标,坚持依法治国、依法执政、依法行政共同推进,坚持法治国家、法治政府、法治社会一体建设,深入推进依法行政,加快建设法治政府,培育和践行社会主义核心价值观,弘扬社会主义法治精神,推进国家治理体系和治理能力现代化,为实现"两个一百年"奋斗目标、实现中华民族伟大复兴的中国梦提供有力法治保障。

(二)总体目标

经过坚持不懈的努力,到2020年基本建成职能科学、权责法定、执法严明、公开公正、廉洁高效、守法诚信的法治政府。

(三)基本原则

建设法治政府必须坚持中国共产党的领导,坚持人民主体地位,坚持法律面前人人平等,坚持依法治国和以德治国相结合,坚持从中国实际出发,坚持依宪施政、依法行政、简政放权,把政府工作全面纳入法治轨道,实行法治政府建设与创新政府、廉洁政府、服务型政府建设相结合。

(四)衡量标准

政府职能依法全面履行,依法行政制度体系完备,行政决策科学民主合法,宪法法律严格公正实施,行政权力规范透明运行,人民权益切实有效保障,依法行政能力普遍提高。

二、主要任务和具体措施

(一)依法全面履行政府职能

目标:牢固树立创新、协调、绿色、开放、共享的发展理念,坚持政企分开、政资分开、政事分开、政社分开,简政放权、放管结合、优化服务,政府与市场、政府与社会的关系基本理顺,政府职能切实转变,宏观调控、市场监管、社会管理、公共服务、环境保护等职责依法全面履行。

措施:

1. 深化行政审批制度改革。全面清理行政审批事项,全部取消非行政许可审批事项。最大程度减少对生产经营活动的许可,最大限度缩小投资项目审批、核准的范围,最大幅度减少对各类机构及其活动的认定。取消不符合行政许可法规定的资质资格准入许可,研究建立国家职业资格目录清单管理制度。直接面向基层、量大面广、由地方实施更方便有效的行政审批事项,一律下放地方和基层管理。加大取消和下放束缚企业生产经营、影响群众就业创业行政许可事项的力度,做好已取消和下放行政审批事项的落实和衔接,鼓励大众创业、万众创新。严格控制新设行政许可,加强合法性、必要性、合理性审查论证。对增加企业和公民负担的证照进行清理规范。对保留的行政审批事项,探索目录化、编码化管理,全面推行一个窗口办理、并联办理、限时办理、规范办理、透明办理、网上办理,提高行政效能,激发社会活力。加快投资项目在线审批监管平台建设,实施在线监测并向社会公开,2015 年实现部门间的横向联通及中央和地方的纵向贯通。加快推进相对集中行政许可权工作,支持地方开展相对集中行政许可权改革试点。全面清理规范行政审批中介服务,对保留的行政审批中介服务实行清单管理并向社会公布,坚决整治“红顶中介”,切断行政机关与中介服务机构之间的利益链,推进中介服务行业公平竞争。

2. 大力推行权力清单、责任清单、负面清单制度并实行动态管理。在全面梳理、清理调整、审核确认、优化流程的基础上,将政府职能、法律依据、实施主体、职责权限、管理流程、监督方式等事项以权力清单的形式向社会公开,逐一厘清与行政权力相对应的责任事项、责任主体、责任方式。省级政府 2015 年年底前、市县两级政府 2016 年年底前基本完成政府工作部门、依法承担行政职能的事业单位权力清单的公布工作。开展编制国务院部门权力和责任清单试点。实行统一的市场准入制度,在制定负面清单基础上,各类市场主体可依法平等进入清单之外领域。建立行政事业性收费和政府性基金清单制度,清理取消不合法、不合规、不合理的收费基金项目,公布全国性、中央部门和单位及省级收费目录清单,减轻企业和公民负担。2015 年年底前,没有法律法规依据且未按规定批准、越权设立的收费基金项目,政府提供普遍公共服务或体现一般性管理职能的行政事业性收费,没有法定依据的行政审批中介服务项目及收费,一律取消;擅自提高征收标准、扩大征收范围的,一律停止执行。

3. 优化政府组织结构。完善行政组织和行政程序法律制度,推进机构、职能、权限、程序、责任法定化。深化行政体制改革,优化政府机构设置、职能配置、工作流程,理顺部门职责关系,积极稳妥实施大部门制。创新行政管理方式,完善政府绩效管理。推进各级政府事权规范化、法律化,完善不同层级政府特别是中央和地方政府事权法律制度,强化中央政府宏观管理、制度设定职责和必要的执法权,强化省级政府统筹推进区域内基本公共服务均等化职责,强化市县政府执行职责。

4. 完善宏观调控。健全发展规划、投资管理、财政税收、金融等方面法律制度,加强发展战略、规划、政策、标准等制定和实施。切实转变政府投资管理职能,确立企业投资主体地位,制定并公开企业投资项目核准目录清单。完善主要由市场决定价格的机制,大幅缩减政府定价种类和项目,制定并公布政府定价目录,全面放开竞争性领域商品和服务价格。

5. 加强市场监管。清理、废除妨碍全国统一市场和公平竞争的各种规定和做法,破除部门保护、地区封锁和行业垄断。深化商事制度改革,继续清理工商登记前置审批,加快工商登记后置审批改革。进一步推进工商注册登记制度便利化,2015 年年底前实现工商营业执照、组织机构代码证、税务登记证"三证合一"、"一照一码"。推行电子营业执照和全程电子化登记,实行"一址多照"和"一照多址"。加强事中事后监管,创新市场监管方式,完善市场监管体系,建立透明、规范、高效的投资项目纵横联动、协同监管机制,实行综合监管,推广随机抽查,探索"智能"监管。加强社会信用体系建设,建立健全全国统一的社会信用代码制度和信用信息共享交换平台,推进企业信用信息公示"全国一张网"建设,依法保护企业和个人信息安全。完善外资管理法律法规,保持外资政策稳定、透明、可预期。健全对外投资促进制度和服务体系,支持企业扩大对外投资,推动装备、技术、标准、服务走出去。

6. 创新社会治理。加强社会治理法律、体制机制、能力、人才队伍和信息化建设,提高社会治理科学化和法治化水平。完善社会组织登记管理制度。适合由社会组织提供的公共服务和解决的事项,交由社会组织承担。支持和发展社会工作服务机构和志愿服务组织。规范和引导网络社团社群健康发展,加强监督管理。深入推进社会治安综合治理,健全落实领导责任制。完善立体化社会治安防控体系,有效防范管控影响社会安定的问题,保护人民生命财产安全。提高公共突发事件防范处置和防灾救灾减灾能力。全方位强化安全生产,全过程保障食品药品安全。推进社会自治,发挥市民公约、乡规民约、行业规章、团体章程等社会规范在社会治理中的积极作用。

7. 优化公共服务。着力促进教育、卫生、文化等社会事业健康发展,强化政府促进就业、调节收入分配和完善社会保障职能,加快形成政府主导、覆盖城乡、可持续的基本公共服务体系,实现基本公共服务标准化、均等化、法定化。建立健全政府购买公共服务制度,公开政府购买公共服务目录,加强政府购买公共服务质量监管。推进公共服务提供主体和提供方式多元化,凡属事务性管理服务,原则上都要引入竞争机制向社会购买;确需政府参与的,实行政府和社会资本合作模式。

8. 强化生态环境保护。加快建立和完善有效约束开发行为和促进绿色发展、循环发展、低碳发展的生态文明法律制度。深化资源型产品价格和税费改革,实行资源有偿使用制度和生态补偿制度。改革生态环境保护管理体制,完善并严格实行环境信息公开制度、环境影响评价制度和污染物排放总量控制制度。健全生态环境保护责任追究制度和生态环境损害赔偿制度。对领导干部实行自然资源资产离任审计。

(二)完善依法行政制度体系

目标:提高政府立法质量,构建系统完备、科学规范、运行有效的依法行政制度体系,使政府管理各方面制度更加成熟更加定型,为建设社会主义市场经济、民主政治、先进文化、和谐社会、生态文明,促进人的全面发展,提供有力制度保障。

措施:

9. 完善政府立法体制机制。严格落实立法法规定,坚持立改废释并举,完善行政法规、规章制定程序,健全政府立法立项、起草、论证、协调、审议机制,推进政府立法精细化,增强政府立法的及时性、系统性、针对性、有效性。完善立法项目向社会公开征集制度。通过开展立法前评估等方式,健全立法项目论证制度。重要行政管理法律法规由政府法制机构组织起草,有效防止部门利益和地方保护主义法律化。对部门间争议较大的重要立法事项,由决策机关引入第三方评估,充分听取各方意见,协调决定,不能久拖不决。探索委托第三方起草法律法规规章草案。定期开展法规规章立法后评估,提高政府立法科学性。对不适应改革和经济社会发展要求的法律法规规章,要及时修改和废止。加强行政法规、规章解释工作。

10. 加强重点领域政府立法。围绕党和国家中心工作，加快推进完善社会主义市场经济体制，发展社会主义民主政治，建设社会主义先进文化，创新社会治理，保障公民权利和改善民生，维护国家安全，保护生态环境和加强政府自身建设等领域的政府立法。坚持在法治下推进改革、在改革中完善法治，实现立法和改革决策相统一、相衔接，做到重大改革于法有据、立法主动适应改革和经济社会发展需要。对实践证明已经比较成熟的改革经验和行之有效的改革举措，要及时上升为法律法规规章。

11. 提高政府立法公众参与度。拓展社会各方有序参与政府立法的途径和方式。健全法律法规规章起草征求人大代表意见制度，充分发挥政协委员、民主党派、工商联、无党派人士、人民团体、社会组织在立法协商中的作用。建立有关国家机关、社会团体、专家学者等对政府立法中涉及的重大利益调整论证咨询机制。拟设定的制度涉及群众切身利益或各方面存在较大意见分歧的，要采取座谈会、论证会、听证会、问卷调查等形式广泛听取意见。除依法需要保密的外，法律法规规章草案要通过网络、报纸等媒体向社会公开征求意见，期限一般不少于30日。加强与社会公众的沟通，健全公众意见采纳情况反馈机制，广泛凝聚社会共识。

12. 加强规范性文件监督管理。完善规范性文件制定程序，落实合法性审查、集体讨论决定等制度，实行制定机关对规范性文件统一登记、统一编号、统一印发制度。规范性文件不得设定行政许可、行政处罚、行政强制等事项，不得减损公民、法人和其他组织合法权益或者增加其义务。涉及公民、法人和其他组织权利义务的规范性文件，应当按照法定要求和程序予以公布，未经公布的不得作为行政管理依据。加强备案审查制度和能力建设，把所有规范性文件纳入备案审查范围，健全公民、法人和其他组织对规范性文件的建议审查制度，加大备案审查力度，做到有件必备、有错必纠。

13. 建立行政法规、规章和规范性文件清理长效机制。根据全面深化改革、经济社会发展需要，以及上位法制定、修改、废止情况，及时清理有关行政法规、规章、规范性文件。自2015年起用3年时间，对国务院文件进行全面清理，清理结果向社会公布。2017年年底前，有关部门和地方政府要完成对现行行政法规、规章、规范性文件的清理工作，清理结果向社会公布。实行行政法规、规章、规范性文件目录和文本动态化、信息化管理，各级政府及其部门要根据规范性文件立改废情况及时作出调整并向社会公布。

（三）推进行政决策科学化、民主化、法治化

目标：行政决策制度科学、程序正当、过程公开、责任明确，决策法定程序严

格落实,决策质量显著提高,决策效率切实保证,违法决策、不当决策、拖延决策明显减少并得到及时纠正,行政决策公信力和执行力大幅提升。

措施:

14. 健全依法决策机制。完善重大行政决策程序制度,明确决策主体、事项范围、法定程序、法律责任,规范决策流程,强化决策法定程序的刚性约束。

15. 增强公众参与实效。事关经济社会发展全局和涉及群众切身利益的重大行政决策事项,应当广泛听取意见,与利害关系人进行充分沟通,并注重听取有关人大代表、政协委员、人民团体、基层组织、社会组织的意见。各级行政机关特别是市县两级政府要加强公众参与平台建设,对社会关注度高的决策事项,应当公开信息、解释说明,及时反馈意见采纳情况和理由。推行文化教育、医疗卫生、资源开发、环境保护、公用事业等重大民生决策事项民意调查制度。

16. 提高专家论证和风险评估质量。加强中国特色新型智库建设,建立行政决策咨询论证专家库。对专业性、技术性较强的决策事项,应当组织专家、专业机构进行论证。选择论证专家要注重专业性、代表性、均衡性,支持其独立开展工作,逐步实行专家信息和论证意见公开。落实重大决策社会稳定风险评估机制。

17. 加强合法性审查。建立行政机关内部重大决策合法性审查机制,未经合法性审查或经审查不合法的,不得提交讨论。建立政府法制机构人员为主体、吸收专家和律师参加的法律顾问队伍,保证法律顾问在制定重大行政决策、推进依法行政中发挥积极作用。

18. 坚持集体讨论决定。重大行政决策应当经政府常务会议或者全体会议、部门领导班子会议讨论,由行政首长在集体讨论基础上作出决定。行政首长拟作出的决定与会议组成人员多数人的意见不一致的,应当在会上说明理由。集体讨论情况和决定要如实记录、完整存档。

19. 严格决策责任追究。决策机关应当跟踪决策执行情况和实施效果,根据实际需要进行重大行政决策后评估。健全并严格实施重大决策终身责任追究制度及责任倒查机制,对决策严重失误或者依法应该及时作出决策但久拖不决造成重大损失、恶劣影响的,严格追究行政首长、负有责任的其他领导人员和相关责任人员的党纪政纪和法律责任。

(四)坚持严格规范公正文明执法

目标:权责统一、权威高效的行政执法体制建立健全,法律法规规章得到严格实施,各类违法行为得到及时查处和制裁,公民、法人和其他组织的合法权益得到切实保障,经济社会秩序得到有效维护,行政违法或不当行为明显减少,对行政执法的社会满意度显著提高。

措施：

20. 改革行政执法体制。根据不同层级政府的事权和职能，按照减少层次、整合队伍、提高效率的原则，合理配置执法力量。推进执法重心向市县两级政府下移，把机构改革、政府职能转变调整出来的人员编制重点用于充实基层执法力量。完善市县两级政府行政执法管理，加强统一领导和协调。大幅减少市县两级政府执法队伍种类，重点在食品药品安全、工商质检、公共卫生、安全生产、文化旅游、资源环境、农林水利、交通运输、城乡建设、海洋渔业、商务等领域内推行综合执法，支持有条件的领域推行跨部门综合执法。加大关系群众切身利益的重点领域执法力度。理顺城管执法体制，加强城市管理综合执法机构和队伍建设，提高执法和服务水平。理顺行政强制执行体制，科学配置行政强制执行权，提高行政强制执行效率。健全行政执法和刑事司法衔接机制，完善案件移送标准和程序，建立健全行政执法机关、公安机关、检察机关、审判机关信息共享、案情通报、案件移送制度。

21. 完善行政执法程序。建立健全行政裁量权基准制度，细化、量化行政裁量标准，规范裁量范围、种类、幅度。建立执法全过程记录制度，制定行政执法程序规范，明确具体操作流程，重点规范行政许可、行政处罚、行政强制、行政征收、行政收费、行政检查等执法行为。健全行政执法调查取证、告知、罚没收入管理等制度，明确听证、集体讨论决定的适用条件。完善行政执法权限协调机制，及时解决执法机关之间的权限争议，建立异地行政执法协助制度。严格执行重大行政执法决定法制审核制度，未经法制审核或者审核未通过的，不得作出决定。

22. 创新行政执法方式。推行行政执法公示制度。加强行政执法信息化建设和信息共享，有条件的地方和部门2016年年底前要建立统一的行政执法信息平台，完善网上执法办案及信息查询系统。强化科技、装备在行政执法中的应用。推广运用说服教育、劝导示范、行政指导、行政奖励等非强制性执法手段。健全公民和组织守法信用记录，完善守法诚信褒奖机制和违法失信行为惩戒机制。

23. 全面落实行政执法责任制。严格确定不同部门及机构、岗位执法人员的执法责任，建立健全常态化的责任追究机制。加强执法监督，加快建立统一的行政执法监督网络平台，建立健全投诉举报、情况通报等制度，坚决排除对执法活动的干预，防止和克服部门利益和地方保护主义，防止和克服执法工作中的利益驱动，惩治执法腐败现象。

24. 健全行政执法人员管理制度。2016年年底前，各地区各部门对行政执法人员进行一次严格清理,全面实行行政执法人员持证上岗和资格管理制度,未经执法资格考试合格,不得授予执法资格,不得从事执法活动。健全纪律约束机制,加强职业道德教育,全面提高执法人员素质。逐步推行行政执法人员平时考核制度,科学合理设计考核指标体系,考核结果作为执法人员职务级别调整、交流轮岗、教育培训、奖励惩戒的重要依据。规范执法辅助人员管理,明确其适用岗位、身份性质、职责权限、权利义务、聘用条件和程序等。

25. 加强行政执法保障。推动形成全社会支持行政执法机关依法履职的氛围。对妨碍行政机关正常工作秩序、阻碍行政执法人员依法履责的违法行为,坚决依法处理。各级党政机关和领导干部要支持行政执法机关依法公正行使职权,不得让行政执法人员做不符合法律规定的事情。行政机关履行执法职责所需经费,由各级政府纳入本级政府预算,保证执法经费足额拨付。改善执法条件,合理安排执法装备配备、科技建设方面的投入。严格执行罚缴分离和收支两条线管理制度,严禁下达或者变相下达罚没指标,严禁将行政事业性收费、罚没收入同部门利益直接或者变相挂钩。

(五)强化对行政权力的制约和监督

目标:科学有效的行政权力运行制约和监督体系基本形成,惩治和预防腐败体系进一步健全,各方面监督形成合力,人民群众的知情权、参与权、表达权、监督权得到切实保障,损害公民、法人和其他组织合法权益的违法行政行为得到及时纠正,违法行政责任人依法依纪受到严肃追究。

措施:

26. 健全行政权力运行制约和监督体系。坚持用制度管权管事管人,坚持决策权、执行权、监督权既相互制约又相互协调,完善各方面监督制度,确保行政机关按照法定权限和程序行使权力。起草法律法规规章和规范性文件,要有效落实公开行政权力运行流程、惩治和预防腐败、防控廉政风险、防止利益冲突等要求,切实把权力关进制度的笼子。加强行政程序制度建设,严格规范作出各类行政行为的主体、权限、方式、步骤和时限。发挥政府诚信建设示范作用,加快政府守信践诺机制建设。加强公务员诚信管理,建立公务员诚信档案。

27. 自觉接受党内监督、人大监督、民主监督、司法监督。在党委对党风廉政建设和反腐败工作的统一领导下,各级政府及其部门党组(党委)要切实履行主体责任,主要负责人是第一责任人,对本级政府本部门党风廉政建设负总责。认真执行向本级人大及其常委会报告工作制度,接受询问和质询制度,报备行政法规、规章制度。认真研究处理人大及其常委会组成人员对政府工作提出的有关审议意见,及时研究办理人大代表和政协委员提出的意见和建议,切实改进工作。健全知情明政机制,政府相关部门向政协定期通报有关情况,为政协委员履职提供便利、创造条件。支持人民法院依法受理行政案件,健全行政机关依法出庭应诉制度,尊重并执行人民法院生效裁判。检察机关对在履行职责中发现的行政违法行为进行监督,行政机关应当积极配合。

28. 加强行政监督和审计监督。完善政府内部层级监督,改进上级行政机关对下级行政机关的监督,建立健全常态化、长效化监督制度。加强对政府内部权力的制约,对财政资金分配使用、国有资产监管、政府投资、政府采购、公共资源转让、公共工程建设等权力集中的部门和岗位实行分事行权、分岗设权、分级授权,定期轮岗,强化内部流程控制,防止权力滥用。各级监察机关要切实履行监督责任,确保廉政建设各项任务落实。完善审计制度,健全有利于依法独立行使审计监督权的审计管理体制,建立具有审计职业特点的审计人员管理制度,基本形成与国家治理体系和治理能力现代化相适应的审计监督机制。对公共资金、国有资产、国有资源和领导干部履行经济责任情况实行审计全覆盖。强化上级审计机关对下级审计机关的领导。

29. 完善社会监督和舆论监督机制。建立对行政机关违法行政行为投诉举报登记制度,畅通举报箱、电子信箱、热线电话等监督渠道,方便群众投诉举报、反映问题,依法及时调查处理违法行政行为。发挥报刊、广播、电视等传统媒体监督作用,加强与互联网等新兴媒体的互动,重视运用和规范网络监督,建立健全网络舆情监测、收集、研判、处置机制,推动网络监督规范化、法治化。

30. 全面推进政务公开。坚持以公开为常态、不公开为例外原则,推进决策公开、执行公开、管理公开、服务公开、结果公开。完善政府信息公开制度,拓宽政府信息公开渠道,进一步明确政府信息公开范围和内容。重点推进财政预算、公共资源配置、重大建设项目批准和实施、社会公益事业建设等领域的政府信息公开。完善政府新闻发言人、突发事件信息发布等制度,做好对热点敏感问题的舆论引导,及时回应人民群众关切。创新政务公开方式,加强互联网政务信息数据服务平台和便民服务平台建设,提高政务公开信息化、集中化水平。

31. 完善纠错问责机制。加强行政问责规范化、制度化建设,增强行政问责的针对性和时效性。加大问责力度,坚决纠正行政不作为、乱作为,坚决克服懒政、庸政、怠政,坚决惩处失职、渎职。认真落实党风廉政建设责任制,坚持有错必纠、有责必问,对"四风"问题突出、发生顶风违纪问题或者出现区域性、系统性腐败案件的地方、部门和单位,既要追究主体责任、监督责任,又要严肃追究领导责任。

(六)依法有效化解社会矛盾纠纷

目标:公民、法人和其他组织的合法权益得到切实维护,公正、高效、便捷、成本低廉的多元化矛盾纠纷解决机制全面形成,行政机关在预防、解决行政争议和民事纠纷中的作用充分发挥,通过法定渠道解决矛盾纠纷的比率大幅提升。

措施:

32. 健全依法化解纠纷机制。构建对维护群众利益具有重大作用的制度体系,建立健全社会矛盾预警机制、利益表达机制、协商沟通机制、救济救助机制。及时收集分析热点、敏感、复杂矛盾纠纷信息,加强群体性、突发性事件预警监测。强化依法应对和处置群体性事件机制和能力。依法加强对影响或危害食品药品安全、安全生产、生态环境、网络安全、社会安全等方面重点问题的治理。加大普法力度,引导和支持公民、法人和其他组织依法表达诉求和维护权益。

33. 加强行政复议工作。完善行政复议制度,改革行政复议体制,积极探索整合地方行政复议职责。健全行政复议案件审理机制,加大公开听证审理力度,纠正违法或不当行政行为。提高行政复议办案质量,增强行政复议的专业性、透明度和公信力。县级以上地方政府要依法加强行政复议能力建设,推动相关机构设置、人员配备与所承担的工作任务相适应,充分发挥行政复议在解决行政争议中的重要作用。切实提高行政复议人员素质,落实办案场所和有关装备保障,行政复议经费列入本级政府预算。

34. 完善行政调解、行政裁决、仲裁制度。健全行政调解制度,进一步明确行政调解范围,完善行政调解机制,规范行政调解程序。健全行政裁决制度,强化行政机关解决同行政管理活动密切相关的民事纠纷功能。有关行政机关要依法开展行政调解、行政裁决工作,及时有效化解矛盾纠纷。完善仲裁制度,提高仲裁公信力,充分发挥仲裁解决经济纠纷、化解社会矛盾、促进社会和谐的作用。

35. 加强人民调解工作。贯彻落实人民调解法,健全人民调解组织网络,实现村委会、居委会人民调解组织全覆盖,推进企事业单位、乡镇街道、社会团体、行业组织中人民调解组织建设。重点协调解决消费者权益、劳动关系、医患关系、物业管理等方面的矛盾纠纷,促进当事人平等协商、公平公正解决矛盾纠纷。完善人民调解、行政调解、司法调解联动工作体系。

36. 改革信访工作制度。把信访纳入法治化轨道,保障合理合法诉求依照法律规定和程序就能得到合理合法的结果。规范信访工作程序,畅通群众诉求表达、利益协调和权益保障渠道,维护信访秩序。优化传统信访途径,实行网上受理信访制度,健全及时就地解决群众合理诉求机制。严格实行诉访分离,推进通过法定途径分类处理信访投诉请求,引导群众在法治框架内解决矛盾纠纷,完善涉法涉诉信访依法终结制度。

（七）全面提高政府工作人员法治思维和依法行政能力

目标：政府工作人员特别是领导干部牢固树立宪法法律至上、法律面前人人平等、权由法定、权依法使等基本法治理念，恪守合法行政、合理行政、程序正当、高效便民、诚实守信、权责统一等依法行政基本要求，做尊法学法守法用法的模范，法治思维和依法行政能力明显提高，在法治轨道上全面推进政府各项工作。

措施：

37. 树立重视法治素养和法治能力的用人导向。抓住领导干部这个全面依法治国的“关键少数”，把法治观念强不强、法治素养好不好作为衡量干部德才的重要标准，把能不能遵守法律、依法办事作为考察干部的重要内容，把严守党纪、恪守国法的干部用起来。在相同条件下，优先提拔使用法治素养好、依法办事能力强的干部。对特权思想严重、法治观念淡薄的干部要批评教育、督促整改，问题严重或违法违纪的，依法依纪严肃处理。

38. 加强对政府工作人员的法治教育培训。政府工作人员特别是领导干部要系统学习中国特色社会主义法治理论，学好宪法以及与自己所承担工作密切相关的法律法规。完善学法制度，国务院各部门、县级以上地方各级政府每年至少举办一期领导干部法治专题培训班，地方各级政府领导班子每年应当举办两期以上法治专题讲座。各级党校、行政学院、干部学院等要把宪法法律列为干部教育的必修课。健全行政执法人员岗位培训制度，每年组织开展行政执法人员通用法律知识、专门法律知识、新法律法规等专题培训。加大对公务员初任培训、任职培训中法律知识的培训力度。

39. 完善政府工作人员法治能力考查测试制度。加强对领导干部任职前法律知识考查和依法行政能力测试，将考查和测试结果作为领导干部任职的重要参考，促进政府及其部门负责人严格履行法治建设职责。优化公务员录用考试测查内容，增加公务员录用考试中法律知识的比重。实行公务员晋升依法行政考核制度。

40. 注重通过法治实践提高政府工作人员法治思维和依法行政能力。政府工作人员特别是领导干部想问题、作决策、办事情必须守法律、重程序、受监督，牢记职权法定，切实保护人民权益。要自觉运用法治思维和法治方式深化改革、推动发展、化解矛盾、维护稳定，依法治理经济，依法协调和处理各种利益问题，避免埋钉子、留尾巴，努力营造办事依法、遇事找法、解决问题用法、化解矛盾靠法的良好法治环境。注重发挥法律顾问和法律专家的咨询论证、审核把关作用。落实“谁执法谁普法”的普法责任制，建立行政执法人员以案释法制度，使执法人员在执法普法的同时不断提高自身法治素养和依法行政能力。

三、组织保障和落实机制

党的领导是全面推进依法治国、加快建设法治政府最根本的保证,必须坚持党总揽全局、协调各方,发挥各级党委领导核心作用,把党的领导贯彻到法治政府建设各方面。各级政府及其部门要自觉接受党的领导,切实增强建设法治政府的使命感、紧迫感和责任感,加强组织领导,强化工作责任,一级抓一级,层层抓落实。

41. 加强党对法治政府建设的领导。各级政府要在党委统一领导下,谋划和落实好法治政府建设的各项任务,主动向党委报告法治政府建设中的重大问题,及时消除制约法治政府建设的体制机制障碍。各级政府及其部门要结合本地区本部门实际,每年部署法治政府建设年度重点工作,发挥牵引和突破作用,带动法治政府建设各项工作全面深入开展。加强各级政府及其部门法制力量建设,不断提高工作人员的思想政治素质和业务工作能力。

42. 落实第一责任人责任。党政主要负责人要履行推进法治建设第一责任人职责,将建设法治政府摆在工作全局的重要位置。对不认真履行第一责任人职责,本地区本部门一年内发生多起重大违法行政案件、造成严重社会后果的,依法追究主要负责人的责任。县级以上地方各级政府每年第一季度要向同级党委、人大常委会和上一级政府报告上一年度法治政府建设情况,政府部门每年第一季度要向本级政府和上一级政府有关部门报告上一年度法治政府建设情况,报告要通过报刊、政府网站等向社会公开。

43. 强化考核评价和督促检查。各级党委要把法治建设成效作为衡量各级领导班子和领导干部工作实绩的重要内容,纳入政绩考核指标体系,充分发挥考核评价对法治政府建设的重要推动作用。各级政府及其部门的党组织要领导和监督本单位模范遵守宪法法律,坚决查处执法犯法、违法用权等行为。要加强对法治政府建设进展情况的督促检查,结合法治政府建设年度重点工作,开展定期检查和专项督查。对工作不力、问题较多的,要及时约谈、责令整改、通报批评。

44. 加强理论研究、典型示范和宣传引导。加强中国特色社会主义法治政府理论研究,坚持从中国实际出发,解决中国实际问题,为法治政府建设提供理论支撑和决策参考。积极开展建设法治政府示范创建活动,大力培育建设法治政府先进典型。通过召开现场会、经验交流会等形式及时总结、交流和推广经验,充分发挥先进典型的示范带动作用。定期通报和曝光违法行政典型案例,分析原因、吸取教训、改进工作。大力开展推进依法行政、建设法治政府宣传工作。加强正面宣传引导,以报刊、广播、电视、网络等多种媒体形式,广泛宣传法治政府建设目标、工作部署、先进经验、典型做法,正确引导舆论、凝聚社会共识,营造全社会关心、支持和参与法治政府建设的良好社会氛围。

各地区各部门要结合实际制定实施方案,明确提出时间进度安排和可检验的成果形式,党政主要负责人要亲自抓落实,各项工作任务除本纲要有明确时间要求外,原则上应当在2019年年底前完成。中央和国家机关有关部门要根据部门职责承担并履行好本纲要确定的相关任务,并做好统筹协调,及时沟通协商,形成工作合力。作为牵头单位和负责单位的中央和国家机关有关部门和省级政府要建立法治政府建设年度进展报告制度,及时向党中央、国务院报告工作进展情况。国务院法制办要牵头做好督促检查。各地区各部门在实施本纲要的过程中,要注意研究法治政府建设的新情况新问题,解放思想、大胆实践、开拓进取、久久为功,运用法治思维和法治方式引领改革发展破障闯关、推动民生改善和社会公正,以更加奋发有为的精神状态,推动法治政府建设一步一个脚印向前迈进,为全面推进依法治国、建设社会主义法治国家作出扎扎实实的贡献。

中共中央宣传部、司法部
关于在公民中开展法治宣传教育的
第七个五年规划(2016—2020年)

(中共中央、国务院2016年3月25日转发)

在党中央、国务院正确领导下,全国第六个五年法制宣传教育规划(2011—2015年)顺利实施完成,法治宣传教育工作取得显著成效。以宪法为核心的中国特色社会主义法律体系得到深入宣传,法治宣传教育主题活动广泛开展,多层次多领域依法治理不断深化,法治创建活动全面推进,全社会法治观念明显增强,社会治理法治化水平明显提高,法治宣传教育在建设社会主义法治国家中发挥了重要作用。

党的十八大以来,以习近平同志为总书记的党中央对全面依法治国作出了重要部署,对法治宣传教育提出了新的更高要求,明确了法治宣传教育的基本定位、重大任务和重要措施。十八届三中全会要求"健全社会普法教育机制";十八届四中全会要求"坚持把全民普法和守法作为依法治国的长期基础性工作,深入开展法治宣传教育";十八届五中全会要求"弘扬社会主义法治精神,增强全社会特别是公职人员尊法学法守法用法观念,在全社会形成良好法治氛围和法治习惯"。习近平总书记多次强调"领导干部要做尊法学法守法用法的模范",要求法治宣传教育"要创新宣传形式,注重宣传实效",为法治宣传教育工作指明了方向,提供了基本遵循。与新形势新任务的要求相比,有的地方和部门对法治宣传教育重要性的认识还不到位,普法宣传教育机制还不够健全,实效性有待进一步增强。深入开展法治宣传教育,增强全民法治观念,对于服务协调推进"四个全面"战略布局和"十三五"时期经济社会发展,具有十分重要的意义。为做好第七个五年法治宣传教育工作,制定本规划。

一、指导思想、主要目标和工作原则

第七个五年法治宣传教育工作的指导思想是:高举中国特色社会主义伟大旗帜,全面贯彻党的十八大和十八届三中、四中、五中全会精神,以马克思列宁主义、毛泽东思想、邓小平理论、"三个代表"重要思想、科学发展观为指导,深入贯彻习近平总书记系列重要讲话精神,坚持"四个全面"战略布局,坚持创新、协调、绿色、开放、共享的发展理念，按照全面依法治国新要求，深入开展法治宣传教育，扎实推进依法治理和法治创建，弘扬社会主义法治精神，建设社会主义法治文化，推进法治宣传教育与法治实践相结合，健全普法宣传教育机制，推动工作创新，充分发挥法治宣传教育在全面依法治国中的基础作用，推动全社会树立法治意识，为"十三五"时期经济社会发展营造良好法治环境，为实现"两个一百年"奋斗目标和中华民族伟大复兴的中国梦作出新的贡献。

第七个五年法治宣传教育工作的主要目标是：普法宣传教育机制进一步健全，法治宣传教育实效性进一步增强，依法治理进一步深化，全民法治观念和全体党员党章党规意识明显增强，全社会厉行法治的积极性和主动性明显提高，形成守法光荣、违法可耻的社会氛围。

第七个五年法治宣传教育工作应遵循以下原则：

——坚持围绕中心，服务大局。围绕党和国家中心工作开展法治宣传教育，更好地服务协调推进"四个全面"战略布局，为全面实施国民经济和社会发展"十三五"规划营造良好法治环境。

——坚持依靠群众，服务群众。以满足群众不断增长的法治需求为出发点和落脚点，以群众喜闻乐见、易于接受的方式开展法治宣传教育，增强全社会尊法学法守法用法意识，使国家法律和党内法规为党员群众所掌握、所遵守、所运用。

——坚持学用结合，普治并举。坚持法治宣传教育与依法治理有机结合，把法治宣传教育融入立法、执法、司法、法律服务和党内法规建设活动中，引导党员群众在法治实践中自觉学习、运用国家法律和党内法规，提升法治素养。

——坚持分类指导，突出重点。根据不同地区、部门、行业及不同对象的实际和特点，分类实施法治宣传教育。突出抓好重点对象，带动和促进全民普法。

——坚持创新发展，注重实效。总结经验，把握规律，推动法治宣传教育工作理念、机制、载体和方式方法创新，不断提高法治宣传教育的针对性和实效性，力戒形式主义。

二、主要任务

（一）深入学习宣传习近平总书记关于全面依法治国的重要论述。党的十八大以来，习近平总书记站在坚持和发展中国特色社会主义全局的高度，对全面依法治国作了重要论述，提出了一系列新思想、新观点、新论断、新要求，深刻回答了建设社会主义法治国家的重大理论和实践问题，为全面依法治国提供了科学理论指导和行动指南。要深入学习宣传习近平总书记关于全面依法治国的重要论述，增强走中国特色社会主义道路的自觉性和坚定性，增强全社会厉行法治的积极性和主动性。深入学习宣传以习近平同志为总书记的党中央关于全面依法治国的重要部署,宣传科学立法、严格执法、公正司法、全民守法和党内法规建设的生动实践,使全社会了解和掌握全面依法治国的重大意义和总体要求,更好地发挥法治的引领和规范作用。

(二)突出学习宣传宪法。坚持把学习宣传宪法摆在首要位置,在全社会普遍开展宪法教育,弘扬宪法精神,树立宪法权威。深入宣传依宪治国、依宪执政等理念,宣传党的领导是宪法实施的最根本保证,宣传宪法确立的国家根本制度、根本任务和我国的国体、政体,宣传公民的基本权利和义务等宪法基本内容,宣传宪法的实施,实行宪法宣誓制度,认真组织好"12·4"国家宪法日集中宣传活动,推动宪法家喻户晓、深入人心,提高全体公民特别是各级领导干部和国家机关工作人员的宪法意识,教育引导一切组织和个人都必须以宪法为根本活动准则,增强宪法观念,坚决维护宪法尊严。

(三)深入宣传中国特色社会主义法律体系。坚持把宣传以宪法为核心的中国特色社会主义法律体系作为法治宣传教育的基本任务,大力宣传宪法相关法、民法商法、行政法、经济法、社会法、刑法、诉讼与非诉讼程序法等多个法律部门的法律法规。大力宣传社会主义民主政治建设的法律法规,提高人民有序参与民主政治的意识和水平。大力宣传保障公民基本权利的法律法规,推动全社会树立尊重和保障人权意识,促进公民权利保障法治化。大力宣传依法行政领域的法律法规,推动各级行政机关树立"法定职责必须为、法无授权不可为"的意识,促进法治政府建设。大力宣传市场经济领域的法律法规,推动全社会树立保护产权、平等交换、公平竞争、诚实信用等意识,促进大众创业、万众创新,促进经济在新常态下平稳健康运行。大力宣传有利于激发文化创造活力、保障人民基本文化权益的相关法律法规,促进社会主义精神文明建设。大力宣传教育、就业、收入分配、社会保障、医疗卫生、食品安全、扶贫、慈善、社会救助和妇女儿童、老年人、残疾人合法权益保护等方面法律法规,促进保障和改善民生。大力宣传国家安全和公共安全领域的法律法规,提高全民安全意识、风险意识和预防能力。大力宣传国防法律法规,提高全民国防观念,促进国防建设。大力宣传党的民族、宗教政策和相关法律法规,维护民族地区繁荣稳定,促进民族关系、宗教关系和谐。大力宣传环境保护、资源能源节约利用等方面的法律法规,推动美丽中国建设。大力宣传互联网领域的法律法规,教育引导网民依法规范网络行为,促进形成网络空间良好秩序。大力宣传诉讼、行政复议、仲裁、调解、信访等方面的法律法规,引导群众依法表达诉求、维护权利,促进社会和谐稳定。在传播法律知识的同时,更加注重弘扬法治精神、培育法治理念、树立法治意识,大力宣传宪法法律至上、法律面前人人平等、权由法定、权依法使等基本法治理念,破除"法不责众”、“人情大于国法”等错误认识，引导全民自觉守法、遇事找法、解决问题靠法。

（四）深入学习宣传党内法规。适应全面从严治党、依规治党新形势新要求，切实加大党内法规宣传力度。突出宣传党章，教育引导广大党员尊崇党章，以党章为根本遵循，坚决维护党章权威。大力宣传《中国共产党廉洁自律准则》、《中国共产党纪律处分条例》等各项党内法规，注重党内法规宣传与国家法律宣传的衔接和协调，坚持纪在法前、纪严于法，把纪律和规矩挺在前面，教育引导广大党员做党章党规党纪和国家法律的自觉尊崇者、模范遵守者、坚定捍卫者。

（五）推进社会主义法治文化建设。以宣传法律知识、弘扬法治精神、推动法治实践为主旨，积极推进社会主义法治文化建设，充分发挥法治文化的引领、熏陶作用，使人民内心拥护和真诚信仰法律。把法治文化建设纳入现代公共文化服务体系，推动法治文化与地方文化、行业文化、企业文化融合发展。繁荣法治文化作品创作推广，把法治文化作品纳入各级文化作品评奖内容，纳入艺术、出版扶持和奖励基金内容，培育法治文化精品。利用重大纪念日、民族传统节日等契机开展法治文化活动，组织开展法治文艺展演展播、法治文艺演出下基层等活动，满足人民群众日益增长的法治文化需求。把法治元素纳入城乡建设规划设计，加强基层法治文化公共设施建设。

（六）推进多层次多领域依法治理。坚持法治宣传教育与法治实践相结合，把法律条文变成引导、保障经济社会发展的基本规则，深化基层组织和部门、行业依法治理，深化法治城市、法治县（市、区）等法治创建活动，提高社会治理法治化水平。深入开展民主法治示范村（社区）创建，进一步探索乡村（社区）法律顾问制度，教育引导基层群众自我约束、自我管理。发挥市民公约、乡规民约、行业规章、团体章程等社会规范在社会治理中的积极作用，支持行业协会商会类社会组织发挥行业自律和专业服务功能，发挥社会组织对其成员的行为导引、规则约束、权益维护作用。

（七）推进法治教育与道德教育相结合。坚持依法治国和以德治国相结合的基本原则，以法治体现道德理念，以道德滋养法治精神，促进实现法律和道德相辅相成、法治和德治相得益彰。大力弘扬社会主义核心价值观，弘扬中华传统美德，培育社会公德、职业道德、家庭美德、个人品德，提高全民族思想道德水平，为全面依法治国创造良好人文环境。强化规则意识，倡导契约精神，弘扬公序良俗，引导人们自觉履行法定义务、社会责任、家庭责任。发挥法治在解决道德领域突出问题中的作用，健全公民和组织守法信用记录，完善守法诚信褒奖机制和违法失信行为惩戒机制。

三、对象和要求

法治宣传教育的对象是一切有接受教育能力的公民,重点是领导干部和青少年。

坚持把领导干部带头学法、模范守法作为树立法治意识的关键。完善国家工作人员学法用法制度,把宪法法律和党内法规列入党委(党组)中心组学习内容,列为党校、行政学院、干部学院、社会主义学院必修课;把法治教育纳入干部教育培训总体规划,纳入国家工作人员初任培训、任职培训的必训内容,在其他各类培训课程中融入法治教育内容,保证法治培训课时数量和培训质量,切实提高领导干部运用法治思维和法治方式深化改革、推动发展、化解矛盾、维护稳定的能力,切实增强国家工作人员自觉守法、依法办事的意识和能力。加强党章和党内法规学习教育,引导党员领导干部增强党章党规党纪意识,严守政治纪律和政治规矩,在廉洁自律上追求高标准,自觉远离违纪红线。健全日常学法制度,创新学法形式,拓宽学法渠道。健全完善重大决策合法性审查机制,积极推行法律顾问制度,各级党政机关和人民团体普遍设立公职律师,企业可设立公司律师。把尊法学法守法用法情况作为考核领导班子和领导干部的重要内容。把法治观念强不强、法治素养好不好作为衡量干部德才的重要标准,把能不能遵守法律、依法办事作为考察干部的重要内容。

坚持从青少年抓起。切实把法治教育纳入国民教育体系,制定和实施青少年法治教育大纲,在中小学设立法治知识课程,确保在校学生都能得到基本法治知识教育。完善中小学法治课教材体系,编写法治教育教材、读本,地方可将其纳入地方课程义务教育免费教科书范围,在小学普及宪法基本常识,在中、高考中增加法治知识内容,使青少年从小树立宪法意识和国家意识。将法治教育纳入“中小学幼儿园教师国家级培训计划”,加强法治课教师、分管法治教育副校长、法治辅导员培训。充分利用第二课堂和社会实践活动开展青少年法治教育,在开学第一课、毕业仪式中有机融入法治教育内容。加强对高等院校学生的法治教育,增强其法治观念和参与法治实践的能力。强化学校、家庭、社会“三位一体”的青少年法治教育格局,加强青少年法治教育实践基地建设和网络建设。

各地区各部门要根据实际需要,从不同群体的特点出发,因地制宜开展有特色的法治宣传教育。突出加强对企业经营管理人员的法治宣传教育,引导他们树立诚信守法、爱国敬业意识,提高依法经营、依法管理能力。加强对农民工等群体的法治宣传教育,帮助、引导他们依法维权,自觉运用法律手段解决矛盾纠纷。

四、工作措施

第七个法治宣传教育五年规划从2016年开始实施,至2020年结束。各地区各部门要根据本规划，认真制定本地区本部门规划，深入宣传发动，全面组织实施，确保第七个五年法治宣传教育规划各项目标任务落到实处。

（一）健全普法宣传教育机制。各级党委和政府要加强对普法工作的领导，宣传、文化、教育部门和人民团体要在普法教育中发挥职能作用。把法治教育纳入精神文明创建内容，开展群众性法治文化活动。人民团体、社会组织要在法治宣传教育中发挥积极作用，健全完善普法协调协作机制，根据各自特点和实际需要，有针对性地组织开展法治宣传教育活动。积极动员社会力量开展法治宣传教育，加强各级普法讲师团建设，选聘优秀法律和党内法规人才充实普法讲师团队伍，组织开展专题法治宣讲活动，充分发挥讲师团在普法工作中的重要作用。鼓励引导司法和行政执法人员、法律服务人员、大专院校法律专业师生加入普法志愿者队伍，畅通志愿者服务渠道，健全完善管理制度，培育一批普法志愿者优秀团队和品牌活动，提高志愿者普法宣传水平。加强工作考核评估，建立健全法治宣传教育工作考评指导标准和指标体系，完善考核办法和机制，注重考核结果的运用。健全激励机制，认真开展“七五”普法中期检查和总结验收，加强法治宣传教育先进集体、先进个人表彰工作。围绕贯彻中央关于法治宣传教育的总体部署，健全法治宣传教育工作基础制度，加强地方法治宣传教育条例制定和修订工作，制定国家法治宣传教育法。

（二）健全普法责任制。实行国家机关“谁执法谁普法”的普法责任制，建立普法责任清单制度。建立法官、检察官、行政执法人员、律师等以案释法制度，在执法司法实践中广泛开展以案释法和警示教育，使案件审判、行政执法、纠纷调解和法律服务的过程成为向群众弘扬法治精神的过程。加强司法、行政执法案例整理编辑工作，推动相关部门面向社会公众建立司法、行政执法典型案例发布制度。落实“谁主管谁负责”的普法责任，各行业、各单位要在管理、服务过程中，结合行业特点和特定群体的法律需求，开展法治宣传教育。健全媒体公益普法制度，广播电视、报纸期刊、互联网和手机媒体等大众传媒要自觉履行普法责任，在重要版面、重要时段制作刊播普法公益广告，开设法治讲堂，针对社会热点和典型案（事）例开展及时权威的法律解读，积极引导社会法治风尚。各级党组织要坚持全面从严治党、依规治党，切实履行学习宣传党内法规的职责，把党内法规作为学习型党组织建设的重要内容，充分发挥正面典型倡导和反面案例警示作用，为党内法规的贯彻实施营造良好氛围。

（三）推进法治宣传教育工作创新。创新工作理念，坚持服务党和国家工作大局、服务人民群众生产生活，努力培育全社会法治信仰，增强法治宣传教育工作实效。针对受众心理，创新方式方法，坚持集中法治宣传教育与经常性法治宣传教育相结合,深化法律进机关、进乡村、进社区、进学校、进企业、进单位的“法律六进”主题活动,完善工作标准,建立长效机制。创新载体阵地,充分利用广场、公园等公共场所开展法治宣传教育,有条件的地方建设宪法法律教育中心。在政府机关、社会服务机构的服务大厅和服务窗口增加法治宣传教育功能。积极运用公共活动场所电子显示屏、服务窗口触摸屏、公交移动电视屏、手机屏等,推送法治宣传教育内容。充分运用互联网传播平台,加强新媒体新技术在普法中的运用,推进“互联网+法治宣传”行动。开展新媒体普法益民服务,组织新闻网络开展普法宣传,更好地运用微信、微博、微电影、客户端开展普法活动。加强普法网站和普法网络集群建设,建设法治宣传教育云平台,实现法治宣传教育公共数据资源开放和共享。适应我国对外开放新格局,加强对外法治宣传工作。

五、组织领导

(一)切实加强领导。各级党委和政府要把法治宣传教育纳入当地经济社会发展规划,定期听取法治宣传教育工作情况汇报,及时研究解决工作中的重大问题,把法治宣传教育纳入综合绩效考核、综治考核和文明创建考核内容。各级人大要加强对法治宣传教育工作的日常监督和专项检查。健全完善党委领导、人大监督、政府实施的法治宣传教育工作领导体制,加强各级法治宣传教育工作组织机构建设。高度重视基层法治宣传教育队伍建设,切实解决人员配备、基本待遇、工作条件等方面的实际问题。

(二)加强工作指导。各级法治宣传教育领导小组每年要将法治宣传教育工作情况向党委(党组)报告,并报上级法治宣传教育工作领导小组。加强沟通协调,充分调动各相关部门的积极性,发挥各自优势,形成推进法治宣传教育工作创新发展的合力。结合各地区各部门工作实际,分析不同地区、不同对象的法律需求,区别对待、分类指导,不断增强法治宣传教育的针对性。坚持问题导向,深入基层、深入群众调查研究,积极解决问题,努力推进工作。认真总结推广各地区各部门开展法治宣传教育的好经验、好做法,充分发挥先进典型的示范和带动作用,推进法治宣传教育不断深入。

(三)加强经费保障。各地区要把法治宣传教育相关工作经费纳入本级财政预算,切实予以保障,并建立动态调整机制。把法治宣传教育列入政府购买服务指导性目录。积极利用社会资金开展法治宣传教育。

中国人民解放军和中国人民武装警察部队的第七个五年法治宣传教育工作,参照本规划进行安排部署。

关于新形势下加强政法队伍建设的意见

(中共中央2016年11月2日印发)

政法工作是党和国家工作的重要组成部分,政法队伍是法治中国、平安中国建设的重要力量。当前,我们党正团结带领全国各族人民进行具有许多新的历史特点的伟大斗争,政法机关面临新的历史使命和繁重任务,必须全面加强政法队伍建设,不断增强政法队伍创造力、凝聚力、战斗力,提高执法司法公信力。现就新形势下加强政法队伍建设提出如下意见。

一、指导思想和基本要求

(一)指导思想。高举中国特色社会主义伟大旗帜,全面贯彻党的十八大和十八届三中、四中、五中、六中全会精神,以马克思列宁主义、毛泽东思想、邓小平理论、"三个代表"重要思想、科学发展观为指导,深入学习贯彻习近平总书记系列重要讲话精神和治国理政新理念新思想新战略,按照"五位一体"总体布局和"四个全面"战略布局,紧紧围绕维护社会大局稳定、促进社会公平正义、保障人民安居乐业的总任务,牢牢把握政治过硬、业务过硬、责任过硬、纪律过硬、作风过硬的总要求,坚持中国特色社会主义政法队伍正规化、专业化、职业化方向,以深化司法体制改革为动力,以现代科技手段应用为支撑,以制度建设为保障,深入推进思想政治、业务能力、纪律作风建设,努力建设一支信念坚定、执法为民、敢于担当、清正廉洁的政法队伍。

(二)基本要求。坚持党的绝对领导,始终把思想政治建设摆在第一位,确保政法干警忠诚可靠,确保人民民主专政的刀把子牢牢掌握在党和人民手中;坚持把履职能力建设作为重要任务,深入推进专业化建设,提高政法干警素质和本领,确保更好地履行各项职责任务;坚持人民群众满意标准,始终践行执法司法为民宗旨,着力解决人民群众反映强烈的突出问题,确保清正廉洁;坚持改革创新,着力破解制约政法队伍建设的体制性、机制性、保障性难题,促进政法队伍长远发展;坚持尊重政法干警主体地位,把促进政法干警全面发展作为政法队伍建设的出发点和落脚点,激发政法干警积极性、主动性、创造性,增强政法队伍活力。

二、加强思想政治建设

(三)加强理想信念教育。坚持把坚定的理想信念作为政法队伍的政治灵魂,持续抓好中国特色社会主义理论体系特别是习近平总书记系列重要讲话精神的学习,教育引导政法干警进一步坚定道路自信、理论自信、制度自信、文化自信,牢固树立科学的世界观和方法论,提高运用马克思主义立场观点方法分析解决实际问题的能力。深化社会主义法治理念教育,加强政法领域意识形态重大理论和实践问题研究引导,坚决抵制西方错误法治观点侵蚀,坚持党对政法工作的绝对领导,坚持人民民主专政,坚定不移走中国特色社会主义法治道路,确保政法工作沿着坚定正确的政治方向前进。加强党史国史、革命传统和形势政策教育,加强社会主义核心价值观教育,引导政法干警把坚定理想信念与脚踏实地工作结合起来,不忘初心、继续前进,矢志不渝为中国特色社会主义政法事业而奋斗。

(四)铸就绝对忠诚的政治品格。政法干警要牢固树立政治意识、大局意识、核心意识、看齐意识,增强政治敏锐性和政治鉴别力,坚定自觉地在思想上政治上行动上同以习近平同志为核心的党中央保持高度一致,坚决听党指挥,严守党的政治纪律和政治规矩,决不允许公开发表与党中央决定不一致的言论,决不允许在贯彻执行党中央决策部署上打折扣、做选择,决不允许搞非组织活动。建立健全制度机制,确保政法干警主动到对敌斗争最前沿、维护稳定第一线去迎接挑战,以实际行动捍卫党的领导、捍卫社会主义政权、捍卫国家安全和社会稳定。政法干警面对重大政治考验必须旗帜鲜明、敢于亮剑,做中国特色社会主义事业捍卫者;面对违反党性原则的行为必须敢于拒绝、坚决抵制,做党的事业和人民利益守护者;面对歪风邪气必须挺身而出、坚决斗争,做社会主义道德风尚引领者;面对诱惑干扰必须挺直脊梁、执法如山,做社会主义法治维护者;面对体制机制难题必须勇于改革、敢于创新,做改革的促进派和实干家。完善政治轮训制度,组织政法干警学习贯彻党中央重大决策部署和重要指示精神,统一思想行动,打牢高举旗帜、忠诚使命的思想基础。探索建立政治督察制度,定期对贯彻落实党中央重大决策部署、执行党的政治纪律和政治规矩情况进行监督检查,严肃查处有令不行、有禁不止行为,确保党对政法工作的绝对领导落到实处。

(五)培育和践行政法职业精神。坚持教育熏陶、模范引领、实践养成相结合,深化以忠诚、为民、担当、公正、廉洁为主要内容的政法干警核心价值观教育,进一步培育政法职业精神。政法干警在尊法学法守法用法方面,要走在前、作表率。分类健全职业道德准则、职业行为规范,加强职业伦理、职业操守教育,完善职业道德评价机制,使政法干警养成崇尚法治、恪守良知、理性公允的职业品格。把政法职业荣誉制度纳入国家荣誉制度体系,健全入职晋级授衔宣誓制度,统一和规范职业仪式,完善树立先进典型、表彰优秀政法干警常态化机制,广泛开展尊崇职业荣誉教育，探索实行荣誉退休制度，增强政法干警职业荣誉感和归属感。实施政法文化工程，建设传承红色基因、体现时代精神、彰显正义正气的政法文化，为政法事业发展注入精神动力。

（六）增强思想政治工作的时代性、感召力。针对新形势下思想政治工作遇到的新情况新问题，创新思路、改进方法，赋予思想政治工作新的生命力。坚持政工部门与业务部门齐抓共管，推动思想政治工作向执法办案一线延伸，促进思想政治工作与业务工作深度融合。建立落实政法干警思想动态和心理状况定期分析机制，健全组织生活、谈心谈话等制度，积极开展个性化思想教育，重点加强对青年政法干警的思想引导，统筹解决思想问题与实际问题。加强政法机关党的群团工作，发挥桥梁纽带作用。强化重大维稳安保任务的战时动员、激励关怀，加强对重大改革政策的解疑释惑、宣传解读，发挥好思想政治工作的引领和保障作用。强化互联网思维、新媒体意识，构建以网络为平台的思想政治工作新格局，打造思想政治工作新载体，推广案例式、互动式教育模式，提高思想政治工作现代化水平。

三、加强履职能力建设

（七）强化能力和业绩导向。政法队伍履行好党和人民赋予的职责任务，既要有坚定的立场，勇于负责、积极作为，又要有科学的态度，讲究策略、善于作为，提高解决复杂疑难问题的能力和水平。聚焦执法司法工作中存在的突出问题，建立健全各类执法司法人员岗位素质能力基本标准。严格落实国家统一法律职业资格制度，健全符合政法职业特点的统一招录、分类招录、特殊招录机制，让高素质人才进入政法队伍。健全执法司法业绩档案，建立符合执法司法规律的政法干警绩效考评体系，在职务晋升、薪酬待遇、荣誉激励等方面全面体现能力和业绩导向。完善法官、检察官遴选、选拔制度，建立入额人员动态调整、不称职退出机制，健全从法官助理、检察官助理中选任法官、检察官制度，加快建立能者上、庸者下、劣者汰的选人用人机制。探索实行资深优秀政法干警延迟退休、志愿服务制度。

（八）提高执法司法专业能力。引导政法干警坚定法治信仰，加强法律逻辑训练和法治实践锻炼，增强按照法定权限和程序履行职责、行使权力的自觉性。把专业化建设同我国国情结合起来，同执法为民结合起来，善于从法律视角和社会视角通盘考虑法理、事理、情理，既注重运用法治思维和法治方式，又注重运用道德规范和公序良俗，提高分析、解决实际问题的能力。统一法律适用标准，加强执法司法规范化建设，健全与专业化要求相适应的执法司法标准体系。聚焦战斗力标准，构建教、学、练、战一体化教育培训机制，实行精准化培训、专业化训练,广泛开展轮值轮训、实岗练兵、技能比武活动,提高实战本领。以能力为引领、需求为导向,改革培训机构、师资教材和培训模式,推进分级分类分层培训,构筑终身教育体系,使政法干警知识结构、专业素养与承担的职责任务相适应。全面推行青年政法干警业务导师制,建立岗位业务咨询和顾问制度,助推青年政法干警快速成长。弘扬精益求精的敬业精神,健全案件评查剖析研讨常态化机制,广泛开展精品示范案件评选,健全执法司法公信力评价制度,使注重质效、追求公正成为政法干警价值取向。发挥好各类专家委员会、学术委员会和专业协会的作用,以专业化管理提升专业化水平。

(九)提高群众工作能力。强化宗旨意识和群众观念,畅通群众诉求反映渠道,及时了解群众对执法司法的需求和呼声,积极回应群众关心关切。健全以案释法制度,实行执法司法办案、释法析理、疏导情绪同步工作机制,努力让人民群众在每个案件办理中感受到公平正义。创新群众工作方法,善于运用调解协商、公开听证、群众评议等办法处理问题、化解矛盾,努力实现案结事了。加强政法干警基层磨砺,鼓励政法干警到条件艰苦、情况复杂、矛盾集中的地方和岗位锻炼成长,不断提高服务群众、组织群众能力。

(十)提高科技应用能力。牢固树立向科技要警力、要核心战斗力的理念,全面实施科技强警战略,加强政法干警科技应用培训,造就一大批精业务、熟法律、懂科技的复合型人才,建设紧跟信息化发展趋势、掌握先进信息技术的新型政法队伍。加强移动化办公、可视化管理、数据化分析等信息化系统研发应用,推动政法信息化建设转型升级,建设数据化、智慧型政法机关。实施执法司法服务模式创新变革计划,促进科技人才、信息技术与政法业务深度融合,推进执法司法工作流程科学再造。坚持以信息支撑决策指挥、引领实战实务,建设互联互通的政法数据管理平台,为政法干警执法司法办案提供强大智力支持和信息支撑。鼓励政法干警密切跟踪现代科技发展前沿,创造性运用现代科技最新成果破解政法工作难题,提高政法工作现代化水平。

(十一)提高社会沟通能力。树立主动宣传、立体传播理念,以主动坦诚的姿态同社会沟通,以开放包容的心态面对媒体,统筹政法资源和社会资源,建立全员参与的舆情引导格局,凝聚壮大政法工作正能量。建立新闻发言人、官方微博微信网站发布权威信息制度,完善政法宣传舆论引导工作机制,实现舆论监督与政法机关依法独立公正行使职权良性互动。落实重大敏感案事件依法处理、舆论引导、社会面管控三同步工作机制,建设反应灵敏、协调有序、运转高效的舆情应对处理系统。加强现代新闻传播规律研究,建好、用好、管好政法新媒体和政法干警自媒体,开展相关业务培训,提升互联网时代政法干警的媒介素养和社会沟通能力。

（十二）加强政法专门人才队伍建设。研究制定政法专门人才发展规划，建设国家和省部级政法人才库，加快建设与新形势下政法工作相适应的专门人才队伍。建立适应政法工作专业化要求的人事制度，放宽急需紧缺人才职业准入标准，完善特殊职位招录政策，制定政法专门人才差别化管理办法，建立以价值和贡献为导向的专门人才奖励制度，加大对创新人才支持力度，畅通专门人才职业发展通道。对特殊人才实行特殊政策。探索采取一案（事）一聘、课题制、项目制等方式，建立健全社会人才特聘制度。在艰苦边远地区探索实行与其他地区有一定差异的专门人才招录政策，加快民族地区双语政法干警培养，着力改变专门人才特别是高层次人才紧缺局面。推进法学教育改革，建立以法律职业需求为导向的教育培养模式，加强急需紧缺专业人才培养，合理布局国家法治人才培养基地。

四、加强纪律作风建设

（十三）坚持把纪律挺在前面。政法队伍肩负责任重、面临诱惑多，必须做到纪律严明、令行禁止。坚持严在经常、管在平时，分系统修订完善纪律条令，增强针对性、约束力，健全违纪违规处理程序，形成符合政法职业特点的纪律条令体系。针对容易滋生执法司法问题的领域、环节，合理分解、科学配置执法司法权，细化政法干警执法司法行为规范。完善岗位职权利益回避制度，严禁政法干警违反规定经商办企业，严禁政法干警家属插手、经营与政法干警职务行为相关联的特种行业和场所。健全政法干警社会交往行为规范，落实《关于进一步规范司法人员与当事人、律师、特殊关系人、中介组织接触交往行为的若干规定》，引导政法干警守住做人处事用权交友底线。加强纪律规矩经常性教育，健全廉政谈话、廉政党课制度，教育引导政法干警养成纪律自觉，切实做到讲规矩、守纪律、知敬畏、存戒惧。坚持纪严于法、纪在法前，对违纪行为早发现、早提醒、早纠正。

（十四）持续整改作风突出问题。坚决贯彻落实中央八项规定精神，以整治人民群众反映强烈的不正之风为重点，建立作风状况经常性分析研判机制、群众反映问题及时核查机制和群众满意度定期调查机制，形成正风肃纪长效机制。坚持思想教育、制度约束、及时查处相结合，深化行业系统专项治理，持续整治特权思想、衙门作风等顽疾，坚决纠正吃拿卡要、与民争利等损害群众利益问题，综合治理有案不立、有罪不究、违规立案、越权管辖、刑讯逼供、超期羁押、滥用强制措施等失职渎职行为，着力解决诉讼难执行难、执法司法不公、办人情案关系案金钱案等执法司法问题。完善便民利民服务制度，健全政法窗口单位服务标准，定期向社会公开承诺改进服务事项。建立党委政法委纪律作风督查巡查机制，实行经常性明察暗访、问题通报和责任追究制度,推进执法司法作风持续好转。

(十五)完善权力约束监督机制。建立科学的管理机制、有效的监督机制、严格的责任追究机制,分类制定政法干警权力清单、责任清单,明确各类办案组织、办案人员职责权限,构建权责清晰的执法司法责任体系。统筹深化司法体制改革与加强党风廉政建设,通过健全类案指引、案件质量评估、司法业绩考核、错案责任倒查等制度机制,推动从微观的个案审批、文书签发向宏观的全员全程案件质量效率监管转变,建立健全与司法权运行新机制相适应的监督制约体系。完善程序化、平台化、公开化管理监督方式,建设集实时监督、动态管控、风险提示于一体的执法司法流程信息化管理系统,实现执法司法办案全过程记录留痕。编制执法司法信息公开目录,完善信息公开披露制度,推进执法司法全面深度公开。与深化纪律检查体制改革相衔接,探索建立与政法职业特点相适应的纪检监察机制。完善执法司法责任追究制度,落实司法机关内部人员过问案件记录和责任追究规定,建立符合执法司法规律的政法干警惩戒制度。

(十六)坚决惩治执法司法腐败。建立集网络、电话、信函、上访等于一体的政法干警违纪违法举报投诉平台,健全违纪违法线索受理、调查、反馈、追责机制,做到有案必查、有腐必惩。坚持以零容忍态度惩治执法司法腐败,建立纪检监察机关和政法机关内部督察、审计、巡视、信访部门协调联动机制,坚决查处滥用职权、贪赃枉法、以案谋私、收钱捞人、违法违规减刑假释暂予监外执行、充当司法掮客等行为,坚决清除充当黄赌毒、黑恶势力等保护伞的害群之马。坚持"一案双查",完善违纪违法案件集中通报、公开曝光制度,建立反面典型案例深入剖析和警示教育机制,营造全面从严治警的浓厚氛围。

五、加强政法领导班子和领导干部队伍建设

(十七)选好配强政法领导班子。根据政法职业特点,细化政法好干部标准,把忠诚可靠、知法懂法作为必备条件,法院院长、检察院检察长原则上应当具备法学专业知识或法律职业经历。坚持党管干部原则,完善政法领导干部选拔任用机制,严把干部提名、考察、审批关,确保政法机关领导权始终牢牢掌握在党和人民手中。制定符合政法职业特点的干部考核评价办法,注重考察政治品格、法治素养、业务能力、责任担当和工作实绩,把正确选人用人导向贯穿干部选拔使用全过程。优化领导班子知识、专业、经历和年龄结构,不断提高各级政法领导班子的整体效能和专业化水平。

(十八)从严管理政法领导干部。健全从严管理监督政法领导干部的制度体系,综合运用批评教育、诫勉谈话、通报批评、组织处理、纪律处分等方式,唤醒责任意识、激发担当精神,推动从严管理监督干部常态化。加强和规范党内政治生活，健全党内监督体系，坚持和落实民主集中制，严格党的组织生活制度，健全民主生活会制度、定期党性分析制度，开展经常性的批评和自我批评，着力增强党内政治生活的政治性、时代性、原则性、战斗性。进一步严明党的政治纪律、组织纪律，严格按照党章、党内政治生活准则和党的各项规矩办事，决不允许个人凌驾于组织之上，决不允许把上下级关系变成人身依附关系，决不允许搞团团伙伙、拉帮结派，坚决维护党的团结统一。严格执行领导干部个人有关事项报告制度，规范对政法领导干部配偶、子女及其配偶从事相关法律职业的管理，加强对负有经济责任领导干部的审计监督，坚决整治各种特权思想和行为，严肃查处庸懒散拖、失职失责干部，努力营造风清气正、干事创业的良好政治生态。

（十九）加强干部培养锻炼。严格执行地方各级法院院长、检察院检察长、公安厅局长易地交流任职制度，完善执法司法关键岗位、人财物重点岗位定期轮岗交流制度。加强干部培养锻炼规划，搭建政法领导干部交流任职平台，推动政法领导干部跨地区、跨部门、跨行业交流锻炼。完善年轻干部挂职锻炼制度，改进后备干部培养工作，建立优秀政法干部有计划培养锻炼机制。对有培养前途的干部，有计划地安排到地方党政机关或基层政法部门挂职任职，提高他们解决实际问题、驾驭复杂局面的能力。

六、健全职业保障体系

（二十）完善工资待遇制度。扎实推进政法干警职务序列改革，完善职务晋升办法，不断拓宽基层一线政法干警职业发展空间。建立与法官、检察官、司法辅助人员职务序列相配套的工资制度，落实与办案数量、质量直接挂钩的绩效考核奖金分配制度，统筹调动法院、检察院内部不同类别人员的积极性，形成向基层一线办案人员倾斜的激励机制。完善人民警察工资待遇政策，落实调整警衔津贴标准，完善值勤岗位津贴和法定工作日之外加班补贴政策，重点向基层一线、艰苦危险、有毒有害等岗位倾斜，建立与执法勤务警员和警务技术职务序列相配套的工资政策。完善司法助理员岗位津贴政策。提高网络安全、技侦等部门特殊人才待遇。

（二十一）健全依法履职保护机制。完善支持政法干警秉公执法司法的法律法规，建立健全执法司法人员身份保障制度和履行法定职责保护机制，依法严惩暴力袭警抗法等妨害执法司法的违法犯罪行为。制定执法司法安全工作规范，完善武器警械和安全防护装备使用规定，改善政法干警履职安全状况。探索建立政法干警依法履职免责制度，健全履行职务受到侵害保障救济机制和不实举报澄清机制，保障政法干警人格尊严和合法权益。

（二十二）落实抚恤优待政策。加强政法干警医疗保障，完善和落实法官、检察官、人民警察抚恤优待政策。加快推进法官、检察官、人民警察参加工伤保险制度,建立健全人民警察人身意外伤害保险制度,建立因公负伤政法干警紧急救治绿色通道,提高职业风险保障水平。实行国家和社会相结合的政法干警抚恤优待政策,鼓励地方政府建立牺牲、伤残、特困政法干警资助资金制度。完善政法干警定期体检制度,健全心理服务和危机干预机制,提高政法干警身心健康水平。落实政法干警带薪年休假制度,完善政法干警疗养制度,切实保障政法干警休息权。加强人文关怀,创新关爱服务政法干警举措,关爱政法干警英烈子女就业就学,促进政法干警家庭和谐稳定。

(二十三)加大基层保障力度。基层政法队伍是政法事业长远发展的根基,必须突出基层导向,建立人财物向基层倾斜的政策保障体系。完善县级政法机关公用经费保障标准和正常增长机制,健全稳定基层政法队伍政策,落实基层政法干警正常福利待遇,加强对基层政法干警的教育培训和管理监督。建立引导优秀政法干警到基层干事创业激励机制,加强对基层一线优秀政法干警的选拔使用,完善从基层一线选拔人才制度,促进机关与基层良性互动。规范基层政法单位建设标准和考核工作,取消不合理考评指标,切实减轻基层负担。完善政府购买服务制度,规范聘用制司法、警务辅助人员管理和保障工作,提高司法、警务辅助人员队伍正规化建设水平。发展公证员、基层法律服务工作者、人民调解员队伍。改进艰苦边远地区政法干警招录工作,逐步解决基层警力不足问题。

七、加强组织领导

(二十四)落实地方党委领导责任。加强党的领导是政法队伍建设的根本保证。要认真落实《中国共产党地方委员会工作条例》,加强党对政法队伍的思想领导、政治领导、组织领导,完善党委统一领导、政法各单位主抓、有关部门各司其职的政法队伍建设工作格局。健全党委定期听取政法队伍建设汇报制度,各级党委常委会每年至少专题研究一次政法队伍建设工作,及时研究解决政法队伍建设中存在的困难和问题。落实司法体制改革配套政策,优化政法机关内部机构设置,完善编制动态调整机制,加大政法经费投入力度,促进人财物配置与形势任务相协调。加强和改进对政法宣传舆论工作的领导,严格调用政法队伍审批程序,落实领导干部干预司法活动、插手具体案件处理的记录、通报和责任追究规定,营造全社会关心支持政法队伍建设的良好局面。

(二十五)发挥党委政法委职能作用。政法委员会是党委领导政法工作的组织形式。要加强对政法队伍建设的统筹规划、组织协调、监督检查,建立政法队伍状况定期分析报告制度,确保党中央关于队伍建设的重大决策部署有效贯彻落实。地方党委政法委书记一般由同级党委常委担任,应保持相对稳定,其任免应认真执行干部双重管理的有关规定。发挥政法委熟悉了解政法干部的优势，依托政法委协助党委及其组织部门加强政法部门领导班子和干部队伍建设。加强各级政法委规范化建设和干部队伍建设，提高具有法律职业资格干部的配备比例，强化工作保障。坚持政法部门主要领导兼任同级党委政法委委员制度，健全保证政法委充分履行职责、发挥职能作用的工作机制，推进政法委工作制度化、规范化。

（二十六）严格政法机关党组（党委）主体责任。全面从严治党是各级党组织的职责所在。各级政法机关党组织要肩负起队伍建设主体责任，保证党的建设、队伍建设与业务工作协调推进。完善政法队伍建设目标管理责任制，各级政法机关党组（党委）书记要履行好第一责任人职责，对本单位党的建设、队伍建设和政治生态负总责；党组（党委）成员认真落实一岗双责制、分工负责制。要认真贯彻《中国共产党问责条例》，坚持失责必问、问责必严，督促各级政法机关党组织和领导干部担负起管好带好队伍责任。全面加强政法机关党的建设，完善政法机关党组织体系，健全党建工作条线指导机制，构建条块结合、上下联动、有机衔接的党建工作格局。深入开展学习教育活动，强化党员干警对党忠诚、为党分忧、为党担责、为党尽责意识，充分发挥基层党组织战斗堡垒作用和党员干警先锋模范作用，把全面从严治党落实到每个支部、每名党员。各级政法机关政工部门要担负好队伍建设牵头组织责任，加强政工干部队伍建设，形成队伍建设经常性工作机制，不断提高新形势下抓队伍建设的能力和水平。

领导干部干预司法活动、插手具体案件处理的记录、通报和责任追究规定

(中共中央办公厅、国务院办公厅2015年3月18日印发)

第一条 为贯彻落实《中共中央关于全面推进依法治国若干重大问题的决定》有关要求,防止领导干部干预司法活动、插手具体案件处理,确保司法机关依法独立公正行使职权,根据宪法法律规定,结合司法工作实际,制定本规定。

第二条 各级领导干部应当带头遵守宪法法律,维护司法权威,支持司法机关依法独立公正行使职权。任何领导干部都不得要求司法机关违反法定职责或法定程序处理案件,都不得要求司法机关做有碍司法公正的事情。

第三条 对司法工作负有领导职责的机关,因履行职责需要,可以依照工作程序了解案件情况,组织研究司法政策,统筹协调依法处理工作,督促司法机关依法履行职责,为司法机关创造公正司法的环境,但不得对案件的证据采信、事实认定、司法裁判等作出具体决定。

第四条 司法机关依法独立公正行使职权,不得执行任何领导干部违反法定职责或法定程序、有碍司法公正的要求。

第五条 对领导干部干预司法活动、插手具体案件处理的情况,司法人员应当全面、如实记录,做到全程留痕,有据可查。

以组织名义向司法机关发文发函对案件处理提出要求的,或者领导干部身边工作人员、亲属干预司法活动、插手具体案件处理的,司法人员均应当如实记录并留存相关材料。

第六条 司法人员如实记录领导干部干预司法活动、插手具体案件处理情况的行为,受法律和组织保护。领导干部不得对司法人员打击报复。非因法定事由,非经法定程序,不得将司法人员免职、调离、辞退或者作出降级、撤职、开除等处分。

第七条 司法机关应当每季度对领导干部干预司法活动、插手具体案件处理情况进行汇总分析,报送同级党委政法委和上级司法机关。必要时,可以立即报告。

党委政法委应当及时研究领导干部干预司法活动、插手具体案件处理的情况,报告同级党委,同时抄送纪检监察机关、党委组织部门。干预司法活动、插手

具体案件处理的领导干部属于上级党委或者其他党组织管理的，应当向上级党委报告或者向其他党组织通报情况。

第八条 领导干部有下列行为之一的，属于违法干预司法活动，党委政法委按程序报经批准后予以通报，必要时可以向社会公开：

（一）在线索核查、立案、侦查、审查起诉、审判、执行等环节为案件当事人请托说情的；

（二）要求办案人员或办案单位负责人私下会见案件当事人或其辩护人、诉讼代理人、近亲属以及其他与案件有利害关系的人的；

（三）授意、纵容身边工作人员或者亲属为案件当事人请托说情的；

（四）为了地方利益或者部门利益，以听取汇报、开协调会、发文件等形式，超越职权对案件处理提出倾向性意见或者具体要求的；

（五）其他违法干预司法活动、妨碍司法公正的行为。

第九条 领导干部有本规定第八条所列行为之一，造成后果或者恶劣影响的，依照《中国共产党纪律处分条例》、《行政机关公务员处分条例》、《检察人员纪律处分条例（试行）》、《人民法院工作人员处分条例》、《中国人民解放军纪律条令》等规定给予纪律处分；造成冤假错案或者其他严重后果，构成犯罪的，依法追究刑事责任。

领导干部对司法人员进行打击报复的，依照《中国共产党纪律处分条例》、《行政机关公务员处分条例》、《检察人员纪律处分条例（试行）》、《人民法院工作人员处分条例》、《中国人民解放军纪律条令》等规定给予纪律处分；构成犯罪的，依法追究刑事责任。

第十条 司法人员不记录或者不如实记录领导干部干预司法活动、插手具体案件处理情况的，予以警告、通报批评；有两次以上不记录或者不如实记录情形的，依照《中国共产党纪律处分条例》、《行政机关公务员处分条例》、《检察人员纪律处分条例（试行）》、《人民法院工作人员处分条例》、《中国人民解放军纪律条令》等规定给予纪律处分。主管领导授意不记录或者不如实记录的，依纪依法追究主管领导责任。

第十一条 领导干部干预司法活动、插手具体案件处理的情况，应当纳入党风廉政建设责任制和政绩考核体系，作为考核干部是否遵守法律、依法办事、廉洁自律的重要依据。

第十二条 本规定所称领导干部，是指在各级党的机关、人大机关、行政机关、政协机关、审判机关、检察机关、军事机关以及公司、企业、事业单位、社会团体中具有国家工作人员身份的领导干部。

第十三条 本规定自 2015 年 3 月 18 日起施行。

关于推行法律顾问制度和公职律师公司律师制度的意见

(中共中央办公厅、国务院办公厅2016年5月26日印发)

为贯彻落实党的十八大和十八届三中、四中、五中全会精神,积极推行法律顾问制度和公职律师、公司律师制度,充分发挥法律顾问、公职律师、公司律师作用,现提出以下意见。

一、指导思想、基本原则和目标任务

(一)指导思想。认真贯彻落实党的十八大和十八届三中、四中、五中全会精神,以邓小平理论、"三个代表"重要思想、科学发展观为指导,深入学习贯彻习近平总书记系列重要讲话精神,坚定不移走中国特色社会主义法治道路,从我国国情出发,遵循法治建设规律和法律顾问、律师工作特点,积极推行法律顾问制度和公职律师、公司律师制度,提高依法执政、依法行政、依法经营、依法管理的能力水平,促进依法办事,为协调推进"四个全面"战略布局提供法治保障。

(二)基本原则。坚持正确政治方向。坚持党的领导,选拔政治素质高、拥护党的理论和路线方针政策的法律专业人才进入法律顾问和公职律师、公司律师队伍。

坚持分类规范实施。从实际出发,在党政机关、人民团体、国有企事业单位分类推行法律顾问制度和公职律师、公司律师制度,明确政策导向和基本要求,鼓励各地区各部门各单位综合考虑机构、人员情况和工作需要,选择符合实际的组织形式、工作模式和管理方式,积极稳妥实施。

坚持统筹衔接推进。着眼于社会主义法治工作队伍建设大局,处理好法律顾问与公职律师、公司律师之间的衔接,畅通公职律师、公司律师与社会律师、法官、检察官之间的交流渠道。实行老人老办法、新人新办法,国家统一法律职业资格制度实施后,党政机关、人民团体、国有企事业单位拟担任法律顾问的人员应当具有法律职业资格或者律师资格。

(三)目标任务。2017年底前,中央和国家机关各部委,县级以上地方各级党政机关普遍设立法律顾问、公职律师,乡镇党委和政府根据需要设立法律顾问、公职律师,国有企业深入推进法律顾问、公司律师制度,事业单位探索建立法律顾问制度,到2020年全面形成与经济社会发展和法律服务需求相适应的中国特色法律顾问、公职律师、公司律师制度体系。

二、建立健全党政机关法律顾问、公职律师制度

（四）积极推行党政机关法律顾问制度，建立以党内法规工作机构、政府法制机构人员为主体，吸收法学专家和律师参加的法律顾问队伍。

党政机关内部专门从事法律事务的工作人员和机关外聘的法学专家、律师，可以担任法律顾问。党内法规工作机构、政府法制机构以集体名义发挥法律顾问作用。

（五）在党政机关已担任法律顾问但未取得法律职业资格或者律师资格的人员，可以继续履行法律顾问职责。国家统一法律职业资格制度实施后，党政机关拟担任法律顾问的人员应当具有法律职业资格或者律师资格。

（六）县级以上地方党委和政府以及法律事务较多的工作部门应当配备与工作任务相适应的专职人员担任法律顾问；法律事务较少的县级以上地方党委和政府工作部门可以配备兼职人员履行法律顾问职责。乡镇党委和政府可以根据工作需要，配备专职或者兼职人员履行法律顾问职责。

（七）党政机关法律顾问履行下列职责：

1. 为重大决策、重大行政行为提供法律意见；

2. 参与法律法规规章草案、党内法规草案和规范性文件送审稿的起草、论证；

3. 参与合作项目的洽谈，协助起草、修改重要的法律文书或者以党政机关为一方当事人的重大合同；

4. 为处置涉法涉诉案件、信访案件和重大突发事件等提供法律服务；

5. 参与处理行政复议、诉讼、仲裁等法律事务；

6. 所在党政机关规定的其他职责。

（八）外聘法律顾问应当具备下列条件：

1. 政治素质高，拥护党的理论和路线方针政策，一般应当是中国共产党党员；

2. 具有良好职业道德和社会责任感；

3. 在所从事的法学教学、法学研究、法律实践等领域具有一定影响和经验的法学专家，或者具有5年以上执业经验、专业能力较强的律师；

4. 严格遵纪守法，未受过刑事处罚，受聘担任法律顾问的律师还应当未受过司法行政部门的行政处罚或者律师协会的行业处分；

5. 聘任机关规定的其他条件。

（九）外聘法律顾问应当通过公开、公平、公正的方式遴选。被聘为法律顾问的,由聘任机关发放聘书。

(十)外聘法律顾问在履行法律顾问职责期间享有下列权利:

1. 依据事实和法律,提出法律意见;

2. 获得与履行职责相关的信息资料、文件和其他必需的工作条件;

3. 获得约定的工作报酬和待遇;

4. 与聘任机关约定的其他权利。

(十一)外聘法律顾问在履行法律顾问职责期间承担下列义务:

1. 遵守保密制度,不得泄漏党和国家的秘密、工作秘密、商业秘密以及其他不应公开的信息,不得擅自对外透露所承担的工作内容;

2. 不得利用在工作期间获得的非公开信息或者便利条件,为本人及所在单位或者他人牟取利益;

3. 不得以法律顾问的身份从事商业活动以及与法律顾问职责无关的活动;

4. 不得接受其他当事人委托,办理与聘任单位有利益冲突的法律事务,法律顾问与所承办的业务有利害关系、可能影响公正履行职责的,应当回避;

5. 与聘任机关约定的其他义务。

(十二)市、县、乡同级党委和政府可以联合外聘法律顾问,为党政机关提供服务;党委和政府可以分别统一外聘法律顾问,为党委和政府及其工作部门提供服务。

(十三)各级党政机关根据本意见设立公职律师。公职律师是依照本意见第二十五条、第二十六条规定取得公职律师证书的党政机关公职人员。

(十四)公职律师履行党政机关法律顾问承担的职责,可以受所在单位委托,代表所在单位从事律师法律服务。公职律师在执业活动中享有律师法等规定的会见、阅卷、调查取证和发问、质证、辩论等方面的律师执业权利,以及律师法规定的其他权利。

(十五)公职律师不得从事有偿法律服务,不得在律师事务所等法律服务机构兼职,不得以律师身份办理所在单位以外的诉讼或者非诉讼法律事务。

(十六)党政机关法律顾问、公职律师玩忽职守、徇私舞弊的,依法依纪处理;属于外聘法律顾问的,予以解聘,并记入法律顾问工作档案和个人诚信档案,通报律师协会或者所在单位,依法追究责任。

三、建立健全国有企业法律顾问、公司律师制度

(十七)工商、金融、文化等行业的国有独资或者控股企业(以下简称国有企业)内部专门从事企业法律事务的工作人员和企业外聘的律师,可以担任法律顾问。

在国有企业已担任法律顾问但未取得法律职业资格或者律师资格的人员，可以继续履行法律顾问职责。国家统一法律职业资格制度实施后，国有企业拟担任法律顾问的工作人员或者外聘的其他人员，应当具有法律职业资格或者律师资格，但外聘其他国有企业现任法律顾问的除外。少数偏远地方国有企业难以聘任到具有法律职业资格或者律师资格的法律顾问的，可以沿用现行聘任法律顾问的做法。

法律顾问的辅助人员可不具有法律职业资格或者律师资格。

国有企业外聘法律顾问参照本意见第八条、第九条、第十条、第十一条规定办理。

（十八）国有企业可以根据企业规模和业务需要设立法律事务机构或者配备、聘请一定数量的法律顾问。

国有大中型企业可以设立总法律顾问，发挥总法律顾问对经营管理活动的法律审核把关作用，推进企业依法经营、合规管理。

（十九）国有企业法律顾问履行下列职责：

1. 参与企业章程、董事会运行规则的制定；

2. 对企业重要经营决策、规章制度、合同进行法律审核；

3. 为企业改制重组、并购上市、产权转让、破产重整、和解及清算等重大事项提出法律意见；

4. 组织开展合规管理、风险管理、知识产权管理、外聘律师管理、法治宣传教育培训、法律咨询；

5. 组织处理诉讼、仲裁案件；

6. 所在企业规定的其他职责。

（二十）国有企业法律顾问对企业经营管理行为的合法合规性负有监督职责，对企业违法违规行为提出意见，督促整改。法律顾问明知企业存在违法违规行为，不警示、不制止的，承担相应责任。

（二十一）国有企业根据需要设立公司律师。公司律师是与企业依法签订劳动合同，依照本意见第二十五条、第二十六条规定取得公司律师证书的员工。

（二十二）公司律师履行国有企业法律顾问承担的职责，可以受所在单位委托，代表所在单位从事律师法律服务。公司律师在执业活动中享有律师法等规定的会见、阅卷、调查取证和发问、质证、辩论等方面的律师执业权利，以及律师法规定的其他权利。

（二十三）公司律师不得从事有偿法律服务，不得在律师事务所等法律服务机构兼职，不得以律师身份办理所在单位以外的诉讼或者非诉讼法律事务。

四、完善管理体制

(二十四)党内法规工作机构、政府法制机构和国有企业法律事务部门,分别承担本单位法律顾问办公室职责,负责本单位法律顾问、公职律师、公司律师的日常业务管理,协助组织人事部门对法律顾问、公职律师、公司律师进行遴选、聘任、培训、考核、奖惩,以及对本单位申请公职律师、公司律师证书的工作人员进行审核等。

(二十五)在党政机关专门从事法律事务工作或者担任法律顾问、在国有企业担任法律顾问,并具有法律职业资格或者律师资格的人员,经所在单位同意可以向司法行政部门申请颁发公职律师、公司律师证书。经审查,申请人具有法律职业资格或者律师资格的,司法行政部门应当向其颁发公职律师、公司律师证书。

(二十六)国家统一法律职业资格制度实施前已担任法律顾问、未取得法律职业资格或者律师资格的人员具备下列条件,经国务院司法行政部门考核合格的,由国务院司法行政部门向其颁发公职律师、公司律师证书:

1. 在党政机关、国有企业担任法律顾问满15年;

2. 具有高等学校法学类本科学历并获得学士及以上学位,或者高等学校非法学类本科及以上学历并获得法律硕士、法学硕士及以上学位或者获得其他相应学位;

3. 具有高级职称或者同等专业水平。

(二十七)公职律师、公司律师脱离原单位,可以申请转为社会律师,其担任公职律师、公司律师的经历计入社会律师执业年限。依照本意见第二十六条规定担任公职律师、公司律师,申请转为社会律师的,应当符合国家统一法律职业资格制度的相关规定。公职律师、公司律师依照有关程序遴选为法官、检察官的,确定法官、检察官等级应当考虑其从事公职律师、公司律师工作的年限、经历。

(二十八)律师协会承担公职律师、公司律师的业务交流指导、律师权益维护、行业自律等工作。

五、加强组织领导

(二十九)党政机关主要负责同志作为推进法治建设第一责任人,要认真抓好本地区本部门本单位法律顾问、公职律师、公司律师制度的实施。

(三十)党政机关要按照以下要求充分发挥法律顾问、公职律师的作用:

1. 讨论、决定重大事项之前,应当听取法律顾问、公职律师的法律意见;

2. 起草、论证有关法律法规规章草案、党内法规草案和规范性文件送审稿,应当请法律顾问、公职律师参加，或者听取其法律意见；

3. 依照有关规定应当听取法律顾问、公职律师的法律意见而未听取的事项，或者法律顾问、公职律师认为不合法不合规的事项，不得提交讨论、作出决定。

对应当听取法律顾问、公职律师的法律意见而未听取，应当请法律顾问、公职律师参加而未落实，应当采纳法律顾问、公职律师的法律意见而未采纳，造成重大损失或者严重不良影响的，依法依规追究党政机关主要负责人、负有责任的其他领导人员和相关责任人员的责任。

（三十一）国有企业要按照以下要求充分发挥法律顾问、公司律师的作用：

1. 讨论、决定企业经营管理重大事项之前，应当听取法律顾问、公司律师的法律意见；

2. 起草企业章程、董事会运行规则等，应当请法律顾问、公司律师参加，或者听取其法律意见；

3. 依照有关规定应当听取法律顾问、公司律师的法律意见而未听取的事项，或者法律顾问、公司律师认为不合法不合规的事项，不得提交讨论、作出决定。

对应当听取法律顾问、公司律师的法律意见而未听取，应当交由法律顾问、公司律师进行法律审核而未落实，应当采纳法律顾问、公司律师的法律意见而未采纳，造成重大损失或者严重不良影响的，依法依规追究国有企业主要负责人、负有责任的其他领导人员和相关责任人员的责任。

（三十二）各级党政机关要将法律顾问、公职律师、公司律师工作纳入党政机关、国有企业目标责任制考核。推动法律顾问、公职律师、公司律师力量建设，完善日常管理、业务培训、考评奖惩等工作机制和管理办法，促进有关工作科学化、规范化。

（三十三）党政机关要将法律顾问、公职律师经费列入财政预算，采取政府购买或者财政补贴的方式，根据工作量和工作绩效合理确定外聘法律顾问报酬，为法律顾问、公职律师开展工作提供必要保障。

（三十四）县级以上地方各级党委和政府以及教育、卫生等行政主管部门要加强指导、分类施策、重点推进、鼓励探索，有步骤地推进事业单位法律顾问制度建设。

（三十五）人民团体参照本意见建立法律顾问、公职律师制度。

（三十六）各地区各部门可结合实际，按照本意见制定具体办法。

从律师和法学专家中
公开选拔立法工作者、法官、检察官办法

(中共中央办公厅2016年6月2日印发)

第一条 为深化立法工作者、法官、检察官招录制度改革,推进法治专门队伍正规化、专业化、职业化建设,根据党的十八届三中、四中全会有关要求和相关规定,制定本办法。

第二条 具有立法权的人大常委会的法制工作机构、政府法制部门、人民法院、人民检察院应当将从符合条件的律师、法学专家中公开选拔立法工作者、法官、检察官工作纳入队伍建设规划,并采取切实措施予以落实。

第三条 具有立法权的人大常委会的法制工作机构、政府法制部门可以根据工作需要招录一定数量的律师、法学专家从事法律法规起草工作。人民法院、人民检察院应当把从律师、法学专家中选拔法官、检察官工作常态化、制度化。

第四条 人民法院、人民检察院在招录、遴选法官、检察官时,应当根据工作实际预留适当数量的岗位用于从律师、法学专家中公开选拔法官、检察官。

第五条 公开选拔坚持以下原则:

(一)党管干部;

(二)德才兼备、以德为先;

(三)专业化、职业化;

(四)公开、公正、竞争、择优。

第六条 参加公开选拔的律师应当具备公务员法、法官法、检察官法规定的任职基本条件,并符合以下要求:

(一)拥护党的领导,忠于宪法法律;

(二)具有坚定的社会主义法治信仰、良好的职业操守;

(三)具有独立办案能力,执业经验丰富,或者通晓境外法律制度并具有成功处理国际法律事务的经验,或者精通某些特殊专业领域的法律实务;

(四)实际执业不少于五年,从业声誉良好。

第七条 参加公开选拔的法学专家应当具备公务员法、法官法、检察官法规定的任职条件,并符合以下要求:

(一)拥护党的领导,忠于宪法法律;

（二）具有坚定的社会主义法治信仰、优良的师德和学术品行，公道正派；

（三）自觉贯彻中国特色社会主义法治理论，善于理论联系实际；

（四）具有讲师及以上职称，从事教学或者科研五年以上，有突出研究能力和优秀研究成果，具有法律实务工作经验的优先。

第八条 律师、法学专家具有下列情形之一的，不得参加公开选拔：

（一）被刑事处罚或者因违法违纪被辞退、开除或者吊销执业证书的；

（二）有妨害司法公正行为的；

（三）因违反职业道德、学术道德、执业纪律或者行业规范受到惩戒、处罚的；

（四）受过党纪政纪处分的；

（五）涉嫌违法违纪正在接受审查尚未结案的；

（六）配偶已移居国（境）外，或者没有配偶，子女均已移居国（境）外的；

（七）法律法规规定不得担任立法工作者、法官、检察官的其他情形。

第九条 公务员主管部门应当会同具有立法权的人大常委会的法制工作机构、政府法制部门、人民法院、人民检察院，在人员编制限额内制定公开选拔计划和实施方案，明确公开选拔的岗位、条件、程序。

第十条 对参加公开选拔人员能力和素质的考察考评工作应当科学规范，注重能力素质、职业伦理、工作实绩和一贯表现。参加公开选拔人员工作单位所在地的律师协会或者法学会，应当在充分听取参加公开选拔人员工作单位、从业相关人员意见的基础上，就参加公开选拔人员的政治态度、专业能力、品行操守出具评估意见。

第十一条 拟任法官、检察官入围人选的专业能力评审由法官、检察官遴选委员会负责。具有立法权的人大常委会的法制工作机构或者政府法制部门可以组织有关业务部门负责人、专家学者、律师对入围人选进行专业能力评审。评审应当通过查阅人事档案、承办案件卷宗或者论著、面谈等方式进行。

第十二条 公开选拔应当接受社会监督。组织和纪检监察部门应当及时受理相关举报，并按照规定权限和程序处理。

第十三条 律师、法学专家被选拔为立法工作者、法官、检察官的，适用国家机关工作人员禁止性规定，不得持有非上市公司的股份；不得在企业、律师事务所及营利性机构兼职。

律师、法学专家被选拔为法官、检察官的，其父母、配偶、子女在拟任职人民法院、人民检察院辖区内开办律师事务所、担任律师或者从事司法鉴定、司法拍卖等与司法活动利益相关职业的，应当按照任职回避的要求不再担任律师事务所设立人、合伙人或者退出股份、调整工作。

在一年试用期内未能按照本条规定要求不再担任律师事务所设立人、合伙人或者退出股份、调整工作的,视为试用不合格,不予录用。

第十四条 鼓励法学专家到人大常委会法制工作机构、政府法制部门、人民法院、人民检察院挂职锻炼。上述单位应当为法学专家挂职锻炼创造条件。

第十五条 被选拔为立法工作者、法官、检察官的律师、法学专家,比照所任职单位同等资历人员确定职务、级别、待遇。

第十六条 本办法由中央政法委负责解释。

第十七条 本办法自 2016 年 6 月 2 日起施行。

保护司法人员依法履行法定职责规定

（中共中央办公厅、国务院办公厅 2016 年 7 月 21 日印发）

第一条 为了贯彻落实《中共中央关于全面推进依法治国若干重大问题的决定》有关要求，建立健全司法人员依法履行法定职责保护机制，根据国家有关法律法规和中央有关规定，结合司法工作实际，制定本规定。

第二条 法官、检察官依法办理案件不受行政机关、社会团体和个人的干涉，有权拒绝任何单位或者个人违反法定职责或者法定程序、有碍司法公正的要求。对任何单位或者个人干预司法活动、插手具体案件处理的情况，司法人员应当全面、如实记录。有关机关应当根据相关规定对干预司法活动和插手具体案件处理的相关责任人予以通报直至追究责任。

第三条 任何单位或者个人不得要求法官、检察官从事超出法定职责范围的事务。人民法院、人民检察院有权拒绝任何单位或者个人安排法官、检察官从事超出法定职责范围事务的要求。

第四条 法官、检察官依法履行法定职责受法律保护。非因法定事由，非经法定程序，不得将法官、检察官调离、免职、辞退或者作出降级、撤职等处分。

第五条 只有具备下列情形之一的，方可将法官、检察官调离：

（一）按规定需要任职回避的；

（二）因干部培养需要，按规定实行干部交流的；

（三）因机构调整或者缩减编制员额需要调整工作的；

（四）受到免职、降级等处分，不适合在司法办案岗位工作的；

（五）违反法律、党纪处分条例和审判、检察纪律规定，不适合在司法办案岗位工作的其他情形。

第六条 只有具备下列情形之一的，方可将法官、检察官免职：

（一）丧失中华人民共和国国籍的；

（二）调出本法院、检察院的；

（三）职务变动不需要保留原职务的；

（四）经考核确定为不称职的；

（五）因健康原因超过一年不能正常履行工作职责的；

（六）按规定应当退休的；

(七)辞职或者被辞退的;

(八)因违纪违法犯罪不能继续任职的;

(九)违反法律、党纪处分条例和审判、检察纪律规定,不适合继续担任法官、检察官职务的其他情形。

第七条 只有具备下列情形之一的,方可将法官、检察官辞退:

(一)在年度考核中,连续两年被确定为不称职的;

(二)不胜任现职工作,又不接受另行安排的;

(三)因机构调整或者缩减编制员额需要调整工作,本人拒绝合理安排的;

(四)旷工或者无正当理由逾假不归连续超过十五天,或者一年内累计超过三十天的;

(五)不履行法官、检察官法定义务,经教育仍不改正的;

(六)违反法律、党纪处分条例和审判、检察纪律规定,不适合继续担任公职的其他情形。

第八条 只有具备下列情形之一的,方可对法官、检察官作出降级、撤职处分:

(一)违犯党纪,受到撤销党内职务及以上处分的;

(二)违反审判、检察纪律,情节较重的;

(三)存在失职行为,造成严重后果的;

(四)违反法律、党纪处分条例和审判、检察纪律规定,应当予以降级、撤职的其他情形。

第九条 将法官、检察官调离、免职、辞退或者作出降级、撤职等处分的,应当按照法律规定的程序和管理权限进行。决定应当以书面形式通知法官、检察官,并列明作出决定的理由和依据。

法官、检察官不服调离、免职、辞退或者降级、撤职等决定的,可以依法申请复议、复核,提出申诉、再申诉。法官、检察官不因申请复议、复核或者提出申诉、再申诉而被加重处罚。

第十条 考核法官、检察官办案质量,评价工作业绩,应当客观公正、符合司法规律。对法官、检察官的德、能、勤、绩、廉进行年度考核,不得超出其法定职责与职业伦理的要求。考核的办法和标准由最高人民法院、最高人民检察院统一制定,地方可以结合实际进行适当调整。不得以办案数量排名、末位淘汰、接待信访不力等方法和理由调整法官、检察官工作岗位。

第十一条 法官、检察官非因故意违反法律、法规或者有重大过失导致错案并造成严重后果的,不承担错案责任。

第十二条 案件办理及相关审批、管理、指导、监督工作实行全程留痕。法官、检察官依照司法责任制,对履行审判、检察职责中认定的事实证据、发表的意见、作出的决定负责。上级机关、单位负责人、审判委员会或者检察委员会等依职权改变法官、检察官决定的,法官、检察官对后果不承担责任,但法官、检察官故意隐瞒或者因有重大过失而致遗漏重要证据、重要情节,或者提供其他虚假情况导致该决定错误的除外。

第十三条 调查核实对法官、检察官履职的举报、控告和申诉过程中,当事法官、检察官享有知情、申辩和举证的权利。人民法院、人民检察院纪检监察机构应当将当事法官、检察官的陈述、申辩和举证如实记录,并对是否采纳作出说明。

第十四条 法官、检察官履行法定职责的行为,非经法官、检察官惩戒委员会审议不受错案责任追究。法官、检察官因违反党纪,审判、检察纪律,治安及刑事法律,应当追究错案责任之外的其他责任的,依照相关规定办理。

法官、检察官惩戒委员会审议法官、检察官错案责任案件,应当进行听证。人民法院、人民检察院相关机构应当派员向法官、检察官惩戒委员会通报当事法官、检察官违纪违法事实以及拟处理意见、依据。当事法官、检察官有权陈述、申辩。法官、检察官惩戒委员会根据查明的事实和法律规定,作出无责、免责或者给予惩戒处分的建议。

第十五条 法官、检察官因依法履职遭受不实举报、诬告陷害、利用信息网络等方式侮辱诽谤,致使名誉受到损害的,人民法院、人民检察院、公安机关应当会同有关部门及时澄清事实,消除不良影响,维护法官、检察官良好声誉,并依法追究相关单位或者个人的责任。

第十六条 有关机关对法官、检察官作出错误处理的,应当恢复被处理人的职务和名誉、消除不良影响,对造成的经济损失给予赔偿,并依法追究诬告陷害者的责任。法官、检察官因接受调查暂缓晋级,经有关部门认定不应追究法律或者纪律责任的,晋级时间从暂缓之日起计算。

第十七条 对干扰阻碍司法活动,威胁、报复陷害、侮辱诽谤、暴力伤害司法人员及其近亲属的行为,应当依法从严惩处。

对以恐吓威胁、滋事骚扰、跟踪尾随、攻击辱骂、损毁财物及其他方式妨害司法人员及其近亲属人身自由和正常生活的,公安机关接警后应当快速出警、有效制止;对正在实施违法犯罪行为的,应当依法果断处置、从严惩处。对实施暴力行为危害司法人员及其近亲属人身安全的精神病人,在人民法院决定强制医疗之前,经县级以上公安机关负责人批准,公安机关可以采取临时保护性约束措施,必要时可以将其送精神病医院接受治疗。

第十八条 人民法院、人民检察院办理恐怖活动犯罪、黑社会性质组织犯罪、重大毒品犯罪、邪教组织犯罪等危险性高的案件,应当对法官、检察官及其近亲属采取出庭保护、禁止特定人员接触以及其他必要的保护措施。对法官、检察官近亲属还可以采取隐匿身份的保护措施。

办理危险性较高的其他案件,经司法人员本人申请,可以对司法人员及其近亲属采取上述保护措施。

第十九条 司法人员的个人信息受法律保护。侵犯司法人员人格尊严,泄露依法不应公开的司法人员及其近亲属信息的,依照法律和相关规定追究有关人员责任。

第二十条 依法保障法官、检察官的休息权和休假权。法官、检察官在法定工作日之外加班的,应当补休;不能补休的,应当在绩效考核奖金分配时予以平衡。

第二十一条 国家落实医疗保障办法,完善抚恤优待办法,为法官、检察官的人身、财产、医疗等权益提供与其职业风险相匹配的保障。

第二十二条 人民法院、人民检察院、公安机关领导干部或者直接责任者因玩忽职守、敷衍推诿、故意拖延或者滥用职权,导致依法履职的司法人员或者其近亲属的人身、财产权益受到重大损害的,应当给予纪律处分;构成犯罪的,依法追究刑事责任。

第二十三条 国家机关及其工作人员有下列行为之一的,司法人员有权提出控告,对直接责任者和领导责任者,应当给予纪律处分;构成犯罪的,依法追究刑事责任:

(一)干预司法活动妨碍司法公正的;

(二)要求法官、检察官从事超出法定职责范围事务的;

(三)违反本规定,将法官、检察官调离、免职、辞退或者作出降级、撤职等处分的;

(四)对司法人员的依法履职保障诉求不作为的;

(五)侵犯司法人员控告或者申诉权利的;

(六)其他严重侵犯法官、检察官法定权利的行为。

第二十四条 本规定所称司法人员,是指在人民法院、人民检察院承担办案职责的法官、检察官和司法辅助人员。

第二十五条 军事司法人员依法履行法定职责的保护,军事法规有规定的,从其规定。

第二十六条 本规定由中央政法委会同最高人民法院、最高人民检察院解释。

第二十七条 本规定自 2016 年 7 月 21 日起施行。

党政主要负责人履行推进法治建设第一责任人职责规定

(中共中央办公厅、国务院办公厅2016年11月30日印发)

第一条 为贯彻落实党中央关于全面依法治国的部署要求,推动党政主要负责人切实履行推进法治建设第一责任人职责,根据有关党内法规和国家法律法规,制定本规定。

第二条 本规定适用于县级以上地方党委和政府主要负责人。

第三条 党政主要负责人履行推进法治建设第一责任人职责,必须坚持党的领导、人民当家作主、依法治国有机统一;坚持宪法法律至上,反对以言代法、以权压法、徇私枉法;坚持统筹协调,做到依法治国、依法执政、依法行政共同推进,法治国家、法治政府、法治社会一体建设;坚持权责一致,确保有权必有责、有责要担当、失责必追究;坚持以身作则、以上率下,带头尊法学法守法用法。

第四条 党政主要负责人作为推进法治建设第一责任人,应当切实履行依法治国重要组织者、推动者和实践者的职责,贯彻落实党中央关于法治建设的重大决策部署,统筹推进科学立法、严格执法、公正司法、全民守法,自觉运用法治思维和法治方式深化改革、推动发展、化解矛盾、维护稳定,对法治建设重要工作亲自部署、重大问题亲自过问、重点环节亲自协调、重要任务亲自督办,把本地区各项工作纳入法治化轨道。

第五条 党委主要负责人在推进法治建设中应当履行以下主要职责:

(一)充分发挥党委在推进本地区法治建设中的领导核心作用,定期听取有关工作汇报,及时研究解决有关重大问题,将法治建设纳入地区发展总体规划和年度工作计划,与经济社会发展同部署、同推进、同督促、同考核、同奖惩;

(二)坚持全面从严治党、依规治党,加强党内法规制度建设,提高党内法规制度执行力;

(三)严格依法依规决策,落实党委法律顾问制度、公职律师制度,加强对党委文件、重大决策的合法合规性审查;

(四)支持本级人大、政府、政协、法院、检察院依法依章程履行职能、开展工作,督促领导班子其他成员和下级党政主要负责人依法办事,不得违规干预司法活动、插手具体案件处理;

(五)坚持重视法治素养和法治能力的用人导向,加强法治工作队伍建设和政法机关领导班子建设;

(六)深入推进法治宣传教育,推动全社会形成浓厚法治氛围。

第六条 政府主要负责人在推进法治建设中应当履行以下主要职责:

(一)加强对本地区法治政府建设的组织领导,制定工作规划和年度工作计划,及时研究解决法治政府建设有关重大问题,为推进法治建设提供保障、创造条件;

(二)严格执行重大行政决策法定程序,建立健全政府法律顾问制度、公职律师制度,依法制定规章和规范性文件,全面推进政务公开;

(三)依法全面履行政府职能,推进行政执法责任制落实,推动严格规范公正文明执法;

(四)督促领导班子其他成员和政府部门主要负责人依法行政,推动完善政府内部层级监督和专门监督,纠正行政不作为、乱作为;

(五)自觉维护司法权威,认真落实行政机关出庭应诉、支持法院受理行政案件、尊重并执行法院生效裁判的制度;

(六)完善行政机关工作人员学法用法制度,组织实施普法规划,推动落实"谁执法谁普法"责任。

第七条 党政主要负责人应当将履行推进法治建设第一责任人职责情况列入年终述职内容,上级党委应当对下级党政主要负责人履行推进法治建设第一责任人职责情况开展定期检查、专项督查。

第八条 上级党委应当将下级党政主要负责人履行推进法治建设第一责任人职责情况纳入政绩考核指标体系,作为考察使用干部、推进干部能上能下的重要依据。

第九条 党政主要负责人不履行或者不正确履行推进法治建设第一责任人职责的,应当依照《中国共产党问责条例》等有关党内法规和国家法律法规予以问责。

第十条 中共中央、国务院工作部门的主要负责人,县级以上地方党委和政府工作部门的主要负责人,乡(镇、街道)党政主要负责人,参照本规定执行。

第十一条 本规定由中央办公厅、国务院办公厅负责解释。

第十二条 本规定自 2016 年 11 月 30 日起施行。

关于进一步把社会主义核心价值观融入法治建设的指导意见

(中共中央办公厅、国务院办公厅2016年12月11日印发)

为深入贯彻习近平总书记系列重要讲话精神,大力培育和践行社会主义核心价值观,运用法律法规和公共政策向社会传导正确价值取向,把社会主义核心价值观融入法治建设,现提出如下意见。

一、重要意义和总体要求

社会主义核心价值观是社会主义法治建设的灵魂。把社会主义核心价值观融入法治建设,是坚持依法治国和以德治国相结合的必然要求,是加强社会主义核心价值观建设的重要途径。党的十八大以来,在以习近平同志为核心的党中央坚强领导下,各地区各部门积极运用法治思维和法治方式,推动以富强、民主、文明、和谐,自由、平等、公正、法治,爱国、敬业、诚信、友善为主要内容的社会主义核心价值观建设,各方面工作呈现向上向好的发展态势。同时也要看到,与推进国家治理体系和治理能力现代化建设的要求相比,把社会主义核心价值观融入法治建设还存在不小差距。有的法规和政策价值导向不鲜明,针对性、可操作性不强,保障不够有力;一些地方和部门在执法司法过程中存在与社会主义核心价值观要求不符的现象;部分社会成员尊法学法守法用法意识不强,全民法治观念需要进一步提高,等等。要从巩固全体人民团结奋斗的共同思想道德基础的战略高度,充分认识把社会主义核心价值观融入法治建设的重要性紧迫性,切实发挥法治的规范和保障作用,推动社会主义核心价值观内化于心、外化于行。

进一步把社会主义核心价值观融入法治建设,必须全面贯彻党的十八大和十八届三中、四中、五中、六中全会精神,深入贯彻习近平总书记系列重要讲话精神和治国理政新理念新思想新战略,全面落实依法治国基本方略,坚持依法治国和以德治国相结合,把社会主义核心价值观融入法治国家、法治政府、法治社会建设全过程,融入科学立法、严格执法、公正司法、全民守法各环节,以法治体现道德理念、强化法律对道德建设的促进作用,推动社会主义核心价值观更加深入人心,为实现“两个一百年”奋斗目标、实现中华民族伟大复兴的中国梦提供强大价值引导力、文化凝聚力和精神推动力。

二、推动社会主义核心价值观入法入规

法律法规体现鲜明价值导向,社会主义法律法规直接影响人们对社会主义核心价值观的认知认同和自觉践行。要坚持以社会主义核心价值观为引领,恪守以民为本、立法为民理念,把社会主义核心价值观的要求体现到宪法法律、法规规章和公共政策之中,转化为具有刚性约束力的法律规定。

加强重点领域立法。深入分析社会主义核心价值观建设的立法需求,把法律的规范性和引领性结合起来,坚持立改废释并举,积极推进相关领域立法,使法律法规更好体现国家的价值目标、社会的价值取向、公民的价值准则。加快完善体现权利公平、机会公平、规则公平的法律制度,依法保障公民权利,维护公平正义。不断完善社会主义市场经济法律制度,加快形成保护产权、维护契约、统一市场、平等交换、公平竞争、有效监管的体制机制,促进社会诚信建设。推进民法典编纂工作,健全民事基本法律制度,强化全社会的契约精神。加强保障和改善民生、推进社会治理体系创新方面的立法,完善教育、劳动就业、收入分配、社会保障、医疗卫生、扶贫济困、社会救助、婚姻家庭和妇女儿童、老年人、残疾人合法权益保护等方面的法律法规。注重把一些基本道德规范转化为法律规范,把实践中行之有效的政策制度及时上升为法律法规,推动文明行为、社会诚信、见义勇为、尊崇英雄、志愿服务、勤劳节俭、孝亲敬老等方面的立法工作。推动设区的市提高立法精细化水平,促进社会文明建设。加强互联网领域立法,完善网络信息服务、网络安全保护、网络社会管理等方面的法律法规。不断完善有效约束开发行为和推动绿色低碳循环发展的生态文明法律制度,推动人与自然和谐发展。加强规范性文件备案审查制度和能力建设,建立健全法律法规定期清理机制,对与社会主义核心价值观要求不相适应的,依照法定程序及时进行修改和废止。

强化公共政策的价值目标。制定经济社会政策和重大改革措施,出台与人们生产生活和现实利益密切相关的具体政策措施,要充分体现公平正义和社会责任,注重政策目标和价值导向有机统一,注重经济效益和社会效益有机统一,形成有利于培育和弘扬社会主义核心价值观的良好政策导向和利益引导机制。完善政策评估和纠偏机制,防止具体政策措施与社会主义核心价值观相背离,实现公共政策和道德建设良性互动。

加强党内法规制度建设。以党章为根本遵循,完善党内法规,健全制度保障,构建起配套完备的党内法规制度体系,推动党员干部带头践行社会主义核心价值观。把从严治党实践成果转化为道德规范和纪律要求,做到依规治党和以德治党相统一,充分展现共产党人高尚思想道德情操和价值追求。

三、强化社会治理的价值导向

推动社会主义核心价值观建设既要靠良法,又要靠善治。社会治理要承担起倡导社会主义核心价值观的责任,注重在日常管理中体现鲜明价值导向,使符合社会主义核心价值观的行为得到倡导和鼓励,违背社会主义核心价值观的行为受到制约和惩处。

严格规范公正文明执法。强化严格依法履行职责观念、法律面前人人平等观念、尊重和保障人权观念,深入推进依法行政,加快建设法治政府,推进平安中国建设。着眼维护健康市场秩序和公平市场环境,严厉打击破坏社会主义市场经济秩序的犯罪行为。着眼保护人民群众合法权益,健全利益表达、利益协调、利益保护机制,加大食品药品、安全生产、环境保护、劳动保障、医疗卫生、商贸服务等关系群众切身利益的重点领域执法力度。加强文化市场综合执法,深入开展"扫黄打非",依法查处有害文化信息、不良文化产品和服务,维护国家文化安全和意识形态安全。依法加强网络空间治理,严惩网上造谣欺诈、攻击谩骂、传播淫秽色情等行为,净化网络环境。贯彻总体国家安全观,切实维护国家政治安全和政权安全。依法严惩暴力恐怖、民族分裂等危害国家安全和社会稳定的犯罪行为,依法妥善处置涉及民族、宗教等因素的社会问题,维护祖国统一、民族团结、社会和谐。完善执法程序,改进执法方式,尊重自然人和法人的合法权益,准确把握适用裁量标准,实现执法要求与执法形式相统一、执法效果与社会效果相统一。行政执法和刑事司法要善于把握引导社会心态和群众情绪,综合运用法律、经济、行政等手段和教育、调解、疏导等办法,融法、理、情于一体,引导和支持人们合理合法表达利益诉求,妥善化解各类社会矛盾。

推进多层次多领域依法治理。深入开展道德领域突出问题专项教育和治理,依法惩处公德失范、诚信缺失的违法行为,大力整治突破道德底线、丧失道德良知的现象,弘扬真善美、贬斥假恶丑。加强社会信用体系建设,完善守法诚信褒奖激励机制和违法失信行为惩戒机制,加大失信被执行人信用监督、威慑和惩戒力度。完善科研诚信规范。激发社会组织活力,加强自我约束、自我管理,发挥好参与社会事务、维护公共利益、救助困难群众、帮教特殊人群、预防违法犯罪的作用。深化政风行风建设,切实纠正行业不正之风。完善市民公约、乡规民约、学生守则、行业规章、团体章程等社会规范,发挥党和国家功勋荣誉表彰制度的引领作用、礼仪制度的教化作用,使社会治理的过程成为培育和践行社会主义核心价值观的过程。

坚持依规治党。加强和规范党内政治生活,严肃党的政治纪律和政治规矩,全面净化党内政治生态。加强党的作风建设,重点突出坚定理想信念、践行根本宗旨、加强道德修养,坚持不懈整治形式主义、官僚主义、享乐主义和奢靡之风,使党的作风全面纯洁起来。以零容忍态度惩治腐败,严格依纪依法查处各类腐败案件,建设廉洁政治。

四、用司法公正引领社会公正

司法是维护社会公平正义的最后一道防线,司法公正对社会公正具有重要引领作用。要全面深化司法体制改革,加快建立健全公正高效权威的社会主义司法制度,确保审判机关、检察机关依法独立公正行使审判权、检察权,提供优质高效的司法服务和保障,努力让人民群众在每一个司法案件中都感受到公平正义,推动社会主义核心价值观落地生根。

提高司法公信力。坚持以事实为依据、以法律为准绳,严格依照事实和法律办案,确保办案过程符合程序公正、办案结果符合实体公正,用公正司法培育和弘扬社会主义核心价值观。加强弱势群体合法权益司法保护,加大涉民生案件查办工作力度,通过具体案件的办理,推动形成良好社会关系和社会氛围。根据案件难易、刑罚轻重等情况,积极推进繁简分流,依法适用简易程序、小额诉讼程序、刑事案件速裁程序,引导和鼓励自主选择调解、和解、协调等解决纠纷方式,在更高层次上实现公正和效率的平衡。切实解决执行难问题,依法保障胜诉当事人及时实现合法权益。严格落实罪刑法定、疑罪从无、非法证据排除等法律原则和制度,建立健全纠错机制,有效防范冤假错案。坚持以公开促公正、以透明保廉洁,严格落实司法责任制,建立健全司法人员履行法定职责保护机制,推进审判公开、检务公开、警务公开、狱务公开,严禁领导干部干预司法活动、插手具体案件处理,加强对司法活动的监督,让司法在阳光下运行。

建设完备的法律服务体系。加强司法救助、法律援助,统筹城乡、区域法律服务资源,加快推动法律服务向欠发达地区、基层村(社区)延伸。畅通依法维权渠道,深入推进诉讼服务中心建设,不断完善诉讼服务设施,因地制宜推行预约立案、远程立案、网上立案等制度,加强巡回审判,方便群众诉讼,减轻群众诉累,依法保障当事人和其他诉讼参与人的诉讼权利,最大限度发挥司法的人权保障功能。

完善司法政策,加强司法解释,强化案例指导。遵循法律精神和原则,实行适应社会主义核心价值观要求的司法政策,增强适用法律法规的及时性、针对性、有效性,为惩治违背社会主义核心价值观、严重失德败德行为,提供具体、明确的司法政策支持。准确把握法律精神和法律原则,适应社会主义核心价值观建设的实践要求,发挥司法解释功能,正确解释法律。完善案例指导制度,及时选择对司法办案有普遍指导意义,对培育和弘扬社会主义核心价值观有示范作用的案例,作为指导性案例发布,通过个案解释法律和统一法律适用标准。

五、弘扬社会主义法治精神

根植于全民心中的法治精神,是社会主义核心价值观建设的基本内容和重要基础。要坚持法治宣传教育与法治实践相结合,建设社会主义法治文化,推动全社会树立法治意识、增强法治观念,形成守法光荣、违法可耻的社会氛围,使全体人民都成为社会主义法治的忠实崇尚者、社会主义核心价值观的自觉践行者。

深入开展法治宣传教育。深入学习宣传习近平总书记关于全面依法治国的重要论述,增强走中国特色社会主义法治道路的自觉性和坚定性。深入开展宪法宣传教育,弘扬宪法精神,增强宪法意识,形成崇尚宪法、遵守宪法、维护宪法权威的社会氛围。深入宣传中国特色社会主义法律体系,重点宣传与经济社会发展和人民生产生活密切相关的法律法规,通过公开审判、典型案例发布、诉前诉后答疑等方式,引导全体公民自觉守法、遇事找法、解决问题靠法。在全体党员中深入开展党章和党内法规学习教育,明确基本标准,树立行为规范。把领导干部带头学法、模范守法作为树立法治意识的关键,完善国家工作人员学法用法制度,提高党员、干部法治思维和依法办事能力。坚持从青少年抓起,切实把法治教育纳入国民教育体系,使青少年从小树立宪法意识、国家意识和法治观念。健全普法宣传教育机制,实行国家机关"谁执法谁普法"的普法责任制,建立和实施法官、检察官、行政执法人员、律师等以案释法制度,把法治教育纳入文明城市、文明村镇、文明单位、文明家庭、文明校园创建活动,强化基层党组织开展法治宣传教育职责,广泛开展群众性法治文化活动,开展普法益民和公益广告宣传活动,推动法律进机关、进乡村、进社区、进学校、进企业、进单位。

增强法治的道德底蕴。把法治教育与道德教育结合起来,深化社会主义核心价值观学习教育实践,深入开展社会公德、职业道德、家庭美德、个人品德教育,大力弘扬爱国主义、集体主义、社会主义思想,以道德滋养法治精神。强化规则意识,倡导契约精神,弘扬公序良俗,引导人们自觉履行法定义务、社会责任、家庭责任,努力形成中华儿女互有责任的良好风尚。广泛开展时代楷模、道德模范、最美人物和身边好人学习宣传活动,积极倡导助人为乐、见义勇为、诚实守信、敬业奉献、孝老爱亲等美德善行。大力弘扬中华优秀传统文化,深入挖掘和阐发中华民族讲仁爱、重民本、守诚信、崇正义、尚和合、求大同的时代价值,汲取中华法律文化精华,使之成为涵养社会主义法治文化的重要源泉。

六、加强组织领导

各级党委要高度重视把社会主义核心价值观融入法治建设工作,加强组织领导,加大工作力度。人大、政府、政协、审判机关、检察机关要认真履职尽责,各领域各部门要充分发挥各自优势,积极主动开展工作。党委宣传部和政法委要加强工作指导,统筹各方力量、协调各方职能,形成齐抓共管的工作合力,为社会主义核心价值观建设创造良好法治环境。

加强法治工作队伍建设。着力增强法治工作队伍的思想政治素质、业务工作能力、职业道德水准,做到忠于党、忠于国家、忠于人民、忠于法律。在立法队伍、行政执法队伍、司法队伍中,深入开展社会主义核心价值观和社会主义法治理念教育,强化职业道德和职业操守,努力建设一支信念坚定、执法为民、敢于担当、清正廉洁的政法队伍。按照重品行、讲操守、守规矩的要求,加强律师队伍建设,发展公证员、基层法律服务工作者、人民调解员队伍。推动法律服务志愿者队伍建设。坚持立德树人、德育为先导向,推动中国特色社会主义法治理论进教材进课堂进头脑,培养造就熟悉和坚持社会主义法治理念和社会主义核心价值观的法治人才及后备力量。

坚持改革创新。按照贯穿结合融入、落细落小落实的要求,积极探索有效途径和办法,使社会主义核心价值观和社会主义法治建设相互促进、相得益彰。坚持人民主体地位,拓宽人民群众有序参与立法、执法、司法的渠道和方式,调动人民群众投身依法治国实践的积极性和主动性,使法律及其实施充分体现人民意志、体现社会主义核心价值观要求。注重总结推广新创造新经验,不断提高工作针对性实效性,依靠教育引导、实践养成和良法善治,开创社会主义核心价值观建设新局面。

司法机关内部人员过问案件的记录和责任追究规定

（中共中央政法委员会2015年3月29日印发）

第一条 为贯彻落实《中共中央关于全面推进依法治国若干重大问题的决定》有关要求，防止司法机关内部人员干预办案，确保公正廉洁司法，根据宪法法律规定，结合司法工作实际，制定本规定。

第二条 司法机关内部人员应当依法履行职责，严格遵守纪律，不得违反规定过问和干预其他人员正在办理的案件，不得违反规定为案件当事人转递涉案材料或者打探案情，不得以任何方式为案件当事人说情打招呼。

第三条 司法机关办案人员应当恪守法律，公正司法，不徇私情。对于司法机关内部人员的干预、说情或者打探案情，应当予以拒绝；对于不依正当程序转递涉案材料或者提出其他要求的，应当告知其依照程序办理。

第四条 司法机关领导干部和上级司法机关工作人员因履行领导、监督职责，需要对正在办理的案件提出指导性意见的，应当依照程序以书面形式提出，口头提出的，由办案人员记录在案。

第五条 其他司法机关的工作人员因履行法定职责需要，向办案人员了解正在办理的案件有关情况的，应当依照法律程序或者工作程序进行。

第六条 对司法机关内部人员过问案件的情况，办案人员应当全面、如实记录，做到全程留痕，有据可查。

第七条 办案人员如实记录司法机关内部人员过问案件的情况，受法律和组织保护。

司法机关内部人员不得对办案人员打击报复。办案人员非因法定事由，非经法定程序，不得被免职、调离、辞退或者给予降级、撤职、开除等处分。

第八条 司法机关纪检监察部门应当及时汇总分析司法机关内部人员过问案件的情况，并依照以下方式对司法机关内部人员违反规定干预办案的线索进行处置：

（一）机关内部人员违反规定干预办案的，由本机关纪检监察部门调查处理；

（二）本机关领导干部违反规定干预办案的，向负有干部管理权限的机关纪检监察部门报告情况；

(三)上级司法人员违反规定干预下级司法机关办案的,向干预人员所在司法机关纪检监察部门报告情况;

(四)其他没有隶属关系的司法机关人员违反规定干预办案的,向干预人员所在司法机关纪检监察部门通报情况。

干预人员所在司法机关纪检监察部门接到报告或者通报后,应当及时调查处理,并将结果通报办案单位所属司法机关纪检监察部门。

第九条 司法机关内部人员有下列行为之一的,属于违反规定干预办案,负有干部管理权限的司法机关按程序报经批准后予以通报,必要时可以向社会公开:

(一)在线索核查、立案、侦查、审查起诉、审判、执行等环节为案件当事人请托说情的;

(二)邀请办案人员私下会见案件当事人或其辩护人、诉讼代理人、近亲属以及其他与案件有利害关系的人的;

(三)违反规定为案件当事人或其辩护人、诉讼代理人、亲属转递涉案材料的;

(四)违反规定为案件当事人或其辩护人、诉讼代理人、亲属打探案情、通风报信的;

(五)其他影响司法人员依法公正处理案件的行为。

第十条 司法机关内部人员有本规定第九条所列行为之一,构成违纪的,依照《中国共产党纪律处分条例》、《行政机关公务员处分条例》、《人民法院工作人员处分条例》、《检察人员纪律处分条例(试行)》、《公安机关人民警察纪律条令》等规定给予纪律处分;构成犯罪的,依法追究刑事责任。

司法机关内部人员对如实记录过问案件情况的办案人员进行打击报复的,依照《中国共产党纪律处分条例》、《行政机关公务员处分条例》、《人民法院工作人员处分条例》、《检察人员纪律处分条例(试行)》、《公安机关人民警察纪律条令》等规定给予纪律处分;构成犯罪的,依法追究刑事责任。

第十一条 办案人员不记录或者不如实记录司法机关内部人员过问案件情况的,予以警告、通报批评;两次以上不记录或者不如实记录的,依照《中国共产党纪律处分条例》、《行政机关公务员处分条例》、《人民法院工作人员处分条例》、《检察人员纪律处分条例(试行)》、《公安机关人民警察纪律条令》等规定给予纪律处分。主管领导授意不记录或者不如实记录的,依法依纪追究主管领导责任。

第十二条 司法机关内部人员违反规定过问和干预办案的情况和办案人员

记录司法机关内部人员过问案件的情况,应当纳入党风廉政建设责任制和政绩考核体系,作为考核干部是否遵守法律、依法办事、廉洁自律的重要依据。

第十三条 本规定所称司法机关内部人员,是指在法院、检察院、公安机关、国家安全机关、司法行政机关工作的人员。

司法机关离退休人员违反规定干预办案的,适用本规定。

第十四条 最高人民法院、最高人民检察院、公安部、国家安全部、司法部应当结合工作实际,制定本规定的实施办法,确保有关规定落到实处。

第十五条 本规定自下发之日起施行。

(十)社会治理

关于创新群众工作方法
解决信访突出问题的意见(略有删改)

(中共中央办公厅、国务院办公厅2013年12月20日印发)

近年来,各地区各部门认真贯彻落实中央决策部署,解决了大量群众生产生活中遇到的困难和问题,赢得了群众拥护,凝聚了党心民心。同时应当看到,一些地方和部门还不同程度地存在损害群众利益、伤害群众感情的现象,引发了大量信访问题,尤其是在征地拆迁、劳动和社会保障、教育医疗、企业改制、环境保护等方面的信访问题比较突出,群众反映强烈。为深入贯彻落实党的十八大和十八届三中全会精神,推动信访工作制度改革,解决好人民群众最关心最直接最现实的利益问题,进一步密切党同人民群众的血肉联系,巩固和扩大党的群众路线教育实践活动成果,夯实党执政的群众基础,促进社会和谐稳定,现就创新群众工作方法、解决信访突出问题提出如下意见。

一、着力从源头上预防和减少信访问题发生

(一)加大保障和改善民生力度。将保障和改善民生作为预防和化解矛盾纠纷的基础性工作,更加注重落实好各项民生政策,优先保障民生支出。针对土地征用、房屋拆迁、劳动和社会保障等方面的突出问题,加强顶层设计,完善相关政策,全力推动落实。

(二)提高科学民主决策水平。完善决策机制和程序,增强决策透明度和公众参与度。建立健全人民建议征集制度,鼓励和引导人民群众对党和政府工作献计献策。对与人民群众利益密切相关的决策事项,要通过举行座谈会、听证会、论证会等形式广泛听取意见,充分考虑大多数人的利益。健全重大决策社会稳定风险评估机制,把社会稳定风险评估作为重大决策出台的前置程序和刚性门槛,对决策可能引发的各种风险进行科学预测、综合研判,确定风险等级并制定相应的化解处置预案。在评估中要充分听取信访、维稳、综治等部门的意见。健全决策纠错改正机制,实时跟踪决策实施情况,及时了解利益相关方和社会公众对决策实施的意见和建议,全面评估决策执行效果,适时决定是否对决策予以调整或者停止执行。落实决策责任追究制度,对违反决策规定、出现重大决策失误而造成重大损失或者恶劣影响的,按照谁决策、谁负责的原则,严肃追究决策者的党纪政纪责任,触犯法律的依法追究其法律责任。

(三)坚持依法办事。各级国家机关及其工作人员要严格按照法定权限和程序行使权力、履行职责。强化各级干部带头学法尊法守法用法意识,提高依法办事能力。依法保障人民群众参与社会治理和公共事务,坚决纠正限制和干涉群众正常信访活动的错误做法。注重运用法治思维和法治方式化解矛盾纠纷,防止以闹求解决、以访谋私利、无理缠访闹访等现象发生。严格落实行政执法责任制,对于不作为、乱作为的,依法追究责任。深化司法体制改革,确保司法公平公正。建立健全冤假错案责任追究制度,实行法官、检察官、人民警察对办案质量终身负责制,严肃查处刑讯逼供、暴力取证、隐匿伪造证据等违法行为,不断提高司法公信力。

(四)改进工作作风。发扬求真务实、真抓实干、密切联系群众的优良作风,深入基层调查研究,解决突出问题。总结推广干部进村入户、送政策送温暖送服务、记民情日记、建民情档案等做法,坚持与群众共同分析研究解决实际问题。坚决反对形式主义、官僚主义、享乐主义和奢靡之风,做到联系群众而不脱离群众、服务群众而不损害群众、解决问题而不引发问题,进一步密切党群干群关系。

二、进一步畅通和规范群众诉求表达渠道

(五)健全公开透明的诉求表达和办理方式。完善民生热线、视频接访、绿色邮政、信访代理等做法,更加重视群众来信尤其是初次来信办理,引导群众更多以书信、电话、传真、视频、电子邮件等形式表达诉求,树立通过上述形式也能有效解决问题的导向。实行网上受理信访制度,大力推行阳光信访,全面推进信访信息化建设,建立网下办理、网上流转的群众信访事项办理程序,实现办理过程和结果可查询、可跟踪、可督办、可评价,增强透明度和公正性;逐步推行信访事项办理群众满意度评价,把办理工作置于群众监督之下,提高信访公信力。

(六)突出领导干部接访下访重点。把领导干部接访下访作为党员干部直接联系群众的一项重要制度,与下基层调查研究、深入联系点、扶贫帮困等结合起来,提高工作实效性。省级领导干部每半年至少 1 天、市厅级领导干部每季度至少 1 天、县(市、区、旗)领导干部每月至少 1 天、乡镇(街道)领导干部每周至少 1 天到信访接待场所,按照属地管理、分级负责的原则接待群众来访,省、市及其工作部门领导干部一般不接待越级上访。在坚持定点接访的同时,更多采取重点约访、专题接访、带案下访、下基层接访、领导包案等方式,把行政资源集中用于解决重大疑难复杂问题、检验施政得失、完善政策措施、加强督查问效上。

(七)完善联合接访运行方式。按照一站式接待、一条龙办理、一揽子解决的要求,在市、县两级全部实行联合接访,减少群众信访成本,提高工作效率。加强对进驻联合接访场所责任部门的动态管理,做到信访问题突出的责任部门及时进驻,信访问题明显减少的责任部门有序退出;推行律师参与接访、心理咨询疏导和专业社会工作服务等第三方介入的方法,促进问题解决。

(八)引导群众依法逐级反映诉求。深入学习宣传贯彻《信访条例》,加快推进信访工作法治化建设。严格落实《信访条例》关于“属地管理、分级负责,谁主管、谁负责,依法、及时、就地解决问题与疏导教育相结合”的原则,健全依法及时就地解决群众合理诉求机制,进一步强化属地责任,积极引导群众以理性合法方式逐级表达诉求,不支持、不受理越级上访。中央和国家机关来访接待部门对应到而未到省级职能部门反映诉求的,或者省级职能部门正在处理且未超出法定处理期限的,或者信访事项已经依法终结的,不予受理。各地可结合实际制定具体实施办法。依法维护信访秩序,对信访活动中的违法犯罪行为,由公安机关依法处理。

(九)充分发挥法定诉求表达渠道作用。按照涉法涉诉信访工作机制改革的总体要求,严格实行诉讼与信访分离,把涉法涉诉信访纳入法治轨道解决,建立涉法涉诉信访依法终结制度。各级政府信访部门对涉法涉诉事项不予受理,引导信访人依照规定程序向有关政法机关提出,或者及时转同级政法机关依法办理。完善法院、检察院、公安、司法行政机关信访事项受理办理制度,落实便民利民措施,为群众提供便捷高效热情服务。完善诉讼、仲裁、行政复议等法定诉求表达方式,使合理合法诉求通过法律程序得到解决。加强司法能力建设,不断满足人民群众日益增长的司法需求,让人民群众在每一个司法案件中都感受到公平正义。

三、健全解决信访突出问题工作机制

(十)完善信访联席会议制度。强化各级信访联席会议综合协调、组织推动、督导落实等职能作用,形成整合资源、解决信访突出问题的工作合力。根据实际需要,及时调整成员单位组成和专项工作小组设置,进一步明确各自职责任务,建立健全相关工作制度,特别注重从政策层面研究解决带有倾向性、普遍性和合理性的突出问题。

(十一)健全解决特殊疑难信访问题工作机制。综合运用法律、政策、经济、行政等手段和教育、协商、调解、疏导等办法,认真解决特殊疑难信访问题,做到诉求合理的解决问题到位,诉求无理的思想教育到位,生活困难的帮扶救助到位,行为违法的依法处理。建立信访听证制度,对疑难复杂信访问题进行公开听证,促进息诉息访;规范信访事项复查复核工作,对已审核认定办结的信访事项不再受理;健全信访事项协商会办等制度,明确相关责任,加大化解“三跨三分离”信访事项力度。

(十二)健全统筹督查督办信访事项工作机制。建立健全党委和政府统一领导、信访联席会议组织实施、相关职能部门共同参与的督查督办工作机制,进一步加大解决和化解信访突出问题的力度。对久拖不决、涉及面广、群众反映强烈、社会关注度高的重大疑难信访突出问题,列入党委和政府督查机构督查范围;采取有针对性的方法,加强对重点地区、重点领域、重点问题的跟踪督查和问效。各级党委和政府要支持信访部门开展督查,重视信访部门提出的改进工作、完善政策、给予处分等建议。

(十三)健全科学合理的信访工作考核评价体系。改进和完善考核方式,综合考虑各地区经济社会发展情况、人口数量、地域特点、信访总量、诉求构成、解决问题的质量和效率等因素,合理设置考核项目和指标,不简单以信访数量多少为标准进行考评,推动各地区把工作重点放在预防和解决问题上。坚持量化考核和综合评议、上级评议和群众评议、平时考核和阶段性考核相结合,提高考核的科学性、客观性和可信度。

(十四)健全经常性教育疏导机制。认真研究把握新形势下思想政治工作特点和规律,教育和引导群众正确认识发展中存在的问题,正确处理个人利益和集体利益、局部利益和全局利益、当前利益和长远利益的关系,确立与当前经济社会发展阶段相适应的心理预期,自觉维护改革发展稳定大局。充分运用现代科技手段,通过建立政务微博、民生微信、民情 QQ 群等方式,搭建联系群众、体察民情、回应民意的新平台,提高互联网时代做好群众思想政治工作的能力和水平。

四、全面夯实基层基础

(十五)健全基层组织网络。进一步强化基层基础工作,把更多人力物力财力投向基层,把问题解决在基层,把矛盾化解在基层。创新党组织设置,推动党的组织和工作全覆盖。加强基层服务型党组织建设,提升基层党组织服务群众、做群众工作的能力和水平。建立健全基层民主管理机制,落实党务公开、政务公开、厂务公开、村务公开制度,充分调动群众民主参与、民主管理、民主监督的积极性。进一步加强乡镇(街道)、村(社区)、机关、企事业单位、社会组织党组织建设,建立健全解决问题、化解矛盾的基层综合服务管理平台。

(十六)组织动员社会力量参与。完善党代表、人大代表、政协委员联系群众制度,组织老干部、老党员、老模范、老教师、老军人等参与解决和化解信访突出问题相关工作。发挥工会、共青团、妇联等人民团体优势,做好组织引导服务群众和维护群众权益工作。制定扶持引导政策,通过政府购买服务、提供办公场所等形式,发挥好社会组织的积极作用。建立健全群众参与机制和激励机制,把群众工作触角延伸到家家户户;引导村(社区)制定符合国家法律的村规民约,运用道德、习俗、伦理的力量调节关系、化解纠纷。

(十七)加大社会矛盾纠纷排查化解工作力度。把矛盾纠纷排查化解工作的重心从事后处理转移到事前预防上来,做到发现得早、化解得了、控制得住、处理得好。健全矛盾纠纷预警机制,加强信息汇集分析研判;推行民情分析会、民情恳谈会等做法,充分发挥村(社区)、企事业单位信息员、调解员的作用。全面推行网格化管理模式,完善信访和人民调解、行政调解、司法调解联动工作体系,实现小事不出村、大事不出乡、矛盾不上交。

五、切实加强组织领导

(十八)严格落实信访工作责任。各级党委和政府要把信访工作作为党的群众工作的重要组成部分和送上门来的群众工作,把创新群众工作方法、解决信访突出问题列入重要议事日程,定期研究部署,认真组织推动。落实主要领导负总责、分管领导具体负责、其他领导一岗双责,一级抓一级、层层抓落实的领导体制,为解决和化解信访突出问题提供组织保障。加大问责力度,对损害群众利益、造成信访突出问题的,对群众反映的问题推诿扯皮、不认真解决造成不良影响的,严肃追究责任。

(十九)强化舆论引导。各级党委宣传部门和新闻媒体要高度重视对创新群众工作方法、解决信访突出问题的正面宣传和舆论引导,大力宣传党委和政府为保障和改善民生所付出的艰苦努力、取得的巨大成绩,大力推广解决群众合理诉求、维护群众合法权益的典型经验和做法,发出主流声音,树立正确导向;选择典型案例,向社会曝光无理缠访闹访、违法聚集滋事而依法受到处理的行为。

(二十)加强信访干部队伍建设。各级党委和政府要重视和加强信访干部队伍建设,根据形势任务需要,不断充实信访工作力量。完善后备干部、新提拔干部和中青年干部到信访部门、信访干部到基层一线挂职锻炼制度;选拔群众工作经验丰富的干部到信访部门工作,重视信访干部的使用,深入开展信访干部交流工作,增强信访干部队伍活力,不断提高做好新形势下群众工作、解决信访突出问题的能力。

各地区各部门要按照中央要求,深入研究和准确把握新形势下群众工作的新特点新规律新要求,进一步转变工作作风,努力提高带着责任和感情做好群众工作的能力、提高解决信访突出问题的能力、提高从源头上预防和化解矛盾纠纷的能力,维护群众合法权益,维护社会公平正义,维护社会和谐稳定。

关于加强社会治安防控体系建设的意见(略有删改)

(中共中央办公厅、国务院办公厅2014年12月30日印发)

为有效应对影响社会安全稳定的突出问题,创新立体化社会治安防控体系,依法严密防范和惩治各类违法犯罪活动,全面推进平安中国建设,现提出如下意见。

一、加强社会治安防控体系建设的指导思想和目标任务

(一)指导思想。以邓小平理论、"三个代表"重要思想、科学发展观为指导,全面贯彻落实党的十八大和十八届二中、三中、四中全会精神,深入贯彻落实习近平总书记系列重要讲话精神,紧紧围绕完善和发展中国特色社会主义制度、推进国家治理体系和治理能力现代化的总目标,牢牢把握全面推进依法治国的总要求,着力提高动态化、信息化条件下驾驭社会治安局势能力,以确保公共安全、提升人民群众安全感和满意度为目标,以突出治安问题为导向,以体制机制创新为动力,以信息化为引领,以基础建设为支撑,坚持系统治理、依法治理、综合治理、源头治理,健全点线面结合、网上网下结合、人防物防技防结合、打防管控结合的立体化社会治安防控体系,确保人民安居乐业、社会安定有序、国家长治久安。

(二)目标任务。形成党委领导、政府主导、综治协调、各部门齐抓共管、社会力量积极参与的社会治安防控体系建设工作格局,健全社会治安防控运行机制,编织社会治安防控网,提升社会治安防控体系建设法治化、社会化、信息化水平,增强社会治安整体防控能力,努力使影响公共安全的暴力恐怖犯罪、个人极端暴力犯罪等得到有效遏制,使影响群众安全感的多发性案件和公共安全事故得到有效防范,人民群众安全感和满意度明显提升,社会更加和谐有序。

二、加强社会治安防控网建设

(三)加强社会面治安防控网建设。根据人口密度、治安状况和地理位置等因素,科学划分巡逻区域,优化防控力量布局,加强公安与武警联勤武装巡逻,建立健全指挥和保障机制,完善早晚高峰等节点人员密集场所重点勤务工作机制,减少死角和盲区,提升社会面动态控制能力。加强公共交通安保工作,强化人防、物防、技防建设和日常管理,完善和落实安检制度,加强对公交车站、地铁站、机场、火车站、码头、口岸、高铁沿线等重点部位的安全保卫,严防针对公共交通工具的暴力恐怖袭击和个人极端案(事)件。完善幼儿园、学校、金融机构、商业场所、医院等重点场所安全防范机制,强化重点场所及周边治安综合治理,确保秩序良好。加强对偏远农村、城乡接合部、城中村等社会治安重点地区、重点部位以及各类社会治安突出问题的排查整治。总结推广零命案县(市、区、旗)和刑事案件零发案社区的经验,加强规律性研究,及时发现和处置引发命案和极端事件的苗头性问题,预防和减少重特大案(事)件特别是命案的发生。

(四)加强重点行业治安防控网建设。切实加强旅馆业、旧货业、公章刻制业、机动车改装业、废品收购业、娱乐服务业等重点行业的治安管理工作,落实法人责任,推动实名制登记,推进治安管理信息系统建设。加强邮件、快件寄递和物流运输安全管理工作,完善禁寄物品名录,建立健全安全管理制度,有效预防利用寄递、物流渠道实施违法犯罪。持续开展治爆缉枪、管制刀具治理等整治行动,对危爆物品采取源头控制、定点销售、流向管控、实名登记等全过程管理措施,严防危爆物品非法流散社会。加强社区服刑人员、扬言报复社会人员、易肇事肇祸等严重精神障碍患者、刑满释放人员、吸毒人员、易感染艾滋病病毒危险行为人群等特殊人群的服务管理工作,健全政府、社会、家庭三位一体的关怀帮扶体系,加大政府经费支持力度,加强相关专业社会组织、社会工作人才队伍等建设,落实教育、矫治、管理以及综合干预措施。

(五)加强乡镇(街道)和村(社区)治安防控网建设。以网格化管理、社会化服务为方向,健全基层综合服务管理平台,推动社会治安防控力量下沉。把网格化管理列入城乡规划,将人、地、物、事、组织等基本治安要素纳入网格管理范畴,做到信息掌握到位、矛盾化解到位、治安防控到位、便民服务到位。因地制宜确定网格管理职责,纳入社区服务工作或群防群治管理,通过政府购买服务等方式,加强社会治安防控网建设。到2020年,实现全国各县(市、区、旗)的中心城区网格化管理全覆盖。整合各种资源力量,加强基层综合服务管理平台建设,逐步在乡镇(街道)推进建设综治中心,村(社区)以基层综合服务管理平台为依托建立实体化运行机制,强化实战功能,做到矛盾纠纷联调、社会治安联防、重点工作联动、治安突出问题联治、服务管理联抓、基层平安联创。到2020年实现县(市、区、旗)、乡镇(街道)、村(社区)三级综合服务管理平台全覆盖,鼓励有条件的地方提前完成。深化社区警务战略,加强社区(驻村)警务室建设。将治安联防矛盾化解和纠纷调解纳入农村社区建设试点任务。

(六)加强机关、企事业单位内部安全防控网建设。按照预防为主、突出重点、单位负责、政府监管的原则,进一步加强机关、企事业单位内部治安保卫工作，严格落实单位主要负责人治安保卫责任制，完善巡逻检查、守卫防护、要害保卫、治安隐患和问题排查处理等各项治安保卫制度。加强单位内部技防设施建设，普及视频监控系统应用，实行重要部位、易发案部位全覆盖。加强供水、供电、供气、供热、供油、交通、信息通信网络等关系国计民生基础设施的安全防范工作，全面完善和落实各项安全保卫措施，确保安全稳定。

（七）加强信息网络防控网建设。建设法律规范、行政监管、行业自律、技术保障、公众监督、社会教育相结合的信息网络管理体系。加强网络安全保护，落实相关主体的法律责任。落实手机和网络用户实名制。健全信息安全等级保护制度，加强公民个人信息安全保护。深入开展专项整治行动，坚决整治利用互联网和手机媒体传播暴力色情等违法信息及低俗信息。

三、提高社会治安防控体系建设科技水平

（八）加强信息资源互通共享和深度应用。按照科技引领、信息支撑的思路，加快构建纵向贯通、横向集成、共享共用、安全可靠的平安建设信息化综合平台。在确保信息安全、保护公民合法权益前提下，提高系统互联、信息互通和资源共享程度。强化信息资源深度整合应用，充分运用现代信息技术，增强主动预防和打击犯罪的能力。将社会治安防控信息化纳入智慧城市建设总体规划，充分运用新一代互联网、物联网、大数据、云计算和智能传感、遥感、卫星定位、地理信息系统等技术，创新社会治安防控手段，提升公共安全管理数字化、网络化、智能化水平，打造一批有机融合的示范工程。建立健全相关的信息安全保障体系，实现对基础设施、信息和应用等资源的立体化、自动化安全监测，对终端用户和应用系统的全方位、智能化安全防护。

（九）加快公共安全视频监控系统建设。高起点规划、有重点有步骤地推进公共安全视频监控建设、联网和应用工作，提高公共区域视频监控系统覆盖密度和建设质量。加大城乡接合部、农村地区公共区域视频监控系统建设力度，逐步实现城乡视频监控一体化。完善技术标准，强化系统联网，分级有效整合各类视频图像资源，逐步拓宽应用领域。加强企事业单位安防技术系统建设，实施“技防入户”工程和物联网安防小区试点，推进技防新装备向农村地区延伸。

四、完善社会治安防控运行机制

（十）健全社会治安形势分析研判机制。政法综治机构要加强组织协调，会同政法机关和其他有关部门开展对社会治安形势的整体研判、动态监测，并提出督办建议。公安机关要坚持情报主导警务的理念，建立健全社会治安情报信息分析研判机制，定期对社会治安形势进行分析研判。加强对社会舆情、治安动态和热点、敏感问题的分析预测，加强对社会治安重点领域的研判分析，及时发现苗头性、倾向性问题,提升有效应对能力。建立健全治安形势播报预警机制,增强群众自我防范意识。

(十一)健全实战指挥机制。公安机关要按照人员权威、信息权威、职责权威的要求,加强实战型指挥中心建设,集110接处警、社会治安突发事件应急指挥处置、紧急警务活动统筹协调等功能于一体,及时有效地调整用警方向和强度。推行扁平化勤务指挥模式,减少指挥层级,畅通指挥关系,紧急状态下实行"点对点"指挥,确保就近调度、快速反应、及时妥善处置。

(十二)健全部门联动机制。建立完善社会治安形势分析研判联席会议制度、社会治安重点地区排查整治工作协调会议和月报制度等,进一步整合各部门资源力量,强化工作联动,增强打击违法犯罪、加强社会治安防控工作合力。对群众反映强烈的黑拐枪、黄赌毒以及电信诈骗、非法获取公民个人信息、非法传销、非法集资、危害食品药品安全、环境污染、涉邪教活动等突出治安问题,要加强部门执法合作,开展专项打击整治,形成整体合力。对打防管控工作中发现的薄弱环节和突出问题,政法综治机构要牵头组织、督促有关部门及时整改,堵塞防范漏洞。针对可能发生的突发案(事)件,制定完善应急预案和行动方案,明确各有关部门、单位的职责任务和措施要求,定期开展应急处突实战演练,确保一旦发生社会治安突发案(事)件能够快速有效处置。创新报警服务运行模式,提高紧急警情快速处置能力,提高非紧急求助社会联动服务效率。

(十三)健全区域协作机制。按照常态、共享、联动、共赢原则,积极搭建治安防控跨区域协作平台,共同应对跨区域治安突出问题,在预警预防、维稳处突、矛盾化解、打击犯罪等方面互援互助、协调联动,以区域平安保全国平安。总结推广区域警务协作机制建设经验,推动建立多地区多部门共同参与的治安防控区域协作机制,增强防控整体实效。

五、运用法治思维和法治方式推进社会治安防控体系建设

(十四)运用法律手段解决突出问题。充分发挥法治的引导、规范、保障、惩戒作用,做到依法化解社会矛盾、依法预防打击犯罪、依法规范社会秩序、依法维护社会稳定。紧紧围绕加强社会治安防控体系建设的总体需要,推动相关法律法规的立、改、废、释和相关政策的制定完善工作。各地要以重大问题为导向,针对社会治安治理领域的重点难点问题,适时出台相关地方性法规、地方政府规章,促进从法治层面予以解决。完善维护公民、法人等合法权益的途径,从源头上预防侵权案件发生。坚持依法行政,加强食品药品、安全生产、环境保护、文化市场和网络安全等重点领域基层执法,强化行政执法与刑事司法的衔接,着力解决好人民群众反映强烈的突出问题。深化司法体制改革,加快建设公正高效权威的社会主义司法制度，提高办案质量。贯彻宽严相济刑事政策，在依法严厉打击极少数严重刑事犯罪分子的同时，最大限度地减少社会对抗，努力化消极因素为积极因素。加强和改进法治宣传教育工作，着力增强法治宣传教育的针对性和实效性，推动全社会树立法治意识，增强全民法治观念，促进全民尊法、守法，引导干部群众把法律作为指导和规范自身行为的基本准则，在全社会形成办事依法、遇事找法、解决问题用法、化解矛盾靠法的良好法治环境。

（十五）加强基础性制度建设。建立以公民身份号码为唯一代码、统一共享的国家人口基础信息库，建立健全相关方面的实名登记制度。建立公民统一社会信用代码制度、法人和其他组织统一社会信用代码制度，加强社会信用管理，促进信息共享，强化对守信者的鼓励和对失信者的惩戒，探索建立公民所有信息的一卡通制度。落实重大决策社会稳定风险评估制度，切实做到应评尽评，着力完善决策前风险评估、实施中风险管控和实施后效果评价、反馈纠偏、决策过错责任追究等操作性程序规范。落实矛盾纠纷排查调处工作协调会议纪要月报制度，完善人民调解、行政调解、司法调解联动工作体系，建立调处化解矛盾纠纷综合机制，着力防止因决策不当、矛盾纠纷排查化解不及时等引发重大群体性事件。推进体现社会主义核心价值观要求的行业规范、社会组织章程、村规民约、社区公约建设，充分发挥社会规范在调整成员关系、约束成员行为、保障成员利益等方面的作用，通过自律、他律、互律使公民、法人和其他组织的行为符合社会共同行为准则。

（十六）严格落实综治领导责任制。把社会治安防控体系建设纳入综治工作（平安建设）考核评价指标体系，将考核评价结果作为对领导班子和领导干部考核评价的重要内容。坚持采用评估、督导、考核、激励、惩诫等措施，形成正确的激励导向，推进社会治安防控体系建设工作落到实处。对社会治安问题突出的地区和单位通过定期通报、约谈、挂牌督办等方式，引导其分析发生重特大案（事）件的主要原因，找准症结，研究提出解决问题的措施，限期进行整改。对因重视不够、社会治安防范措施不落实而导致违法犯罪现象严重、治安秩序严重混乱或者发生重特大案（事）件的地区，依法实行一票否决权制，并追究有关领导干部的责任。

六、建立健全社会治安防控体系建设工作格局

（十七）加强党委和政府对社会治安防控体系建设的领导。各级党委和政府要进一步提高对社会治安防控体系建设重要性的认识，列入重要议事日程，认真研究解决警力配置、经费投入、警察等职业保障、基础设施和技防设施建设、考核奖惩等重要问题。要把社会治安防控体系建设列入国民经济和社会发展总体规划,重点做好基础设施、技防设备、装备建设的立项规划,做到与城乡规划、旧城改造、社区建设、基层综合服务管理平台建设等工作统筹推进。加大投入力度,将社会治安防控体系建设经费列入年度财政预算,从人力、物力、财力上保证社会治安防控体系建设顺利实施。各地党政主要负责同志是平安建设的第一责任人,也是社会治安防控体系建设的第一责任人,要亲自研究部署,一级抓一级,层层抓落实,真正担负起维护一方稳定、确保一方平安的重大政治责任。要充分发挥基层党组织作用,特别是在农村和城市社区,党组织要发挥领导核心作用,切实保障推进社会治安防控体系建设的各项任务走完“最后一公里”。

(十八)充分发挥综治组织的组织协调作用。各级综治组织要在党委和政府领导下,认真组织各有关单位参与社会治安防控工作,加强调查研究和督促检查,及时通报、分析社会治安形势,协调解决工作中遇到的突出问题,总结推广典型经验,统筹推进社会治安防控体系建设。加强各级综治组织自身建设,细化工作职责,健全组织机构,配齐配强力量。乡镇(街道)综治委主任可由乡镇(街道)党(工)委书记担任,综治办主任应由党(工)委副书记担任;村(社区)综治机构主要负责人由党组织书记担任,并明确1名负责人主管综治工作,确保这项工作有人抓、有人管。

(十九)充分发挥政法各机关和其他各有关部门的职能作用。进一步明确各有关部门在社会治安防控体系建设中的职责任务,做到各负其责、各司其职,通力协作、齐抓共管,增强整体合力。各级政法机关要发挥好主力军作用。公安机关要充分发挥骨干作用,根据社会治安防控体系建设需要调整工作重点、警力部署、警务保障和勤务制度,改进工作方法,投入更多人力和精力加强基层治安基础工作,及时掌握影响社会治安的情况,依法查处危害社会治安行为。法院、检察院要结合批捕、起诉和审判工作,善于发现社会治安防控体系建设中的漏洞,及时提出司法建议和检察建议,督促有关单位健全规章制度,完善工作机制。司法行政机关要加强监狱和强制隔离戒毒场所的管理工作,做好社区矫正、刑满释放人员安置帮教、人民调解、法治宣传、法律服务、法律援助等工作。其他各有关部门要按照“谁主管谁负责”的原则,结合自身职能,主动承担好预防违法犯罪、维护社会治安的责任,认真抓好本部门、本系统参与社会治安防控体系建设的任务,与部门工作同规划、同部署、同检查、同落实。

(二十)充分发挥社会协同作用。坚持党委和政府领导下的多方参与、共同治理,发挥市场、社会等多方主体在社会治安防控体系建设中的协同协作、互动互补、相辅相成作用。大力支持工会、共青团、妇联等人民团体和群众组织参与社会治安防控体系建设,积极为他们发挥作用创造有利环境和条件。要加大对行业协会商会类、科技类、公益慈善类、城乡社区服务类社会组织的培育扶持力度，将适合由社会组织承担的矛盾纠纷调解、特殊人群服务管理、预防青少年违法犯罪等社会治安防控体系建设任务纳入政府购买服务目录，通过竞争性选择等方式，交给相关社会组织承担，发挥好他们在社会治安防控体系建设中的重要作用。规范警务辅助人员管理，明确其聘用条件和程序、职责任务、保障待遇等，发挥好协助维护社会治安的作用。规范发展保安服务市场，积极引导保安行业参与社会治安防控工作。加强城乡基层群众自治组织建设，搭建群众参加社会治安防控体系建设的新平台，通过各种方式就社会治安防控体系建设问题进行广泛协商，广纳群言，增进共识。充分发挥行业协会商会自管自律作用，引导企业在经营活动中履行治安防控责任。转变职能、创新机制，采取政府搭台、市场运作、社会参与等方式，积极提供公益岗位，鼓励发展责任保险以及治安保险、社区综合保险等新兴业务，支持保险机构运用股权投资、战略合作等方式参与保安服务产业链整合，激发社会各方面力量参与社会治安防控体系建设的积极性、主动性、创造性。

（二十一）积极扩大公众参与。坚持人民主体地位，进一步拓宽群众参与社会治安防控的渠道，依法保障人民群众的知情权、参与权、建议权、监督权。继承和发扬专群结合的优良传统，充分发挥共产党员、共青团员模范带头作用，发挥民兵预备役人员等的重要作用，发展壮大平安志愿者、社区工作者、群防群治队伍等专业化、职业化、社会化力量，积极探索新形势下群防群治工作新机制、新模式，力争到2020年社区志愿者注册人数占居民人口的比例大幅增加。落实举报奖励制度，对于提供重大线索、帮助破获重大案件或者有效制止违法犯罪活动、协助抓获犯罪分子的，给予重奖。完善见义勇为人员认定机制、补偿救济机制，加强见义勇为人员权益保障工作，扩大见义勇为基金规模，加大对见义勇为人员的表彰力度，按照有关规定严格落实抚恤待遇。充分发挥传统媒体与新媒体的作用，采取群众喜闻乐见的宣传教育方式，提高群众安全防范意识，组织动员群众关心、支持和参与社会治安防控体系建设，努力提升新媒体时代社会沟通能力。

各地区要根据本意见要求，结合本地区社会治安状况和经济社会发展实际，分级分类研究制定加强社会治安防控体系建设的指导意见和具体实施方案，把任务和责任落实到相关部门和单位。

关于加强城乡社区协商的意见

(中共中央办公厅、国务院办公厅2015年7月13日印发)

为深入贯彻落实党的十八大和十八届三中、四中全会精神,发展基层民主,畅通民主渠道,开展形式多样的基层协商,推进城乡社区协商制度化、规范化和程序化,根据有关法律和《中共中央关于加强社会主义协商民主建设的意见》精神,现就加强城乡社区协商提出如下意见。

一、总体要求

(一)重要意义。城乡社区协商是基层群众自治的生动实践,是社会主义协商民主建设的重要组成部分和有效实现形式。改革开放特别是党的十八大以来,各地基层坚持有事多协商、遇事多协商、做事多协商,有效维护了群众切身利益,促进了社会和谐与文明进步。当前,随着新型工业化、信息化、城镇化、农业现代化的深入推进,我国经济社会发生深刻变化,利益主体日益多元,利益诉求更加多样。社区是社会的基本单元,加强城乡社区协商,有利于解决群众的实际困难和问题,化解矛盾纠纷,维护社会和谐稳定;有利于在基层群众中宣传党和政府的方针政策,努力形成共识,汇聚力量,推动各项政策落实;有利于找到群众意愿和要求的最大公约数,促进基层民主健康发展。

(二)指导思想。以邓小平理论、"三个代表"重要思想、科学发展观为指导,深入贯彻习近平总书记系列重要讲话精神,坚持党的领导、人民当家作主、依法治国有机统一,充分发挥社会主义制度的优越性,按照协商于民、协商为民的要求,以健全基层党组织领导的充满活力的基层群众自治机制为目标,以扩大有序参与、推进信息公开、加强议事协商、强化权力监督为重点,拓宽协商范围和渠道,丰富协商内容和形式,保障人民群众享有更多更切实的民主权利。

(三)基本原则。坚持党的领导,充分发挥村(社区)党组织在基层协商中的领导核心作用。坚持基层群众自治制度,充分保障群众的知情权、参与权、表达权、监督权,促进群众依法自我管理、自我服务、自我教育、自我监督。坚持依法协商,保证协商活动有序进行,协商结果合法有效。坚持民主集中制,实现发扬民主和提高效率相统一,防止议而不决。坚持协商于决策之前和决策实施之中,增强决策的科学性和实效性。坚持因地制宜,尊重群众首创精神,鼓励探索创新。

（四）总体目标。到 2020 年，基本形成协商主体广泛、内容丰富、形式多样、程序科学、制度健全、成效显著的城乡社区协商新局面。

二、主要任务

（一）明确协商内容。根据当地经济社会发展实际，坚持广泛协商，针对不同渠道、不同层次、不同地域特点，合理确定协商内容，主要包括：城乡经济社会发展中涉及当地居民切身利益的公共事务、公益事业；当地居民反映强烈、迫切要求解决的实际困难问题和矛盾纠纷；党和政府的方针政策、重点工作部署在城乡社区的落实；法律法规和政策明确要求协商的事项；各类协商主体提出协商需求的事项。

（二）确定协商主体。基层政府及其派出机关、村（社区）党组织、村（居）民委员会、村（居）务监督委员会、村（居）民小组、驻村（社区）单位、社区社会组织、业主委员会、农村集体经济组织、农民合作组织、物业服务企业和当地户籍居民、非户籍居民代表以及其他利益相关方可以作为协商主体。涉及行政村、社区公共事务和居民切身利益的事项，由村（社区）党组织、村（居）民委员会牵头，组织利益相关方进行协商。涉及两个以上行政村、社区的重要事项，单靠某一村（社区）无法开展协商时，由乡镇、街道党委（党工委）牵头组织开展协商。人口较多的自然村、村民小组，在村党组织的领导下组织居民进行协商。专业性、技术性较强的事项，可以邀请相关专家学者、专业技术人员、第三方机构等进行论证评估。协商中应当重视吸纳威望高、办事公道的老党员、老干部、群众代表，党代表、人大代表、政协委员，以及基层群团组织负责人、社会工作者参与。

（三）拓展协商形式。坚持村（居）民会议、村（居）民代表会议制度，规范议事规程。结合参与主体情况和具体协商事项，可以采取村（居）民议事会、村（居）民理事会、小区协商、业主协商、村（居）民决策听证、民主评议等形式，以民情恳谈日、社区（驻村）警务室开放日、村（居）民论坛、妇女之家等为平台，开展灵活多样的协商活动。推进城乡社区信息化建设，开辟社情民意网络征集渠道，为城乡居民搭建网络协商平台。

（四）规范协商程序。协商的一般程序是：村（社区）党组织、村（居）民委员会在充分征求意见的基础上研究提出协商议题，确定参与协商的各类主体；通过多种方式，向参与协商的各类主体提前通报协商内容和相关信息；组织开展协商，确保各类主体充分发表意见建议，形成协商意见；组织实施协商成果，向协商主体、利益相关方和居民反馈落实情况等。对于涉及面广、关注度高的事项，要经过专题议事会、民主听证会等程序进行协商。通过协商无法解决或存在较大争议的问题或事项，应当提交村（居）民会议或村（居）民代表会议决定。跨村

(社区)协商的协商程序,由乡镇、街道党委(党工委)研究确定。

(五)运用协商成果。建立协商成果采纳、落实和反馈机制。需要村(社区)落实的事项,村(社区)党组织、村(居)民委员会应当及时组织实施,落实情况要在规定期限内通过村(居)务公开栏、社区刊物、村(社区)网络论坛等渠道公开,接受群众监督。受政府或有关部门委托的协商事项,协商结果要及时向基层政府或有关部门报告,基层政府和有关部门要认真研究吸纳,并以适当方式反馈。对协商过程中持不同意见的群众,协商组织者要及时做好解释说明工作。协商结果违反法律法规的,基层政府应当依法纠正,并做好法治宣传教育工作。

三、组织领导

(一)加强党的领导。村(社区)党组织要加强对协商工作的组织领导,注意研究解决协商中的困难和问题,及时向乡镇、街道党委(党工委)和政府提出工作建议。积极探索扩大党内基层民主的实现形式,全面推进村(社区)党务公开,建立健全党代表联系群众制度,以党内民主带动和促进城乡社区协商发展。加强基层党组织和党员队伍建设,鼓励和支持党员干部积极参与协商活动,切实发挥好基层党组织战斗堡垒作用和党员先锋模范作用,引领城乡居民和各方力量广泛参与协商实践。

(二)建立健全工作机制。地方各级党委和政府要把城乡社区协商工作纳入重要议事日程,结合实际研究制定具体办法。要加强分类指导,针对人口密集、人数较多的村(社区),外来务工人员较多的村(社区),留守人员较多或地广人稀、居住分散、交通不便的农村地区以及民族地区的特点,设计协商方案,提高协商的针对性、有效性。民政部门要会同组织等有关部门认真做好协商工作的指导和督促落实。推进乡镇、街道协商民主建设,提高乡镇、街道指导行政村、社区协商活动的能力和水平。建立健全基层党组织领导、村(居)民委员会负责、各类协商主体共同参与的工作机制,定期研究协商中的重要问题。建立健全乡镇、街道协商与行政村、社区协商的联动机制,推动协商工作深入开展。注重发挥群团组织和社会工作者的优势,协助动员和组织居民群众参与协商。村(居)务监督委员会要加强监督,保障协商依法有序开展。

(三)加强对协商工作的支持和保障。进一步完善基层群众自治的法律法规,为城乡居民开展协商民主实践提供法律支撑。县(市、区、旗)和乡镇、街道要进一步加大支持力度,通过村级组织运转经费保障机制等现有渠道,为城乡居民开展协商活动提供必要条件和资金。有条件的地方,经村(居)民会议或者村(居)民代表会议讨论决定,可以制定具体实施办法,对符合规定且受村(居)民委员会委托组织群众协商的人员,给予适当误工补贴,并按照村(居)务公开的要求予以公示。

（四）提升城乡居民参与协商的能力。倡导协商精神、培育协商文化，引导群众依法表达意见，积极参与协商。开展基层干部和行政村、社区工作者专题培训，提高组织开展协商工作的能力和水平。广泛开展政策宣传，普及法律知识，帮助城乡居民掌握并有效运用协商的方法和程序，营造全社会关心、支持、参与城乡社区协商的良好氛围。发挥各级党代表、人大代表、政协委员密切联系群众的积极作用，引导基层群众开展协商活动。开展城乡社区协商示范点建设，充分发挥引领带动作用。

健全落实社会治安综合治理领导责任制规定

(中共中央办公厅、国务院办公厅2016年2月27日印发)

第一章　总　　则

第一条　为深入推进社会治安综合治理,健全落实领导责任制,全面推进平安中国建设,确保人民安居乐业、社会安定有序、国家长治久安,制定本规定。

第二条　本规定适用于各级党的机关、人大机关、行政机关、政协机关、审判机关、检察机关及其领导班子、领导干部。

人民团体、事业单位、国有企业及其领导班子、领导干部、领导人员参照执行本规定。

第三条　健全落实社会治安综合治理领导责任制,应当坚持以邓小平理论、"三个代表"重要思想、科学发展观为指导,深入贯彻落实习近平总书记系列重要讲话精神,紧紧围绕全面建成小康社会、全面深化改革、全面依法治国、全面从严治党的战略布局,坚持问题导向、法治思维、改革创新,抓住"关键少数",强化担当意识,落实领导责任,科学运用评估、督导、考核、激励、惩戒等措施,形成正确导向,一级抓一级,层层抓落实,使各级领导班子、领导干部切实担负起维护一方稳定、确保一方平安的重大政治责任,保证党中央、国务院关于社会治安综合治理决策部署的贯彻落实。

第二章　责任内容

第四条　严格落实属地管理和谁主管谁负责原则,构建党委领导、政府主导、综治协调、各部门齐抓共管、社会力量积极参与的社会治安综合治理工作格局。

第五条　各级党委和政府应当切实加强对社会治安综合治理的领导,列入重要议事日程,纳入经济社会发展总体规划,认真研究解决工作中的重要问题,从人力物力财力上保证社会治安综合治理工作的顺利开展。

各地党政主要负责同志是社会治安综合治理的第一责任人,社会治安综合治理的分管负责同志是直接责任人,领导班子其他成员承担分管工作范围内社会治安综合治理的责任。

第六条 各部门各单位应当各负其责，充分发挥职能作用，积极参与社会治安综合治理，主动承担好预防和减少违法犯罪、维护社会治安和社会稳定的责任，认真抓好本部门本单位的综合治理工作，与业务工作同规划、同部署、同检查、同落实。

第七条 各级社会治安综合治理委员会及其办公室应当在党委和政府的统一领导下，认真组织各有关单位参与社会治安综合治理工作，加强调查研究和督导检查，及时通报、分析社会治安形势，协调解决工作中遇到的突出问题，总结推广典型经验，统筹推进社会治安综合治理工作。

第三章 督促检查

第八条 各地区各部门各单位应当建立完善社会治安综合治理目标管理责任制，把社会治安综合治理各项任务分解为若干具体目标，制定易于执行检查的措施，建立严格的督促检查制度、定量考核制度、评价奖惩制度，自上而下层层签订社会治安综合治理责任书。

第九条 各级党委常委会应当将执行社会治安综合治理领导责任制的情况，作为向同级党的委员会全体会议报告工作的一项重要内容。

各级党政领导班子和有关领导干部应当将履行社会治安综合治理责任情况作为年度述职报告的重要内容。

第十条 社会治安综合治理委员会成员单位每年应当对本单位本系统部署和开展社会治安综合治理、推进平安建设的有关情况进行总结，对下一年度的工作作出安排，并报同级社会治安综合治理委员会。

下一级社会治安综合治理委员会每年应当向上一级社会治安综合治理委员会报告工作。

第十一条 各级党委和政府应当将社会治安综合治理纳入工作督促检查范围，适时组织开展专项督促检查。

各级社会治安综合治理委员会及其办公室应当动员组织党员、群众有序参与，推动社会治安综合治理各项决策部署落到实处。

第十二条 各级党委和政府应当建立健全社会治安综合治理考核评价制度机制，制定完善考核评价标准和指标体系，明确考核评价的内容、方法、程序。

第十三条 各级党委和政府应当强化社会治安综合治理考核评价结果运用，把社会治安综合治理工作实绩作为对领导班子和领导干部综合考核评价的重要内容，与业绩评定、职务晋升、奖励惩处等挂钩。各级社会治安综合治理委员会及其办公室应当推动建立健全社会治安综合治理工作实绩档案。

各级组织人事部门在考察党政主要领导干部和社会治安综合治理分管领导干部实绩、进行提拔使用和晋职晋级时,应当了解和掌握相关领导干部抓社会治安综合治理工作的情况。

第十四条 县级以上社会治安综合治理委员会及其办公室应当按照中央有关规定,加强与同级纪检监察机关、组织人事部门的协调配合,协同做好有关奖惩工作。

第四章 表彰奖励

第十五条 对真抓实干、社会治安综合治理工作成绩突出的地方、部门和单位的党政主要领导干部和分管领导干部,应当按照有关规定给予表彰和嘉奖。对受到嘉奖的领导干部,应当将有关材料存入本人档案。

第十六条 中央社会治安综合治理委员会、中央组织部、人力资源社会保障部每四年开展一次全国社会治安综合治理先进集体、先进工作者评选表彰工作。

第十七条 对受到表彰的全国社会治安综合治理先进集体党政主要领导干部和分管领导干部应当进行嘉奖。对受到表彰的全国社会治安综合治理先进工作者,应当落实省部级先进工作者和劳动模范待遇。

第十八条 对连续三次以上受到表彰的全国社会治安综合治理先进集体,由中央社会治安综合治理委员会以适当形式予以表扬。

第十九条 地方各级社会治安综合治理委员会和组织人事部门要配合做好全国社会治安综合治理先进集体、先进工作者等的评选表彰工作。

第五章 责任督导和追究

第二十条 党政领导班子、领导干部违反本规定或者未能正确履行本规定所列职责,有下列情形之一的,应当进行责任督导和追究:

(一)不重视社会治安综合治理和平安建设,相关工作措施落实不力,本地区本系统本单位基层基础工作薄弱,治安秩序严重混乱的;

(二)本地区本系统本单位在较短时间内连续发生重大刑事案件、群体性事件、公共安全事件的;

(三)本地区本系统本单位发生特别重大刑事案件、群体性事件、公共安全事件的;

(四)本地区本单位社会治安综合治理工作(平安建设)考核评价不合格、不达标的;

（五）对群众反映强烈的社会治安重点地区和突出公共安全、治安问题等，没有采取有效措施或者出现反弹的；

（六）各级党委和政府及社会治安综合治理委员会认为需要查究的其他事项。

第二十一条 对党政领导班子、领导干部进行责任督导和追究的方式包括：通报、约谈、挂牌督办、实施一票否决权制、引咎辞职、责令辞职、免职等。因违纪违法应当承担责任的，给予党纪政纪处分；构成犯罪的，依法追究刑事责任。

第二十二条 对具有本规定第二十条所列情形的地区、单位，由相应县级以上社会治安综合治理委员会办公室以书面形式进行通报，必要时由社会治安综合治理委员会进行通报，限期进行整改。

第二十三条 对受到通报后仍未按期完成整改目标，或者具有本规定第二十条所列情形且危害严重或者影响重大的地区、单位，由相应的上一级社会治安综合治理委员会办公室主任对其党政主要领导干部、社会治安综合治理工作分管领导干部和负有责任的其他领导班子成员进行约谈，必要时由社会治安综合治理委员会主任、副主任约谈，帮助分析原因，督促限期整改。

第二十四条 对受到约谈后仍未按期完成整改目标，或者具有本规定第二十条所列情形且危害特别严重或者影响特别重大但尚不够实施一票否决权制的地区、单位，由相应的上一级社会治安综合治理委员会办公室挂牌督办，限期进行整改。必要时，可派驻工作组对挂牌督办地区、单位进行检查督办。

中央社会治安综合治理委员会办公室每年从公共安全、治安问题相对突出的市（地、州、盟）中，确定若干作为挂牌督办的重点整治单位，加强监督管理。

对受到挂牌督办的地区、单位，在半年内取消该地区、单位评选综合性荣誉称号的资格和该地区、单位主要领导干部、主管领导干部、分管领导干部评先受奖、晋职晋级的资格。

第二十五条 对受到挂牌督办后仍未按期完成整改目标，或者有本规定第二十条所列情形且危害特别严重或者影响特别重大的地区、单位，由相应的上一级社会治安综合治理委员会按照中央有关规定，商有关部门共同研究决定实行一票否决权制。

第二十六条 对受到一票否决权制处理的地区、单位，在一年内，取消该地区、单位评选综合性荣誉称号的资格，由组织人事部门按照有关权限和程序办理；取消该地区、单位主要领导干部、主管领导干部、分管领导干部评先受奖、晋职晋级的资格，由组织人事部门按照干部管理权限和程序办理，并会同社会治安综合治理委员会办公室，按照中央有关规定向上级有关部门进行报告、备案。需要追究该地区、单位党政领导干部责任的,移送纪检监察机关依纪依法处理。

第二十七条 对中央驻地方单位需要实行一票否决权制的,由省级社会治安综合治理委员会向其主管单位和中央社会治安综合治理委员会提出书面建议。

第二十八条 党政领导干部具有本规定第二十条所列情形,按照《关于实行党政领导干部问责的暂行规定》应当采取引咎辞职、责令辞职、免职等方式问责的,由纪检监察机关、组织人事部门按照管理权限办理。

第二十九条 党政领导班子、领导干部具有本规定第二十条所列情形,并具有下列情节之一的,应当从重进行责任督导和追究:

(一)干扰、阻碍调查和责任追究的;

(二)弄虚作假、隐瞒事实真相、瞒报漏报重大情况的;

(三)对检举人、控告人等打击报复的;

(四)党内法规和国家法律法规规定的其他从重情节。

第三十条 党政领导班子、领导干部具有本规定第二十条所列情形,并具有下列情节之一的,可以从轻进行责任督导和追究:

(一)主动采取措施,有效避免损失、挽回影响的;

(二)积极配合调查,并且主动承担责任的;

(三)党内法规和国家法律法规规定的其他从轻情节。

第六章 附 则

第三十一条 各省、自治区、直辖市,新疆生产建设兵团,中央和国家机关各部门可以根据本规定制定实施办法。

第三十二条 本规定由中央社会治安综合治理委员会负责解释。

第三十三条 本规定自 2016 年 2 月 27 日起施行。

信访工作责任制实施办法

（中共中央办公厅、国务院办公厅2016年10月8日印发）

第一章 总 则

第一条 为了进一步落实各级党政机关及其领导干部、工作人员信访工作责任，从源头上预防和减少信访问题发生，推动信访问题及时就地解决，依法维护群众合法权益，促进社会和谐稳定，根据国家有关法律法规和中央有关规定，制定本办法。

第二条 本办法所称党政机关，包括党的机关、人大机关、行政机关、政协机关、审判机关、检察机关。

各级党政机关派出机构、直属事业单位以及工会、共青团、妇联等人民团体适用本办法。

国有和国有控股企业参照本办法执行。

第三条 落实信访工作责任制，以邓小平理论、“三个代表”重要思想、科学发展观为指导，深入贯彻习近平总书记系列重要讲话精神，按照“属地管理、分级负责，谁主管、谁负责，依法、及时、就地解决问题与疏导教育相结合”的工作原则，综合运用督查、考核、惩戒等措施，依法规范各级党政机关履行信访工作职责，把信访突出问题处理好，把群众合理合法利益诉求解决好，确保中央关于信访工作决策部署贯彻落实。

第二章 责任内容

第四条 各级党政机关应当将信访工作列入议事日程，定期听取工作汇报、分析信访形势、研究解决工作中的重要问题，从人力物力财力上保证信访工作顺利开展；应当科学、民主决策，依法履行职责，从源头上预防和减少导致信访问题的矛盾和纠纷。

党政机关领导班子主要负责人对本地区、本部门、本系统的信访工作负总责，其他成员根据工作分工，对职权范围内的信访工作负主要领导责任。

各级领导干部应当阅批群众来信和网上信访，定期接待群众来访，协调处理疑难复杂信访问题。

第五条 各级党政机关工作部门对属于本部门职权范围内的信访事项,应当依照有关法律法规规定和程序,及时妥善处理。

垂直管理部门负责本系统的信访工作,应当督促下级部门和单位依法、及时、就地解决信访问题。

第六条 地方各级党委和政府在预防和处理本地区信访问题中负有主体责任,应当加强矛盾纠纷排查化解和信访风险防控预警,针对具体问题明确责任归属,协调督促有关责任部门和单位依法、及时、就地解决,并加强对信访群众的疏导教育。

第七条 各级信访部门应当在党委和政府的统一领导下,协调、指导和监督本地区的信访工作,依照法定程序和诉讼与信访分离制度受理、交办、转送和督办信访事项,协调处理重要信访问题,分析研究信访情况,提出改进工作、完善政策和给予处分的建议。

第八条 各级党政机关工作人员在处理信访事项过程中,应当遵守群众纪律,秉公办事、清正廉洁、保守秘密、热情周到。

第三章 督查考核

第九条 各级党政机关应当将信访工作纳入督查范围,对本地区、本部门、本系统信访工作开展和责任落实情况,每年至少组织开展一次专项督查,并在适当范围内通报督查情况。

第十条 各级党政机关应当以依法、及时、就地解决信访问题为导向,建立健全信访工作考核评价机制,制定科学合理的考核评价标准和指标体系,定期对本地区、本部门、本系统信访工作情况进行考核。考核结果作为对领导班子和领导干部综合考评的重要参考。

各级组织人事部门在干部考察工作中,应当听取信访部门意见,了解掌握领导干部履行信访工作职责情况。

国家信访局负责对各省、自治区、直辖市信访工作情况进行年度考核。对工作成效明显的省、自治区、直辖市予以通报表扬;对问题较多的省、自治区、直辖市,加强工作指导,督促解决存在的问题。

第四章 责任追究

第十一条 各级党政机关及其领导干部、工作人员不履行或者未能正确履行本办法所列责任内容,有下列情形之一的,应当追究责任:

(一)因决策失误、工作失职,损害群众利益,导致信访问题产生,造成严重后果的；

（二）未按照规定受理、交办、转送和督办信访事项，或者不执行信访事项处理意见，严重损害信访群众合法权益的；

（三）违反群众纪律，对应当解决的群众合理合法诉求消极应付、推诿扯皮，或者对待信访群众态度恶劣、简单粗暴，损害党群干群关系，造成严重后果的；

（四）对发生的集体访或者信访负面舆情处置不力，导致事态扩大，造成不良影响的；

（五）对信访部门提出的改进工作、完善政策和给予处分等建议重视不够、落实不力，导致问题长期得不到解决的；

（六）其他应当追究责任的失职失责情形。

对前款规定中涉及的集体责任，领导班子主要负责人和直接主管的负责人承担主要领导责任，参与决策和工作的班子其他成员承担重要领导责任，对错误决策或者行为提出明确反对意见而没有被采纳的，不承担领导责任；涉及的个人责任，具体负责的工作人员承担直接责任，领导班子主要负责人和直接主管的负责人承担领导责任。

第十二条 根据情节轻重，对各级党政机关领导干部、工作人员的责任追究采取通报、诫勉、组织调整或者组织处理、纪律处分的方式进行。上述追责方式，可以单独使用，也可以合并使用。

涉嫌违法犯罪的，按照国家有关法律规定处理。

第十三条 对具有本办法第十一条所列情形、情节较轻的，由有管理权限的党政机关对相关责任人进行通报，限期整改。

第十四条 对受到通报后仍未按期完成整改目标，或者具有本办法第十一条所列情形且危害严重以及影响重大的，由有管理权限的党政机关对相关责任人进行诫勉，督促限期整改。同时，取消该地区、部门和单位本年度评选综合性荣誉称号的资格。

第十五条 对受到诫勉后仍未按期完成整改目标，或者有本办法第十一条所列情形且危害特别严重以及影响特别重大的，由有管理权限的党政机关对相关责任人采取停职检查、调整职务、责令辞职、降职、免职等组织调整或者组织处理措施。

第十六条 对在信访工作中失职失责的相关责任人，应当给予党纪政纪处分的，依纪依法追究责任。

第五章 附　　则

第十七条 各省、自治区、直辖市，中央和国家机关各部门，可以根据本办法制定实施细则。

中央军事委员会可以根据本办法,结合中国人民解放军和中国人民武装警察部队的实际情况,制定具体规定。

第十八条 本办法由国家信访局负责解释。

第十九条 本办法自 2016 年 10 月 8 日起施行。此前发布的有关信访工作责任制的规定,凡与本办法不一致的,按照本办法执行。

关于建立涉法涉诉信访事项导入法律程序工作机制的意见

(中共中央政法委员会2014年7月24日印发)

为深入推进涉法涉诉信访改革,依据中共中央办公厅、国务院办公厅《关于依法处理涉法涉诉信访问题的意见》和相关法律法规,现就建立涉法涉诉信访事项导入法律程序工作机制,提出如下意见。

一、实行诉讼与信访分离

(一)涉法涉诉信访事项统一由政法机关依法按程序办理。各级政法机关要积极配合党委、人大、政府等信访部门做好涉法涉诉信访与普通信访分流工作,引导涉法涉诉信访群众依法按程序向政法机关反映问题。对党委、人大、政府的信访部门按规定转交的涉法涉诉信访事项,同级政法机关应当及时接收,依法处理。

(二)畅通和拓宽涉法涉诉信访渠道。各级政法机关要充分尊重和保障信访人的申诉控告权利,耐心听取和了解信访人反映的问题和诉求。对不属于本单位管辖的信访事项,要详细解释相关法律规定,告知信访人向有管辖权的部门或层级反映问题,或者将信访材料转交相关部门处理。要进一步完善便民利民措施,积极推进网络信访、视频接访,整合来信、来访、电话、网络、视频等诉求表达渠道,建立集控告、申诉、咨询、查询一体化的综合受理平台,提高工作实效,把信访群众吸附在基层、在本地、在政法机关,努力减少进京访、越级访、非正常访。

(三)准确区分涉法涉诉信访事项的诉与访。对符合法律法规规定,属于政法机关管辖的信访事项,可以通过司法程序或相应法定救济途径解决的,作为诉类事项办理;对政法机关依法不能通过司法程序或其他法定救济途径解决的信访事项,以及公安机关、司法行政机关应当依照《信访条例》处理的信访事项,作为访类事项办理。中央政法各单位要按照刑事诉讼法、民事诉讼法、行政诉讼法、行政复议法、国家赔偿法及其他相关法律法规,进一步明确诉与访的甄别标准和区分界限,细化受理范围和条件。

(四)认真做好诉与访的审查分流工作。对属于本单位管辖的涉法涉诉信访事项,要认真审查信访材料,准确把握信访问题的性质和类别,一般应在15日内决定是否受理,并及时答复信访人;不予受理的,应进行解释说明。对受理的信访事项,要全面审查原案件实体和程序是否存在问题,符合法定立案条件的,及时导入相应法律程序办理;不符合法定立案条件的,应当书面答复信访人,并讲清法律依据和理由。除法律有明确规定外,涉法涉诉信访事项审查、立案一般应在3个月内完成。

二、将诉类事项导入相应法律程序办理

(五)导入审判机关诉讼程序。对政法机关办理的国家赔偿案件不服;对公安机关、司法行政机关办理的行政复议案件不服;对公安机关就火灾、交通事故等已作出责任认定,或是对违法行为造成的损害赔偿纠纷调解不成,要求获得民事赔偿;对人民法院生效判决、裁定、决定及调解书不服等,向人民法院提出赔偿申请、起诉、申请再审、申诉、申请执行、申请复议,符合法定受理条件的,以及其他应当导入审判机关诉讼程序办理的,人民法院应当依法受理。

(六)导入检察机关法律监督程序。不服公安机关刑事处理决定以及对侦查活动违法行为的申诉或控告处理决定,不服人民法院生效裁判、调解书、国家赔偿决定,反映审判人员在审判程序中有违法行为,以及在民事执行、行政执行、刑罚执行活动中存在违法情形等,请求检察机关进行法律监督,依法属于检察机关管辖的;不服检察机关处理决定,反映检察机关违法办案,处理群众举报线索久拖不决或未查处、未答复,请求检察机关进行国家赔偿等,符合法定受理条件的,以及其他依法应当导入检察机关法律监督程序办理的,检察机关应当依法受理。

(七)导入公安机关、司法行政机关法律程序。对公安机关正在办理的刑事案件,就办案程序提出复议、复核;反映公安机关违法侦查活动或违法采取刑事强制措施,向公安机关申诉、控告;对公安机关、司法行政机关行政处罚、行政许可、行政强制措施等具体行政行为不服,申请行政复议;对公安机关火灾、交通事故认定及委托鉴定等不服,要求公安机关复核或重新鉴定;对公安机关、司法行政机关及民警违法行使职权,造成损害,要求取得国家赔偿等,符合法定受理条件的,以及其他依法应当导入公安机关、司法行政机关法定程序办理的,公安机关、司法行政机关应当依法受理。

(八)依法公正办理诉类事项。政法各单位对符合立案受理条件的诉类事项,要及时明确责任部门和责任人员,落实首办责任,不得拖办缓办,不得在法律程序中"空转",确保公正处理,按期办结。经审理、复议、复核,原案件办理没有问题的,依法维持原结论;存在执法差错的,依法纠正错误、补正瑕疵;属于国家赔偿范围的,依照国家赔偿的有关规定办理。要把释法析理、化解矛盾纠纷、做好群众工作贯穿办案始终,促使当事人息诉息访。案件办理程序、进展情况和结果,应当按照规定的期限和方式,及时告知信访人。

三、对访类事项按照相关规定办理

(九)执行信访条例。对属于公安机关、司法行政机关职权范围,依法不能通过司法程序解决,或者无法导入公安机关、司法行政机关法律程序解决的信访事项,依照《信访条例》和相关规定办理。

(十)加强解释疏导。人民法院、人民检察院对于依法不能导入司法程序的信访事项,做好解疑释惑和教育疏导工作。必要时由原案件承办单位,针对信访人提出的问题,就案件事实认定、处理依据等进行法律释明。符合国家司法救助条件的,及时给予救助。

(十一)依法终结退出。对已经依法终结的涉法涉诉信访事项,除有法律规定的情形外,政法机关不再启动复查程序,不再作为涉法涉诉信访事项进行统计、交办、通报,但要配合地方党委和政府做好释法明理工作。

四、做好政法机关内外的衔接配合工作

(十二)加强政法机关与相关部门的协调配合。各级政法机关要加强与党委、人大、政府等信访部门对口联系,做好涉法涉诉信访事项分流、对接、移交工作。政法机关对与其他党政部门存在受理争议的信访事项、涉法涉诉信访与普通信访交织的疑难复杂事项、涉众型或涉及相关政策落实的涉法涉诉信访事项,可报请同级处理信访突出问题及群体性事件联席会议,协调相关部门,共同做好化解工作。

(十三)加强政法各单位间的分工协作。各级党委政法委要牵头协调政法机关,建立依法处理涉法涉诉信访问题会商机制,及时研究解决信访事项受理工作中存在的问题。对同一涉法涉诉信访事项,两个以上政法单位都有管辖权的,信访接待单位应当依照职权分别审查受理,并将受理情况及时通知其他有管辖权的政法单位;对同一信访人提出多个诉求,分别属于不同政法单位管辖的,有管辖权的单位应当分别审查办理;对跨地区的涉法涉诉信访事项,由共同的上级单位协调办理;对涉法涉诉信访事项管辖权存在争议且协商不一致的,报请各自的上级政法单位协调,或者提请同级党委政法委牵头协商解决。中央政法委协调指导最高人民法院、最高人民检察院、公安部、司法部,明确交叉管辖涉法涉诉信访事项的处理原则、移送标准和条件,制定分工负责、协作配合意见。

(十四)加强政法各单位内部信访处理工作的衔接。政法各单位要按照责任明晰、配合有力、流转顺畅的要求,进一步规范信访事项受理、办理流程,加强各环节之间的衔接配合,加快案件流转,防止形成积压。信访部门负责统一接收、及时移送,立案部门细致审查、及时导入法律程序,案件承办部门查清问题、依法公正处理,案件管理部门全程监控、提示预警,环环相扣,确保符合条件的涉法涉诉信访事项能够顺利导入法律程序办理。

(十五)加强职能监督和督导检查。要充分发挥审判监督、法律监督、警务监督、狱务监督作用,及时发现和纠正涉法涉诉信访工作中有访不理、有案不立、有错不纠等问题。对重大疑难复杂、久办不决的信访事项,要采取案件评查、公开听证、提级办理、异地办理等方式,查清问题,依法公正处理。对检察机关提出抗诉、检察建议、纠正违法通知的案件,原办案机关应认真落实受理、办理、反馈机制,确保执法错误和瑕疵在程序内得到依法解决。上级机关发现下级机关涉法涉诉信访事项受理、立案存在错误的,应当指导或责令下级机关依法纠正。对群众反映突出的立案难、申诉难、执行难等问题,各级党委政法委要会同政法各单位,采取执法检查、专项督查等方式,组织开展专项治理。要严格责任查究,对敷衍搪塞信访群众,不依法及时受理、不按期办结,造成案件积压,形成新的重复访、越级访、非正常访的,引发极端事件或者重大群体性事件的,以及对存在执法错误和瑕疵拒不依法纠正、补正的,依纪依法追究相关办案人员和领导的责任。

中央政法各单位依据本意见精神,结合实际,制定本系统实施办法。

关于建立律师参与化解和代理涉法涉诉信访案件制度的意见(试行)

(中共中央政法委员会2015年6月8日印发)

为认真贯彻党的十八届四中全会精神,充分发挥法律服务队伍在维护群众合法权益、化解矛盾纠纷、促进社会和谐稳定中的积极作用,深入推进涉法涉诉信访改革,现就建立律师参与化解和代理涉法涉诉信访案件制度,提出如下意见。

一、建立律师参与化解和代理涉法涉诉信访案件制度的意义

律师是社会主义法律工作者,在全面推进依法治国中具有重要作用。党的十八届四中全会作出了加强律师队伍建设、推动律师法律服务业发展的决策部署。要求广大律师积极参与城乡居民公共法律服务,提供及时有效的法律帮助;建立律师以案释法制度,加强普法宣传教育;实行律师代理司法申诉制度,保障当事人依法行使申诉权。这些举措对律师做好新形势下法律服务工作、履行好社会责任,提出了新要求,对增强全民法治观念,推进法治社会建设具有重要意义。律师参与涉法涉诉信访案件化解和代理工作,为信访群众提供良好法律服务,是落实党的十八届四中全会精神、全面推进依法治国的具体要求和实践。

随着涉法涉诉信访改革推进实施,依法处理涉法涉诉信访工作取得了积极效果,但涉法涉诉信访案件多发、重复访高发、久访不息的问题仍然突出,既加重了信访群众的诉累,又耗费了大量司法资源,影响正常信访秩序。律师以法律服务者身份参与涉法涉诉信访工作,容易取得信访群众信任,引导信访群众理性表达诉求、依法维护权益;律师是法律"明白人",既向信访群众讲法明理,又督促政法机关严格依法办案,有利于涉法涉诉信访案件得到依法解决;律师参与化解和代理涉法涉诉信访案件,既是为信访群众提供法律服务,也是提高自身能力素质、彰显社会责任的实践和锻炼。充分发挥律师的独特优势,动员律师积极参与化解和代理涉法涉诉信访案件工作,是推进涉法涉诉信访走向法治的重要途径,是形成良好信访秩序的制度保障。各级政法机关和律师协会要高度重视,积极为律师参与涉法涉诉信访工作创造条件,实现与政法机关的优势互补、良性互动,提高依法解决涉法涉诉信访问题的能力和效果。

二、律师参与化解和代理涉法涉诉信访案件的任务和原则

律师参与化解和代理涉法涉诉信访案件是一项公益性法律服务工作。对不服政法机关法律处理意见,以信访形式表达诉求的,可由律师协会委派的律师,听取信访人诉求,评析信访事项,有针对性地做好释法析理、提出处理建议、引导申诉等工作,促进案件得到依法公正处理,实现息诉息访。具体任务是:对原案件处理正确的,帮助信访人准确理解政法机关依法作出的法律处理意见,劝导其服判息诉;对原案件处理可能存在错误或瑕疵的,向政法机关提出建议,促使问题进入法律程序解决;对信访人生活困难,符合相关救助规定的,协助申请人开展救助申请工作。

律师参与化解和代理涉法涉诉信访案件,应当遵循以下原则:

自愿平等。尊重信访人意愿,不强制化解,不偏袒政法办案单位、不误导信访群众。

依法据理。严格依照法律和政策,向信访人讲清法理、讲明事理、讲通情理,向政法机关提出法律意见。

实事求是。以事实为依据,以法律为准绳,依法维护信访群众合法权益,尊重政法机关依法作出的公正处理意见。

无偿公益。不以赢利为目的,向信访人提供无偿法律服务。

三、律师参与化解和代理涉法涉诉信访案件的运行模式

由律师协会选派律师到政法机关信访接待场所,向信访群众提供现场咨询服务。

由律师协会向信访人推荐律师或由信访人在涉法涉诉信访案件律师库中自愿选择律师,实行专案专人服务。

政法机关通过律师协会,委托律师事务所对涉法涉诉信访事项进行评析,提出法律意见和办理建议。

依托律师协会或法律援助中心,通过公益性涉法涉诉信访法律服务机构,直接面向群众开展涉法涉诉信访案件化解和代理工作。

各地可结合本地实际,按照方便易行、务实高效的原则,积极探索律师参与化解和代理涉法涉诉信访案件的其他模式。

四、律师参与化解和代理涉法涉诉信访案件的工作方法

根据信访人和信访案件实际,律师运用法律专业知识和化解矛盾纠纷的实践经验,灵活运用各种方法,促进涉法涉诉信访案件得到依法公正处理。

接谈信访人。认真听取信访人陈述,详细阅读信访材料,准确了解信访人诉求,疏导情绪,解疑释惑,提供法律咨询解答。

评析信访案件。依据案件事实和相关法律规定,在调查核实案情基础上,由律师事务所或涉法涉诉信访法律服务机构对信访人的信访事项和诉求作出评议分析,研究解决问题的方案。需要向办案机关了解案情的,及时与办案机关沟通。

做好释法劝导工作。经过分析、评议,认为原案件处理正确、信访人诉求不当的,通过摆事实、讲道理、析法理,耐心劝导信访人服判息诉。仍不息诉的,可邀请相关领域专家、对方当事人、群众代表、有信访经历的人员等,公开评议信访人的诉求是否有理合法,或建议办案机关举行听证。

提出处理建议。经过分析、评议,认为原案件处理存在执法错误或瑕疵的,及时向有管辖权的政法机关提出法律意见和工作建议。

引导信访人依法申诉。对信访诉求符合法律规定,需要向政法机关提出申诉的,律师可帮助信访人撰写申诉材料、收集证据、接受询问,引导信访人依法按程序进行申诉。信访人需委托律师代理申诉的,可自行决定是否委托原接待服务律师或另行委托其他律师。条件成熟时,对聘不起律师的,纳入法律援助范围。

帮助申请救助。对生活困难的信访人,符合国家司法救助条件的,可帮助其向政法机关申请国家司法救助;给予国家司法救助后仍有困难或不符合国家司法救助条件的,可帮助其向政府有关部门申请其他社会救助方式。

五、加强对律师参与化解和代理涉法涉诉信访案件的管理和保障

律师协会负责推荐参与化解和代理涉法涉诉信访案件的律师人选,并建立律师人才库和名录,报同级司法行政机关备案。参与化解和代理涉法涉诉信访案件的律师应当政治坚定、公道正派,具有较强的业务能力和社会责任感,热心公益事业,善于做群众工作。重视发挥党员律师、优秀律师的示范带动作用。

各政法接访单位要为律师参与化解和代理涉法涉诉信访案件提供必要的场地和设施,加强安全防范,保障律师人身安全;对律师阅卷、咨询了解案情等合理要求提供支持,对律师提出的处理建议认真研究,及时反馈意见;对确有错误或瑕疵的案件,应当及时导入法律程序予以解决。

律师参与化解和代理涉法涉诉信访案件,应当遵守相关法律规定、职业道德、工作原则。不得泄露化解和代理中知悉的案件信息以及依法不能公开的信息,不炒作有关敏感、复杂信访案件,严禁支持、唆使、组织信访人采取违法方式反映问题。与案件有利害关系的律师,应当回避相关信访案件的化解和代理工作。对违反执业纪律的律师,取消其参与化解和代理涉法涉诉信访案件的资格,并视情由主管部门依法依规做出相应处理。

六、强化对律师参与化解和代理涉法涉诉信访案件的组织领导

各级党委政法委要加强对这项工作的领导,及时协调解决好工作中遇到的困难和问题。司法行政机关负责律师参与化解和代理涉法涉诉信访案件工作的牵头组织和指导,律师协会负责日常工作管理,对参与化解和代理工作的律师、律师事务所、涉法涉诉信访法律服务机构,应当给予适当补助,但当事人自行聘请代理律师的除外。法院、检察、公安等机关立足本职,做好涉法涉诉信访案件依法处理工作,需要律师参与化解和代理涉法涉诉信访案件的,及时向司法行政机关提出需求,积极支持律师工作,破解息诉息访难问题。

各省、自治区、直辖市和新疆生产建设兵团政法机关要结合实际,制定律师参与化解和代理涉法涉诉信访案件的具体办法,力争 2015 年底前,以地市为重点全面推开实施。要建立健全律师参与化解和代理涉法涉诉信访案件的人员选任、培训考核、日常管理、奖惩激励等办法,确保工作健康有序开展。要切实保障律师参与化解和代理涉法涉诉信访案件的必要经费。同时,积极鼓励倡导信访人自行聘请律师,为其代理申诉,依法维护自身权益。要积极动员具有业务专长、有群众威信的第三方人员参加涉法涉诉信访案件化解工作,逐步形成以律师等法律服务人员为主、社会力量共同参与的多元化解工作格局。注意总结工作、交流经验、宣传推广,不断健全、完善相关工作机制,努力让信访群众感受到法律服务的便捷和诉求解决的顺畅,着力提高依法解决涉法涉诉信访案件的法律效果和社会效果。

(十一)脱贫攻坚工作

关于建立贫困退出机制的意见

(中共中央办公厅、国务院办公厅2016年4月23日印发)

为贯彻落实《中共中央、国务院关于打赢脱贫攻坚战的决定》和中央扶贫开发工作会议精神,切实提高扶贫工作的针对性、有效性,现就建立贫困退出机制提出如下意见。

一、指导思想

全面贯彻党的十八大和十八届三中、四中、五中全会精神,深入贯彻习近平总书记系列重要讲话精神,紧紧围绕“五位一体”总体布局和“四个全面”战略布局,牢固树立创新、协调、绿色、开放、共享的发展理念,按照党中央、国务院决策部署,深入实施精准扶贫、精准脱贫,以脱贫实效为依据,以群众认可为标准,建立严格、规范、透明的贫困退出机制,促进贫困人口、贫困村、贫困县在2020年以前有序退出,确保如期实现脱贫攻坚目标。

二、基本原则

——坚持实事求是。对稳定达到脱贫标准的要及时退出,新增贫困人口或返贫人口要及时纳入扶贫范围。注重脱贫质量,坚决防止虚假脱贫,确保贫困退出反映客观实际、经得起检验。

——坚持分级负责。实行中央统筹、省(自治区、直辖市)负总责、市(地)县抓落实的工作机制。国务院扶贫开发领导小组制定统一的退出标准和程序,负责督促指导、抽查核查、评估考核、备案登记等工作。省(自治区、直辖市)制定本地脱贫规划、年度计划和实施办法,抓好组织实施和监督检查。市(地)县汇总数据,甄别情况,具体落实,确保贫困退出工作有序推进。

——坚持规范操作。严格执行退出标准、规范工作流程,切实做到程序公开、数据准确、档案完整、结果公正。贫困人口退出必须实行民主评议,贫困村、贫困县退出必须进行审核审查,退出结果公示公告,让群众参与评价,做到全程透明。强化监督检查,开展第三方评估,确保脱贫结果真实可信。

——坚持正向激励。贫困人口、贫困村、贫困县退出后,在一定时期内国家原有扶贫政策保持不变,支持力度不减,留出缓冲期,确保实现稳定脱贫。对提前退出的贫困县,各省(自治区、直辖市)可制定相应奖励政策,鼓励脱贫摘帽。

三、退出标准和程序

(一)贫困人口退出。贫困人口退出以户为单位,主要衡量标准是该户年人均纯收入稳定超过国家扶贫标准且吃穿不愁,义务教育、基本医疗、住房安全有保障。

贫困户退出,由村“两委”组织民主评议后提出,经村“两委”和驻村工作队核实、拟退出贫困户认可,在村内公示无异议后,公告退出,并在建档立卡贫困人口中销号。

(二)贫困村退出。贫困村退出以贫困发生率为主要衡量标准,统筹考虑村内基础设施、基本公共服务、产业发展、集体经济收入等综合因素。原则上贫困村贫困发生率降至2%以下(西部地区降至3%以下),在乡镇内公示无异议后,公告退出。

(三)贫困县退出。贫困县包括国家扶贫开发工作重点县和集中连片特困地区县。贫困县退出以贫困发生率为主要衡量标准。原则上贫困县贫困发生率降至2%以下(西部地区降至3%以下),由县级扶贫开发领导小组提出退出,市级扶贫开发领导小组初审,省级扶贫开发领导小组核查,确定退出名单后向社会公示征求意见。公示无异议的,由各省(自治区、直辖市)扶贫开发领导小组审定后向国务院扶贫开发领导小组报告。

国务院扶贫开发领导小组组织中央和国家机关有关部门及相关力量对地方退出情况进行专项评估检查。对不符合条件或未完整履行退出程序的,责成相关地方进行核查处理。对符合退出条件的贫困县,由省级政府正式批准退出。

四、工作要求

(一)切实加强领导。各省(自治区、直辖市)党委和政府要高度重视贫困退出工作,加强组织领导和统筹协调,认真履行职责。贫困退出年度任务完成情况纳入中央对省级党委和政府扶贫开发工作成效考核内容。地方各级扶贫开发领导小组要层层抓落实,精心组织实施。地方各级扶贫部门要认真履职,当好党委和政府的参谋助手,协调有关方面做好调查核实、公示公告、备案管理、信息录入等工作。

(二)做好退出方案。各省(自治区、直辖市)要按照省(自治区、直辖市)负总责的要求,因地制宜,尽快制定贫困退出具体方案,明确实施办法和工作程序。退出方案要符合脱贫攻坚实际情况,防止片面追求脱贫进度。

(三)完善退出机制。贫困退出工作涉及面广、政策性强,要在实施过程中逐步完善。要做好跟踪研判,及时发现和解决退出机制实施过程中的苗头性、倾向性问题。要认真开展效果评估，确保贫困退出机制的正向激励作用。

（四）强化监督问责。国务院扶贫开发领导小组、各省（自治区、直辖市）党委和政府要组织开展扶贫巡查工作，分年度、分阶段定期或不定期进行督导和专项检查。对贫困退出工作中发生重大失误、造成严重后果的，对存在弄虚作假、违规操作等问题的，要依纪依法追究相关部门和人员责任。

脱贫攻坚督查巡查工作办法

(中共中央办公厅、国务院办公厅2016年7月17日印发)

第一章　总　　则

第一条　为了确保脱贫攻坚各项目标任务圆满完成,根据《中共中央、国务院关于打赢脱贫攻坚战的决定》和中央有关规定,制定本办法。

第二条　本办法适用于对中西部22个省(自治区、直辖市)党委和政府、中央和国家机关有关单位脱贫攻坚工作的督查和巡查。

第三条　脱贫攻坚督查巡查工作应当认真贯彻精准扶贫、精准脱贫基本方略要求,坚持围绕目标、聚焦问题、实事求是、突出重点、群众参与、分级负责的原则,督促各有关地区和单位落实工作责任和政策措施,严格遵守纪律和规定,查找解决问题,改进工作方法,完成减贫任务,确保打赢脱贫攻坚战。

督查工作坚持目标导向,着力推动工作落实;巡查工作坚持问题导向,着力解决突出问题。

第四条　脱贫攻坚督查巡查工作主要采取召开座谈会、查阅资料、实地调查、问卷调查、个别访谈和听取汇报、受理群众举报、随机访或者暗访等形式进行,同时适当运用第三方评估成果。

国务院扶贫开发领导小组根据工作需要组织开展省级之间交叉督查和巡查。

第二章　督　　查

第五条　国务院扶贫开发领导小组负责督查工作的组织领导,制定年度督查计划,批准督查事项,组建督查组,向党中央、国务院报告督查情况。国务院扶贫办负责日常工作。

第六条　督查组负责督查工作的具体实施,实行组长负责制,组长和工作人员从国务院扶贫开发领导小组成员单位抽调。

第七条　督查工作包括综合督查和专项督查。对各有关地区和单位脱贫攻坚工作情况进行综合督查,一般每年1次。对脱贫攻坚重点工作进行专项督查,根据需要不定期开展。

第八条 督查的重点内容有:脱贫攻坚责任落实情况,专项规划和重大政策措施落实情况,减贫任务完成情况以及特困群体脱贫情况,精准识别、精准退出情况,行业扶贫、专项扶贫、东西部扶贫协作、定点扶贫、重点扶贫项目实施、财政涉农资金整合等情况。

第九条 督查工作一般按照以下程序进行:

(一)制定方案。督查组根据具体任务,制定实施方案。

(二)实地督查。督查组在有关方面配合下开展工作。

(三)报告情况。督查组形成书面报告,反映督查情况和问题,提出意见和建议。

第十条 督查情况由国务院扶贫开发领导小组汇总后,向党中央、国务院报告,并作为省级党委和政府扶贫开发工作成效考核的重要参考。对督查情况好的地区和单位,由国务院扶贫开发领导小组予以通报表扬。通过督查,发现宣传先进典型,总结推广先进经验。对督查中发现的问题,予以督促纠正。

第十一条 国务院扶贫开发领导小组向被督查地区和单位通报督查结果,对存在的问题提出整改要求。被督查地区和单位应当按照要求及时向国务院扶贫开发领导小组反馈整改情况。国务院扶贫开发领导小组应当及时汇总整改情况,向党中央、国务院报告。

第三章 巡　　查

第十二条 国务院扶贫开发领导小组根据掌握的情况,报经党中央、国务院批准,组建巡查组,不定期开展巡查工作。国务院扶贫办负责日常工作。

第十三条 巡查组实行组长负责制,组长由省部级领导干部担任。巡查组成员根据需要从有关单位和地方抽调。

第十四条 巡查的重点问题有:干部在落实脱贫攻坚目标任务方面存在失职渎职,不作为、假作为、慢作为,贪占挪用扶贫资金,违规安排扶贫项目,贫困识别、退出严重失实,弄虚作假搞"数字脱贫",以及违反贫困县党政正职领导稳定纪律要求和贫困县约束机制等。

第十五条 巡查工作一般按照以下程序进行:

(一)制定方案。巡查组根据巡查任务,制定工作方案。

(二)实地巡查。巡查组进驻被巡查地区,开展工作。巡查期间,对群众反映强烈、明显违反规定且应当及时解决的问题,向被巡查地区的党委和政府提出处理建议。

(三)报告情况。巡查组形成书面报告,反映巡查情况和问题,并依据事实和有关规定,提出处理建议。

第十六条 巡查情况和处理建议经国务院扶贫开发领导小组研究后,向党中央、国务院请示报告。涉及违纪违法的,按照有关规定移交纪检监察或者检察机关。

第十七条 国务院扶贫开发领导小组向被巡查地区反馈巡查情况,提出整改意见。被巡查地区应当根据巡查反馈意见,认真进行整改,并于2个月内向国务院扶贫开发领导小组反馈整改情况。国务院扶贫开发领导小组应当及时汇总整改情况,向党中央、国务院报告。整改情况能公开的,应当及时公开,接受社会监督。

第四章 附 则

第十八条 中西部22个省(自治区、直辖市)应当参照本办法,结合本地实际制定相关办法,加强对本地区脱贫攻坚工作的督查和巡查。其他省(自治区、直辖市)可以参照本办法实施。各省(自治区、直辖市)应当及时将开展督查和巡查工作的情况以书面形式向国务院扶贫开发领导小组报告。

第十九条 本办法由国务院扶贫办会同有关部门负责解释。

第二十条 本办法自2016年7月17日起施行。

脱贫攻坚责任制实施办法

(中共中央办公厅、国务院办公厅2016年10月11日印发)

第一章 总　则

第一条 为了全面落实脱贫攻坚责任制,根据《中共中央、国务院关于打赢脱贫攻坚战的决定》和中央有关规定,制定本办法。

第二条 本办法适用于中西部22个省(自治区、直辖市)党委和政府、有关中央和国家机关脱贫攻坚责任的落实。

第三条 脱贫攻坚按照中央统筹、省负总责、市县抓落实的工作机制,构建责任清晰、各负其责、合力攻坚的责任体系。

第二章 中央统筹

第四条 党中央、国务院主要负责统筹制定脱贫攻坚大政方针,出台重大政策举措,完善体制机制,规划重大工程项目,协调全局性重大问题、全国性共性问题。

第五条 国务院扶贫开发领导小组负责全国脱贫攻坚的综合协调,建立健全扶贫成效考核、贫困县约束、督查巡查、贫困退出等工作机制,组织实施对省级党委和政府扶贫开发工作成效考核,组织开展脱贫攻坚督查巡查和第三方评估,有关情况向党中央、国务院报告。

第六条 国务院扶贫开发领导小组建设精准扶贫精准脱贫大数据平台,建立部门间信息互联共享机制,完善农村贫困统计监测体系。

第七条 有关中央和国家机关按照工作职责,运用行业资源落实脱贫攻坚责任,按照《贯彻实施〈中共中央、国务院关于打赢脱贫攻坚战的决定〉重要政策措施分工方案》要求制定配套政策并组织实施。

第八条 中央纪委机关对脱贫攻坚进行监督执纪问责,最高人民检察院对扶贫领域职务犯罪进行集中整治和预防,审计署对脱贫攻坚政策落实和资金重点项目进行跟踪审计。

第三章 省负总责

第九条 省级党委和政府对本地区脱贫攻坚工作负总责,并确保责任制层层落实;全面贯彻党中央、国务院关于脱贫攻坚的大政方针和决策部署,结合本地区实际制定政策措施,根据脱贫目标任务制定省级脱贫攻坚滚动规划和年度计划并组织实施。省级党委和政府主要负责人向中央签署脱贫责任书,每年向中央报告扶贫脱贫进展情况。

第十条 省级党委和政府应当调整财政支出结构,建立扶贫资金增长机制,明确省级扶贫开发投融资主体,确保扶贫投入力度与脱贫攻坚任务相适应;统筹使用扶贫协作、对口支援、定点扶贫等资源,广泛动员社会力量参与脱贫攻坚。

第十一条 省级党委和政府加强对扶贫资金分配使用、项目实施管理的检查监督和审计,及时纠正和处理扶贫领域违纪违规问题。

第十二条 省级党委和政府加强对贫困县的管理,组织落实贫困县考核机制、约束机制、退出机制;保持贫困县党政正职稳定,做到不脱贫不调整、不摘帽不调离。

第四章 市县落实

第十三条 市级党委和政府负责协调域内跨县扶贫项目,对项目实施、资金使用和管理、脱贫目标任务完成等工作进行督促、检查和监督。

第十四条 县级党委和政府承担脱贫攻坚主体责任,负责制定脱贫攻坚实施规划,优化配置各类资源要素,组织落实各项政策措施,县级党委和政府主要负责人是第一责任人。

第十五条 县级党委和政府应当指导乡、村组织实施贫困村、贫困人口建档立卡和退出工作,对贫困村、贫困人口精准识别和精准退出情况进行检查考核。

第十六条 县级党委和政府应当制定乡、村落实精准扶贫精准脱贫的指导意见并监督实施,因地制宜,分类指导,保证贫困退出的真实性、有效性。

第十七条 县级党委和政府应当指导乡、村加强政策宣传,充分调动贫困群众的主动性和创造性,把脱贫攻坚政策措施落实到村到户到人。

第十八条 县级党委和政府应当坚持抓党建促脱贫攻坚,强化贫困村基层党组织建设,选优配强和稳定基层干部队伍。

第十九条 县级政府应当建立扶贫项目库,整合财政涉农资金,建立健全扶贫资金项目信息公开制度,对扶贫资金管理监督负首要责任。

第五章 合力攻坚

第二十条 东西部扶贫协作和对口支援双方各级党政主要负责人必须亲力亲为,推动建立精准对接机制,聚焦脱贫攻坚,注重帮扶成效,加强产业带动、劳务协作、人才交流等方面的合作。东部地区应当根据财力增长情况，逐步增加帮扶投入；西部地区应当主动对接，整合用好资源。

第二十一条 各定点扶贫单位应当紧盯建档立卡贫困人口，细化实化帮扶措施，督促政策落实和工作到位，切实做到扶真贫、真扶贫，不脱贫不脱钩。

第二十二条 军队和武警部队应当发挥组织严密、突击力强等优势，积极参与地方脱贫攻坚，有条件的应当承担定点帮扶任务。

第二十三条 各民主党派应当充分发挥在人才和智力扶贫上的优势和作用，做好脱贫攻坚民主监督工作。

第二十四条 民营企业、社会组织和公民个人应当积极履行社会责任，主动支持和参与脱贫攻坚。

第六章 奖 惩

第二十五条 各级党委和政府、扶贫开发领导小组以及有关中央和国家机关可以按照有关规定对落实脱贫攻坚责任到位、工作成效显著的部门和个人，以适当方式予以表彰，并作为干部选拔使用的重要依据；对不负责任、造成不良影响的，依纪依法追究相关部门和人员责任。

第二十六条 各级党委和政府、扶贫开发领导小组以及有关中央和国家机关对在脱贫攻坚中作出突出贡献的社会帮扶主体，予以大力宣传，并按照有关规定进行表彰。

第七章 附 则

第二十七条 中西部22个省（自治区、直辖市）应当参照本办法，结合本地区实际制定实施细则。其他省（自治区、直辖市）可以参照本办法实施。

第二十八条 本办法由国务院扶贫开发领导小组办公室负责解释。

第二十九条 本办法自2016年10月11日起施行。

关于支持深度贫困地区脱贫攻坚的实施意见(略有删节)

(中共中央办公厅、国务院办公厅2017年9月25日印发)

根据《中共中央、国务院关于打赢脱贫攻坚战的决定》和习近平总书记在深度贫困地区脱贫攻坚座谈会上的重要讲话精神,为攻克深度贫困堡垒、确保全面建成小康社会,现就支持深度贫困地区脱贫攻坚提出如下实施意见。

一、深化思想认识,明确总体要求

党的十八大以来,以习近平同志为核心的党中央把贫困人口脱贫作为全面建成小康社会的底线任务和标志性指标,以前所未有的力度推进,取得显著成效。但必须看到,随着脱贫攻坚不断深入,集中连片特困地区、革命老区、民族地区、边疆地区深度贫困问题突出,攻坚任务依然十分艰巨。西藏、四省藏区、南疆四地州和四川凉山州、云南怒江州、甘肃临夏州(以下简称"三区三州"),以及贫困发生率超过18%的贫困县和贫困发生率超过20%的贫困村,自然条件差、经济基础弱、贫困程度深。剩余4335万贫困人口中,因病因学因残因灾致贫返贫、饮水安全保障程度低和住房不安全的群体规模大,补齐这些短板是脱贫攻坚决战决胜的关键之策。

各地区各部门要深刻认识深度贫困地区如期完成脱贫攻坚任务的艰巨性、重要性、紧迫性,坚持精准扶贫精准脱贫基本方略,坚持中央统筹、省负总责、市县抓落实的管理体制,坚持专项扶贫、行业扶贫、社会扶贫"三位一体"大扶贫格局,以解决突出制约问题为重点,以重大扶贫工程和到村到户帮扶措施为抓手,以补短板为突破口,以抓党建促脱贫攻坚为组织保证,强化支撑保障体系,加大政策倾斜力度,集中力量攻关,万众一心克难,确保深度贫困地区和贫困群众同全国人民一道进入全面小康社会。

二、中央统筹,重点支持"三区三州"

新增脱贫攻坚资金、新增脱贫攻坚项目、新增脱贫攻坚举措主要用于深度贫困地区,国家重点支持"三区三州"。

(一)加大中央财政投入力度。有条件的中央一般性转移支付、财政专项扶贫资金进一步向"三区三州"倾斜。在此基础上,2018年至2020年中央财政结合财力情况统筹安排部分新增投入,重点支持"三区三州"脱贫攻坚。

（二）加大金融扶贫支持力度。针对“三区三州”制定差异化信贷支持政策，在贷款准入、利率、期限等方面，对建档立卡贫困户和扶贫产业项目、贫困村提升工程、基础设施建设、基本公共服务等重点领域提供优惠政策。对“三区三州”符合条件的企业首次公开发行股票、在新三板挂牌等，加快审核进度。提高“三区三州”保险服务水平，加快发展多种形式的农业保险，适当降低贫困户保险费率。

（三）加大项目布局倾斜力度。加快推进“三区三州”各项规划的组织实施。在“三区三州”优先安排公益性基础设施项目、社会事业领域重大工程建设项目以及能源、交通等重大投资项目。加大革命老区、边境地区相关政策规划落实力度，推动资金项目安排向“三区三州”倾斜。加强环评审批技术指导和服务，加快“三区三州”重大项目审批进度。在“三区三州”严格落实公益性建设项目取消县级和地市级配套资金政策。

（四）加大易地扶贫搬迁实施力度。把“三区三州”作为推进易地扶贫搬迁的重中之重，加大对居住在自然条件特别恶劣地区贫困群众搬迁力度，优先纳入年度实施计划，充分保障资金需求。强化深度贫困地区搬迁群众后续脱贫措施，加大产业扶持、转移就业、生态扶贫等政策落实力度，进一步提升搬迁质量与脱贫效果，确保实现搬迁一户、脱贫一户。

（五）加大生态扶贫支持力度。加强“三区三州”生态建设，优先安排退耕还林任务，重点支持防护林建设和经济林发展。加大重点生态功能区以及集中连片特困地区、国家扶贫开发工作重点县生态护林员选聘力度，将生态护林员管护范围扩大到湿地、沙地及国家级森林公园和国有林场。面向“三区三州”招录贫困人口为草原管护员。建立扶贫造林合作社，吸纳贫困人口参与造林、抚育管护。落实好国务院确定的牧区半牧区县的草原生态保护补助奖励政策。

（六）加大干部人才支持力度。降低“三区三州”基层公务员进入门槛，县乡机关招录公务员，可根据实际需要设置一定数量职位面向当地县乡事业编制人员和退役士官士兵招考，必要时可不设开考比例。继续支持新疆、西藏开展专项招录内地高校毕业生工作。在待遇、职称、培养、选拔等方面出台特殊倾斜政策，落实和完善深度贫困地区工资倾斜政策，鼓励和引导各方面人才向“三区三州”基层一线流动。对“三区三州”申报国家“千人计划”、“万人计划”，适当放宽申报条件、评审标准。瞄准产业发展需求，加大革命老区、民族地区、边疆地区人才支持计划科技人员专项计划在“三区三州”的实施力度。

（七）加大社会帮扶力度。东西部扶贫协作和对口支援、中央单位定点扶贫、军队和武警部队扶贫的帮扶对象在“三区三州”的，要在资金、项目、人员等方面加大支持力度。东部经济发达县结对帮扶西部贫困县“携手奔小康行动”和民营企业“万企帮万村”精准扶贫行动,要向“三区三州”倾斜,向乡村基层延伸。动员社会组织、个人等广泛参与“三区三州”脱贫攻坚。

三、落实部门责任,支持深度贫困地区、解决深度贫困问题

中央和国家机关有关部门要落实行业主管责任,对“三区三州”和其他深度贫困地区、深度贫困问题,予以统筹支持解决。

(一)解决因病致贫问题。建立健康扶贫保障机制,支持推进健康扶贫工程。加快大病集中救治覆盖所有深度贫困地区,对所有患大病和慢性病的贫困人口进行分类救治,家庭签约服务覆盖所有贫困人口。采取城乡居民基本医保、大病保险、医疗救助及其他措施,进一步降低贫困人口医疗费用个人自付比例。加大疾病与残疾预防控制和健康促进力度,从源头上防止因病致贫返贫。

(二)解决因残致贫问题。把符合条件的建档立卡贫困残疾人全部纳入农村低保范围。把建档立卡贫困家庭重度残疾人全部纳入医疗救助范围。对建档立卡贫困人口中尚未参加城乡居民基本医保的贫困残疾人个人缴费给予补贴。严格落实困难残疾人生活补贴制度和重度残疾人护理补贴制度。对16周岁以上有长期照料护理需求的贫困重度残疾人,符合特困人员救助供养条件的纳入特困人员救助供养;不符合救助供养条件的,有条件的地方可通过政府购买服务,采用托养等多种方式为其提供集中或社会化照料护理服务。采取多种方式,逐一安置贫困家庭未入学适龄残疾儿童、困境未成年人接受义务教育。推进建档立卡贫困残疾人家庭享受资产收益扶贫政策。

(三)加强兜底保障工作。推动深度贫困地区农村低保标准尽快达到国家扶贫标准,加快实现农村低保制度与扶贫开发政策有效衔接。完善农村低保制度,对无法依靠产业扶持和就业帮助脱贫的家庭实行政策性保障兜底。对农村低保家庭中的老年人、未成年人、重度残疾人和重病患者等重点救助对象,采取多种措施提高救助水平,保障基本生活。建立防范因灾致贫返贫长效机制,保障因灾致贫返贫群众基本生活。

(四)保障贫困户饮水安全。加快实施农村饮水安全巩固提升工程,加大对深度贫困地区支持力度,对深度贫困地区建档立卡贫困人口饮水安全巩固提升工程先期安排实施。

(五)保障贫困户住房安全。农村危房改造任务和资金安排向深度贫困地区倾斜,中央补助资金聚焦贫困户等重点对象,户均补助提高到1.4万元。大力推广加固改造等低成本改造方式,鼓励通过统建农村集体公租房,加固、置换或长期租赁闲置房屋等方式,兜底解决贫困户等重点对象住房安全。将各地支持深度贫困地区贫困户危房改造纳入农村危房改造绩效考评。

（六）加大教育扶贫力度。中央相关教育转移支付存量资金优先保障、增量资金更多用于深度贫困地区教育发展和建档立卡贫困家庭子女受教育的需要。完善深度贫困地区控辍保学工作机制，防止适龄儿童少年失学辍学。为就读职业学校的深度贫困地区贫困家庭学生，开辟招生绿色通道，优先招生，优先选择专业，优先安排在校企合作程度较深的订单定向培训班或企业冠名班，优先落实助学政策，优先安排实习，优先推荐就业。

（七）加大就业扶贫力度。支持深度贫困地区开发就业岗位，促进贫困家庭劳动力就地就近就业。依托东西部扶贫协作和对口支援工作机制，提高劳务扶贫协作组织化程度。加强对深度贫困地区贫困家庭劳动力技能培训和就业服务，提升培训服务针对性和有效性，确保贫困家庭劳动力至少掌握一门实用技能。对深度贫困地区符合条件的贫困家庭劳动力，实施就业援助，按规定享受公益性岗位补贴、社会保险补贴等政策。

（八）加强基础设施建设。加快推进贫困地区建制村和撤并建制村通硬化路任务，加大中央预算内投资和车购税补助地方资金对深度贫困地区农村公路建设的支持力度。优化通村硬化路路线走向，尽可能串联带通更多自然村，推进一定人口规模自然村通硬化路。实施深度贫困地区农网改造升级工程，着力解决低电压、网架不合理、未通动力电等问题。实现90%以上建档立卡贫困村有宽带网络覆盖，80%以上有信息服务站。加大深度贫困地区以工代赈投入力度。

（九）加强土地政策支持。新增建设用地指标优先保障深度贫困地区发展用地需要。深度贫困地区开展城乡建设用地增减挂钩，可不受指标规模限制。探索“三区三州”及深度贫困县增减挂钩节余指标在东西部扶贫协作和对口支援框架内开展交易，收益主要用于深度贫困地区脱贫攻坚，按照土地出让收入的有关管理规定，加强资金使用管理。支持深度贫困地区农村集体经济组织依法使用农村集体建设用地或以土地使用权入股、联营等方式与其他单位或个人共同兴办企业，发展农村新产业新业态。旅游项目中的自然景观及为观景提供便利的观光台、栈道等非永久性附属设施用地，在不破坏生态、景观环境和不影响地质安全的前提下，可不征收（收回）、不转用，按现用途管理。光伏方阵使用永久基本农田以外的农用地或未利用地的，在不影响种植、养殖等生产条件的前提下，可按原地类认定，按现用途管理。深度贫困地区建设用地，涉及农用地转用和土地征收的，在做好依法补偿安置前提下，可以边建设边报批；涉及占用耕地的，允许边占边补；省级以下基础设施、易地扶贫搬迁、民生发展等建设项目，确实难以避让永久基本农田的，可以纳入重大建设项目范围，由省级国土资源主管部门办理用地预审，并按照有关规定办理农用地转用和土地征收。土地整治新增耕地指标,可按照有关规定优先纳入耕地占补平衡国家统筹。

四、省负总责,解决区域内深度贫困问题

各省、自治区、直辖市党委和政府要统筹整合资源,紧盯最困难的地方,瞄准最困难的群体,扭住最急需解决的问题,集中力量解决本区域内深度贫困问题。

(一)落实脱贫攻坚责任。省级党委和政府对本地区深度贫困地区脱贫攻坚负总责。要明确本区域内深度贫困地区,制定专项计划,加大投入力度,打好政策组合拳。要加强对深度贫困地区脱贫目标任务完成情况的检查,确保脱贫成效经得起实践和历史检验。

(二)确定深度贫困地区。结合本地实际情况,综合考虑贫困人口规模、贫困发生率、脱贫难度等因素,统筹评估自然条件、产业基础以及义务教育、基本医疗、住房安全"三保障"等情况,确定着力攻坚的深度贫困县、深度贫困乡、深度贫困村。

(三)做实做细建档立卡。加强贫困人口精准识别和精准退出,将符合扶贫标准的贫困人口和返贫人口全部纳入,将稳定脱贫和识别不准的及时退出,实现动态管理,不断提高识别质量,打牢精准基础。加强部门间数据比对、信息共享和数据分析,为宏观决策和工作指导提供支持。

(四)加强驻村帮扶工作。把深度贫困地区作为驻村帮扶工作的重中之重,根据贫困村需求,调整充实第一书记和驻村工作队,优先选派政治素质好、工作作风实、综合能力强、具有履职身体条件的人员参加驻村,对成绩突出、群众公认的第一书记和驻村干部可按照国家有关规定予以表彰宣传,注重提拔使用,对不胜任的要及时召回调整。要明确驻村帮扶工作任务,加强日常管理,以县为单位每年对驻村工作队进行考核,确保取得实效。

(五)实施贫困村提升工程。研究适度增加地方政府一般债务限额,鼓励各省、自治区、直辖市政府发行一般债券筹集资金,稳步推进专项债务管理改革,加快发展项目收益与融资自求平衡的专项债券,积极支持符合条件的贫困村提升工程项目建设。推进贫困村内水、电、路、网等基础设施和教育、卫生、文化等公共服务体系建设,因地制宜推进农村社区综合服务设施建设,改善人居环境和生产生活条件。发展特色优势产业,提高产业扶贫组织化程度,培育壮大村集体经济。加强贫困村基层组织建设,培育创业致富带头人,吸引本土人才返乡创业。创新农村社区治理机制,发挥村规民约作用,改变陈规陋习,培育健康文明生活方式。

五、加强组织领导,强化政治和制度保障

打赢深度贫困地区脱贫攻坚战,要继续发挥我们的政治优势和制度优势,发挥贫困地区贫困群众主动性创造性，凝聚起各方面力量。

（一）坚定打赢深度贫困地区脱贫攻坚战的信心。各级党委和政府要坚持标准，长短结合，科学合理制定减贫规划和年度计划，确保到2020年我国现行标准下农村贫困人口实现脱贫，贫困县全部摘帽，解决区域性整体贫困。

（二）坚持精准扶贫精准脱贫基本方略。深度贫困地区各项基础设施、公共服务、产业发展等工程项目，要确保贫困人口参与和受益，坚决防止以区域发展之名代替精准扶贫，搞缩小版的“大水漫灌”。支持深度贫困地区脱贫攻坚的各项政策举措，都要聚焦贫困人口脱贫。

（三）深入推进抓党建促脱贫攻坚。保持贫困县县级党政正职稳定，进一步建强深度贫困地区领导班子和干部队伍，推动优秀干部人才资源向脱贫攻坚一线倾斜，把深度贫困地区作为培养锻炼干部、考察识别干部的重要平台。建强深度贫困地区农村基层党组织，配齐配强贫困村党组织书记，支持党员带头脱贫致富、带领脱贫致富。派强用好第一书记，从县以上党政机关选派得力干部下去，各级党委组织部门分级负责、备案管理，县（市、区、旗）党委组织部和乡镇党委明确专人负责，加强管理考核和保障支持，确保选得准、下得去、融得进、干得好。解决软弱涣散基层班子问题，每个贫困村至少储备1到2名后备干部，每两年至少发展1名年轻党员。加快乡镇“五小”建设和周转房建设，完善村级组织运转经费保障机制。加强对脱贫攻坚一线干部的关心关爱，政治上激励、工作上支持、待遇上保障、心理上关怀。

（四）解决形式主义等倾向性问题。加强检查督查，实施最严格的考核评估，落实年度脱贫攻坚报告制度。加强监督执纪问责，对不严不实、弄虚作假的严肃问责。坚决克服形式主义，减少填表报数、检查考评、会议活动、发文数量，规范调查研究，减轻基层负担，不断提高各项工作的有效性。

（五）加强扶贫资金监管。改进扶贫资金使用方式，支持各地采用生产奖补、劳务补助等方式开展项目建设。严格按照关于涉农资金统筹整合规定的范围和用途，优先保障贫困人口直接受益的产业发展资金需求。推进县级脱贫攻坚项目库建设，保证资金围绕脱贫攻坚目标任务精准使用。完善项目资金公告公示制度，提高资金使用效益和透明度。建立扶贫资金常态化监管机制，完善扶贫资金使用绩效考核评价，提升扶贫资金使用管理水平。

（六）激发深度贫困地区和贫困人口脱贫致富内生动力。建立正向激励机制，将帮扶政策措施与贫困群众参与挂钩，培育贫困群众发展生产和务工经商的基本能力。弘扬中华民族劳动光荣、勤俭持家、邻里和睦、孝亲敬老等传统美德，教育和引导贫困群众用自己的双手光荣脱贫、勤劳致富、服务社会、贡献国家。

大力宣传推广脱贫攻坚先进典型,讲述好故事,弘扬正能量,奏响主旋律。

各地区各部门要强化责任担当,抓紧制定具体方案,细化政策举措,确保取得实效。国务院扶贫开发领导小组要加强组织协调和工作指导,重大情况及时向党中央、国务院报告。

中共中央组织部、中央农村工作领导小组办公室、国务院扶贫开发领导小组办公室关于做好选派机关优秀干部到村任第一书记工作的通知

（2015年4月29日）

多年来，一些地方和单位探索选派机关优秀干部到村任第一书记、选派党建指导员、派干部驻村等做法，抓党建、抓扶贫、抓发展，取得了明显成效，积累了有益经验。在党的群众路线教育实践活动中，这一经验得到进一步运用和推广。实践证明，选派机关优秀干部到村任第一书记，是加强农村基层组织建设、解决一些村“软、散、乱、穷”等突出问题的重要举措，是促进农村改革发展稳定和改进机关作风、培养锻炼干部的有效途径。

为深入贯彻落实习近平总书记关于大抓基层、推动基层建设全面进步全面过硬和精准扶贫、精准脱贫等重要指示精神，紧紧围绕协调推进“四个全面”战略布局，坚持和运用选派第一书记等经验，巩固和拓展党的群众路线教育实践活动中加强基层组织建设、打通联系服务群众“最后一公里”等成果，进一步把农村基层党组织建设成为推动科学发展、带领农民致富、密切联系群众、维护农村稳定的坚强战斗堡垒，根据中央农村工作会议、全国组织部长会议部署，现就做好选派机关优秀干部到村任第一书记工作通知如下。

一、选派范围和数量

对党组织软弱涣散村要全覆盖。主要是那些党组织班子配备不齐、书记长期缺职、工作处于停滞状态的，党组织书记不胜任现职、工作不在状态、严重影响班子整体战斗力的，班子不团结、内耗严重、工作不能正常开展的，组织制度形同虚设、不开展活动的，尤其是换届选举拉票贿选问题突出、宗族宗教和黑恶势力干扰渗透严重、村务财务公开和民主管理混乱、社会治安问题和信访矛盾集中的村。

对建档立卡贫困村要全覆盖。重点区域是六盘山区、秦巴山区、武陵山区、乌蒙山区、滇桂黔石漠化区、滇西边境山区、大兴安岭南麓山区、燕山—太行山区、吕梁山区、大别山区、罗霄山区和西藏、四省藏区、新疆南疆三地州14个集中

连片特困地区和国家扶贫开发工作重点县。

对赣闽粤等原中央苏区,陕甘宁、左右江、川陕等革命老区,内蒙古、广西、宁夏等边疆地区和民族地区,四川芦山和云南鲁甸、景谷等灾后恢复重建地区,要加大选派第一书记力度,做到应派尽派。

对其他类型村可根据实际选派。选派第一书记的具体范围和数量由各地区各部门各单位确定。

二、人选条件和要求

第一书记人选的基本条件是:政治素质好,坚决贯彻执行党的路线方针政策,热爱农村工作;有较强工作能力,敢于担当,善于做群众工作,开拓创新意识强;有两年以上工作经历,事业心和责任感强,作风扎实,不怕吃苦,甘于奉献;具有正常履行职责的身体条件。

主要从各级机关优秀年轻干部、后备干部,国有企业、事业单位的优秀人员和以往因年龄原因从领导岗位上调整下来、尚未退休的干部中选派,有农村工作经验或涉农方面专业技术特长的优先。

要把好人选政治关、品行关、廉政关和能力关。按照因村派人原则,通过个人报名和组织推荐相结合的办法,由派出单位党委(党组)研究提出人选,报同级党委组织部审核。

中央和国家机关部委、人民团体、中管金融企业、国有重要骨干企业和高等学校,要结合扶贫开发工作,对照《关于做好新一轮中央、国家机关和有关单位定点扶贫工作的通知》(国开办发〔2012〕78 号)确定的定点扶贫结对关系名单,每个单位至少选派 1 名优秀干部到村任第一书记,为基层作出示范。

三、主要职责任务

第一书记在乡镇党委领导和指导下,紧紧依靠村党组织,带领村“两委”成员开展工作,注意从派驻村实际出发,抓住主要矛盾、解决突出问题。

建强基层组织。重点是对村“两委”班子不健全的要协助配齐,着力解决班子不团结、软弱无力、工作不在状态等问题,防范应对宗族宗教、黑恶势力的干扰渗透,物色培养村后备干部;严格落实“三会一课”,严肃党组织生活;推动落实村级组织工作经费和服务群众专项经费、村干部报酬和基本养老医疗保险,建设和完善村级组织活动场所、服务设施等,努力把村党组织建设成为坚强战斗堡垒。

推动精准扶贫。重点是大力宣传党的扶贫开发和强农惠农富农政策,深入推动政策落实;带领派驻村开展贫困户识别和建档立卡工作,帮助村“两委”制定和实施脱贫计划;组织落实扶贫项目,参与整合涉农资金,积极引导社会资金,促进贫困村、贫困户脱贫致富;帮助选准发展路子,培育农民合作社,增加村集体收入，增强“造血”功能。

为民办事服务。重点是推动党的群众路线教育实践活动整改事项落实，带领村级组织开展为民服务全程代理、民事村办等工作，打通联系服务群众“最后一公里”；经常入户走访，听取意见建议，与群众同吃同住同劳动，努力办实事；关心关爱贫困户、五保户、残疾人、农村空巢老人和留守儿童，帮助解决生产生活中的实际困难。

提升治理水平。重点是推动完善村党组织领导的充满活力的村民自治机制，落实“四议两公开”，建立村务监督委员会，促进村级事务公开、公平、公正，努力解决优亲厚友、暗箱操作、损害群众利益等问题；帮助村干部提高依法办事能力，指导完善村规民约，弘扬文明新风，促进农村和谐稳定。

四、强化管理考核

第一书记任期一般为 1 至 3 年，不占村“两委”班子职数，不参加换届选举。坚持驻村工作服务，任职期间，原则上不承担派出单位工作，原人事关系、工资和福利待遇不变，党组织关系转到村。

第一书记由县（市、区、旗）党委组织部、乡镇党委和派出单位共同管理。县（市、区、旗）党委组织部和乡镇党委要切实担负起直接管理责任，经常了解驻村工作情况、廉洁自律表现等。派出单位定期听取第一书记工作汇报，适时到村调研，指导促进工作。

第一书记参加派出单位年度考核，由所在县（市、区、旗）党委组织部提出意见。任职期满，派出单位会同县（市、区、旗）党委组织部进行考察，考核结果作为评选先进、提拔使用、晋升职级的重要依据，对任职期间表现优秀的在同等条件下优先使用。对工作不认真、不负责的给予批评教育，造成不良后果的及时调整和处理。

要关心关爱第一书记。派出单位要安排定期体检，办理任职期间人身意外伤害保险，并帮助解决生活等方面的实际困难。任职期间要给予适当生活补助，可参照差旅费伙食补助费标准执行，派往艰苦边远地区的，还可参照所在地区同类同级人员的地区性津贴给予相应补助。省（区、市）、市（地、州、盟）、县（市、区、旗）党委组织部要制定完善有关政策和激励保障措施，所在乡镇要力所能及地提供工作和生活条件，确保第一书记下得去、待得住、干得好。

五、加强组织领导

各级党委（党组）要高度重视选派机关优秀干部到村任第一书记工作，作为党委（党组）书记抓基层党建工作述职评议考核的重要内容，严格落实责任。党委组织部门要牵头组织，做好协调指导工作。农办、扶贫部门要开展涉农、扶贫等政策和技能培训,加强业务指导。中央和国家机关部委等单位选派工作,由各单位组织人事部门具体负责。省(区、市)党委组织部要统一部署,市(地、州、盟)、县(市、区、旗)党委组织部要具体组织实施。充分发挥发展改革、教育、科技、民政、财政、人社、国土资源、住建、交通、水利、农业、文化、卫生计生、环保、林业等部门和工会、共青团、妇联组织的作用,共同做好工作。

要保证第一书记工作经费,具体由各地财政统筹安排,各地扶贫部门要从扶贫资金中专项安排帮扶经费。派出单位要与第一书记联村,加大支持帮扶力度。

要以求真务实的作风做好选派工作,力戒形式主义。把选派第一书记与干部驻村、部门联村等工作有机结合起来,与机关干部队伍建设结合起来。注意宣传选派第一书记的好经验好做法和先进典型,营造干事创业的良好氛围。进一步健全选派第一书记的制度机制,实现常态化长效化。

中共中央组织部、国务院扶贫开发领导小组办公室关于脱贫攻坚期内保持贫困县党政正职稳定的通知

（2016 年 4 月 25 日）

到 2020 年实现农村贫困人口全部脱贫，贫困县全部摘帽，是全面建成小康社会最艰巨的任务。根据中央要求，现就脱贫攻坚期内保持贫困县党政正职稳定工作通知如下。

一、自本通知印发之日起，贫困县党政正职在完成脱贫任务前原则上不得调离。脱贫摘帽后，仍要保持稳定一段时间。所辖贫困县较多的市（地、州、盟）和贫困乡镇的党政正职，也要保持相对稳定。

二、脱贫攻坚期间，表现特别优秀、实绩特别突出的贫困县党政正职，可提拔担任上一级领导职务，但仍要继续兼任现职，并把主要精力放在脱贫工作上。

三、根据实际情况，个别确需调整的要尽快进行调整。调整时，要统筹省（区、市）内干部资源，注意选拔年富力强、堪当脱贫攻坚重任的优秀干部担任贫困县党政正职，优先考虑后备干部。

四、改进考核机制，落实年度逐级督查制度，确保精准扶贫、精准脱贫，坚决防止“数字脱贫”。如期完成任务且表现突出的，应予以重用；工作不力、完不成任务或弄虚作假的，要问责追责。

五、坚持严格管理和热情关心相结合，省市两级党委书记和分管领导同志、组织部门主要负责人要经常同贫困县党政正职谈心谈话，听取意见、交流思想、解决困难、提出要求。

各省（区、市）党委组织部门和扶贫部门要高度重视，把不脱贫不调整、不摘帽不调离作为一条纪律，切实稳定贫困县党政正职队伍，为打赢脱贫攻坚战提供坚强组织保证。

(十二)网络安全和信息化工作

关于加强国家网络安全标准化工作的若干意见

(中央网络安全和信息化领导小组办公室、国家质量监督检验检疫总局、国家标准化管理委员会2016年8月12日印发)

网络安全标准化是网络安全保障体系建设的重要组成部分,在构建安全的网络空间、推动网络治理体系变革方面发挥着基础性、规范性、引领性作用。近年来,随着网络信息技术快速发展应用,网络安全形势日趋复杂严峻,对标准化工作提出了更高要求。为落实网络强国战略,深化标准化工作改革,构建统一权威、科学高效的网络安全标准体系和标准化工作机制,支撑网络安全和信息化发展,经中央网络安全和信息化领导小组同意,现提出以下意见。

一、建立统筹协调、分工协作的工作机制

(1)建立统一权威的国家标准工作机制。网络安全标准化工作要坚持统一谋划、统一部署,紧贴实际需求,守住安全底线。全国信息安全标准化技术委员会在国家标准委的领导下,在中央网信办的统筹协调和有关网络安全主管部门的支持下,对网络安全国家标准进行统一技术归口,统一组织申报、送审和报批。其他涉及网络安全内容的国家标准,应征求中央网信办和有关网络安全主管部门的意见,确保相关国家标准与网络安全标准体系的协调一致。

(2)促进行业标准规范有序发展。探索建立网络安全行业标准联络员机制和会商机制,确保行业标准与国家标准的协调和衔接配套,避免行业标准间的交叉矛盾。

(3)促进产业应用与标准化的紧密互动。加强网络安全领域技术研发、产业发展、产业政策等与标准化的紧密衔接与有益互动。建立重大工程、重大科技项目标准信息共享机制,推动国家网络安全相关重大工程或科研项目成果转化为国家标准,并在项目考核指标和专业技术资格评审中明确标准要求,充分发挥标准对产业的引领和拉动作用。

(4)推动军民标准兼容。建立军民网络安全标准协调机制和联络员机制,加强军民标准化主管部门的密切协作。促进网络安全领域技术标准双向交流,在国防网络安全领域优先采用先进适用的国家标准,研究制定兼顾经济建设和国防建设需求的军民共用国家标准,共同推动基础性标准的军民通用。

二、加强标准体系建设

(5)科学构建标准体系。推动网络安全标准与国家相关法律法规的配套衔接,兼顾我国在世界贸易组织(WTO)等国际组织中承诺的国际义务。根据国际国内网络安全形势发展和现实需求,持续完善网络安全标准体系。发挥标准体系的规划布局作用,定期发布网络安全标准体系建设指南,指导标准制定工作有计划、有步骤推进。促进网络安全标准与信息化应用标准同步规划、同步制定。

(6)优化完善各级标准。按照深化标准化工作改革方案要求,整合精简强制性标准,在国家关键信息基础设施保护、涉密网络等领域制定强制性国家标准。优化完善推荐性标准,在基础通用领域制定推荐性国家标准。视情在行业特殊需求的领域制定推荐性行业标准。原则上不制定网络安全地方标准。

(7)推进急需重点标准制定。坚持急用先行,围绕"互联网+"行动计划、"中国制造 2025"和"大数据发展行动纲要"等国家战略需求,加快开展关键信息基础设施保护、网络安全审查、网络空间可信身份、关键信息技术产品、网络空间保密防护监管、工业控制系统安全、大数据安全、个人信息保护、智慧城市安全、物联网安全、新一代通信网络安全、互联网电视终端产品安全、网络安全信息共享等领域的标准研究和制定工作。

三、提升标准质量和基础能力

(8)提高标准适用性。在标准制定中,坚持开放透明、公平公正的原则,注重开展前期调研、征求意见、测试、公示等工作,保证标准充分满足网络安全管理、产业发展、用户使用等各方需求,确保标准管用、好用。提高标准制定的参与度和广泛性,鼓励和吸收更多的企业、高校、科研院所、检测认证机构和用户等各方实质性参与标准制定,注重发挥企业的主体作用。

(9)提高标准先进性。紧密跟踪网络安全技术和信息技术发展趋势,及时转化科技创新成果,提升标准的科技含量和技术水平。缩短标准制修订周期,原则上不超过 2 年,确保标准及时满足网络安全保障、新兴技术与产业发展的需求。

(10)提高标准制定的规范性。加强标准制定的过程管理,建立完备的网络安全标准制定过程管理制度和工作程序,细化明确各阶段的议事规则,优化标准立项和审批程序,以规范严谨的工作程序保证标准质量。

(11)加强标准化基础能力建设。提升标准信息服务能力和标准符合性测试能力,提高标准化综合服务水平。加强网络安全标准化战略与基础理论研究。

四、强化标准宣传实施

(12)加强标准的宣传解读。通过传统媒体和互联网等多种渠道公开发布网络安全国家标准。将标准宣传实施与网络安全管理工作相结合,促进应用部门、企业、科研院所等机构和人员学标准、懂标准、用标准。开展网络安全优秀实践案例评选活动并进行宣传和推广。利用各类媒体加大对标准的解读和宣传力度。

(13)加大标准实施力度。发挥各地区、各部门在网络安全标准实施中的作用,在政策文件制定、相关工作部署时积极采用国家标准。各行业主管监管部门要按照网络安全国家标准制定实施指南和规范,指导网络安全管理工作。组织开展重点标准的试点示范、实施情况反馈和标准实施效果评价工作,提升标准的有效性和适用性。

五、加强国际标准化工作

(14)实质性参与国际标准化活动。积极参与网络空间国际规则和国际标准规则制定,提升话语权和影响力。积极参与制定相关国际标准并发挥作用,贡献中国智慧、提出中国方案。推动将自主制定的国家标准转化为国际标准,促进自主技术产品"走出去"。结合我国产业发展现状,积极采用适用的国际标准。

(15)推动国际标准化工作常态化、持续化。打造一支专业精、外语强的复合型国际标准化专家队伍,提高国际标准化组织注册专家的数量。推荐有能力的专家担任国际标准组织职务,积极参加国际标准化会议,保证工作的持续性和稳定性。

六、抓好标准化人才队伍建设

(16)积极开展教育培训。选择有条件、有意向的重点院校,设立网络安全标准化相关课程,培养标准化专业人才队伍。鼓励校企合作,支持在校学生到企业实习和企业人员到学校接受标准化培训。鼓励有条件的企业开展标准化知识培训。

(17)引进和培育高端人才。加大网络安全标准化引智力度,鼓励有条件的地方政府、重点企业引进一批高端国际标准化人才。建立网络安全标准化专家库。对参与网络安全国家标准制定的专业技术人才在提高待遇、晋升职务职称等方面予以倾斜。

七、做好资金保障

(18)做好财政资金保障工作。各部门、各地方要高度重视网络安全标准化工作,利用中央和地方现有财政渠道,做好网络安全标准化工作的经费保障。

(19)鼓励社会资金支持。鼓励企业加大对标准研制和应用的资金投入。引导社会公益性基金支持网络安全标准化活动,设立网络安全标准优秀奖,对先进适用、贡献突出的标准进行奖励。

中央网络安全和信息化领导小组办公室、民政部关于加强网信领域社会组织建设的通知

（2016 年 9 月 18 日）

网信领域的社会组织是指在民政部门登记注册、在网络安全和信息化领域开展工作的社会团体、基金会和社会服务机构。作为党和政府联系互联网行业及网民的重要纽带，网信领域社会组织是推进网络安全和信息化工作的重要力量，是互联网条件下创新社会治理的重要依托。当前，网信领域社会组织存在数量少、分布散、作用发挥有限等现实问题，与我国作为网络大国的地位尚不相称，亟待补足短板。为深入贯彻习近平总书记在网络安全和信息化工作座谈会上的重要讲话精神，落实中央办公厅、国务院办公厅《关于改革社会组织管理制度促进社会组织健康有序发展的意见》有关要求，促进网信领域社会组织健康有序发展，现就有关事项通知如下：

一、加快网信领域骨干社会组织的建设。省级、设区市两级网信部门和有条件的县级网信部门要着眼网信事业大局，立足本地实际，加快培育一批网络传播、网络安全、信息化发展、网络文化、网络评论、网信经济、依法治网、网络公益、青少年网上权益保护等方面的骨干社会组织，覆盖网络安全和信息化工作主要领域。各级民政部门要与网信部门紧密配合，优化服务，提高审核办理效能，并在法律法规允许的范围内简化登记程序，推动全国网信领域社会组织数量实现较快增长，积极构建结构合理、功能完善的社会组织发展格局。

二、加强网信领域社会组织的登记审查和监督管理。民政部门在审核社会组织直接登记申请时，凡涉及网络安全和信息化领域的，应征求同级网信部门意见，加强名称审核、业务范围界定。对直接登记范围之外的网信领域社会组织，继续实行民政部门和业务主管单位双重负责的管理体制，由同级网信部门作为业务主管单位或应征求其意见。网信部门要健全工作程序，完善审查标准，加强对主管社会组织名称、宗旨、业务范围、发起人和拟任负责人的把关，确保依法依规、按照章程开展活动。网信、民政部门要密切协作、相互配合，通过信息公开、抽查审计、等级评估、信用监管、执法检查等方式，加强对其负责人、资金、活动的监管，推进网信领域社会组织加强自身建设。鼓励条件成熟的地区由网信部门牵头成立网络社会组织联合会，提升网信领域社会组织自律水平。

三、支持网信领域社会组织充分发挥作用。网信部门要加大对网信领域社

会组织工作的指导,支持其充分发挥行业代表性优势和基层群众性优势,当好党和政府与网民、互联网从业人员的桥梁纽带,广泛凝聚共识。要支持网信领域社会组织在网络舆论引导、网络生态治理、网络文化建设、网络公益事业、信息化产业发展、网信经济发展、互联网行业自律、动员社会力量维护网络安全和开展对外交流等方面积极开展工作,更好地服务网信事业发展和社会治理创新的工作大局。

四、完善推动网信领域社会组织发展的扶持政策。要优先培育网信领域社区服务类社会组织,符合条件的可直接向县级民政部门依法申请登记。支持在城乡社区开展为民服务、养老照护、公益慈善、促进和谐、文体娱乐和农村生产技术服务等活动的社会组织建设网上工作平台。网信部门要逐步扩大政府向网信领域社会组织购买服务的范围和规模,为网信领域社会组织提供必要的资金支持。要会同有关部门,落实符合条件的社会组织享受国家各项税收优惠政策。要在民政等部门支持下,有计划地扶持一批品牌网信领域社会组织,示范带动网信领域各类社会组织共同进步。

五、加强网信领域社会组织自身建设。网信、民政部门要加强对网信领域社会组织日常活动的监督管理,指导其完善法人治理结构和运行机制,加强诚信自律建设,严格落实社会组织政社分开有关要求。强化社会组织发起人责任,加强对社会组织负责人的管理。着力加强网信领域社会组织人才队伍建设。

网信、民政部门要支持各类社会组织加强网络业务培训和线上线下互动,提升运用互联网开展工作的能力。逐步规范社会组织中英文域名体系,引导社会组织注重加强网络安全保障。

六、加强和改进网信领域社会组织党建工作。网信领域社会组织要把党的建设写入章程,按照应建尽建的原则,实现党的组织和工作全覆盖,普遍建立党组织参与社会组织重大问题决策制度。新成立的网信领域社会组织,应采取单独建立、联合建立等方式同步建立党组织。网信部门要加强对网信领域社会组织党建工作的领导,选好配强党组织负责人,为党组织开展工作、发挥作用创造条件;民政部门要结合社会组织登记、检查、评估以及日常监管等,督促推动网信领域社会组织及时成立党组织和开展党的工作。要重视和加强网信领域社会组织党风廉政建设工作。

七、切实抓好组织实施。网信、民政部门要进一步统一思想,提高认识,自觉运用互联网思维和技术推进社会组织治理,把大力加强网信领域社会组织建设作为促进网信事业发展和社会组织管理创新的一项重要工作,摆上重要议事日程,切实抓紧抓好、抓出成效。要及时沟通具体情况和问题,主动创造有利于网信领域社会组织建设的条件,共同推动网信领域社会组织建设迈上新台阶。

（十三）军队工作

中共中央办公厅、国务院办公厅、中央军委办公厅关于进一步加强烈士纪念工作的意见（略有删节）

（2013 年 4 月 4 日）

在中国革命、建设、改革各个历史时期，涌现出无数为民族独立、人民解放和国家富强、人民幸福矢志奋斗、无私奉献、英勇牺牲的烈士，他们的功勋彪炳史册，他们的精神成为激励全国各族人民为实现中华民族伟大复兴而不懈奋斗的力量源泉。中央历来高度重视烈士纪念工作，出台了一系列政策措施，推动烈士纪念工作取得明显成效。随着形势任务的发展变化，烈士纪念工作还存在一些不足，特别是有的地方和部门对这项工作重视不够，公众参与度不高，相关制度机制不完善。为深入贯彻落实党的十八大精神，着力推进社会主义核心价值体系建设，经中央同意，现就进一步加强烈士纪念工作提出如下意见。

一、大力弘扬烈士精神

各地区各部门各单位要充分利用报刊、广播、影视、网络等媒体，广泛宣传烈士精神。积极开展主题教育活动，运用专题展览、报告会、阅读活动等多种形式，将弘扬烈士精神融入群众性文化活动之中。鼓励创作出版以烈士英雄事迹为题材、群众喜闻乐见的文艺作品和通俗读物，积极开展烈士史料编纂工作，制作展播反映烈士纪念设施建设保护管理的专题片，创办开通中华英烈网。整合军地资源，拓展研究领域，深入挖掘和大力弘扬在不同历史时期形成的烈士精神，在全社会营造缅怀烈士、崇尚烈士、学习烈士的浓厚氛围。

二、广泛开展纪念烈士活动

每年清明节、国庆节等节日和重要纪念日期间，各级党委、政府和驻军部队以及企事业单位、社会组织要充分利用烈士纪念设施、爱国主义教育基地、国防教育基地等红色资源，组织开展祭奠烈士、缅怀英烈活动。采取有力措施，引导广大干部群众积极参与瞻仰烈士纪念设施、献花植树等经常性纪念活动，将烈士纪念活动融入日常生活、学校教育和红色旅游。充分运用现代信息技术手段，开展网上祭奠活动。研究设立烈士纪念日，建立健全烈士祭扫制度和礼仪规范等相关规章制度，让人民群众充分参与，确保烈士纪念活动深入持久、庄严有序开展。

三、坚持用烈士英雄事迹教育青少年

要在中小学充实关于著名烈士英雄事迹教育的内容,利用课堂教学、主题教育等对学生进行形式多样的思想道德教育。积极组织老红军、老八路、老战士、老党员和烈士后人,为青少年讲授烈士生平和英雄事迹,增强宣传教育活动的吸引力和感染力。坚持在入队、入团、入党、入伍等人生成长的重要时机,倡导在18岁成人、学生毕业时,组织开展烈士英雄事迹教育活动,通过参观瞻仰烈士纪念设施、集体宣誓仪式、网上祭奠英烈等形式,引导广大青少年铭记烈士的英名和壮举,进一步树立正确的世界观、人生观、价值观,增强历史责任感和使命感。

四、加强烈士纪念设施保护管理

各级党委、政府和有关部门要整合各地区各部门烈士纪念设施资源,理顺隶属关系,明确保护管理责任,统一归口民政部门实施保护管理,充分发挥烈士纪念设施的整体效能。认真落实烈士纪念设施保护管理相关法规,研究制定烈士纪念设施建设规范和标准,完善烈士纪念设施保护管理办法,明确分级保护管理责任,加大经费投入和保护管理力度。高质量高标准完成零散烈士纪念设施抢救保护工程,积极稳妥推进境外烈士纪念设施保护管理工作,建立健全保护管理长效机制。加强烈士史料和遗物的收集、抢救、挖掘、保护和陈列展示工作。对已公布为文物的烈士纪念设施,要按照文物保护法有关规定加强保护、管理与利用。动员社会力量支持烈士纪念设施建设保护管理,研究制定社会捐赠、志愿服务、义务劳动等方面的政策规定。建立检查监督机制,严肃查处人为破坏和污损烈士纪念设施的行为。

五、完善烈属抚恤优待政策

各级党委和政府要不断完善烈属优待帮扶政策,进一步强化政府主体责任,逐步提高烈属抚恤金标准,妥善解决烈属生活、医疗、住房和子女教育、就业等方面存在的实际困难。对符合条件的烈属家庭,优先配租配售保障性住房或发放廉租住房租赁补贴;对住房困难的农村烈属家庭,当地政府要积极帮助解决困难。切实加强优抚医院、光荣院建设,最大限度地满足烈属医疗、供养服务需求。定期走访慰问烈属,精心组织烈属祭扫活动,认真落实为烈属挂光荣牌工作,积极动员社会力量为烈属送温暖献爱心,让广大烈属切实感受到党和政府的关心关爱,感受到全社会的尊重。

六、认真履行部门职责

民政部门要统筹协调规划烈士纪念工作,研究制定烈士褒扬政策规定,做好烈士评定备案、烈属抚恤优待、纪念设施保护管理和组织指导祭扫活动等工作。宣传部门要加强对烈士纪念工作宣传报道的指导协调,逐步将符合条件的烈士纪念设施命名为爱国主义教育基地,并落实相关政策。党史、军史研究部门要加强对烈士精神的理论研究。组织、机构编制和人力资源社会保障部门要在队伍建设、人才培养等方面,加大对烈士纪念工作的支持力度。发展改革部门要将烈士纪念设施建设和保护纳入国民经济和社会发展规划,将重要烈士纪念设施纳入红色旅游发展规划。教育部门要以青少年学生为重点,把烈士英雄事迹宣传教育贯穿到国民教育体系。财政部门要加大经费保障力度,健全经费保障使用管理办法。文化、新闻出版广电等部门要鼓励和支持弘扬烈士精神的文学艺术、影视作品,以及报刊、图书、数字、音像电子等出版物的创作生产和宣传推广。文物部门要做好涉及烈士的文物鉴定和普查工作,加强对革命文物保护管理的指导。旅游部门要积极引导广大群众参观瞻仰烈士纪念设施,接受英雄事迹教育。工会、共青团、妇联等人民团体要组织企业职工、青少年、妇女开展纪念烈士活动。军队和武警部队要支持和配合地方政府做好烈士纪念工作,努力形成齐抓共管、共同推进的良好局面。

七、强化组织领导

各级党委和政府要加强对烈士纪念工作的组织领导和统筹协调,坚持继承与发展并举、建设与保护并重,努力推动烈士纪念工作深入持久开展。建立党委统一领导、政府行政主导、部门主动配合、社会广泛参与的工作机制,定期研究解决烈士纪念工作中存在的困难和问题。将烈士纪念工作落实情况纳入文明城市、双拥模范城(县)创建活动考评内容,同步考评、同步推进。把烈士纪念设施日常保护管理和维修改造经费纳入同级财政预算,民政部门会同财政部门安排中央财政性资金对国家级和零散烈士纪念设施维修改造给予补助,并对中西部地区予以倾斜。强化烈士纪念设施保护单位的公益属性,根据烈士纪念设施分级保护管理标准和工作需要,调整优化机构设置,充实人员力量。按照稳定队伍、充实力量、提高素质的要求,加强教育培训,健全激励机制,注重选拔使用,努力建设一支政治坚定、业务精湛、结构合理、甘于奉献的工作人员队伍,为烈士纪念工作提供人才保障。

中共中央办公厅、国务院办公厅、中央军委办公厅关于做好烈士纪念日纪念活动的通知

(2014年9月18日)

2014年8月20日,中央政治局常委会会议专门就设立烈士纪念日进行了审议讨论,并对做好相关工作作出了部署。8月31日,第十二届全国人民代表大会常务委员会第十次会议作出关于设立烈士纪念日的决定,将9月30日设立为烈士纪念日。为做好烈士纪念日纪念活动,更好地贯彻落实《中共中央办公厅、国务院办公厅、中央军委办公厅关于进一步加强烈士纪念工作的意见》精神,经中央领导同志同意,现就有关事项通知如下。

一、充分认识开展烈士纪念日纪念活动的重大意义

为民族独立、人民解放和国家富强、人民幸福英勇牺牲的烈士,是中华民族的骄傲。以立法形式设立烈士纪念日,充分体现了党和国家对烈士的崇高敬意,对广大烈属的关心关爱。在全面深化改革、全面建成小康社会、实现中华民族伟大复兴中国梦的进程中,深入开展烈士纪念日纪念活动,缅怀烈士功绩,弘扬烈士精神,对于培养公民的爱国主义、集体主义精神和社会主义道德风尚,培育和践行社会主义核心价值观,增强中华民族的凝聚力,激发实现中华民族伟大复兴中国梦的强大精神力量,具有重要现实意义和深远历史意义。各地区各部门各单位要充分认识开展烈士纪念日纪念活动的重要性,周密筹划组织,精心安排部署,认真抓好各项工作落实。

二、精心组织安排烈士纪念日各项纪念活动

1. 举行公祭烈士活动。烈士纪念日当天,国家将举行公祭烈士活动,地方各级党委、政府和有我烈士纪念设施国家的我驻外使领馆,都要举行公祭烈士活动,深切缅怀烈士的不朽功绩,表达继往开来、接续奋斗的坚定信心。

2. 向烈士墓敬献鲜花。烈士纪念日当天,各地要动员和组织党政机关干部、学校师生、部队官兵以及社会各界群众向烈士墓敬献鲜花;我驻外使领馆要动员和组织使领馆工作人员、华人华侨、留学生、中资机构代表等向我在境外的烈士墓敬献鲜花,永远铭记烈士的英名和壮举,进一步增强历史责任感和使命感。

3. 开展网上纪念烈士活动。烈士纪念日前后,各地要充分运用现代信息技术手段,开辟网上缅怀纪念烈士栏目,倡导社会各界群众特别是青少年通过网络

缅怀纪念烈士,学习烈士英雄事迹,继承烈士遗志,进一步激发爱国热情、凝聚奋进力量。

4. 关怀慰问烈士遗属。烈士纪念日前后,各地要组织走访慰问烈士遗属,积极为他们解决实际困难,同时动员社会力量为烈士遗属送温暖献爱心,让他们切实感受到全社会的尊重,进一步增强荣誉感。

三、扎实抓好烈士纪念日纪念活动的组织实施

1. 加强组织领导。各地区各部门各单位要加强对烈士纪念日纪念活动的组织协调,建立健全党委统一领导、政府行政主导、部门主动配合、社会广泛参与的工作机制。要认真研究制定具体实施方案,统筹各方力量,细化明确分工安排,精心抓好各项纪念活动的落实,既确保纪念活动庄严、肃穆、隆重,又严格遵守中央八项规定精神,杜绝铺张浪费。同时,继续组织安排好清明节期间群众性祭扫烈士墓活动。

2. 落实保障措施。各地区各部门各单位要充分利用红色资源,加大烈士纪念设施保护力度,强化烈士纪念设施教育功能。要加强经费保障,将每年纪念活动所需经费纳入同级财政预算范围,并按照现行分级管理体制和资金渠道,做好烈士纪念设施的维修改造工作。要广泛动员社会各界群众积极参与,确保纪念活动安全有序、深入持久。

3. 注重宣传教育效果。各地区各部门各单位要把纪念活动与宣传教育紧密结合起来,丰富教育内容,创新教育手段,让参加纪念活动的人员真正从中得到教育、受到启迪。要加大宣传力度,综合运用报刊、广播、影视、网络、移动媒体等平台,深入宣传各项纪念活动安排及开展情况,不断提高公众知晓度。要大力宣扬烈士英雄事迹和优良传统,深入挖掘和弘扬不同历史时期的烈士精神内涵,用烈士精神凝聚党心军心民心,让正能量在全社会广泛传播。

党的自身建设法规制度

(一)政治建设

关于新形势下党内政治生活的若干准则

(2016年10月27日中国共产党第十八届中央委员会第六次全体会议通过)

办好中国的事情,关键在党,关键在党要管党、从严治党。党要管党必须从党内政治生活管起,从严治党必须从党内政治生活严起。

开展严肃认真的党内政治生活,是我们党的优良传统和政治优势。在长期实践中,我们党坚持把开展严肃认真的党内政治生活作为党的建设重要任务来抓,形成了以实事求是、理论联系实际、密切联系群众、批评和自我批评、民主集中制、严明党的纪律等为主要内容的党内政治生活基本规范,为巩固党的团结和集中统一、保持党的先进性和纯洁性、增强党的生机活力积累了丰富经验,为保证完成党在各个历史时期中心任务发挥了重要作用。

一九八〇年,党的十一届五中全会深刻总结历史经验特别是"文化大革命"的教训,制定了《关于党内政治生活的若干准则》,为拨乱反正、恢复和健全党内政治生活、推进党的建设发挥了重要作用,其主要原则和规定今天依然适用,要继续坚持。

新形势下,党内政治生活状况总体是好的。同时,一个时期以来,党内政治生活中也出现了一些突出问题,主要是:在一些党员、干部包括高级干部中,理想信念不坚定、对党不忠诚、纪律松弛、脱离群众、独断专行、弄虚作假、庸懒无为,个人主义、分散主义、自由主义、好人主义、宗派主义、山头主义、拜金主义不同程度存在,形式主义、官僚主义、享乐主义和奢靡之风问题突出,任人唯亲、跑官要官、买官卖官、拉票贿选现象屡禁不止,滥用权力、贪污受贿、腐化堕落、违法乱纪等现象滋生蔓延。特别是高级干部中极少数人政治野心膨胀、权欲熏心,搞阳奉阴违、结党营私、团团伙伙、拉帮结派、谋取权位等政治阴谋活动。这些问题，严重侵蚀党的思想道德基础，严重破坏党的团结和集中统一，严重损害党内政治生态和党的形象，严重影响党和人民事业发展。这就要求我们必须继续以改革创新精神加强党的建设，加强和规范党内政治生活，全面提高党的建设科学化水平。

党的十八大以来，以习近平同志为核心的党中央身体力行、率先垂范，坚定推进全面从严治党，坚持思想建党和制度治党紧密结合，集中整饬党风，严厉惩治腐败，净化党内政治生态，党内政治生活展现新气象，赢得了党心民心，为开创党和国家事业新局面提供了重要保证。

历史经验表明，我们党作为马克思主义政党，必须旗帜鲜明讲政治，严肃认真开展党内政治生活。为更好进行具有许多新的历史特点的伟大斗争、推进党的建设新的伟大工程、推进中国特色社会主义伟大事业，经受“四大考验”、克服“四种危险”，有必要制定一部新形势下党内政治生活的准则。

新形势下加强和规范党内政治生活，必须以党章为根本遵循，坚持党的政治路线、思想路线、组织路线、群众路线，着力增强党内政治生活的政治性、时代性、原则性、战斗性，着力增强党自我净化、自我完善、自我革新、自我提高能力，着力提高党的领导水平和执政水平、增强拒腐防变和抵御风险能力，着力维护党中央权威、保证党的团结统一、保持党的先进性和纯洁性，努力在全党形成又有集中又有民主、又有纪律又有自由、又有统一意志又有个人心情舒畅生动活泼的政治局面。

新形势下加强和规范党内政治生活，重点是各级领导机关和领导干部，关键是高级干部特别是中央委员会、中央政治局、中央政治局常务委员会的组成人员。高级干部特别是中央领导层组成人员必须以身作则，模范遵守党章党规，严守党的政治纪律和政治规矩，坚持不忘初心、继续前进，坚持率先垂范、以上率下，为全党全社会作出示范。

一、坚定理想信念

共产主义远大理想和中国特色社会主义共同理想，是中国共产党人的精神支柱和政治灵魂，也是保持党的团结统一的思想基础。必须高度重视思想政治建设，把坚定理想信念作为开展党内政治生活的首要任务。

理想信念动摇是最危险的动摇，理想信念滑坡是最危险的滑坡。全党同志必须把对马克思主义的信仰、对社会主义和共产主义的信念作为毕生追求，在改造客观世界的同时不断改造主观世界，解决好世界观、人生观、价值观这个“总开关”问题，不断增强政治定力，自觉成为共产主义远大理想和中国特色社会主义共同理想的坚定信仰者和忠实实践者;必须坚定对中国特色社会主义的道路自信、理论自信、制度自信、文化自信。领导干部特别是高级干部要以实际行动让党员和群众感受到理想信念的强大力量。

全体党员必须永远保持建党时中国共产党人的奋斗精神,把理想信念的坚定性体现在做好本职工作的过程中,自觉为推进中国特色社会主义事业而苦干实干,在胜利时和顺境中不骄傲不自满,在困难时和逆境中不消沉不动摇,经受住各种赞誉和诱惑考验,经受住各种风险和挑战考验,永葆共产党人政治本色。

坚定理想信念,必须加强学习。思想理论上的坚定清醒是政治上坚定的前提。全党必须毫不动摇坚持马克思主义指导思想,党的各级组织必须坚持不懈抓好理论武装,广大党员、干部特别是高级干部必须自觉抓好学习、增强党性修养。把马克思主义理论作为必修课,认真学习马克思列宁主义、毛泽东思想、邓小平理论、"三个代表"重要思想、科学发展观,认真学习习近平总书记系列重要讲话精神,认真学习党章党规,不断提高马克思主义思想觉悟和理论水平。系统掌握马克思主义基本原理,学会用马克思主义立场、观点、方法观察问题、分析问题、解决问题,特别是要聚焦现实问题,不断深化对共产党执政规律、社会主义建设规律、人类社会发展规律的认识。适应时代进步和事业发展要求,广泛学习经济、政治、文化、社会、生态文明以及哲学、历史、法律、科技、国防、国际等各方面知识,提高战略思维、创新思维、辩证思维、法治思维、底线思维能力,提高领导能力专业化水平。

坚持和创新党内学习制度。以党委(党组)中心组学习等制度为主要抓手,各级党组织要定期开展集体学习。党员、干部每年要完成规定的学习任务,领导干部要定期参加党校学习。坚持开展党内集中学习教育。各级党组织要加强督促检查,把学习情况作为领导班子和领导干部考核的重要内容。坚持中央领导同志作专题报告制度。健全党内重大思想理论问题分析研究和情况通报制度,强化互联网思想理论引导,把深层次思想理论问题讲清楚,帮助党员、干部站稳政治立场,分清是非界限,坚决抵制错误思想侵蚀。

二、坚持党的基本路线

党在社会主义初级阶段的基本路线是党和国家的生命线、人民的幸福线,也是党内政治生活正常开展的根本保证。必须全面贯彻执行党的基本路线,把以经济建设为中心同坚持四项基本原则、坚持改革开放这两个基本点统一于中国特色社会主义伟大实践,任何时候都不能有丝毫偏离和动摇。

全党必须毫不动摇坚持以经济建设为中心,聚精会神抓好发展这个党执政兴国的第一要务,坚持以人民为中心的发展思想,统筹推进"五位一体"总体布局和协调推进“四个全面”战略布局，坚持创新、协调、绿色、开放、共享的发展理念，努力提高发展质量和效益，不断提高人民生活水平，为实现“两个一百年”奋斗目标、实现中华民族伟大复兴的中国梦打下坚实物质基础。

全党必须毫不动摇坚持四项基本原则，根本是坚持党的领导，坚持中国特色社会主义道路、中国特色社会主义理论体系、中国特色社会主义制度、中国特色社会主义文化，做到头脑清醒、立场坚定，矢志不移坚持和发展中国特色社会主义。

全党必须毫不动摇坚持改革开放，发挥群众首创精神，勇于自我革命，勇于推进理论创新、实践创新、制度创新、文化创新以及其他各方面创新，坚定不移实施对外开放基本国策，决不能安于现状、墨守成规。新形势下，党领导人民全面深化改革，是为了推动中国特色社会主义制度自我完善和发展，推进国家治理体系和治理能力现代化，既不走封闭僵化的老路、也不走改旗易帜的邪路。

全党必须把坚持党的思想路线贯穿于执行党的基本路线全过程，坚持解放思想、实事求是、与时俱进、求真务实，坚持理论联系实际，一切从实际出发，在实践中检验真理和发展真理，既反对各种否定马克思主义的错误倾向，又破除对马克思主义的教条式理解。坚持从我国仍处于并将长期处于社会主义初级阶段这个基本国情出发，不断研究新情况、总结新经验、解决新问题，不断推进马克思主义中国化。

全党必须坚决捍卫党的基本路线，对否定党的领导、否定我国社会主义制度、否定改革开放的言行，对歪曲、丑化、否定中国特色社会主义的言行，对歪曲、丑化、否定党的历史、中华人民共和国历史、人民军队历史的言行，对歪曲、丑化、否定党的领袖和英雄模范的言行，对一切违背、歪曲、否定党的基本路线的言行，必须旗帜鲜明反对和抵制。

考察识别干部特别是高级干部必须首先看是否坚定不移贯彻党的基本路线。党员、干部特别是高级干部在大是大非面前不能态度暧昧，不能动摇基本政治立场，不能被错误言论所左右。当人民利益受到损害、党和国家形象受到破坏、党的执政地位受到威胁时，要挺身而出、亮明态度，主动坚决开展斗争。对在大是大非问题上没有立场、没有态度、无动于衷、置身事外，在错误言行面前不抵制、不斗争，明哲保身、当老好人等政治不合格的坚决不用，已在领导岗位的要坚决调整，情节严重的要严肃处理。

三、坚决维护党中央权威

坚决维护党中央权威、保证全党令行禁止，是党和国家前途命运所系，是全国各族人民根本利益所在，也是加强和规范党内政治生活的重要目的。必须坚持党员个人服从党的组织,少数服从多数,下级组织服从上级组织,全党各个组织和全体党员服从党的全国代表大会和中央委员会,核心是全党各个组织和全体党员服从党的全国代表大会和中央委员会。

坚持党的领导,首先是坚持党中央的集中统一领导。一个国家、一个政党,领导核心至关重要。全党必须牢固树立政治意识、大局意识、核心意识、看齐意识,自觉在思想上政治上行动上同党中央保持高度一致。党的各级组织、全体党员特别是高级干部都要向党中央看齐,向党的理论和路线方针政策看齐,向党中央决策部署看齐,做到党中央提倡的坚决响应、党中央决定的坚决执行、党中央禁止的坚决不做。

涉及全党全国性的重大方针政策问题,只有党中央有权作出决定和解释。各部门各地方党组织和党员领导干部可以向党中央提出建议,但不得擅自作出决定和对外发表主张。对党中央作出的决议和制定的政策如有不同意见,在坚决执行的前提下,可以向党组织提出保留意见,也可以按组织程序把自己的意见向党的上级组织直至党中央提出。

全党必须自觉服从党中央领导。全国人大、国务院、全国政协,中央纪律检查委员会,最高人民法院、最高人民检察院,中央和国家机关各部门,人民军队,各人民团体,各地方,各企事业单位、社会组织,其党组织都要不折不扣执行党中央决策部署。

全党必须严格执行重大问题请示报告制度。全国人大常委会、国务院、全国政协,中央纪律检查委员会,最高人民法院、最高人民检察院,中央和国家机关各部门,各人民团体,各省、自治区、直辖市,其党组织要定期向党中央报告工作。研究涉及全局的重大事项或作出重大决定要及时向党中央请示报告,执行党中央重要决定的情况要专题报告。遇有突发性重大问题和工作中重大问题要及时向党中央请示报告,情况紧急必须临机处置的,要尽职尽力做好工作,并迅速报告。

省、自治区、直辖市党委在党中央领导下开展工作,同级各个组织中的党组织和领导干部要自觉接受同级党委领导、向同级党委负责,重大事项和重要情况及时向同级党委请示报告。

全党必须自觉防止和反对个人主义、分散主义、自由主义、本位主义。对党中央决策部署,任何党组织和任何党员都不准合意的执行、不合意的不执行,不准先斩后奏,更不准口是心非、阳奉阴违。属于部门和地方职权范围内的工作部署,要以贯彻党中央决策部署为前提,发挥积极性、主动性、创造性,但决不允许自行其是、各自为政,决不允许有令不行、有禁不止,决不允许搞上有政策、下有对策。

四、严明党的政治纪律

纪律严明是全党统一意志、统一行动、步调一致前进的重要保障,是党内政治生活的重要内容。必须严明党的纪律,把纪律挺在前面,用铁的纪律从严治党。

坚持纪律面前一律平等,遵守纪律没有特权,执行纪律没有例外,党内决不允许存在不受纪律约束的特殊组织和特殊党员。每一个党员对党的纪律都要心存敬畏、严格遵守,任何时候任何情况下都不能违反党的纪律。党的各级组织和全体党员要坚决同一切违反党的纪律的行为作斗争。

政治纪律是党最根本、最重要的纪律,遵守党的政治纪律是遵守党的全部纪律的基础。全党特别是高级干部必须严格遵守党的政治纪律和政治规矩。党员不准散布违背党的理论和路线方针政策的言论,不准公开发表违背党中央决定的言论,不准泄露党和国家秘密,不准参与非法组织和非法活动,不准制造、传播政治谣言及丑化党和国家形象的言论。党员不准搞封建迷信,不准信仰宗教,不准参与邪教,不准纵容和支持宗教极端势力、民族分裂势力、暴力恐怖势力及其活动。

党员、干部特别是高级干部不准在党内搞小山头、小圈子、小团伙,严禁在党内拉私人关系、培植个人势力、结成利益集团。对那些投机取巧、拉帮结派、搞团团伙伙的人,要严格防范,依纪依规处理。坚决防止野心家、阴谋家窃取党和国家权力。

党的各级组织和全体党员必须对党忠诚老实、光明磊落,说老实话、办老实事、做老实人,如实向党反映和报告情况,反对搞两面派、做"两面人",反对弄虚作假、虚报浮夸,反对隐瞒实情、报喜不报忧。领导机关和领导干部不准以任何理由和名义纵容、唆使、暗示或强迫下级说假话。凡因弄虚作假、隐瞒实情给党和人民事业造成重大损失的,凡因弄虚作假、隐瞒实情骗取荣誉、地位、奖励或其他利益的,凡因纵容、唆使、暗示或强迫下级弄虚作假、隐瞒实情的,都要依纪依规严肃问责追责。对坚持原则、敢于说真话的同志,要给予支持、保护、鼓励。

党内不准搞拉拉扯扯、吹吹拍拍、阿谀奉承。对领导人的宣传要实事求是,禁止吹捧,禁止给领导人祝寿、送礼、发致敬函电,禁止在领导干部国内考察工作时组织迎送、张贴标语、敲锣打鼓、铺红地毯、举行宴会等。

党的各级组织必须担负起执行和维护政治纪律和政治规矩的责任,对违反政治纪律的行为要坚决批评制止,不能听之任之。党的各级组织和纪律检查机关要加强纪律执行情况的监督和检查,坚决防止和纠正执行纪律宽松软的问题。

五、保持党同人民群众的血肉联系

人民立场是党的根本政治立场,人民群众是党的力量源泉。我们党来自人民,失去人民拥护和支持,党就会失去根基。必须把坚持全心全意为人民服务的根本宗旨、保持党同人民群众的血肉联系作为加强和规范党内政治生活的根本要求。

全党必须牢固树立人民群众是历史创造者的历史唯物主义观点,站稳群众立场,增进群众感情。党的各级组织、全体党员特别是各级领导机关和领导干部要贯彻党的群众路线,做到一切为了群众,一切依靠群众,从群众中来,到群众中去,为群众办实事、解难事,当好人民公仆。坚持问政于民、问需于民、问计于民,决不允许在群众面前自以为是、盛气凌人,决不允许当官做老爷、漠视群众疾苦,更不允许欺压群众、损害和侵占群众利益。改进和创新联系群众方法,建立和完善民意调查等制度,利用传统媒体和互联网等各种渠道了解社情民意,倾听群众呼声,密切党群干群关系,把对上负责和对下负责一致起来,着力实现好、维护好、发展好最广大人民根本利益。

全党必须坚决反对形式主义、官僚主义、享乐主义和奢靡之风,领导干部特别是高级干部要以身作则。反对形式主义,重在解决作风飘浮、工作不实,文山会海、表面文章,贪图虚名、弄虚作假等问题。反对官僚主义,重在解决脱离实际、脱离群众,消极应付、推诿扯皮,作风霸道、迷恋特权等问题。反对享乐主义,重在解决追名逐利、贪图享受,讲究排场、玩物丧志等问题。反对奢靡之风,重在解决铺张浪费、挥霍无度,骄奢淫逸、腐化堕落等问题。坚持抓常、抓细、抓长,特别是要防范和查处各种隐性、变异的“四风”问题,把落实中央八项规定精神常态化、长效化。

党的各级组织、全体党员特别是领导干部必须提高做群众工作能力,既服务群众又带领群众坚定不移贯彻落实党的理论和路线方针政策,把党的主张变为群众的自觉行动,引领群众听党话、跟党走。坚决反对命令主义,坚决反对“尾巴主义”,不允许为了个人政绩、选票和形象脱离实际随意决策、随便许愿。

坚持领导干部调查研究、定期接待群众来访、同干部群众谈心、群众满意度测评等制度。各级领导干部必须深入实际、深入基层、深入群众,多到条件艰苦、情况复杂、矛盾突出的地方解决问题,千方百计为群众排忧解难。领导干部下基层要接地气,轻车简从,了解实情,督查落实,解决问题,坚决反对作秀、哗众取宠。对一切搞劳民伤财的“形象工程”和“政绩工程”的行为,要严肃问责追责,依纪依法处理。在应对重大安全事件、重大突发事件、重大自然灾害事件等事件中,领导干部必须深入一线、靠前指挥,及时协调解决突出问题,及时回应社会关切。

党员、干部必须顾全大局,自觉维护社会和谐稳定,遇到涉及自身利益和局部利益的问题应该通过正常渠道向上级反映,积极主动做好化解社会矛盾、防控社会风险工作,不准组织、参与、纵容扰乱社会秩序的非法活动。

六、坚持民主集中制原则

民主集中制是党的根本组织原则,是党内政治生活正常开展的重要制度保障。坚持集体领导制度,实行集体领导和个人分工负责相结合,是民主集中制的重要组成部分,必须始终坚持,任何组织和个人在任何情况下都不允许以任何理由违反这项制度。

各级党委(党组)必须坚持集体领导制度。凡属重大问题,要按照集体领导、民主集中、个别酝酿、会议决定的原则,由集体讨论、按少数服从多数作出决定,不允许用其他形式取代党委及其常委会(或党组)的领导。落实党委常委会(或党组)议事规则和决策程序,健全常委会向全委会定期报告工作并接受监督制度,坚决反对和防止独断专行或各自为政,坚决反对和防止议而不决、决而不行、行而不实,坚决反对和防止以党委集体决策名义集体违规。各级党委(党组)要善于观大势、抓大事、管全局,及时发现和解决矛盾和难题,不上推下卸,不留后遗症。建立上级组织在作出同下级组织有关重要决策前征求下级组织意见的制度。

领导班子成员必须增强全局观念和责任意识,在研究工作时充分发表意见,决策形成后一抓到底,不得违背集体决定自作主张、自行其是。坚决反对和纠正当面不说、背后乱说,会上不说、会后乱说,当面一套、背后一套等错误言行。坚持讲原则、讲规矩,共同维护坚持党性原则基础上的团结。

党委(党组)主要负责同志必须发扬民主、善于集中、敢于担责。在研究讨论问题时要把自己当成班子中平等的一员,充分发扬民主,严格按程序决策、按规矩办事,注意听取不同意见,正确对待少数人意见,不能搞一言堂甚至家长制。支持班子成员在职责范围内独立负责开展工作,坚决防止和克服名为集体领导、实际上个人或少数人说了算,坚决防止和克服名为集体负责、实际上无人负责。

领导班子成员必须坚决执行党组织决定,如有不同意见,可以保留或向上一级党组织提出,但在上级或本级党组织改变决定以前,除执行决定会立即引起严重后果等紧急情况外,必须无条件执行已作出的决定。

领导班子成员分工按规定向上级党委报备,无正当理由、未向上级党委报备不得调整。领导干部要自觉服从组织分工安排,任何人都不能向组织讨价还价、不服从组织安排。领导干部不准把分管工作、分管领域和地方当作“私人领地”,不准搞独断专行。

在党的工作和活动中,该以组织名义出面不能以个人名义出面,该由集体研究不能个人擅自表态,不允许用个人主张代替党组织的主张、用个人决定代替党组织的决定。

七、发扬党内民主和保障党员权利

党内民主是党的生命,是党内政治生活积极健康的重要基础。要坚持和完善党内民主各项制度,提高党内民主质量,党内决策、执行、监督等工作必须执行党章党规确定的民主原则和程序,任何党组织和个人都不得压制党内民主、破坏党内民主。

中央委员会、中央政治局、中央政治局常务委员会和党的各级委员会作出重大决策部署,必须深入开展调查研究,广泛听取各方面意见和建议,凝聚智慧和力量,做到科学决策、民主决策、依法决策。

必须尊重党员主体地位、保障党员民主权利,落实党员知情权、参与权、选举权、监督权,保障全体党员平等享有党章规定的党员权利、履行党章规定的党员义务,坚持党内民主平等的同志关系,党内一律称同志。任何党组织和党员不得侵害党员民主权利。

畅通党员参与讨论党内事务的途径,拓宽党员表达意见渠道,营造党内民主讨论的政治氛围。健全党内重大决策论证评估和征求意见等制度。党的各级组织对重大决策和重大问题应该采取多种方式征求党员意见,党员有权在党的会议上发表不同意见,对党的决议和政策如有不同意见,在坚决执行的前提下,可以声明保留,并且可以把自己的意见向党的上级组织直至党中央提出。推进党务公开,发展和用好党务公开新形式,使党员更好了解和参与党内事务。

党内选举必须体现选举人意志,规范和完善选举制度规则。党的任何组织和个人不得以任何方式妨碍选举人依照规定自主行使选举权,坚决反对和防止侵犯党员选举权和被选举权的现象,坚决防止和查处拉票贿选等行为。

坚持党的代表大会制度。未经批准不得提前或延期召开党的代表大会。落实党代表大会代表任期制,实行代表提案制,健全代表参与重大决策、参加重要干部推荐和民主评议、列席党委有关会议、联系党员群众等制度。更好发挥党的地方各级委员会及委员作用。健全党内情况通报制度、情况反映制度,畅通党员表达意见、要求撤换不称职基层党组织领导班子成员的渠道。按期进行党的基层委员会、总支部和支部委员会换届。

党员有权向党负责地揭发、检举党的任何组织和任何党员违纪违法的事实,提倡实名举报。党员有权在党的会议上有根据地批评党的任何组织和任何党员。党组织既要严肃处理对举报者的歧视、刁难、压制行为特别是打击报复行为,又要严肃追查处理诬告陷害行为。对受到诽谤、诬告、严重失实举报的党员,党组织要及时为其澄清和正名。要保障党员申辩、申诉等权利。对执纪中的过错或违纪行为,要依规及时纠正、消除影响并追究有关组织和人员的责任。

八、坚持正确选人用人导向

坚持正确选人用人导向,是严肃党内政治生活的组织保证。必须严格标准、健全制度、完善政策、规范程序,使选出来的干部组织放心、群众满意、干部服气。

选拔任用干部必须坚持党章规定的干部条件,坚持德才兼备、以德为先,坚持五湖四海、任人唯贤,坚持信念坚定、为民服务、勤政务实、敢于担当、清正廉洁的好干部标准。把公道正派作为干部工作核心理念贯穿选人用人全过程,做到公道对待干部、公平评价干部、公正使用干部。

选人用人必须强化党组织的领导和把关作用,落实干部选拔任用工作纪实制度,确保每个环节都规范操作。组织部门要严格按政策、原则、制度办事,实事求是考察评价干部,敢于为干部说公道话,敢于抵制选人用人中的违规行为,形成能者上、庸者下、劣者汰的选人用人导向。加强选人用人监督问责,对用人失察失误的严肃追究责任。

党的各级组织必须自觉防范和纠正用人上的不正之风和种种偏向。坚决禁止跑官要官、买官卖官、拉票贿选等行为,坚决禁止向党伸手要职务、要名誉、要待遇行为,坚决禁止向党组织讨价还价、不服从组织决定的行为。坚决纠正唯票、唯分、唯生产总值、唯年龄等取人偏向,坚决克服由少数人在少数人中选人的倾向。领导干部要带头执行党的干部政策,不准任人唯亲、搞亲亲疏疏,不准封官许愿、跑风漏气、收买人心,不准个人为干部提拔任用打招呼、递条子。领导干部不得干预曾经工作生活过的地方、曾经工作过的单位和不属于自己分管领域的干部选拔任用工作,有关地方和单位党组织要抵制这种违反党的组织原则的行为。

任何人都不准把党的干部当作私有财产,党内不准搞人身依附关系。领导干部特别是高级干部不能搞家长制,要求别人唯命是从,特别是不能要求下级办违反党纪国法的事情;下级应该抵制上级领导干部的这种要求并向更上级党组织直至党中央报告,不应该对上级领导干部无原则服从。规范和纯洁党内同志交往,领导干部对党员不能颐指气使,党员对领导干部不能阿谀奉承。

干部是党的宝贵财富,必须既严格教育、严格管理、严格监督,又在政治上、思想上、工作上、生活上真诚关爱,鼓励干部干事创业、大胆作为。

建立容错纠错机制,宽容干部在工作中特别是改革创新中的失误。坚持惩前毖后、治病救人,正确对待犯错误的干部,帮助其认识和改正错误。不得混淆干部所犯错误性质或夸大错误程度对干部作出不适当的处理,不得利用干部所犯错误泄私愤、打击报复。

党的各级组织和领导干部必须牢记空谈误国、实干兴邦,践行正确政绩观,发扬钉钉子精神,力戒空谈,察实情、出实招、办实事、求实效,做到守土尽责。各级领导干部要无私无畏,做到面对矛盾敢于迎难而上,面对危险敢于挺身而出,面对失误敢于承担责任。党的各级组织要旗帜鲜明为敢于担当的干部担当,为敢于负责的干部负责。对不担当、不作为、敷衍塞责的干部要严肃批评,必要时给予组织处理或党纪处分;对失职渎职的要严肃问责,造成严重后果的要严肃追责,依纪依法处理。

九、严格党的组织生活制度

党的组织生活是党内政治生活的重要内容和载体,是党组织对党员进行教育管理监督的重要形式。必须坚持党的组织生活各项制度,创新方式方法,增强党的组织生活活力。

全体党员、干部特别是高级干部必须增强党的意识,时刻牢记自己第一身份是党员。任何党员都不能游离于党的组织之外,更不能凌驾于党的组织之上。每个党员无论职务高低,都要参加党的组织生活。党组织要严格执行组织生活制度,确保党的组织生活经常、认真、严肃。

坚持“三会一课”制度。党员必须参加党员大会、党小组会和上党课,党支部要定期召开支部委员会会议。“三会一课”要突出政治学习和教育,突出党性锻炼,坚决防止表面化、形式化、娱乐化、庸俗化。领导干部要以普通党员身份参加所在党支部或党小组的组织生活,坚持党员领导干部讲党课制度。每个党员都要按规定自觉交纳党费,党费使用和管理要公开透明。

坚持民主生活会和组织生活会制度。会前要广泛听取意见、深入谈心交心,会上要认真查摆问题、深刻剖析根源、明确整改方向,会后要逐一整改落实。上级党组织领导班子成员定期、随机参加下级党组织领导班子民主生活会和组织生活会,发现问题及时纠正。中央政治局带头开好民主生活会。

坚持谈心谈话制度。党组织领导班子成员之间、班子成员和党员之间、党员和党员之间要开展经常性的谈心谈话,坦诚相见,交流思想,交换意见。领导干部要带头谈,也要接受党员、干部约谈。

坚持对党员进行民主评议。督促党员对照党章规定的党员标准、对照入党誓词、联系个人实际进行党性分析,强化党员意识、增强党的观念、提高党性修养。对党性不强的党员,及时进行批评教育,限期改正;经教育仍无转变的,应劝其退党或除名。

领导干部必须强化组织观念,工作中重大问题和个人有关事项必须按规定按程序向组织请示报告，离开岗位或工作所在地要事先向组织请示报告。对无正当理由不按时报告、不如实报告或隐瞒不报的，要严肃处理。

十、开展批评和自我批评

批评和自我批评是我们党强身治病、保持肌体健康的锐利武器，也是加强和规范党内政治生活的重要手段。必须坚持不懈把批评和自我批评这个武器用好。

批评和自我批评必须坚持实事求是，讲党性不讲私情、讲真理不讲面子，坚持“团结——批评——团结”，按照“照镜子、正衣冠、洗洗澡、治治病”的要求，严肃认真提意见，满腔热情帮同志，决不能把自我批评变成自我表扬、把相互批评变成相互吹捧。

党员、干部必须严于自我解剖，对发现的问题要深入剖析原因，认真整改。对待批评要有则改之、无则加勉，不能搞无原则的纷争。

批评必须出于公心，不主观武断，不发泄私愤。坚决反对事不关己、高高挂起，明知不对、少说为佳的庸俗哲学和好人主义，坚决克服文过饰非、知错不改等错误倾向。

党的领导机关和领导干部对各种不同意见都必须听取，鼓励下级反映真实情况。党内工作会议的报告、讲话以及各类工作总结，上级机关和领导干部检查指导工作，既要讲成绩和经验，又要讲问题和不足；既要注重解决问题，又要从问题中反思自身工作和领导责任。

领导干部特别是高级干部必须带头从谏如流、敢于直言，以批评和自我批评的示范行动引导党员、干部打消自我批评怕丢面子、批评上级怕穿小鞋、批评同级怕伤和气、批评下级怕丢选票等思想顾虑。把发现和解决自身问题的能力作为考核评价领导班子的重要依据。

十一、加强对权力运行的制约和监督

监督是权力正确运行的根本保证，是加强和规范党内政治生活的重要举措。必须加强对领导干部的监督，党内不允许有不受制约的权力，也不允许有不受监督的特殊党员。

完善权力运行制约和监督机制，形成有权必有责、用权必担责、滥权必追责的制度安排。实行权力清单制度，公开权力运行过程和结果，健全不当用权问责机制，把权力关进制度笼子，让权力在阳光下运行。

党的各级组织和领导干部必须在宪法法律范围内活动，增强法治意识、弘扬法治精神，自觉按法定权限、规则、程序办事，决不能以言代法、以权压法、徇私枉法，决不能违规干预司法。

营造党内民主监督环境,畅通党内民主监督渠道。党的各级组织和全体党员要增强监督意识,既履行监督责任,又接受各方面监督。

党内监督必须突出党的领导机关和领导干部特别是主要领导干部。领导干部要正确对待监督,主动接受监督,习惯在监督下开展工作,决不能拒绝监督、逃避监督。

领导干部特别是高级干部必须加强自律、慎独慎微,自觉检查和及时纠正在行使权力、廉政勤政方面存在的问题,做到可以行使的权力按规则正确行使,该由上级组织行使的权力下级组织不能行使,该由领导班子集体行使的权力班子成员个人不能擅自行使,不该由自己行使的权力决不能行使。

对涉及违纪违法行为的举报,对党员反映的问题,任何党组织和领导干部都不准隐瞒不报、拖延不办。涉及所反映问题的领导干部应该回避,不准干预或插手组织调查。

党员、干部反映他人的问题,应该出于党性,通过党内正常渠道实名进行,不准散布小道消息,不准散发匿名信,不准诬告陷害等。对通过正常渠道反映问题的党员,任何组织和个人都不准打击报复,不准擅自进行追查,不准采取调离工作岗位、降格使用等惩罚措施。

坚持授权者要负责监督,发现问题要及时处置。强化上级组织对下级组织特别是主要领导干部行使权力的监督,防止权力失控和滥用。

对党组织和党员、干部行使权力进行监督,必须依纪依法进行。纪检监察、司法机关严格依纪依法按程序对涉嫌严重违纪违法行为进行调查。任何组织和个人不得自行决定或受指使对党员、干部采取非法调查手段。对违反规定的,要严肃追究纪律和法律责任。

十二、保持清正廉洁的政治本色

建设廉洁政治,坚决反对腐败,是加强和规范党内政治生活的重要任务。必须筑牢拒腐防变的思想防线和制度防线,着力构建不敢腐、不能腐、不想腐的体制机制,保持党的肌体健康和队伍纯洁。

各级领导干部必须严以修身、严以用权、严以律己,谋事要实、创业要实、做人要实,经得起权力、金钱、美色考验,用党和人民赋予的权力为人民服务。

领导干部特别是高级干部必须带头践行社会主义核心价值观,继承和发扬党的优良传统和作风,弘扬中华民族传统美德,讲修养、讲道德、讲诚信、讲廉耻,养成共产党人的高风亮节,自觉远离低级趣味。

各级领导干部是人民公仆,没有搞特殊化的权利。中央政治局要带头执行中央八项规定。各级领导干部特别是高级干部要坚持立党为公、执政为民,坚持公私分明、先公后私、克己奉公,带头保持谦虚、谨慎、不骄、不躁的作风,保持艰苦奋斗的作风,带头执行廉洁自律准则,自觉同特权思想和特权现象作斗争,不准利用权力为自己和他人谋取私利,禁止违反财经制度批钱批物批项目,禁止用各种借口或巧立名目侵占、挥霍国家和集体财物,禁止违反规定提高干部待遇标准。

领导干部特别是高级干部必须注重家庭、家教、家风,教育管理好亲属和身边工作人员。严格执行领导干部个人有关事项报告制度,进一步规范领导干部配偶子女从业行为。禁止利用职权或影响力为家属亲友谋求特殊照顾,禁止领导干部家属亲友插手领导干部职权范围内的工作、插手人事安排。各级领导班子和领导干部对来自领导干部家属亲友的违规干预行为要坚决抵制,并将有关情况报告党组织。

全体党员、干部特别是高级干部必须拒腐蚀、永不沾,坚决同消极腐败现象作斗争,坚决抵制潜规则,自觉净化社交圈、生活圈、朋友圈,决不能把商品交换那一套搬到党内政治生活和工作中来。党的各级组织要担负起反腐倡廉政治责任,坚持有腐必反、有贪必肃,坚持"老虎"、"苍蝇"一起打,坚持无禁区、全覆盖、零容忍,党内决不允许有腐败分子藏身之地。

加强和规范党内政治生活是全党的共同任务,必须全党一起动手。各级党委(党组)要全面履行加强和规范党内政治生活的领导责任,着力解决突出问题,建立健全党内政治生活制度体系,把加强和规范党内政治生活各项任务落到实处。深入开展党内政治生活准则宣传教育,把党内政治生活准则列为党员、干部教育培训的必修内容。

落实党委主体责任和纪委监督责任,强化责任追究。党委(党组)主要负责人要认真履行第一责任人责任。党的各级组织要强化对党内政治生活准则落实情况的督促检查,建立健全问责机制,上级党组织要加强对下级党组织的指导监督检查,各级组织部门和机关党组织要加强日常管理,各级纪律检查机关要严肃查处违反党内政治生活准则的各种行为。

加强和规范党内政治生活,要从中央委员会、中央政治局、中央政治局常务委员会做起。高级干部要清醒认识自己岗位对党和国家的特殊重要性,职位越高越要自觉按照党提出的标准严格要求自己,越要做到党性坚强、党纪严明,做到对党始终忠诚、永不叛党。制定高级干部贯彻落实本准则的实施意见,指导和督促高级干部在遵守和执行党内政治生活准则上作全党表率。

全面从严治党永远在路上。全党要坚持不懈努力,共同营造风清气正的政治生态,确保党始终成为中国特色社会主义事业的坚强领导核心。

县以上党和国家机关
党员领导干部民主生活会若干规定(略有删节)

(中共中央2016年12月23日印发)

第一条 为了落实全面从严治党要求,坚持和完善县以上党和国家机关党员领导干部民主生活会制度,根据《中国共产党章程》和《关于新形势下党内政治生活的若干准则》、《中国共产党党内监督条例》等有关党内法规,制定本规定。

第二条 本规定所称县以上党和国家机关党员领导干部,是指县以上党的各级委员会、纪律检查委员会的常务委员会委员,工作委员会委员,党组(党委)成员,以及县以上党和国家机关各部门(含人民团体)的党员领导干部。

经济组织、文化组织、社会组织和其他组织的党组(党委)成员,执行本规定。

第三条 民主生活会是党内政治生活的重要内容,是发扬党内民主、加强党内监督、依靠领导班子自身力量解决矛盾和问题的重要方式。坚持和完善民主生活会制度,对于新形势下加强和规范党内政治生活,增强党自我净化、自我完善、自我革新、自我提高能力,实现党的正确领导,维护党的团结和集中统一,引导党员领导干部牢固树立政治意识、大局意识、核心意识、看齐意识,自觉践行"三严三实"要求,始终做到忠诚干净担当,具有重要作用。

党员领导干部还应当以普通党员身份参加所在党支部(党小组)组织生活会,过好双重组织生活。

第四条 民主生活会应当遵循"团结——批评——团结"的方针,贯彻整风精神,充分发扬民主,开展积极健康的思想斗争,增强党内政治生活的政治性、时代性、原则性、战斗性。参加民主生活会的党员领导干部应当严肃认真开展批评和自我批评,坚持实事求是,讲党性不讲私情、讲真理不讲面子,按照"照镜子、正衣冠、洗洗澡、治治病"的要求,严肃认真提意见,满腔热情帮同志,达到统一思想、增进团结、互相监督、共同提高的目的。

第五条 民主生活会应当确定主题,一般由上级党组织统一确定,或者由领导班子根据自身建设实际确定,并报上级党组织同意。

第六条 民主生活会应当围绕主题,就以下基本内容进行对照检查,开展批评和自我批评:

(一)遵守党章,坚定理想信念,贯彻党的理论路线方针政策和决议,执行党的政治纪律和政治规矩,维护党中央权威的情况。

(二)加强领导班子自身建设,实行民主集中制,维护领导班子团结,严格党的组织生活制度,坚持正确用人导向,开展批评和自我批评的情况。

(三)正确行使权力,履职尽责、积极作为,坚持科学决策、民主决策、依法决策,反对特权、秉公用权的情况。

(四)带头践行社会主义核心价值观,艰苦奋斗,清正廉洁,遵纪守法,注重家庭、家教、家风,教育管理好亲属和身边工作人员的情况。

(五)执行党的群众路线,站稳人民立场,改进领导作风,深入调查研究,密切联系群众的情况。

(六)履行全面从严治党主体责任和监督责任,加强党风廉洁建设和反腐败工作的情况。

受到诫勉谈话的,应当说明整改情况。

第七条 民主生活会每年召开 1 次,一般安排在第四季度。因特殊情况需要提前或者延期召开的,应当报上级党组织同意。

民主生活会到会人数必须达到应到会人数的三分之二以上。

第八条 领导班子遇到重要或者普遍性问题,出现重大决策失误或者对突发事件处置失当,经纪律检查、巡视和审计发现重要问题,以及发生违纪违法案件等情况的,应当专门召开民主生活会,及时剖析整改。

第九条 召开民主生活会应当制定会议方案,提前 10 日报上级党组织审核,并做好以下准备工作:

(一)领导班子成员认真学习党章党规和党的创新理论以及有关文件,提高思想认识,把握标准要求。

(二)由党委(党组)或者委托组织部门、机关党组织征求党员、干部和群众的意见建议,并如实向领导班子及其成员反馈。领导班子成员应当就反映本人的有关问题,向组织作出说明。

(三)领导班子成员之间互相谈心谈话,交流思想,交换意见,并与分管单位主要负责人谈心,也应当接受党员、干部约谈。

(四)撰写领导班子对照检查材料和个人发言提纲,查摆问题,进行党性分析,提出整改措施。个人发言提纲应当自己动手撰写,并按规定说明个人有关事项。

第十条 民主生活会由领导班子主要负责人主持,一般按以下程序进行:

(一)通报上一次民主生活会整改措施落实情况和本次民主生活会征求意见情况。

(二)主要负责人代表领导班子作对照检查。

(三)领导班子成员逐一进行对照检查,作自我批评,其他成员对其提出批评意见。

(四)主要负责人总结会议情况,提出整改工作要求。

因故缺席的人员应当提交书面发言材料。会后,将会议情况和批评意见转告缺席人。

第十一条 民主生活会应当直面问题,领导干部应当在会上把自身存在的突出问题说清楚、谈透彻,开展批评和自我批评,明确整改方向。自我批评应当联系实际、针对问题、触及思想。相互批评应当开诚布公指出问题,防止以工作建议代替批评意见。对待批评应当有则改之、无则加勉,不搞无原则纷争,也不搞一团和气。

批评和自我批评的具体意见,不得随意散布。

第十二条 民主生活会列席人员,根据有关规定和会议内容确定。列席人员可以发言,对领导班子及其成员提出批评或者建议。

第十三条 民主生活会应当切实解决问题,对检查和反映出来的问题,领导班子及其成员应当制定整改措施,确定整改目标和完成时限。对群众反映强烈的突出问题进行专项整治。需要上级党组织帮助解决的,应当及时向上级党组织报告。反映领导班子成员的违纪问题,由党的纪律检查机关处理。

第十四条 在民主生活会上提出的重要问题,党组织没有及时研究解决和向上级党组织报告的,应当追究主要负责人责任;造成严重后果的,依纪依规严肃处理。

第十五条 民主生活会结束后15日内,应当将会议情况报告和会议记录报上级党组织,并报送上级纪委和党委组织部门。报告的主要内容是征求意见的情况、开展批评和自我批评的情况、检查和反映出来的主要问题及整改措施。省部级单位召开民主生活会的情况,由中央组织部会同中央纪委机关形成综合报告,报党中央。

民主生活会召开情况应当向下级党组织或者本单位通报。对于群众普遍关心问题的整改措施,以适当方式公布。

第十六条 中央政治局带头开好民主生活会。各级党委(党组)履行组织开好民主生活会的领导责任。上级党组织应当通过派出督导组、派人列席等方式,对下级单位召开的民主生活会进行督促检查和指导,具体工作由组织部门会同纪律检查机关负责。对问题突出的领导班子,上级党组织主要负责人应当亲自过问,派出得力的负责人列席民主生活会,严肃指出问题、深入分析原因、切实帮助解决。党的机关工作委员会参与对同级直属机关召开的民主生活会的督促检查和指导。党中央主要负责督促检查和指导省部级单位召开的民主生活会。

第十七条 上级党组织负责人,纪律检查机关、组织部门负责人每年应当随机参加一定数量的下级单位召开的民主生活会,了解情况,进行指导,发现问题及时纠正。纪律检查机关、组织部门派人列席下一级各单位召开的民主生活会。

第十八条 执行民主生活会制度情况,纳入领导班子及其成员履行全面从严治党责任考核内容,作为考核评价领导班子的重要依据。对不按规定召开民主生活会的应当严肃指出、限期整改,对走过场的责令重新召开,并在一定范围通报批评,情节严重的追究主要负责人责任。对无正当理由不参加民主生活会的党员领导干部,给予严肃批评教育。

第十九条 国有企业党组织、高等学校党组织、乡镇党委等基层党组织领导干部民主生活会,参照本规定执行。

第二十条 中国人民解放军和中国人民武装警察部队党组织的民主生活会制度,由中央军委参照本规定作出规定。

第二十一条 本规定由中央组织部负责解释。

第二十二条 本规定自 2016 年 12 月 23 日起施行。1990 年 5 月 25 日中共中央印发的《关于县以上党和国家机关党员领导干部民主生活会的若干规定》同时废止。

(二)思想建设

关于在全体党员中开展“学党章党规、学系列讲话,做合格党员”学习教育方案

(中共中央办公厅2016年2月24日印发)

为深入学习贯彻习近平总书记系列重要讲话精神,推动全面从严治党向基层延伸,巩固拓展党的群众路线教育实践活动和“三严三实”专题教育成果,进一步解决党员队伍在思想、组织、作风、纪律等方面存在的问题,保持发展党的先进性和纯洁性,党中央决定,2016年在全体党员中开展“学党章党规、学系列讲话,做合格党员”学习教育(以下简称“两学一做”学习教育)。现提出如下方案。

一、总体要求

开展“两学一做”学习教育,是落实党章关于加强党员教育管理要求、面向全体党员深化党内教育的重要实践,是推动党内教育从“关键少数”向广大党员拓展、从集中性教育向经常性教育延伸的重要举措,是加强党的思想政治建设的重要部署。“两学一做”学习教育不是一次活动,要突出正常教育,区分层次,有针对性地解决问题,用心用力,抓细抓实,真正把党的思想政治建设抓在日常、严在经常。

开展“两学一做”学习教育,基础在学,关键在做。要把党的思想建设放在首位,以尊崇党章、遵守党规为基本要求,以用习近平总书记系列重要讲话精神武装全党为根本任务,教育引导党员自觉按照党员标准规范言行,进一步坚定理想信念,提高党性觉悟;进一步增强政治意识、大局意识、核心意识、看齐意识,坚定正确政治方向;进一步树立清风正气,严守政治纪律政治规矩;进一步强化宗旨观念,勇于担当作为,在生产、工作、学习和社会生活中起先锋模范作用,为党在思想上政治上行动上的团结统一夯实基础,为协调推进“四个全面”战略布局、贯彻落实五大发展理念提供坚强组织保证。

开展“两学一做”学习教育,要增强针对性,“学”要带着问题学,“做”要针对问题改。着力解决一些党员理想信念模糊动摇的问题,主要是对共产主义缺乏信仰,对中国特色社会主义缺乏信心,精神空虚,推崇西方价值观念,热衷于组

织、参加封建迷信活动等；着力解决一些党员党的意识淡化的问题，主要是看齐意识不强，不守政治纪律政治规矩，在党不言党、不爱党、不护党、不为党，组织纪律散漫，不按规定参加党的组织生活，不按时交纳党费，不完成党组织分配的任务，不按党的组织原则办事等；着力解决一些党员宗旨观念淡薄的问题，主要是利己主义严重，漠视群众疾苦、与民争利、执法不公、吃拿卡要、假公济私、损害群众利益，在人民群众生命财产安全受到威胁时临危退缩等；着力解决一些党员精神不振的问题，主要是工作消极懈怠，不作为、不会为、不善为，逃避责任，不起先锋模范作用等；着力解决一些党员道德行为不端的问题，主要是违反社会公德、职业道德、家庭美德，不注意个人品德，贪图享受、奢侈浪费等。要持之以恒纠正"四风"，抓好不严不实突出问题整改，推动党的作风不断好转。

开展"两学一做"学习教育，要坚持正面教育为主，用科学理论武装头脑；坚持学用结合，知行合一；坚持问题导向，注重实效；坚持领导带头，以上率下；坚持从实际出发，分类指导。要以党支部为基本单位，以"三会一课"等党的组织生活为基本形式，以落实党员教育管理制度为基本依托，针对领导机关、领导班子和党员干部、普通党员的不同情况作出安排。要给基层党组织结合实际开展学习教育留出空间，发挥党支部自我净化、自我提高的主动性，防止大而化之，力戒形式主义。

二、学习教育内容

1. 学党章党规。着眼明确基本标准、树立行为规范，逐条逐句通读党章，全面理解党的纲领，牢记入党誓词，牢记党的宗旨，牢记党员义务和权利，引导党员尊崇党章、遵守党章、维护党章，坚定理想信念，对党绝对忠诚。认真学习《中国共产党廉洁自律准则》、《中国共产党纪律处分条例》等党内法规，学习党的历史，学习革命先辈和先进典型，从周永康、薄熙来、徐才厚、郭伯雄、令计划等违纪违法案件中汲取教训，肃清恶劣影响，发挥正面典型的激励作用和反面典型的警示作用，引导党员牢记党规党纪，牢记党的优良传统和作风，树立崇高道德追求，养成纪律自觉，守住为人、做事的基准和底线。

2. 学系列讲话。着眼加强理论武装、统一思想行动，认真学习习近平总书记关于改革发展稳定、内政外交国防、治党治国治军的重要思想，认真学习以习近平同志为总书记的党中央治国理政新理念新思想新战略，引导党员深入领会系列重要讲话的丰富内涵和核心要义，深入领会贯穿其中的马克思主义立场观点方法。学习习近平总书记系列重要讲话要同学习马克思列宁主义、毛泽东思想、邓小平理论、"三个代表"重要思想、科学发展观结合起来，深刻理解党的科学理论既一脉相承又与时俱进的内在联系，坚定中国特色社会主义道路自信、理论自信、制度自信。要区别普通党员和党员领导干部,确定学习的重点内容。

3. 做合格党员。着眼党和国家事业的新发展对党员的新要求,坚持以知促行,做讲政治、有信念,讲规矩、有纪律,讲道德、有品行,讲奉献、有作为的合格党员。引导党员强化政治意识,保持政治本色,把理想信念时时处处体现为行动的力量;坚定自觉地在思想上政治上行动上同以习近平同志为总书记的党中央保持高度一致,经常主动向党中央看齐,向党的理论和路线方针政策看齐,做政治上的明白人;践行党的宗旨,保持公仆情怀,牢记共产党员永远是劳动人民的普通一员,密切联系群众,全心全意为人民服务;加强党性锻炼和道德修养,心存敬畏、手握戒尺,廉洁从政、从严治家,筑牢拒腐防变的防线;始终保持干事创业、开拓进取的精气神,平常时候看得出来,关键时刻冲得上去,在"十三五"规划开局起步、决胜全面建成小康社会、实现第一个百年奋斗目标中奋发有为、建功立业。

三、主要措施

1. 围绕专题学习讨论。把个人自学与集中学习结合起来,明确自学要求,引导党员搞好自学。按照"三会一课"制度,党小组要定期组织党员集中学习;不设党小组的,以党支部为单位集中学习。党支部每季度召开一次全体党员会议,每次围绕一个专题组织讨论。学习讨论要紧密结合现实,联系个人思想工作生活实际,看自己在新任务新考验面前,能否坚守共产党人信仰信念宗旨,能否正确处理公与私、义与利、个人与组织、个人与群众的关系,能否努力追求高尚道德、带头践行社会主义核心价值观、保持积极健康生活方式,能否自觉做到党规党纪面前知敬畏守规矩,能否保持良好精神状态、积极为党的事业担当作为。通过学习讨论,真正提高认识,找到差距,明确努力方向。

2. 创新方式讲党课。讲党课一般在党支部范围内进行。党支部要结合专题学习讨论,对党课内容、时间和方式等作出安排。党员领导干部要在所在党支部讲党课,到农村、社区、企业、学校等基层单位党支部讲党课。组织党校教师、讲师团成员、先进模范到基层一线党支部讲党课。要鼓励和指导基层党组织书记、普通党员联系实际讲党课。注重运用身边事例、现身说法,强化互动交流、答疑释惑,增强党课的吸引力和感染力。"七一"前后,党支部要结合开展纪念建党 95 周年活动,集中安排一次党课。

3. 召开党支部专题组织生活会。年底前,党支部召开专题组织生活会。支部班子及其成员对照职能职责,进行党性分析,查摆在思想、组织、作风、纪律等方面存在的问题。要面向党员和群众广泛征求意见,严肃认真开展批评和自我批评,针对突出问题和薄弱环节提出整改措施。组织全体党员对支部班子的工作、作风等进行评议。党小组可参照党支部要求,召开专题组织生活会。

4. 开展民主评议党员。以党支部为单位召开全体党员会议,组织党员开展民主评议。对照党员标准,按照个人自评、党员互评、民主测评、组织评定的程序,对党员进行评议。党员人数较多的党支部,个人自评和党员互评可分党小组进行。结合民主评议,支部班子成员要与每名党员谈心谈话。党支部综合民主评议情况和党员日常表现,确定评议等次,对优秀党员予以表扬;对有不合格表现的党员,按照党章和党内有关规定,区别不同情况,稳妥慎重给予组织处置。

5. 立足岗位作贡献。针对不同群体党员实际情况,提出党员发挥作用的具体要求,教育引导党员在任何岗位、任何地方、任何时候、任何情况下都铭记党员身份,积极为党工作。结合不同领域不同行业实际,组织引导党员立足岗位、履职尽责。在农村、社区,重点落实党员设岗定责和承诺践诺制度;在国有企业和非公有制企业、社会组织,重点落实党员示范岗和党员责任区制度;在窗口单位和服务行业,重点落实党员挂牌上岗、亮明身份制度;在机关事业单位,促进党员模范履行岗位职责,落实党员到社区报到、直接联系服务群众制度;在学校,重点要求党员增强党的意识,自觉爱党护党为党,敬业修德,奉献社会。在纪念建党95周年活动中,评选表彰优秀共产党员、优秀党务工作者、先进基层党组织。

6. 领导机关领导干部作表率。党员领导干部要在“两学一做”学习教育中走在前面、深学一层,严格执行双重组织生活制度,以普通党员身份参加所在支部的组织生活,与党员一起学习讨论、一起查摆解决问题、一起接受教育、一起参加党员民主评议。要召开党委(党组)会,专题学习党章党规和习近平总书记系列重要讲话;要以党委(党组)中心组等形式组织集中研讨,深化学习效果。年度民主生活会要以“两学一做”为主题,领导班子和领导干部把自己摆进去,查找存在的问题。

四、组织领导

“两学一做”学习教育在中央政治局常委会领导下进行,由中央组织部牵头组织实施,中央纪委机关、中央宣传部、中央党校配合做好相关工作。

1. 层层落实责任。各级党委(党组)要把开展“两学一做”学习教育作为一项重大政治任务,尽好责、抓到位、见实效。省(自治区、直辖市)和部门(系统)党委(党组)要结合实际作出部署安排,加强具体指导。县级党委要发挥关键作用,制定具体实施方案,保障工作力量,加强督促指导把关。基层党委要对所辖党支部进行全覆盖、全过程的现场指导,帮助党支部制定学习教育计划,派员参加党支部各项活动。各级党组织书记要承担起主体责任,不仅要管好干部、带好班子,还要管好党员、带好队伍,层层传导压力,从严从实抓好学习教育。

2. 强化组织保障。加大整顿软弱涣散基层党组织工作力度,配齐配强班子特别是带头人,健全工作制度,确保“两学一做”学习教育有人抓、有人管。开展党员组织关系集中排查,摸清“口袋”党员、长期与党组织失去联系党员情况,理顺党员组织关系,努力使每名党员都纳入党组织有效管理,参加学习教育。要对基层党组织书记、组织委员、组织员等党务骨干普遍进行培训,帮助他们掌握工作方法,明确工作要求。

3. 注重分类指导。县(市、区)党委和企业、学校等基层党委要根据不同领域、不同行业、不同单位特点,对学习教育的内容安排、组织方式等提出具体要求。对非公有制企业和社会组织,可因企制宜、因岗制宜,灵活安排;对党员人数少、党员流动性强的党组织,可依托区域化党员服务中心,利用开放式组织生活等方式,组织党员参加学习教育。对流动党员,流入地、流出地党组织要加强协调配合,按照流入地为主的原则,把流动党员编入一个支部,就近就便参加学习教育。对离退休干部职工党员及年老体弱党员,既要体现从严要求,又要考虑实际情况,以适当方式组织他们参加学习教育。

4. 发挥媒体作用。针对党员多样化学习需求,充分利用共产党员网、手机报、电视栏目、微信易信和远程教育平台等,开发制作形象直观、丰富多样的学习资源,及时推送学习内容。引导党员利用网络自主学习、互动交流,扩大学习教育覆盖面。注重运用各类媒体,宣传“两学一做”学习教育的做法和成效,加强舆论引导,营造良好氛围。

中国共产党党委(党组)理论学习中心组学习规则

(中共中央办公厅2017年1月30日印发)

第一章 总　　则

第一条 为了进一步推进党委(党组)理论学习中心组学习制度化、规范化,推动理论武装工作深入开展,提高领导干部的理论水平和工作能力,加强领导班子思想政治建设,根据《中国共产党章程》和其他有关党内法规,制定本规则。

第二条 党委(党组)理论学习中心组学习,是各级党委(党组)领导班子和领导干部在职理论学习的重要组织形式,是严肃党内政治生活、强化党性修养的重要内容,是加强各级领导班子思想政治建设的重要制度,是建设学习型服务型创新型的马克思主义执政党、提高党的执政能力和领导水平的重要途径。

各级党委(党组)应当把理论学习中心组学习列入重要议事日程,纳入党建工作责任制,纳入意识形态工作责任制。

第三条 党委(党组)理论学习中心组学习以政治学习为根本,以深入学习中国特色社会主义理论体系为首要任务,以深入学习贯彻习近平总书记系列重要讲话精神为重点,以掌握和运用马克思主义立场、观点、方法为目的,坚持围绕中心、服务大局,坚持知行合一、学以致用,坚持问题导向、注重实效,坚持依规管理、从严治学。

第四条 本规则适用于各级党委(党组)理论学习中心组学习,党的各级纪律检查机关、工作机关、直属事业单位的领导班子理论学习中心组学习。

其他党组织参照本规则组织学习。

第二章 组织与职责

第五条 党委(党组)理论学习中心组主要由党委(党组)领导班子成员组成,可以根据学习需要适当吸收有关人员参加。

第六条 各级党委(党组)对本级理论学习中心组学习负主体责任,对本地区本部门本单位的理论学习中心组学习负领导责任。

党委(党组)书记是理论学习中心组学习第一责任人,书记不能参加学习时,由主持党委(党组)日常工作的负责人代行职责。

党委(党组)负责宣传思想工作的成员是理论学习中心组学习直接责任人,主要职责是配合党委(党组)书记做好学习的组织工作。

党委(党组)其他成员应当积极参加学习,自觉遵守理论学习中心组学习制度,按照学习安排或者受委派承担相应职责。

第七条 党委(党组)理论学习中心组应当配备学习秘书,由宣传部、办公厅(室)、组织部或者机关党委等机构负责人担任,由宣传部负责人牵头。

宣传部、办公厅(室)、组织部、机关党委、讲师团等机构人员应当协助学习秘书共同做好学习服务工作。

第三章 学习内容、形式与要求

第八条 党委(党组)理论学习中心组学习内容包括:

(一)马克思列宁主义、毛泽东思想、邓小平理论、“三个代表”重要思想、科学发展观,习近平总书记系列重要讲话和治国理政新理念新思想新战略。

(二)党章党规党纪和党的基本知识。

(三)党的路线、方针、政策和决议。

(四)国家法律法规。

(五)社会主义核心价值观。

(六)党的历史、中国历史、世界历史和科学社会主义发展史。

(七)推进中国特色社会主义事业所需要的经济、政治、文化、社会、生态、科技、军事、外交、民族、宗教等方面知识。

(八)改革发展实践中的重点、难点问题。

(九)党中央和上级党组织要求学习的其他重要内容。

第九条 党委(党组)理论学习中心组可以通过以下适当形式,开展切实有效的学习活动:

(一)集体学习研讨。各级党委(党组)理论学习中心组应当将集体学习研讨作为学习的主要形式,把重点发言和集体研讨、专题学习和系统学习结合起来,深入开展学习讨论和互动交流。理论学习中心组学习以中心组成员自己学、自己讲为主,适当组织专题讲座、辅导报告。

(二)个人自学。理论学习中心组成员应当根据形势任务的要求,结合工作需要和本人实际,明确学习重点,研读必要书目,下功夫刻苦学习。

(三)专题调研。理论学习中心组成员应当把理论学习与专题调研结合起来,深入基层、深入群众,扎实开展调查研究,深化理论学习。

理论学习中心组成员应当积极参加学习讲坛、读书会、报告会等学习活动，充分利用网络学习平台开展学习，拓宽学习渠道，提升学习效果。

党委(党组)理论学习中心组应当结合本地区本部门本单位实际，创新学习方式，改进学习方法，增强学习的吸引力、针对性和实效性。

第十条 理论学习中心组应当坚持把学习马克思主义理论作为做好一切工作的看家本领，把学习党的基本理论与学习党的理论创新成果结合起来，把握精神实质，掌握精髓要义，做到真学真懂真信真用。

坚持学以立德、学以修身、学以益智、学以增才，把提高理论素质与增强党性修养、提升工作本领结合起来，坚定理想信念，加强党性锻炼，提高精神境界。

大力弘扬理论联系实际的马克思主义学风，紧密结合改革开放和社会主义现代化建设的实际，紧密结合思想和工作实际，努力掌握马克思主义立场、观点、方法，学以致用、用以促学、学用相长，把学习成果转化为有效的政策举措。学习理论贵在精、贵在管用。坚持问题导向，提高运用党的基本理论解决实际问题的能力。

理论学习中心组成员应当发挥"关键少数"的示范和表率作用，自觉学习、带头学习，努力成为建设学习型党组织和学习型领导班子的精心组织者、积极促进者、自觉实践者，带动全党大兴学习之风。

集体学习研讨应当保证学习时间和质量，每年应当集中一定时间学习，每季度不少于1次。提倡理论学习中心组成员结合工作实际撰写学习心得、调研报告或者理论文章。

第四章　学习管理、考核与问责

第十一条 党委(党组)理论学习中心组每年年初按照党中央和上级党组织部署，结合工作实际，制定年度学习计划。

年度学习计划由本级党委(党组)审定后施行，并报送上级党委宣传部、组织部或者有关党的机关工作委员会备案。

第十二条 上级党委宣传部会同组织部等有关部门，负责理论学习中心组学习情况的督查考核。督查可以采取自查、抽查或者普查等方式。考核可以结合领导班子和领导干部年度考核进行。

有关党的机关工作委员会负责各级机关、企事业单位党组织理论学习中心组学习情况的督查，并将督查情况通报党委宣传部、组织部。

第十三条 党委(党组)理论学习中心组每年向上级党委宣传部、组织部报送中心组学习情况；各级机关、企事业单位党组织理论学习中心组每年向有关党的机关工作委员会报送中心组学习情况。

党委宣传部、组织部每年通报下级党委(党组)理论学习中心组学习情况;有关党的机关工作委员会每年通报同级机关、企事业单位党组织理论学习中心组学习情况。

第十四条 对党委(党组)理论学习中心组学习开展不力、出现错误倾向产生恶劣影响的,应当按照有关规定问责。

第五章 附 则

第十五条 各省、自治区、直辖市党委,中央直属机关工委、中央国家机关工委,可以根据本规则,结合实际制定实施办法。

中国人民解放军和中国人民武装警察部队党委理论学习中心组学习规则,由中央军事委员会根据本规则的基本精神制定。

第十六条 本规则由中央宣传部负责解释。

第十七条 本规则自 2017 年 1 月 30 日起施行。此前有关规定与本规则不一致的,以本规则为准。

关于推进“两学一做”学习教育常态化制度化的意见

（中共中央办公厅2017年3月20日印发）

2016年在全体党员中开展的“学党章党规、学系列讲话，做合格党员”学习教育，以尊崇党章、遵守党规为基本要求，以用习近平总书记系列重要讲话精神武装全党为根本任务，坚持基础在学、关键在做，着力解决突出问题，推动党内教育从“关键少数”向广大党员拓展、从集中性教育向经常性教育延伸，取得显著成效，受到各级党组织和广大党员欢迎。为贯彻落实党的十八届六中全会精神，持续推动全面从严治党突出“关键少数”并向基层延伸，现就推进“两学一做”学习教育常态化制度化提出如下意见。

一、从讲政治的高度充分认识推进“两学一做”学习教育常态化制度化的重大意义

党章是管党治党的总章程，党规是党员思想和行为的具体遵循。习近平总书记系列重要讲话是中国特色社会主义理论体系最新成果，是当代中国马克思主义最新发展，是我们党推进具有许多新的历史特点的伟大斗争、党的建设新的伟大工程、中国特色社会主义伟大事业的强大思想武器，是各级党组织和全体党员必须始终坚持的行动指南。做合格党员是对每名党员的基本要求。实践证明，开展“两学一做”学习教育，是坚持思想建党、组织建党、制度治党紧密结合的有力抓手，是不断加强党的思想政治建设的有效途径，为新形势下落实全面从严治党要求积累了成功经验。推进“两学一做”学习教育常态化制度化，对于进一步用习近平总书记系列重要讲话精神武装全党，加强和规范党内政治生活，保持党的先进性和纯洁性，增强党的生机活力，确保全党更加紧密地团结在以习近平同志为核心的党中央周围，激励全党为实现崇高理想和宏伟目标而不懈奋斗，不断开创中国特色社会主义事业新局面，具有重大而深远的意义。

二、明确基本目标要求

推进“两学一做”学习教育常态化制度化，必须紧密联系本地区本部门本单位实际，把思想教育作为首要任务，坚持用党章党规规范党组织和党员行为，用习近平总书记系列重要讲话精神武装头脑、指导实践、推动工作，坚持学思践悟、知行合一，坚持全覆盖、常态化、重创新、求实效，不断增强党组织和党员政治意识、大局意识、核心意识、看齐意识,不断增强党内政治生活的政治性、时代性、原则性、战斗性,不断增强党自我净化、自我完善、自我革新、自我提高能力,确保党的组织充分履行职能、发挥核心作用,确保党员领导干部忠诚干净担当、发挥表率作用,确保广大党员党性坚强、发挥先锋模范作用,为统筹推进"五位一体"总体布局和协调推进"四个全面"战略布局提供坚强组织保证。

坚持融入日常、抓在经常。各级党委(党组)要以理论学习中心组学习、民主生活会等制度为主要抓手,组织党员领导干部定期开展集体学习;基层党组织要以"三会一课"为基本制度,以党支部为基本单位,把"两学一做"作为党员教育的基本内容,长期坚持、形成常态。突出问题导向,建立完善及时发现和解决问题的有效机制,推动各级党组织和党员依靠自身力量修正错误、改进提高;注重以上率下,严格和规范双重组织生活制度,充分发挥领导机关、领导干部带头示范作用,防止"灯下黑";强化分类指导,针对不同层级不同领域不同行业明确工作要求,体现具体化、精准化、差异化;激发基层活力,充分调动党支部积极性主动性创造性,探索创新党内教育和组织生活的有效方法;选树先进典型,宣传践行"两学一做"优秀党员先进事迹,树立时代楷模,引导党员、干部见贤思齐;坚持常抓不懈,防止和克服紧一阵松一阵、表面化形式化、学习教育与思想工作实际"两张皮"等不良倾向。

三、精心安排学习内容

各级党组织要切实执行《关于在全体党员中开展"学党章党规、学系列讲话,做合格党员"学习教育方案》等规定要求。各级党委(党组)和基层党组织要按年度作出学习安排,党员领导干部要根据自身实际制定个人自学计划,每年完成规定的学习任务。

坚持读原著、学原文、悟原理,联系实际学、带着问题学、不断跟进学,领会掌握基本精神、基本内容、基本要求,做到学而信、学而思、学而行。学习党章党规,要深刻认识党章是管党治党的总规矩总遵循,践行党内政治生活准则、党内监督条例和廉洁自律准则等党内法规要求。学习习近平总书记系列重要讲话,要深刻认识讲话的重大理论意义和实践意义,深刻理解讲话的时代背景、鲜明主题、科学体系,准确把握蕴含其中的治国理政新理念新思想新战略,领会掌握贯穿其中的马克思主义立场观点方法。要把学习习近平总书记系列重要讲话同学习马克思列宁主义、毛泽东思想、邓小平理论、"三个代表"重要思想、科学发展观紧密结合起来。党员领导干部在学习上要有更高标准、更高要求。

四、引导党员做到"四个合格"

各级党组织要教育引导广大党员按照"四讲四有"标准,做到政治合格、执行纪律合格、品德合格、发挥作用合格。在政治合格方面，重点是坚定理想信念，正确把握政治方向，坚定站稳政治立场，坚决维护以习近平同志为核心的党中央权威，不断增强中国特色社会主义道路自信、理论自信、制度自信、文化自信。在执行纪律合格方面，重点是增强组织纪律性，执行党的决定，服从组织分配，严守党的纪律特别是政治纪律和政治规矩。在品德合格方面，重点是继承发扬党的优良传统和作风，大力弘扬忠诚老实、光明坦荡、公道正派、实事求是、艰苦奋斗、清正廉洁等共产党人价值观，带头践行社会主义核心价值观。在发挥作用合格方面，重点是牢记党的根本宗旨，爱岗敬业、履职尽责，服务群众、奉献社会，敢担当、敢负责、敢作为，在促进改革发展稳定中作表率、当先锋。

五、联系思想工作实际经常查找解决问题

各级党组织和广大党员要坚持学做结合，突出针对性，敢于直面问题，勇于自我革命，把查找解决问题作为"两学一做"学习教育的规定要求。党员要对照党章党规，对照系列讲话，对照先进典型，把自己摆进去，经常自省修身，打扫思想灰尘、进行"党性体检"，有什么问题解决什么问题，什么问题突出重点解决什么问题；要查找分析理想信念是否坚定、对党是否忠诚老实、大是大非面前是否旗帜鲜明、是否做到在思想上政治上行动上同以习近平同志为核心的党中央保持高度一致，着力解决党的意识不强、组织观念不强、发挥作用不够等问题。各级党委（党组）要查找分析是否落实全面从严治党主体责任，是否坚决执行党的理论和路线方针政策，是否认真坚持民主集中制，着力解决党的领导弱化、党的建设缺失、管党治党宽松软等问题。党支部要查找分析组织生活是否经常、认真、严肃，党员教育管理监督是否严格、规范，团结教育服务群众是否有力、到位，着力解决政治功能不强、组织软弱涣散、从严治党缺位等问题。

要把党的组织生活作为查找和解决问题的重要途径，注意听取群众的意见和反映，抓早抓小、防微杜渐。民主生活会和组织生活会要严肃认真开展批评和自我批评，坚持"团结—批评—团结"，严于自我解剖，热忱帮助同志。谈心谈话要经常，坦诚相见、交流思想，发现问题及时提醒。各级党委（党组）要把本地区本部门本单位严重违纪违法干部忏悔录作为反面教材，认真开展警示教育。主要负责同志要在民主生活会上通报班子成员受到谈话函询情况；被谈话函询的党员领导干部，存在错误的应当作出深刻检查，受到提醒的应当作出整改表态，没有问题的说明谈话函询情况即可。民主评议党员要客观公正评价党员表现，帮助引导党员自觉认识问题、自我改进提高，严格稳慎处置不合格党员。

六、坚持领导机关、领导干部率先垂范

各级党委（党组）要把学党章党规、学系列讲话作为理论学习中心组学习的主要内容,确定主题,加强研讨式、互动式、调研式学习,发挥引领示范作用。党员领导干部特别是省部级领导干部要把“两学一做”作为锤炼党性的基本功、必修课,加强政治能力训练,加强政治历练,自觉把讲政治贯穿于日常工作生活全过程、贯穿于党性锻炼全过程,时刻牢记自己第一身份是党员,无论职务高低,都要以普通党员身份参加党的组织生活。要带头学习,认真学习党章党规,知敬畏、存戒惧、守底线;学深悟透习近平总书记系列重要讲话精神,不断增强“四个意识”,始终坚定理想信念、坚定“四个自信”,真正做到思想认同、政治看齐、行动紧跟。要带头做合格党员、合格领导干部,时刻检视存在的差距和不足,自觉同特权思想和特权现象作斗争,不断改造自己,提高思想政治觉悟。要践行“三严三实”要求,履职尽责、奋发有为,敢于担当、建功立业,重实干、务实功、办实事、求实效,努力创造经得起实践、人民、历史检验的实绩。要严格执行中央八项规定精神,密切联系群众,切实改进作风,严格要求自己和身边工作人员,注重家庭、家教、家风,保持清正廉洁的政治本色。

七、把“两学一做”学习教育纳入党支部“三会一课”等基本制度

党支部是党最基本的组织,是党全部工作和战斗力的基础。要树立党的一切工作到支部的鲜明导向,注重把思想政治工作落到支部,把从严教育管理党员落到支部,把群众工作落到支部。各领域各行业党支部要充分发挥教育管理党员的主体作用,运用“三会一课”等制度抓好“两学一做”学习教育,真正成为教育党员的学校、团结群众的核心、攻坚克难的堡垒。

党支部要组织党员按期参加党员大会、党小组会和上党课,定期召开支部委员会会议。坚持党员领导干部讲党课制度,各级党委(党组)书记每年至少为基层党员讲一次党课,党课内容要贴近党员、贴近实际,不搞照本宣科。“三会一课”要突出政治学习和教育,突出党性锻炼,坚决防止表面化、形式化、娱乐化、庸俗化。要以学习党章党规、学习习近平总书记系列重要讲话为主要内容,针对党员思想工作实际,确定“三会一课”的主题和具体方式,做到形式多样、氛围庄重。推广党支部主题党日,组织党员在主题党日开展“三会一课”、交纳党费、参加服务群众等活动。利用红色教育基地等开展开放式组织生活。党支部要制定年度“三会一课”计划并报上级党组织备案,如实记录“三会一课”开展情况,对没有正当理由长期不参加“三会一课”的党员,要进行批评教育,促其改正。上级党组织要对党支部执行“三会一课”情况进行指导检查,对不经常、不认真、不严肃的,要批评指正;情况严重的,要采取整顿等措施,进行组织处理。

要把党支部建设作为最重要的基本建设。在各类基层单位中合理设置党支部,不断扩大党的组织和工作覆盖。指导党支部健全各项工作制度,按期进行换届，选好配强党支部班子，把优秀党员选拔到支部书记岗位。加强对党支部书记的培训，帮助其提高党务工作能力。建立党支部工作经常性督查指导机制，持续整顿软弱涣散党支部，为党支部开展工作和活动提供必要保障。

八、层层推动工作落实

各级党组织要把推进“两学一做”学习教育常态化制度化作为全面从严治党的战略性、基础性工程，高度重视，精心组织，抓常抓细抓长。党委（党组）要切实履行主体责任，每年要专门研究部署，一级抓一级，层层抓落实。组织部门要作出具体工作安排，加强督促指导。要发挥“两学一做”学习教育常态化制度化的带动效应，加强基层党建工作薄弱环节，每年梳理分析工作短板，研究确定若干重点任务，集中力量攻坚克难。

把组织开展“两学一做”学习教育情况纳入各级党组织党建工作考核的重要内容，每年结合总结、述职进行检查和评估，作为评判党组织和党组织书记履行管党治党责任情况的重要依据，注重从党支部工作成效和党员作用发挥看效果、让党员群众作评价。要及时总结交流新鲜经验，发现和解决存在问题。对工作落实不力、搞形式走过场的，要严肃批评、追责问责。

(三)组织建设

党政领导干部选拔任用工作条例

(中共中央 2019 年 3 月 3 日印发)

第一章 总 则

第一条 为了坚持和加强党的全面领导,深入贯彻新时代党的组织路线和干部工作方针政策,落实党要管党、全面从严治党特别是从严管理干部的要求,坚持新时期好干部标准,建立科学规范的党政领导干部选拔任用制度,形成有效管用、简便易行、有利于优秀人才脱颖而出的选人用人机制,推进干部队伍革命化、年轻化、知识化、专业化,建设一支高举中国特色社会主义伟大旗帜,以马克思列宁主义、毛泽东思想、邓小平理论、"三个代表"重要思想、科学发展观、习近平新时代中国特色社会主义思想为指导,忠诚干净担当的高素质专业化党政领导干部队伍,保证党的基本理论、基本路线、基本方略全面贯彻执行和新时代中国特色社会主义事业顺利发展,根据《中国共产党章程》等党内法规和有关国家法律,制定本条例。

第二条 选拔任用党政领导干部,必须坚持下列原则:

(一)党管干部;

(二)德才兼备、以德为先,五湖四海、任人唯贤;

(三)事业为上、人岗相适、人事相宜;

(四)公道正派、注重实绩、群众公认;

(五)民主集中制;

(六)依法依规办事。

第三条 选拔任用党政领导干部,必须把政治标准放在首位,符合将领导班子建设成为坚持党的基本理论、基本路线、基本方略,全心全意为人民服务,具有推进新时代中国特色社会主义事业发展的能力,结构合理、团结坚强的领导集体的要求。

树立注重基层和实践的导向,大力选拔敢于负责、勇于担当、善于作为、实绩突出的干部。

注重发现和培养选拔优秀年轻干部,用好各年龄段干部。

统筹做好培养选拔女干部、少数民族干部和党外干部工作。

对不适宜担任现职的领导干部应当进行调整,推进领导干部能上能下。

第四条 本条例适用于选拔任用中共中央、全国人大常委会、国务院、全国政协、中央纪律检查委员会工作部门领导成员或者机关内设机构担任领导职务的人员,国家监察委员会、最高人民法院、最高人民检察院领导成员(不含正职)和内设机构担任领导职务的人员;县级以上地方各级党委、人大常委会、政府、政协、纪委监委、法院、检察院及其工作部门领导成员或者机关内设机构担任领导职务的人员;上列工作部门内设机构担任领导职务的人员。

选拔任用参照公务员法管理的群团机关和县级以上党委、政府直属事业单位的领导成员及其内设机构担任领导职务的人员,参照本条例执行。

上列机关、单位选拔任用非中共党员领导干部,参照本条例执行。

选拔任用民族区域自治地方党政领导干部,法律法规和政策另有规定的,从其规定。

第五条 本条例第四条所列范围中选举和依法任免的党政领导职务,党组织推荐、提名人选的产生,适用本条例的规定,其选举和依法任免按照有关法律、章程和规定进行。

第六条 党委(党组)及其组织(人事)部门按照干部管理权限履行选拔任用党政领导干部职责,切实发挥把关作用,负责本条例的组织实施。

第二章 选拔任用条件

第七条 党政领导干部必须信念坚定、为民服务、勤政务实、敢于担当、清正廉洁,具备下列基本条件:

(一)自觉坚持以马克思列宁主义、毛泽东思想、邓小平理论、“三个代表”重要思想、科学发展观、习近平新时代中国特色社会主义思想为指导,努力用马克思主义立场、观点、方法分析和解决实际问题,坚持讲学习、讲政治、讲正气,牢固树立政治意识、大局意识、核心意识、看齐意识,坚决维护习近平总书记核心地位,坚决维护党中央权威和集中统一领导,自觉在思想上政治上行动上同党中央保持高度一致,经得起各种风浪考验;

(二)具有共产主义远大理想和中国特色社会主义坚定信念,坚定道路自信、理论自信、制度自信、文化自信,坚决贯彻执行党的理论和路线方针政策,立志改革开放,献身现代化事业,在社会主义建设中艰苦创业,树立正确政绩观,做出经得起实践、人民、历史检验的实绩;

(三)坚持解放思想,实事求是,与时俱进,求真务实,认真调查研究,能够把党的方针政策同本地区本部门实际相结合,卓有成效地开展工作,落实“三严三实”要求,主动担当作为,真抓实干,讲实话,办实事,求实效;

(四)有强烈的革命事业心、政治责任感和历史使命感,有斗争精神和斗争本领,有实践经验,有胜任领导工作的组织能力、文化水平和专业素养;

(五)正确行使人民赋予的权力,坚持原则,敢抓敢管,依法办事,以身作则,艰苦朴素,勤俭节约,坚持党的群众路线,密切联系群众,自觉接受党和群众的批评、监督,加强道德修养,讲党性、重品行、作表率,带头践行社会主义核心价值观,廉洁从政、廉洁用权、廉洁修身、廉洁齐家,做到自重自省自警自励,反对形式主义、官僚主义、享乐主义和奢靡之风,反对任何滥用职权、谋求私利的行为;

(六)坚持和维护党的民主集中制,有民主作风,有全局观念,善于团结同志,包括团结同自己有不同意见的同志一道工作。

第八条 提拔担任党政领导职务的,应当具备下列基本资格:

(一)提任县处级领导职务的,应当具有五年以上工龄和两年以上基层工作经历。

(二)提任县处级以上领导职务的,一般应当具有在下一级两个以上职位任职的经历。

(三)提任县处级以上领导职务,由副职提任正职的,应当在副职岗位工作两年以上;由下级正职提任上级副职的,应当在下级正职岗位工作三年以上。

(四)一般应当具有大学专科以上文化程度,其中厅局级以上领导干部一般应当具有大学本科以上文化程度。

(五)应当经过党校(行政学院)、干部学院或者组织(人事)部门认可的其他培训机构的培训,培训时间应当达到干部教育培训的有关规定要求。确因特殊情况在提任前未达到培训要求的,应当在提任后一年内完成培训。

(六)具有正常履行职责的身体条件。

(七)符合有关法律规定的资格要求。提任党的领导职务的,还应当符合《中国共产党章程》等规定的党龄要求。

职级公务员担任领导职务,按照有关规定执行。

第九条 党政领导干部应当逐级提拔。特别优秀或者工作特殊需要的干部,可以突破任职资格规定或者越级提拔担任领导职务。

破格提拔的特别优秀干部,应当政治过硬、德才素质突出、群众公认度高,且符合下列条件之一:在关键时刻或者承担急难险重任务中经受住考验、表现突出、作出重大贡献;在条件艰苦、环境复杂、基础差的地区或者单位工作实绩突出；在其他岗位上尽职尽责，工作实绩特别显著。

因工作特殊需要破格提拔的干部，应当符合下列情形之一：领导班子结构需要或者领导职位有特殊要求的；专业性较强的岗位或者重要专项工作急需的；艰苦边远地区、贫困地区急需引进的。

破格提拔干部必须从严掌握。不得突破本条例第七条规定的基本条件和第八条第一款第七项规定的资格要求。任职试用期未满或者提拔任职不满一年的，不得破格提拔。不得在任职年限上连续破格。不得越两级提拔。

第十条 拓宽选人视野和渠道，党政领导干部可以从党政机关选拔任用，也可以从党政机关以外选拔任用，注意从企业、高等学校、科研院所等单位以及社会组织中发现选拔。地方党政领导班子成员应当注意从担任过县（市、区、旗）、乡（镇、街道）党政领导职务的干部和国有企事业单位领导人员中选拔。

第三章 分析研判和动议

第十一条 组织（人事）部门应当深化对干部的日常了解，坚持知事识人，把功夫下在平时，全方位、多角度、近距离了解干部。根据日常了解情况，对领导班子和领导干部进行综合分析研判，为党委（党组）选人用人提供依据和参考。

第十二条 党委（党组）或者组织（人事）部门根据工作需要和领导班子建设实际，结合综合分析研判情况，提出启动干部选拔任用工作意见。

第十三条 组织（人事）部门综合有关方面建议和平时了解掌握的情况，对领导班子和领导干部进行动议分析，就选拔任用的职位、条件、范围、方式、程序和人选意向等提出初步建议。

个人向党组织推荐领导干部人选，必须负责地写出推荐材料并署名。

第十四条 组织（人事）部门将初步建议向党委（党组）主要领导成员汇报，对初步建议进行完善，在一定范围内进行沟通酝酿，形成工作方案。

对动议的人选严格把关，根据工作需要，可以提前核查有关事项。

第十五条 研判和动议时，根据工作需要和实际情况，如确有必要，也可以把公开选拔、竞争上岗作为产生人选的一种方式。领导职位出现空缺且本地区本部门没有合适人选的，特别是需要补充紧缺专业人才或者配备结构需要干部的，可以通过公开选拔产生人选；领导职位出现空缺，本单位本系统符合资格条件人数较多且需要进一步比选择优的，可以通过竞争上岗产生人选。公开选拔、竞争上岗一般适用于副职领导职位。

公开选拔、竞争上岗应当结合岗位特点，坚持组织把关，突出政治素质、专业素养、工作实绩和一贯表现，防止简单以分数、票数取人。

公开选拔、竞争上岗设置的资格条件突破规定的,应当事先报上级组织(人事)部门审核同意。

第四章 民主推荐

第十六条 选拔任用党政领导干部,应当经过民主推荐。民主推荐包括谈话调研推荐和会议推荐,推荐结果作为选拔任用的重要参考,在一年内有效。

第十七条 领导班子换届,民主推荐按照职位设置全额定向推荐;个别提拔任职或者进一步使用,可以按照拟任职位进行定向推荐,也可以根据拟任职位的具体情况进行非定向推荐;进一步使用的,可以采取听取意见的方式进行,其中正职也可以参照个别提拔任职进行民主推荐。

第十八条 地方领导班子换届,民主推荐应当经过下列程序:

(一)进行谈话调研推荐,提前向谈话对象提供谈话提纲、换届政策说明、干部名册等相关材料,提出有关要求,提高谈话质量;

(二)综合考虑谈话调研推荐情况以及人选条件、岗位要求、班子结构等,经与本级党委沟通协商后,由上级党委或者组织部门研究提出会议推荐参考人选,参考人选应当差额提出;

(三)召开推荐会议,由本级党委主持,考察组说明换届有关政策,介绍参考人选产生情况,提出有关要求,组织填写推荐表;

(四)对民主推荐情况进行综合分析;

(五)向上级党委或者组织部门汇报民主推荐情况。

第十九条 地方领导班子换届,谈话调研推荐一般由下列人员参加:

(一)党委成员;

(二)人大常委会、政府、政协领导成员;

(三)纪委监委领导成员;

(四)法院、检察院主要领导成员;

(五)党委工作部门、政府工作部门、群团组织主要领导成员;

(六)下一级党委和政府主要领导成员;

(七)其他需要参加的人员,可以根据知情度、关联度和代表性原则确定。

推荐人大常委会、政府、政协领导成员人选,应当有民主党派、工商联主要领导成员和无党派代表人士参加。

参加会议推荐的人员参照上列范围确定,可以适当调整。

第二十条 个别提拔任职,或者进一步使用需要进行民主推荐的,民主推荐程序可以参照本条例第十八条规定进行;必要时也可以先进行会议推荐,再进行谈话调研推荐。先进行谈话调研推荐的,可以提出会议推荐参考人选,参考人选应当差额提出。单位人数较少、参加会议推荐人员范围与谈话调研推荐人员范围基本相同,且谈话调研推荐意见集中的,根据实际情况,可以不再进行会议推荐。

根据工作需要,可以在民主推荐前对推荐职位、条件、范围以及符合职位要求和任职条件的人选,在人选所在地区或者单位领导班子范围内进行沟通。

第二十一条 个别提拔任职,或者进一步使用需要进行民主推荐的,参加民主推荐人员一般按照下列范围执行:

(一)民主推荐地方党政领导班子成员人选,参照本条例第十九条规定执行,可以适当调整。

(二)民主推荐工作部门领导成员人选,谈话调研推荐由本部门领导成员、内设机构担任主要领导职务的人员、直属单位主要领导成员以及其他需要参加的人员参加;根据实际情况还可以吸收本系统下级单位主要领导成员参加。参加会议推荐的人员范围可以适当调整。

(三)民主推荐内设机构领导职务拟任人选,参照前项所列范围确定,也可以在内设机构范围内进行。

第二十二条 党委和政府及其工作部门个别特殊需要的领导成员人选,可以由党委(党组)或者组织(人事)部门推荐,报上级组织(人事)部门同意后作为考察对象。

第五章 考　　察

第二十三条 确定考察对象,应当根据工作需要和干部德才条件,将民主推荐与日常了解、综合分析研判以及岗位匹配度等情况综合考虑,深入分析、比较择优,防止把推荐票等同于选举票、简单以推荐票取人。

第二十四条 有下列情形之一的,不得列为考察对象:

(一)违反政治纪律和政治规矩的;

(二)群众公认度不高的;

(三)上一年年度考核结果为基本称职以下等次的;

(四)有跑官、拉票等非组织行为的;

(五)除特殊岗位需要外,配偶已移居国(境)外,或者没有配偶但子女均已移居国(境)外的;

(六)受到诫勉、组织处理或者党纪政务处分等影响期未满或者期满影响使用的;

(七)其他原因不宜提拔或者进一步使用的。

第二十五条 地方领导班子换届,由本级党委书记与副书记、分管组织、纪检监察等工作的常委根据上级党委组织部门反馈的情况,对考察对象人选进行酝酿,本级党委常委会研究提出考察对象建议名单,经与上级党委组织部门沟通后,确定考察对象。对拟新进党政领导班子的考察对象,应当在一定范围内公示。

个别提拔任职或者进一步使用,按照干部管理权限,由党委(党组)或者上级组织(人事)部门研究确定考察对象。

考察对象一般应当多于拟任职务人数,个别提拔任职或者进一步使用时意见比较集中的,也可以等额确定考察对象。

第二十六条 对确定的考察对象,由组织(人事)部门进行严格考察。

双重管理干部的考察工作,由主管方负责组织实施,根据工作需要会同协管方进行。

第二十七条 考察党政领导职务拟任人选,必须依据干部选拔任用条件和不同领导职务的职责要求,全面考察其德、能、勤、绩、廉,严把政治关、品行关、能力关、作风关、廉洁关。

突出政治标准,注重了解政治理论学习情况,深入考察政治忠诚、政治定力、政治担当、政治能力、政治自律等方面的情况。

深入考察道德品行,加强对工作时间之外表现的考察,注重了解社会公德、职业道德、家庭美德、个人品德等方面的情况。

强化专业素养考察,深入了解专业知识、专业能力、专业作风、专业精神等方面的情况。

注重考察工作实绩,围绕贯彻落实党中央重大决策部署,统筹推进“五位一体”总体布局和协调推进“四个全面”战略布局,深入了解履行岗位职责、贯彻新发展理念、推动高质量发展取得的实际成效。考察地方党政领导班子成员,应当把经济建设、政治建设、文化建设、社会建设、生态文明建设和党的建设等情况作为考察评价的重要内容,防止单纯以经济增长速度评定工作实绩。考察党政工作部门领导干部,应当把履行党的建设职责,制定和执行政策、推动改革创新、营造良好发展环境、提供优质公共服务、维护社会公平正义等作为考察评价的重要内容。

加强作风考察,深入了解为民服务、求真务实、勤勉敬业、敢于担当、奋发有为,遵守中央八项规定精神,反对形式主义、官僚主义、享乐主义和奢靡之风等情况。

强化廉政情况考察，深入了解遵守廉洁自律有关规定，保持高尚情操和健康情趣，慎独慎微，秉公用权，清正廉洁，不谋私利，严格要求亲属和身边工作人员等情况。

根据实际需要，针对不同层级、不同岗位考察对象，实行差异化考察，对党政正职人选，坚持更高标准、更严要求，突出把握政治方向、驾驭全局、抓班子带队伍等方面情况的考察。

第二十八条 考察党政领导职务拟任人选，应当保证充足的考察时间，经过下列程序：

（一）制定考察工作方案；

（二）同考察对象呈报单位或者所在单位党委（党组）主要领导成员就考察工作方案沟通情况，征求意见；

（三）根据考察对象的不同情况，通过适当方式在一定范围内发布干部考察预告；

（四）采取个别谈话、发放征求意见表、民主测评、实地走访、查阅干部人事档案和工作资料等方法，广泛深入地了解情况，根据需要进行专项调查、延伸考察等，注意了解考察对象生活圈、社交圈情况；

（五）同考察对象面谈，进一步了解其政治立场、思想品质、价值取向、见识见解、适应能力、性格特点、心理素质等方面情况，以及缺点和不足，鉴别印证有关问题，深化对考察对象的研判；

（六）综合分析考察情况，与考察对象的一贯表现进行比较、相互印证，全面准确地对考察对象作出评价；

（七）向考察对象呈报单位或者所在单位党委（党组）主要领导成员反馈考察情况，并交换意见；

（八）考察组研究提出人选任用建议，向派出考察组的组织（人事）部门汇报，经组织（人事）部门集体研究提出任用建议方案，向本级党委（党组）报告。

考察内设机构领导职务拟任人选程序，可以根据实际情况适当简化。

第二十九条 考察地方党政领导班子成员拟任人选，个别谈话和征求意见的范围一般为：

（一）党委和政府领导成员，人大常委会、政协、纪委监委、法院、检察院主要领导成员；

（二）考察对象所在单位领导成员；

（三）考察对象所在单位有关工作部门主要领导成员或者内设机构担任主要领导职务的人员和直属单位主要领导成员；

(四)其他有关人员。

第三十条 考察工作部门领导班子成员拟任人选,个别谈话和征求意见的范围一般为:

(一)考察对象上级领导机关有关领导成员;

(二)考察对象所在单位领导成员;

(三)考察对象所在单位内设机构担任主要领导职务的人员和直属单位主要领导成员;

(四)其他有关人员。

考察内设机构领导职务拟任人选,个别谈话和征求意见的范围参照上列规定执行。

第三十一条 考察党政领导职务拟任人选,应当听取考察对象所在单位组织(人事)部门、纪检监察机关、机关党组织的意见,根据需要可以听取巡视巡察机构、审计机关和其他相关部门意见。

组织(人事)部门必须严格审核考察对象的干部人事档案,查核个人有关事项报告,就党风廉政情况听取纪检监察机关意见,对反映问题线索具体、有可查性的信访举报进行核查。对需要进行经济责任审计的考察对象,应当事先按照有关规定进行审计。

考察对象呈报单位或者所在单位党委(党组)必须就考察对象廉洁自律情况提出结论性意见,并由党委(党组)书记、纪委书记(纪检监察组组长)签字。机关内设机构领导职务的拟任人选考察对象,也应当由相关党组织和纪检监察机构出具廉洁自律情况结论性意见。

第三十二条 考察党政领导职务拟任人选,必须形成书面考察材料,建立考察文书档案。已经任职的,考察材料归入本人干部人事档案。考察材料必须写实,评判应当全面、准确、客观,用具体事例反映考察对象的情况,包括下列内容:

(一)德、能、勤、绩、廉方面的主要表现以及主要特长、行为特征;

(二)主要缺点和不足;

(三)民主推荐、民主测评、考察谈话情况;

(四)审核干部人事档案、查核个人有关事项报告、听取纪检监察机关意见、核查信访举报等情况的结论。

第三十三条 党委(党组)或者组织(人事)部门选派具有较高素质的人员组建考察组,考察组由两名以上成员组成。考察组负责人应当由思想政治素质好、具有较丰富工作经验并熟悉干部工作的人员担任。

实行干部考察工作责任制。考察组必须坚持原则,公道正派,深入细致,如实反映考察情况和意见,对考察材料负责,履行干部选拔任用风气监督职责。

第六章　讨论决定

第三十四条　党政领导职务拟任人选,在讨论决定或者决定呈报前,应当根据职位和人选的不同情况,分别在党委(党组)、人大常委会、政府、政协等有关领导成员中进行酝酿。

工作部门领导成员拟任人选,应当征求上级分管领导成员的意见。

非中共党员拟任人选,应当征求党委统战部门和民主党派、工商联主要领导成员、无党派代表人士的意见。

双重管理干部的任免,主管方应当事先征求协管方意见,进行酝酿。征求意见一般采用书面形式进行。协管方自收到主管方意见之日起一个月内未予答复的,视为同意。双方意见不一致时,正职的任免报上级党委组织部门协调,副职的任免由主管方决定。

第三十五条　选拔任用党政领导干部,应当按照干部管理权限由党委(党组)集体讨论作出任免决定,或者决定提出推荐、提名的意见。属于上级党委(党组)管理的,本级党委(党组)可以提出选拔任用建议。

对拟破格提拔的人选在讨论决定前,必须报经上级组织(人事)部门同意。越级提拔或者不经过民主推荐列为破格提拔人选的,应当在考察前报告,经批复同意后方可进行。

第三十六条　市(地、州、盟)、县(市、区、旗)党委和政府领导班子正职的拟任人选和推荐人选,一般应当由上级党委常委会提名并提交全会无记名投票表决;全会闭会期间,由党委常委会作出决定,决定前应当征求党委委员的意见。

第三十七条　有下列情形之一的,不得提交会议讨论:

(一)没有按照规定进行民主推荐、考察的;

(二)拟任人选所在单位党委(党组)对廉洁自律情况没有作出结论性意见的,或者纪检监察机关未反馈意见的,或者纪检监察机关有不同意见的;

(三)个人有关事项报告未查核或者经查核存疑尚未查清的;

(四)线索具体、有可查性的信访举报尚未调查清楚的;

(五)干部人事档案中身份、年龄、工龄、党龄、学历、经历等存疑尚未查清的;

(六)巡视巡察、审计等工作中发现重大问题尚未作出结论的;

(七)没有按照规定向上级报告或者报告后未经批复同意的干部任免事项;

(八)其他原因不宜提交会议讨论的。

第三十八条　党委(党组)讨论决定干部任免事项,必须有三分之二以上成员到会,并保证与会成员有足够时间听取情况介绍、充分发表意见。与会成员对任免事项,应当逐一发表同意、不同意或者缓议等明确意见,党委(党组)主要负责人应当最后表态。在充分讨论的基础上,采取口头表决、举手表决或者无记名投票等方式进行表决。意见分歧较大时,暂缓进行表决。

党委(党组)有关干部任免的决定,需要复议的,应当经党委(党组)超过半数成员同意后方可进行。

第三十九条 党委(党组)讨论决定干部任免事项,应当按照下列程序进行:

(一)党委(党组)分管组织(人事)工作的领导成员或者组织(人事)部门负责人,逐个介绍领导职务拟任人选的推荐、考察和任免理由等情况,其中涉及破格提拔等需要按照要求事先向上级组织(人事)部门报告的选拔任用有关工作事项,应当说明具体事由和征求上级组织(人事)部门意见的情况;

(二)参加会议人员进行充分讨论;

(三)进行表决,以党委(党组)应到会成员超过半数同意形成决定。

第四十条 需要报上级党委(党组)审批的拟提拔任职的干部,必须呈报党委(党组)请示并附干部任免审批表、干部考察材料、本人干部人事档案和党委(党组)会议纪要、讨论记录、民主推荐情况等材料。上级组织(人事)部门对呈报的材料应当严格审查。

需要报上级备案的干部,应当按照规定及时向上级组织(人事)部门备案。

第七章 任 职

第四十一条 党政领导职务实行选任制、委任制,部分专业性较强的领导职务可以实行聘任制。

第四十二条 实行党政领导干部任职前公示制度。

提拔担任厅局级以下领导职务的,除特殊岗位和在换届考察时已进行过公示的人选外,在党委(党组)讨论决定后、下发任职通知前,应当在一定范围内公示。公示内容应当真实准确,便于监督,涉及破格提拔的还应当说明破格的具体情形和理由。公示期不少于五个工作日。公示结果不影响任职的,办理任职手续。

第四十三条 实行党政领导干部任职试用期制度。

提拔担任下列非选举产生的厅局级以下领导职务的,试用期为一年:

(一)党委、人大常委会、政府、政协工作部门副职和内设机构领导职务;

(二)纪委监委机关内设机构、派出机构领导职务;

(三)法院、检察院内设机构的非国家权力机关依法任命的领导职务。

试用期满后，经考核胜任现职的，正式任职；不胜任的，免去试任职务，一般按照试任前职级或者职务层次安排工作。

第四十四条 实行任职谈话制度。对决定任用的干部，由党委（党组）指定专人同本人谈话，肯定成绩，指出不足，提出要求和需要注意的问题。

对破格提拔以及通过公开选拔、竞争上岗任职的干部，试用期满正式任职时，党委（党组）还应当指定专人进行谈话。

第四十五条 党政领导职务的任职时间，按照下列时间计算：

（一）由党委（党组）决定任职的，自党委（党组）决定之日起计算；

（二）由党的代表大会、党的委员会全体会议、党的纪律检查委员会全体会议、人民代表大会、政协全体会议选举、决定任命的，自当选、决定任命之日起计算；

（三）由人大常委会或者政协常委会任命或者决定任命的，自人大常委会、政协常委会任命或者决定任命之日起计算；

（四）由党委向政府提名由政府任命的，自政府任命之日起计算。

第八章　依法推荐、提名和民主协商

第四十六条 党委向人民代表大会或者人大常委会推荐需要由人民代表大会或者人大常委会选举、任命、决定任命的领导干部人选，应当事先向人民代表大会临时党组织或者人大常委会党组和人大常委会组成人员中的党员介绍党委推荐意见。人民代表大会临时党组织、人大常委会党组和人大常委会组成人员以及人大代表中的党员，应当认真贯彻党委推荐意见，带头依法办事，正确履行职责。

第四十七条 党委向人民代表大会推荐由人民代表大会选举、决定任命的领导干部人选，应当以本级党委名义向人民代表大会主席团提交推荐书，介绍所推荐人选的有关情况，说明推荐理由。

党委向人大常委会推荐由人大常委会任命、决定任命的领导干部人选，应当在人大常委会审议前，按照规定程序提出，介绍所推荐人选的有关情况。

第四十八条 党委向政府提名由政府任命的政府工作部门和机构领导成员人选，在党委讨论决定后，由政府任命。

第四十九条 领导班子换届，党委推荐人大常委会、政府、政协领导成员人选和监察委员会主任、法院院长、检察院检察长人选，应当事先向民主党派、工商联主要领导成员和无党派代表人士通报有关情况，进行民主协商。

第五十条 党委推荐的领导干部人选，在人民代表大会选举、决定任命或者人大常委会任命、决定任命前,如果人大代表或者人大常委会组成人员对所推荐人选提出不同意见,党委应当认真研究,并作出必要的解释或者说明。如果发现有事实依据、足以影响选举或者任命的问题,党委可以建议人民代表大会或者人大常委会按照规定程序暂缓选举、任命、决定任命,也可以重新推荐人选。

政协领导成员候选人的推荐和协商提名,按照政协章程和有关规定办理。

第九章　交流、回避

第五十一条　实行党政领导干部交流制度。

(一)交流的对象主要是:因工作需要交流的;需要通过交流锻炼提高领导能力的;在一个地方或者部门工作时间较长的;按照规定需要回避的;因其他原因需要交流的。交流的重点是县级以上地方党委和政府的领导成员,纪委监委、法院、检察院、党委和政府部分工作部门的主要领导成员。

(二)地方党委和政府领导成员原则上应当任满一届,在同一职位上任职满十年的,必须交流;在同一职位连续任职达到两个任期的,不再推荐、提名或者任命担任同一职务。同一地方(部门)的党政正职一般不同时易地交流。

(三)党政机关内设机构处级以上领导干部在同一职位上任职时间较长的,应当进行交流。

(四)经历单一或者缺少基层工作经历的年轻干部,应当有计划地派到基层、艰苦边远地区和复杂环境工作,坚决防止"镀金"思想和短期行为。

(五)加强工作统筹,加大干部交流力度。推进地方与部门之间、地区之间、部门之间、党政机关与国有企事业单位以及其他社会组织之间的干部交流,推动形成国有企事业单位、社会组织干部人才及时进入党政机关的良性工作机制。

(六)干部交流由党委(党组)及其组织(人事)部门按照干部管理权限组织实施,严格把握人选的资格条件。干部个人不得自行联系交流事宜,领导干部不得指定交流人选。同一干部不宜频繁交流。

(七)交流的干部接到任职通知后,应当在党委(党组)或者组织(人事)部门限定的时间内到任。跨地区跨部门交流的,应当同时转移行政关系、工资关系和党的组织关系。

第五十二条　实行党政领导干部任职回避制度。

党政领导干部任职回避的亲属关系为:夫妻关系、直系血亲关系、三代以内旁系血亲以及近姻亲关系。有上列亲属关系的,不得在同一机关担任双方直接隶属于同一领导人员的职务或者有直接上下级领导关系的职务,也不得在其中一方担任领导职务的机关从事组织(人事)、纪检监察、审计、财务工作。

领导干部不得在本人成长地担任县(市)党委和政府以及纪委监委、组织部门、法院、检察院、公安部门主要领导成员,一般不得在本人成长地担任市(地、盟)党委和政府以及纪委监委、组织部门、法院、检察院、公安部门主要领导成员。

第五十三条 实行党政领导干部选拔任用工作回避制度。

党委(党组)及其组织(人事)部门讨论干部任免,涉及与会人员本人及其亲属的,本人必须回避。

干部考察组成员在干部考察工作中涉及其亲属的,本人必须回避。

第十章 免职、辞职、降职

第五十四条 党政领导干部有下列情形之一的,一般应当免去现职:

(一)达到任职年龄界限或者退休年龄界限的;

(二)受到责任追究应当免职的;

(三)不适宜担任现职应当免职的;

(四)因违纪违法应当免职的;

(五)辞职或者调出的;

(六)非组织选派,个人申请离职学习期限超过一年的;

(七)因健康原因,无法正常履行工作职责一年以上的;

(八)因工作需要或者其他原因应当免去现职的。

第五十五条 实行党政领导干部辞职制度。辞职包括因公辞职、自愿辞职、引咎辞职和责令辞职。

辞职应当符合有关规定,手续依照法律或者有关规定程序办理。

第五十六条 引咎辞职、责令辞职和因问责被免职的党政领导干部,一年内不安排领导职务,两年内不得担任高于原任职务层次的领导职务。同时受到党纪政务处分的,按照影响期长的规定执行。

第五十七条 实行党政领导干部降职制度。党政领导干部在年度考核中被确定为不称职的,因工作能力较弱、受到组织处理或者其他原因不适宜担任现职务层次的,应当降职使用。降职使用的干部,其待遇按照新任职务职级的标准执行。

第五十八条 因不适宜担任现职调离岗位、免职的,一年内不得提拔。降职使用的干部重新提拔,按照有关规定执行。

重新任职或者提拔任职,应当根据具体情形、工作需要和个人情况综合考虑,合理安排使用。

对符合有关规定给予容错的干部,应当客观公正对待。

第十一章　纪律和监督

第五十九条　选拔任用党政领导干部,必须严格执行本条例的各项规定,并遵守下列纪律:

(一)不准超职数配备、超机构规格提拔领导干部、超审批权限设置机构配备干部,或者违反规定擅自设置职务名称、提高干部职务职级待遇;

(二)不准采取不正当手段为本人或者他人谋取职务、提高职级待遇;

(三)不准违反规定程序动议、推荐、考察、讨论决定任免干部,或者由主要领导成员个人决定任免干部;

(四)不准私自泄露研判、动议、民主推荐、民主测评、考察、酝酿、讨论决定干部等有关情况;

(五)不准在干部考察工作中隐瞒或者歪曲事实真相;

(六)不准在民主推荐、民主测评、组织考察和选举中搞拉票、助选等非组织活动;

(七)不准利用职务便利私自干预下级或者原任职地区、系统和单位干部选拔任用工作;

(八)不准在机构变动,主要领导成员即将达到任职年龄界限、退休年龄界限或者已经明确即将离任时,突击提拔、调整干部;

(九)不准在干部选拔任用工作中任人唯亲、排斥异己、封官许愿,拉帮结派、搞团团伙伙,营私舞弊;

(十)不准篡改、伪造干部人事档案,或者在干部身份、年龄、工龄、党龄、学历、经历等方面弄虚作假。

第六十条　加强干部选拔任用工作全程监督,严格执行干部选拔任用全程纪实和任前事项报告、"一报告两评议"、专项检查、离任检查、立项督查、"带病提拔"问题倒查等制度。严肃查处违反组织(人事)纪律的行为。对违反本条例规定的事项,按照有关规定对党委(党组)主要领导成员和有关领导成员、组织(人事)部门有关领导成员以及其他直接责任人作出组织处理或者纪律处分;涉嫌违法犯罪的,移送有关国家机关依法处理。

对无正当理由拒不服从组织调动或者交流决定的,依规依纪依法予以免职或者降职使用,并视情节轻重给予处分。

第六十一条　实行党政领导干部选拔任用工作责任追究制度。凡用人失察失误造成严重后果的,本地区本部门用人上的不正之风严重、干部群众反映强烈以及对违反组织(人事)纪律的行为查处不力的,应当根据具体情况,严肃追究党委(党组)及其主要领导成员、有关领导成员、组织(人事)部门、纪检监察机关、干部考察组有关领导成员以及其他直接责任人的责任。

第六十二条 党委(党组)及其组织(人事)部门对干部选拔任用工作和贯彻执行本条例的情况进行监督检查,认真受理有关干部选拔任用工作的举报、申诉,制止、纠正违反本条例的行为,并对有关责任人提出处理意见或者处理建议。

纪检监察机关、巡视巡察机构按照有关规定,加强对干部选拔任用工作的监督检查。

第六十三条 实行地方党委组织部门和纪检监察、巡视巡察、机构编制、审计、信访等有关机构联席会议制度,就加强对干部选拔任用工作的监督,沟通信息、交流情况、研究问题,提出意见和建议。联席会议由组织部门召集。

第六十四条 党委(党组)及其组织(人事)部门在干部选拔任用工作中,必须严格执行本条例,坚持出以公心、公正用人,严格规范履职用权行为,自觉接受党内监督、社会监督、群众监督。下级机关和党员、干部、群众对干部选拔任用工作中的违规违纪行为,有权向上级党委(党组)及其组织(人事)部门、纪检监察机关举报、申诉,受理部门和机关应当按照有关规定查核处理。

第十二章　附　　则

第六十五条 本条例对工作部门的规定,同时适用于办事机构、派出机构、特设机构以及其他直属机构。

第六十六条 选拔任用乡(镇、街道)的党政领导干部,由省、自治区、直辖市党委根据本条例制定相应的实施办法。

第六十七条 中国人民解放军和中国人民武装警察部队领导干部的选拔任用办法,由中央军事委员会根据本条例的原则作出规定。

第六十八条 本条例由中共中央组织部负责解释。

第六十九条 本条例自 2019 年 3 月 3 日起施行。2014 年 1 月 14 日中共中央印发的《党政领导干部选拔任用工作条例》同时废止。

附：

党政领导干部选拔任用工作条例

（中共中央2014年1月14日印发）

第一章　总　　则

第一条　为认真贯彻执行党的干部路线方针政策，落实从严治党、从严管理干部的要求，建立科学规范的党政领导干部选拔任用制度，形成有效管用、简便易行、有利于优秀人才脱颖而出的选人用人机制，推进干部队伍革命化、年轻化、知识化、专业化，建设一支高举中国特色社会主义伟大旗帜，以马克思列宁主义、毛泽东思想、邓小平理论、"三个代表"重要思想和科学发展观为指导，信念坚定、为民服务、勤政务实、敢于担当、清正廉洁的高素质党政领导干部队伍，保证党的基本路线全面贯彻执行和中国特色社会主义事业顺利发展，根据《中国共产党章程》和有关法律法规，制定本条例。

第二条　选拔任用党政领导干部，必须坚持下列原则：

（一）党管干部原则；

（二）五湖四海、任人唯贤原则；

（三）德才兼备、以德为先原则；

（四）注重实绩、群众公认原则；

（五）民主、公开、竞争、择优原则；

（六）民主集中制原则；

（七）依法办事原则。

第三条　选拔任用党政领导干部，必须符合把领导班子建设成为坚持党的基本理论、基本路线、基本纲领、基本经验、基本要求，全心全意为人民服务，具有领导社会主义现代化建设能力，结构合理、团结坚强的领导集体的要求。

应当注重培养选拔优秀年轻干部，注重使用后备干部，用好各年龄段干部。

应当树立注重基层的导向。

第四条　本条例适用于选拔任用中共中央、全国人大常委会、国务院、全国政协、中央纪律检查委员会工作部门或者机关内设机构领导成员，最高人民法院、最高人民检察院领导成员（不含正职）和内设机构领导成员；县级以上地方各级党委、人大常委会、政府、政协、纪委、人民法院、人民检察院及其工作部门或者机关内设机构领导成员；上列工作部门内设机构领导成员。

选拔任用民族区域自治地方党政领导干部，法律法规和政策另有规定的，从其规定。

选拔任用参照公务员法管理的县级以上党委和政府直属事业单位和工会、共青团、妇联等人民团体及其内设机构领导成员，参照本条例执行。

上列机关、单位选拔任用非中共党员领导干部、处级以上非领导职务的干部，参照本条例执行。

第五条 本条例第四条所列范围中选举和依法任免的党政领导职务，党组织推荐、提名人选的产生，适用本条例的规定，其选举和依法任免按照有关法律、章程和规定进行。

第六条 党委（党组）及其组织（人事）部门按照干部管理权限履行选拔任用党政领导干部职责，负责本条例的组织实施。

第二章 选拔任用条件

第七条 党政领导干部应当具备下列基本条件：

（一）自觉坚持以马克思列宁主义、毛泽东思想、邓小平理论、“三个代表”重要思想和科学发展观为指导，努力用马克思主义立场、观点、方法分析和解决实际问题，坚持讲学习、讲政治、讲正气，思想上、政治上、行动上同党中央保持高度一致，经得起各种风浪考验。

（二）具有共产主义远大理想和中国特色社会主义坚定信念，坚决执行党的基本路线和各项方针政策，立志改革开放，献身现代化事业，在社会主义建设中艰苦创业，树立正确政绩观，做出经得起实践、人民、历史检验的实绩。

（三）坚持解放思想，实事求是，与时俱进，求真务实，认真调查研究，能够把党的方针政策同本地区本部门实际相结合，卓有成效开展工作，讲实话，办实事，求实效，反对形式主义。

（四）有强烈的革命事业心和政治责任感，有实践经验，有胜任领导工作的组织能力、文化水平和专业知识。

（五）正确行使人民赋予的权力，坚持原则，敢抓敢管，依法办事，清正廉洁，勤政为民，以身作则，艰苦朴素，勤俭节约，密切联系群众，坚持党的群众路线，自觉接受党和群众批评和监督，加强道德修养，讲党性、重品行、作表率，带头践行社会主义核心价值观，做到自重、自省、自警、自励，反对官僚主义，反对任何滥用职权、谋求私利的不正之风。

(六)坚持和维护党的民主集中制,有民主作风,有全局观念,善于团结同志,包括团结同自己有不同意见的同志一道工作。

第八条 提拔担任党政领导职务的,应当具备下列基本资格:

(一)提任县处级领导职务的,应当具有五年以上工龄和两年以上基层工作经历。

(二)提任县处级以上领导职务的,一般应当具有在下一级两个以上职位任职的经历。

(三)提任县处级以上领导职务,由副职提任正职的,应当在副职岗位工作两年以上,由下级正职提任上级副职的,应当在下级正职岗位工作三年以上。提任处级以上非领导职务的任职年限,按照有关规定执行。

(四)一般应当具有大学专科以上文化程度,其中厅局级以上领导干部一般应当具有大学本科以上文化程度。

(五)应当经过党校、行政院校、干部学院或者组织(人事)部门认可的其他培训机构的培训,培训时间应当达到干部教育培训的有关规定要求。确因特殊情况在提任前未达到培训要求的,应当在提任后一年内完成培训。

(六)具有正常履行职责的身体条件。

(七)符合有关法律规定的资格要求。提任党的领导职务的,还应当符合《中国共产党章程》规定的党龄要求。

第九条 党政领导干部应当逐级提拔。特别优秀或者工作特殊需要的干部,可以突破任职资格规定或者越级提拔担任领导职务。

破格提拔的特别优秀干部,应当德才素质突出、群众公认度高,并且符合下列条件之一:在关键时刻或者承担急难险重任务中经受住考验、表现突出、作出重大贡献;在条件艰苦、环境复杂、基础差的地区或者单位工作实绩突出;在其他岗位上尽职尽责,工作实绩特别显著。

因工作特殊需要破格提拔的干部,应当符合下列情形之一:领导班子结构需要或者领导职位有特殊要求的;专业性较强的岗位或者重要专项工作急需的;艰苦边远地区、贫困地区急需引进的。

破格提拔干部必须从严掌握。不得突破本条例第七条规定的基本条件和第八条第七项规定的资格要求。任职试用期未满或者提拔任职不满一年的,不得破格提拔。不得在任职年限上连续破格。不得越两级提拔。

第十条 拓宽选人视野和渠道,党政领导干部可以从党政机关选拔任用,也可以从党政机关以外选拔任用。地方党政领导班子成员应当注意从担任过县(市、区、旗)、乡(镇、街道)党政领导职务的干部和国有企事业单位领导人员中选拔。

第三章　动　　议

第十一条　党委(党组)或者组织(人事)部门按照干部管理权限,根据工作需要和领导班子建设实际,提出启动干部选拔任用工作意见。

第十二条　组织(人事)部门综合有关方面建议和平时了解掌握的情况,对领导班子进行分析研判,就选拔任用的职位、条件、范围、方式、程序等提出初步建议。

第十三条　初步建议向党委(党组)主要领导成员报告后,在一定范围内进行酝酿,形成工作方案。

第四章　民主推荐

第十四条　选拔任用党政领导干部,必须经过民主推荐。民主推荐包括会议推荐和个别谈话推荐,推荐结果作为选拔任用的重要参考,在一年内有效。

第十五条　领导班子换届,民主推荐按照职位设置全额定向推荐;个别提拔任职,按照拟任职位推荐。

第十六条　领导班子换届,民主推荐由同级党委(党组)主持,应当经过下列程序:

(一)召开推荐会,公布推荐职位、任职条件、推荐范围,提供干部名册,提出有关要求,组织填写推荐表;

(二)进行个别谈话推荐;

(三)对会议推荐和谈话推荐情况进行综合分析;

(四)向上级党委汇报推荐情况。

第十七条　领导班子换届,会议推荐由下列人员参加:

(一)党委成员;

(二)人大常委会、政府、政协党组成员或者全体领导成员;

(三)纪委领导成员;

(四)人民法院、人民检察院主要领导成员;

(五)党委工作部门、政府工作部门、人民团体主要领导成员;

(六)下一级党委和政府主要领导成员;

(七)其他需要参加的人员。

推荐人大常委会、政府、政协领导成员人选,应当有民主党派、工商联主要领导成员和无党派代表人士参加。

参加个别谈话推荐的人员参照上列范围确定,可以适当调整。

第十八条 领导班子换届,根据会议推荐、个别谈话推荐情况和领导班子结构需要,可以差额提出初步名单进行二次会议推荐。二次会议推荐由下列人员参加:

(一)党委成员;

(二)人大常委会、政府、政协党组成员或者全体领导成员;

(三)人民法院、人民检察院主要领导成员;

(四)纪委副书记;

(五)其他需要参加的人员。

第十九条 个别提拔任职的民主推荐程序,可以参照本条例第十六条、第十八条规定进行,也可以先进行个别谈话推荐,根据谈话情况,经党委(党组)或者组织(人事)部门研究,提出初步名单,再进行会议推荐。

第二十条 个别提拔任职,参加民主推荐人员按下列范围执行:

(一)民主推荐地方党政领导班子成员人选,参照本条例第十七条、第十八条规定执行,可以适当调整。

(二)民主推荐工作部门领导成员人选,会议推荐由本部门领导成员、内设机构领导成员、直属单位主要领导成员和其他需要参加的人员参加;本部门人数较少的,可以由全体人员参加。根据实际情况还可以吸收本系统下级单位主要领导成员参加。参加个别谈话推荐的人员参照上列范围确定,可以适当调整。

(三)民主推荐内设机构领导成员人选,参照前项所列范围确定。

第二十一条 个人向党组织推荐领导干部人选,必须负责地写出推荐材料并署名。所推荐人选经组织(人事)部门审核符合条件的,纳入民主推荐范围,缺乏民意基础的,不得列为考察对象。

第二十二条 党委和政府及其工作部门个别特殊需要的领导成员人选,可以由党委(党组)或者组织(人事)部门推荐,报上级组织(人事)部门同意后作为考察对象。

第五章 考 察

第二十三条 确定考察对象,应当根据工作需要和干部德才条件,将民主推荐与平时考核、年度考核、一贯表现和人岗相适等情况综合考虑,充分酝酿,防止把推荐票等同于选举票、简单以推荐票取人。

第二十四条 有下列情形之一的,不得列为考察对象:

(一)群众公认度不高的。

(二)近三年年度考核结果中有被确定为基本称职以下等次的。

（三）有跑官、拉票行为的。

（四）配偶已移居国（境）外；或者没有配偶，子女均已移居国（境）外的。

（五）受到组织处理或者党纪政纪处分影响使用的。

（六）其他原因不宜提拔的。

第二十五条 领导班子换届，由本级党委书记与副书记、分管组织、纪检等工作的常委根据上级党委组织部门反馈的情况，对考察对象人选进行酝酿，本级党委常委会研究提出考察对象建议名单，经与上级党委组织部门沟通后，确定考察对象。对拟新进党政领导班子的考察对象，应当在一定范围内进行公示。

个别提拔任职，由党委（党组）研究确定考察对象。

考察对象一般应当多于拟任职务人数。

第二十六条 对确定的考察对象，由组织（人事）部门按照干部管理权限进行严格考察。

部门与地方双重管理干部的考察工作，由主管方负责，会同协管方进行。

第二十七条 考察党政领导职务拟任人选，必须依据干部选拔任用条件和不同领导职务的职责要求，全面考察其德、能、勤、绩、廉。

突出考察政治品质和道德品行，深入了解理想信念、政治纪律、坚持原则、敢于担当、开展批评和自我批评、行为操守等方面的情况。

注重考察工作实绩，深入了解履行岗位职责、推动和服务科学发展的实际成效。考察地方党政领导班子成员，应当把有质量、有效益、可持续的经济发展和民生改善、社会和谐进步、文化建设、生态文明建设、党的建设等作为考核评价的重要内容，更加重视劳动就业、居民收入、科技创新、教育文化、社会保障、卫生健康等的考核，强化约束性指标考核，加大资源消耗、环境保护、消化产能过剩、安全生产、债务状况等指标的权重，防止单纯以经济增长速度评定工作实绩。考察党政工作部门领导干部，应当把执行政策、营造良好发展环境、提供优质公共服务、维护社会公平正义等作为评价的重要内容。

加强作风考察，深入了解为民服务、求真务实、勤勉敬业、奋发有为，反对形式主义、官僚主义、享乐主义和奢靡之风等情况。

强化廉政情况考察，深入了解遵守廉洁自律有关规定，保持高尚情操和健康情趣，慎独慎微，秉公用权，清正廉洁，不谋私利，严格要求亲属和身边工作人员等情况。

各级党委（党组）应当根据实际，制定具体考察标准。

第二十八条 考察党政领导职务拟任人选，应当保证充足的考察时间，经过下列程序：

(一)组织考察组,制定考察工作方案;

(二)同考察对象呈报单位或者所在单位党委(党组)主要领导成员就考察工作方案沟通情况,征求意见;

(三)根据考察对象的不同情况,通过适当方式在一定范围内发布干部考察预告;

(四)采取个别谈话、发放征求意见表、民主测评、实地走访、查阅干部档案和工作资料、同考察对象面谈等方法,广泛深入地了解情况,根据需要进行民意调查、专项调查、延伸考察;

(五)综合分析考察情况,与考察对象的一贯表现进行比较、相互印证,全面准确地对考察对象作出评价;

(六)向考察对象呈报单位或者所在单位党委(党组)主要领导成员反馈考察情况,并交换意见;

(七)考察组研究提出人选任用建议,向派出考察组的组织(人事)部门汇报,经组织(人事)部门集体研究提出任用建议方案,向本级党委(党组)报告。

第二十九条 考察地方党政领导班子成员拟任人选,个别谈话和征求意见的范围一般为:

(一)党委和政府领导成员,人大常委会、政协、纪委、人民法院、人民检察院主要领导成员;

(二)考察对象所在单位领导成员;

(三)考察对象所在单位有关工作部门或者内设机构和直属单位主要领导成员;

(四)其他有关人员。

第三十条 考察工作部门领导班子成员拟任人选,个别谈话和征求意见的范围一般为:

(一)考察对象上级领导机关有关领导成员;

(二)考察对象所在单位领导成员;

(三)考察对象所在单位内设机构和直属单位主要领导成员;

(四)其他有关人员。

考察内设机构领导职务拟任人选,个别谈话和征求意见的范围参照上列规定执行。

第三十一条 考察党政领导职务拟任人选,应当听取考察对象所在单位组织(人事)部门、纪检监察机关、机关党组织的意见,根据需要可以听取巡视机构和其他相关部门意见。

组织(人事)部门应当就考察对象的党风廉政情况听取纪检监察机关的意见。对拟提拔的考察对象,应当查阅个人有关事项报告情况,必要时可以进行核实。对需要进行经济责任审计的考察对象,应当委托审计部门按照有关规定进行审计。

第三十二条 考察党政领导职务拟任人选,必须形成书面考察材料,建立考察文书档案。已经任职的,考察材料归入本人档案。考察材料必须写实,全面、准确、清楚地反映考察对象的情况,包括下列内容:

(一)德、能、勤、绩、廉方面的主要表现和主要特长;

(二)主要缺点和不足;

(三)民主推荐、民主测评等情况。

第三十三条 党委(党组)或者组织(人事)部门派出的考察组由两名以上成员组成。考察人员应当具有较高素质和相应资格。考察组负责人应当由思想政治素质好、有较丰富工作经验并熟悉干部工作的人员担任。

实行干部考察工作责任制。考察组必须坚持原则,公道正派,深入细致,如实反映考察情况和意见,对考察材料负责,履行干部选拔任用风气监督职责。

第六章 讨 论 决 定

第三十四条 党政领导职务拟任人选,在讨论决定或者决定呈报前,应当根据职位和人选的不同情况,分别在党委(党组)、人大常委会、政府、政协等有关领导成员中进行酝酿。

工作部门领导成员拟任人选,应当征求上级分管领导成员的意见。

非中共党员拟任人选,应当征求党委统战部门和民主党派、工商联主要领导成员、无党派代表人士的意见。

部门与地方双重管理干部的任免,主管方应当事先征求协管方意见,进行酝酿。征求意见一般采用书面形式进行。协管方自收到主管方意见之日起一个月内未予答复的,视为同意。双方意见不一致时,正职的任免报上级党委组织部门协调,副职的任免由主管方决定。

第三十五条 选拔任用党政领导干部,应当按照干部管理权限由党委(党组)集体讨论作出任免决定,或者决定提出推荐、提名的意见。属于上级党委(党组)管理的,本级党委(党组)可以提出选拔任用建议。

对拟破格提拔的人选在讨论决定前,必须报经上级组织(人事)部门同意。越级提拔或者不经过民主推荐列为破格提拔人选的,应当在考察前报告,经批复同意后方可进行。

第三十六条 市(地、州、盟)、县(市、区、旗)党委和政府领导班子正职的拟任人选和推荐人选,一般应当由上级党委常委会提名并提交全委会无记名投票表决;全委会闭会期间急需任用的,由党委常委会作出决定,决定前应当征求全委会成员的意见。

第三十七条 党委(党组)讨论决定干部任免事项,必须有三分之二以上成员到会,并保证与会成员有足够时间听取情况介绍、充分发表意见。与会成员对任免事项,应当发表同意、不同意或者缓议等明确意见。在充分讨论的基础上,采取口头表决、举手表决或者无记名投票等方式进行表决。

党委(党组)有关干部任免的决定,需要复议的,应当经党委(党组)超过半数成员同意后方可进行。

第三十八条 党委(党组)讨论决定干部任免事项,应当按照下列程序进行:

(一)党委(党组)分管组织(人事)工作的领导成员或者组织(人事)部门负责人,逐个介绍领导职务拟任人选的推荐、考察和任免理由等情况,其中涉及破格提拔的人选,应当说明破格的具体情形和理由;

(二)参加会议人员进行充分讨论;

(三)进行表决,以党委(党组)应到会成员超过半数同意形成决定。

第三十九条 需要报上级党委(党组)审批的拟提拔任职的干部,必须呈报党委(党组)请示并附干部任免审批表、干部考察材料、本人档案和党委(党组)会议纪要、讨论记录、民主推荐情况等材料。上级组织(人事)部门对呈报的材料应当严格审查。

需要报上级备案的干部,应当按照规定及时向上级组织(人事)部门备案。

第七章 任 职

第四十条 党政领导职务实行选任制、委任制,部分专业性较强的领导职务可以实行聘任制。聘任办法另行规定。

第四十一条 实行党政领导干部任职前公示制度。

提拔担任厅局级以下领导职务的,除特殊岗位和在换届考察时已进行过公示的人选外,在党委(党组)讨论决定后、下发任职通知前,应当在一定范围内进行公示。公示内容应当真实准确,便于监督,涉及破格提拔的,还应当说明破格的具体情形和理由。公示期不少于五个工作日。公示结果不影响任职的,办理任职手续。

第四十二条 实行党政领导干部任职试用期制度。

提拔担任下列非选举产生的厅局级以下领导职务的,试用期为一年:

（一）党委、人大常委会、政府、政协工作部门副职和内设机构领导职务；

（二）纪委内设机构领导职务；

（三）人民法院、人民检察院内设机构的非国家权力机关依法任命的领导职务。

试用期满后，经考核胜任现职的，正式任职；不胜任的，免去试任职务，一般按试任前职级安排工作。

第四十三条 实行任职谈话制度。对决定任用的干部，由党委（党组）指定专人同本人谈话，肯定成绩，指出不足，提出要求和需要注意的问题。

第四十四条 党政领导职务的任职时间，按照下列时间计算：

（一）由党委（党组）决定任职的，自党委（党组）决定之日起计算；

（二）由党的代表大会、党的委员会全体会议、党的纪律检查委员会全体会议、人民代表大会、政协全体会议选举、决定任命的，自当选、决定任命之日起计算；

（三）由人大常委会或者政协常委会任命或者决定任命的，自人大常委会、政协常委会任命或者决定任命之日起计算；

（四）由党委向政府提名由政府任命的，自政府任命之日起计算。

第八章 依法推荐、提名和民主协商

第四十五条 党委向人民代表大会或者人大常委会推荐需要由人民代表大会或者人大常委会选举、任命、决定任命的领导干部人选，应当事先向人民代表大会临时党组织或者人大常委会党组和人大常委会组成人员中的党员介绍党委推荐意见。人民代表大会临时党组织、人大常委会党组和人大常委会组成人员及人大代表中的党员，应当认真贯彻党委推荐意见，带头依法办事，正确履行职责。

第四十六条 党委向人民代表大会推荐由人民代表大会选举、决定任命的领导干部人选，应当以本级党委名义向人民代表大会主席团提交推荐书，介绍所推荐人选的有关情况，说明推荐理由。

党委向人大常委会推荐由人大常委会任命、决定任命的领导干部人选，应当在人大常委会审议前，按照规定程序提出，介绍所推荐人选的有关情况。

第四十七条 党委向政府提名由政府任命的政府工作部门和机构领导成员人选，在党委讨论决定后，由政府任命。

第四十八条 领导班子换届，党委推荐人大常委会、政府、政协领导成员人选和人民法院院长、人民检察院检察长人选，应当事先向民主党派、工商联主要领导成员和无党派代表人士通报有关情况,进行民主协商。

第四十九条 党委推荐的领导干部人选,在人民代表大会选举、决定任命或者人大常委会任命、决定任命前,如果人大代表或者人大常委会组成人员对所推荐人选提出不同意见,党委应当认真研究,并作出必要的解释或者说明。如果发现有事实依据、足以影响选举或者任命的问题,党委可以建议人民代表大会或者人大常委会按照规定程序暂缓选举、任命、决定任命,也可以重新推荐人选。

政协领导成员候选人的推荐和协商提名,按照政协章程和有关规定办理。

第九章 公开选拔和竞争上岗

第五十条 公开选拔、竞争上岗是党政领导干部选拔任用的方式之一。公开选拔面向社会进行,竞争上岗在本单位或者本系统内部进行,应当从实际出发,合理确定选拔职位、数量和范围。一般情况下,领导职位出现空缺且本地区本部门没有合适人选的,特别是需要补充紧缺专业人才的,可以进行公开选拔;领导职位出现空缺,本单位本系统符合资格条件人数较多且人选意见不易集中的,可以进行竞争上岗。

公开选拔县处级以下领导干部,一般不跨省(自治区、直辖市)进行。

第五十一条 公开选拔、竞争上岗方案设置的条件和资格,应当符合本条例第七条和第八条的规定,不得因人设置资格条件。资格条件突破规定的,应当事先报上级组织(人事)部门审核同意。

第五十二条 公开选拔、竞争上岗工作在党委(党组)领导下进行,由组织(人事)部门组织实施,应当经过下列程序:

(一)公布职位、资格条件、基本程序和方法等;

(二)报名与资格审查,参加公开选拔的应当经所在单位同意;

(三)采取适当方式进行能力和素质测试、测评,比选择优(竞争上岗也可以先进行民主推荐);

(四)组织考察,研究提出人选方案;

(五)党委(党组)讨论决定;

(六)履行任职手续。

第五十三条 公开选拔、竞争上岗应当科学规范测试、测评,突出岗位特点,突出实绩竞争,注重能力素质和一贯表现,防止简单以分数取人。

第十章 交流、回避

第五十四条 实行党政领导干部交流制度。

（一）交流的对象主要是：因工作需要交流的；需要通过交流锻炼提高领导能力的；在一个地方或者部门工作时间较长的；按照规定需要回避的；因其他原因需要交流的。

交流的重点是县级以上地方党委和政府的领导成员，纪委、人民法院、人民检察院、党委和政府部分工作部门的主要领导成员。

（二）地方党委和政府领导成员原则上应当任满一届，在同一职位上任职满十年的，必须交流；在同一职位连续任职达到两个任期的，不再推荐、提名或者任命担任同一职务。

同一地方（部门）的党政正职一般不同时易地交流。

（三）党政机关内设机构处级以上领导干部在同一职位上任职时间较长的，应当进行交流或者轮岗。

（四）经历单一或者缺少基层工作经历的年轻干部，应当有计划地到基层、艰苦边远地区和复杂环境工作。

（五）加强干部交流统筹。推进地区之间、部门之间、地方与部门之间、党政机关与国有企事业单位及其他社会组织之间的干部交流。

（六）干部交流由党委（党组）及其组织（人事）部门按照干部管理权限组织实施，严格把握人选的资格条件。干部个人不得自行联系交流事宜，领导干部不得指定交流人选。同一干部不宜频繁交流。

（七）交流的干部接到任职通知后，应当在党委（党组）或者组织（人事）部门限定的时间内到任。跨地区跨部门交流的，应当同时迁转行政关系、工资关系和党的组织关系。

第五十五条 实行党政领导干部任职回避制度。

党政领导干部任职回避的亲属关系为：夫妻关系、直系血亲关系、三代以内旁系血亲以及近姻亲关系。有上列亲属关系的，不得在同一机关担任双方直接隶属于同一领导人员的职务或者有直接上下级领导关系的职务，也不得在其中一方担任领导职务的机关从事组织（人事）、纪检监察、审计、财务工作。

领导干部不得在本人成长地担任县（市）党委和政府以及纪检机关、组织部门、人民法院、人民检察院、公安部门正职领导成员，一般不得在本人成长地担任市（地、盟）党委和政府以及纪检机关、组织部门、人民法院、人民检察院、公安部门正职领导成员。

第五十六条 实行党政领导干部选拔任用工作回避制度。

党委（党组）及其组织（人事）部门讨论干部任免，涉及与会人员本人及其亲属的，本人必须回避。

干部考察组成员在干部考察工作中涉及其亲属的,本人必须回避。

第十一章　免职、辞职、降职

第五十七条　党政领导干部有下列情形之一的,一般应当免去现职:

(一)达到任职年龄界限或者退休年龄界限的。

(二)受到责任追究应当免职的。

(三)辞职或者调出的。

(四)非组织选派,离职学习期限超过一年的。

(五)因工作需要或者其他原因,应当免去现职的。

第五十八条　实行党政领导干部辞职制度。辞职包括因公辞职、自愿辞职、引咎辞职和责令辞职。

辞职应当符合有关规定,手续依照法律或者有关规定程序办理。

第五十九条　引咎辞职、责令辞职和因问责被免职的党政领导干部,一年内不安排职务,两年内不得担任高于原任职务层次的职务。同时受到党纪政纪处分的,按照影响期长的规定执行。

第六十条　实行党政领导干部降职制度。党政领导干部在年度考核中被确定为不称职的,因工作能力较弱、受到组织处理或者其他原因不适宜担任现职务层次的,应当降职使用。降职使用的干部,其待遇按照新任职务的标准执行。

降职使用的干部重新提拔,按照有关规定执行。

第十二章　纪律和监督

第六十一条　选拔任用党政领导干部,必须严格执行本条例的各项规定,并遵守下列纪律:

(一)不准超职数配备、超机构规格提拔领导干部,或者违反规定擅自设置职务名称、提高干部职级待遇;

(二)不准采取不正当手段为本人或者他人谋取职位;

(三)不准违反规定程序推荐、考察、酝酿、讨论决定任免干部;

(四)不准私自泄露动议、民主推荐、民主测评、考察、酝酿、讨论决定干部等有关情况;

(五)不准在干部考察工作中隐瞒或者歪曲事实真相;

(六)不准在民主推荐、民主测评、组织考察和选举中搞拉票等非组织活动;

(七)不准利用职务便利私自干预下级或者原任职地区、单位干部选拔任用工作;

（八）不准在工作调动、机构变动时，突击提拔、调整干部；

（九）不准在干部选拔任用工作中封官许愿，任人唯亲，营私舞弊；

（十）不准涂改干部档案，或者在干部身份、年龄、工龄、党龄、学历、经历等方面弄虚作假。

第六十二条　加强干部选拔任用工作全程监督，严肃查处违反组织人事纪律的行为。对违反本条例规定的事项，按照有关规定对党委（党组）主要领导成员和有关领导成员、组织（人事）部门有关领导成员以及其他直接责任人作出组织处理或者纪律处分。

对无正当理由拒不服从组织调动或者交流决定的，依照法律及有关规定予以免职或者降职使用。

第六十三条　实行党政领导干部选拔任用工作责任追究制度。凡用人失察失误造成严重后果的，本地区本部门用人上的不正之风严重、干部群众反映强烈以及对违反组织人事纪律的行为查处不力的，应当根据具体情况，追究党委（党组）主要领导成员、有关领导成员、组织（人事）部门和纪检监察机关有关领导成员以及其他直接责任人的责任。

第六十四条　党委（党组）及其组织（人事）部门对干部选拔任用工作和贯彻执行本条例的情况进行监督检查，受理有关干部选拔任用工作的举报、申诉，制止、纠正违反本条例的行为，并对有关责任人提出处理意见或者处理建议。

纪检监察机关、巡视机构按照有关规定，对干部选拔任用工作进行监督检查。

第六十五条　实行组织（人事）部门与纪检监察机关等有关单位联席会议制度，就加强对干部选拔任用工作的监督，沟通信息，交流情况，提出意见和建议。联席会议由组织（人事）部门召集。

第六十六条　党委（党组）及其组织（人事）部门在干部选拔任用工作中，必须严格执行本条例，自觉接受组织监督和群众监督。下级机关和党员、干部、群众对干部选拔任用工作中的违纪违规行为，有权向上级党委（党组）及其组织（人事）部门、纪检监察机关举报、申诉，受理部门和机关应当按照有关规定查核处理。

第十三章　附　　则

第六十七条　本条例对工作部门的规定，同时适用于办事机构、派出机构、特设机构以及其他直属机构。

第六十八条　选拔任用乡（镇、街道）的党政领导干部，由省、自治区、直辖市党委根据本条例制定相应的实施办法。

第六十九条 中国人民解放军和中国人民武装警察部队领导干部的选拔任用办法,由中央军事委员会根据本条例的原则规定。

第七十条 本条例由中共中央组织部负责解释。

第七十一条 本条例自发布之日起施行。2002 年 7 月 9 日中共中央印发的《党政领导干部选拔任用工作条例》同时废止。

干部教育培训工作条例

（中共中央2015年10月14日印发）

第一章　总　　则

第一条　为了推进干部教育培训工作科学化、制度化、规范化，培养造就高素质干部队伍，依据《中国共产党章程》、《中华人民共和国公务员法》和其他有关法律法规，制定本条例。

第二条　干部教育培训是建设高素质干部队伍的先导性、基础性、战略性工程，在推进中国特色社会主义伟大事业和党的建设新的伟大工程中具有不可替代的重要作用。干部教育培训工作必须坚持以马克思列宁主义、毛泽东思想、邓小平理论、“三个代表”重要思想、科学发展观为指导，深入贯彻习近平总书记系列重要讲话精神，紧紧围绕全面建成小康社会、全面深化改革、全面依法治国、全面从严治党的战略布局，以坚定理想信念、增强执政意识、提高执政能力为重点，把“三严三实”要求贯穿干部教育培训全过程，培养造就信念坚定、为民服务、勤政务实、敢于担当、清正廉洁的好干部，推动学习型、服务型、创新型马克思主义执政党建设和学习型社会建设，推进国家治理体系和治理能力现代化，为不断夺取中国特色社会主义新胜利、实现中华民族伟大复兴的中国梦提供思想政治保证、人才保证和智力支持。

第三条　本条例适用于党的机关、人大机关、行政机关、政协机关、审判机关、检察机关，以及列入公务员法实施范围的其他机关和参照公务员法管理的机关（单位）的干部教育培训工作。

国有企业、不参照公务员法管理的事业单位结合各自特点执行本条例。

第四条　干部教育培训工作应当遵循下列原则：

（一）服务大局，按需施教。始终坚持社会主义办学方向，紧紧围绕党和国家事业发展需要，结合干部岗位职责和健康成长需求，开展教育培训，全面提高质量和效益。

（二）以德为先，注重能力。贯彻干部队伍革命化、年轻化、知识化、专业化方针，坚持德才兼备、以德为先，突出理想信念教育和党性党规党纪教育，将能力培养贯穿始终，全面提高干部德才素质和履职能力。

(三)分类分级,全员培训。按照干部管理权限组织实施教育培训,把教育培训的普遍性要求与不同类别、不同层次、不同岗位干部的特殊需要结合起来,增强针对性,确保全覆盖。

(四)联系实际,学以致用。大力弘扬马克思主义学风,围绕中心工作,以问题为导向开展教育培训,引导干部在改造主观世界的同时,运用所学理论和知识指导实践、推动工作。

(五)与时俱进,改革创新。适应形势任务发展变化,遵循干部成长规律和干部教育培训规律,坚持开放办学,完善培训内容,改进培训方式,整合培训资源,优化培训队伍,不断推进干部教育培训理论创新、实践创新、制度创新。

(六)依法治教,从严管理。建立健全干部教育培训法规制度,依法依规开展干部教育培训,从严治校、从严治教、从严治学,保持良好的教学秩序和学习风气。

第二章　管 理 体 制

第五条　全国干部教育培训工作实行在党中央领导下,由中央组织部主管,中央和国家机关有关工作部门分工负责,中央和地方分级管理的体制。

第六条　中央组织部履行全国干部教育培训工作的整体规划、制度建设、宏观指导、协调服务、督促检查等职能。

全国干部教育联席会议成员单位按照职责分工,负责相关的干部教育培训工作。

中央和国家机关各部门负责指导本行业本系统的业务培训。

第七条　地方各级党委领导本地区干部教育培训工作,贯彻执行党和国家干部教育培训工作的方针政策,把干部教育培训工作纳入本地区经济社会发展规划,统筹研究部署。

地方各级党委组织部主管本地区干部教育培训工作。地方各级干部教育领导小组或者联席会议成员单位按照职责分工,负责相关的干部教育培训工作。

第八条　干部所在单位按照干部管理权限,负责组织实施本单位的干部教育培训工作。

开展干部教育培训工作情况应当作为领导班子考核的重要内容。干部所在单位未按规定履行干部教育培训职责的,由干部教育培训管理部门责令其限期整改,并在一定范围内给予通报批评。

第九条　垂直管理部门的干部教育培训工作由部门负责。

双重管理单位的干部教育培训工作由主管方负责;经协商,也可以由协管方负责。

第十条 党委和政府工作部门抽调下级党委和政府领导班子成员参加培训,必须报同级干部教育培训主管部门审批,避免多头调训和重复培训。

第十一条 各级党委和政府及其有关工作部门、干部教育培训机构、干部所在单位和干部本人必须严格执行本条例,自觉接受组织监督、群众监督、社会监督。

干部教育培训主管部门会同有关部门对干部教育培训工作和贯彻执行本条例情况进行监督检查,制止和纠正违反本条例的行为,并对有关责任人员提出处理意见和建议。

第三章 教育培训对象

第十二条 干部有接受教育培训的权利和义务。

第十三条 干部教育培训的对象是全体干部,重点是县处级以上党政领导干部和优秀中青年干部。

第十四条 干部应当根据不同情况参加相应的教育培训:

(一)贯彻落实党和国家重大决策部署的集中轮训;

(二)党的基本理论和党性教育的专题培训;

(三)新录(聘)用的初任培训;

(四)晋升领导职务的任职培训;

(五)在职期间的岗位培训;

(六)从事专项工作的专门业务培训;

(七)其他培训。

第十五条 省部级、厅局级、县处级党政领导干部应当每5年参加党校、行政学院、干部学院,以及干部教育培训管理部门认可的其他培训机构累计3个月或者550学时以上的培训。提拔担任领导职务的,确因特殊情况在提任前未达到教育培训要求的,应当在提任后1年内完成培训。干部教育培训管理部门应当作出规划,统筹安排。

其他干部参加教育培训的时间,根据有关规定和工作需要确定,每年累计不少于12天或者90学时。

第十六条 干部必须严格遵守教育培训的规章制度,严格遵守学习培训和廉洁自律各项规定,完成规定的教育培训任务。

干部因故未按规定参加教育培训或者未达到教育培训要求的,应当及时补训。干部教育培训考核不合格的,年度考核不得确定为优秀等次。对无正当理由不参加教育培训的,给予批评教育直至组织处理。干部弄虚作假获取培训经历、学历或者学位的,按照有关规定严肃处理。

第十七条 干部在参加组织选派的脱产教育培训期间,一般应当享受在岗同等待遇,一般不承担所在单位的日常工作、出国(境)考察等任务。因特殊情况确需请假的,必须严格履行手续。

第十八条 干部个人参加社会化培训,费用一律由本人承担,不得由财政经费和单位经费报销,不得接受任何机构和他人的资助或者变相资助。

第四章 教育培训内容

第十九条 干部教育培训坚持以理想信念、党性修养、政治理论、政策法规、道德品行教育培训为重点,并注重业务知识、科学人文素养等方面教育培训,全面提高干部素质和能力。

第二十条 政治理论教育重点开展马克思列宁主义、毛泽东思想、邓小平理论、"三个代表"重要思想、科学发展观和习近平总书记系列重要讲话精神教育培训,加强党的路线方针政策、社会主义核心价值观、党史国史、国情形势等教育培训,引导干部坚定共产主义远大理想和中国特色社会主义共同理想,增强中国特色社会主义道路自信、理论自信、制度自信,提高运用马克思主义立场、观点、方法分析解决实际问题的能力,增强领导改革开放和社会主义现代化建设的本领。

对党员干部,必须加强党性教育,重点开展党章、党的宗旨、党规党纪、党的优良传统、党风廉政建设等教育培训,引导党员干部增强党的意识、宗旨意识、执政意识、大局意识、责任意识、规矩意识,做到对党忠诚、个人干净、敢于担当。

对党外干部,也应当根据其特点,开展相应的政治理论教育。

第二十一条 政策法规教育重点加强宪法法律和党内法规教育,开展党中央关于经济建设、政治建设、文化建设、社会建设、生态文明建设和党的建设等方面重大决策部署的培训,提高干部科学执政、民主执政、依法执政水平。

开展总体国家安全观教育,增强干部国家安全意识和推进国家安全建设的本领。

第二十二条 业务知识培训应当根据干部岗位特点和工作要求,有针对性地开展履行岗位职责所必备知识的培训,加强各种新知识新技能的教育培训,帮助干部提高专业素养和实际工作能力。

第二十三条 科学人文素养教育应当按照提高干部综合素质的要求,开展哲学、历史、科技、文学、艺术和军事、外交、民族、宗教、保密、心理健康等方面教育培训,帮助干部加快知识更新、优化知识结构、拓宽眼界视野。

第五章　教育培训方式方法

第二十四条　干部教育培训以脱产培训、党委(党组)中心组学习、网络培训、在职自学等方式进行。

第二十五条　脱产培训以组织调训为主。干部教育培训管理部门负责制定干部调训计划,选调干部参加脱产培训,对重要岗位的干部可以实行点名调训。干部所在单位按照计划完成调训任务。干部必须服从组织调训。

第二十六条　坚持和完善党委(党组)中心组学习制度。中心组学习应当以党的理论和路线方针政策为基本内容,在自学和调研基础上保证每个季度不少于1次集体学习研讨。

第二十七条　充分运用现代信息技术,完善网络培训制度,建立兼容、开放、共享、规范的干部网络培训体系。提高干部教育培训教学和管理信息化水平,用好大数据、“互联网+”等技术手段。

第二十八条　建立健全干部在职自学制度。干部所在单位应当支持鼓励干部在职自学,并提供必要条件。

第二十九条　严格规范和改进境外培训工作。干部教育培训管理部门应当根据工作需要,突出重点、注重实效,择优选派培训对象,合理确定培训机构,严格培训过程管理和效果评价。

第三十条　干部教育培训应当根据内容要求和干部特点,综合运用讲授式、研讨式、案例式、模拟式、体验式等教学方法,实现教学相长、学学相长。

引导和支持干部教育培训方式方法创新。

第六章　教育培训机构

第三十一条　加强干部教育培训机构建设,构建分工明确、优势互补、布局合理、竞争有序的干部教育培训机构体系。充分发挥党校、行政学院、干部学院在干部教育培训中的主渠道、主阵地作用。加强社会主义学院建设。

第三十二条　党校、行政学院、干部学院和社会主义学院应当坚持功能定位,突出办学特色,按照职能分工开展干部教育培训工作。

部门和行业系统干部教育培训机构,应当按照各自职责,提升专业化办学水平,做好本部门和本行业本系统的干部教育培训工作。

干部教育培训管理部门可以委托符合条件的高等学校、科研院所、社会培训机构等承担干部教育培训任务。

各类干部教育培训机构应当加强交流合作,通过联合办学等方式,促进资源优化配置,增强办学活力和实力。

充分发挥现场教学基地作用,统筹规划、规范管理,提升教学质量。

第三十三条 干部教育培训机构必须贯彻执行党和国家干部教育培训方针政策和法律法规。对违反规定的,由干部教育培训主管部门责令限期整改;逾期不改的,给予通报批评;情节严重的,由有关部门对负有主要责任的领导人员和直接责任人员给予纪律处分。

第三十四条 干部教育培训机构应当以教学为中心,深化教学改革,完善培训内容,科学设置培训班次和学制,优化学科结构,改进课程设计,创新教学方法,提高教学水平。

第三十五条 各级党委和政府应当加强干部教育培训机构的领导班子建设,改善干部教育培训机构的基础设施和办学条件。

各级党委和政府应当坚持办好基础较好、优势明显的干部教育培训机构,调整、整顿不具备办学能力和条件的干部教育培训机构。

第三十六条 实行干部教育培训机构准入制度。高等学校、科研院所、社会培训机构等承担干部教育培训任务,必须获得干部教育培训管理部门的资质认可。干部教育培训管理部门应当制定和公布相应的准入标准。不得组织干部到没有资质的教育培训机构培训。

培育和规范干部教育培训市场,引导和推动教育培训机构积极参与、规范运作、优化服务、提高质量,逐步形成由干部教育培训主管部门指导、公开平等、竞争有序、能进能出的干部教育培训市场机制。规范干部教育培训收费标准,严禁借干部教育培训之名谋取不当利益。

第三十七条 实行干部教育培训项目管理制度。干部教育培训管理部门可以采取直接委托、招标投标等方式,确定承担教育培训任务的教育培训机构。

第三十八条 加强干部教育培训管理者队伍建设,加强培养,严格管理,促进交流,优化结构,提高素质。

加强干部教育培训理论研究。

第七章 师资、课程、教材、经费

第三十九条 按照政治合格、素质优良、规模适当、结构合理、专兼结合的原则,建设高素质干部教育培训师资队伍。

第四十条 从事干部教育培训工作的教师,必须对党忠诚、政治坚定,严守纪律、严谨治学,具有良好的职业道德修养、较高的理论政策水平、扎实的专业知识基础,有一定的实际工作经验,掌握现代教育培训理论和方法,具备胜任教学、科研工作的能力。

第四十一条 从事干部教育培训工作的教师，应当联系实际开展教学，有的放矢，力戒空谈，严守讲坛纪律，不得传播违反党的理论和路线方针政策、违反中央决定的错误观点。对违反讲坛纪律的，给予批评教育直至纪律处分。

第四十二条 实行专职教师职务聘任和竞争上岗制度，通过考核、奖惩和教育培训，加强专职教师队伍建设。

建立专职教师知识更新机制和实践锻炼制度，保证专职教师每年参加教育培训的时间累计不少于1个月。逐步建立符合干部教育培训特点的师资队伍考核评价体系。

第四十三条 选聘思想政治素质过硬、实践经验丰富、理论水平较高的领导干部、企业经营管理人员、专家学者和先进模范人物、优秀基层干部等担任兼职教师，充分发挥兼职教师的作用。

建立健全领导干部上讲台制度。县级以上党政领导班子成员特别是主要领导干部应当带头到党校、行政学院、干部学院、社会主义学院和高等学校等授课。

第四十四条 中央组织部和各省、自治区、直辖市党委组织部应当建立完善干部教育培训师资库。有条件的地区和部门可以根据工作需要建立干部教育培训师资库。

第四十五条 建立完善干部教育培训课程开发和更新机制，构建富有时代特征和实践特色、务实管用的干部教育培训课程体系。

第四十六条 加强精品课程建设，重点开发体现马克思主义中国化最新成果、反映各领域理论和实践创新的精品课程。

建立国家级和省级干部教育培训精品课程库，实现优质课程资源共享。

第四十七条 适应不同类别干部教育培训的需要，着眼于提高干部综合素质和能力，逐步建立开放的、形式多样的、具有时代特色的干部教育培训教材体系。

第四十八条 坚持干部教育培训教材的开发和利用相结合，做到与时俱进、科学规划、编审分开、讲求实效。

第四十九条 加强干部教育培训教材编写、出版、发行、使用的管理和监督。

全国干部培训教材编审指导委员会负责组织制定干部教育培训教材建设规划，审定全国干部教育培训教材。有关地方、部门和机构按照教材建设规划的要求，可以编写符合需要、各具特色的干部教育培训教材，积极选用中央有关部门组织编写、推荐的权威教材和学习读本，并可以选用国内外优秀出版物。

第五十条 干部教育培训经费列入各级政府年度财政预算，保证干部教育培训工作需要。

加强干部教育培训经费管理,厉行节约,勤俭办学,提高经费使用效益。

第五十一条 加大对革命老区、民族地区、边疆地区、贫困地区干部教育培训支持力度,推动优质培训资源向基层延伸倾斜。

第八章 考核与评估

第五十二条 建立干部教育培训考核和激励机制。干部接受教育培训情况应当作为干部考核的内容和任职、晋升的重要依据。

第五十三条 干部教育培训考核的内容包括干部的学习态度和表现,理论、知识掌握程度,党性修养和作风养成情况,以及解决实际问题的能力等。

第五十四条 干部教育培训考核应当区分不同教育培训方式分别实施。脱产培训的考核,由主办单位和干部教育培训机构实施;网络培训和境外培训的考核,由主办单位和干部所在单位实施。

干部教育培训实行登记管理。各级干部教育培训主管部门和干部所在单位应当按照干部管理权限,建立完善干部教育培训档案,如实记载干部参加教育培训情况和考核结果。

建立健全跟班管理制度,加强对干部学习培训的考核与监督。

第五十五条 组织(人事)部门在干部年度考核、任用考察时,应当将干部接受教育培训情况作为一项重要内容。干部参加脱产培训情况应当记入干部年度考核表,参加2个月以上的脱产培训情况应当记入干部任免审批表。

第五十六条 建立健全干部教育培训评估制度,加强对干部教育培训机构、项目及课程的评估。

第五十七条 干部教育培训管理部门负责对干部教育培训机构进行评估,也可以委托干部教育培训管理部门认可的机构进行评估。

干部教育培训机构评估的内容包括办学方针、培训质量、师资队伍、组织管理、学风建设、基础设施、经费管理等。

干部教育培训管理部门应当充分运用评估结果,指导干部教育培训机构改进工作。

第五十八条 干部教育培训项目评估由项目委托方组织实施。

项目评估的内容包括培训设计、培训实施、培训管理、培训效果等。

评估结果应当作为评价教育培训机构办学质量的重要标准,作为确定教育培训机构承担培训任务的重要依据。

第五十九条 干部教育培训课程评估由教育培训机构组织实施。

课程评估的内容包括教学态度、教学内容、教学方法、教学效果等。

教育培训机构应当将评估结果作为指导教学部门和教师改进教学的重要依据。

第九章　附　　则

第六十条　中国人民解放军和中国人民武装警察部队的干部教育培训办法，由中央军事委员会根据本条例的基本精神制定。

第六十一条　本条例由中央组织部负责解释。

第六十二条　本条例自2015年10月14日起施行。2006年1月21日中共中央印发的《干部教育培训工作条例(试行)》同时废止。

关于加强基层服务型党组织建设的意见

(中共中央办公厅2014年1月25日印发)

党的基层组织是党全部工作和战斗力的基础,是团结带领群众贯彻党的理论和路线方针政策、落实党的任务的战斗堡垒,长期以来在推动发展、服务群众、凝聚人心、促进和谐中发挥了重要作用。新形势下,基层党组织服务群众、做群众工作的任务更为繁重,这对强化基层党组织的服务功能提出了新的要求。党的十八大作出创新基层党建工作,加强基层服务型党组织建设的重大部署;党的十八届三中全会强调充分发挥基层党组织的战斗堡垒作用,为全面深化改革作出积极贡献。为认真贯彻落实党的十八大和十八届三中全会精神,加强基层服务型党组织建设,现提出如下意见。

一、基层服务型党组织建设的重要意义和总体要求

(1)建设基层服务型党组织,是建设学习型、服务型、创新型马克思主义执政党的基础工程,对于密切党同人民群众的血肉联系,提高党的执政能力、夯实党的执政基础,具有重要意义。随着我国经济社会深刻变革,群众服务需求日益增多,特别是发展进入新阶段,改革进入攻坚期和深水区,许多改革发展稳定举措直接关系群众切身利益。面对新形势新任务,基层党组织要转变工作方式、改进工作作风,把服务作为自觉追求和基本职责,寓领导和管理于服务之中,通过服务贴近群众、团结群众、引导群众、赢得群众。各级党组织要充分认识加强基层服务型党组织建设的重要性紧迫性,以服务型党组织建设引领基层党建工作,使服务成为基层党组织建设的鲜明主题,推动基层党组织在强化服务中更好地发挥领导核心和政治核心作用,使党的执政基础深深植根于人民群众之中。

(2)建设基层服务型党组织,要高举中国特色社会主义伟大旗帜,以邓小平理论、"三个代表"重要思想、科学发展观为指导,以服务群众、做群众工作为主要任务,以改革创新为动力,以群众满意为根本标准,围绕中心、服务大局,分类指导、统筹兼顾,大力推进基层党组织强化服务功能、改进服务作风、提高服务能力、完善服务保障,不断增强创造力凝聚力战斗力,充分发挥基层党组织战斗堡垒作用和党员先锋模范作用,促进全面深化改革,为全面建成小康社会、实现中华民族伟大复兴的中国梦提供坚强组织保证。

(3)建设基层服务型党组织,要坚持服务改革、服务发展、服务民生、服务群众、服务党员。服务改革,就是贯彻落实中央关于全面深化改革的重大决策部署,做好宣传引导、统一思想工作,协调处理改革涉及的群众切身利益问题,组织动员广大党员和群众理解改革、支持改革、参与改革,为推进改革贡献力量。服务发展,就是深入贯彻落实科学发展观,凝聚发展力量,营造发展环境,提供发展动力,促进经济持续健康发展。服务民生,就是贯彻落实党的惠民利民政策,为谋民生之利、解民生之忧创造条件,为解决群众上学、看病、就业、养老、住房等实际困难提供服务,推动基层社会治理创新,主动化解社会矛盾,促进社会和谐稳定。服务群众,就是自觉践行党的根本宗旨和群众路线,既认真倾听群众意见,维护群众利益,按照群众的需求和意愿提供服务,又充分运用民主协商、耐心说服和典型示范等方法教育引导群众,团结带领群众共同创造幸福美好生活。服务党员,就是尊重党员主体地位,保障党员民主权利,健全党内激励关怀帮扶机制,从思想、工作、生活上关心党员,尤其要帮助老党员、生活困难党员和流动党员解决实际问题,增强党员的归属感、光荣感、责任感,激发党员服务群众内在动力。

(4)建设基层服务型党组织,要达到"六有"目标:一是有坚强有力的领导班子,建设服务意识强、服务作风好、服务水平高的党组织领导班子;二是有本领过硬的骨干队伍,培养带头服务、带领服务、带动服务的党员干部队伍;三是有功能实用的服务场所,建设便捷服务、便利活动、便于议事的综合阵地;四是有形式多样的服务载体,创新贴近基层、贴近实际、贴近群众的工作抓手;五是有健全完善的制度机制,形成规范化、常态化、长效化的工作制度;六是有群众满意的服务业绩,取得群众欢迎、群众受益、群众认可的实际成效。经过 3 至 5 年努力,使基层党组织服务意识明显增强、服务能力明显提高、服务成效明显提升,各领域涌现出一大批符合"六有"目标的基层服务型党组织。

二、基层服务型党组织建设的主要任务

各领域基层党组织要牢牢把握建设基层服务型党组织的总体要求,全面履行党章赋予的职责,自觉按照民主集中制办事,找准开展服务、发挥作用的着力点,不断提升服务水平。

(5)强化服务功能。农村党组织要围绕推动科学发展、带领农民致富、密切联系群众、维护农村稳定搞好服务,引导农民进行合作经营、联户经营,开展逐户走访、包户帮扶,及时办理反馈群众诉求,帮助群众和困难党员解决生产生活、增收致富中的实际问题。国有企业党组织要围绕生产经营和队伍建设搞好服务,保障职工参与管理和监督的民主权利,建立职工诉求办理制度,开展人文关怀和心理疏导,组织党员和职工为企业改革发展建言献策。街道、社区党组织要围绕建设文明和谐社区搞好服务,定期开展民情恳谈,组织在职党员到社区报到、为群众服务,开展群众喜闻乐见的文化活动。机关党组织要围绕服务中心、建设队伍搞好服务,落实党员干部直接联系群众制度,推动机关干部深入基层、服务基层、转变作风。高校党组织要围绕立德树人、促进学生德智体美全面发展搞好服务,把思想教育与解决实际问题结合起来,搭建师生成长发展平台,引导广大师生讲理想跟党走、爱学习爱劳动爱祖国,培养中国特色社会主义事业合格建设者和可靠接班人。事业单位党组织要围绕深化分类改革、促进事业发展搞好服务,做好思想政治工作,激发党员和各类人才创新创造活力,推动公益服务水平不断提升。非公有制企业党组织要围绕促进生产经营、维护各方合法权益搞好服务,在职工群众中发挥政治核心作用,在企业发展中发挥政治引领作用。社会组织党组织要围绕凝聚群众、激发活力、促进发展搞好服务,引领社会组织坚持正确政治方向,发挥提供服务、反映诉求、规范行为的作用。

(6)健全组织体系。适应服务对象、服务内容、服务方式的变化和需求,优化组织设置,扩大组织覆盖。农村在以建制村为主设置党组织的基础上,在农民专业合作社、专业协会、产业链全面建立党组织。城市在依托街道、社区设置党组织的同时,在片区、楼宇和流动党员集中点建立党组织,在社区居民中按照志向相投、兴趣相近、活动相似的不同群体建立党组织。非公有制企业和社会组织等领域,采取单独组建、区域联建、行业统建等方式建立党组织,加快推进党的组织和工作覆盖。探索建立网络党组织,通过 QQ 群、微博客、微信等开展党的活动,拓宽党建工作网络阵地。推行区域化党建,可以由街道、社区党组织与辖区内单位党组织共同组建区域性党组织,也可以依托居民区、商务区、开发区等组建区域性党组织,合理划分服务网格,组建网格服务团队,做到有群众的地方就有党组织提供服务。

(7)建设骨干队伍。加强基层党组织领导班子特别是书记队伍建设,创新选拔培养机制,采取上级选派、跟踪培养、群众推荐等方式,选拔党性强、能力强、改革意识强、服务意识强的党员担任党组织书记。选派得力党员干部到软弱涣散基层党组织和贫困村党组织担任书记或第一书记。加强基层党组织书记教育培训和监督管理,引导他们提高为民服务本领,强化廉洁履职意识;分级负责、分类培训,用 2 至 3 年时间,把各领域党组织书记轮训一遍。加强党务工作者队伍建设,配强乡镇、街道党务工作力量,充实机关、事业单位专职党务工作者,加大非公有制企业党建工作指导员选派力度,引导他们专心致志做好本职工作、履行服务职责。加强党员队伍建设,做好发展党员和培训工作,注重把党员培养成服务骨干,严格党员日常教育管理,促使他们保持先进性和纯洁性。教育引导基层干部和广大党员增强服务意识，改进工作作风，密切联系群众，主动服务群众，扎扎实实为群众做好事、办实事、解难事。

（8）创新服务载体。围绕群众多样化需求，坚持立足实际、尽力而为，运用多种形式和手段开展服务。依托基层组织活动场所，坚持一室多用，丰富活动载体，推广机关干部下基层、结对帮扶、为民服务全程代理、一站式服务、窗口单位为民服务创先争优等做法，深入开展党员示范岗、党员责任区、党员承诺践诺等活动，为服务群众创造条件、提供动力。推行网络服务，推动基层党建信息化工作平台和网上民生服务平台整合，加快全国党员信息库建设，充分运用共产党员网、农村党员干部现代远程教育网、党员干部手机信息系统等开展服务。

（9）构建服务格局。基层党组织要带动群众组织、自治组织和社会组织开展服务，协调面向基层的公共服务、市场服务和社会服务。深入开展以服务为主题的党建带工建、带团建、带妇建活动，充分发挥群众组织服务作用。建立健全各级党代会代表联系党员服务群众制度，广泛开展以党员为骨干的各类志愿服务，组织各类专业人才和实用人才开展服务，培养群众服务骨干，引导群众参与服务、自我服务、互相服务，形成以党组织为核心、全社会共同参与的服务格局。

三、基层服务型党组织建设的方法措施

基层服务型党组织建设面临的情况千差万别，任务十分繁重。要坚持统筹协调，积极探索实践，改进方法措施，有重点、有计划、有步骤地推进工作落实。

（10）精心谋划设计。各地区各行业系统要在深入调研、摸清底数的基础上，统筹考虑基层服务型党组织建设各个方面、各个层次、各个要素，研究谋划本地区本行业系统的基本思路、总体布局和推进步骤，制定实施意见和工作方案。坚持从实际出发，根据各领域基层党组织职能定位、不同特点和工作基础，因地制宜、分类指导，提出切合实际的具体目标和工作措施。坚持统筹谋划，通盘考虑，把基层服务型党组织建设与全面深化改革结合起来，与完成本地区本单位中心任务结合起来，使各项工作衔接紧凑、推进有序。

（11）突破重点难点。针对地区之间、领域之间、机关与基层之间的不同情况，找准需要解决的突出问题，重点解决组织设置是否合理、隶属关系是否顺畅、领导班子是否健全、工作制度是否完善、经费场所保障是否落实，以及基层党组织和党员干部宗旨意识牢不牢、工作作风好不好、服务能力强不强等问题，坚持什么问题突出就着重解决什么问题，什么问题紧迫就抓紧解决什么问题。要在不断解决问题中剖析根源、把握规律，特别对普遍存在、反复出现、长期得不到解决的问题，注重从体制机制、组织领导等方面查找原因、研究解决，以重点难点问题的突破带动整体工作不断提升。

(12)坚持上下联动。整合各级各方面力量和资源,综合协调,以上带下,多方面配合,多措施并举,帮助基层党组织解决困难和问题。各系统各部门给基层安排任务,要按照权随责走、费随事转原则,提供相应的资金和资源,并以基层组织为主渠道落实到位。推行部门包村、企业联村、村居共建,实现城乡基层党组织优势互补、资源共享。引导区域内不同类型党组织共创共建,实行强村带弱村、中心村辐射周边村,组织基层干部跨区域挂职培训锻炼。加强对革命老区、民族地区、边疆地区、贫困地区基层党组织建设的支持。

(13)强化典型带动。善于发现和培育典型,充分发挥先进典型在建设基层服务型党组织中的引领带动作用。各地区各领域都要挖掘一批叫得响、立得住、群众公认的先进典型,为基层党组织树标杆、作样板。尊重基层首创精神,鼓励基层立足实际积极探索,及时总结经验,加大推广力度,用基层经验推动基层工作。充分运用各类媒体,大力宣传基层服务型党组织建设的好经验好做法,加强对基层党员干部的正面宣传,形成良好舆论导向,积聚推动基层服务型党组织建设的正能量。

(14)跟踪督查考核。加大督促检查和跟踪落实力度,建立基层服务型党组织考核制度,实行分类考核、动态管理。各地区各部门党组织要本着简便易行、务实管用的原则,制定评价体系和考核办法,按照基层自评、群众测评、组织考评的步骤进行考核,加大群众对基层党组织和党员干部服务评价权重。要把考核结果作为对党组织工作业绩评价的重要内容。垂直管理部门党组织对基层单位党组织考核评价,要坚持条块结合,既要听取系统内干部群众意见,又要听取所在地党组织和服务对象意见。

四、加强组织领导

加强基层服务型党组织建设是各级党组织的重要责任。要在党委统一领导下,组织部门牵头协调,行业系统具体指导,有关部门密切配合,形成推进基层服务型党组织建设的整体合力,并同学习型党组织创建活动紧密结合起来。

(15)强化领导责任。坚持书记抓、抓书记,建立并落实市、县、乡党委书记基层党建工作述职评议考核制度,把服务型党组织建设作为主要内容,每年组织开展一次专项述职和评议考核,上级党委组织部门要派人参加专项述职。各级机关和各行业系统党委(党组)要建立相应的述职评议考核制度。各级党员领导干部要带头建立基层服务型党组织建设联系点,经常深入基层调查研究、指导工作。

(16)层层分解任务。省(自治区、直辖市)和市(地、州、盟)党委要抓好基层服务型党组织建设的总体规划、资源统筹、宏观指导和督促检查。县(市、区、旗)

党委要制定具体实施意见，细化政策措施，搞好组织协调，指导探索创新，破解工作难题。乡镇党委、街道党（工）委要加强自身建设，发挥示范带动作用，抓好村、社区服务型党组织建设。各行业系统党委（党组）要同地方党组织密切配合，帮助基层解决实际困难。

（17）关心支持基层。坚持重心下移、资源下沉，使基层党组织有资源有能力为群众服务。按照有关规定全面落实基层党组织书记、专职党务工作者报酬待遇和基本养老、医疗保险等社会保障待遇，加大从优秀村干部中考录乡镇公务员和乡镇领导干部力度，使他们工作有待遇、干好有发展、退后有保障。建立稳定的经费保障制度，把村、社区党组织工作经费纳入财政预算，支持基层党组织活动场所、服务设施建设和便民利民举措，为基层党组织开展工作、服务群众创造良好条件。

中国共产党发展党员工作细则

(中共中央办公厅2014年5月28日印发)

第一章　总　　则

第一条　为了规范发展党员工作,保证新发展的党员质量,保持党的先进性和纯洁性,根据《中国共产党章程》和党内有关规定,制定本细则。

第二条　党的基层组织应当把吸收具有马克思主义信仰、共产主义觉悟和中国特色社会主义信念,自觉践行社会主义核心价值观的先进分子入党,作为一项经常性重要工作。

第三条　发展党员工作应当贯彻党的基本理论、基本路线、基本纲领、基本经验、基本要求,按照控制总量、优化结构、提高质量、发挥作用的总要求,坚持党章规定的党员标准,始终把政治标准放在首位;坚持慎重发展、均衡发展,有领导、有计划地进行;坚持入党自愿原则和个别吸收原则,成熟一个,发展一个。

禁止突击发展,反对"关门主义"。

第二章　入党积极分子的确定和培养教育

第四条　党组织应当通过宣传党的政治主张和深入细致的思想政治工作,提高党外群众对党的认识,不断扩大入党积极分子队伍。

第五条　年满十八岁的中国工人、农民、军人、知识分子和其他社会阶层的先进分子,承认党的纲领和章程,愿意参加党的一个组织并在其中积极工作、执行党的决议和按期交纳党费的,可以申请加入中国共产党。

第六条　入党申请人应当向工作、学习所在单位党组织提出入党申请,没有工作、学习单位或工作、学习单位未建立党组织的,应当向居住地党组织提出入党申请。

流动人员还可以向单位所在地党组织或单位主管部门党组织提出入党申请,也可以向流动党员党组织提出入党申请。

第七条　党组织收到入党申请书后,应当在一个月内派人同入党申请人谈话,了解基本情况。

第八条　在入党申请人中确定入党积极分子,应当采取党员推荐、群团组织推优等方式产生人选,由支部委员会(不设支部委员会的由支部大会,下同)研究决定,并报上级党委备案。

第九条 党组织应当指定一至两名正式党员作入党积极分子的培养联系人。培养联系人的主要任务是:

(一)向入党积极分子介绍党的基本知识;

(二)了解入党积极分子的政治觉悟、道德品质、现实表现和家庭情况等,做好培养教育工作,引导入党积极分子端正入党动机;

(三)及时向党支部汇报入党积极分子情况;

(四)向党支部提出能否将入党积极分子列为发展对象的意见。

第十条 党组织应当采取吸收入党积极分子听党课、参加党内有关活动,给他们分配一定的社会工作以及集中培训等方法,对入党积极分子进行马克思列宁主义、毛泽东思想和中国特色社会主义理论体系教育,党的路线、方针、政策和党的基本知识教育,党的历史和优良传统、作风教育以及社会主义核心价值观教育,使他们懂得党的性质、纲领、宗旨、组织原则和纪律,懂得党员的义务和权利,帮助他们端正入党动机,确立为共产主义事业奋斗终身的信念。

第十一条 党支部每半年对入党积极分子进行一次考察。基层党委每年对入党积极分子队伍状况作一次分析。针对存在的问题,采取改进措施。

第十二条 入党积极分子工作、学习所在单位(居住地)发生变动,应当及时报告原单位(居住地)党组织。原单位(居住地)党组织应当及时将培养教育等有关材料转交现单位(居住地)党组织。现单位(居住地)党组织应当对有关材料进行认真审查,并接续做好培养教育工作。培养教育时间可连续计算。

第三章 发展对象的确定和考察

第十三条 对经过一年以上培养教育和考察、基本具备党员条件的入党积极分子,在听取党小组、培养联系人、党员和群众意见的基础上,支部委员会讨论同意并报上级党委备案后,可列为发展对象。

第十四条 发展对象应当有两名正式党员作入党介绍人。入党介绍人一般由培养联系人担任,也可由党组织指定。

受留党察看处分、尚未恢复党员权利的党员,不能作入党介绍人。

第十五条 入党介绍人的主要任务是:

(一)向发展对象解释党的纲领、章程,说明党员的条件、义务和权利;

(二)认真了解发展对象的入党动机、政治觉悟、道德品质、工作经历、现实表现等情况,如实向党组织汇报;

(三)指导发展对象填写《中国共产党入党志愿书》,并认真填写自己的意见;

(四)向支部大会负责地介绍发展对象的情况;

(五)发展对象批准为预备党员后,继续对其进行教育帮助。

第十六条 党组织必须对发展对象进行政治审查。

政治审查的主要内容是:对党的理论和路线、方针、政策的态度;政治历史和在重大政治斗争中的表现;遵纪守法和遵守社会公德情况;直系亲属和与本人关系密切的主要社会关系的政治情况。

政治审查的基本方法是:同本人谈话、查阅有关档案材料、找有关单位和人员了解情况以及必要的函调或外调。在听取本人介绍和查阅有关材料后,情况清楚的可不函调或外调。对流动人员中的发展对象进行政治审查时,还应当征求其户籍所在地和居住地基层党组织的意见。

政治审查必须严肃认真、实事求是,注重本人的一贯表现。审查情况应当形成结论性材料。

凡是未经政治审查或政治审查不合格的,不能发展入党。

第十七条 基层党委或县级党委组织部门应当对发展对象进行短期集中培训。培训时间一般不少于三天(或不少于二十四个学时)。培训时主要学习党章、《关于党内政治生活的若干准则》等文件。中央组织部组织编写的《入党教材》,可以作为学习辅导材料。

未经培训的,除个别特殊情况外,不能发展入党。

第四章 预备党员的接收

第十八条 接收预备党员应当严格按照党章规定的程序办理。

第十九条 支部委员会应当对发展对象进行严格审查,经集体讨论认为合格后,报具有审批权限的基层党委预审。

基层党委对发展对象的条件、培养教育情况等进行审查,根据需要听取执纪执法等相关部门的意见。审查结果以书面形式通知党支部,并向审查合格的发展对象发放《中国共产党入党志愿书》。

发展对象未来三个月内将离开工作、学习单位的,一般不办理接收预备党员的手续。

第二十条 经基层党委预审合格的发展对象,由支部委员会提交支部大会讨论。

召开讨论接收预备党员的支部大会,有表决权的到会人数必须超过应到会有表决权人数的半数。

第二十一条 支部大会讨论接收预备党员的主要程序是：

（一）发展对象汇报对党的认识、入党动机、本人履历、家庭和主要社会关系情况，以及需向党组织说明的问题；

（二）入党介绍人介绍发展对象有关情况，并对其能否入党表明意见；

（三）支部委员会报告对发展对象的审查情况；

（四）与会党员对发展对象能否入党进行充分讨论，并采取无记名投票方式进行表决。赞成人数超过应到会有表决权的正式党员的半数，才能通过接收预备党员的决议。因故不能到会的有表决权的正式党员，在支部大会召开前正式向党支部提出书面意见的，应当统计在票数内。

支部大会讨论两个以上的发展对象入党时，必须逐个讨论和表决。

第二十二条 党支部应当及时将支部大会决议写入《中国共产党入党志愿书》，连同本人入党申请书、政治审查材料、培养教育考察材料等，一并报上级党委审批。

支部大会决议主要包括：发展对象的主要表现；应到会和实际到会有表决权的党员人数；表决结果；通过决议的日期；支部书记签名。

第二十三条 预备党员必须由党委（工委，下同）审批。

乡镇（街道）党委所属的基层党委，不能审批预备党员，但应当对支部大会通过接收的预备党员进行审议。

党总支不能审批预备党员，但应当对支部大会通过接收的预备党员进行审议。

除另有规定外，临时党组织不能接收、审批预备党员。

党组不能审批预备党员。

第二十四条 党委审批前，应当指派党委委员或组织员同发展对象谈话，作进一步的了解，并帮助发展对象提高对党的认识。谈话人应当将谈话情况和自己对发展对象能否入党的意见，如实填写在《中国共产党入党志愿书》上，并向党委汇报。

第二十五条 党委审批预备党员，必须集体讨论和表决。

党委主要审议发展对象是否具备党员条件、入党手续是否完备。发展对象符合党员条件、入党手续完备的，批准其为预备党员。党委审批意见写入《中国共产党入党志愿书》，注明预备期的起止时间，并通知报批的党支部。党支部应当及时通知本人并在党员大会上宣布。对未被批准入党的，应当通知党支部和本人，做好思想工作。

党委会审批两个以上的发展对象入党时，应当逐个审议和表决。

第二十六条 党委对党支部上报的接收预备党员的决议,应当在三个月内审批,并报上级党委组织部门备案。如遇特殊情况可适当延长审批时间,但不得超过六个月。

第二十七条 在特殊情况下,党的中央和省、自治区、直辖市委员会可以直接接收党员。

第二十八条 对在中国特色社会主义事业中为党和人民利益英勇献身,事迹突出,在一定范围内有较大影响,生前一贯表现良好并曾向党组织提出过入党要求的人员,可以追认为党员。

追认党员必须严格掌握,由所在单位党组织讨论决定后,经上级党委审查,报省一级党委批准。

第五章 预备党员的教育、考察和转正

第二十九条 党组织应当及时将上级党委批准的预备党员编入党支部和党小组,对预备党员继续进行教育和考察。

第三十条 预备党员必须面向党旗进行入党宣誓。入党宣誓仪式,一般由基层党委或党支部(党总支)组织进行。

第三十一条 党组织应当通过党的组织生活、听取本人汇报、个别谈心、集中培训、实践锻炼等方式,对预备党员进行教育和考察。

第三十二条 预备党员的预备期为一年。预备期从支部大会通过其为预备党员之日算起。

预备党员预备期满,党支部应当及时讨论其能否转为正式党员。认真履行党员义务、具备党员条件的,应当按期转为正式党员;需要继续考察和教育的,可以延长一次预备期,延长时间不能少于半年,最长不超过一年;不履行党员义务、不具备党员条件的,应当取消其预备党员资格。

预备党员违犯党纪,情节较轻,尚可保留预备党员资格的,应当对其进行批评教育或延长预备期;情节较重的,应当取消其预备党员资格。

预备党员转为正式党员、延长预备期或取消预备党员资格,应当经支部大会讨论通过和上级党组织批准。

第三十三条 预备党员转正的手续是:本人向党支部提出书面转正申请;党小组提出意见;党支部征求党员和群众的意见;支部委员会审查;支部大会讨论、表决通过;报上级党委审批。

讨论预备党员转正的支部大会,对到会人数、赞成人数等要求与讨论接收预备党员的支部大会相同。

第三十四条 党委对党支部上报的预备党员转正的决议,应当在三个月内审批。审批结果应当及时通知党支部。党支部书记应当同本人谈话,并将审批结果在党员大会上宣布。

党员的党龄,从预备期满转为正式党员之日算起。

第三十五条 预备期未满的预备党员工作、学习所在单位(居住地)发生变动,应当及时报告原所在党组织。原所在党组织应当及时将对其培养教育和考察的情况,认真负责地介绍给接收预备党员的党组织。

党组织应当对转入的预备党员的入党材料进行严格审查,对无法认定的预备党员,报县级以上党委组织部门批准,不予承认。

第三十六条 基层党组织对转入的预备党员,在其预备期满时,如认为有必要,可推迟讨论其转正问题,推迟时间不超过六个月。转为正式党员的,其转正时间自预备期满之日算起。

第三十七条 预备党员转正后,党支部应当及时将其《中国共产党入党志愿书》、入党申请书、政治审查材料、转正申请书和培养教育考察材料,交党委存入本人人事档案。无人事档案的,建立党员档案,由所在党委或县级党委组织部门保存。

第六章 发展党员工作的领导和纪律

第三十八条 各级党委应当把发展党员工作列入重要议事日程,纳入党建工作责任制,作为党建工作述职、评议、考核和党务公开的重要内容。

对发展党员工作情况,市(地、州、盟)、县(市、区、旗)党委每半年检查一次,省、自治区、直辖市党委每年检查一次。检查结果及时上报,并向下通报。

重视从青年工人、农民、知识分子中发展党员,优化党员队伍结构。对具备发展党员条件但长期不做发展党员工作的基层党组织,上级党委应当加强指导和督促检查,必要时对其进行组织整顿。

第三十九条 各级党委组织部门每年应当向同级党委和上级党委组织部门报告发展党员工作情况和发展党员工作计划,如实反映带有倾向性的问题和对违反规定发展党员的查处情况。

第四十条 县以上党委及其组织部门应当重视对组织员的选拔、配备和培训,充分发挥他们在发展党员工作中的作用。

第四十一条 各级党组织对发展党员工作中出现的违纪违规问题和不正之风,应当严肃查处。对不坚持标准、不履行程序、超过审批时限和培养考察失职、审查把关不严的党组织及其负责人、直接责任人应当进行批评教育,情节严重的给予纪律处分。典型案例应当及时通报,对违反规定吸收入党的,一律不予承认,并在支部大会上公布。

对采取弄虚作假或其他手段把不符合党员条件的人发展为党员,或为非党员出具党员身份证明的,应当依纪依法严肃处理。

第四十二条 《中国共产党入党志愿书》的式样由中央组织部负责制定,省级党委组织部门按照式样统一印制,并严格管理。

第七章 附　　则

第四十三条 本细则由中央组织部负责解释。

第四十四条 本细则自发布之日起施行。《中国共产党发展党员工作细则(试行)》(中组发〔1990〕3 号)同时废止。

事业单位领导人员管理暂行规定

（中共中央办公厅2015年5月28日印发）

第一章　总　　则

第一条　为加强和改进事业单位领导人员管理，健全选拔任用机制和管理监督机制，建设一支信念坚定、为民服务、勤政务实、敢于担当、清正廉洁的高素质事业单位领导人员队伍，根据《中国共产党章程》等党内法规和有关法律法规，制定本规定。

第二条　本规定适用于省级以上党委和政府直属以及部门所属事业单位领导班子成员，省级以上人大常委会、政协、纪委、人民法院、人民检察院、群众团体机关所属事业单位领导班子成员。

党内法规和法律法规对事业单位领导人员管理另有规定的，从其规定。

第三条　事业单位领导人员的管理，应当体现事业单位公益性、服务性、专业性、技术性等特点，遵循领导人员成长规律，激发事业单位活力，推动公益事业又好又快发展。

第四条　事业单位领导人员的管理，应当坚持下列原则：

（一）党管干部原则；

（二）德才兼备、以德为先原则；

（三）注重实绩、群众公认原则；

（四）分级分类管理原则；

（五）依法依规办事原则。

第五条　党委（党组）及其组织（人事）部门按照干部管理权限履行事业单位领导人员管理职责，负责本规定的组织实施。

第二章　任职条件和资格

第六条　事业单位领导人员应当具备下列基本条件：

（一）政治素质好，坚持以马克思列宁主义、毛泽东思想、邓小平理论、“三个代表”重要思想、科学发展观为指导，深入学习贯彻习近平总书记系列重要讲话精神，理想信念坚定，思想上、政治上、行动上同党中央保持高度一致，坚决执行

党的基本路线和各项方针政策,坚持民主集中制,带头践行社会主义核心价值观,忠实履行公共服务的政治责任和社会责任;

(二)组织领导能力强,善于科学管理、沟通协调、依法办事、推动落实,有较强的公共服务意识和改革创新精神,工作实绩突出;

(三)有相关的专业素质或者从业经历,熟悉有关政策法规和行业发展情况,业界声誉好;

(四)事业心和责任感强,热爱公益事业,求真务实,团结协作,遵纪守法,廉洁从业,群众威信高。

担任党内领导职务的领导人员,应当牢固树立党建责任意识,熟悉党务,善于做思想政治工作。

正职领导人员,应当具有驾驭全局的能力,善于抓班子带队伍,民主作风好。

第七条 事业单位领导人员应当具备下列基本资格:

(一)一般应当具有大学本科以上文化程度。

(二)提任六级以上管理岗位领导职务的,一般应当具有五年以上工作经历。

(三)从管理岗位领导职务副职提任正职的,应当具有副职岗位两年以上任职经历;从下级正职提任上级副职的,应当具有下级正职岗位三年以上任职经历。

(四)具有正常履行职责的身体条件。

(五)符合有关党内法规、法律法规和行业主管部门规定的其他任职资格要求。

第八条 从专业技术岗位到管理岗位担任领导职务的,其任职资格应当符合第七条第(一)、(二)、(四)、(五)项规定,并且具有相应的专业技术职务(岗位)任职经历和一定的管理工作经历。

第九条 特别优秀或者工作特殊需要的,可以适当放宽任职资格。

放宽任职资格以及从专业技术岗位到管理岗位担任领导职务正职或者担任四级以上管理岗位领导职务的,必须从严掌握。

第三章 选拔任用

第十条 党委(党组)及其组织(人事)部门按照干部管理权限,根据事业单位不同领导体制和领导班子建设实际,提出启动领导人员选拔任用工作意见。

第十一条 事业单位领导人员的配备,必须严格按照核定或者批准的领导职数和岗位设置方案进行。

第十二条 选拔事业单位领导人员,根据行业特点和岗位要求,可以采取组织选拔、竞争(聘)上岗、公开选拔(聘)等方式进行,也可以探索委托相关机构遴选等方式进行。

第十三条 对事业单位领导职务拟任人选,必须依据选拔任用条件,结合行业特点和岗位要求,全面考察其德、能、勤、绩、廉。

第十四条 综合分析人选的考察考核、一贯表现和人岗相适等情况,全面历史辩证地作出评价,既重管理能力、专业水平和工作实绩,更重政治品质、道德品行,防止简单以票或者以分取人。

第十五条 任用事业单位领导人员,区别不同情况实行选任制、委任制、聘任制。对行政领导人员,逐步加大聘任制推行力度。

实行聘任制的,聘任关系通过聘任通知、聘任书、聘任合同等形式确定,所聘职务及相关待遇在聘期内有效。

第十六条 提任三级以下管理岗位领导职务的,应当在一定范围内进行公示,公示期不少于五个工作日。

第十七条 提任非选举产生的三级以下管理岗位领导职务的,实行任职试用期制度。试用期一般为一年。

第十八条 选拔任用工作具体程序和要求,参照《党政领导干部选拔任用工作条例》及有关规定,结合事业单位实际确定。

第四章 任期和任期目标责任

第十九条 事业单位领导人员一般应当实行任期制。

每个任期一般为三至五年,在同一岗位连续任职一般不超过十年。工作特殊需要的,按照干部管理权限经批准后可以适当延长任职年限。

第二十条 事业单位领导班子和领导人员一般应当实行任期目标责任制。

任期目标内容的设定,应当体现不同行业、不同类型事业单位特点,注重打基础、利长远、求实效。

第二十一条 任期目标由事业单位领导班子集体研究确定,领导班子的任期目标一般应当报经主管机关批准或者备案。

制定任期目标时,应当充分听取单位职工代表大会或者职工代表的意见,注意体现服务对象的意见。

第五章 考核评价

第二十二条 事业单位领导班子和领导人员的考核,分为平时考核、年度考核和任期考核。考核评价以任期目标为依据,以日常管理为基础,注重业绩导向和社会效益,突出党建工作实效。

积极推进分类考核,注意改进考核方法,简化程序,提高效率。

第二十三条 综合分析研判考核情况和日常了解掌握情况,客观公正地作出评价,形成考核评价意见,确定考核评价等次。

领导班子年度考核和任期考核的评价等次,分为优秀、良好、一般、较差;领导人员年度考核和任期考核的评价等次,分为优秀、合格、基本合格、不合格。

第二十四条 考核评价结果作为领导班子建设和领导人员培养、使用、奖惩等的重要依据。

第六章 职业发展和激励保障

第二十五条 完善事业单位领导人员培养教育制度,加强政治引领和能力培养,强化岗位培训,注重实践锻炼,提高思想政治素质和管理工作能力。

第二十六条 完善事业单位领导人员交流制度,统筹推进事业单位之间、事业单位与党政机关和国有企业之间领导人员的交流。注意选拔事业单位优秀领导人员进入党政领导班子。

第二十七条 任期结束后未达到退休年龄界限的事业单位领导人员,适合继续从事专业工作的,鼓励和支持其后续职业发展;其他领导人员,根据本人实际和工作需要,作出适当安排。

第二十八条 完善事业单位领导人员收入分配制度,根据事业单位类别,结合考核情况合理确定领导人员的绩效工资水平,使其收入与履职情况和单位长远发展相联系,与本单位职工的平均收入水平保持合理关系。

第二十九条 事业单位领导人员在本职工作中表现突出、有显著成绩和贡献的,在处理突发事件和承担专项重要工作中作出显著成绩和贡献的,或者有其他突出事迹的,按照有关规定给予表彰奖励。

第七章 监督约束

第三十条 党委(党组)及纪检监察机关、组织(人事)部门、行业主管部门按照管理权限和职责分工,履行对事业单位领导班子和领导人员的监督责任。

第三十一条 监督的重点内容是:贯彻执行党的理论和路线方针政策,依法依规办事,执行民主集中制,履行职责,行风建设,选人用人,国有资产管理,收入分配,职业操守,廉洁自律等情况。

第三十二条 发挥党内监督、民主监督、法律监督、审计监督和舆论监督等作用,综合运用考察考核、述职述廉、民主生活会、巡视、提醒、函询、诫勉等措施,对领导班子和领导人员进行监督。

严格实行干部选拔任用工作“一报告两评议”、领导干部报告个人有关事项、经济责任审计、问责和任职回避等制度。

第三十三条 事业单位领导人员有违反政治纪律和政治规矩、组织人事纪律、工作纪律、财经纪律、廉洁从业纪律的，以及违反社会公德、职业道德、家庭美德且造成不良社会影响等情形的，按照有关规定给予组织处理或者纪律处分；涉嫌违法犯罪的，按照国家有关法律规定处理。

第八章 退 出

第三十四条 事业单位领导人员有下列情形之一的，一般应当免职：

（一）达到任职年龄界限或者退休年龄界限的；

（二）年度考核、任期考核被确定为不合格的，或者连续两年年度考核被确定为基本合格的；

（三）受到责任追究应当免职的；

（四）因工作需要或者其他原因应当免职的。

第三十五条 实行事业单位领导人员辞职制度。辞职包括因公辞职、自愿辞职、引咎辞职和责令辞职。辞职程序参照有关规定执行。

第三十六条 事业单位领导人员的退休，按照有关规定执行。

第九章 附 则

第三十七条 中央有关行业主管部门根据本规定，制定本行业事业单位领导人员管理具体办法。

第三十八条 各省、自治区、直辖市党委根据本规定，制定市（地、州、盟）级以下党委和政府直属以及部门所属事业单位和人大常委会、政协、纪委、人民法院、人民检察院、群众团体机关所属事业单位领导人员管理办法。

第三十九条 本规定由中共中央组织部负责解释。

第四十条 本规定自 2015 年 5 月 28 日起施行。

推进领导干部能上能下若干规定(试行)

(中共中央办公厅 2015 年 7 月 19 日印发)

第一条 为贯彻落实党中央关于全面从严治党要求,严明党的政治纪律和政治规矩,完善从严管理干部队伍制度体系,形成能上能下的选人用人机制,建设信念坚定、为民服务、勤政务实、敢于担当、清正廉洁的高素质干部队伍,根据《党政领导干部选拔任用工作条例》等党内法规和《中华人民共和国公务员法》等有关法律法规,制定本规定。

第二条 本规定所称推进领导干部能上能下,重点是解决干部能下问题。必须坚持党要管党、从严治党,坚持实事求是、公道正派,坚持人岗相适、人尽其才,坚持依法依规、积极稳妥,着力解决为官不正、为官不为、为官乱为等问题,促使领导干部自觉践行“三严三实”要求,推动形成能者上、庸者下、劣者汰的用人导向和从政环境。

第三条 本规定适用于中央和国家机关各部门、地方县级以上党政机关的领导干部。

乡(镇、街道)党政领导干部,参照本规定执行。

本规定主要规范对有关领导干部的组织调整。涉及违纪违法行为的,按照党的纪律规定和有关法律法规办理。

第四条 推进领导干部能上能下,既要严格执行干部到龄免职(退休)、任期届满离任等制度规定,又要加大问责追究、调整不适宜担任现职干部等的工作力度。

第五条 严格执行干部退休制度,干部达到任职年龄界限或者退休年龄界限的,应当按照有关规定程序办理免职(退休)手续。确因工作需要而延迟免职(退休)的,应当按照干部管理权限,由党委(党组)研究提出意见,报上一级党组织同意。

第六条 严格执行领导干部职务任期制度,任期年限、届数和最高任职年限,一般不得延长。加强任期内考核和管理,经考核认定不适宜继续任职的,应当中止任期、免去现职,不得以任期未满为由继续留任。干部任期内免职按照有关规定程序办理。

第七条 加大领导干部问责力度。除《关于实行党政领导干部问责的暂行规定》第五条所列情形外，具有下列情形之一的，也应当对有关领导干部实行问责：

（一）落实从严治党责任不力，贯彻党风廉政建设责任制不到位，本地区本部门本单位或者分管领域在较短时间内连续出现违纪违法问题的；

（二）法治观念淡薄，不依法办事，不按法定程序决策，或者依法应当及时作出决策但久拖不决，造成不良影响和后果的；

（三）抓作风建设不力，本地区本部门本单位或者分管领域形式主义、官僚主义、享乐主义和奢靡之风比较突出的；

（四）在干部选拔任用工作中任人唯亲、营私舞弊，本地区本部门本单位或者分管领域用人上不正之风比较突出的；

（五）对配偶、子女及其配偶和身边工作人员教育管理不严、约束不力，甚至默许其利用自身职权或者职务上的影响谋取不正当利益的。

发生上述情形的，对有关领导干部实行问责的方式包括责令公开道歉、停职检查、引咎辞职、责令辞职、免职。问责程序按照《关于实行党政领导干部问责的暂行规定》执行。

第八条 对不适宜担任现职的干部应当进行调整。不适宜担任现职，主要指干部的德、能、勤、绩、廉与所任职务要求不符，不宜在现岗位继续任职。

干部具有下列情形之一，经组织提醒、教育或者函询、诫勉没有改正，被认定为不适宜担任现职的，必须及时予以调整：

（一）不严格遵守党的政治纪律和政治规矩，不坚决执行党的基本路线和各项方针政策，不能在思想上政治上行动上同党中央保持高度一致的；

（二）理想信念动摇，在重大原则问题上立场不坚定，关键时刻经不住考验的；

（三）违背党的民主集中制原则，独断专行或者软弱涣散，拒不执行或者擅自改变党组织作出的决定，在领导班子中闹无原则纠纷的；

（四）组织观念淡薄，不执行重要情况请示报告制度，或者个人有关事项不如实填报甚至隐瞒不报的；

（五）违背中央八项规定精神，不严格遵守廉洁从政有关规定的；

（六）不敢担当、不负责任，为官不为、庸懒散拖，干部群众意见较大的；

（七）不能有效履行职责、按要求完成工作任务，单位工作或者分管工作处于落后状态，或者出现较大失误的；

（八）品行不端，违背社会公德、职业道德、家庭伦理道德，造成不良影响的；

（九）配偶已移居国（境）外，或者没有配偶但子女均已移居国（境）外，不适

宜担任其所任职务的;

(十)其他不适宜担任现职的情形。

第九条 调整不适宜担任现职干部,一般按照以下程序进行:

(一)考察核实。综合分析年度考核、平时考核、任职考察、巡视、审计、个人有关事项报告抽查核实、民主评议、信访举报核实等情况,有针对性地考察核实,作出客观公正评价和准确认定。要注重听取群众反映、了解群众口碑,特别是听取工作对象、服务对象等相关人员的意见。

(二)提出调整建议。党委(党组)或者组织(人事)部门根据考察核实结果,对不适宜担任现职干部提出调整建议。调整建议包括调整原因、调整方式等内容。提出调整建议前,应当与干部本人谈话,说明调整理由,听取其陈述意见。

(三)组织决定。党委(党组)召开会议集体研究,作出调整决定。作出决定前,应当听取有关方面意见。

(四)谈话。党委(党组)负责同志或者组织(人事)部门负责同志与调整对象进行谈话,宣布组织决定,认真细致做好思想工作。

(五)按照有关规定履行任免程序。对选举和依法任免的干部,按照有关法律法规规定的程序进行。

干部本人对调整决定不服的,可以按照有关规定申请复核或者向上级组织(人事)部门提出申诉。复核、申诉期间不停止调整决定的执行。从干部调整岗位的次月起,调整其级别和工资待遇。

第十条 对不适宜担任现职干部,应当根据其一贯表现和工作需要,区分不同情形,采取调离岗位、改任非领导职务、免职、降职等方式予以调整。对非个人原因不能胜任现职岗位的,应当予以妥善安排。

第十一条 因不适宜担任现职调离岗位、改任非领导职务、免职的,一年内不得提拔;降职的,两年内不得提拔。影响期满后,对德才表现和工作实绩突出,因工作需要且经考察符合任职条件的,可以提拔任职。

第十二条 干部因健康原因,无法正常履行工作职责一年以上的,应当对其工作岗位进行调整。恢复健康后,参照原任职务层次作出安排。

第十三条 干部因违纪违法应当免职的,按照规定程序及时予以免职。

第十四条 在推进领导干部能上能下工作中,严明工作纪律,不得搞好人主义,不得避重就轻、以纪律处分规避组织调整或者以组织调整代替纪律处分,不得借机打击报复。

第十五条 建立健全推进领导干部能上能下工作责任制,党委(党组)承担主体责任,党委(党组)书记是第一责任人,组织(人事)部门承担具体工作责任。

把推进领导干部能上能下作为全面从严治党、从严管理干部的重要内容,坚持原则、敢于负责,做到真管真严、敢管敢严、长管长严。加强对干部的日常了解,定期分析研判领导班子和干部队伍情况,对应当调整的干部及时作出调整。对调整下来的干部,给予关心帮助,有针对性地加强教育管理。正确把握政策界限,注意保护干部干事创业、改革创新的积极性,宽容改革探索中的失误。

第十六条 各级党委(党组)及其组织(人事)部门应当加强对推进领导干部能上能下工作的督促检查,了解掌握相关工作情况。对工作不力的,应当根据具体情况,严格追究党委(党组)及其组织(人事)部门主要负责人和相关人员的责任。

第十七条 各地区各部门党委(党组)可以依据本规定,结合自身实际,制定具体实施细则。

第十八条 本规定由中央组织部负责解释。

第十九条 本规定自 2015 年 7 月 19 日起施行。

关于加强社会组织党的建设工作的意见(试行)

(中共中央办公厅2015年9月19日印发)

为切实加强党对社会组织的领导,促进社会组织健康发展,根据党章和有关法律法规,现就加强社会组织党的建设工作提出如下意见。

一、加强社会组织党建工作的重要意义和总体要求

1. 重要意义。社会组织主要包括社会团体、民办非企业单位、基金会、社会中介组织以及城乡社区社会组织等。随着改革开放不断深入,我国社会组织快速发展,已成为社会主义现代化建设的重要力量、党的工作和群众工作的重要阵地。在协调推进全面建成小康社会、全面深化改革、全面依法治国、全面从严治党战略布局中,社会组织承担着重要任务,同时社会组织自身发展也面临许多新情况新问题新挑战。加强社会组织党建工作,对于引领社会组织正确发展方向,激发社会组织活力,促进社会组织在国家治理体系和治理能力现代化进程中更好发挥作用;对于把社会组织及其从业人员紧密团结在党的周围,不断扩大党在社会组织的影响力,增强党的阶级基础、扩大党的群众基础、夯实党的执政基础,都具有重要意义。

2. 总体要求。以马克思列宁主义、毛泽东思想、邓小平理论、“三个代表”重要思想、科学发展观为指导,深入贯彻习近平总书记系列重要讲话精神,坚持党的领导与社会组织依法自治相统一,把党的工作融入社会组织运行和发展过程,更好地组织、引导、团结社会组织及其从业人员;坚持从严从实,把握特点规律,严格落实党建工作制度,积极探索符合社会组织实际的方式方法,防止行政化和形式主义;坚持问题导向,着力破解组织体系不够健全、组织覆盖不够全面、作用发挥不够充分等难题,推动社会组织党建工作水平全面提升;坚持分类指导,根据不同类型不同规模社会组织情况开展工作,正确处理一致性和多样性关系,切实提高针对性和实效性,不断增强社会组织党组织的创造力凝聚力战斗力,充分发挥社会组织党组织的战斗堡垒作用和党员的先锋模范作用。

二、明确社会组织党组织功能定位

3. 地位作用。社会组织党组织是党在社会组织中的战斗堡垒,发挥政治核心作用。要着眼履行党的政治责任,紧紧围绕党章赋予基层党组织的基本任务开展工作,严肃组织生活,严明政治纪律、政治规矩和组织纪律,充分发挥党组织的政治功能和政治作用。要按照建设基层服务型党组织的要求,创新服务方式,提高服务能力,提升服务水平,通过服务贴近群众、团结群众、引导群众、赢得群众。

4. 基本职责。(1)保证政治方向。宣传和执行党的路线方针政策,宣传和执行党中央、上级党组织和本组织的决议,组织党员群众认真学习中国特色社会主义理论体系,深入学习习近平总书记系列重要讲话精神,教育引导党员群众遵守国家法律法规,引导监督社会组织依法执业、诚信从业。(2)团结凝聚群众。做好思想政治工作,教育引导职工群众增强政治认同,关心和维护职工群众的正当权利和利益,汇聚推进改革发展的正能量。(3)推动事业发展。激发从业人员工作热情和主人翁意识,帮助社会组织健全章程和各项管理制度,引导和支持社会组织有序参与社会治理、提供公共服务、承担社会责任。(4)建设先进文化。坚持用社会主义核心价值观引领文化建设,组织丰富多彩的文化活动,营造积极向上的文化氛围,教育党员群众自觉抵制不良倾向,坚决同各种违法犯罪行为作斗争。(5)服务人才成长。关心关爱人才,主动帮助引导,不断提高从业人员的思想和业务素质,支持和保障各类人才干事创业。(6)加强自身建设。创新组织设置,健全工作机制,严格执行组织生活各项制度,做好发展党员和党员教育管理服务工作。维护和执行党的纪律,监督党员切实履行义务,做好党风廉政建设工作。领导本单位工会、共青团、妇联等群团基层组织工作。

三、健全社会组织党建工作管理体制和工作机制

5. 健全工作机构。县级以上地方党委要依托党委组织部门和民政部门建立社会组织党建工作机构,已经建立非公有制企业党建工作机构的,可依托党委组织部门将其与社会组织党建工作机构整合为一个机构。党委组织部门对同级社会组织党建工作机构进行指导。上级社会组织党建工作机构对下级社会组织党建工作机构进行指导。

6. 理顺管理体系。全国性社会组织党建工作分别归口中央直属机关工委、中央国家机关工委、国务院国资委党委统一领导和管理。地方社会组织党建工作由省、市、县级社会组织党建工作机构统一领导和管理。上述机关或机构在社会组织党建工作方面的主要职责是:指导基层党组织建设、党员队伍建设、思想政治工作、党的群众工作和党风廉政建设;督促指导所属社会组织党组织按期换届,审批选出的书记、副书记;审核社会组织负责人人选;指导做好党的建设的其他工作。城乡社区社会组织党建工作由街道社区和乡镇村党组织兜底管理。有业务主管单位的社会组织党建工作,由业务主管单位党组织领导和管理,接受社会组织党建工作机构的工作指导。社会组织中设立的党组,对本单位和直属单位党组织的工作进行指导。各地要按照有利于开展党的活动、加强党员教育管理的原则理顺社会组织党组织隶属关系。

7. 完善工作机制。各级党委组织部门和社会组织党建工作机构要加强统筹协调,定期召开有关部门参加的社会组织党建工作会议,及时研究有关重要问题。注重上下联动,及时沟通社会组织党建工作动态信息,研究部署重点任务,运用基层经验推动面上工作。县级以上党委组织部门和社会组织党建工作机构应直接联系一批规模较大、人员较多、影响力强的社会组织党组织,及时了解情况、听取意见、加强指导。

四、推进社会组织党的组织和党的工作有效覆盖

8. 按单位建立党组织。凡有三名以上正式党员的社会组织,都要按照党章规定,经上级党组织批准,分别设立党委、总支、支部,并按期进行换届。规模较大、会员单位较多而党员人数不足规定要求的,经县级以上党委批准可以建立党委。社会组织变更、撤并或注销,党组织应及时向上级党组织报告,并做好党员组织关系转移等相关工作;上级党组织应及时对社会组织党组织变更或撤销作出决定。

9. 按行业建立党组织。行业特征明显、管理体系健全的行业,可依托行业协会商会建立行业党组织。行业党组织对会员单位党建工作进行指导。

10. 按区域建立党组织。在社会组织相对集中的各类街区、园区、楼宇等区域,可以打破单位界限统一建立党组织。规模小、党员少的社会组织可以本着就近就便原则,联合建立党组织。

11. 实现全领域覆盖。本着应建尽建的原则,加大党组织组建力度。暂不具备组建条件的社会组织,可通过选派党建工作指导员、联络员或建立工会、共青团组织等途径开展党的工作,条件成熟时及时建立党组织。新成立的社会组织,具备组建条件的,登记和审批机关应督促推动其同步建立党组织。街道社区、乡镇村党组织要加强对城乡社区社会组织的领导和指导。通过各种方式,逐步实现党的组织和党的工作有效覆盖。

五、拓展社会组织党组织和党员发挥作用的途径

12. 围绕社会组织健康发展开展党组织活动。党组织活动应与社会组织发展紧密结合,积极探索开展主题活动等有效载体,与社会组织执业活动、日常管理、文化建设等相互促进。推行社会组织党员管理层人员和党组织班子成员双向进入、交叉任职。党组织书记应参加或列席管理层有关会议,党组织开展的有关活动可邀请非党员社会组织负责人参加。

13. 贴近职工群众需求开展党组织活动。社会组织党组织要深入了解、密切关注职工群众思想状况和实际需求,创新思想政治教育方式,组织开展群众欢迎的活动,提供群众期盼的服务,加强人文关怀和心理疏导,积极为群众排忧解难,寓教育于服务之中,切实增强党组织的吸引力和影响力。坚持党建带群建、群建促党建,注重发挥工会、共青团、妇联等群团组织作用,形成做好群众工作合力。

14. 突出社会组织特点开展党组织活动。发挥社会组织及其从业人员专业特长,积极开展专业化志愿服务。发挥社会组织人才、信息等资源丰富的优势,主动与社区和其他领域党组织结对共建,实现资源共享、优势互补。发挥社会组织联系广泛的优势,组织党员在从业活动中宣传党的路线方针政策,凝聚社会共识。针对从业人员流动性强的特点,充分利用现代信息技术手段开展活动,增强党组织活动的开放性、灵活性和有效性。

15. 紧扣党员实际创新教育管理服务。着力保障和落实党员知情权、参与权、选举权、监督权,积极推进党务公开,提高党员对党内事务的参与度,发挥党员在党内政治生活中的主体作用。以党性教育为重点,加强党员教育培训,不断提高党员素质。通过设立党员先锋岗、党员责任区、党员服务窗口等形式,积极开展党员公开承诺践诺活动,充分发挥示范带动作用。按照"一方隶属、参加多重组织生活"原则,组织暂未转移组织关系的党员积极参加社会组织党组织的活动。加大发展党员工作力度,始终把政治标准放在首位,加强对入党积极分子的教育培养,注重把符合条件的社会组织负责人和业务骨干发展为党员,注重在没有党员或只有个别党员的社会组织中发展党员。强化党员管理监督,严格组织关系管理,及时处置不合格党员,保持党员队伍的先进性、纯洁性。

16. 贯彻从严要求提高组织生活质量。紧密联系党员思想工作实际,严格落实"三会一课"、民主评议党员、党员党性定期分析等制度。经常听取职工群众对党组织和党员的意见,对存在的问题及时进行整改。按照规定召开党员领导干部民主生活会,定期召开党员组织生活会,积极开展批评和自我批评,教育引导党员守纪律、讲规矩,坚决防止组织生活随意化、平淡化、娱乐化、庸俗化。

六、加强社会组织党务工作者队伍建设

17. 选优配强党组织书记。按照守信念、讲奉献、有本领、重品行的要求,选优配强社会组织党组织书记。党组织书记一般从社会组织内部产生,提倡党员社会组织负责人担任党组织书记。社会组织负责人不是党员的,可从管理层中选拔党组织书记。社会组织中没有合适人选的,可提请上级党组织选派,再按党内有关规定任职。

18. 充实壮大党务工作者队伍。适应加强社会组织党建工作需要,坚持专兼职结合,多渠道、多样化选用,建设一支素质优良、结构合理、数量充足的党务工作者队伍。规模大、党员数量多的社会组织党组织,应配备专职副书记。加大党建工作指导员选派力度,充分发挥其组织宣传、联系服务、协调指导作用。在社会组织相对集中的区域建立党建工作站,配备专兼职人员做好党务工作。

19. 加强党务工作者教育培训。把社会组织党务工作者纳入基层党务干部培训范围,依托各级党校、行政学院、干部学院和高校开展培训。培训工作由党委组织部门、社会组织党建工作机构和民政、司法、财政、税务、教育、卫生计生、工商等有关部门组织实施。重点加强党的理论和路线方针政策、党内法规和国家法律法规、党务知识、社会组织管理等方面的教育培训,提高做好群众工作、服务社会组织发展的能力。

20. 强化管理和激励。坚持严格管理和关心激励相结合,建立健全符合社会组织特点的管理考核和激励约束制度,使社会组织党务工作者干事有平台、待遇有保障、发展有空间。社会组织党组织书记要认真落实党建工作责任制,每年应向上级党组织和本单位党员报告工作并接受评议。根据实际给予党组织书记和专职党务工作者适当工作津贴。注重推荐优秀党组织书记作为各级党代会代表、人大代表、政协委员人选,作为劳动模范等各类先进人物人选,推荐社会组织负责人作为上述人选时,要征求社会组织党组织意见。建立党务工作者职务变动报告制度,党组织书记因坚持原则遭受不公正待遇时,上级党组织应及时了解情况,给予帮助和支持。

七、加强对社会组织党建工作的组织领导

21. 落实领导责任。各级党委要切实加强对社会组织党建工作的领导,把社会组织党建工作纳入党建工作总体布局,作为抓基层党建工作述职评议考核和相关部门领导班子、领导干部考核的重要内容。加强对与行政机关脱钩的社会组织党建工作的领导,确保脱钩不脱管。各级党委组织部门要牵头抓总、统筹协调,社会组织党建工作机构要加强具体指导,民政、司法、财政、税务、教育、卫生计生、工商等部门要结合职能协同做好社会组织党建工作。对履行责任不到位的要追究责任。

22. 强化基础保障。建立多渠道筹措、多元化投入的党建工作经费保障机制。社会组织应将党建工作经费纳入管理费用列支,可按照有关规定据实在企业所得税前扣除。社会组织党员上交的党费全额下拨,党委组织部门可用留存党费给予支持。有条件的地方,可采取多种方式给予必要的经费支持。支持具备条件的社会组织建设党组织活动场所,在社会组织相对集中的区域统筹建设党群活动服务中心。鼓励企事业单位、机关和街道社区、乡镇村党组织与社会组织党组织场所共用、资源共享。加强对社会组织负责人的思想教育,引导他们主动支持党建工作，为党组织开展活动、做好工作提供必要条件，并将有关内容写入社会组织章程。

23. 抓好督促落实。各地区各有关部门要认真研究制定社会组织党建工作规划和年度计划，实行目标管理，加强督促检查，推动工作落实。制定完善社会组织党建工作考核评价办法，明确奖惩措施，强化结果运用。尊重基层首创精神，不断研究新情况、解决新问题。总结推广经验，培育宣传社会组织党组织、党员和社会组织负责人先进典型，营造社会组织党建工作良好氛围。

各地区各有关部门可结合实际，制定贯彻落实本意见的具体实施办法。

专业技术类公务员管理规定(试行)

(中共中央办公厅、国务院办公厅2016年7月8日印发)

第一章　总　则

第一条　为了完善公务员职位分类,建立符合专业技术类公务员特点的管理制度,提高管理效能和科学化水平,建设高素质专业化公务员队伍,根据公务员法及有关法律、法规,制定本规定。

第二条　本规定所称专业技术类公务员,是指专门从事专业技术工作,为机关履行职责提供技术支持和保障的公务员,其职责具有强技术性、低替代性。

第三条　专业技术类公务员的管理,坚持党管干部原则,坚持德才兼备、以德为先,坚持注重实绩、业内认可,坚持分渠道发展、专业化建设,坚持监督约束与激励保障并重。

专业技术类公务员的管理,坚持公开、平等、竞争、择优的原则,依照法定的权限、条件、标准和程序进行。

第四条　中央公务员主管部门负责全国专业技术类公务员的综合管理工作。县级以上地方各级公务员主管部门负责本辖区内专业技术类公务员的综合管理工作。上级公务员主管部门指导下级公务员主管部门的专业技术类公务员管理工作。各级公务员主管部门指导同级机关的专业技术类公务员管理工作。

第二章　职位设置

第五条　专业技术类公务员职位根据工作性质、专业特点和管理需要,在以专业技术工作为主要职责的机关内设机构或者岗位设置。

专业技术类公务员职位设置范围由中央公务员主管部门确定。

第六条　机关依照职能、国家行政编制和中央公务员主管部门确定的职位设置范围等,制定本机关专业技术类公务员职位设置方案,并确定职位的具体工作职责和任职资格条件。

第七条　中央和国家机关及其直属机构专业技术类公务员职位设置方案,报中央公务员主管部门审批;省级以下机关及其直属机构专业技术类公务员职位设置方案,由省级公务员主管部门审批后报中央公务员主管部门备案。

第三章　职务与级别

第八条　专业技术类公务员按照专业技术类公务员职务序列进行管理。

专业技术类公务员职务，分为十一个层次。通用职务名称由高至低依次为：一级总监、二级总监、一级高级主管、二级高级主管、三级高级主管、四级高级主管、一级主管、二级主管、三级主管、四级主管、专业技术员。

具体职务名称由中央公务员主管部门以通用职务名称为基础确定。

第九条　专业技术类公务员职务与级别的对应关系是：

（一）一级总监：十三级至八级；

（二）二级总监：十五级至十级；

（三）一级高级主管：十七级至十一级；

（四）二级高级主管：十八级至十二级；

（五）三级高级主管：十九级至十三级；

（六）四级高级主管：二十级至十四级；

（七）一级主管：二十一级至十五级；

（八）二级主管：二十二级至十六级；

（九）三级主管：二十三级至十七级；

（十）四级主管：二十四级至十八级；

（十一）专业技术员：二十六级至十八级。

第十条　专业技术类公务员职务职数一般应当按照专业技术类公务员职位数量的一定比例核定，具体办法由中央公务员主管部门另行规定。

第四章　职务任免与升降

第十一条　专业技术类公务员职务任免与升降工作，由各级党委（党组）及其组织（人事）部门按照干部管理权限，依照法定的条件和程序进行。

第十二条　专业技术类公务员任职，应当具备相应的专业技术任职资格，符合拟任职务所要求的其他条件，按照专业技术类公务员职务序列，在规定的职位设置范围和职数内进行。

第十三条　专业技术任职资格由高至低依次为高级、中级、初级。高级包括正高级和副高级。

任一级、二级总监和一级高级主管，应当具备正高级专业技术任职资格；任二级、三级、四级高级主管，应当具备副高级以上专业技术任职资格；任一级、二级主管，应当具备中级以上专业技术任职资格；任三级、四级主管和专业技术员，应当具备初级以上专业技术任职资格。

专业技术任职资格评定办法由中央公务员主管部门另行规定。

第十四条 专业技术类公务员晋升职务,应当具备拟任职务所要求的思想政治素质、工作能力、文化程度、专业技术任职资格、任职年限和任职经历等方面的基本条件,并在规定任职年限内的年度考核结果均为称职以上等次。

晋升专业技术类公务员职务的任职年限,由中央公务员主管部门另行规定。

第十五条 专业技术类公务员在年度考核中被确定为不称职的,按照有关规定降低一个职务层次任职。

第十六条 专业技术类公务员转任其他职位类别职务或者专业技术任职资格被取消的,应当予以免职。

第十七条 试用期满考核合格并取得相应专业技术任职资格的新录用专业技术类公务员,应当按照规定在一级主管以下职务层次范围内任职定级。

第五章 管理与监督

第十八条 一级主管以下职务层次专业技术类公务员的录用,应当采取公开考试、严格考察、平等竞争、择优录取的办法。

考试内容根据专业技术类公务员应当具备的思想政治素质、专业能力和不同职位要求设置,重点考察报考者的专业技术基础知识和运用专业技术处理实际问题的能力。

因专业特殊难以形成竞争的专业技术类公务员职位,可以采用其他测评办法录用公务员。

第十九条 根据工作需要,机关可以按照公务员聘任有关规定,对部分专业技术类公务员职位实行聘任制。

第二十条 专业技术类公务员的考核,以职位职责和所承担的专业技术工作为基本依据,全面考核德、能、勤、绩、廉,重点考核工作实绩。考核结果作为专业技术任职资格评定的重要依据。

第二十一条 专业技术类公务员应当接受初任培训、专门业务培训、在职培训,培训内容侧重工作所必需的专业技术知识和技能等。

专业技术类公务员应当按照继续教育的要求和知识更新的需要,接受专业技术培训。

第二十二条 国有企业事业单位、人民团体和群众团体中从事专业技术工作、担任副高级专业技术职务两年以上或者已担任正高级专业技术职务的人员,可以按照公务员调任有关规定调入机关,并根据认定的专业技术任职资格担任四级高级主管以上职务。

第二十三条 专业技术类公务员转任,一般在专业技术类公务员职位范围内进行。因工作需要,也可以在不同职位类别之间进行。

专业技术类公务员在专业技术类公务员职位范围内转任的,一般转任相同专业的职位。因工作需要,也可以转任到相关、相近专业的职位。

对因工作需要转任其他职位类别公务员的,一般应当在专业技术类公务员职位工作满五年,并按照干部管理权限,综合考虑其任职经历、工作经历等条件,比照确定职务层次。

其他职位类别公务员转任专业技术类公务员职务的,应当具备拟转任职务所要求的专业技术任职资格等条件。

第二十四条 专业技术类公务员实行国家统一的职务与级别相结合的工资制度,按照国家有关规定执行体现工作职责特点的津贴补贴政策。

第二十五条 国家鼓励专业技术类公务员在工作中进行发明创造,对取得显著经济效益或者社会效益的给予奖励。

作出杰出贡献的,可以纳入国务院和地方政府特殊津贴的评定范围。

符合条件的专业技术类公务员,经批准可以参加中央和地方各级重大人才工程和科研项目评选。

第二十六条 专业技术类公务员在履行职责中有弄虚作假、玩忽职守、徇私舞弊等违纪违法行为的,依照有关规定给予批评教育、组织处理或者纪律处分;构成犯罪的,依法追究刑事责任。

第二十七条 对有下列情形的,由县级以上领导机关或者公务员主管部门按照管理权限,区别不同情况,分别予以责令纠正或者宣布无效;对负有责任的领导人员和直接责任人员,根据情节轻重,给予批评教育、组织处理或者纪律处分;构成犯罪的,依法追究刑事责任:

(一)擅自扩大专业技术类公务员职位设置范围的;

(二)超职数设置专业技术类公务员职务的;

(三)随意放宽任职资格条件或者改变专业技术任职资格评定标准的;

(四)违反规定的条件和程序进行录用、调任、转任和聘任的;

(五)违反国家规定,更改专业技术类公务员工资、福利、保险待遇标准的;

(六)违反本规定的其他行为。

第六章 附 则

第二十八条 担任领导职务的专业技术类公务员,法律、法规对其选拔任用、管理监督等另有规定的,按照有关规定执行。

第二十九条 专业技术类公务员的管理,本规定未作规定的,按照公务员法及其配套法规执行。

第三十条 参照公务员法管理的机关(单位)中从事专业技术工作的工作人员,经省级以上公务员主管部门批准,参照本规定进行管理。

第三十一条 本规定由中共中央组织部、人力资源社会保障部和国家公务员局负责解释。

第三十二条 本规定自2016年7月8日起施行。

行政执法类公务员管理规定(试行)

(中共中央办公厅、国务院办公厅2016年7月8日印发)

第一章 总 则

第一条 为了完善公务员职位分类,建立符合行政执法类公务员特点的管理制度,提高管理效能和科学化水平,建设高素质公务员队伍,根据公务员法及有关法律、法规,制定本规定。

第二条 本规定所称行政执法类公务员,是指依照法律、法规对行政相对人直接履行行政许可、行政处罚、行政强制、行政征收、行政收费、行政检查等执法职责的公务员,其职责具有执行性、强制性。

第三条 行政执法类公务员的管理,坚持党管干部原则,坚持德才兼备、以德为先,坚持注重实绩、群众公认,坚持监督约束与激励保障并重,注重提高执法效能。

行政执法类公务员的管理,坚持公开、平等、竞争、择优的原则,依照法定的权限、条件、标准和程序进行。

第四条 行政执法类公务员应当模范遵守宪法和法律,按照规定的权限和程序认真履行职责,坚持依法行政,做到严格规范公正文明执法。

第五条 中央公务员主管部门负责全国行政执法类公务员的综合管理工作。县级以上地方各级公务员主管部门负责本辖区内行政执法类公务员的综合管理工作。上级公务员主管部门指导下级公务员主管部门的行政执法类公务员管理工作。各级公务员主管部门指导同级机关的行政执法类公务员管理工作。

第二章 职位设置

第六条 行政执法类公务员职位根据工作性质、执法职能和管理需要,在以行政执法工作为主要职责的机关或者内设机构设置。

行政执法类公务员职位设置范围由中央公务员主管部门确定。

第七条 机关依照职能、国家行政编制和中央公务员主管部门确定的职位设置范围等,制定本机关行政执法类公务员职位设置方案,并确定职位的具体工作职责和任职资格条件。

第八条 中央和国家机关直属机构行政执法类公务员职位设置方案，报中央公务员主管部门审批；省级以下机关及其直属机构行政执法类公务员职位设置方案，由省级公务员主管部门审批后报中央公务员主管部门备案。

第三章 职务与级别

第九条 行政执法类公务员按照行政执法类公务员职务序列进行管理。

行政执法类公务员职务，分为十一个层次。通用职务名称由高至低依次为：督办、一级高级主办、二级高级主办、三级高级主办、四级高级主办、一级主办、二级主办、三级主办、四级主办、一级行政执法员、二级行政执法员。

具体职务名称由中央公务员主管部门以通用职务名称为基础确定。

第十条 行政执法类公务员职务与级别的对应关系是：

(一)督办：十五级至十级；

(二)一级高级主办：十七级至十一级；

(三)二级高级主办：十八级至十二级；

(四)三级高级主办：十九级至十三级；

(五)四级高级主办：二十级至十四级；

(六)一级主办：二十一级至十五级；

(七)二级主办：二十二级至十六级；

(八)三级主办：二十三级至十七级；

(九)四级主办：二十四级至十八级；

(十)一级行政执法员：二十六级至十八级；

(十一)二级行政执法员：二十七级至十九级。

第十一条 行政执法类公务员职务职数一般应当按照行政执法类公务员职位数量的一定比例核定，具体办法由中央公务员主管部门另行规定。

第四章 职务任免与升降

第十二条 行政执法类公务员职务任免与升降工作，由各级党委(党组)及其组织(人事)部门按照干部管理权限，依照法定的条件和程序进行。

第十三条 行政执法类公务员任职，应当按照行政执法类公务员职务序列，在规定的职位设置范围和职数内进行。

第十四条 行政执法类公务员晋升职务，应当具备拟任职务所要求的思想政治素质、工作能力、文化程度、任职年限和任职经历等方面的基本条件，并在规定任职年限内的年度考核结果均为称职以上等次。

晋升行政执法类公务员职务的任职年限,由中央公务员主管部门另行规定。

第十五条 行政执法类公务员在年度考核中被确定为不称职的,按照有关规定降低一个职务层次任职。

第十六条 行政执法类公务员转任其他职位类别职务的,应当予以免职。

第十七条 试用期满考核合格的新录用行政执法类公务员,应当按照规定在一级主办以下职务层次范围内任职定级。

第五章 管理与监督

第十八条 一级主办以下职务层次行政执法类公务员的录用,应当采取公开考试、严格考察、平等竞争、择优录取的办法。

考试内容根据行政执法类公务员应当具备的思想政治素质、法律知识、工作能力和不同职位要求分类分级设置。

第十九条 行政执法类公务员的考核,以职位职责和所承担的行政执法工作为基本依据,全面考核德、能、勤、绩、廉,重点考核履行行政执法职责、完成行政执法工作的情况,必要时可听取行政相对人的意见。

第二十条 行政执法类公务员应当接受初任培训、专门业务培训、在职培训,培训内容侧重职业道德、工作所必需的法律知识、执法技能和应对突发事件能力等。

第二十一条 行政执法类公务员交流的方式包括调任、转任、挂职锻炼。

行政执法类公务员在同一职位工作时间较长的,应当交流。

第二十二条 国有企业事业单位、人民团体和群众团体的工作人员,可以按照公务员调任有关规定调入机关,担任四级高级主办以上职务。

第二十三条 行政执法类公务员转任,一般在行政执法类公务员职位范围内进行。因工作需要,也可以在不同职位类别之间进行。

行政执法类公务员转任其他职位类别职务的,一般应当在行政执法类公务员职位工作满五年,并按照干部管理权限,综合考虑其任职经历、工作经历等条件,比照确定职务层次。

其他职位类别公务员转任行政执法类公务员职务的,应当具备拟转任职务所要求的条件。

第二十四条 行政执法类公务员执行国家规定的工资和津贴补贴政策。

第二十五条 机关应当加强对行政执法类公务员的监督,全面落实行政执法责任制。

行政执法类公务员在履行职责中有违纪违法行为以及违反机关的决定和命

令的,依照有关规定给予批评教育、组织处理或者纪律处分;构成犯罪的,依法追究刑事责任。

第二十六条 行政执法类公务员在执行公务中有应当回避情形的,本人应当申请回避,行政相对人可以提出回避申请,主管领导可以提出回避要求,由所在机关作出回避决定。

第二十七条 对有下列情形的,由县级以上领导机关或者公务员主管部门按照管理权限,区别不同情况,分别予以责令纠正或者宣布无效;对负有责任的领导人员和直接责任人员,根据情节轻重,给予批评教育、组织处理或者纪律处分;构成犯罪的,依法追究刑事责任:

(一)擅自扩大行政执法类公务员职位设置范围的;

(二)超职数设置行政执法类公务员职务的;

(三)随意放宽任职资格条件的;

(四)违反规定的条件和程序进行录用、调任、转任的;

(五)违反国家规定,更改行政执法类公务员工资、福利、保险待遇标准的;

(六)违反本规定的其他行为。

第六章 附　则

第二十八条 担任领导职务的行政执法类公务员,法律、法规对其选拔任用、管理监督等另有规定的,按照有关规定执行。

第二十九条 行政执法类公务员的管理,本规定未作规定的,按照公务员法及其配套法规执行。

第三十条 参照公务员法管理的事业单位中从事行政执法工作的工作人员,经省级以上公务员主管部门批准,参照本规定进行管理。

第三十一条 本规定由中共中央组织部、人力资源社会保障部和国家公务员局负责解释。

第三十二条 本规定自2016年7月8日起施行。

关于防止干部“带病提拔”的意见

（中共中央办公厅2016年8月15日印发）

为贯彻落实全面从严治党、从严管理干部的要求，进一步加强和改进干部选拔任用工作，不断提高选人用人质量，切实防止干部“带病提拔”，根据《党政领导干部选拔任用工作条例》、《中国共产党纪律处分条例》、《中国共产党问责条例》等党内法规和有关规定，现提出如下意见。

一、落实工作责任。各级党委（党组）对选人用人负主体责任，党委（党组）书记是第一责任人，组织人事部门和纪检监察机关分别承担直接责任和监督责任。要强化党组织领导和把关作用，坚持党管干部原则和好干部标准，落实“三严三实”要求，大力培养、大胆使用忠诚干净担当、谋改革促发展实绩突出的干部。党委（党组）在向上级党组织推荐报送拟提拔或进一步使用的人选时，要认真负责地对人选廉洁自律情况提出结论性意见，实行党委（党组）书记、纪委书记（纪检组组长）在意见上签字制度。考核评价党委（党组）和组织人事部门、纪检监察机关以及有关领导干部，要把履行选人用人职责情况作为重要内容。

二、深化日常了解。坚持经常性、近距离、有原则地广泛接触干部，深入了解干部的日常品行和表现，多渠道、多层次、多侧面识别干部。通过调研、平时考核、年度考核、任期考核、民主生活会、述职述廉等渠道，及时掌握干部的德才表现、重要情况和群众口碑，注重了解干部在重大事件、重要关头、关键时刻的表现。多与干部谈心谈话，改进谈话方法，提高谈话质量，观察干部的见识见解、禀性情怀、境界格局、道德品质和综合素质。健全完善日常联系通报机制，组织人事部门应当及时收集整理纪检监察、审计、信访、巡视、督导等执纪监督方面信息和网络舆情反映的干部有关情况，建立干部监督信息档案。

三、注重分析研判。充分运用日常了解掌握的情况，根据干部一贯表现，突出对政治品质、道德品行、作风表现、履行选人用人职责、廉洁自律等情况的综合分析，发现线索，查找问题。根据问题线索，及时对干部进行谈话或函询，认真调查核实情况。对干部有关问题及其性质、程度等进行会诊辨析、筛查甄别，作出判断。对现任党政正职、党政正职拟任人选、近期拟提拔或进一步使用人选、问题反映较多的干部要重点研判。开展经常性分析研判，党委（党组）书记应当注意听取研判情况汇报，并有针对性地参加专题研判，全面深入掌握干部情况。

四、加强动议审查。规范动议主体职责权限和程序,按照民主集中制原则,形成合理方案,提出符合好干部标准的人选。坚持先定规矩后议人选,按照以事择人、按岗选人的要求,对领导班子优化方向、拟选拔职位资格条件和人选产生范围等进行充分酝酿,在此基础上比选择优,研究意向性人选。对纳入考虑范围的有关人选,提前审核其政治表现和廉洁自律等情况,充分听取有关方面意见,重视研究不同意见,认真进行分析,对有问题疑点经核实不影响使用的,可以列为意向性人选。积极探索领导班子成员在动议环节实名推荐干部办法和差额酝酿党政正职岗位人选办法。

五、强化任前把关。考察工作要突出针对性、增强灵活性、提高有效性,针对不同考察对象的具体情况,细化考察内容,改进考察方式,力争考察结果全面、客观、准确。选好配强考察工作人员,明确考察谈话保密与承诺责任,营造讲真话的氛围,提高考察质量。根据考察对象履历、家庭关系、社会背景等情况,抓住重要行为特征,有针对性地找知情人谈话。适当拉开考察与会议讨论的时间间隔,采取民意调查、专项调查、延伸考察、实地走访、家访等办法,广泛深入地了解干部。改进考察对象公示和任职前公示方式,探索扩大公示内容、范围和延长公示时间,充分接受干部群众监督。强化审核措施,做到干部档案"凡提必审",个人有关事项报告"凡提必核",纪检监察机关意见"凡提必听",反映违规违纪问题线索具体、有可查性的信访举报"凡提必查"。前移审核关口,做到动议即审,该核早核。对发现问题影响使用的,及时中止选拔任用程序;疑点没有排除、问题没有查清的,不得提交会议讨论或任用。对一时存疑、暂未使用的干部,要本着高度负责的态度,及时查清问题、作出结论,为那些受到诬告、诽谤、陷害的干部澄清正名,严肃处理打击报复、诬告陷害行为。坚持事业为上、公道正派,保护作风过硬、敢作敢为、锐意进取的干部,对那些想干事、能干事、敢担当、善作为的干部要旗帜鲜明地撑腰鼓劲、大胆使用。

六、严格责任追究。充分发挥组织监督和群众监督作用,认真落实干部选拔任用工作纪实等各项监督制度,加强对干部选拔任用工作经常性监督检查。建立健全干部"带病提拔"问责机制,党委(党组)及组织人事部门、纪检监察机关按照职责权限,实行责任追究。要逐一检查动议、民主推荐、考察、讨论决定、任职等各个环节的主要工作和重要情况,甄别相关责任人的责任。对干部在政治品质、道德品行、廉洁自律等方面存在违规违纪行为影响使用,但由于领导不力、把关不严、考察不准、核查不认真,甚至故意隐瞒、执意提拔,造成干部"带病提拔"的,要按照有关规定,区别不同情况,严肃追究党委(党组)、组织人事部门、纪检监察机关、干部考察组主要负责人和有关领导干部及相关责任人的责任。凡因干部“带病提拔”造成恶劣影响的，连续出现或大面积出现干部“带病提拔”情况的，要追究党委（党组）主要负责人的责任。对干部“带病提拔”的典型案例，要及时进行通报。

聘任制公务员管理规定(试行)

(中共中央办公厅、国务院办公厅2017年9月19日印发)

第一章　总　　则

第一条　为了健全用人机制,满足机关吸引和使用优秀人才的需求,提高公务员队伍专业化水平,规范公务员聘任工作,保障机关和聘任制公务员合法权益,根据《中华人民共和国公务员法》等相关法律法规,制定本规定。

第二条　本规定所称聘任制公务员,是指以合同形式聘任、依法履行公职、纳入国家行政编制、由国家财政负担工资福利的工作人员。

涉及国家秘密的职位不实行聘任制。

第三条　聘任制公务员的管理,坚持党管干部、党管人才原则,坚持德才兼备、以德为先,坚持公开、平等、竞争、择优,坚持监督约束与激励保障并重,依照法定的权限、条件、标准和程序进行。

机关依据公务员法和聘任合同对所聘公务员进行管理。

第四条　中央公务员主管部门负责全国聘任制公务员的综合管理工作。县级以上地方各级公务员主管部门负责本辖区内聘任制公务员的综合管理工作。上级公务员主管部门指导下级公务员主管部门的聘任制公务员管理工作。各级公务员主管部门指导同级机关的聘任制公务员管理工作。

第二章　职位设置与招聘

第五条　机关聘任公务员,主要面向专业性较强的职位,确有特殊需要的,也可以面向辅助性职位。聘任为领导职务的,应当是专业性较强的职位。

专业性较强的职位,是指具有低替代性,要求具备经过专门学习才能掌握的专业知识、专业技能的职位。

辅助性职位,是指具有较强事务性,在机关工作中处于辅助地位的职位。

第六条　机关聘任公务员,应当根据工作需要,在规定的编制限额和工资经费限额内进行。

第七条　机关聘任公务员,应当制定职位设置与招聘工作方案。职位设置与招聘工作方案包括聘任事由、编制使用情况、拟聘职位及名额、资格条件、待遇、聘期、招聘方式、程序等内容。

中央和国家机关及其直属机构职位设置与招聘工作方案，报中央公务员主管部门审批。省级以下机关及其直属机构职位设置与招聘工作方案，按程序逐级审核后报省级公务员主管部门审批。

省级以上公务员主管部门或者经授权同意的设区的市级公务员主管部门具体负责招聘的组织实施。

第八条 应聘人员除应当具备公务员法规定的条件外，还应当具备省级以上公务员主管部门批准的拟聘任职位所要求的资格条件。

应聘人员不得应聘与聘任机关公务员有任职回避情形的职位。

第九条 机关聘任公务员，一般应当面向社会公开招聘。公开招聘按照以下程序进行：

（一）发布招聘公告。招聘公告应当载明聘任机关、聘任职位、职责、应聘资格条件、待遇、聘期，报名的方式方法、时间和地点，应聘需要提交的申请材料，考试测评内容、时间和地点以及其他应聘须知事项。

（二）报名与资格审查。应聘人员应当向机关提交真实、准确的申请材料。机关在规定时间内确认应聘人员是否具有应聘资格。

（三）考试测评。采取笔试、面试等方式进行，突出岗位特点，重点测查应聘人员的专业素养、业务能力和岗位匹配程度。

（四）考察与体检。机关根据考试测评成绩确定考察人选，并对其进行考察和体检。考察内容主要包括应聘人员的政治思想、道德品质、能力素质、学习和工作表现、工作业绩、遵纪守法、廉洁自律等方面的情况。

（五）公示。机关根据考试测评、考察情况和体检结果，择优提出拟聘任人员名单，并进行公示。公示期不少于五个工作日。

（六）审批或者备案。公示期满，对没有问题或者所反映问题不影响聘任的，中央和国家机关及其直属机构拟聘任人员名单报中央公务员主管部门备案，地方各级机关拟聘任人员名单报省级公务员主管部门或者经授权同意的设区的市级公务员主管部门审批。

（七）办理聘任手续。聘任机关与拟聘任人员签订聘任合同，办理相关手续。

公开招聘专业性较强的职位，经省级以上公务员主管部门批准，可以对上述程序进行调整或者适当简化。

第十条 对于工作急需、符合聘任职位条件的人选少、难以进行公开招聘的专业性较强的职位，经省级以上公务员主管部门批准，机关可以从符合条件的人员中直接选聘。直接选聘一般按照以下程序进行：

(一)提出拟聘任人选。机关根据平时掌握的情况或者通过相关单位、专业机构、同行专家等推荐,提出拟聘任人选。

(二)资格审查。根据招聘资格条件对应聘人员进行审查,重点审查政治品质、工作履历和工作业绩。

(三)考核测评。采取履历分析、面试比选、专家评审、业绩考核等方式,重点对拟聘任人选的专业素养、业务能力和岗位匹配程度进行考核、测评。

(四)考察与体检。

(五)公示。

(六)审批或者备案。

(七)办理聘任手续。

第十一条 机关不得聘任有下列情形之一的人员:

(一)曾因犯罪受过刑事处罚的;

(二)曾被开除公职或者因违纪违法被机关、事业单位解除聘任合同或者聘用合同的;

(三)涉嫌违纪违法正在接受专门机关审查尚未作出结论的;

(四)受纪律处分期间或者未满影响期限的;

(五)按照有关规定被列为失信联合惩戒对象的;

(六)法律法规规定的其他不得担任公务员情形的。

第三章 聘任合同

第十二条 机关聘任公务员,应当按照平等自愿、协商一致的原则,与所聘公务员签订书面的聘任合同,确定双方的权利和义务。

第十三条 聘任合同应当具备合同期限,职位及其职责要求,工作条件,工资、福利、保险待遇,解除聘任合同情形,违约责任等条款。

聘任机关与所聘公务员根据需要,可以在聘任合同中约定前款规定之外的保密管理、离职后从业限制等其他事项。

第十四条 聘任合同期限为一年至五年,由聘任机关根据工作任务和目标与拟聘任公务员协商确定。首次签订聘任合同的,可以约定试用期,试用期为一个月至六个月。

聘任为领导职务的,聘任合同期限为三年至五年,试用期为一年。

第十五条 聘任合同经双方协商一致,可以变更或者解除。变更或者解除聘任合同,应当采用书面形式。

第十六条 有下列情形之一的,聘任机关可以解除聘任合同:

(一)未经批准在其他单位兼职的；

(二)患病或者非因公负伤规定医疗期满后,不能从事原工作的；

(三)因订立合同所依据的客观情况发生重大变化,致使合同无法继续履行,经双方协商,未能就变更聘任合同内容达成协议的；

(四)法律法规规定或者聘任合同约定聘任机关可以解除聘任合同的其他情形。

聘任机关因前款第(二)、(三)项情形之一解除聘任合同的,应当提前三十日以书面形式通知聘任制公务员本人。

第十七条 有下列情形之一的,聘任机关应当解除聘任合同:

(一)经试用不符合聘任条件的；

(二)聘期内年度考核不称职的；

(三)不履行公务员义务,不遵守公务员纪律,经教育仍无转变,不适合继续在机关工作的；

(四)除本规定第十六条第一款第(二)项的情形外,其他因个人原因不能正常履行聘任合同约定工作职责的；

(五)旷工或者因公外出、请假期满无正当理由逾期不归连续超过十五天,或者一年内累计超过三十天的；

(六)有严重违纪违法行为或者被依法追究刑事责任的；

(七)法律法规规定或者聘任合同约定聘任机关应当解除聘任合同的其他情形。

第十八条 聘任制公务员在聘期内有公务员法规定不得辞退情形之一的,聘任机关不得解除聘任合同,但有本规定第十六条第一款第(一)项和第十七条第(一)、(三)、(五)、(六)、(七)项情形的除外。

第十九条 有下列情形之一的,聘任制公务员以书面形式通知机关后可以解除聘任合同:

(一)在试用期内的；

(二)聘任机关未按照聘任合同约定支付工资、未依法为聘任制公务员缴纳社会保险费等,或者未提供必要工作条件的；

(三)法律法规规定或者聘任合同约定聘任制公务员可以解除聘任合同的其他情形。

第二十条 聘任制公务员可以申请解除聘任合同,但有下列情形之一的除外:

(一)重要公务尚未处理完毕,且必须由本人继续处理的；

(二)正在接受审计、纪律审查,或者涉嫌犯罪,司法程序尚未终结的;

(三)法律法规规定或者聘任合同约定的其他不得解除聘任合同的情形。

聘任制公务员申请解除聘任合同,应当以书面形式向聘任机关提出。聘任机关应当在三十日内予以答复,未在规定时间内答复的视为同意解除聘任合同。未获批准前,聘任制公务员不得自行离职。

第二十一条 依照本规定第十六条第一款第(二)、(三)项解除聘任合同的,聘任机关应当向聘任制公务员支付经济补偿。经济补偿按照聘任制公务员在本机关工作的年限,每满一年支付一个月工资的标准执行。工作六个月以上不满一年的,支付一个月工资的经济补偿;不满六个月的,支付半个月工资的经济补偿。

依照本规定第十九条第(二)项解除聘任合同的,聘任机关应当按照合同约定支付工资,补缴社会保险费,并承担相应违约责任。

第二十二条 聘任合同期满或者聘任合同约定的终止条件出现,聘任合同即行终止。

聘任制公务员患病或者非因公负伤在规定的医疗期内的,女性在孕期、产假、哺乳期内的,聘任合同应当延续至相应的情形消失时终止,本人要求不延续的除外。

第二十三条 聘任合同解除或者终止,聘任机关应当出具解除或者终止聘任合同的书面证明,按规定办理人事档案、社会保险关系转移等相关手续;聘任制公务员应当按照要求进行公务交接,并履行法律法规规定和聘任合同约定的相关义务。

第二十四条 聘任合同的签订、变更、解除或者终止,应当报同级公务员主管部门备案。

第四章 日常管理

第二十五条 聘任制公务员试用期满合格后,聘任机关按照有关规定进行聘任制公务员登记,人事档案由聘任机关管理和保存。

第二十六条 聘任机关根据公务员考核有关规定,依据聘任合同全面考核聘任制公务员的德、能、勤、绩、廉,重点考核其完成聘任合同确定的工作任务情况。考核结果作为聘任制公务员获得工资、奖励等的依据。

聘任制公务员的考核坚持平时考核和定期考核相结合,定期考核一般按照年度进行,必要时可以采取聘期考核、绩效考核、目标责任考核等方式,考核结果应当向本人反馈。

第二十七条 聘任制公务员在聘期内一般不得变动职位。

聘任机关根据工作需要、考核结果和聘任制公务员本人意愿，经省级以上公务员主管部门批准，聘任合同期满后可以续聘。

对在专业性较强的职位上表现突出、作出显著成绩和贡献、工作长期需要的聘任制公务员，聘期满五年，年度考核结果均为称职以上或者聘期考核结果为优秀的，经省级以上公务员主管部门批准，可以转为委任制公务员。

第二十八条 聘任制公务员实行协议工资制，聘任制公务员工资一般按月支付，也可以实行年薪制等特殊工资政策。

聘任机关应当根据聘任职位，综合考虑市场同类人员和本单位其他公务员工资水平等因素，提出聘任职位所需的工资额度，报同级人力资源社会保障、财政部门核定。聘任制公务员的工资水平根据市场同类人员和本单位其他公务员工资水平调整情况进行调整。

第二十九条 聘任制公务员按照国家规定和聘任协议享受住房补贴、医疗补助等。

第三十条 聘任制公务员按照国家有关规定参加基本养老保险和职业年金、基本医疗保险、工伤保险、失业保险、生育保险。

第三十一条 聘任制公务员工资、福利、保险等待遇所需经费，通过政府预算安排。

第三十二条 国家鼓励聘任制公务员在工作中进行发明创造，对取得显著经济效益或者社会效益的给予奖励。

符合条件的聘任制公务员，经批准可以参加中央和地方各级重大人才工程和科研项目评选。

第三十三条 聘任制公务员与聘任机关之间因履行聘任合同发生争议的，可以依据有关规定申请人事争议仲裁。当事人对仲裁裁决不服的，可以按照有关规定向人民法院提起诉讼。仲裁裁决生效后，一方当事人不履行的，另一方当事人可以申请人民法院执行。

第五章　纪律监督

第三十四条 聘任制公务员必须遵守公务员法等相关法律法规规定和聘任合同约定的纪律要求。

聘任制公务员在履行职责中有弄虚作假、滥用职权、玩忽职守、徇私舞弊等违纪违法行为的,依照有关规定给予批评教育、组织处理或者纪律处分;构成犯罪的,依法追究刑事责任。

第三十五条 机关公开招聘和直接选聘公务员应当依法接受监督。组织招聘时,公务员主管部门和机关应当及时受理举报,并按照管理权限处理。

有下列情形之一的,省级以上公务员主管部门或者经授权同意的设区的市级公务员主管部门视情况分别予以责令纠正或者宣布无效;对负有领导责任和直接责任的人员,根据情节轻重,给予批评教育、组织处理或者纪律处分;构成犯罪的,依法追究刑事责任:

(一)不按规定的编制限额进行聘任的;

(二)不按规定的资格条件和程序聘任的;

(三)未经授权,擅自出台、变更聘任政策,造成不良影响的;

(四)聘任工作中徇私舞弊的。

第三十六条 从事聘任工作的人员有下列情形之一的,按照管理职能和权限,视情节轻重,给予批评教育、组织处理或者纪律处分;构成犯罪的,依法追究刑事责任:

(一)泄露试题或者其他招聘秘密信息的;

(二)弄虚作假进行聘任的;

(三)利用工作便利,协助应聘人员作弊的;

(四)因工作失职造成不良后果的;

(五)违反法律法规及本规定的其他行为的。

第三十七条 对违反招聘纪律的应聘人员,视情节轻重,分别给予批评教育,取消考试测评、考察与体检资格,不予聘任或者解除聘任合同等处理。

应聘人员在考试及相关环节中违纪违规行为的认定与处理,参照公务员考试录用违纪违规行为处理有关规定执行。

第三十八条 除本规定第十九条所列情形外,聘任制公务员提出解除聘任合同的,按照公务员从业限制有关规定,领导职务公务员在离职三年内,其他公务员在离职两年内,不得到与原工作业务直接相关的企业或者其他营利性组织任职,不得从事与原工作业务直接相关的营利性活动。

第六章 附 则

第三十九条 法律法规对领导职务聘任另有规定的,从其规定。

第四十条 参照公务员法管理机关(单位)聘任工勤人员以外的工作人员,

参照本规定执行。

第四十一条 本规定由中共中央组织部、人力资源社会保障部及国家公务员局负责解释。

第四十二条 本规定自2017年9月19日起施行。2011年1月28日中共中央组织部、人力资源社会保障部印发的《聘任制公务员管理试点办法》同时废止。

公务员公开遴选办法(试行)

(中共中央组织部、人力资源和社会保障部 2013 年 1 月 24 日印发)

第一章　总　　则

第一条　为优化领导机关公务员队伍结构,建立来自基层的公务员培养选拔机制,推进和规范公务员公开遴选工作,根据公务员法、《党政领导干部选拔任用工作条例》等法律、法规,制定本办法。

第二条　本办法所称公开遴选,是指市(地)级以上机关从下级机关公开择优选拔任用内设机构公务员。

公开遴选是公务员转任方式之一。

第三条　公开遴选坚持德才兼备、以德为先,坚持民主、公开、竞争、择优,坚持能力素质与职位要求相适应,坚持考试与考察相结合。

第四条　公开遴选必须在规定的编制限额和职数内进行,并有相应的职位空缺。

第五条　公开遴选按照下列程序进行:

(一)发布公告;

(二)报名与资格审查;

(三)考试;

(四)组织考察;

(五)决定与任职。

第六条　市(地)级以上公务员主管部门按照管理权限和职责分工负责公开遴选工作的综合管理和监督检查。

公开遴选机关按照公务员主管部门的要求,承担公开遴选的有关工作。

第二章　申报计划与发布公告

第七条　公开遴选机关在进行公务员队伍结构和职位分析的基础上,根据工作需要,提出公开遴选职位及其资格条件,拟定公开遴选计划,报同级公务员主管部门审批。

第八条　公务员主管部门制定公开遴选方案并组织实施。

第九条 公务员主管部门根据公开遴选方案，制定公告，面向社会公开发布。公告应当包括以下内容：

（一）公开遴选机关、职位、职位简介和资格条件；

（二）公开遴选范围、程序、方式和相关比例要求；

（三）报名方式和需要提交的相关材料；

（四）考试科目、时间和地点；

（五）其他相关事项。

第三章 报名与资格审查

第十条 公开遴选报名一般采取个人意愿与组织推荐相结合的方式。

公开遴选可由公务员本人申请并按照干部管理权限经组织审核同意后报名，也可征得本人同意后由组织推荐报名。

第十一条 报名参加公开遴选的公务员，应当具备下列资格条件：

（一）具有良好的政治、业务素质，品行端正，实绩突出，群众公认；

（二）具有 2 年以上基层工作经历和 2 年以上公务员工作经历；

（三）公务员年度考核均为称职以上等次；

（四）具有公开遴选职位要求的工作能力和任职经历；

（五）报名参加中央机关、省级机关公开遴选的应当具有大学本科以上文化程度，报名参加市（地）级机关公开遴选的应当具有大学专科以上文化程度；

（六）身体健康；

（七）公务员主管部门规定的其他资格条件；

（八）法律、法规规定的其他条件。

公务员主管部门和公开遴选机关不得设置与公开遴选职位要求无关的报名资格条件。

第十二条 公务员有下列情形之一的，不得参加公开遴选：

（一）涉嫌违纪违法正在接受有关的专门机关审查尚未作出结论的；

（二）受处分期间或者未满影响期限的；

（三）按照国家有关规定，到定向单位工作未满服务年限或对转任有其他限制性规定的；

（四）尚在新录用公务员试用期的；

（五）法律、法规规定的其他情形。

第十三条 报名人员应当向公开遴选机关提交报名需要的相关材料，提交的材料应当真实、准确。

公开遴选机关按照职位资格条件对报名人员提交的材料进行审查,在规定的时间内确定报名人员是否具有报名资格。

第十四条 对未达到公告规定比例,不能形成有效竞争的公开遴选职位,经公务员主管部门同意可予以取消,允许该职位报名人员改报其他职位。

第四章 考 试

第十五条 考试采取分级分类的方式,根据职务层次和职位类别进行。

考试分为笔试和面试,由公务员主管部门统一组织实施。经公务员主管部门授权,面试可以由公开遴选机关组织实施。

第十六条 笔试主要测试政策理论水平、分析和解决实际问题能力、文字表达能力等综合素质。

第十七条 面试人选根据笔试成绩由高到低的顺序,按照公告规定的比例确定。

第十八条 面试主要测试履行职位职责所要求的基本素质和能力。面试的内容和方式应当针对各职位的特点和要求分别确定。必要时,可以进行职位业务水平测试。

第十九条 面试考官一般不少于 7 人,其中公开遴选机关以外的考官一般应占三分之一。面试考官应当挑选公道正派、理论素养高、熟悉公开遴选职位相关业务、具有干部测评相关经验的人员担任。

第二十条 根据笔试、面试成绩,按照公告规定的权重确定考试综合成绩。笔试、面试成绩和考试综合成绩应当及时通知本人。

第五章 组织考察

第二十一条 公开遴选采取差额考察的办法。考察对象根据考试综合成绩由高到低的顺序,按照公告规定的比例确定。

第二十二条 公开遴选机关对考察对象的德、能、勤、绩、廉情况及其政治业务素质与公开遴选职位的适应程度进行全面考察,重点考察德的情况、工作实绩和群众公认程度。

第二十三条 考察可以采取个别谈话、民主测评等方法进行,也可以采取德的专项测评、实绩公示、业绩评价和履历分析等方法。

对在基层一线窗口单位工作的考察对象,要注重听取服务对象的意见。

第二十四条 公开遴选机关派出两名以上人员组成考察组。考察组一般由干部(人事)部门的人员和熟悉公开遴选职位相关业务的人员组成。

第二十五条 考察对象所在机关应当积极支持和配合考察组工作。

第六章 决定与任职

第二十六条 公开遴选机关根据考察情况和职位要求,按照干部管理权限,集体讨论决定拟任职人员。

第二十七条 公开遴选机关对拟任职人员进行公示,公示期一般为7天。公示期满,对没有问题或者反映问题不影响任用的,报公务员主管部门审批备案后,办理调动和任职手续;对反映有严重问题并查有实据的,取消公开遴选资格。

第七章 纪律与监督

第二十八条 公开遴选工作中存在应当回避情形的,按照有关规定执行。

第二十九条 有下列情形之一的,由公务员主管部门视情况予以责令纠正或者宣布无效;对负有领导责任和直接责任的人员,视情节轻重给予批评教育、调离工作岗位或者处分;构成犯罪的,依法追究刑事责任:

(一)不按规定的编制限额、职数和职位要求进行的;

(二)不按规定的条件和程序进行的;

(三)擅自变更公开遴选政策,造成不良影响的;

(四)公开遴选工作中徇私舞弊的。

第三十条 公开遴选工作人员有下列情形之一的,由公务员主管部门或所在单位,视情节轻重给予批评教育、调离工作岗位或者处分;构成犯罪的,依法追究刑事责任:

(一)泄露试题和其他公开遴选涉密信息的;

(二)伪造考试成绩或者其他有关资料的;

(三)协助参加考试人员作弊的;

(四)违反考察纪律的;

(五)因工作失职,影响公开遴选工作正常进行的;

(六)违反公开遴选工作纪律的其他行为。

第三十一条 对违反公开遴选纪律的报名人员,视情节轻重给予批评教育、取消公开遴选资格、调离工作岗位或者处分;构成犯罪的,依法追究刑事责任。

第三十二条 公开遴选工作要接受监督。公务员主管部门和公开遴选机关应当及时受理举报,并按照管理权限进行处理。

第八章 附 则

第三十三条 各省、自治区、直辖市公务员主管部门应根据本办法,结合本地实际,制定实施细则。

第三十四条 公开遴选参照公务员法管理的机关(单位)工作人员,参照本办法执行。

第三十五条 本办法由中共中央组织部、人力资源社会保障部负责解释。

第三十六条 本办法自颁布之日起施行。

关于在干部教育培训中进一步加强学员管理的规定

（中共中央组织部2013年2月19日印发）

为进一步加强学员管理、切实改进干部教育培训学风，按照《十八届中央政治局关于改进工作作风、密切联系群众的八项规定》及中央办公厅、国务院办公厅《实施细则》精神，结合干部教育培训工作实际，作出如下规定。

一、无论什么级别的干部参加学习培训都是普通学员，必须端正学习态度，树立学员意识，严格遵守学习培训和廉洁自律的各项规定，把精力主要放在学习上，认真完成培训任务。干部管理部门和干部教育培训机构要对参训干部提出具体要求。

二、干部在校学习期间，要住在学员宿舍，吃在学员食堂。学员之间、教员和学员之间不得用公款相互宴请。班级、小组不得以集体活动为名聚餐吃请。学员不得外出参加任何形式的可能影响公正执行公务的宴请和娱乐活动。对违反规定的学员予以退学处理。

三、组织学员外出进行现场教学、实地考察调研等活动时，不准警车带路，不接受宴请，一律吃自助餐或便餐，不收受纪念品和土特产，不安排与学习无关的旅游和娱乐活动。对违反规定的，追究培训机构有关领导和带队负责人的责任。

四、学员不准接受和赠送礼品、礼金、有价证券和支付凭证及土特产等，不得接待以探望为名的各种礼节性来访。学员之间不准以学习交流、对口走访、交叉考察、集体调研等名义互请旅游。对违反规定的学员，视情节轻重予以约谈提醒、通报批评或责令退学。对于接受和赠送贵重礼品、礼金、有价证券和支付凭证的，将有关情况通报干部主管部门和所在单位，按规定处理。

五、学员参加学习期间不再承担所在单位的工作、会议、出国（境）考察等任务。如因特殊情况确需请假的，必须严格履行请假手续。累计请假时间超过总学时1/7的，按退学处理。未经批准擅自离校的，责令退学。

六、学员必须自己动手撰写发言材料、学习体会、调研报告和论文等，不准请人代写，不准抄袭他人学习研究成果，不准秘书等工作人员“陪读”。对违反规定的学员，视情节轻重予以取消成绩、通报批评或责令退学。

七、学员学习培训期间，不得留公车驻校，不得借用其他单位和个人的车辆

“伴读”。对违反规定的学员,予以通报批评。

八、学员在校期间及结(毕)业以后,一律不准以同学名义搞“小圈子”,不得成立任何形式的联谊会、同学会等组织,也不得确定召集人、联系人等开展有组织的活动。不得利用同学关系在干部任用和人事安排以及子女入学、就业、经商等方面相互提供方便、谋取私利。对违反规定的在校学员,牵头人予以退学处理,参与者予以通报批评;对结(毕)业后的学员,由有关部门严肃查处。

九、干部教育培训管理部门和培训机构要厉行节约、勤俭办学,不得在高档宾馆、风景名胜区举办培训班,不得超标准安排食宿,不得发放高档消费品和纪念品,严禁借培训之名搞公款旅游。对违反规定的,追究主办单位领导人员责任。

各级组织人事部门、干部教育培训机构和干部所在单位要高度重视,按照职责分工和干部管理权限,分级管理,分工负责,切实抓好学员管理工作。组织人事部门要将学员在校期间的主要表现记入个人档案,作为干部考核内容和任职、晋升的重要依据,对重点培训班次要派专人跟班。干部教育培训机构要完善规章制度,严格校规校纪,从紧安排教学,从严要求学员,教育引导教师、班主任、组织员等做好学员的服务和管理。干部所在单位要支持和鼓励干部参加学习培训,不安排工作,不派人看望,为干部集中精力搞好学习创造条件。

各地区各部门要结合实际,研究提出贯彻本规定的具体措施,切实抓好落实。中央组织部将适时检查本规定落实情况。

关于加强干部选拔任用纪实工作的若干意见

（中共中央组织部 2015 年 2 月 17 日印发）

为保证严格执行《党政领导干部选拔任用工作条例》，规范干部选拔任用工作，加强选人用人全程监督和倒查追责，坚决防止用人上不正之风，根据《党政领导干部选拔任用工作责任追究办法（试行）》等有关规定，现就进一步做好干部选拔任用纪实工作，提出如下意见。

一、组织（人事）部门要高度重视干部选拔任用纪实工作，实行“谁办理、谁纪实”。纪实工作具体以干部工作机构为主，部内有关工作机构配合。从事干部工作的人员，要增强纪实意识，养成纪实习惯，以认真负责的精神做好纪实工作。

二、选拔任用县处级以上领导干部（包括非领导职务），都要严格按照干部管理权限和有关规定进行纪实，做到客观准确、完整具体、简便管用，使每个干部的选任过程可追溯、可倒查。对动议、民主推荐、考察、讨论决定、任职等各个环节的主要工作和重要情况，必须如实记录；形成的有关资料，该归档的要及时归档，该保管的要妥善保管。

三、对违反《干部任用条例》、搞用人不正之风的情形，组织（人事）部门要坚决抵制，特别对以下五种情形要记录在案，形成用人上的“负面清单”：说情打招呼、私自干预下级或原任职单位选人用人的；要求提拔本人近亲属、指令提拔身边工作人员的；拉票、跑官要官的；人选不符合资格条件，或廉政等方面存在影响任用的问题时，仍坚持提拔任用的；阻挠、制止对选人用人问题调查核实和依规依纪处理的。

四、组织（人事）部门要把干部选拔任用工作纪实资料，作为开展选人用人监督检查和实行责任追究的重要依据，充分用好纪实结果，切实发挥纪实的监督制约作用。

五、各省、自治区、直辖市党委组织部，中央和国家机关各部委等单位的组织（人事）部门要从实际出发，建立健全纪实制度，完善纪实方式。上级组织（人事）部门要加强纪实工作情况的监督检查，抓好纪实工作的落实。对在纪实上弄虚作假的，视情节轻重依规给予相应组织处理。

关于全国性行业协会商会与行政机关脱钩后党建工作管理体制调整的办法(试行)

(中共中央组织部 2015 年 9 月 11 日印发)

根据《行业协会商会与行政机关脱钩总体方案》,全国性行业协会商会与行政机关脱钩后的党建工作,按照原业务主管单位党的关系归口分别由中央直属机关工委、中央国家机关工委和国务院国资委党委领导。为确保全国性行业协会商会党建工作脱钩不脱管,实现党建工作管理体制调整有序衔接,制定本办法。

一、明确接收单位党建工作领导职责

中央直属机关工委、中央国家机关工委和国务院国资委党委对脱钩后的全国性行业协会商会党建工作进行统一领导,主要职责是:

(一)指导行业协会商会党组织宣传和执行党的路线方针政策,促进行业协会商会健康发展。

(二)研究制定加强行业协会商会党建工作的规划、制度和措施,督促抓好落实。

(三)指导行业协会商会基层党组织建设、党员教育管理和思想政治工作。

(四)督促指导行业协会商会党组织按期换届,审批选出的书记、副书记。

(五)审核行业协会商会会长、副会长、秘书长等负责人人选。

(六)指导行业协会商会党风廉政建设,督促落实党风廉政建设主体责任和监督责任。

(七)指导行业协会商会工会、共青团等群团组织工作。

(八)指导行业协会商会党组织做好外事相关工作。

(九)指导行业协会商会做好党的建设其他工作。

二、确定脱钩后党建工作具体管理办法

(一)原由中央直属机关和中央国家机关有关部门管理的全国性行业协会商会,已建立党委的,可分别由中央直属机关工委、中央国家机关工委直接管理。

已建立党总支或党支部的,可由中央直属机关工委、中央国家机关工委按行业相近、业务相关原则,将现有党总支或党支部整合组建为直接隶属于工委的若干联合党委。联合党委可由所属较大的行业协会商会党组织书记或工委相关部门负责同志担任书记,一般应配备专职党务工作者,不占用机关行政编制,工作经费由工委负责解决。

尚未建立党组织的,其党建工作可由相关联合党委负责,也可由工委相关部门直接负责。

试点期间,中央直属机关工委、中央国家机关工委可成立隶属于工委的行业协会商会临时党委,接收参加试点的行业协会商会党组织,同时在未建立党组织的行业协会商会中开展党的工作。条件成熟时正式组建党委。

行业协会商会脱钩后的党建工作具体管理方式,由中央直属机关工委、中央国家机关工委研究确定。

(二)原由国务院国资委管理的全国性行业协会商会,国务院国资委党委可领导其中的行业联合会(协会)党委,由行业联合会(协会)党委具体负责其代管的行业协会商会党建工作。行业联合会(协会)党委一般应配备专职党务工作者,不占用机关行政编制,工作经费由国务院国资委党委负责解决。不归行业联合会(协会)代管的行业协会商会,由国务院国资委党委研究确定其党组织隶属关系和党建工作具体管理方式。

(三)个别具有特殊性质的人民团体所属行业协会商会,经中央组织部批准,党组织隶属关系可不作调整,中央直属机关工委、中央国家机关工委对其进行工作指导。文化部主管的行业协会商会脱钩后,其党建工作划入中央直属机关工委管理。

三、做好脱钩行业协会商会党组织移交相关工作

按照《行业协会商会与行政机关脱钩总体方案》要求和试点工作安排,中央直属机关工委、中央国家机关工委和国务院国资委党委在做好相关准备工作后,陆续接收脱钩的行业协会商会党组织,做好党组织关系移交、党员组织关系转移、党费收缴和管理、党内统计数据调整上报、档案资料接收等工作。

各行业协会商会原业务主管单位党组织要摸清行业协会商会党组织和党员基本情况,逐个研究制定行业协会商会党建工作体制调整方案,配合接收单位做好党组织移交相关工作,确保有序顺利交接,继续指导做好尚未脱钩的行业协会商会党建工作。

全国性行业协会商会党组织要积极参与脱钩工作方案制定和实施,会同行政领导班子共同做好脱钩相关工作,做好党员情况梳理、党组织档案资料整理等具体工作。脱钩过程中,党组织设置和工作机构原则不变,组织生活正常开展。行业协会商会中工会、共青团等群团组织的关系,随党组织关系一并移交。

四、保证党建工作力量

根据加强脱钩后行业协会商会党建工作的需要,中央直属机关工委、中央国家机关工委和国务院国资委党委可成立专门工作机构、充实并调整工作力量,或由现有工作机构增加相应职能、配强工作力量。机构编制调整、人员力量配备及内设机构职能调整的具体方案,由中央直属机关工委、中央国家机关工委和国务院国资委党委根据实际分别研究提出,报行业协会商会与行政机关脱钩联合工作组及中央编办等有关部门批准。

五、加强组织领导和工作指导

各有关部门和单位党组织要高度重视、切实加强对脱钩行业协会商会党建工作的领导,主要负责同志亲自抓,分管负责同志直接抓,明确专门工作力量具体抓,确保脱钩过程中党的工作不间断、党组织作用不削弱。要密切关注脱钩工作进展情况,加强具体指导,及时研究解决党建工作中出现的问题。要适时对试点情况进行评估,总结经验做法,不断完善制度机制。要认真做好思想政治工作,充分发挥行业协会商会党组织的战斗堡垒作用和党员的先锋模范作用,教育引导广大党员和职工群众把思想统一到中央要求上来,正确对待改革,积极支持和参与改革,保证中央关于社会组织管理体制改革决策部署的贯彻落实,保证脱钩工作顺利推进,实现平稳过渡。

中央直属机关工委、中央国家机关工委和国务院国资委党委可根据本办法,研究提出加强全国性行业协会商会脱钩后党建工作的具体办法和措施。

中共中央组织部关于
学习贯彻习近平总书记重要批示精神
加强党委(党组)领导班子建设的通知

(2016年2月25日)

最近,习近平总书记在有关材料上对学习毛泽东同志《党委会的工作方法》作出重要批示:毛泽东同志在新中国成立前夕的这篇讲话,深刻总结了党委会工作的一般规律,是一篇加强党委领导班子建设、提升党的领导水平和执政能力的光辉文献。弹指67年过去,这篇文章的基本思想历久弥新,至今仍具有重大现实意义。可把这篇文章纳入"两学一做"学习教育内容。各级党委(党组)领导班子成员特别是主要负责同志要重温毛泽东同志这篇著作,学习掌握科学的工作方法和领导艺术,学习掌握其中蕴含的政治纪律和政治规矩,全面加强党委(党组)领导班子的思想政治建设、作风建设和能力建设,切实加强和改善党的领导,确保党始终成为中国特色社会主义事业的坚强领导核心。根据中央领导同志要求,现就认真学习贯彻习近平总书记重要批示精神,加强党委(党组)领导班子建设有关问题通知如下。

一、充分认识习近平总书记重要批示的深刻意义。习近平总书记作出的重要批示,对各级党委(党组)领导班子成员特别是主要负责同志重温这篇著作提出明确要求,对全面加强党委(党组)领导班子建设进一步指明方向。各级党委(党组)要认真学习领会习近平总书记重要批示精神,深刻理解毛泽东同志系统阐述的党委会十二条工作方法,凝结着我们党领导革命从胜利走向胜利的宝贵经验,具有历久弥新的理论价值和实践价值;深刻理解在新的历史条件下学习《党委会的工作方法》,对于贯彻落实以习近平同志为总书记的党中央治国理政新理念新思想新战略,把握党委(党组)工作规律,提高领导能力和水平,敢于担当、积极作为,具有重大现实意义;深刻理解新形势下全面加强党委(党组)领导班子思想政治建设、作风建设和能力建设,必须掌握科学工作方法和领导艺术,必须严明政治纪律和政治规矩,切实加强和改善党的领导,使我们党始终成为中国特色社会主义事业的坚强领导核心。

二、把《党委会的工作方法》纳入"两学一做"学习教育重要内容。各级党委

(党组)在“学党章党规、学系列讲话,做合格党员”学习教育中,要以中心组学习等方式,认真学习贯彻习近平总书记重要批示精神,重温《党委会的工作方法》。要在学习掌握科学的工作方法和领导艺术、学习掌握其中蕴含的政治纪律和政治规矩上下功夫,真正把握《党委会的工作方法》的基本思想,吃透其中体现的贯彻民主集中制、从群众中来到群众中去、理论与实际相结合、统筹兼顾“弹钢琴”、求真务实等思想精髓,汲取思想营养。要强化问题导向,着力查找和解决党委(党组)领导工作中与新形势新任务新要求不相适应的突出问题,切实提高党委(党组)领导班子的决策能力和领导水平。要联系思想、工作、作风实际,深刻认识严明政治纪律和政治规矩的现实针对性,切实增强政治意识、大局意识、核心意识、看齐意识,真正做到政治强、懂专业、善治理、敢担当、作风正。

三、结合贯彻落实地方党委工作条例、党组工作条例全面加强领导班子建设。《中国共产党地方委员会工作条例》《中国共产党党组工作条例(试行)》,是党委(党组)设立和运行的总依据总遵循。各级党委(党组)领导班子要把学习贯彻习近平总书记重要批示、重温《党委会的工作方法》与学习贯彻两个条例结合起来,准确掌握条例内容,深刻理解条例精神,进一步增强运用条例做好党委(党组)工作能力。要切实提高贯彻执行民主集中制的自觉性,坚决维护党中央权威,维护党的团结和集中统一,熟悉和掌握民主集中制的原则与方法。党委(党组)主要负责同志要当好“班长”,自觉接受监督,班子成员要认真执行集体决定,忠实履行职责,做到层层负责、人人担当。要按照条例规定,健全完善地方党委和党组运行机制,严格执行议事决策规则,提高党委(党组)工作制度化、规范化、程序化水平。要把贯彻落实中央决策部署与创造性开展工作结合起来,把领导经济社会发展和履行全面从严治党政治责任结合起来,把严格管理干部和热情关心干部结合起来,最大限度调动广大干部的积极性、主动性、创造性,更好发挥党总揽全局、协调各方的领导核心作用,为协调推进“四个全面”战略布局、贯彻落实五大发展理念提供坚强政治保证和组织保证。

各地区各部门各单位学习贯彻习近平总书记重要批示精神的情况,请及时报告中央组织部。

关于加强中小学校党的建设工作的意见

（中共中央组织部、中共教育部党组2016年6月29日印发）

中小学教育是国民教育体系的基础，担负着培养德智体美全面发展的社会主义建设者和接班人的重要使命。加强中小学校党的建设，对于全面贯彻党的教育方针、保证社会主义办学方向、落实立德树人根本任务、办好人民满意的教育，具有重要意义。近年来，中小学校党建工作取得明显成效，但也存在着不少薄弱环节和突出问题，一些学校党组织和党的工作覆盖还有空白点，党组织隶属关系不规范，政治功能弱化，党员教育管理松散，思想政治工作薄弱，等等。为落实全面从严治党要求，切实加强中小学校党的建设，充分发挥学校党组织战斗堡垒作用和党员先锋模范作用，根据党章和有关法律法规，现提出如下意见。

一、充分发挥中小学校党组织政治核心作用

1. 中小学校党组织是党在学校中全部工作和战斗力的基础，发挥政治核心作用，全面负责学校党的思想、组织、作风、反腐倡廉和制度建设，把握学校发展方向，参与决定重大问题并监督实施，支持和保证校长依法行使职权，领导学校德育和思想政治工作，培育和践行社会主义核心价值观，维护各方合法权益，推动学校健康发展。

（1）全面贯彻执行党的理论和路线方针政策，贯彻执行党的教育方针，引导监督学校遵守国家法律法规，依法治校、规范管理，确保正确办学方向。

（2）参与讨论决定学校发展规划、重要改革、财务预决算和教学科研、招生录取、基本建设等方面的重大事项，以及涉及师生员工切身利益的重要问题。

（3）坚持党管干部原则，在选人用人中发挥主导作用，负责学校内设机构负责人的教育培养和选拔任用，协助上级党组织做好学校领导人员的教育管理监督等工作。

（4）坚持党管人才原则，参与讨论决定人才工作政策措施，会同有关方面做好各类人才培养、引进、使用、管理、服务和奖惩工作，对教职工聘用考评、职称评审等提出意见。

（5）坚持立德树人、德育为先，做好思想政治工作和意识形态工作，开展社会主义核心价值观教育，加强学校文化和精神文明建设，推动形成良好校风教风学风。

(6)完善学校党组织设置和工作机制,创建学习型服务型创新型党组织,扩大党内基层民主,严格党内组织生活,做好发展党员和党员教育管理服务工作。

(7)领导学校党的纪律检查工作,落实党风廉政建设责任制,严格执行《中国共产党廉洁自律准则》《中国共产党纪律处分条例》等规定,加强对违纪违法问题的预防、监督和查处。

(8)领导工会、共青团、少先队等群团组织和教职工大会(代表大会),做好统一战线工作。

2. 建立党组织参与决策和监督、有效发挥作用的制度机制。完善领导班子配备方式,推行党组织与行政领导班子成员双向进入、交叉任职,保证党组织在重大事项决策中的地位。健全议事决策制度,明确党组织参与决策具体内容和程序,规范党组织会议、党政联席会议制度,按照民主集中制原则集体讨论决定重要事项。健全沟通协调机制,对重大议题和事项,党组织与行政领导班子成员要充分沟通酝酿、形成共识。定期组织党员、教职工代表等听取校长工作报告和重大事项情况通报,保证对决策实施的监督。对不符合党的路线方针政策、国家法律法规或不按程序决策的做法,党组织要及时提出意见或向上级党组织报告。

3. 边疆地区、民族地区已明确实行党组织领导下的校长负责制的中小学校,党组织要加强对学校各项工作、各类组织的领导,积极探索发挥领导核心作用的有效途径。

二、健全完善中小学校党建工作管理体制

4. 明确管理主体。按照与教育管理体制相适应、管党建管业务相结合的原则,中小学校党建工作一般由县级以上地方党委教育工作部门或教育行政部门党组织统一领导和指导。

5. 规范隶属关系。中小学校党组织关系一般隶属于市、县级党委教育工作部门或教育行政部门党组织,所在乡镇(街道)、村(社区)党组织协助管理。高等学校等单位和部门举办的中小学校,其党组织关系一般由举办单位和部门党组织管理,所在地方党委教育工作部门或教育行政部门党组织协助管理。

6. 健全工作制度。各级党委教育工作部门或教育行政部门党组织要加强对中小学校党建工作的指导、督促和检查,纳入教育督导内容,与教育教学业务同部署、同落实、同考评。建立党建工作联席会、例会等制度,加强直接联系和分类指导,推动工作落实。

三、全面提升中小学校党组织建设水平

7. 推进党组织和党的工作全覆盖。加大党组织组建力度,有 3 名以上正式党员的学校,都要单独建立党组织,并按期进行换届。正式党员不足 3 人的学校或偏远地区的农村学校(教学点),可就近就便与其他学校建立联合党组织,也可挂靠乡镇(街道)、村(社区)党组织。暂时没有党员的学校,要通过调剂或聘任党员教师、选派党建指导员等措施,推动尽快建立党组织。新建学校,应同步谋划党组织组建和党的工作开展。

8. 选优配强党组织书记。注重选拔党性强、懂教育、会管理、有威信、善于做思想政治工作的优秀党员干部担任党组织书记。党组织书记一般应具备教师资格,经过学校党务和行政岗位锻炼。推行党组织书记、校长"一肩挑",办学规模大、党员人数多的学校,应配备熟悉党务工作、有较强组织协调能力的同志担任党组织专职副书记,全力抓好党建工作。党组织书记和校长分设的,党组织书记一般应兼任副校长,党员校长一般应兼任副书记。学校没有党组织书记合适人选的,可由上级党组织选派。对不胜任工作的党组织书记,要按有关规定及时进行调整。

9. 创新党组织活动内容方式。把党组织工作融入学校教育教学各项工作中,防止"两张皮"。建立党组织班子成员和党员联系服务师生员工制度,组织党员老教师、教学骨干与年轻教师结对子。实施党员名师工程,组织党员承诺践诺,开展岗位建功、教学竞赛、建言献策等活动。积极运用现代信息技术手段开展党组织活动,增强活动影响力吸引力。

10. 做好发展党员和党员教育管理工作。严格党员标准,抓好入党积极分子培养,重视发展优秀青年教师、学科带头人入党,健全把骨干教师培养成党员、把党员教师培养成教学管理骨干的"双培养"机制。组织党员认真学习党章党规,学习习近平总书记系列重要讲话,增强党性、提高素质。强化对党员的日常管理、组织关系管理,落实"三会一课"、民主生活会和组织生活会、党员党性分析和民主评议、党员活动日等制度,及时稳妥处置不合格党员。落实谈心谈话、走访慰问、帮扶救助等制度,注重帮助生活困难党员和老党员解决实际问题。

11. 强化对党务工作者培训和激励。把中小学校党务工作者纳入基层党务干部培训范围,加强党规党纪、党建工作、学校管理、廉洁自律等知识和能力培训。抓好党组织书记任职培训、业务培训和专题培训,每年至少集中培训1次。完善激励政策,党组织书记(副书记)与校长(副校长)在岗位等级确定、考核奖励、待遇落实等方面同等对待。专职党务工作人员比照学校同级行政管理人员落实相关待遇,兼职党务工作者应计算工作量。优秀党务工作者、优秀共产党员应与同级表彰的优秀教育工作者、优秀教师等享受同等待遇。

四、把抓好德育和思想政治工作作为中小学校党组织重要任务

12. 抓好学生德育工作。建立党组织主导、校长负责、群团组织参与、家庭社会联动的德育工作机制。党组织要经常研究分析学生思想道德状况,跟进做好有关工作;党组织书记要把德育工作抓在手上,推动解决重要问题。把社会主义核心价值观融入教育教学全过程,促进学生养成良好思想品德和行为习惯。抓好教室、寝室、图书馆、食堂和网络等思想文化阵地建设与管理,及时解决学生实际困难和苗头性倾向性问题,使德育工作融入学生日常学习生活,促进全员、全过程、全方位育人。

13. 做好教职工思想政治工作。深入开展中国特色社会主义和中国梦宣传教育,加强党史国史和形势政策教育,引导教职工增强政治认同和教书育人责任感。建立常态化的政治理论学习制度,每月至少组织 1 次教职工政治学习。加强人文关怀和心理疏导,定期分析教职工思想动态,积极为教职工排忧解难。

14. 推进师德师风建设。强化社会公德、职业道德、家庭美德、个人品德教育,注重培育宣传师德标兵、教学骨干和优秀班主任、德育工作者等先进典型,引导教师争做有理想信念、有道德情操、有扎实学识、有仁爱之心的好老师。坚持课堂讲授有纪律,严禁在教育教学活动中有反对党的领导、反对中国特色社会主义制度、有损国家利益和不利于学生健康成长的言行。实行师德"一票否决制",把师德表现作为教师资格注册、年度考核、职称评审、岗位聘用、评优奖励的首要标准。对教师体罚学生、收受礼品礼金等行为,要批评教育、责令改正;道德败坏、造成不良影响的,按照有关规定严肃处理。对违反师德行为监管不力的,追究党组织书记和行政负责人的责任。

五、切实加强对中小学校党建工作的领导

15. 构建责任明晰、协调推进的工作格局。各级党委要认真履行主体责任,加强领导和指导,每年至少听取 1 次中小学校党建工作情况汇报。党委组织部门要统筹协调,强化督促指导;党委教育工作部门或教育行政部门党组织要负起直接责任,明确专门内设机构和人员,上下联动、具体指导。要立足各类中小学校实际,研究制定党建工作办法措施,防止"一刀切"。加强与宣传、财政、人力资源社会保障等部门的沟通协调,形成工作合力。健全有关部门和学校党组织抓党建述职评议考核制度,落实问题清单、任务清单、责任清单。对中小学校党建工作不抓不管、出现严重问题的,严肃问责追究。

16. 加强基础保障。中小学校要根据办学规模、党员人数等,设立党组织工作机构,配强工作力量。党建工作经费要纳入学校年度经费预算安排。上级党委可按留存党费的一定比例下拨中小学校,用于党组织活动。整合利用学校现有场所,建立党员活动室、学习室,并配备必要设施。注重将人财物等资源向农村偏远地区和党建基础薄弱的中小学校倾斜,健全城乡中小学校党组织互联互帮机制，倡导学校与机关、企事业单位、乡镇（街道）、村（社区）党组织结对共建、资源共享、共同发展。

本意见适用于公办中小学校（含中等职业学校），公办幼儿园参照执行。各地区各有关部门要结合实际，提出贯彻落实的具体措施和办法。

中共中央组织部、财政部
关于加强村级组织运转经费保障工作的通知

(2016年8月1日)

党的十八大以来,各级党委和政府认真贯彻落实全面从严治党要求,加强以村党组织为核心的村级组织建设,加大农村基层基础投入保障力度,取得明显成效。同时要看到,当前村级组织运转经费总体保障水平仍然偏低,一些村级组织运转还比较困难,尤其在一些革命老区、民族地区、边疆地区、贫困地区,这方面问题更加突出。根据习近平总书记关于强基固本、完善村级组织运转经费保障机制等重要指示精神,按照全国农村基层党建工作座谈会的部署要求,为进一步提升村级组织建设保障水平,推动农村基层党建全面进步全面过硬,推动全面从严治党向基层延伸,巩固党在农村的执政基础,现就加强村级组织运转经费保障工作通知如下。

一、规范保障范围

1. 重点保障项目。包括村干部基本报酬、村级组织办公经费两项。村干部基本报酬,主要指对在任村"两委"班子主要成员给予的固定补贴,一般按照每个村3至5人核定,具体由各地按照行政村规模等因素确定。村级组织办公经费,主要指必要的办公用品费、水电费、报刊征订费等维持村级组织正常运转所必需的开支。

2. 其他必要支出。包括农村公共服务运行维护支出、正常离任村干部生活补贴、村民小组长误工补贴等。农村公共服务运行维护支出,主要指村级组织用于村内治安、公共卫生防疫等方面的开支。正常离任村干部生活补贴,一般对连续任职满2届或6年、累计任职满3届或9年,男年满60周岁、女年满55周岁的正常离任村干部,根据任职年限等给予的相应生活补贴,各地可结合实际确定具体补助对象范围和条件。已经建立正常离任村干部生活补贴制度的地方,补助对象范围和条件宽于以上规定的,继续按照当地已有规定执行。村民小组长误工补贴,主要指参与服务村民、协助村务等工作给予的相应补贴。

二、明确保障标准

3. 村干部基本报酬和村级组织办公经费标准。村党组织书记的基本报酬按照不低于所在县(市、区、旗)上年度农村居民人均可支配收入两倍标准核定,其他村干部的基本报酬由各地按照村党组织书记基本报酬的一定比例确定。村级组织办公经费,各地可综合考虑经济发展水平、自然条件、行政村规模、实际工作需要等因素确定,并根据物价增长因素适时进行调整。村干部基本报酬和村级组织办公经费两项合计按照每村每年不低于9万元标准确定,各地可以根据经济发展水平和财政状况,按照就高不就低的原则予以保障,并建立正常增长机制。现行保障标准高于9万元的地方,继续按照已有标准落实。

4. 其他必要支出保障标准。农村公共服务运行维护支出、正常离任村干部生活补贴、村民小组长误工补贴标准,由各地根据实际情况确定,并综合考虑自身财力状况和村级自我积累情况等因素进行适当补助,逐步实现规范化、制度化。对于村内保安、环境卫生、垃圾收集等村民直接受益的物业服务,有条件的地方可在坚持村民自愿、民主议事的基础上,逐步探索建立村民付费制度。

三、保证经费来源

5. 列入财政预算。中央财政把村级组织运转经费纳入县级基本财力保障范围,进一步加大对地方的均衡性转移支付、老少边穷转移支付等一般性转移支付力度,支持地方提高基层政府财力保障水平,并通过安排奖补资金等措施,支持各地加强村级组织运转经费保障工作。省市两级财政要进一步加大资金投入,县级财政要抓好落实,保障村级组织正常运转。各级地方财政要把村级组织运转经费补助资金列入财政预算政府收支分类科目2130705"对村民委员会和村党支部的补助"科目,省市两级承担部分通过转移支付单独列示下达,县一级要在科目中列出保障细目,足额预算。

6. 扶持发展村级集体经济。各地要支持和指导村级组织因地制宜发展壮大集体经济,增强村级组织自我保障能力。村级集体经济收入可用于发展村级公益事业、改善公共服务基础条件、服务群众、扶贫助困等方面的支出。要认真落实《扶持村级集体经济发展试点的指导意见》(财农〔2015〕197号)精神,选择有一定工作基础,党组织创造力、凝聚力、战斗力强的村,探索新形势下发展村级集体经济的措施办法。各级党委组织部门要配合财政等部门,认真挑选发展集体经济的试点村,加强跟踪指导。

四、严格管理监督

7. 规范经费管理使用。对村级组织运转经费实行"村财乡代管",按照"代理记账、统一开户、分村设账"的原则进行管理,严格经费审批制度和支出范围。村干部基本报酬等,由县级党委组织部门会同财政部门核定,以"一卡通"方式,按月足额发放到人。村级组织办公经费和其他必要支出,实行报账制。落实村级财务公开等制度,定期公开经费使用情况,接受群众监督。

8. 加强对村干部的管理监督和绩效考核。坚持对村干部保障支持与严格管理相结合,促使村干部履职尽责、为民服务。实行村党组织书记县级备案管理,落实村干部“小微权力清单”、坐班值班、为民服务全程代理、经济责任审计等制度,健全村干部岗位目标责任制、年度考核和民主评议等机制。实行村干部报酬与工作绩效挂钩,村干部报酬可采取基本报酬加绩效考核奖励报酬方式发放,绩效考核奖励报酬由乡镇党委、政府根据村干部年度业绩考核等情况确定,并报县(市、区、旗)党委组织部、财政局备案。

五、强化考核督促

9. 健全考核机制。把村级组织运转经费保障工作纳入市县乡党委书记抓基层党建工作述职评议考核的重要内容,纳入县级党委、政府主要负责人和领导班子综合考核评价的重要内容。同时,财政部门加强对村级组织运转经费保障有关资金的绩效考核评价。要建立完善激励约束机制,加强考核结果运用。对村级组织运转经费落实到位、保障支持力度大的地方,“一事一议”等涉农财政奖补资金给予倾斜。对村级组织运转经费保障工作开展不力的地方,上级党组织要约谈有关责任人,督促认真整改;对经费落实不到位的地方,省级财政按规定扣减转移支付。

10. 加强督促检查。村级组织运转经费要按照标准核定到村,严禁任何地方和单位以任何名义平调、挤占、截留、挪用,或抵扣税费、债务等。严格实行村级“零招待费”、报刊订阅限额制等制度,压缩村级不必要的开支。凡委托村级组织开展工作需要出钱出物的,有关部门应按“费随事转”的原则,相应安排工作经费,不得向村级组织摊派或转嫁。严禁村级实施无计划、无资金来源的建设项目,严防产生村级债务。各级党委组织部门、财政部门会同有关部门,定期对村级组织运转经费落实情况进行检查或抽查,并通报结果。

各级党委和政府要按照中央部署和要求,把加强村级组织运转经费保障工作摆上重要议程,严格落实责任,切实加强领导,精心组织实施。要加大对革命老区、民族地区、边疆地区、贫困地区经费投入力度,推动人往基层走、钱往基层投、政策往基层倾斜,不断提高村级组织建设保障水平。各省区市要根据本通知精神,研究制定具体落实措施。

党委(党组)讨论决定干部任免事项守则

(中共中央组织部2016年11月24日印发)

1. 选拔任用干部必须坚持党章规定的干部条件,坚持德才兼备、以德为先,坚持五湖四海、任人唯贤,坚持事业为上、公道正派,坚持注重实绩、群众公认,坚持信念坚定、为民服务、勤政务实、敢于担当、清正廉洁的好干部标准,树立正确的用人导向。

2. 坚持党管干部原则,认真贯彻民主集中制,强化党委(党组)的领导和把关作用。严格执行干部选拔任用工作程序,没有按规定进行酝酿动议、民主推荐、组织考察的不上会,没有按规定核实清楚有关问题的不上会,没有按规定向上级报告或报告后未经批复同意的干部任免事项不上会。

3. 讨论决定前,对拟提拔或进一步使用人选的干部档案必审、个人有关事项报告必核、纪检监察机关意见必听、线索具体的信访举报必查,坚决防止"带病提拔"。

4. 党委(党组)成员必须有三分之二以上到会,与会成员在充分讨论的基础上进行表决,以应到会成员超过半数同意形成决定。

5. 党委(党组)分管组织(人事)工作的领导成员或组织(人事)部门负责人,逐个介绍人选的推荐考察、任免理由等情况,其中涉及破格提拔的,应当说明具体情形、理由和征求上级组织(人事)部门意见的情况。

6. 与会成员应当逐一发表同意、不同意或缓议等明确意见,党委(党组)主要负责人应最后表态。意见分歧较大时,暂缓进行表决。会议讨论决定情况由专人如实记录,决定任免事项应当编发纪要,并按规定存档。

7. 讨论的人选,凡涉及与会人员本人及其亲属的,本人必须回避。

8. 不得以个别征求意见、领导圈阅等形式代替党委(党组)会集体讨论决定干部任免,党委(党组)主要负责人不得凌驾于组织之上,反对和防止个人或少数人专断。

9. 干部任免决定需要复议的,应当经党委(党组)超过半数成员同意后方可进行。

10. 严守纪律,不准任人唯亲,不准突击提拔调整干部,不准临时动议决定干部,不准超职数配备、超机构规格提拔任用干部,不准泄露讨论决定情况,坚决防止和纠正选人用人上的不正之风。

宣传思想文化系统事业单位领导人员管理暂行办法

(中共中央组织部、中共中央宣传部 2017 年 1 月 13 日印发)

第一章 总 则

第一条 为加强和改进宣传思想文化系统事业单位领导人员管理,完善选拔任用和管理监督机制,建设一支符合好干部标准、有守有为有担当的高素质领导人员队伍,根据《事业单位领导人员管理暂行规定》和有关法律法规,制定本办法。

第二条 本办法适用于省级以上党委和政府直属以及部门所属宣传思想文化系统事业单位领导班子成员。

法律法规对宣传思想文化系统事业单位领导人员管理另有规定的,从其规定。

第三条 宣传思想文化系统事业单位领导人员管理,必须坚持党管宣传、党管干部、党管人才,坚持德才兼备、以德为先,坚持依法依规办事,坚持从严管理监督与激励关怀相结合,注意体现行业特点和意识形态工作的特殊属性,贯彻管事与管人相结合要求,公道公平公正地对待、评价和使用领导人员,充分调动积极性、主动性、创造性,促进宣传思想文化事业繁荣发展。

第四条 主管机关(部门)党委(党组)及其组织(人事)部门按照干部管理权限履行宣传思想文化系统事业单位领导人员管理职责,负责本办法的组织实施。

第二章 任职条件和资格

第五条 宣传思想文化系统事业单位领导人员应当具备下列基本条件:

(一)具有坚定的政治信念和党性原则,坚持以马克思列宁主义、毛泽东思想、邓小平理论、“三个代表”重要思想、科学发展观为指导,深入学习贯彻习近平总书记系列重要讲话精神,坚定中国特色社会主义道路自信、理论自信、制度自信、文化自信,认真贯彻党的宣传思想文化工作方针政策,坚持政治家办报办刊办社办台办新闻网站,严守政治纪律和政治规矩,牢固树立政治意识、大局意识、核心意识、看齐意识,在思想上政治上行动上同以习近平同志为核心的党中央保持高度一致,经得起各种风浪考验。

（二）具有胜任岗位职责所必需的专业知识和职业素养,熟悉宣传思想文化工作,了解掌握行业发展情况,在相关业务领域有一定专长。

（三）具有较强的组织领导和管理能力,自觉贯彻执行民主集中制,有全局观念和开拓创新精神,能够科学决策,依法依规办事,团结合作,善于集中正确意见。

（四）具有强烈的事业心和责任感,坚持原则,敢于担当,守土尽责,坚持以人民为中心的工作导向,能够深入实际、联系群众,带头转作风、正学风、改文风,实绩突出。

（五）具有良好的品行修养,自觉践行社会主义核心价值观,恪守职业道德,崇实求真,明辨笃行,淡泊名利,严于律己,清正廉洁,能够正确行使党和人民赋予的权力。

第六条 宣传思想文化系统事业单位领导人员应当具备下列基本资格:

（一）一般应当具有大学本科以上文化程度。

（二）一般应当具有五年以上宣传思想文化领域工作经历或者其他党政机关、企事业单位管理工作经历。

（三）从副职提任正职的,应当具有副职岗位两年以上任职经历;从下级正职提任上级副职的,应当具有下级正职岗位三年以上任职经历。

（四）应当经过党校、行政学院、干部学院或者干部教育培训管理部门认可的其他培训机构的培训,培训时间达到有关规定要求。确因特殊情况在提任前未达到培训要求的,应当在提任后一年内完成。

（五）具有正常履行职责的身体条件。

（六）符合有关法律法规和行业主管部门规定的其他任职资格要求。

第七条 专业技术人员直接提任领导人员的,应当具有相应的专业技术职务和一定的管理工作经历。其中:

（一）提任六级管理岗位领导人员的,一般应当已担任副高级专业技术职务或者五年以上中级专业技术职务;

（二）提任五级管理岗位领导人员的,一般应当已担任正高级专业技术职务或者两年以上副高级专业技术职务;

（三）提任四级以上管理岗位领导人员的,一般应当已担任正高级专业技术职务或者五年以上副高级专业技术职务。

第八条 对特别优秀或者工作特殊需要的,可以破格提拔。破格提拔必须从严掌握,并报上级组织(人事)部门审批。

第三章　选拔任用

第九条　选拔任用宣传思想文化系统事业单位领导人员,应当充分发挥主管机关(部门)党委(党组)的领导和把关作用,坚持正确选人用人导向,严格标准条件和程序,按照核定或者批准的领导职数和岗位设置方案,精准科学选人用人,注重优化领导班子结构,增强班子整体功能,确保宣传思想文化工作领导权牢牢掌握在忠于党、忠于人民、忠于马克思主义的人手里。

第十条　主管机关(部门)党委(党组)或者组织(人事)部门按照干部管理权限及有关规定,根据工作需要和领导班子建设实际提出选拔任用工作启动意见,在综合研判、充分酝酿的基础上形成工作方案,并按照组织考察、会议决定等有关程序和要求认真组织实施。

第十一条　选拔宣传思想文化系统事业单位领导人员,一般采取单位内部推选、外部选派、竞争(聘)上岗、公开选拔(聘)等方式进行,也可以探索其他有利于优秀人才脱颖而出的选拔方式。

进一步拓宽选人用人渠道,逐步打破身份等限制。

单位主要负责人及重要宣传舆论阵地领导人员,一般采取内部推选、外部选派方式进行。选拔急需紧缺的专业领导人员,可以采取竞争(聘)上岗、公开选拔(聘)等方式进行。

第十二条　确定考察对象,应当综合考虑工作需要、人选德才条件、一贯表现、人岗相适、民主推荐和征求意见等情况,防止简单以票或者以分等取人偏向。

政治不合格、纪律规矩意识不强,贯彻执行党的宣传思想文化工作方针政策不力、偏离办报办刊办社办台办新闻网站方向,创作或者组织推出的作品产品等存在政治性错误或者造成严重不良影响,以及具有其他有关政策规定明确限制情形的,不得作为考察对象。

第十三条　严格执行考察制度,依据任职资格条件和岗位职责要求,全面了解考察对象的德、能、勤、绩、廉表现,着重了解政治品格、作风品行、廉洁自律等情况,深入了解专业素养、管理能力、职业精神和工作实绩等情况,实事求是、客观准确地作出评价,把好政治关、品行关、作风关、廉洁关,防止“带病提拔”。

第十四条　任用宣传思想文化系统事业单位领导人员,区别不同情况实行选任制、委任制、聘任制。

对行政领导人员,逐步加大聘任制推行力度。实行聘任制的,以聘任通知、聘任书、聘任合同等形式确定聘任关系,所聘职务及相关待遇在聘期内有效。

第十五条 提任领导人员的，应当在一定范围内进行公示，公示期不少于五个工作日。

第十六条 提任非选举产生领导人员的，实行任职试用期制度，试用期一般为一年。

第四章 任期和任期目标责任

第十七条 宣传思想文化系统事业单位领导人员一般应当实行任期制。

行政领导人员每个任期一般为三至五年。党组织领导人员的任期，按照党内有关规定执行。

领导人员在同一岗位连续任职一般不超过十年。工作特殊需要的，按照干部管理权限经批准后可以适当延长任职年限。

领导人员在任期内应当保持相对稳定，一般应当任满一个任期。

第十八条 宣传思想文化系统事业单位领导班子和领导人员一般应当实行任期目标责任制。

领导班子的任期目标，应当涵盖领导班子各项职责，体现政治方向和宣传导向、作品产品的生产和服务、科学管理和改革创新、队伍建设和党的建设等内容，注重打基础、利长远、求实效，具体内容根据单位实际确定。

领导人员的任期目标，根据领导班子任期目标和岗位职责确定。

第十九条 制定领导班子任期目标，应当充分听取职工代表大会或者职工代表等方面意见。

任期目标由单位领导班子集体研究确定，一般应当报经主管机关（部门）批准或者备案，并在单位内公布。

第五章 考核评价

第二十条 完善体现宣传思想文化系统事业单位特点的领导人员考核评价制度，充分发挥考核的激励和鞭策作用，推动领导人员树立正确业绩观，敢于担当、真抓实干、积极作为。

第二十一条 对宣传思想文化系统事业单位领导班子和领导人员实行平时考核、年度考核和任期考核。

第二十二条 考核评价应当贯彻落实党建工作责任制和意识形态工作责任制有关要求，以任期目标为依据，以日常管理为基础，把政治方向考核放在首位，强化意识形态阵地管理责任，突出党建工作实效，注重社会效益和业绩导向，避免简单片面地唯票房、唯收视收听率、唯发行量、唯点击率。

坚持党建工作与业务工作同步考核,实行抓党建述职评议考核制度,可以与年度考核等结合进行,重点了解单位党组织履行抓党建主体责任、党组织书记履行抓党建第一责任人职责、领导班子其他成员履行职责范围内党建责任等情况。

第二十三条 根据社科理论、新闻出版、广播影视、文化艺术、对外宣传和网络传播等不同类型单位特点,科学合理确定考核评价指标,积极推进分类考核。

注意改进方法,简化程序,提高考核工作质量和效率。

第二十四条 领导班子年度考核和任期考核的评价等次,分为优秀、良好、一般、较差。领导人员年度考核和任期考核的评价等次,分为优秀、合格、基本合格、不合格。

第二十五条 考核评价结果应当以适当方式向领导班子和领导人员反馈,并作为领导班子建设和领导人员选拔任用、培养教育、管理监督、激励约束等的重要依据。

第六章 职业发展和激励保障

第二十六条 完善宣传思想文化系统事业单位领导人员培养教育制度,充分利用党校、行政学院、干部学院等机构,加强党的理论、理想信念、党性修养、政策业务、领导科学等方面的教育培训,采取多种方式加强实践锻炼,着力提高马克思主义思想觉悟和理论水平,提高领导能力专业化水平。

第二十七条 完善领导人员交流制度,积极推进系统内单位之间领导人员交流,统筹推进与党政机关、国有企业以及其他事业单位之间领导人员交流。

定期研究提出领导人员交流工作的意见,对重要宣传舆论阵地和重要岗位领导人员有计划地组织开展交流。

第二十八条 加强领导人员后备人才队伍建设,按照拓宽来源、优化结构、改进方式、提高质量的要求,积极发现和着力培养政治素质好、业务水平高、管理能力强、善于改革创新的优秀年轻人才。

第二十九条 完善领导人员后续职业发展制度,对任期结束后未达到退休年龄界限适合继续从事专业工作的,在业务培训、项目经费、团队建设等方面给予必要支持;其他退出领导岗位人员,根据本人实际和工作需要,作出适当安排。

第三十条 完善领导人员收入分配办法,根据单位类别和实际,结合考核情况合理确定绩效工资水平,使其收入与履职情况和事业发展相联系,与本单位职工的平均收入和社会同行业收入保持合理水平。

第三十一条 领导人员在履行单位管理职责、承担专项重要工作、应对重大突发事件等方面表现突出、作出显著成绩和贡献的,按照有关规定给予表彰奖励。

主管机关(部门)可以根据实际情况,探索行之有效的表彰奖励措施,激励领导人员干事创业。

第三十二条 建立容错纠错机制,宽容领导人员在工作中特别是改革创新中的失误,营造鼓励探索、支持创新的氛围,旗帜鲜明地为敢于担当者担当,为敢于负责者负责。正确对待犯错误的领导人员,不得混淆错误性质或者夸大错误程度作出不适当的处理,不得利用其所犯错误泄私愤、打击报复。

第七章 监督约束

第三十三条 贯彻全面从严治党要求,完善宣传思想文化系统事业单位领导班子和领导人员特别是主要负责人监督约束机制,构建严密有效的监督体系,督促引导领导人员认真履职尽责,依法依规办事,保持清正廉洁。

第三十四条 加强执行政治纪律和政治规矩的监督,重点监督领导班子和领导人员贯彻执行党的基本路线和党的宣传思想文化工作方针政策,坚定正确的政治方向和宣传导向,落实党建工作责任制和意识形态工作责任制,严格执行组织生活制度,严肃党内政治生活等情况。

第三十五条 加强权力运行的监督,重点监督领导班子和领导人员贯彻执行民主集中制,坚持集体决策,依法依规办事,落实“三重一大”决策制度,公道正派选人用人等情况,加大对宣传资源分配、评奖评审、影视剧购销、广告经营、新闻采编、课题项目、资金使用等重点领域和关键环节的监督力度。

第三十六条 加强作风和廉洁的监督,重点监督领导班子和领导人员落实中央八项规定精神,加强作风建设,密切联系群众,道德品行,廉洁自律等情况。

第三十七条 主管机关(部门)党委(党组)及纪检监察机关、组织(人事)部门按照管理权限和职责分工,综合运用考察考核、述职述责述廉、民主生活会、谈心谈话、巡视、提醒、函询、诫勉等方式,对领导班子和领导人员进行监督。

充分发挥单位党组织和党员的监督作用,党员领导人员应当以普通党员身份参加所在党支部或者党小组的组织生活,坚持民主生活会、组织生活会和民主评议党员制度,开展严肃认真的党内政治生活,营造党内民主监督环境。

第三十八条 完善单位内部治理结构和内控机制,实行权力清单制度,明确权力运行程序、规则和权责关系,公开权力运行过程和结果,健全不当用权问责机制。

积极推进单位事务公开,注意发挥职工代表大会等组织在单位民主管理方面的作用,畅通职工群众参与讨论单位事务的途径,拓宽表达意见的渠道。

第三十九条 领导人员应当正确对待监督,主动接受监督,习惯在监督下开展工作,自觉检查和及时纠正存在的问题。

第八章　退　　出

第四十条　完善宣传思想文化系统事业单位领导人员退出机制,促进领导人员能上能下、能进能出,增强队伍生机活力。

第四十一条　领导人员达到退休年龄界限的,应当按照有关规定程序办理免职(退休)手续。因工作需要而延迟免职(退休)的,应当按照干部管理权限报批。

第四十二条　领导人员因健康原因,无法正常履行工作职责一年以上的,应当对其工作岗位进行调整。

第四十三条　领导人员因德、能、勤、绩、廉与所任职务要求不符,具有下列情形之一,被认定为不适宜担任现职的,应当按照有关规定予以组织调整或者组织处理:

(一)贯彻执行党的宣传思想文化工作方针政策、意识形态工作责任制和上级党组织指示决定不及时不得力的;

(二)在大是大非问题上没有立场、没有态度、无动于衷、置身事外,在错误言行面前不抵制、不斗争,明哲保身、当老好人的;

(三)擅自公开发表与中央精神不符的言论、文章、作品等,造成恶劣社会影响的;

(四)年度考核、任期考核被确定为不合格,或者连续两年年度考核被确定为基本合格的;

(五)品行不端,违背社会公德、职业道德、家庭伦理道德,造成不良影响的;

(六)存在其他问题需要调整或者处理的。

第四十四条　领导人员违纪违法的,按照有关法律法规和规定处理。

第四十五条　实行领导人员辞职制度,辞职程序参照有关规定执行。

第九章　附　　则

第四十六条　本办法由中央组织部、中央宣传部负责解释。

第四十七条　本办法自2017年1月13日起施行。

高等学校领导人员管理暂行办法

（中共中央组织部、教育部2017年1月13日印发）

第一章 总　　则

第一条 为加强和改进高等学校领导人员管理，完善选拔任用和管理监督机制，按照社会主义政治家、教育家的目标要求，建设一支符合好干部标准的高素质领导人员队伍，根据《事业单位领导人员管理暂行规定》和有关法律法规，制定本办法。

第二条 本办法适用于国家举办的普通高等学校领导班子成员。

法律法规对高等学校领导人员管理另有规定的，从其规定。

第三条 高等学校领导人员管理，必须坚持党管干部、党管人才，坚持德才兼备、以德为先，坚持依法依规办事，坚持从严管理监督与激励关怀相结合，遵循教育规律，公道公平公正地对待、评价和使用领导人员，充分调动积极性、主动性、创造性，不断促进高等学校办出特色争创一流。

第四条 主管机关（部门）党委（党组）及其组织（人事）部门按照干部管理权限履行高等学校领导人员管理职责，负责本办法的组织实施。

第二章 任职条件和资格

第五条 高等学校领导人员应当具备下列基本条件：

（一）具有较高的思想政治素质和政策理论水平，坚持以马克思列宁主义、毛泽东思想、邓小平理论、“三个代表”重要思想、科学发展观为指导，深入学习贯彻习近平总书记系列重要讲话精神，坚持党对高等学校的领导，坚定中国特色社会主义道路自信、理论自信、制度自信、文化自信，认真贯彻党的教育方针，坚持社会主义办学方向，严守政治纪律和政治规矩，牢固树立政治意识、大局意识、核心意识、看齐意识，在思想上政治上行动上同以习近平同志为核心的党中央保持高度一致，经得起各种风浪考验。

（二）具有胜任岗位职责所必需的专业知识和职业素养，熟悉高等教育工作和相关政策法规，坚持全员全过程全方位育人理念，了解和掌握思想政治工作规律、教书育人规律和学生成长规律，善于做知识分子工作，业界声誉好。

(三)具有较强的组织领导和管理能力,自觉坚持党委领导下的校长负责制,贯彻执行民主集中制,有全局观念和改革创新精神,能够科学谋划,依法依规办事,团结合作,善于集中正确意见。

(四)具有强烈的事业心和责任感,热爱教育事业,坚持原则,敢于担当,勤勉尽责,能够全身心投入工作,实绩突出。

(五)具有良好的品行修养,坚持不懈地培育和弘扬社会主义核心价值观,恪守职业道德,立德树人,为人师表,追求真理,淡泊名利,能够正确行使党和人民赋予的权力,严于律己,清正廉洁,群众威信高。

党委书记和校长应当符合社会主义政治家、教育家的标准,善于从政治上看问题把方向,有坚定的政治立场、崇高的理想信念、服务国家和人民的价值追求,有正确的教育思想和深厚的学识学养,有相当的教学科研和学校管理能力,有高尚的道德情操和人格魅力。

第六条 高等学校领导人员应当具备下列基本资格:

(一)应当具有大学本科以上文化程度。

(二)一般应当具有五年以上工作经历。行政领导人员一般应当具有高等教育工作经历。从高等学校提任的,一般应当具有院(系)管理工作经历。

(三)从副职提任正职的,应当具有副职岗位两年以上任职经历;从下级正职提任上级副职的,应当具有下级正职岗位三年以上任职经历。

(四)专业技术人员直接提任领导人员的,应当具有一定的管理工作经历,且已担任正高级专业技术职务或者三年以上副高级专业技术职务。其中,直接提任本科院校领导人员的,应当已担任正高级专业技术职务。

(五)应当经过党校、行政学院、干部学院和教育行政学院或者干部教育培训管理部门认可的其他培训机构的培训,培训时间达到有关规定要求。确因特殊情况在提任前未达到培训要求的,应当在提任后一年内完成。

(六)具有正常履行职责的身体条件。

(七)符合有关法律法规和行业主管部门规定的其他任职资格要求。

第七条 对特别优秀或者工作特殊需要的,可以破格提拔。破格提拔必须从严掌握,并报上级组织(人事)部门审批。

第三章 选拔任用

第八条 选拔任用高等学校领导人员,应当充分发挥主管机关(部门)党委(党组)的领导和把关作用,坚持正确选人用人导向,严格标准条件和程序,按照核定或者批准的领导职数和岗位设置方案,精准科学选人用人,注重优化领导班子结构，形成年龄、经历、专长等方面的合理配备，增强班子整体功能。领导班子专业结构应当注意与本校主要学科门类相适应。

第九条 主管机关(部门)党委(党组)或者组织(人事)部门按照干部管理权限，根据工作需要和领导班子建设实际提出选拔任用工作启动意见，在综合研判、充分酝酿的基础上形成工作方案，并按照组织考察、会议决定等有关程序和要求认真组织实施。

第十条 选拔高等学校领导人员，一般采取学校内部推选、外部选派、竞争(聘)上岗、公开遴选等方式进行，也可以探索其他有利于优秀人才脱颖而出的选拔方式。

第十一条 确定考察对象，应当综合考虑工作需要、人选德才条件、一贯表现、人岗相适、民主推荐和征求意见等情况，防止简单以票、以分或者以学历、职称、头衔、荣誉等取人偏向。

政治不合格、纪律规矩意识不强，在教育教学和管理活动中贯彻执行党的教育方针不力、偏离社会主义办学方向，师德师风存在问题或者有学术不端行为受到查处，有伪造学历学位、奖励证书、档案材料等行为受到责任追究，以及具有其他有关政策规定明确限制情形的，不得作为考察对象。

第十二条 严格执行考察制度，依据任职资格条件和岗位职责要求，全面了解考察对象的德、能、勤、绩、廉表现，着重了解政治品格、作风品行、廉洁自律等情况，深入了解教学科研水平、学校管理能力、师德师风、治学精神和工作实绩等情况，实事求是、客观准确地作出评价，把好政治关、品行关、作风关、廉洁关，防止“带病提拔”。

第十三条 任用高等学校领导人员，区别不同情况实行选任制、委任制、聘任制。

对行政领导人员，逐步加大聘任制推行力度。实行聘任制的，以聘任通知、聘任书、聘任合同等形式确定聘任关系，所聘职务及相关待遇在聘期内有效。

第十四条 提任领导人员的，应当在一定范围内进行公示，公示期不少于五个工作日。

第十五条 提任非选举产生领导人员的，实行任职试用期制度，试用期一般为一年。

第四章 任期和任期目标责任

第十六条 高等学校领导班子和领导人员一般应当实行任期制。

领导班子和领导人员每个任期为五年，领导人员的任期一般应当与领导班子任期相一致。实行聘任制的领导人员,聘期一般应当与领导班子任期相衔接。

领导人员在同一岗位连续任职一般不超过两届或者十年。工作特殊需要的,按照干部管理权限经批准后可以适当延长任职年限。

第十七条 高等学校领导人员在任期内应当保持相对稳定,一般应当任满一个任期。

任期内调整职务,任职三年以上的,计算为一个任期;任职不足三年的,不计算任期届数。

第十八条 高等学校领导班子和领导人员一般应当实行任期目标责任制。

领导班子的任期目标,应当贯彻党和国家对高等教育事业改革发展的要求,围绕全面提高人才培养能力,突出加强思想政治工作,体现政治方向、教学科研、学科建设、人才培养、教师队伍建设、学校管理、师德师风和党的建设等内容,注重打基础、利长远、求实效,具体内容根据学校实际确定。

领导人员的任期目标,根据领导班子任期目标和岗位职责确定。

第十九条 制定领导班子任期目标,应当充分听取学术委员会、教职工代表大会等方面意见。

任期目标由学校党委领导班子集体研究确定,一般应当报经主管机关(部门)批准或者备案,并在校内公布。

第五章 考核评价

第二十条 完善体现高等学校特点的领导人员考核评价制度,充分发挥考核的激励和鞭策作用,推动领导人员树立正确业绩观,敢于担当、真抓实干、积极作为。

第二十一条 对高等学校领导班子和领导人员实行平时考核、年度考核和任期考核。

第二十二条 考核评价应当以任期目标为依据,以日常管理为基础,注重工作实绩和社会效益,注意与高等学校目标管理和绩效管理、教育教学评估等工作相衔接。

坚持党建工作、意识形态工作与业务工作同步考核,把思想政治工作纳入党建工作和意识形态工作责任制进行重点考核,实行抓党建述职评议考核制度,可以与年度考核等结合进行,重点了解学校党委履行管党治党、办学治校主体责任,党委书记履行党的建设和思想政治工作第一责任人职责,党委班子其他成员履行“一岗双责”、结合业务分工抓党的建设和思想政治工作等情况,深入了解坚持社会主义办学方向、开展思想政治工作、全面提高人才培养能力等情况。

第二十三条 根据高等学校不同定位、类别实际，兼顾发展差异、办学特色等情况，科学合理确定考核评价指标，积极推进分类考核。

注意改进方法，简化程序，提高考核工作质量和效率。

第二十四条 领导班子年度考核和任期考核的评价等次，分为优秀、良好、一般、较差。领导人员年度考核和任期考核的评价等次，分为优秀、合格、基本合格、不合格。

第二十五条 考核评价结果应当以适当方式向领导班子和领导人员反馈，并作为领导班子建设和领导人员选拔任用、培养教育、管理监督、激励约束等的重要依据。

第六章 职业发展和激励保障

第二十六条 完善高等学校领导人员培养教育制度，充分利用党校、行政学院、干部学院和教育行政学院等机构，加强党的理论、理想信念、党性修养、高等教育理论与政策、业务知识、管理能力等方面的教育培训，采取多种方式加强实践锻炼，着力提高马克思主义思想觉悟和理论水平，提高领导能力专业化水平。

第二十七条 完善领导人员交流轮岗制度，积极推进高等学校之间交流和学校内部轮岗，统筹推进与党政机关和国有企事业单位之间领导人员交流，共享优秀人才资源。

对重要岗位和综合素质好、有培养前途的领导人员有计划地进行交流。

第二十八条 加强领导人员后备人才队伍建设，按照拓宽来源、优化结构、改进方式、提高质量的要求，积极发现和着力培养政治素质过硬、熟悉教学科研和学科建设、有院（系）工作经历、良好的专业背景和管理能力的优秀年轻人才。

第二十九条 保障高等学校在岗位设置、人员聘用、绩效工资分配、项目经费管理等方面自主权，支持学校领导人员依法依规履行职责，探索建立与创新高等学校编制管理改革等相适应的领导人员管理政策。

领导人员应当确保主要精力和时间用于学校管理工作，减少本职工作以外的兼职。

第三十条 完善领导人员后续职业发展制度，对任期结束后未达到退休年龄界限回到教学科研岗位的，学校应当给予一定的学术恢复期和必要的条件支持；其他退出领导岗位人员，根据本人实际和工作需要，作出适当安排。

第三十一条 完善领导人员收入分配办法，结合考核情况合理确定绩效工资水平，使其收入与履职情况和学校发展相联系，与本校教职工的平均收入保持合理水平。

实行聘任制的领导人员,可以探索实行协议工资制等分配办法。

第三十二条 领导人员在履行学校管理职责、承担专项重要工作、应对重大突发事件等方面表现突出、作出显著成绩和贡献的,按照有关规定给予表彰奖励。

主管机关(部门)可以根据实际情况,探索行之有效的表彰奖励措施,激励领导人员干事创业。

第三十三条 建立容错纠错机制,宽容领导人员在工作中特别是改革创新中的失误,营造鼓励探索、支持创新的氛围,旗帜鲜明地为敢于担当者担当,为敢于负责者负责。正确对待犯错误的领导人员,不得混淆错误性质或者夸大错误程度作出不适当的处理,不得利用其所犯错误泄私愤、打击报复。

第三十四条 加强人文关怀,开展经常性谈心谈话,及时了解领导人员思想、工作、生活等方面情况,听取意见建议,帮助解决实际困难。加强心理疏导,培育理性平和的健康心态。

第七章 监督约束

第三十五条 贯彻全面从严治党要求,完善高等学校领导班子和领导人员特别是主要负责人监督约束机制,构建严密有效的监督体系,督促引导领导人员认真履职尽责,依法依规办事,保持清正廉洁。

第三十六条 加强执行政治纪律和政治规矩的监督,重点监督领导班子和领导人员贯彻执行党的基本路线和党的教育方针,坚持党对高等学校的领导,坚持社会主义办学方向,落实党建工作责任制和意识形态工作责任制,严格执行组织生活制度,严肃党内政治生活等情况。

第三十七条 加强权力运行的监督,重点监督领导班子和领导人员贯彻执行民主集中制,坚持集体决策,落实"三重一大"决策制度,公道正派选人用人等情况,加大对招生录取、职务(职称)评聘、基建项目、物资采购、财务管理、科研经费使用、校办企业等重点领域和关键环节的监督力度。

第三十八条 加强作风和廉洁的监督,重点监督领导班子和领导人员落实中央八项规定精神,加强师德师风建设,廉洁自律等情况。

第三十九条 主管机关(部门)党委(党组)及纪检监察机关、组织(人事)部门按照管理权限和职责分工,综合运用考察考核、述职述责述廉、民主生活会、谈心谈话、巡视、提醒、函询、诫勉等方式,对领导班子和领导人员进行监督。

充分发挥学校党委、院(系)党委(党总支)等党组织和党员的监督作用,党员领导人员应当以普通党员身份参加所在党支部或者党小组的组织生活,坚持民主生活会、组织生活会和民主评议党员制度,开展严肃认真的党内政治生活,营造党内民主监督环境。

第四十条 坚持和完善高等学校党委领导下的校长负责制,健全党委统一领导、党政分工合作、协调运行的工作机制。完善学校内部治理结构和内控机制,实行权力清单制度,明确权力运行程序、规则和权责关系,公开权力运行过程和结果,健全不当用权问责机制。

积极推进校务公开,注意发挥学术委员会、教职工代表大会和学生会等组织在学校民主管理方面的作用,畅通师生员工参与讨论学校事务的途径,拓宽表达意见的渠道。

第四十一条 实行任职承诺制度,领导人员任职后应当签订承诺书,并在校内进行公示。

第四十二条 领导人员应当正确对待监督,主动接受监督,习惯在监督下开展工作,自觉检查和及时纠正存在的问题。

第八章 退 出

第四十三条 完善高等学校领导人员退出机制,促进领导人员能上能下、能进能出,增强队伍生机活力。

第四十四条 领导人员达到退休年龄界限的,应当按照有关规定程序办理免职(退休)手续。因工作需要而延迟免职(退休)的,应当按照干部管理权限报批。

第四十五条 领导人员因健康原因,无法正常履行工作职责一年以上的,应当对其工作岗位进行调整。

第四十六条 领导人员因德、能、勤、绩、廉与所任职务要求不符,具有下列情形之一,被认定为不适宜担任现职的,应当按照有关规定予以组织调整或者组织处理:

(一)贯彻执行党的教育方针、上级党组织指示和决定不及时不得力的;

(二)在大是大非问题上没有立场、没有态度、无动于衷、置身事外,在错误言行面前不抵制、不斗争,明哲保身、当老好人的;

(三)擅自公开发表与中央精神不符的言论、文章、作品等,造成恶劣社会影响的;

(四)年度考核、任期考核被确定为不合格,或者连续两年年度考核被确定为基本合格的;

(五)学术不端或者师德师风存在问题受到查处,或者有其他违背社会公德、

职业道德、家庭伦理道德行为,造成不良影响的;

(六)存在其他问题需要调整或者处理的。

第四十七条 领导人员违纪违法的,按照有关法律法规和规定处理。

第四十八条 实行领导人员辞职制度,辞职程序参照有关规定执行。

第九章 附 则

第四十九条 本办法由中央组织部、教育部负责解释。

第五十条 本办法自 2017 年 1 月 13 日起施行。

中小学校领导人员管理暂行办法

（中共中央组织部、教育部2017年1月13日印发）

第一章　总　　则

第一条　为加强和改进中小学校领导人员管理，完善选拔任用和管理监督机制，建设一支符合好干部标准的高素质领导人员队伍，根据《事业单位领导人员管理暂行规定》和有关法律法规，制定本办法。

第二条　本办法适用于公办中小学校领导班子成员。

法律法规对中小学校领导人员管理另有规定的，从其规定。

第三条　中小学校领导人员管理，必须坚持党管干部、党管人才，坚持德才兼备、以德为先，坚持依法依规办事，坚持从严管理监督与激励关怀相结合，注意体现中小学教育的基础性、办学的公益性、育人的长效性、岗位的专业性等特点，不简单套用党政领导干部管理模式，公道公平公正地对待、评价和使用领导人员，充分调动积极性、主动性、创造性，办好人民满意的教育。

第四条　主管机关（部门）党委（党组）及其组织（人事）部门按照干部管理权限履行中小学校领导人员管理职责，负责本办法的组织实施。

第二章　任职条件和资格

第五条　中小学校领导人员应当具备下列基本条件：

（一）具有较高的思想政治素质，重视政治理论学习，坚持马克思主义指导思想，坚定共产主义远大理想和中国特色社会主义共同理想，坚持社会主义办学方向，认真贯彻党的教育方针，忠诚于党和人民的教育事业，牢固树立政治意识、大局意识、核心意识、看齐意识，在思想上政治上行动上同以习近平同志为核心的党中央保持高度一致。

（二）具有胜任岗位职责所必需的专业知识、职业素养和实践经验，熟悉中小学教育工作和相关政策法规，坚持全面实施素质教育的质量观和人才观，了解和掌握中小学生健康成长规律，业界声誉好。

（三）具有较强的教育教学管理和组织协调能力，自觉贯彻执行民主集中制，富有改革创新精神，善于规划学校发展、营造育人文化、领导课程教学、引领教师成长、优化内部管理、调适外部环境。

(四)具有较强的事业心和责任感,爱岗敬业,乐于奉献,淡泊名利,甘为人梯,富有教育情怀,能够全身心投入工作,实绩突出。

(五)具有良好的品行修养,带头践行社会主义核心价值观,恪守职业道德,立德树人,为人师表,尊师重教,关爱学生,严于律己,廉洁从业。

第六条 中小学校领导人员应当具备下列基本资格:

(一)一般应当具有大学专科以上文化程度。其中,中学领导人员应当具有大学本科以上文化程度。

(二)一般应当具有一定年限的教育教学工作经历。其中,校长一般应当具有五年以上教育教学工作经历,党组织书记一般应当具有学校党务和行政岗位工作经历。

(三)一般应当具有相应的教师资格和已担任中小学一级教师以上专业技术职务。其中,高级中学校长应当已担任中小学高级教师以上专业技术职务。

(四)提任学校正职的,一般应当具有两年以上学校副职岗位任职经历或者三年以上学校中层管理工作经历;提任学校副职的,应当具有一定的教育教学管理经验。

(五)应当经过任职资格培训并取得合格证书。确因特殊情况在提任前未达到培训要求的,应当在提任后一年内完成。

(六)具有正常履行职责的身体条件。

(七)符合有关法律法规和行业主管部门规定的其他任职资格要求。

第七条 农村地区、边远贫困地区和民族地区的优秀教师直接提任中小学校领导人员,可以根据实际情况适当放宽任职资格。

第三章 选拔任用

第八条 选拔任用中小学校领导人员,应当充分发挥主管机关(部门)党委(党组)的领导和把关作用,坚持正确选人用人导向,严格标准条件和程序,按照核定或者批准的领导职数和岗位设置方案,精准科学选人用人。

第九条 主管机关(部门)党委(党组)或者组织(人事)部门按照干部管理权限,根据工作需要和领导班子建设实际提出选拔任用工作启动意见,在综合研判、充分酝酿的基础上形成工作方案,并按照组织考察、会议决定等有关程序和要求认真组织实施。

第十条 选拔中小学校领导人员,一般采取学校内部推选、外部选派、竞争(聘)上岗、公开选拔(聘)等方式进行。

第十一条 确定考察对象，应当综合考虑工作需要、人选德才条件、一贯表现、人岗相适和征求意见等情况，防止简单以票或者以分等取人偏向。

在教育教学和管理活动中贯彻执行党的教育方针不力、偏离社会主义办学方向，师德师风存在问题或者有学术不端行为受到查处，有伪造学历学位、奖励证书、档案材料等行为受到责任追究，以及具有其他有关政策规定明确限制情形的，不得作为考察对象。

第十二条 严格执行考察制度，依据任职资格条件和岗位职责要求，全面了解考察对象的德、能、勤、绩、廉表现，着重了解政治品格、作风品行、廉洁自律等情况，深入了解教学教研水平、学校管理能力、师德师风和工作实绩等情况，实事求是、客观准确地作出评价，防止"带病提拔"。

第十三条 任用中小学校领导人员，区别不同情况实行选任制、委任制、聘任制。

对行政领导人员，加大聘任制推行力度。在条件成熟的中小学校，可以对行政领导人员全部实行聘任制。

第十四条 实行聘任制的领导人员，以聘任通知、聘任书、聘任合同等形式确定聘任关系，所聘职务及相关待遇在聘期内有效。

第十五条 提任领导人员的，应当在一定范围内进行公示，公示期不少于五个工作日。

第十六条 提任校长、副校长的，实行任职试用期制度，试用期一般为一年。

第四章 任期和任期目标责任

第十七条 中小学校领导人员一般应当实行任期制。

校长、副校长每个任期一般为三至六年，注意与中小学学制学段相衔接。党组织领导人员的任期，按照党内有关规定执行。

领导人员在同一岗位连续任职一般不超过十二年。工作特殊需要的，按照干部管理权限经批准后可以延长任职年限。

第十八条 中小学校领导班子和领导人员一般应当实行任期目标责任制。

领导班子的任期目标，应当贯彻党和国家对基础教育改革发展的要求，体现学校办学规划、课程建设、教学质量、德育建设、教师队伍、管理创新、安全稳定和党的建设等内容，注重打基础、利长远、求实效，具体内容根据学校实际确定。

领导人员的任期目标，根据领导班子任期目标和岗位职责确定。

第十九条 制定领导班子任期目标，应当充分听取学校教职工（代表）大会、学生家长等方面意见。

任期目标由学校领导班子集体研究确定,一般应当报经主管机关(部门)批准或者备案,并在校内公布。

第五章　考 核 评 价

第二十条　完善体现中小学校特点的领导人员考核评价制度,充分发挥考核的激励和鞭策作用,推动领导人员树立正确业绩观,潜心育人、积极作为、无私奉献。

第二十一条　对中小学校领导班子和领导人员实行年度考核和任期考核。

第二十二条　考核评价应当以任期目标为依据,以日常管理为基础,注重工作实绩和社会效益,注意与中小学教育质量综合评价工作相衔接,防止单纯以学生学业考试成绩和学校升学率评价领导人员的倾向。

坚持党建工作与业务工作同步考核,实行抓党建述职评议考核制度,可以与年度考核等结合进行,重点了解学校党组织履行抓党建主体责任、党组织书记履行抓党建第一责任人职责、领导班子其他成员履行职责范围内党建责任等情况。

第二十三条　根据中小学校不同规模、类型、学段实际,兼顾城乡差异、办学特色等情况,科学合理确定考核评价指标,积极推进分类考核。

注意改进方法,简化程序,提高考核工作质量和效率。

第二十四条　领导班子年度考核和任期考核的评价等次,分为优秀、良好、一般、较差。领导人员年度考核和任期考核的评价等次,分为优秀、合格、基本合格、不合格。

第二十五条　考核评价结果应当以适当方式向领导班子和领导人员反馈,并作为领导班子建设和领导人员选拔任用、培养教育、管理监督、激励约束等的重要依据。

第六章　职业发展和激励保障

第二十六条　加强中小学校领导人员教育培训,重点加强政治理论、社会主义核心价值观、教育政策法规、教育管理理论和实践、人文社会科学等方面的培训,视不同对象有针对性地开展任职资格培训、提高培训、高级研修和专题培训,着力提高政治素质、管理能力和专业水平。

实施校长国家级培训计划,面向农村特别是边远贫困地区着力培养实施素质教育、推进基础教育改革发展的带头人;面向教育发达地区着力培养具有先进教育思想、能够创新办学治校实践的优秀校长。

第二十七条　完善领导人员交流制度,鼓励引导城镇学校、优质学校领导人员到乡村学校、薄弱学校任职。有组织地选派乡村学校、薄弱学校领导人员到城镇学校、优质学校挂职锻炼,或者到校长培训实践基地跟岗学习。

第二十八条 加快推行中小学校长职级制改革,拓宽职业发展空间,促进校长队伍专业化建设。

第二十九条 鼓励退出领导岗位的领导人员继续从事教育教学工作,完善相关政策措施,支持其后续职业发展。

第三十条 完善领导人员收入分配办法,按照国家有关规定,保障和落实工资福利待遇,注重发挥绩效工资的激励作用。

实行校长职级制的,可以根据实际情况探索相应的收入分配办法。

第三十一条 领导人员在履行学校管理职责、承担专项重要工作、应对学校突发事件等方面表现突出、作出显著成绩和贡献的,按照有关规定给予表彰奖励。

主管机关(部门)可以根据实际情况,探索行之有效的表彰奖励措施,激励领导人员干事创业。

第三十二条 落实中小学校长负责制,保障学校办学自主权,支持领导人员依法依规履行职责。倡导教育家办学,鼓励领导人员在实践中大胆探索创新,形成教学特色和办学风格。

加强人文关怀,关心领导人员身心健康,帮助解决实际困难,培育理性平和的健康心态,营造尊师重教的良好氛围。

第三十三条 建立容错纠错机制,宽容领导人员在工作中特别是改革创新中的失误,旗帜鲜明地为敢于担当者担当,为敢于负责者负责。正确对待犯错误的领导人员,不得混淆错误性质或者夸大错误程度作出不适当的处理,不得利用其所犯错误泄私愤、打击报复。

第七章 监督约束

第三十四条 贯彻全面从严治党要求,完善中小学校领导班子和领导人员特别是主要负责人监督约束机制,构建严密有效的监督体系,充分发挥党内监督和外部监督的作用,督促引导领导人员认真履职尽责,依法依规办事,保持清正廉洁。

第三十五条 加强对学校领导班子和领导人员履行政治责任、行使职责权力、加强作风建设等方面的监督,重点监督贯彻执行党的教育方针,坚持社会主义办学方向,加强党的建设,依法依规办学治校,贯彻执行民主集中制,落实“三重一大”决策制度,校风学风和师德建设,收入分配,廉洁自律等情况。

根据学校层次、规模和发展实际,聚焦突出问题,加大对招生录取、职务(职称)评聘、基建项目、物资采购、财务管理等重点领域和关键环节的监督力度。

第三十六条 主管机关(部门)党委(党组)及纪检监察机关、组织(人事)部门按照管理权限和职责分工,综合运用考察考核、述职述责述廉、民主生活会、谈心谈话等方式,对中小学校领导班子和领导人员进行监督。

充分发挥学校党组织和党员的监督作用,党员领导人员应当以普通党员身份参加所在党支部或者党小组的组织生活,坚持民主生活会、组织生活会和民主评议党员制度,开展严肃认真的党内政治生活,营造党内民主监督环境。

第三十七条 完善学校内部治理结构和内控机制,实行权力清单制度,明确权力运行程序、规则和权责关系,公开权力运行过程和结果,健全不当用权问责机制。

推进校务公开,注意发挥教职工(代表)大会、家长委员会等组织在学校民主管理方面的作用,畅通师生员工参与讨论学校事务的途径,拓宽表达意见的渠道。

第三十八条 领导人员应当正确对待监督,主动接受监督,习惯在监督下开展工作,自觉检查和及时纠正存在的问题。

第八章 退 出

第三十九条 完善中小学校领导人员退出机制,促进领导人员能上能下、能进能出,增强队伍生机活力。

第四十条 领导人员达到退休年龄界限的,应当按照有关规定办理免职(退休)手续。因工作需要而延迟免职(退休)的,应当按照干部管理权限报批。

第四十一条 领导人员因健康原因,无法正常履行工作职责一年以上的,应当对其工作岗位进行调整。

第四十二条 领导人员因德、能、勤、绩、廉与所任职务要求不符,具有下列情形之一,被认定为不适宜担任现职的,应当按照有关规定予以组织调整或者组织处理:

(一)贯彻执行党的教育方针、上级党组织指示和决定不及时不得力的;

(二)存在师德禁行行为,或者有其他违背社会公德、职业道德、家庭伦理道德行为,造成不良影响的;

(三)年度考核、任期考核被确定为不合格,或者连续两年年度考核被确定为基本合格的;

(四)存在其他问题需要调整或者处理的。

第四十三条 领导人员违纪违法的,按照有关法律法规和规定处理。

第四十四条 实行领导人员辞职制度,辞职程序参照有关规定执行。

第九章 附 则

第四十五条 本办法所称中小学校,包括小学、初级中学(含九年一贯制学校)、高级中学(含完全中学、十二年一贯制学校、中等职业学校)、特殊教育学校、幼儿园等教育机构。

第四十六条 本办法由中央组织部、教育部负责解释。

第四十七条 本办法自 2017 年 1 月 13 日起施行。

科研事业单位领导人员管理暂行办法

(中共中央组织部、科技部2017年1月13日印发)

第一章　总　　则

第一条　为加强和改进科研事业单位领导人员管理，完善选拔任用和管理监督机制，建设一支符合好干部标准的高素质领导人员队伍，根据《事业单位领导人员管理暂行规定》和有关法律法规，制定本办法。

第二条　本办法适用于省级以上政府直属以及部门所属自然科学和技术领域科研事业单位领导班子成员。

法律法规对科研事业单位领导人员管理另有规定的，从其规定。

第三条　科研事业单位领导人员管理，必须坚持党管干部、党管人才，坚持德才兼备、以德为先，坚持依法依规办事，坚持从严管理监督与激励关怀相结合，注意体现科研事业单位开放度高、探索性强、创新活跃等特点，不简单套用党政领导干部管理模式，公道公平公正地对待、评价和使用领导人员，充分调动积极性、主动性、创造性，促进科技繁荣发展。

第四条　主管机关(部门)党委(党组)及其组织(人事)部门按照干部管理权限履行科研事业单位领导人员管理职责，负责本办法的组织实施。

第二章　任职条件和资格

第五条　科研事业单位领导人员应当具备下列基本条件：

(一)具有较高的思想政治素质，重视政治理论学习，坚持马克思主义指导思想，坚定共产主义远大理想和中国特色社会主义共同理想，自觉践行创新科技、服务国家、造福人民的价值理念，认真贯彻科技工作方针政策，牢固树立政治意识、大局意识、核心意识、看齐意识，在思想上政治上行动上同以习近平同志为核心的党中央保持高度一致。

(二)具有胜任岗位职责所必需的专业知识和职业素养，熟悉科研业务和相关政策法规，有相关专业背景，尊重科研工作规律，弘扬科学精神，业界声誉好。

(三)具有较强的组织领导能力，有全局观念，自觉贯彻执行民主集中制，有战略眼光、科研规划能力和开拓创新精神，能够科学决策，注重沟通协调、团结合作。

（四）具有强烈的事业心和责任感，积极献身科技事业，敢于担当，求真务实，忠于职守，勤勉尽责，能够全身心投入工作，实绩突出。

（五）具有良好的品行修养，带头践行社会主义核心价值观，自觉遵守科研伦理道德，尊重人才，尊重创造，严于律已，廉洁从业。

第六条 科研事业单位领导人员应当具备下列基本资格：

（一）应当具有大学本科以上文化程度。

（二）一般应当具有五年以上工作经历。

（三）从副职提任正职的，一般应当具有副职岗位两年以上任职经历；从下级正职提任上级副职的，一般应当具有下级正职岗位三年以上任职经历。

（四）具有正常履行职责的身体条件。

（五）符合有关法律法规和行业主管部门规定的其他任职资格要求。

第七条 专业技术人员直接提任领导人员的，应当具有相应的专业技术职务和一定的科研管理工作经历。其中：

（一）提任五级、六级管理岗位领导人员的，应当已担任正高级专业技术职务或者两年以上副高级专业技术职务；

（二）提任四级以上管理岗位领导人员的，应当已担任正高级专业技术职务。

第八条 从企业、社会组织、国（境）外著名高等学校和科研机构等单位选聘的领导人员，应当具有较高的专业水平，一般应当具有在科技研发关键岗位工作或者组织实施重大科技项目的经历。

第九条 对特别优秀或者工作特殊需要的，可以破格提拔，破格提拔必须从严掌握。

第三章 选拔任用

第十条 选拔任用科研事业单位领导人员，应当充分发挥主管机关（部门）党委（党组）的领导和把关作用，坚持正确选人用人导向，严格标准条件和程序，按照核定或者批准的领导职数和岗位设置方案，精准科学选人用人，注重优化领导班子结构，增强班子整体功能。注意拓宽视野，打破身份等限制，吸引优秀人才。

第十一条 主管机关（部门）党委（党组）或者组织（人事）部门按照干部管理权限，根据工作需要和领导班子建设实际提出选拔任用工作启动意见，在综合研判、充分酝酿的基础上形成工作方案，并按照组织考察、会议决定等有关程序和要求认真组织实施。

第十二条 选拔科研事业单位领导人员，一般采取单位内部推选、外部选派、竞争(聘)上岗、公开选拔(聘)等方式进行,也可以探索其他有利于优秀人才脱颖而出的选拔方式。

从企业、社会组织、国(境)外著名高等学校和科研机构等单位打破身份等限制选拔领导人员的,一般采取公开选拔(聘)方式。

第十三条 确定考察对象,应当综合考虑工作需要、人选德才条件、一贯表现、人岗相适和征求意见等情况,防止简单以票、以分或者以学历、职称、论文等取人偏向。

因造假、剽窃、篡改等科研不端行为受到查处,在科研项目安排、经费使用等方面存在违规违纪行为受到责任追究,以及具有其他有关政策规定明确限制情形的,不得作为考察对象。

第十四条 严格执行考察制度,依据任职资格条件和岗位职责要求,全面了解考察对象的德、能、勤、绩、廉表现,着重了解政治品格、作风品行、廉洁自律等情况,深入了解科研水平、管理能力、学术道德和推动科技创新工作实绩等情况,实事求是、客观准确地作出评价,防止"带病提拔"。

第十五条 任用科研事业单位领导人员,区别不同情况实行选任制、委任制、聘任制。

对行政领导人员,逐步加大聘任制推行力度。在条件成熟的单位,可以对行政领导人员全部实行聘任制。对打破身份等限制选拔的领导人员,一般应当实行聘任制。

第十六条 实行聘任制的领导人员,以聘任通知、聘任书、聘任合同等形式确定聘任关系,所聘职务及相关待遇在聘期内有效。聘任期满,因工作需要继续聘任的,经考核为合格以上等次、本人愿意且未达到最高任职年限,按照有关程序办理续聘手续。

第十七条 提任领导人员的,应当在一定范围内进行公示,公示期不少于五个工作日。

第十八条 提任非选举产生领导人员的,实行任职试用期制度,试用期一般为一年。

第四章 任期和任期目标责任

第十九条 科研事业单位领导人员一般应当实行任期制。

行政领导人员每个任期一般为三至五年。党组织领导人员的任期,按照党内有关规定执行。

领导人员在同一岗位连续任职一般不超过十年。工作特殊需要的,按照干部管理权限经批准后可以延长任职年限。

第二十条 科研事业单位领导班子和领导人员一般应当实行任期目标责任制。

第二十一条 领导班子的任期目标,应当根据单位职能定位,围绕紧跟科技发展前沿、服务国家重大战略、推动经济社会发展等需要制定,体现科技成果产出和转化、创新平台建设、科技交流合作、服务社会公益、支撑产业发展、人才队伍建设和党的建设等内容。

主要从事基础研究的科研事业单位,任期目标应当以提升原始创新能力为核心,注重学术水平、科学贡献和创新源头供给;主要从事前沿技术研究的科研事业单位,任期目标应当以国家重大战略需求为导向,注重基础科技和关键技术领域的创新;主要从事社会公益研究的科研事业单位,任期目标应当以改善民生和支撑产业发展为重点,注重社会效益和共性技术产出。

领导人员的任期目标,根据领导班子任期目标和岗位职责确定。

第二十二条 制定领导班子任期目标,应当充分听取学术委员会、职工代表大会或者科技人员代表等方面意见。

任期目标由单位领导班子集体研究确定,一般应当报经主管机关(部门)批准或者备案,不涉密的在单位内公布。

第五章 考核评价

第二十三条 完善体现科研事业单位特点的领导人员考核评价制度,充分发挥考核的激励和鞭策作用,推动领导人员树立正确业绩观,勇挑重担、锐意进取、积极作为。

第二十四条 对科研事业单位领导班子和领导人员实行年度考核和任期考核。

第二十五条 考核评价应当以任期目标为依据,注重科技创新质量、贡献、绩效,注意与创新绩效评价工作相衔接。

坚持党建工作与业务工作同步考核,实行抓党建述职评议考核制度,可以与年度考核等结合进行,重点了解科研事业单位党组织履行抓党建主体责任、党组织书记履行抓党建第一责任人职责、领导班子其他成员履行职责范围内党建责任等情况。

第二十六条 根据基础研究、前沿技术研究和社会公益研究等不同类型科研事业单位特点,科学合理确定考核评价指标,积极推进分类考核。

结合行业特点和科研事业单位实际,注意改进方法,简化程序,提高考核工作质量和效率,营造宽松的科研环境。

第二十七条 领导班子年度考核和任期考核的评价等次,分为优秀、良好、一般、较差。领导人员年度考核和任期考核的评价等次,分为优秀、合格、基本合格、不合格。

第二十八条 考核评价结果应当以适当方式向领导班子和领导人员反馈,并作为领导班子建设和领导人员选拔任用、培养教育、管理监督、激励约束等的重要依据。

第六章 职业发展和激励保障

第二十九条 完善科研事业单位领导人员教育培训制度,充分利用党校、行政学院、干部学院等机构,重点加强理想信念、党性修养、政治理论、科技政策法规、国情形势、管理能力、科研诚信等方面的教育培训,根据工作需要和有关规定,有针对性地开展国(境)外培训和学习考察,着力提高思想政治素质和理论水平,提高领导能力专业化水平。

第三十条 完善领导人员交流轮岗制度,积极推进分管人财物领导人员轮岗和同类别、同领域科研事业单位之间领导人员交流。根据领导班子建设需要,开展科研事业单位与高等学校、国有企业、党政机关之间领导人员交流。鼓励支持科研事业单位领导人员到科技企业、国际组织任职。

第三十一条 领导人员经批准可以兼任与本单位或者本人科研领域相关的社会团体和基金会等职务,副职领导人员根据工作需要并经批准可以在本单位出资的企业或者参与合作举办的社会服务机构兼职,具体按照有关规定执行。

第三十二条 领导人员出国(境)开展学术交流合作活动,按照中央关于教学科研人员因公临时出国(境)管理有关规定执行。

第三十三条 完善领导人员后续职业发展制度,对任期结束后未达到退休年龄界限适合继续从事科研工作的,在科研经费安排、科研团队建设、学术交流培训等方面给予必要支持;其他退出领导岗位人员,根据本人实际和工作需要,作出适当安排。

第三十四条 实行以增加知识价值为导向的分配政策,完善领导人员收入分配办法,根据单位类别和实际,结合考核情况合理确定绩效工资水平,使其收入与履职情况和单位发展相联系。

领导人员是科技成果主要完成人或者对科技成果转化作出重要贡献的,可以按照有关规定获取科技成果转化奖励。

实行聘任制的领导人员,按照有关规定经批准可以试行年薪制、协议工资制等分配办法。

第三十五条 领导人员在推动科技创新、承担专项重要工作、应对重大突发事件等方面表现突出、作出显著成绩和贡献的,按照有关规定给予表彰奖励。

主管机关(部门)可以根据实际情况,探索行之有效的表彰奖励措施,激励领导人员干事创业。

第三十六条 落实科研事业单位在岗位设置、人员聘用、职称评定、绩效工资分配、设备采购、项目经费及科技成果管理等方面自主权,支持领导人员依法依规履行职责。加强人文关怀,关心身心健康,帮助解决实际困难。

第三十七条 建立容错纠错机制,宽容领导人员在工作中特别是改革创新中的失误,营造鼓励探索、支持创新的氛围,旗帜鲜明地为敢于担当者担当,为敢于负责者负责。正确对待犯错误的领导人员,不得混淆错误性质或者夸大错误程度作出不适当的处理,不得利用其所犯错误泄私愤、打击报复。

第七章 监督约束

第三十八条 贯彻全面从严治党要求,完善科研事业单位领导班子和领导人员特别是主要负责人监督约束机制,构建严密有效的监督体系,充分发挥党内监督和外部监督的作用,督促引导领导人员认真履职尽责,依法依规办事,保持清正廉洁。

第三十九条 加强对领导班子和领导人员履行政治责任、行使职责权力、加强作风建设等方面的监督,重点监督贯彻执行科技工作方针政策,加强党的建设,依法依规办事,贯彻执行民主集中制,落实“三重一大”决策制度,公道正派选人用人,职业操守,廉洁自律等情况。

根据行业特点,聚焦突出问题,加大对职务(职称)评聘、科研经费使用、物资采购、资源配置、成果处置、收益管理等重点领域和关键环节的监督力度。

第四十条 主管机关(部门)党委(党组)及纪检监察机关、组织(人事)部门按照管理权限和职责分工,综合运用考察考核、述职述责述廉、民主生活会、谈心谈话等方式,对科研事业单位领导班子和领导人员进行监督。

充分发挥单位党组织和党员的监督作用,党员领导人员应当以普通党员身份参加所在党支部或者党小组的组织生活,坚持民主生活会、组织生活会和民主评议党员制度,开展严肃认真的党内政治生活,营造党内民主监督环境。

第四十一条 完善科研事业单位内部治理结构和内控机制,实行权力清单制度,明确权力运行程序、规则和权责关系,公开权力运行过程和结果,健全不当用权问责机制。

推进院(所)务公开,注意发挥学术委员会、职工代表大会等组织在单位民主管理方面的作用,畅通职工群众参与讨论单位事务的途径,拓宽表达意见的渠道。对学科发展、职称评定、学术管理、科研奖励等事项,应当充分听取学术委员会等相关组织的意见。

对领导人员科技成果转化收益分配实行公开公示制度,兼职取酬情况应当按照有关规定报告。

第四十二条 领导人员应当正确对待监督,主动接受监督,习惯在监督下开展工作,自觉检查和及时纠正存在的问题。

第八章 退 出

第四十三条 完善科研事业单位领导人员退出机制,促进领导人员能上能下、能进能出,增强队伍生机活力。

第四十四条 领导人员达到退休年龄界限的,应当按照有关规定办理免职(退休)手续。因工作需要而延迟免职(退休)的,应当按照干部管理权限报批。

第四十五条 领导人员因健康原因,无法正常履行工作职责一年以上的,应当对其工作岗位进行调整。

第四十六条 领导人员因德、能、勤、绩、廉与所任职务要求不符,具有下列情形之一,被认定为不适宜担任现职的,应当按照有关规定予以组织调整或者组织处理:

(一)贯彻执行科技工作方针政策、上级党组织指示和决定不及时不得力的;

(二)因科研不端行为受到查处,或者有其他违背社会公德、职业道德、家庭伦理道德行为,造成不良影响的;

(三)年度考核、任期考核被确定为不合格,或者连续两年年度考核被确定为基本合格的;

(四)存在其他问题需要调整或者处理的。

第四十七条 领导人员违纪违法的,按照有关法律法规和规定处理。

第四十八条 实行领导人员辞职制度,辞职程序参照有关规定执行。

第九章 附 则

第四十九条 本办法由中央组织部、科技部负责解释。

第五十条 本办法自2017年1月13日起施行。

公立医院领导人员管理暂行办法

（中共中央组织部、国家卫生和计划生育委员会
2017年1月13日印发）

第一章 总 则

第一条 为加强和改进公立医院领导人员管理，完善选拔任用和管理监督机制，建设一支符合好干部标准的高素质领导人员队伍，根据《事业单位领导人员管理暂行规定》和有关法律法规，制定本办法。

第二条 本办法适用于县级以上政府、事业单位、社会团体和其他社会组织举办的公立医院领导班子成员。

法律法规对公立医院领导人员管理另有规定的，从其规定。

第三条 公立医院领导人员管理，必须坚持党管干部、党管人才，坚持德才兼备、以德为先，坚持依法依规办事，坚持从严管理监督与激励关怀相结合，注意体现公立医院公益性、服务性、专业性、技术性等特点，不简单套用党政领导干部管理模式，公道公平公正地对待、评价和使用领导人员，充分调动积极性、主动性、创造性，不断提高基本医疗卫生服务质量和水平。

第四条 主管机关（部门）党委（党组）及其组织（人事）部门按照干部管理权限履行公立医院领导人员管理职责，负责本办法的组织实施。

第二章 任职条件和资格

第五条 公立医院领导人员应当具备下列基本条件：

（一）具有较高的思想政治素质，重视政治理论学习，坚持马克思主义指导思想，坚定共产主义远大理想和中国特色社会主义共同理想，坚持为人民健康服务的方向，认真贯彻卫生与健康工作方针，自觉履行公立医院的政治责任和社会责任，牢固树立政治意识、大局意识、核心意识、看齐意识，在思想上政治上行动上同以习近平同志为核心的党中央保持高度一致。

（二）具有胜任岗位职责所必需的专业知识和职业素养，熟悉医疗卫生行业发展情况和相关政策法规，有先进的医院管理理念和实践经验，业界声誉好。

（三）具有较强的组织领导和沟通协调能力，自觉贯彻执行民主集中制，富有

改革创新精神,坚持依法治院、以德治院,善于构建和谐的医患关系。

(四)具有强烈的事业心和责任感,热爱医疗卫生事业,坚持原则,敢于担当,忠于职守,勤勉尽责,能够全身心投入工作,实绩突出。

(五)具有良好的品行修养,带头践行社会主义核心价值观,自觉弘扬“敬佑生命、救死扶伤、甘于奉献、大爱无疆”的职业精神,以人为本,仁心仁怀,严于律己,廉洁从业。

第六条 公立医院领导人员应当具备下列基本资格:

(一)一般应当具有大学本科以上文化程度。

(二)具有五年以上医疗卫生工作经历或者其他领域管理工作经历。其中,担任三级医院领导人员的,一般应当具有十年以上工作经历。

(三)从副职提任正职的,一般应当具有副职岗位两年以上任职经历;从下级正职提任上级副职的,一般应当具有下级正职岗位三年以上任职经历。

(四)医院行政领导人员应当经过国家认可的医院院长职业化培训。确因特殊情况在提任前未达到培训要求的,应当在提任后一年内完成。

(五)具有正常履行职责的身体条件。

(六)符合有关法律法规和行业主管部门规定的其他任职资格要求。

第七条 医、药、护、技等专业技术人员直接提任领导人员的,应当具有相应的专业技术职务和一定的管理工作经历。其中:

(一)提任八级管理岗位领导人员的,应当已担任中级专业技术职务;

(二)提任七级管理岗位领导人员的,应当已担任副高级专业技术职务或者五年以上中级专业技术职务;

(三)提任五级、六级管理岗位领导人员的,应当已担任正高级专业技术职务或者两年以上副高级专业技术职务;

(四)提任四级以上管理岗位领导人员的,应当已担任正高级专业技术职务。

提任三级医院的院长和分管医疗、科研、教学等相关业务工作的副院长,应当已担任正高级专业技术职务。

第八条 对特别优秀或者工作特殊需要的,可以破格提拔,破格提拔必须从严掌握。

第三章 选拔任用

第九条 选拔任用公立医院领导人员,应当充分发挥主管机关(部门)党委(党组)的领导和把关作用,坚持正确选人用人导向,严格标准条件和程序,按照核定或者批准的领导职数和岗位设置方案,精准科学选人用人,注重优化领导班子结构，增强班子整体功能。注意拓宽视野，打破身份等限制，吸引优秀人才。

第十条 主管机关（部门）党委（党组）或者组织（人事）部门按照干部管理权限，根据工作需要和领导班子建设实际提出选拔任用工作启动意见，在综合研判、充分酝酿的基础上形成工作方案，并按照组织考察、会议决定等有关程序和要求认真组织实施。

第十一条 选拔公立医院领导人员，一般采取医院内部推选、外部选派、竞争（聘）上岗、公开选拔（聘）等方式进行，也可以探索其他有利于优秀人才脱颖而出的选拔方式。

院长和分管医疗、科研、教学等相关业务工作的副院长，一般应当从医疗卫生领域选拔。

第十二条 确定考察对象，应当综合考虑工作需要、人选德才条件、一贯表现、人岗相适和征求意见等情况，防止简单以票或者以分等取人偏向。

贯彻卫生与健康工作方针不力、偏离公立医院办医宗旨，因重大医疗事故、重大医患纠纷、突发公共卫生事件受到责任追究影响使用，违反医疗卫生行风建设纪律要求造成不良影响，以及具有其他有关政策规定明确限制情形的，不得作为考察对象。

第十三条 严格执行考察制度，依据任职资格条件和岗位职责要求，全面了解考察对象的德、能、勤、绩、廉表现，着重了解政治品格、作风品行、廉洁自律等情况，深入了解专业素养、管理能力、职业精神和工作实绩等情况，实事求是、客观准确地作出评价，防止“带病提拔”。

第十四条 任用公立医院领导人员，区别不同情况实行选任制、委任制、聘任制。

对行政领导人员，加大聘任制推行力度。在条件成熟的医院，可以对行政领导人员全部实行聘任制。通过公开选拔（聘）等方式产生的领导人员，一般应当实行聘任制。

第十五条 提任领导人员的，应当在一定范围内进行公示，公示期不少于五个工作日。

第十六条 提任非选举产生领导人员的，实行任职试用期制度，试用期一般为一年。

第四章 聘任管理

第十七条 实行聘任制的公立医院领导人员，以聘任通知、聘任书、聘任合同等形式确定聘任关系，所聘职务及相关待遇在聘期内有效。

实行聘任合同管理的,应当明确岗位职责、聘期及工作目标、薪酬待遇、解聘条件等内容。完善聘任合同,规范聘期管理。

主管机关(部门)可以授权院长与其行政副职签订聘任合同。

第十八条 领导人员聘任期满,因工作需要继续聘任的,经考核为合格以上等次、本人愿意且未达到最高任职年限,按照有关程序办理续聘手续。

第十九条 领导人员在聘期内因工作需要等原因,组织决定提前解除聘任职务的,应当按照有关程序办理解除聘任手续。

第二十条 领导人员在聘期内因个人原因辞去聘任职务的,应当书面提出申请,并报主管机关(部门)批准。审批期间或者未经批准的,不得擅自离职。

第五章 任期和任期目标责任

第二十一条 公立医院领导人员一般应当实行任期制。

行政领导人员每个任期一般为三至五年。党组织领导人员的任期,按照党内有关规定执行。

领导人员在同一岗位连续任职一般不超过十年。工作特殊需要的,按照干部管理权限经批准后可以延长任职年限。

第二十二条 公立医院领导班子和领导人员一般应当实行任期目标责任制。

领导班子的任期目标,应当贯彻党和国家对公立医院改革发展的要求,体现医疗服务质量和安全、医疗费用控制、政府指令性任务完成、依法依规管理、医德医风建设和党的建设等内容。三级医院领导班子的任期目标还应当体现医院综合管理水平、学科发展和队伍建设、健康医疗大数据建设与应用等内容;中医医院领导班子的任期目标还应当体现中医药特色优势发挥等内容。具体内容根据本地区医疗卫生规划和医院实际确定。

领导人员的任期目标,根据领导班子任期目标和岗位职责确定。

第二十三条 制定领导班子任期目标,应当充分听取职工代表大会或者职工代表等方面意见。

任期目标由医院领导班子集体研究确定,一般应当报经主管机关(部门)批准或者备案,并在院内公布。

第二十四条 院长和党组织书记任职后,一般由主管机关(部门)与其签订任期目标责任书。主管机关(部门)可以授权院长与其行政副职签订任期目标责任书。

第六章　考 核 评 价

第二十五条　完善体现公立医院特点的领导人员考核评价制度，充分发挥考核的激励和鞭策作用，推动领导人员树立正确业绩观，敢于担当、积极作为、无私奉献。

第二十六条　对公立医院领导班子和领导人员实行年度考核和任期考核。

第二十七条　考核评价应当以任期目标为依据，以日常管理为基础，以公益性为导向，注重工作实绩和社会效益，注意与公立医院绩效评价工作相衔接，防止逐利倾向。

坚持党建工作与业务工作同步考核，实行抓党建述职评议考核制度，可以与年度考核等结合进行，重点了解医院党组织履行抓党建主体责任、党组织书记履行抓党建第一责任人职责、领导班子其他成员履行职责范围内党建责任等情况。

第二十八条　根据公立医院不同类别、等级实际，兼顾城乡差异、办医特色等情况，科学合理确定考核评价指标，积极推进分类考核。

注意改进方法，简化程序，提高考核工作质量和效率。

第二十九条　领导班子年度考核和任期考核的评价等次，分为优秀、良好、一般、较差。领导人员年度考核和任期考核的评价等次，分为优秀、合格、基本合格、不合格。

第三十条　考核评价结果应当以适当方式向领导班子和领导人员反馈，并作为领导班子建设和领导人员选拔任用、培养教育、管理监督、激励约束等的重要依据。

第七章　职业发展和激励保障

第三十一条　完善公立医院领导人员培养教育制度，充分利用党校、行政学院、干部学院等机构，采取任职培训、岗位培训、专题培训等方式实施职业化培训，采取内部轮岗、挂职锻炼、对口支援或者援外等方式加强实践锻炼，着力提高政治素质、管理能力和专业水平，推进领导人员职业化建设。

第三十二条　完善领导人员交流制度，畅通交流渠道，积极推进不同类别、不同等级医院之间交流，共享优秀人才资源。

根据健康中国建设需要，结合东西部扶贫协作关系、城乡医院对口支援工作关系等，统筹推动上级医院与下级医院，城市三级医院与县医院，相对发达地区医院与艰苦边远地区、贫困地区医院，东部地区与中西部地区医院之间领导人员交流。

第三十三条　领导人员应当确保主要精力和时间用于医院管理工作,鼓励支持其专职从事医院管理。对任期结束后未达到退休年龄界限的,根据本人实际和工作需要,作出适当安排。

第三十四条　完善领导人员收入分配办法,建立符合医疗卫生行业特点、体现以增加知识价值为导向的薪酬制度。结合考核情况合理确定绩效工资水平,使其收入与履职情况和医院发展相联系,与本院职工的平均收入保持合理水平。严禁将领导人员收入与医院经济收入直接挂钩。

有条件的地方,按照有关规定经批准可以对领导人员实行年薪制。

第三十五条　领导人员在履行医院管理职责,承担紧急医疗救援、对口支援或者援外等专项重要工作,应对重大安全事件、重大突发事件、重大自然灾害事件等方面表现突出、作出显著成绩和贡献的,按照有关规定给予表彰奖励。

主管机关(部门)可以根据实际情况,探索行之有效的表彰奖励措施,激励领导人员干事创业。

第三十六条　保障公立医院在内部人事管理、机构设置、收入分配、年度预算执行等方面自主权,支持领导人员依法依规履行职责,探索建立与公立医院去行政化、取消行政级别和创新编制管理改革等相适应的领导人员管理政策。加强人文关怀,关心身心健康,帮助解决实际困难。

第三十七条　建立容错纠错机制,宽容领导人员在工作中特别是改革创新中的失误,营造鼓励探索、支持创新的氛围,旗帜鲜明地为敢于担当者担当,为敢于负责者负责。正确对待犯错误的领导人员,不得混淆错误性质或者夸大错误程度作出不适当的处理,不得利用其所犯错误泄私愤、打击报复。

第八章　监督约束

第三十八条　贯彻全面从严治党要求,完善公立医院领导班子和领导人员特别是主要负责人监督约束机制,构建严密有效的监督体系,充分发挥党内监督、民主监督、法律监督、审计监督和舆论监督等作用,督促引导领导人员认真履职尽责,依法依规办事,保持清正廉洁。

第三十九条　加强对公立医院领导班子和领导人员履行政治责任、行使职责权力、加强作风建设等方面的监督,重点监督贯彻执行卫生与健康工作方针,加强党的建设,履行公立医院职责,依法依规办事,贯彻执行民主集中制,落实"三重一大"决策制度,医德医风建设,收入分配,廉洁自律等情况。

根据医院特点,聚焦突出问题,加大对医疗安全、医药产品招标采购、医疗费用控制、基建项目、财务管理、职务(职称)评聘等重点领域和关键环节的监督力度。

第四十条 主管机关(部门)党委(党组)及纪检监察机关、组织(人事)部门按照管理权限和职责分工,综合运用考察考核、述职述责述廉、民主生活会、谈心谈话等方式,对公立医院领导班子和领导人员进行监督。

充分发挥医院党组织和党员的监督作用,党员领导人员应当以普通党员身份参加所在党支部或者党小组的组织生活,坚持民主生活会、组织生活会和民主评议党员制度,开展严肃认真的党内政治生活,营造党内民主监督环境。

第四十一条 完善公立医院内部治理结构和内控机制,实行权力清单制度,明确权力运行程序、规则和权责关系,公开权力运行过程和结果,健全不当用权问责机制。

推进院务公开,注意发挥职工代表大会等组织在医院民主管理方面的作用,畅通职工群众参与讨论医院事务的途径,拓宽表达意见的渠道。

第四十二条 领导人员应当正确对待监督,主动接受监督,习惯在监督下开展工作,自觉检查和及时纠正存在的问题。

第九章 退 出

第四十三条 完善公立医院领导人员退出机制,促进领导人员能上能下、能进能出,增强队伍生机活力。

第四十四条 领导人员达到退休年龄界限的,应当按照有关规定程序办理免职(退休)手续。因工作需要而延迟免职(退休)的,应当按照干部管理权限报批。

第四十五条 领导人员因健康原因,无法正常履行工作职责一年以上的,应当对其工作岗位进行调整。

第四十六条 领导人员因德、能、勤、绩、廉与所任职务要求不符,具有下列情形之一,被认定为不适宜担任现职的,应当按照有关规定予以组织调整或者组织处理:

(一)贯彻执行卫生与健康工作方针、上级党组织指示和决定不及时不得力的;

(二)医德医风存在问题受到查处,或者有其他违背社会公德、职业道德、家庭伦理道德行为,造成不良影响的;

(三)年度考核、任期考核被确定为不合格,或者连续两年年度考核被确定为基本合格的;

(四)存在其他问题需要调整或者处理的。

第四十七条 领导人员违纪违法的,按照有关法律法规和规定办理。

第四十八条 实行领导人员辞职制度,辞职程序参照有关规定执行。

第十章 附 则

第四十九条 本办法由中央组织部、国家卫生计生委负责解释。

第五十条 本办法自 2017 年 1 月 13 日起施行。

（四）作风建设

十八届中央政治局关于改进工作作风、密切联系群众的八项规定（摘要）

（2012年12月4日中共中央政治局会议审议通过）

一、改进调查研究。到基层调研要深入了解真实情况，总结经验、研究问题、解决困难、指导工作，向群众学习、向实践学习，多同群众座谈，多同干部谈心，多商量讨论，多解剖典型，多到困难和矛盾集中、群众意见多的地方去，切忌走过场、搞形式主义；要轻车简从、减少陪同、简化接待，不张贴悬挂标语横幅，不安排群众迎送，不铺设迎宾地毯，不摆放花草，不安排宴请。

二、精简会议活动。切实改进会风，严格控制以中央名义召开的各类全国性会议和举行的重大活动，不开泛泛部署工作和提要求的会，未经中央批准一律不出席各类剪彩、奠基活动和庆祝会、纪念会、表彰会、博览会、研讨会及各类论坛；提高会议实效，开短会、讲短话，力戒空话、套话。

三、精简文件简报。切实改进文风，没有实质内容、可发可不发的文件、简报一律不发。

四、规范出访活动。从外交工作大局需要出发合理安排出访活动，严格控制出访随行人员，严格按照规定乘坐交通工具，一般不安排中资机构、华侨华人、留学生代表等到机场迎送。

五、改进警卫工作。坚持有利于联系群众的原则，减少交通管制，一般情况下不得封路、不清场闭馆。

六、改进新闻报道。中央政治局同志出席会议和活动应根据工作需要、新闻价值、社会效果决定是否报道，进一步压缩报道的数量、字数、时长。

七、严格文稿发表。除中央统一安排外，个人不公开出版著作、讲话单行本，不发贺信、贺电，不题词、题字。

八、厉行勤俭节约。严格遵守廉洁从政有关规定，严格执行住房、车辆配备等有关工作和生活待遇的规定。

党政机关厉行节约反对浪费条例

(中共中央、国务院2013年11月18日印发)

第一章 总 则

第一条 为了进一步弘扬艰苦奋斗、勤俭节约的优良作风,推进党政机关厉行节约反对浪费,建设节约型机关,根据国家有关法律法规和中央有关规定,制定本条例。

第二条 本条例适用于党的机关、人大机关、行政机关、政协机关、审判机关、检察机关,以及工会、共青团、妇联等人民团体和参照公务员法管理的事业单位。

第三条 本条例所称浪费,是指党政机关及其工作人员违反规定进行不必要的公务活动,或者在履行公务中超出规定范围、标准和要求,不当使用公共资金、资产和资源,给国家和社会造成损失的行为。

第四条 党政机关厉行节约反对浪费,应当遵循下列原则:坚持从严从简,勤俭办一切事业,降低公务活动成本;坚持依法依规,遵守国家法律法规和党内法规制度的相关规定,严格按程序办事;坚持总量控制,科学设定相关标准,严格控制经费支出总额,加强厉行节约绩效考评;坚持实事求是,从实际出发安排公务活动,取消不必要的公务活动,保证正常公务活动;坚持公开透明,除涉及国家秘密事项外,公务活动中的资金、资产、资源使用等情况应予公开,接受各方面监督;坚持深化改革,通过改革创新破解体制机制障碍,建立健全厉行节约反对浪费工作长效机制。

第五条 中共中央办公厅、国务院办公厅负责统筹协调、指导检查全国党政机关厉行节约反对浪费工作,建立协调联络机制承办具体事务。地方各级党委办公厅(室)、政府办公厅(室)负责指导检查本地区党政机关厉行节约反对浪费工作。

纪检监察机关和组织人事、宣传、外事、发展改革、财政、审计、机关事务管理等部门根据职责分工,依法依规履行对厉行节约反对浪费相关工作的管理、监督等职责。

第六条 各级党委和政府应当加强对厉行节约反对浪费工作的组织领导。

党政机关领导班子主要负责人对本地区、本部门、本单位的厉行节约反对浪费工作负总责，其他成员根据工作分工，对职责范围内的厉行节约反对浪费工作负主要领导责任。

第二章 经费管理

第七条 党政机关应当加强预算编制管理，按照综合预算的要求，将各项收入和支出全部纳入部门预算。

党政机关依法取得的罚没收入、行政事业性收费、政府性基金、国有资产收益和处置等非税收入，必须按规定及时足额上缴国库，严禁以任何形式隐瞒、截留、挤占、挪用、坐支或者私分，严禁转移到机关所属工会、培训中心、服务中心等单位账户使用。

第八条 党政机关应当遵循先有预算、后有支出的原则，严格执行预算，严禁超预算或者无预算安排支出，严禁虚列支出、转移或者套取预算资金。

严格控制国内差旅费、因公临时出国（境）费、公务接待费、公务用车购置及运行费、会议费、培训费等支出。年度预算执行中不予追加，因特殊需要确需追加的，由财政部门审核后按程序报批。

建立预算执行全过程动态监控机制，完善预算执行管理办法，建立健全预算绩效管理体系，增强预算执行的严肃性，提高预算执行的准确率，防止年底突击花钱等现象发生。

第九条 推进政府会计改革，进一步健全会计制度，准确核算机关运行经费，全面反映行政成本。

第十条 财政部门应当会同有关部门，根据国内差旅、因公临时出国（境）、公务接待、会议、培训等工作特点，综合考虑经济发展水平、有关货物和服务的市场价格水平，制定分地区的公务活动经费开支范围和开支标准。

加强相关开支标准之间的衔接，建立开支标准调整机制，定期根据有关货物和服务的市场价格变动情况调整相关开支标准，增强开支标准的协调性、规范性、科学性。

严格开支范围和标准，严格支出报销审核，不得报销任何超范围、超标准以及与相关公务活动无关的费用。

第十一条 全面实行公务卡制度。健全公务卡强制结算目录，党政机关国内发生的公务差旅费、公务接待费、公务用车购置及运行费、会议费、培训费等经费支出，除按规定实行财政直接支付或者银行转账外，应当使用公务卡结算。

第十二条 党政机关采购货物、工程和服务，应当遵循公开透明、公平竞争、诚实信用原则。

政府采购应当依法完整编制采购预算,严格执行经费预算和资产配置标准,合理确定采购需求,不得超标准采购,不得超出办公需要采购服务。

严格执行政府采购程序,不得违反规定以任何方式和理由指定或者变相指定品牌、型号、产地。采购公开招标数额标准以上的货物、工程和服务,应当进行公开招标,确需改变采购方式的,应当严格执行有关公示和审批程序。列入政府集中采购目录范围的,应当委托集中采购机构代理采购,并逐步实行批量集中采购。严格控制协议供货采购的数量和规模,不得以协议供货拆分项目的方式规避公开招标。

党政机关应当按照政府采购合同规定的采购需求组织验收。政府采购监督管理部门应当逐步建立政府采购结果评价制度,对政府采购的资金节约、政策效能、透明程度以及专业化水平进行综合、客观评价。

加快政府采购管理交易平台建设,推进电子化政府采购。

第三章　国内差旅和因公临时出国(境)

第十三条　党政机关应当建立健全并严格执行国内差旅内部审批制度,从严控制国内差旅人数和天数,严禁无明确公务目的的差旅活动,严禁以公务差旅为名变相旅游,严禁异地部门间无实质内容的学习交流和考察调研。

第十四条　国内差旅人员应当严格按规定乘坐交通工具、住宿、就餐,费用由所在单位承担。

差旅人员住宿、就餐由接待单位协助安排的,必须按标准交纳住宿费、餐费。差旅人员不得向接待单位提出正常公务活动以外的要求,不得接受礼金、礼品和土特产品等。

第十五条　统筹安排年度因公临时出国计划,严格控制团组数量和规模,不得安排照顾性、无实质内容的一般性出访,不得安排考察性出访,严禁集中安排赴热门国家和地区出访,严禁以各种名义变相公款出国旅游。严格执行因公临时出国限量管理规定,不得把出国作为个人待遇、安排轮流出国。严格控制跨地区、跨部门团组。

组织、外专等有关部门应当加强出国培训总体规划和监督管理,严格控制出国培训规模,科学设置培训项目,择优选派培训对象,提高出国培训的质量和实效。

第十六条　外事管理部门应当加强因公临时出国审核审批管理,对违反规定、不适合成行的团组予以调整或者取消。

加强因公临时出国经费预算总额控制，严格执行经费先行审核制度。无出国经费预算安排的不予批准，确有特殊需要的，按规定程序报批。严禁违反规定使用出国经费预算以外资金作为出国经费，严禁向所属单位、企业、我国驻外机构等摊派或者转嫁出国费用。

第十七条 出国团组应当按规定标准安排交通工具和食宿，不得违反规定乘坐民航包机，不得乘坐私人、企业和外国航空公司包机，不得安排超标准住房和用车，不得擅自增加出访国家或者地区，不得擅自绕道旅行，不得擅自延长在国外停留时间。

出国期间，不得与我国驻外机构和其他中资机构、企业之间用公款互赠礼品或者纪念品，不得用公款相互宴请。

第十八条 严格根据工作需要编制出境计划，加强因公出境审批和管理，不得安排出境考察，不得组织无实质内容的调研、会议、培训等活动。

严格遵守因公出境经费预算、支出、使用、核算等财务制度，不得接受超标准接待和高消费娱乐，不得接受礼金、贵重礼品、有价证券、支付凭证等。

第四章 公务接待

第十九条 建立健全国内公务接待集中管理制度。党政机关公务接待管理部门应当加强对国内公务接待工作的管理和指导。

第二十条 党政机关应当建立公务接待审批控制制度，对无公函的公务活动不予接待，严禁将非公务活动纳入接待范围。

第二十一条 党政机关应当严格执行国内公务接待标准，实行接待费支出总额控制制度。

接待单位应当严格按标准安排接待对象的住宿用房，协助安排用餐的按标准收取餐费，不得在接待费中列支应当由接待对象承担的费用，不得以举办会议、培训等名义列支、转移、隐匿接待费开支。

建立国内公务接待清单制度，如实反映接待对象、公务活动、接待费用等情况。接待清单作为财务报销的凭证之一并接受审计。

第二十二条 外宾接待工作应当遵循服务外交、友好对等、务实节俭的原则。外宾邀请单位应当严格按照有关规定安排接待活动，从严从紧控制外宾团组和接待费用。

第二十三条 有关部门和地方应当参照国内公务接待标准，制定招商引资等活动的接待办法，严格审批，强化管理，严禁超规格、超标准接待，严禁扩大接待范围、增加接待项目，严禁以招商引资等名义变相安排公务接待。

第二十四条 党政机关不得以任何名义新建、改建、扩建所属宾馆、招待所等具有接待功能的设施或者场所。

建立接待资源共享机制,推进机关所属接待、培训场所的集中统一管理和利用。健全服务经营机制,推行机关所属接待、培训场所企业化管理,降低服务经营成本。

积极推进国内公务接待服务社会化改革,有效利用社会资源为国内公务接待提供住宿、餐饮、用车等服务。

第五章 公务用车

第二十五条 坚持社会化、市场化方向,改革公务用车制度,合理有效配置公务用车资源,创新公务交通分类提供方式,保障公务出行,降低行政成本,建立符合国情的新型公务用车制度。

改革公务用车实物配给方式,取消一般公务用车,保留必要的执法执勤、机要通信、应急和特种专业技术用车及按规定配备的其他车辆。普通公务出行由公务人员自主选择,实行社会化提供。取消的一般公务用车,采取公开招标、拍卖等方式公开处置。

适度发放公务交通补贴,不得以车改补贴的名义变相发放福利。

第二十六条 党政机关应当从严配备实行定向化保障的公务用车,不得以特殊用途等理由变相超编制、超标准配备公务用车,不得以任何方式换用、借用、占用下属单位或者其他单位和个人的车辆,不得接受企事业单位和个人赠送的车辆。

严格按规定配备专车,不得擅自扩大专车配备范围或者变相配备专车。

从严控制执法执勤用车的配备范围、编制和标准。执法执勤用车配备应当严格限制在一线执法执勤岗位,机关内部管理和后勤岗位以及机关所属事业单位一律不得配备。

第二十七条 公务用车实行政府集中采购,应当选用国产汽车,优先选用新能源汽车。

公务用车严格按照规定年限更新,已到更新年限尚能继续使用的应当继续使用,不得因领导干部职务晋升、调任等原因提前更新。

公务用车保险、维修、加油等实行政府采购,降低运行成本。

第二十八条 除涉及国家安全、侦查办案等有保密要求的特殊工作用车外,执法执勤用车应当喷涂明显的统一标识。

第二十九条 根据公务活动需要,严格按规定使用公务用车,严禁以任何理由挪用或者固定给个人使用执法执勤、机要通信等公务用车，领导干部亲属和身边工作人员不得因私使用配备给领导干部的公务用车。

第六章　会议活动

第三十条　党政机关应当精简会议，严格执行会议费开支范围和标准。

党政机关会议实行分类管理、分级审批。财政部门应当会同机关事务管理等部门制定本级党政机关会议费管理办法，从严控制会议数量、会期和参会人员规模。完善并严格执行严禁党政机关到风景名胜区开会制度规定。

第三十一条　会议召开场所实行政府采购定点管理。会议住宿用房以标准间为主，用餐安排自助餐或者工作餐。

会议期间，不得安排宴请，不得组织旅游以及与会议无关的参观活动，不得以任何名义发放纪念品。

完善会议费报销制度。未经批准以及超范围、超标准开支的会议费用，一律不予报销。严禁违规使用会议费购置办公设备，严禁列支公务接待费等与会议无关的任何费用，严禁套取会议资金。

第三十二条　建立健全培训审批制度，严格控制培训数量、时间、规模，严禁以培训名义召开会议。

严格执行分类培训经费开支标准，严格控制培训经费支出范围，严禁在培训经费中列支公务接待费、会议费等与培训无关的任何费用。严禁以培训名义进行公款宴请、公款旅游活动。

第三十三条　未经批准，党政机关不得以公祭、历史文化、特色物产、单位成立、行政区划变更、工程奠基或者竣工等名义举办或者委托、指派其他单位举办各类节会、庆典活动，不得举办论坛、博览会、展会活动。严禁使用财政性资金举办营业性文艺晚会。从严控制举办大型综合性运动会和各类赛会。

经批准的节会、庆典、论坛、博览会、展会、运动会、赛会等活动，应当严格控制规模和经费支出，不得向下属单位摊派费用，不得借举办活动发放各类纪念品，不得超出规定标准支付费用邀请名人、明星参与活动。为举办活动专门配备的设备在活动结束后应当及时收回。

第三十四条　严格控制和规范各类评比达标表彰活动，实行中央和省（自治区、直辖市）两级审批制度。评比达标表彰项目费用由举办单位承担，不得以任何方式向相关单位和个人收取费用。

第七章　办公用房

第三十五条　党政机关办公用房建设应当从严控制。凡是违反规定的拟建办公用房项目,必须坚决终止;凡是未按照规定程序履行审批手续、擅自开工建设的办公用房项目,必须停建并予以没收;凡是超规模、超标准、超投资概算建设的办公用房项目,应当根据具体情况限期腾退超标准面积或者全部没收、拍卖。

党政机关办公用房应当严格管理,推进办公用房资源的公平配置和集约使用。凡是超过规定面积标准占有、使用办公用房以及未经批准租用办公用房的,必须腾退;凡是未经批准改变办公用房使用功能的,原则上应当恢复原使用功能。严禁出租出借办公用房,已经出租出借的,到期必须收回;租赁合同未到期的,租金收入应当按照收支两条线管理。

第三十六条 党政机关新建、改建、扩建、购置、置换、维修改造、租赁办公用房,必须严格按规定履行审批程序。采取置换方式配给办公用房的,应当执行新建办公用房各项标准,不得以未使用政府预算建设资金、资产整合等名义规避审批。

第三十七条 党政机关办公用房建设项目应当按照朴素、实用、安全、节能原则,严格执行办公用房建设标准、单位综合造价标准和公共建筑节能设计标准,符合土地利用和城市规划要求。党政机关办公楼不得追求成为城市地标建筑,严禁配套建设大型广场、公园等设施。

第三十八条 党政机关办公用房建设项目投资,统一由政府预算建设资金安排。土地收益和资产转让收益应当按照有关规定实行收支两条线管理,不得直接用于办公用房建设。

党政机关办公用房维修改造项目所需投资,统一列入预算由财政资金安排解决,未经审批的项目不得安排预算。

第三十九条 办公用房建设应当严格执行工程招投标和政府采购有关规定,加强对工程项目的全过程监理和审计监督。加快推行办公用房建设项目代建制。

办公用房因使用时间较长、设施设备老化、功能不全,不能满足办公需求的,可以进行维修改造。维修改造项目应当以消除安全隐患、恢复和完善使用功能、降低能源资源消耗为重点,严格履行审批程序,严格执行维修改造标准。

第四十条 建立健全办公用房集中统一管理制度,对办公用房实行统一调配、统一权属登记。

党政机关应当严格按照有关标准和本单位"三定"方案,从严核定、使用办公用房。超标部分应当移交同级机关事务管理部门用于统一调剂。

新建、调整办公用房的单位,应当按照"建新交旧"、"调新交旧"的原则,在搬入新建或者新调整办公用房的同时,将原办公用房腾退移交机关事务管理部门统一调剂使用。

因机构增设、职能调整确需增加办公用房的，应当在本单位现有办公用房中解决；本单位现有办公用房不能满足需要的，由机关事务管理部门整合办公用房资源调剂解决；无法调剂、确需租用解决的，应当严格履行报批手续，不得以变相补偿方式租用由企业等单位提供的办公用房。

第四十一条 党政机关领导干部应当按照标准配置使用一处办公用房，确因工作需要另行配置办公用房的，应当严格履行审批程序。领导干部不得长期租用宾馆、酒店房间作为办公用房。配置使用的办公用房，在退休或者调离时应当及时腾退并由原单位收回。

第八章 资源节约

第四十二条 党政机关应当节约集约利用资源，加强全过程节约管理，提高能源、水、粮食、办公家具、办公设备、办公用品等的利用效率和效益，统筹利用土地，杜绝浪费行为。

第四十三条 对能源、水的使用实行分类定额和目标责任管理。推广应用节能技术产品，淘汰高耗能设施设备，重点推广应用新能源和可再生能源。积极使用节水型器具，建设节水型单位。

健全节能产品政府采购政策，严格执行节能产品政府强制采购和优先采购制度。

第四十四条 优化办公家具、办公设备等资产的配置和使用，通过调剂方式盘活存量资产，节约购置资金。已到更新年限尚能继续使用的，不得报废处置。

对产生的非涉密废纸、废弃电器电子产品等废旧物品进行集中回收处理，促进循环利用；涉及国家秘密的，按照有关保密规定进行销毁。

第四十五条 党政机关政务信息系统建设应当统筹规划，统一组织实施，防止重复建设和频繁升级。

建立共享共用机制，加强资源整合，推动重要政务信息系统互联互通、信息共享和业务协同，降低软件开发、系统维护和升级等方面费用，防止资源浪费。

积极利用信息化手段，推行无纸化办公，减少一次性办公用品消耗。

第九章 宣传教育

第四十六条 宣传部门应当把厉行节约反对浪费作为重要宣传内容，充分发挥各级各类媒体作用，重视运用互联网等新兴媒体，通过新闻报道、文化作品、公益广告等形式，广泛宣传中华民族勤俭节约的优秀品德，宣传阐释相关制度规定,宣传推广厉行节约的经验做法和先进典型,倡导绿色低碳消费理念和健康文明生活方式。

第四十七条 党政机关应当把加强厉行节约反对浪费教育作为作风建设的重要内容,融入干部队伍建设和机关日常管理之中,建立健全常态化工作机制。对各种铺张浪费现象和行为,应当严肃批评、督促改正。

纪检监察机关应当不定期曝光铺张浪费的典型案例,发挥警示教育作用。

组织人事部门和党校、行政学院、干部学院应当把厉行节约反对浪费作为干部教育培训的重要内容,创新教育方法,切实增强教育培训的针对性和实效性。

第四十八条 党政机关应当围绕建设节约型机关,组织开展形式多样、便于参与的活动,引导干部职工增强节约意识、珍惜物力财力,积极培育和形成崇尚节约、厉行节约、反对浪费的机关文化,为在全社会形成节俭之风发挥示范表率作用。

第十章 监督检查

第四十九条 各级党委和政府应当建立厉行节约反对浪费监督检查机制,明确监督检查的主体、职责、内容、方法、程序等,加强经常性督促检查,针对突出问题开展重点检查、暗访等专项活动。

下级党委和政府应当每年向上级党委和政府报告本地区厉行节约反对浪费工作情况,党委和政府所属部门、单位应当每年向本级党委和政府报告本部门、本单位厉行节约反对浪费工作情况。报告可结合领导班子年度考核和工作报告一并进行。

第五十条 领导干部厉行节约反对浪费工作情况,应当列为领导班子民主生活会和领导干部述职述廉的重要内容并接受评议。

第五十一条 党委办公厅(室)、政府办公厅(室)负责统筹协调相关部门开展对厉行节约反对浪费工作的督促检查。每年至少组织开展一次专项督查,并将督查情况在适当范围内通报。专项督查可以与党风廉政建设责任制检查考核、年终党建工作考核等相结合,督查考核结果应当按照干部管理权限送纪检监察机关和组织人事部门,作为干部管理监督、选拔任用的依据。

第五十二条 纪检监察机关应当加强对厉行节约反对浪费工作的监督检查,受理群众举报和有关部门移送的案件线索,及时查处违纪违法问题。

中央和省、自治区、直辖市党委巡视组应当按照有关规定,加强对有关党组织领导班子及其成员厉行节约反对浪费工作情况的巡视监督。

第五十三条 财政部门应当加强对党政机关预算管理有关工作以及财务、

政府采购和会计事项的监督，依法处理发现的违规问题，并及时向本级党委和政府汇报有关结果。

审计部门应当加强对党政机关预算执行、决算和其他财政收支情况，以及有关经济活动的审计监督，加大对党政机关公务支出和公款消费的审计力度，及时向本级党委和政府汇报审计结果，依法处理、督促整改违规问题，并将涉嫌违纪违法问题移送有关部门查处。

第五十四条 党政机关应当建立健全厉行节约反对浪费信息公开制度。除依照法律法规和有关要求须保密的内容和事项外，下列内容应当按照及时、方便、多样的原则，以适当方式进行公开：

（一）预算和决算信息；

（二）政府采购文件、采购预算、中标成交结果、采购合同等情况；

（三）国内公务接待的批次、人数、经费总额等情况；

（四）会议的名称、主要内容、支出金额等情况；

（五）培训的项目、内容、人数、经费等情况；

（六）节会、庆典、论坛、博览会、展会、运动会、赛会等活动举办信息；

（七）办公用房建设、维修改造、使用、运行费用支出等情况；

（八）公务支出和公款消费的审计结果；

（九）其他需要公开的内容。

第五十五条 推动和支持人民代表大会及其常务委员会依法严格审查批准党政机关公务支出预算，加强对预算执行情况的监督。发挥人大代表的监督作用，通过提出意见、建议、批评以及询问、质询等方式加强对党政机关厉行节约反对浪费工作的监督。

支持人民政协对党政机关厉行节约反对浪费工作的监督，自觉接受并积极支持政协委员通过调研、视察、提案等方式加强对党政机关厉行节约反对浪费工作的监督。

第五十六条 重视各级各类媒体在厉行节约反对浪费方面的舆论监督作用。建立舆情反馈机制，及时调查处理媒体曝光的违规违纪违法问题。

发挥群众对党政机关及其工作人员铺张浪费行为的监督作用，认真调查处理群众反映的问题。

第十一章 责任追究

第五十七条 建立党政机关厉行节约反对浪费工作责任追究制度。

对违反本条例规定造成浪费的，应当依纪依法追究相关人员的责任，对负有领导责任的主要负责人或者有关领导干部实行问责。

第五十八条 有下列情形之一的,追究相关人员的责任:

(一)未经审批列支财政性资金的;

(二)采取弄虚作假等手段违规取得审批的;

(三)违反审批要求擅自变通执行的;

(四)违反管理规定超标准或者以虚假事项开支的;

(五)利用职务便利假公济私的;

(六)有其他违反审批、管理、监督规定行为的。

第五十九条 有下列情形之一的,追究主要负责人或者有关领导干部的责任:

(一)本地区、本部门、本单位铺张浪费、奢侈奢华问题严重,对发现的问题查处不力,干部群众反映强烈的;

(二)指使、纵容下属单位或者人员违反本条例规定造成浪费的;

(三)不履行内部审批、管理、监督职责造成浪费的;

(四)不按规定及时公开本地区、本部门、本单位有关厉行节约反对浪费工作信息的;

(五)其他对铺张浪费问题负有领导责任的。

第六十条 违反本条例规定造成浪费的,根据情节轻重,由有关部门依照职责权限给予批评教育、责令作出检查、诫勉谈话、通报批评或者调离岗位、责令辞职、免职、降职等处理。

应当追究党纪政纪责任的,依照《中国共产党纪律处分条例》、《行政机关公务员处分条例》等有关规定给予相应的党纪政纪处分。

涉嫌违法犯罪的,依法追究法律责任。

第六十一条 违反本条例规定获得的经济利益,应当予以收缴或者纠正。

违反本条例规定,用公款支付、报销应由个人支付的费用,应当责令退赔。

第六十二条 受到责任追究的人员对处理决定不服的,可以按照相关规定向有关机关提出申诉。受理申诉机关应当依据有关规定认真受理并作出结论。

申诉期间,不停止处理决定的执行。

第十二章 附 则

第六十三条 各省、自治区、直辖市党委和政府,中央和国家机关各部委,可以根据本条例,结合实际制定实施细则。有关职能部门应当根据各自职责,制定完善相关配套制度。

国有企业、国有金融企业、不参照公务员法管理的事业单位，参照本条例执行。

中国人民解放军和中国人民武装警察部队按照军队有关规定执行。

第六十四条 本条例由中共中央办公厅、国务院办公厅会同有关部门负责解释。

第六十五条 本条例自发布之日起施行。1997年5月25日发布的《中共中央、国务院关于党政机关厉行节约制止奢侈浪费行为的若干规定》同时废止。其他有关党政机关厉行节约反对浪费的规定，凡与本条例不一致的，按照本条例执行。

党政机关国内公务接待管理规定

(中共中央办公厅、国务院办公厅2013年12月1日印发)

第一条 为了规范党政机关国内公务接待管理,厉行勤俭节约,反对铺张浪费,加强党风廉政建设,根据《党政机关厉行节约反对浪费条例》规定,制定本规定。

第二条 本规定适用于各级党的机关、人大机关、行政机关、政协机关、审判机关、检察机关,以及工会、共青团、妇联等人民团体和参照公务员法管理事业单位的国内公务接待行为。

本规定所称国内公务,是指出席会议、考察调研、执行任务、学习交流、检查指导、请示汇报工作等公务活动。

第三条 国内公务接待应当坚持有利公务、务实节俭、严格标准、简化礼仪、高效透明、尊重少数民族风俗习惯的原则。

第四条 各级党政机关公务接待管理部门应当结合当地实际,完善国内公务接待管理制度,制定国内公务接待标准。

县级以上党政机关公务接待管理部门负责管理本级党政机关国内公务接待工作,指导下级党政机关国内公务接待工作。

乡镇党委、政府应当加强国内公务接待管理,严格执行有关管理规定和开支标准。

第五条 各级党政机关应当加强公务外出计划管理,科学安排和严格控制外出的时间、内容、路线、频率、人员数量,禁止异地部门间没有特别需要的一般性学习交流、考察调研,禁止重复性考察,禁止以各种名义和方式变相旅游,禁止违反规定到风景名胜区举办会议和活动。

公务外出确需接待的,派出单位应当向接待单位发出公函,告知内容、行程和人员。

第六条 接待单位应当严格控制国内公务接待范围,不得用公款报销或者支付应由个人负担的费用。

国家工作人员不得要求将休假、探亲、旅游等活动纳入国内公务接待范围。

第七条 接待单位应当根据规定的接待范围,严格接待审批控制,对能够合并的公务接待统筹安排。无公函的公务活动和来访人员一律不予接待。

公务活动结束后,接待单位应当如实填写接待清单,并由相关负责人审签。接待清单包括接待对象的单位、姓名、职务和公务活动项目、时间、场所、费用等内容。

第八条 国内公务接待不得在机场、车站、码头和辖区边界组织迎送活动,不得跨地区迎送,不得张贴悬挂标语横幅,不得安排群众迎送,不得铺设迎宾地毯;地区、部门主要负责人不得参加迎送。严格控制陪同人数,不得层层多人陪同。

接待单位安排的活动场所、活动项目和活动方式,应当有利于公务活动开展。安排外出考察调研的,应当深入基层、深入群众,不得走过场、搞形式主义。

第九条 接待住宿应当严格执行差旅、会议管理的有关规定,在定点饭店或者机关内部接待场所安排,执行协议价格。出差人员住宿费应当回本单位凭据报销,与会人员住宿费按会议费管理有关规定执行。

住宿用房以标准间为主,接待省部级干部可以安排普通套间。接待单位不得超标准安排接待住房,不得额外配发洗漱用品。

第十条 接待对象应当按照规定标准自行用餐。确因工作需要,接待单位可以安排工作餐一次,并严格控制陪餐人数。接待对象在 10 人以内的,陪餐人数不得超过 3 人;超过 10 人的,不得超过接待对象人数的三分之一。

工作餐应当供应家常菜,不得提供鱼翅、燕窝等高档菜肴和用野生保护动物制作的菜肴,不得提供香烟和高档酒水,不得使用私人会所、高消费餐饮场所。

第十一条 国内公务接待的出行活动应当安排集中乘车,合理使用车型,严格控制随行车辆。

接待单位应当严格按照有关规定使用警车,不得违反规定实行交通管控。确因安全需要安排警卫的,应当按照规定的警卫界限、警卫规格执行,合理安排警力,尽可能缩小警戒范围,不得清场闭馆。

第十二条 各级党政机关应当加强对国内公务接待经费的预算管理,合理限定接待费预算总额。公务接待费用应当全部纳入预算管理,单独列示。

禁止在接待费中列支应当由接待对象承担的差旅、会议、培训等费用,禁止以举办会议、培训为名列支、转移、隐匿接待费开支;禁止向下级单位及其他单位、企业、个人转嫁接待费用,禁止在非税收入中坐支接待费用;禁止借公务接待名义列支其他支出。

第十三条 县级以上地方党委、政府应当根据当地经济发展水平、市场价格等实际情况,按照当地会议用餐标准制定本级国内公务接待工作餐开支标准,并定期进行调整。接待住宿应当按照差旅费管理有关规定,执行接待对象在当地的差旅住宿费标准。接待开支标准应当报上一级党政机关公务接待管理部门、财政部门备案。

第十四条 接待费报销凭证应当包括财务票据、派出单位公函和接待清单。

接待费资金支付应当严格按照国库集中支付制度和公务卡管理有关规定执行。具备条件的地方应当采用银行转账或者公务卡方式结算,不得以现金方式支付。

第十五条 机关内部接待场所应当建立健全服务经营机制,推行企业化管理,推进劳动、用工和分配制度与市场接轨,建立市场化的接待费结算机制,降低服务经营成本,提高资产使用效率,逐步实现自负盈亏、自我发展。

各级党政机关不得以任何名义新建、改建、扩建内部接待场所,不得对机关内部接待场所进行超标准装修或者装饰、超标准配置家具和电器。推进机关内部接待场所集中统一管理和利用,建立资源共享机制。

第十六条 接待单位不得超标准接待,不得组织旅游和与公务活动无关的参观,不得组织到营业性娱乐、健身场所活动,不得安排专场文艺演出,不得以任何名义赠送礼金、有价证券、纪念品和土特产品等。

第十七条 县级以上党政机关公务接待管理部门应当会同有关部门加强对本级党政机关各部门和下级党政机关国内公务接待工作的监督检查。监督检查的主要内容包括:

(一)国内公务接待规章制度制定情况;

(二)国内公务接待标准执行情况;

(三)国内公务接待经费管理使用情况;

(四)国内公务接待信息公开情况;

(五)机关内部接待场所管理使用情况。

党政机关各部门应当定期汇总本部门国内公务接待情况,报同级党政机关公务接待管理部门、财政部门、纪检监察机关备案。

第十八条 财政部门应当对党政机关国内公务接待经费开支和使用情况进行监督检查。审计部门应当对党政机关国内公务接待经费进行审计,并加强对机关内部接待场所的审计监督。

第十九条 县级以上党政机关公务接待管理部门应当会同财政部门按年度组织公开本级国内公务接待制度规定、标准、经费支出、接待场所、接待项目等有关情况,接受社会监督。

第二十条 各级党政机关应当将国内公务接待工作纳入问责范围。纪检监察机关应当加强对国内公务接待违规违纪行为的查处,严肃追究接待单位相关负责人、直接责任人的党纪责任、行政责任并进行通报,涉嫌犯罪的移送司法机关依法追究刑事责任。

第二十一条 积极推进国内公务接待服务社会化改革,有效利用社会资源为国内公务接待提供住宿、用餐、用车等服务。推行接待用车定点服务制度。

第二十二条 地方各级党委、政府应当依照本规定制定本地区国内公务接待管理办法。

第二十三条 地方各级政府因招商引资等工作需要,接待除国家工作人员以外的其他因公来访人员,应当参照本规定实行单独管理,明确标准,控制经费总额,注重实际效益,加强审批管理,强化审计监督,杜绝奢侈浪费。严禁扩大接待范围、增加接待项目,严禁以招商引资为名变相安排公务接待。

第二十四条 国有企业、国有金融企业和不参照公务员法管理的事业单位参照本规定执行。

第二十五条 本规定由国家机关事务管理局会同有关部门负责解释。

第二十六条 本规定自发布之日起施行。2006 年 10 月 20 日中共中央办公厅、国务院办公厅印发的《党政机关国内公务接待管理规定》同时废止。

关于党员干部带头推动殡葬改革的意见

(中共中央办公厅、国务院办公厅2013年12月10日印发)

殡葬改革是破千年旧俗、树一代新风的社会改革,关系人民群众切身利益,关系社会主义精神文明建设和生态文明建设,关系党风政风民风。为发挥广大党员、干部带头示范作用,进一步推动殡葬改革,现提出如下意见。

一、深刻认识推动殡葬改革的重要性和紧迫性

新中国成立以来,在老一辈党和国家领导人的积极倡导下,在各级党委和政府大力推动下,广大党员、干部带领群众积极实行火葬,改革土葬,革除丧葬陋俗,树立文明节俭办丧事的新风尚,殡葬改革取得了明显成效。但近年来,一些丧葬陋俗死灰复燃,封建迷信活动重新活跃,突出表现在:火葬区遗体火化率下滑、骨灰装棺再葬问题突出,土葬改革区乱埋乱葬、滥占耕地现象严重,浪费了大量自然资源,破坏了生态环境;重殓厚葬之风盛行,盲目攀比、奢侈浪费现象滋生蔓延,加重了群众负担;少数党员、干部甚至个别领导干部利用丧事活动大操大办、借机敛财,热衷风水迷信,修建大墓豪华墓,损害了党和政府形象,败坏了社会风气。这些现象亟需整治。

党员、干部带头推动殡葬改革,是移风易俗,发扬社会主义新风尚的应尽责任;是推动文明节俭治丧,减轻群众丧葬负担的重要途径;是加强党风政风建设,树立党和政府良好形象的必然要求;是解决人口增长与资源环境矛盾,造福当代和子孙后代,促进经济社会可持续发展的迫切要求。各级党委和政府要充分认识党员、干部带头推动殡葬改革的重要性和紧迫性,进一步统一思想,完善政策措施,逐步形成党员和干部带头、广大群众参与、全社会共同推动的殡葬改革良好局面。

二、充分发挥党员、干部带头作用,积极推动殡葬改革

(一)带头文明节俭办丧事,树立时代风尚。党员、干部应当带头文明治丧,简办丧事。要在殡仪馆或合适场所集中办理丧事活动,自觉遵守公共秩序,尊重他人合法权益,不得在居民区、城区街道、公共场所搭建灵棚。采用佩戴黑纱白花、播放哀乐、发放生平等方式哀悼逝者,自觉抵制迷信低俗活动。除国家另有规定外,党员、干部去世后一般不成立治丧机构,不召开追悼会。举行遗体送别仪式的,要严格控制规模,力求节约简朴。对于逝者生前有丧事从简愿望或要求的，家属、亲友以及所在单位应当予以充分尊重和支持。严禁党员、干部特别是领导干部在丧事活动中大操大办、铺张浪费，严禁借机收敛钱财。

（二）带头火葬和生态安葬，保护生态环境。在人口稠密、耕地较少、交通方便的火葬区，党员、干部去世后必须实行火葬，不得将骨灰装棺再葬，不得超标准建墓立碑。在暂不具备火葬条件的土葬改革区，党员、干部去世后遗体应当在公墓内集中安葬，不得乱埋乱葬。无论是在火葬区还是在土葬改革区，党员、干部都应当带头实行生态安葬，采取骨灰存放、树葬、花葬、草坪葬等节地葬法，积极参与骨灰撒散、海葬或者深埋、不留坟头。鼓励党员、干部去世后捐献器官或遗体。少数民族党员、干部去世后，尊重其民族习俗，按照有关规定予以安葬。

（三）带头文明低碳祭扫，传承先进文化。党员、干部应当带头文明祭奠、低碳祭扫，主动采用敬献鲜花、植树绿化、踏青遥祭、经典诵读等方式缅怀故人，弘扬慎终追远等优秀传统文化，不得在林区、景区等禁火区域焚烧纸钱、燃放鞭炮。积极参与社区公祭、集体共祭、网络祭扫等现代追思活动，带头祭扫先烈，带领群众逐步从注重实地实物祭扫转移到以精神传承为主上来。

（四）带头宣传倡导殡葬改革，弘扬新风正气。党员、干部要积极主动宣传殡葬改革，加强对亲属、朋友和周围群众的教育引导，及时劝阻不良治丧行为，自觉抵制陈规陋俗和封建迷信活动，倡导文明新风。各级领导干部要加强对直系亲属和身边工作人员丧事活动的约束，积极做好思想疏导工作，对不良倾向和苗头性问题，要做到早提醒、早制止、早纠正，决不允许对违法违规殡葬行为听之任之甚至包庇纵容。

三、大力营造有利于殡葬改革的良好环境

（一）加强组织领导，健全工作机制。各级党委和政府要把党员、干部带头推动殡葬改革作为促进社会主义精神文明建设和生态文明建设、保障和改善民生、加强党风政风建设的重要内容，摆上议事日程，建立健全党委领导、政府负责、部门协作、社会参与的工作机制。坚持以党员、干部带头为引领，不断提高人民群众参与殡葬改革的自觉性。组织部门要注意掌握党员、干部治丧情况，加强对党员、干部的教育管理。宣传、文明办等部门要做好殡葬改革宣传引导工作。发展改革、公安、民政、财政、人力资源社会保障、国土资源、工商、林业等部门要各司其职、密切配合，加强基本殡葬服务供给，完善惠民殡葬政策措施，规范殡葬服务市场秩序，督促党员、干部破除丧葬陋俗，加快推动殡葬改革。工会、共青团、妇联等人民团体和基层党组织、村（居）委会以及红白理事会、老年人协会等社会组织要充分发挥作用，广泛动员群众积极参与殡葬改革。

（二）注重统筹规划，提高保障水平。各级党委和政府要立足实际，制定和完善殡葬事业发展规划,明确殡葬改革目标任务和方法步骤,并纳入当地国民经济和社会发展规划。根据人口、耕地、交通等情况,科学划分火葬区和土葬改革区,统筹确定殡葬基础设施数量、布局、规模和功能。加大投入,重点完善殡仪馆、骨灰堂、公益性公墓等基本殡葬公共服务设施,逐步形成布局合理、设施完善、功能齐全、服务便捷的基本殡葬公共服务网络,为推动殡葬改革创造有利条件。

(三)完善法规制度,强化监督管理。加快修订《殡葬管理条例》,健全基本殡葬服务保障、殡葬服务市场监管、丧事活动管理执法等方面制度。进一步健全和规范对乱埋乱葬、违规建墓等行为的行政强制执行制度。积极建立殡葬改革激励引导机制,实行生态安葬奖补等奖励政策。加强监督检查,强化责任追究,对党员、干部尤其是领导干部在丧事活动中的违纪违法行为,要依纪依法严肃查处。

(四)加大宣传力度,做好舆论引导。充分利用各种媒体和传播手段,深入宣传殡葬法规政策,普及科学知识,倡导文明节俭、生态环保、移风易俗的殡葬新风尚。大力宣传党员、干部带头推动殡葬改革的先进典型,传播正能量。充分发挥媒体监督作用,曝光负面案例,努力营造有利于殡葬改革的良好氛围。

各地区各有关部门要按照本意见精神,结合实际制定贯彻落实的具体措施。

关于完善党员干部直接联系群众制度的意见

（中共中央办公厅2014年3月8日印发）

为深入贯彻落实党的十八大、十八届三中全会精神和习近平总书记系列讲话精神，进一步密切党群干群关系，根据《中国共产党章程》和《十八届中央政治局关于改进工作作风、密切联系群众的八项规定》等有关党内法规制度规定，现就完善党员干部直接联系群众制度提出如下意见。

做好党员干部直接联系群众工作的总体要求是：忠实践行全心全意为人民服务的根本宗旨和党的群众路线，以维护群众利益为核心，以直接联系为主要方式，以制度建设为保障，以了解群众、学习群众、服务群众、引导群众为主要任务，进一步落实为民务实清廉要求，密切党同人民群众的血肉联系。坚持领导带头、加强分类指导、突出工作重点、尊重群众主体地位，更好地团结带领广大人民群众共同推进中国特色社会主义伟大事业，实现中华民族伟大复兴的中国梦。

党员干部直接联系群众要建立健全以下具体制度。

一、调查研究制度。除个别特殊部门外，中央和国家机关各部门主要负责同志每年都要到基层调研若干次。各省（自治区、直辖市）党政主要负责同志除开展经常性调研外，每年要到基层驻点调研，深入点上蹲住调研要保证一定时间。各地区各部门其他党员领导干部到基层调研，由本地区本部门结合实际提出具体要求。党员领导干部到基层调研要严格遵守中央八项规定精神，加强统筹、明确主题、增强目的性，轻车简从、改进作风，多到困难较多、情况复杂、矛盾尖锐的地方去，深入了解真实情况，通过"解剖麻雀"认识规律，以更好地总结经验、研究问题、解决困难、指导工作。鼓励机关党员干部利用探亲休假等机会开展随机调研。

二、基层联系点制度。县处级以上党政领导班子成员要建立基层联系点。原则上，各省（自治区、直辖市）党政领导班子成员联系到县（市、区、旗）及以下，市（地、州、盟）党政领导班子成员联系到乡镇（街道）及以下，县（市、区、旗）党政领导班子成员联系到村（社区），中央和国家机关各部门以及其他机关党员领导干部主要联系本部门本系统的基层单位。各层级联系点一般不重复交叉，可与扶贫点、挂职地方等相结合，一个联系点的联系时间不得少于1年，可以长期联系。省部级、市厅级党员领导干部深入联系点每年至少1次，县处级党员领导干部每年不少于2次。党员领导干部到联系点可与驻点调研结合起来,主要任务是了解社情民意,帮助当地建强基层组织、谋划发展思路、解决发展难题,充分发挥联系点的辐射带动作用。乡镇(街道)党政领导班子成员每人结对联系2户以上基层群众,每年走访几次,及时宣传党的路线方针政策、了解群众利益诉求、听取意见建议、帮助解决问题、做好思想政治工作。结对联系户的联系时间不得少于1年,可以长期联系。

三、基层挂职任职制度。县级以上机关要选派党员干部特别是后备干部、年轻干部和没有基层工作经历的干部,到县、乡特别是条件艰苦、环境复杂的基层单位、与群众接触比较直接的岗位和村、社区、企业、社会组织等基层一线挂职任职、驻点包户,时间不少于1年,挂职期间原则上与原单位工作脱钩。加强对挂职任职干部的监督管理和实绩考核,引导挂职任职干部自觉践行群众路线、认真履行职责,做到工作学习在基层、生活交友在基层、锻炼成长在基层。

四、定期接待群众来访制度。各地区党政领导班子成员要定期接待群众来访,省(自治区、直辖市)领导干部每半年至少1天,市(地、州、盟)领导干部每季度至少1天,县(市、区、旗)领导干部每月至少1天,乡镇(街道)领导干部每周至少1天。各地党委和政府工作部门领导干部、中央和国家机关党员领导干部定期接待群众来访工作,由各地区各部门结合实际提出具体要求。党员领导干部接访可采取定点接访、重点约访、带案下访、上门回访等多种方式,方便群众参与。党员领导干部接访要建立工作台账,明确承办单位和责任人,以便督办落实和答复来访群众。对人数较多的集体上访,在依法规范、依法处置的同时,党政领导班子成员要出面接访、化解矛盾。县处级以上党政领导班子成员要及时处理群众来信及群众通过网上信箱、热线电话、政务微博等方式反映的诉求。党员干部要定期走访群众,农村、社区基层干部要通过各种方式普遍走访辖区群众,及时收集社情民意、协调利益纠纷、化解各类矛盾。

五、与干部群众谈心制度。党员领导干部特别是党政领导班子成员在日常工作中,要与干部群众开展谈心活动,及时了解他们的学习、思想、工作、生活情况,既肯定成绩、指出不足,又明确方向、鞭策鼓励;既虚心听取意见建议,又切实帮助解决实际困难,对发现的苗头性、倾向性问题要及时进行教育引导,防止矛盾积累激化。谈心活动每年至少开展2次,可与党员民主生活会谈心结合起来安排。谈心活动可采取个别谈话、集体座谈、随机交流等多种形式,营造实事求是、客观公正、坦诚相见的良好氛围,通过广泛深入的谈心谈话,进一步沟通思想、增进理解、促进团结、形成共识。基层党支部负责人每年要与所属党员至少进行2次谈心谈话,同时要广泛开展基层党员干部与群众谈心活动,努力实现全覆盖。

六、征集群众意见制度。县级以上党政机关要通过建立健全公示、听证咨询、民意调查等制度，设立意见箱、开通热线电话、发放征求意见卡等方式，利用现代信息技术手段，就经济社会发展中的重要问题和人民群众最关心最直接最现实的利益问题广泛征集群众意见，与群众协商，并以适当方式反馈或公布群众意见采纳处理情况。探索建立网上群众工作制度，逐步建立党员干部与网民有效沟通机制，运用网络手段和博客、微博、微信、论坛等平台，广泛听取民意，并做好对网民的宣传引导工作。各级人大、政协中的党组织和党委统战部门要充分履行职责，积极发挥党员人大代表、政协委员的作用，密切同人民群众的联系，注意加强同各民主党派、工商联和无党派人士的联系，通过走访慰问、结对联系、个别访谈、民主恳谈等多种方式，听取和反映各行业、各界别、各阶层群众和代表人士的意见建议。党员干部要随时了解征集群众意见，并及时向有关地区或部门反映。从中央到地方，各级党委和政府要定期收集汇总、分析研判群众意见，作为科学决策的重要依据。

七、党员承诺践诺制度。基层机关、企事业单位和社会组织的党员以及流动党员既要积极参加所在单位的承诺践诺活动，又要向居住地社区（村）党组织报到，自觉参加各类公益活动、志愿服务活动和主题实践活动，主动联系服务身边群众。农村和社区的党员要积极参加以服务群众为主要内容的“设岗定责”活动，认真履行岗位责任，主动接受群众监督。各地要以乡镇（街道）、村（社区）基层干部为骨干，以网格为单位整合资源，组织辖区内党员干部成立联系服务群众团队，为群众提供便利、快捷、有效服务。窗口单位和服务行业的党员在日常工作中要坚持佩戴党员徽章，亮出党员身份和服务承诺，提高服务质量，展现良好形象。

八、市县党代会代表直接联系群众制度。市（地、州、盟）、县（市、区、旗）两级党代会要合理设置各有分工的党代会代表工作小组，定期组织党代会代表开展调查研究、工作视察、建言献策等活动。同时，组织党代会代表定期接待党员、群众，收集意见建议。党代会代表要接受党员、群众监督，强化对党员负责、为群众服务的意识，通过发挥模范带头作用把群众团结到党组织周围。党组织要积极协调党代会代表所在工作单位为党代会代表开展有关活动提供时间保障等相应的便利条件。

各级党组织要高度重视党员干部直接联系群众工作，切实加强组织领导。各级党的建设工作领导小组及其办公室要加强日常组织协调工作，纪检机关和组织、宣传、政法、统战等部门要各司其职、相互配合，形成工作合力。工会、共青团、妇联等人民团体要按照各自章程和有关规定做好联系服务群众工作，示范带动其他社会组织积极联系服务群众。基层党组织要认真履行职责,做好党员干部直接联系群众的具体组织工作。要大力宣传党员干部直接联系群众的重要意义和目标要求,总结推广先进经验和典型做法,形成正确导向和良好氛围。加强对党员干部直接联系群众工作的督促检查和考核评价,定期进行工作通报,对严重脱离群众、脱离实际、损害群众利益、影响党群干群关系的恶性事件按照有关规定及时予以严肃处理。坚持定期报告工作,各省(自治区、直辖市)和新疆生产建设兵团党员干部直接联系群众工作情况,由党委每年年底向中央报告;中央和国家机关党员干部直接联系群众工作情况,由中央直属机关工委、中央国家机关工委每年年底向中央报告。

各地区各部门要根据本意见精神,结合实际制定具体实施办法和相关配套措施,并在实践中不断探索完善。以往相关制度规定与本意见精神不相符合的,要作相应调整。

中国人民解放军和中国人民武装警察部队的党员干部直接联系群众制度,由总政治部根据本意见精神制定。

关于全面推进公务用车制度改革的指导意见

（中共中央办公厅、国务院办公厅2014年7月12日印发）

为贯彻落实党的十八大和十八届三中全会精神及《党政机关厉行节约反对浪费条例》，改革公务用车制度，规范公务用车运行管理，有效降低行政成本，现就全面推进公务用车制度改革提出如下指导意见。

一、充分认识公务用车制度改革的重要意义

新中国成立以来，公务用车一直实行实物供给制度，对保障公务出行发挥了重要作用。随着社会主义市场经济体制不断完善，传统公务用车制度越来越难以适应形势发展需要，车辆配备范围过大、运行管理成本偏高、公车私用等问题日益突出，社会对此反映强烈。为解决公务用车领域存在的突出问题，习近平总书记、李克强总理多次作出重要指示，党中央、国务院专门作出部署，强调要全面推进公务用车制度改革。近年来一些地方和部门进行了积极改革探索，为全面推进公务用车制度改革积累了有益经验。

全面推进公务用车制度改革，是加强党风廉政建设、厉行节约反对浪费的重要举措，是转变政府职能、推进后勤服务社会化改革的重要内容，是顺应民意、维护党和政府形象的迫切要求。各地区各部门要充分认识公务用车制度改革的重要意义，采取切实有效措施加快改革步伐。

二、指导思想、基本原则和总体目标

（一）指导思想

按照中央关于厉行节约反对浪费的要求，坚持社会化、市场化方向，加快推进公务用车制度改革，合理有效配置公务用车资源，创新公务交通分类提供方式，保障公务出行，降低行政成本，积极推进廉洁型机关和节约型社会建设。

（二）基本原则

1. 创新制度、分类保障。改革公务用车实物供给方式，取消一般公务用车，普通公务出行实行社会化提供并适度补贴交通费用，从严配备定向化保障的公务用车。

2. 统筹协调、政策配套。妥善处理公务用车制度改革涉及的各种利益关系，科学制定改革方案和配套政策，确保新旧制度平稳过渡、有机衔接。

3. 统一部署、分步实施。各地区各部门按照中央确定的改革方向和原则制定改革实施方案,中央和国家机关先行示范,地方党政机关加快实行,事业单位、国有企业和国有金融企业有序推进。

(三)总体目标

力争在2014年年底前基本完成中央和国家机关及其所属参照公务员法管理的事业单位公务用车制度改革,2015年年底前基本完成地方党政机关公务用车制度改革,用2至3年时间全面完成公务用车制度改革。通过改革,切实实现公务出行便捷合理、交通费用节约可控、车辆管理规范透明、监管问责科学有效,基本形成符合国情的新型公务用车制度。

三、主要任务

(一)改革公务交通保障方式

改革党政机关(包括各级党委、人大、政府、政协、审判、检察机关,各民主党派和工商联,参照公务员法管理的人民团体、群众团体、事业单位,下同)公务用车实物供给方式,取消一般公务用车,保留必要的机要通信、应急、特种专业技术用车和符合规定的一线执法执勤岗位车辆及其他车辆。改革后,行政区域(城区或规定区域)内普通公务出行方式由公务人员自行选择,实行社会化提供,适度发放公务交通补贴。公务交通补贴保障范围要与差旅费保障范围搞好衔接,对边远地区和交通不便地区,要做好远距离公务出行的差旅费保障。鼓励省(自治区、直辖市)所属厅(局)正职主要负责人和市(地、州、盟)、县(市、区、旗)及乡(镇)党政主要负责人参加改革,确因环境所限和工作需要不便取消公务用车的,允许以适当集中形式提供工作用车实物保障,但须严格规范管理,不得再领取公务交通补贴,具体范围由各地根据本意见研究确定。

规范事业单位、国有企业和国有金融企业职务待遇和业务消费,对原符合车辆配备条件的岗位和人员,逐步按规定纳入改革,改革后不得再配备车辆;对保留的必要的国有企业、国有金融企业经营用车和事业单位业务用车实行集中管理;取消与经营和业务保障无关的车辆。事业单位、国有企业和国有金融企业公务用车制度改革要与年薪制、岗位津贴及国家相关财务管理制度等统筹考虑、相互衔接。

(二)合理确定党政机关公务交通补贴标准

各级党政机关要从实际出发,综合考虑公务出行成本、经济发展水平、社会承受能力、辖区面积、自然地理环境、公务出行次数和距离、行政级别和实际承担的工作职责等因素,按照节约成本、保证公务、便于操作、简化档次的要求,确定本地区公务交通补贴标准。根据交通成本等相关因素变化情况,公务交通补贴标准可适时适度进行调整。允许参改单位根据实际情况,从公务交通补贴中划出一定比例作为单位统筹部分,集中用于解决不同岗位之间公务出行不均衡等问题,统筹资金使用须公开透明,具体管理办法由各单位制定。对特别重大抢险救灾、事故处理、突发事件处置等不可预测的特殊事项,各地可从实际出发在应急预案中另行制定特殊情况下公务用车保障办法。地方公务交通补贴标准不得高于中央和国家机关补贴标准的130%,边疆民族地区和其他边远地区标准不得高于中央和国家机关补贴标准的150%。各省(自治区、直辖市)之间补贴标准差距不宜过大,同一省(自治区、直辖市)内不同地区补贴标准差距不得超过20%,同一市(地、州、盟)实行统一的补贴标准。地方补贴标准层级划分可不与中央和国家机关层级完全对应。驻地方的中央垂直管理单位补贴标准按属地化原则参照所在地区标准执行,经费由中央财政负担。

(三)妥善安置司勤人员

各级党政机关根据改革后的实际需要,合理设置司勤人员岗位,采取公开、平等、竞争、择优的方式确定留用人员;未聘人员原则上以内部消化为主,通过内部转岗、开辟新的就业岗位、提前离岗等措施妥善安置。依法做好未留用人员聘用合同或劳动合同的终止、解除工作,维护其合法权益,相关必要支出由各级财政安排专项经费予以保障。各级人力资源社会保障部门会同有关部门组成工作组,负责指导参改单位做好司勤人员安置工作,确保改革平稳推进。参改事业单位、国有企业和国有金融企业要依法做好司勤人员安置工作。

(四)公开规范处置公务用车

取消的公务用车,由各级相关职能部门统一规范处置。对取消的一般公务用车,要制定处置办法,公开招标评估、拍卖机构,通过公开拍卖等方式公开处置。取消车辆处置要防止甩卖和贱卖现象,避免国有资产流失。党政机关公务用车处置收入,扣除有关税费后全部上缴国库。参改事业单位、国有企业和国有金融企业车辆处置收入,按国家有关财务管理制度执行。各地可根据实际情况,对未能及时处置的车辆,采取设立过渡性车辆服务中心或社会化车辆租赁公司的方式,进行市场化运营,减少车辆闲置浪费,过渡期由各地确定,政府不得变相为其提供财政性补贴。

四、健全公务用车管理和保障制度

(一)加强定向化保障车辆管理

各级党政机关公务用车主管部门要会同有关部门严格核定定向化保障公务用车的编制和标准,车辆配备优先选用新能源汽车。执法执勤用车配备应当严格限制在一线执法执勤岗位,机关内部管理和后勤岗位以及机关所属事业单位一律不得配备。除涉及国家安全、侦查办案等有保密要求的特殊工作用车外,执法执勤用车应当喷涂明显的统一标识。机要通信、应急等车辆要充分考虑不同部门的工作差异,根据实际需要合理配备,保障到位。按规定保留的公务用车实行集中管理,逐步探索社会化监督的有效形式和具体办法。在从严控制总量的前提下,各地可根据实际情况确定和优化配置相关一线执法执勤岗位车辆,鼓励各地建立跨部门综合性执法用车平台。进一步精简地方公务用车管理机构。

(二)完善财务管理

党政机关公务交通补贴属于改革性补贴,统一纳入财政预算,在交通费中列支、按月发放,用于保障公务人员普通公务出行。各单位要加强财务管理,按照在编在岗公务员数量和职级核定补贴数额,严格公务交通补贴发放,不得擅自扩大补贴范围、提高补贴标准。

(三)加强公务用车监督检查

把公务用车配备和运行维护费用、交通补贴发放、车辆处置情况等纳入日常和专项审计监督及政务公开范围。党政机关不得以特殊用途等理由变相超编制、超标准配备公务用车,不得以任何方式换用、借用、占用下属单位或其他单位和个人的车辆,不得接受企事业单位和个人赠送的车辆,不得以任何理由违反用途使用或固定给个人使用执法执勤、机要通信等公务用车,不得以公务交通补贴名义变相发放福利。公务人员不得既领取公务交通补贴、又违规乘坐公务用车。纪检监察机关要强化监督检查,及时受理群众举报,依法依纪严肃查处违反公务用车制度改革和公务用车管理的行为,严肃追究相关责任人的责任。

(四)切实保障公务出行

鼓励公务出行利用公共交通服务。各地要采取有效措施,完善城市公共交通服务体系,探索发展适合公务出行的市场化交通定制服务,增加社会化交通供给。及时解决公务出行遇到的实际问题,确保改革后公务出行得到有效保障。

五、认真做好组织实施工作

(一)加强领导,明确责任

公务用车制度改革政策性强、任务艰巨,各地区各部门要高度重视,切实加强领导,严格工作纪律,明确工作责任。中央和地方分别建立公务用车制度改革领导小组,明确工作机制,负责落实各项改革任务,确保改革扎实稳步推进,既要改成,更要改好。

中央公务用车制度改革领导小组由国家发展改革委、国管局、中直管理局牵头,财政部、人力资源社会保障部、审计署等部门参加,主要负责指导、协调全国公务用车制度改革工作,制定并组织实施中央和国家机关公务用车制度改革方案及配套政策,会同有关部门制定中央和国家机关所属非参公事业单位、中央企业和中央金融企业公务用车制度改革方案。

各省(自治区、直辖市)公务用车制度改革领导小组要根据本地区实际情况,负责制定并组织实施本省(自治区、直辖市)党政机关、事业单位、国有企业和国有金融企业公务用车制度改革方案及配套政策。各省(自治区、直辖市)党政机关公务用车制度改革方案报中央公务用车制度改革领导小组批准后实施。

(二)精心组织,扎实推进

各地区各部门要健全工作机制,深入调查研究,细致统计测算,周密制定公务用车制度改革方案,明确时限要求,加强监督检查,及时有效解决改革中遇到的新情况新问题,确保各项工作落到实处。中央和国家机关及各省(自治区、直辖市)要尽快启动公务用车制度改革工作,确保在规定时限内完成改革任务。已先行开展公务用车制度改革的地区和部门要按本意见进行规范。

(三)加强舆论引导,营造良好氛围

切实加强公务用车制度改革舆论宣传工作,做好政策解读,阐释改革的目的和意义,正确引导社会舆论,及时回应社会关切,使广大公务人员和人民群众了解、支持改革,努力为改革营造良好社会氛围。

中央和国家机关公务用车制度改革方案

(中共中央办公厅、国务院办公厅2014年7月12日印发)

为贯彻落实党的十八大和十八届三中全会精神以及《党政机关厉行节约反对浪费条例》,推进中央和国家机关公务用车制度改革,加快建立新型公务用车制度,有效降低行政成本,根据《关于全面推进公务用车制度改革的指导意见》,制定本方案。

一、目标和原则

(一)总体目标

围绕建设节约型、廉洁型机关的要求,坚持社会化、市场化方向,转变传统的公务用车运行管理方式,合理有效配置公务用车资源,创新公务交通分类提供方式,实现公务出行便捷合理、交通费用节约可控、车辆管理规范透明、监管问责科学有效,为全国公务用车制度改革作出示范。

(二)基本原则

1. 坚持制度创新、保障公务出行。改革公务用车实物供给方式,取消一般公务用车,普通公务出行方式由公务人员自行选择,实行社会化提供并适度补贴交通费用,从严配备定向化保障的公务用车。

2. 坚持统筹兼顾、注重政策配套。综合考虑各种因素,正确处理改革涉及的各方面利益关系,科学制定改革方案和相关配套政策,增强可行性和协调性,确保新旧机制有效转换。

3. 坚持统一部署、分类分步推进。率先推进中央和国家机关及其所属参公事业单位公务用车制度改革,驻地方的中央垂直管理单位公务用车制度改革按照属地化原则推进,中央和国家机关所属非参公事业单位、中央企业和中央金融企业参照本方案制定相关改革政策,坚持先易后难,分类分步稳妥推进改革。

二、主要任务

(一)参改范围

1. 机构范围:中央纪委机关和中央各部门,全国人大机关,国务院各部门,全国政协机关,最高人民法院,最高人民检察院,各人民团体、群众团体,各民主党派中央、全国工商联,中央和国家机关所属参公事业单位。

2. 人员范围:在编在岗的司局级及以下工作人员。

3. 车辆范围:取消一般公务用车,保留必要的机要通信、应急、特种专业技术用车和符合规定的一线执法执勤岗位车辆及其他车辆。

(二)改革方式

1. 对参改的司局级及以下工作人员适度发放公务交通补贴,自行选择公务出行方式,在北京市行政区域(城区)内公务出行不再报销公务交通费用。

2. 按照节约成本、保证公务、便于操作、简化档次的要求,合理确定各职级工作人员公务交通补贴标准。具体为:司局级每人每月1300元,处级每人每月800元,科级及以下每人每月500元。各单位可根据实际情况,从公务交通补贴中划出一定比例作为单位统筹部分,集中用于解决不同岗位之间公务出行不均衡等问题,比例原则上不超过补贴总额的10%。统筹资金使用要公开透明,具体管理办法由各单位自行制定。

3. 公务交通补贴属于改革性补贴,列入财政预算,在交通费中列支、按月发放,用于保障公务人员普通公务出行。适时适度调整公务交通补贴标准。

4. 执法执勤部门统一参加公务用车制度改革,按规定保留的执法执勤用车要严格配备在一线执法执勤岗位,执法执勤部门的其他一般公务用车一律纳入改革范围。

5. 对未参改单位和人员,不得发放公务交通补贴。

(三)车辆处置

1. 对取消的公务用车,由公务用车主管部门统一规范处置。

2. 对取消的公务用车,委托中介机构进行资产评估,以评估价作为处置基准价,采取公开拍卖等方式进行公开处置,处置结果向社会公开。

3. 处置公务用车所得收入,扣除有关税费后全部上缴中央国库。

4. 取消车辆处置要防止甩卖和贱卖现象,避免国有资产流失。

(四)司勤人员安置

1. 根据保留公务用车的实际需要,合理设置司勤人员岗位,按照公开、平等、竞争、择优的原则,在现有在册正式司勤人员中,采用竞聘上岗、综合择优等方式确定上岗人员。

2. 对其他司勤人员,按照以人为本、积极稳妥、因地制宜的原则,坚持内部消化为主,通过内部转岗、开辟新的就业岗位、提前离岗等多种方式妥善安置,不得将其简单推向社会。

3. 做好相关人员聘用合同或劳动合同的终止、解除工作,妥善处理该类用工形式司勤人员与单位的劳动关系,维护好相关人员合法权益。

4. 人员安置工作由人力资源社会保障部统筹协调,所需支出由财政安排专项经费予以保障。

三、保障措施

(一)加强保留公务用车管理。中央和国家机关各部门各单位根据编制总量和工作性质可保留5辆以内的机要通信、应急公务用车,由公务用车主管部门实行编制管理,编制数量和配备标准要根据各部门各单位实际工作情况科学确定,优先选用新能源汽车。执法执勤用车配备应当严格限制在一线执法执勤岗位,机关内部管理和后勤岗位以及机关所属事业单位一律不得配备。财政部要会同有关部门按规定对执法执勤用车进行核定和规范。除涉及国家安全、侦查办案等有保密要求的特殊工作用车外,执法执勤用车应当喷涂明显的统一标识。国管局会同中直管理局负责修订公务用车使用管理办法,加强公务用车规范化管理。进一步精简公务用车管理机构。

(二)严格财务管理。财政部要严格交通费用预算管理。各单位要加强财务管理,按照在编在岗公务员数量和职级核定补贴数额,严格公务交通补贴发放,不得擅自扩大补贴人员范围、提高补贴标准。

(三)加强公务用车纪律检查和审计。严肃公务用车纪律,各部门各单位不得以特殊用途等理由变相超编制、超标准配备公务用车,不得以任何方式换用、借用、占用下属单位或其他单位和个人的车辆,不得接受企事业单位和个人赠送的车辆,不得以任何理由违反用途使用或固定给个人使用执法执勤、机要通信等公务用车,不得以交通补贴名义变相发放福利。公务人员不得既领取公务交通补贴、又违规乘坐公务用车。纪检监察机关负责对公务用车制度改革执行情况进行监督检查,纠正和查处违纪违法行为。审计部门要对公务用车改革情况进行监督,并将改革后公务用车配备和运行维护费用、交通补贴发放、车辆处置情况等纳入日常和专项审计监督。

(四)切实保障公务出行。北京市要采取切实措施,健全城市公共交通服务体系,完善出租车市场化运营管理方式,增加社会化交通供给。及时解决公务出行遇到的问题,保障中央和国家机关普通公务出行。

四、加强组织实施

(一)加强领导。中央公务用车制度改革领导小组负责组织实施中央和国家机关公务用车制度改革工作。各部门各单位要成立公务用车制度改革工作组,负责制定本部门本单位实施方案,报中央公务用车制度改革领导小组批准后组织实施。已先行改革的单位要按照本方案规范执行。

(二)明确责任。各部门各单位主要负责人对本部门本单位公务用车制度改革工作负全面领导责任,要认真研究部署,明确任务分工和责任,确定相关责任人员，把各项工作落到实处，确保改革顺利推进。

（三）分步实施。本方案自印发之日起实施，力争在 2014 年年底前基本完成。驻地方的中央垂直管理单位改革方案由中央公务用车制度改革领导小组会同有关部门制定，与地方改革同步推进。中央和国家机关所属非参公事业单位、中央企业和中央金融企业改革方案由中央公务用车制度改革领导小组会同有关部门制定，力争在 2015 年年底前完成。

（四）加强舆论引导。切实做好公务用车制度改革的新闻宣传和舆论引导工作，广泛宣传相关政策规定、典型经验和成效，及时回应社会关切，使广大公务人员和人民群众了解、支持改革，努力为改革营造良好社会氛围。

(五)纪律建设

中国共产党廉洁自律准则

(中共中央2015年10月18日印发)

中国共产党全体党员和各级党员领导干部必须坚定共产主义理想和中国特色社会主义信念,必须坚持全心全意为人民服务根本宗旨,必须继承发扬党的优良传统和作风,必须自觉培养高尚道德情操,努力弘扬中华民族传统美德,廉洁自律,接受监督,永葆党的先进性和纯洁性。

党员廉洁自律规范

第一条 坚持公私分明,先公后私,克己奉公。

第二条 坚持崇廉拒腐,清白做人,干净做事。

第三条 坚持尚俭戒奢,艰苦朴素,勤俭节约。

第四条 坚持吃苦在前,享受在后,甘于奉献。

党员领导干部廉洁自律规范

第五条 廉洁从政,自觉保持人民公仆本色。

第六条 廉洁用权,自觉维护人民根本利益。

第七条 廉洁修身,自觉提升思想道德境界。

第八条 廉洁齐家,自觉带头树立良好家风。

中共中央办公厅、国务院办公厅关于党政机关停止新建楼堂馆所和清理办公用房的通知

（2013 年 7 月 14 日）

近年来，各地区各部门认真贯彻中央要求，在严格控制党政机关楼堂馆所建设方面采取了一些措施，取得了一定成效。但是，近期一些地区和部门又出现了违规修建楼堂馆所的现象，损害党风政风，影响党和政府形象，人民群众反映强烈。党中央、国务院对此高度重视，强调各级党政机关要大力弘扬艰苦奋斗、勤俭节约的优良作风，认真贯彻落实中央八项规定精神，树立过紧日子的思想，全面停止新建楼堂馆所，规范办公用房管理，切实把有限的资金和资源更多用在发展经济、改善民生上。经党中央、国务院同意，现就有关事项通知如下。

一、全面停止新建党政机关楼堂馆所

自本通知印发之日起，5 年内，各级党政机关一律不得以任何形式和理由新建楼堂馆所。

（一）停止新建、扩建楼堂馆所。严禁以任何理由新建楼堂馆所，严禁以危房改造等名义改扩建楼堂馆所，严禁以建技术业务用房名义搭车新建楼堂馆所，严禁改变技术业务用房的用途。

（二）停止迁建、购置楼堂馆所。严禁以城市改造、城市规划等理由在他处重新建设楼堂馆所，严禁以任何理由购置楼堂馆所。

（三）严禁以“学院”、“中心”等名义建设楼堂馆所。严禁接受任何形式的赞助建设和捐赠建设，严禁借企业名义搞任何形式的合作建设、集资建设或专项建设。

（四）已批准但尚未开工建设的楼堂馆所项目，一律停建。

二、严格控制办公用房维修改造项目

办公用房因使用时间较长、设施设备老化、功能不全、存在安全隐患，不能满足办公要求的，可进行维修改造。维修改造项目要以消除安全隐患、恢复和完善使用功能为重点，严格履行审批程序，严格执行维修改造标准，严禁豪华装修。

中央直属机关办公用房维修改造项目，由中直管理局审批。国务院各部门办公用房维修改造项目，由国管局审批。地方各级党政机关办公用房维修改造

项目的审批程序,由各省、自治区、直辖市规定。各地区要根据本地区实际制定党政机关办公用房维修改造标准和工程消耗量定额。

各级党政机关要严格按照2007年印发的《中共中央办公厅、国务院办公厅关于进一步严格控制党政机关办公楼等楼堂馆所建设问题的通知》要求,加强预算和资金使用管理。党政机关办公用房维修改造项目所需投资,统一纳入预算安排财政资金解决,未经审批的项目,不得安排预算。

各级党政机关不得以任何理由安排财政资金用于包括培训中心在内的各类具有住宿、会议、餐饮等接待功能的设施或场所的维修改造。

三、全面清理党政机关和领导干部办公用房

各级党政机关要对占有、使用的办公用房进行全面清理,根据不同情况分别作出如下处理:

(一)超过《党政机关办公用房建设标准》(原国家计委计投资〔1999〕2250号)规定的面积标准占有、使用办公用房的,应予以腾退。

(二)未经批准改变办公用房使用功能的,原则上应恢复原使用功能。

(三)已经出租、出借的办公用房到期应予收回,租赁合同未到期的,租金收入严格按照收支两条线规定管理,到期后不得续租。未经批准租用办公用房的,应予以清理并腾退,严禁以租用过渡性用房名义变相购建使用办公用房。

(四)除在立项批复中明确事业单位和行政机关办公用房一并建设外,所属其他企事业单位一律不得占用行政机关办公用房,已占用的,原则上应予以清理并腾退。

(五)部门和单位在机构变动中转为企业的,所占用的办公用房应予腾退,确实难以腾退的,经批准可租用原办公用房或按规定程序转为企业国有资本金。

(六)各级党政机关领导干部应当严格按照《党政机关办公用房建设标准》的规定配置办公用房。办公用房面积超标准配置的,应予以清理并腾退;领导干部在不同部门同时任职的,应在主要工作部门安排一处办公用房,其他任职部门不再安排办公用房;领导干部工作调动的,由调入部门安排办公用房,原单位的办公用房不再保留;领导干部在人大或政协任职,人大或政协已安排办公用房的,原单位的办公用房不再保留,人大或政协没有安排办公用房的,由原单位根据本人承担工作的实际情况,安排适当的办公用房;领导干部在协会等单位任职的,由协会等单位根据工作需要安排办公用房,原单位的办公用房不再保留;领导干部已办理离退休手续的,原单位的办公用房应及时腾退。

四、严格规范党政机关办公用房管理

各地区要按照有关规定,建立健全办公用房集中统一管理制度,实行统一调配、统一权属登记。要严格按照《党政机关办公用房建设标准》和各部门各单位“三定”规定，从严核定办公用房面积。新建、调整办公用房的部门和单位，要按照“建新交旧”、“调新交旧”原则，在搬入新建或新调整办公用房的同时，及时将原办公用房腾退移交机关事务主管部门。因机构增设、职能调整确需增加办公用房的，应在本部门本单位现有办公用房中解决；本部门本单位现有办公用房不能满足需要的，由机关事务主管部门整合办公用房资源调剂解决；无法调剂、确需租用办公用房的，要严格履行审批手续。各级党政机关要制定本部门本单位办公用房使用管理制度，严格办公用房使用管理。

各级机关事务主管部门要做好办公用房物业管理工作，制定和完善物业服务内容、服务标准和收费标准等制度，并结合机关后勤服务社会化改革，逐步推进办公用房物业服务社会化。

五、切实加强领导，强化监督检查

停止新建党政机关楼堂馆所和清理办公用房，是加强党风廉政建设的重要内容，是密切党群干群关系、维护党和政府形象的客观要求，各级党政机关要高度重视，领导干部要率先垂范。各地区各部门各单位要结合实际，抓紧制定相关制度标准和实施办法，切实加强领导，严格落实责任制，确保本通知精神落到实处。

投资主管部门要进一步完善审批程序，建立健全审批责任制和内部监督机制，对违规审批等行为要严肃处理。财政部门要严格公共财政预算管理，对未按规定履行审批手续的党政机关楼堂馆所建设和维修改造项目一律不得下达财政预算。各部门各单位年终应把楼堂馆所建设和维修改造项目实施情况作为政务公开的重要内容，主动接受社会监督。国土资源管理部门要严格土地供应管理，对未按规定履行审批手续的党政机关楼堂馆所建设和维修改造项目一律不得供地。住房城乡建设部门要加强对党政机关楼堂馆所建设和维修改造项目的监管，并制定相应的标准和工程消耗量定额。机关事务主管部门要完善党政机关办公用房管理制度，定期组织督促检查，并通报检查情况，督促落实办公用房清理工作。审计部门要加强对党政机关楼堂馆所建设和维修改造项目的审计监督。纪检监察机关要坚决纠正和查处党政机关楼堂馆所建设和维修改造项目及办公用房管理使用中的各种违规违纪行为，对有令不行、有禁不止的，依照有关规定严肃追究直接责任人和有关领导人员的责任。

2013 年 9 月 30 日前，各地区要将落实本通知的情况报中央办公厅、国务院办公厅；中央和国家机关各部门落实本通知的情况，按系统分别报中直管理局、国管局，汇总后报中央办公厅、国务院办公厅。中央办公厅、国务院办公厅将视情组织督促检查,并通报检查情况。

本通知所称党政机关,包括党的机关、人大机关、行政机关、政协机关、审判机关、检察机关。各级党政机关派出机构、直属事业单位及工会、共青团、妇联等人民团体适用本通知。国有及国有控股企业参照本通知执行。

本通知所称党政机关楼堂馆所,包括使用财政性资金建设的党政机关办公用房、培训中心,以及以“学院”、“中心”等名义兴建的具有住宿、会议、餐饮等接待功能的设施或场所;领导干部是指省部级以下(含省部级)各级党政领导干部。党政机关使用非财政性资金建设的楼堂馆所,参照本通知执行。

中共中央办公厅、国务院办公厅关于领导干部带头在公共场所禁烟有关事项的通知

（2013年12月25日）

我国《公共场所卫生管理条例实施细则》等对公共场所禁止吸烟作出了明确规定，一些部门和地方也制定了相关规章规定和地方性法规。近年来，通过各方共同努力，公共场所禁烟工作取得积极进展。但也要看到，在公共场所吸烟的现象仍较普遍，特别是少数领导干部在公共场所吸烟，不仅危害公共环境和公众健康，而且损害党政机关和领导干部形象，造成不良影响。为进一步做好公共场所禁烟控烟工作，经中央领导同志同意，现就领导干部带头在公共场所禁烟有关事项通知如下。

一、各级领导干部要充分认识带头在公共场所禁烟的重要意义，模范遵守公共场所禁烟规定，以实际行动作出表率，自觉维护法规制度权威，自觉维护党政机关和领导干部形象。

二、各级领导干部不得在学校、医院、体育场馆、公共文化场馆、公共交通工具等禁止吸烟的公共场所吸烟，在其他有禁止吸烟标识的公共场所要带头不吸烟。同时，要积极做好禁烟控烟宣传教育和引导工作，督促公共场所经营者设置醒目的禁止吸烟警语和标志，及时劝阻和制止他人违规在公共场所吸烟。

三、各级党政机关公务活动中严禁吸烟。公务活动承办单位不得提供烟草制品，公务活动参加人员不得吸烟、敬烟、劝烟。要严格监督管理，严禁使用或变相使用公款支付烟草消费开支。

四、要把各级党政机关建成无烟机关。机关内部禁止销售或提供烟草制品，禁止烟草广告，公共办公场所禁止吸烟，传达室、会议室、楼道、食堂、洗手间等场所要张贴醒目的禁烟标识。各级党政机关要动员本单位职工控烟，鼓励吸烟职工戒烟。卫生、宣传等有关部门和单位要广泛动员各方力量，深入开展形式多样的禁烟控烟宣传教育活动，在全社会形成禁烟控烟的良好氛围。

五、各级领导干部要主动接受群众监督和舆论监督。各级党政机关要加强监督检查，对违反规定在公共场所吸烟的领导干部，要给予批评教育，造成恶劣影响的，要依纪依法严肃处理。

中共中央办公厅、国务院办公厅
关于严禁党政机关到风景名胜区开会的通知

(2014 年 9 月 19 日)

1998 年中央办公厅、国务院办公厅下发《关于严禁党政机关到风景名胜区开会的通知》以来,各级党政机关到风景名胜区尤其是到中央明令禁止的 12 个风景名胜区开会现象得到了有效遏制。但是,违规到上述风景名胜区开会问题仍未完全杜绝,到其他热点风景名胜区开会以及在风景名胜区外开会到区内旅游的情况时有发生,有的单位还巧立名目组织公款旅游,损害了党和政府形象,广大干部群众对此反映强烈。为深入贯彻落实中央八项规定精神和《党政机关厉行节约反对浪费条例》,坚决杜绝以会议名义到风景名胜区公款旅游等违规行为,经党中央、国务院同意,现就有关事项通知如下。

一、各级党政机关一律不得到八达岭—十三陵、承德避暑山庄外八庙、五台山、太湖、普陀山、黄山、九华山、武夷山、庐山、泰山、嵩山、武当山、武陵源(张家界)、白云山、桂林漓江、三亚热带海滨、峨眉山—乐山大佛、九寨沟—黄龙、黄果树、西双版纳、华山 21 个风景名胜区召开会议,禁止召开会议的区域范围以风景名胜区总体规划确定的核心景区地域范围为准。

二、地方各级党政机关的会议一律在本行政区域内召开,不得到其他地区召开;因工作需要确需跨行政区域召开会议的,必须报同级党委、政府批准。风景名胜区核心景区与地方政府主要行政区域高度重合的,当地党政机关应当在机关内部会议场所或定点饭店召开会议。中央和国家机关各部门到京外召开会议的,必须严格执行会议费管理有关规定。

会议主办单位要合理安排会议日程,严格遵守报到、离会时限,严禁超出规定时限为参会人员提供食宿,严禁组织与会议无关的参观、考察等活动。

三、党政机关召开涉及旅游、宗教、林业、地震、气象、生态环保、国土资源以及景区规划等工作的专业性会议,确需到禁止名单中的风景名胜区召开的,应当完善管理制度,从严控制、严格审批。垂直管理单位应当报上一级主管部门批准,其他单位报同级党委、政府批准。

四、严禁各级党政机关以召开会议等名义组织公款旅游。严禁在会议费、培训费、接待费中列支风景名胜区等各类旅游景点门票费、导游费、景区内设施使

用费、往返景区交通费等应由个人承担的费用。严禁向下级单位以及旅游景区管理部门、接待服务场所、旅游中介公司等单位转嫁上述费用。严禁违反规定要求旅游景区管理部门、有关企业等单位免除上述费用。

五、财政部门要建立会议经费定期或不定期财政监督检查制度,审计机关要建立会议费经常性审计监督制度,加大审计结果公开力度,必要时对旅游景区管理部门、接待服务场所、会议培训中介机构等单位开展延伸监督检查和审计,防止转嫁费用,并及时将违规违纪线索移交纪检监察机关。

六、本通知适用于各级党的机关、人大机关、行政机关、政协机关、审判机关、检察机关,以及工会、共青团、妇联等人民团体和参照公务员法管理的事业单位。

七、此前有关规定与本通知不一致的,以本通知为准。

关于严禁在历史建筑、公园等公共资源中设立私人会所的暂行规定

(中共中央办公厅、国务院办公厅2014年10月19日转发)

第一条 历史建筑、公园等公共资源具有社会公益属性。在历史建筑、公园等公共资源中设立私人会所,侵占群众利益,助长不正之风,社会各方面对此反映强烈。为做好对历史建筑、公园等公共资源中私人会所的清理整治工作,根据国家有关法律法规和中央有关规定,制定本规定。

第二条 本规定所称历史建筑,是指各级各类国有文物保护单位以及烈士纪念设施保护单位、宗教活动场所中具有特殊历史文化价值的建(构)筑物。

本规定所称公园,是指政府投资建设和管理,具有相应设施和管理机构的公共绿地;向公众开放,用于开展游览观赏、休憩健身、文化娱乐、科学普及等活动的公共场所。

本规定所称私人会所,是指改变历史建筑、公园等公共资源属性设立的高档餐饮、休闲、健身、美容、娱乐、住宿、接待等场所,包括实行会员制的场所、只对少数人开放的场所、违规出租经营的场所。

第三条 严禁在历史建筑、公园等公共资源中以自建、租赁、承包、转让、出借、抵押、买断、合资、合作等形式设立私人会所。

第四条 对在历史建筑、公园等公共资源中已经设立的私人会所依法依规整治,区分情况处置:

(一)没有合法手续或者手续不健全的予以关停;

(二)有合法手续但有违规违法行为的予以停业整顿,情节严重的吊销资质;

(三)有合法手续但经营对象、范围、形式等违反相关规定的予以转型或者停业整顿;

(四)出租给单位或者个人作为非经营用途的,由所在地人民政府协调产权单位提出解决办法,租赁合同到期后收回。

第五条 坚持谁主管、谁负责原则。住房城乡建设(园林)、文化、公安、民政、商务、税务、工商、旅游、宗教、文物等部门,应当按照各自职能,认真履行职责,对历史建筑、公园等公共资源中涉及的项目立项、规划建设、消防审批、经营许可、工商登记、税务登记等事项严格审核把关,属于私人会所性质的不予办理。

完善监督管理制度,加强监督检查,发现问题限期整改。对工作失职、徇私舞弊的,依纪依法追究直接责任人和有关领导责任。

第六条 历史建筑、公园等公共资源实行信息公开,接受社会、公众和新闻媒体监督。有关职能部门应当畅通监督渠道,认真受理举报,对违规违法行为,一经发现,严肃查处。

第七条 地方各级党委和政府应当切实加强领导,健全管理体制和工作机制,明确职能职责,搞好统筹协调,研究解决问题,制定政策措施,坚决防止和纠正侵占历史建筑、公园等公共资源的问题。

第八条 本规定自2014年11月1日起施行。

关于进一步规范党政领导干部在企业兼职(任职)问题的意见

(中共中央组织部2013年10月19日印发)

为贯彻落实中央关于从严管理干部的要求,加强干部队伍建设和反腐倡廉建设,根据《中华人民共和国公务员法》、《中国共产党党员领导干部廉洁从政若干准则》和有关文件规定精神,现就进一步规范党政领导干部在企业兼职(任职)问题提出如下意见。

一、现职和不担任现职但未办理退(离)休手续的党政领导干部不得在企业兼职(任职)。

二、对辞去公职或者退(离)休的党政领导干部到企业兼职(任职)必须从严掌握、从严把关,确因工作需要到企业兼职(任职)的,应当按照干部管理权限严格审批。

辞去公职或者退(离)休后三年内,不得到本人原任职务管辖的地区和业务范围内的企业兼职(任职),也不得从事与原任职务管辖业务相关的营利性活动。

辞去公职或者退(离)休后三年内,拟到本人原任职务管辖的地区和业务范围外的企业兼职(任职)的,必须由本人事先向其原所在单位党委(党组)报告,由拟兼职(任职)企业出具兼职(任职)理由说明材料,所在单位党委(党组)按规定审核并按照干部管理权限征得相应的组织(人事)部门同意后,方可兼职(任职)。

辞去公职或者退(离)休三年后到企业兼职(任职)的,应由本人向其原所在单位党委(党组)报告,由拟兼职(任职)企业出具兼职(任职)理由说明材料,所在单位党委(党组)按规定审批并按照干部管理权限向相应的组织(人事)部门备案。

三、按规定经批准在企业兼职的党政领导干部,不得在企业领取薪酬、奖金、津贴等报酬,不得获取股权和其他额外利益;兼职不得超过1个;所兼任职务实行任期制的,任期届满拟连任必须重新审批或备案,连任不超过两届;兼职的任职年龄界限为70周岁。

四、按规定经批准到企业任职的党政领导干部,应当及时将行政、工资等关系转入企业,不再保留公务员身份,不再保留党政机关的各种待遇。不得将行政、工资等关系转回党政机关办理退(离)休;在企业办理退(离)休手续后,也不得将行政、工资等关系转回党政机关。

五、按规定经批准在企业兼职(任职)的党政领导干部,要严格遵纪守法,廉洁自律,禁止利用职权和职务上的影响为企业或个人谋取不正当利益。党政领导干部在企业兼职期间的履职情况、是否取酬、职务消费和报销有关工作费用等,应每年年底以书面形式报所在单位党委(党组)。

六、限期对党政领导干部违规在企业兼职(任职)进行清理。各地区各部门各单位要根据本意见规定,按照干部管理权限对领导干部在企业兼职(任职)情况进行一次摸底排查,对发现的问题要限期纠正。凡不符合规定的,必须在本意见下发后3个月内免去或由本人辞去所兼任(担任)的职务。确属工作需要且符合有关规定精神,但未履行审批或备案程序的,必须在本意见下发后3个月内补办手续。兼职(任职)期间违规领取的薪酬,应按中央纪委有关规定执行。

七、清理工作完成后,如再发现党政领导干部有违规在企业兼职(任职)或领取报酬隐瞒不报的行为,一经查实,要按照有关规定严肃处理。各地区各部门各单位在审批或审核党政领导干部在企业兼职(任职)时存在违规行为的,要追究主要领导及有关负责人的责任。

八、党政领导干部在其他营利性组织兼职(任职),按照本意见执行。

参照公务员法管理的人民团体和群众团体、事业单位领导干部,按照本意见执行;其他领导干部,参照本意见执行。

九、各地区各部门各单位可根据本意见精神,按照干部管理权限,制定相应的管理实施办法,加强对各级各类领导干部在企业兼职(任职)的规范管理。

十、本意见自发布之日起施行。以往规定与本意见不一致的,按照本意见执行。

关于严禁公款购买印制寄送贺年卡等物品的通知

(中共中央纪委2013年10月31日印发)

最近,习近平总书记在指导河北省委常委班子专题民主生活会时强调,要认清“四风”的严重性、危害性和顽固性、反复性,锲而不舍、驰而不息抓下去。多年来,每逢元旦、春节,一些地方和单位用公款大量购买、印制、邮寄、赠送贺年卡、明信片、年历等物品,印制越来越奢华、浪费越来越严重。这既是形式主义的表现,又助长了奢靡之风。党的群众路线教育实践活动开展以来,对纠正此风,从党内到社会均有反思、倡议和呼声。为深入落实中央八项规定精神,坚决反对“四风”,现就严禁公款购买印制寄送贺年卡等物品提出如下要求:

各级党政机关、国有企事业单位和金融机构,严禁用公款购买、印制、邮寄、赠送贺年卡、明信片、年历等物品。涉及外事、港澳台事务、侨务等工作需要不在此限,但也要提倡节俭。要严肃财经纪律,强化审计监督,相关费用不准转嫁摊派,一律不予公款报销。

各级纪检监察机关要持之以恒强化监督检查,及时发现问题,坚决予以纠正。对顶风违纪的,发现一起、查处一起,严肃责任追究,通报曝光典型案例。以改进作风的实际成效,不断深化和巩固落实中央八项规定精神的成果。

关于严禁元旦春节期间公款购买赠送烟花爆竹等年货节礼的通知

（中共中央纪委2013年11月21日印发）

元旦、春节将至，遵照中央指示，要继续落实好八项规定精神、坚决反对“四风”。节日期间，公款赠送节礼现象普遍，不正之风易发多发，广大群众反映强烈。现提出如下纪律要求：

各级党政机关、人民团体、国有企事业单位和金融机构，严禁用公款购买赠送烟花爆竹、烟酒、花卉、食品等年货节礼（慰问困难群众职工不在此限）。要严肃财经纪律，强化审计监督，相关费用不准转嫁摊派，一律不予公款报销。

各级纪检监察机关要强化执纪监督，对违纪行为快查快办，严格责任追究，及时通报曝光。深入落实八项规定精神，必须在坚持中深化，在深化中坚持，不断巩固纠正“四风”成果。广大党员干部要带头勤俭节约、移风易俗，以优良党风政风带动民风社风，过一个平安欢乐祥和的佳节。

中共中央组织部关于规范退(离)休领导干部在社会团体兼职问题的通知

(2014 年 6 月 25 日)

当前,领导干部退(离)休后在各类社会团体兼职,或参与成立新的社会团体的情况有所增多。大多数退(离)休领导干部热心参与社会公益事业,积极发挥个人业务专长和经验优势,不求回报,无私奉献,为促进社会团体健康有序发展、推动和谐社会建设作出了贡献。但也有一些退(离)休领导干部以兼职为名,利用个人影响找地方、部门和企事业单位要钱要车要办公场所,甚至领取较高薪酬,造成了不好的社会影响,干部群众对此多有反映。为认真贯彻执行中央八项规定和从严管理干部的精神,对退(离)休领导干部在社会团体兼职行为要进一步从严规范,引导和发挥好他们的作用。经中央批准,现就有关问题通知如下。

一、退(离)休领导干部在社会团体兼任职务(包括领导职务和名誉职务、常务理事、理事等),须按干部管理权限审批或备案后方可兼职。确因工作需要,本人又无其他兼职,且所兼职社会团体的业务与原工作业务或特长相关的,经批准可兼任 1 个社会团体职务;任期届满拟连任的,必须重新履行有关审批手续,兼职不超过两届;兼职的任职年龄界限为 70 周岁。

除工作特殊需要外,不得兼任社会团体法定代表人,不得牵头成立新的社会团体或兼任境外社会团体职务。

二、经批准兼任社会团体职务的,兼职期间要发挥好政治把关、经验指导、业务传授等方面的作用,促进社会团体健康有序发展。不得利用个人影响要求党政机关、企事业单位提供办公用房、车辆、资金等;不得以社会团体名义违规从事营利性活动;不得强行要求入会或违规收费、摊派、强制服务、干预会员单位生产经营活动等。

三、兼职不得领取社会团体的薪酬、奖金、津贴等报酬和获取其他额外利益,也不得领取各种名目的补贴等,确属需要的工作经费,要从严控制,不得超过规定标准和实际支出。

四、兼职期间的履职情况、是否取酬和报销有关工作费用等,干部本人应每年年底以书面形式报所在单位党委(党组)。对领取报酬,或履行职责不当的,干部所在单位应责令其辞去社会团体职务。兼职期间违规领取的报酬,应按中央纪委有关规定执行。

五、中央管理的干部退(离)休后兼任社会团体职务,须由干部所在单位党委(党组)审批并报中央组织部备案同意后方可兼职。确需由中央管理的干部兼任职务的社会团体,必须在国家、地区、行业和经济、政治、社会生活中起重要作用,在国内外有一定影响。

备案报告应在社会团体召开有关会议进行选举或决定任命前30日报中央组织部,需说明以下情况:(1)社会团体的基本情况,包括登记事项、宗旨、业务范围和成立时间等内容。(2)领导干部原任职务,兼职的理由,是否兼任法定代表人;本人是否已在其他社会团体中兼职;社会团体召开有关会议进行选举或决定任命的时间。兼职须由社会团体出具邀请函;所兼职的社会团体有业务主管单位的,须有业务主管单位的书面意见。(3)如领导干部已兼任社会团体职务,任期届满拟连任的,需说明干部本人已兼职的时间和任期;如领导干部属新兼任社会团体会长(理事长)职务,需说明原任会长(理事长)不再担任的原因。(4)附拟兼职干部的《干部任免审批表》和社会团体现任领导干部名单一式三份,社会团体章程和社会团体登记证书副本复印件各一份。

六、各地区各部门各单位要根据本通知精神制定相应的管理和审批办法,并对退(离)休领导干部在社会团体兼职情况进行摸底和清理规范。凡未经批准在社会团体兼任职务的,符合规定的,须在本通知下发后半年内履行有关审批手续;不符合规定的,应由本人在半年内辞去所兼任的职务。经批准已在社会团体兼任职务的,应对兼职任期、年龄、履职情况以及是否取酬等情况进行审核并予以规范。

七、本通知适用于各级各类党政机关退(离)休干部。国有企事业单位退(离)休领导人员,参照本通知有关规定执行。

八、本通知自发布之日起施行。以往规定与本通知不一致的,按照本通知执行。

请各地区各部门各单位于2015年1月前将清理规范工作总结报送中央组织部,并填写《中央管理的干部退(离)休后在社会团体兼职有关情况统计表》《中央管理的干部退(离)休后在社会团体兼职有关情况统计汇总表》《规范退(离)休领导干部在社会团体兼职有关情况统计表》。

附件:1. 中央管理的干部退(离)休后在社会团体兼职有关情况统计表

2. 中央管理的干部退(离)休后在社会团体兼职有关情况统计汇总表(表一、表二)

3. 规范退(离)休领导干部在社会团体兼职有关情况统计表(表一、表二)

附件 1

中央管理的干部退(离)休后在社会团体兼职有关情况统计表

填表单位:(盖章)　　　　填表人及联系方式:

姓名	原任职务	出生年月	职级	退(离)休时间	清理前					清理后
					兼职数量	兼职时间	兼任职务(如兼法定代表人需注明)	是否报批	目前兼职届数	是否继续兼任
××× (女)	××部原副部长	1949.11	副省部级	2013.04	2	2009.08	××协会副会长	是	2	否
						2013.10	××协会顾问	否	1	是
×××	××公司原总经理	1950.02	企业正职	2013.04	1	2013.09	××学会会长(法定代表人)	否	1	否

注:1.“职级”一栏,分别填写为“正省部级”、“副省部级”、“厅局级”、“企业正职”、“企业副职”和“其他”。

2.“目前兼职届数”一栏,如属第一次兼任有关职务的,填写为“1”,换届后兼任第二个任期的填写为“2”,依次类推。

附件 2

中央管理的干部退（离）休后在社会团体兼职有关情况统计汇总表

表一：党政机关干部（公务员及参公管理人员）

填表单位：（盖章）　　　　填表人及联系方式：

清理前后情况 \ 兼职人员类别及有关情况		兼职人员类别						基本情况					审批情况	
		正省部级		副省部级		厅局级		兼职超过1个的人数	单人兼职最大数量	超过70周岁的人数	最大年龄（岁）	兼职超过两届的人数	履行过审批或备案人次	未履行过审批或备案人次
		人数	人次	人数	人次	人数	人次							
清理前兼职情况	总体情况													
	兼任领导职务情况													
	兼任其他职务情况													
	兼法定代表人情况													
清理后兼职情况	总体情况													
	兼任领导职务情况													
	兼任其他职务情况													
	兼法定代表人情况													

注：1. 领导干部属公务员及参公管理人员的汇总填入此表。

2. “兼任领导职务”是指兼任社团秘书长以上职务；“其他职务”是指除领导职务以外的职务，包括名誉职务、常务理事、理事等（不包括会员）。

中央管理的干部退(离)休后在社会团体兼职有关情况统计汇总表

表二:国有企事业单位领导人员

填表单位:(盖章)　　　　填表人及联系方式:

兼职人员类别及有关情况 / 清理前后情况		兼职人员类别								基本情况					审批情况	
		未列入参公管理的事业单位				国有企业及金融企业				兼职超过1个的人数	单人兼职最大数量	超过70周岁的人数	最大年龄(岁)	兼职超过两届的人数	履行过审批或备案人次	未履行过审批或备案人次
		正职		副职及其他		正职		副职及其他								
		人数	人次	人数	人次	人数	人次	人数	人次							
清理前兼职情况	总体情况															
	兼任领导职务情况															
	兼任其他职务情况															
	兼法定代表人情况															
清理后兼职情况	总体情况															
	兼任领导职务情况															
	兼任其他职务情况															
	兼法定代表人情况															

注:1. 领导干部属未列入参公管理事业单位领导人员,或国有企业及金融企业领导人员的汇总填入此表。

2.“兼任领导职务”是指兼任社团秘书长以上职务;“其他职务”是指除领导职务以外的职务,包括名誉职务、常务理事、理事等(不包括会员)。

附件 3

规范退(离)休领导干部在社会团体兼职有关情况统计表

表一:党政机关干部(公务员及参公管理人员)

填表单位:(盖章)　　　　　　　　　　　　　　　　填表人及联系方式:

<table>
<tr><td colspan="2" rowspan="3">兼职人员类别及有关情况
清理前后情况</td><td colspan="6">兼职人员类别</td><td colspan="5">基本情况</td><td colspan="2">审批情况</td></tr>
<tr><td colspan="2">厅局级</td><td colspan="2">县处级</td><td colspan="2">乡科级及以下</td><td rowspan="2">兼职超过1个的人数</td><td rowspan="2">单人兼职最大数量</td><td rowspan="2">超过70周岁的人数</td><td rowspan="2">最大年龄(岁)</td><td rowspan="2">兼职超过两届的人数</td><td rowspan="2">履行过审批或备案人次</td><td rowspan="2">未履行过审批或备案人次</td></tr>
<tr><td>人数</td><td>人次</td><td>人数</td><td>人次</td><td>人数</td><td>人次</td></tr>
<tr><td rowspan="4">清理前兼职情况</td><td>总体情况</td><td></td><td></td><td></td><td></td><td></td><td></td><td rowspan="4"></td><td rowspan="4"></td><td rowspan="4"></td><td rowspan="4"></td><td rowspan="4"></td><td rowspan="4"></td><td rowspan="4"></td></tr>
<tr><td>兼任领导职务情况</td><td></td><td></td><td></td><td></td><td></td><td></td></tr>
<tr><td>兼任其他职务情况</td><td></td><td></td><td></td><td></td><td></td><td></td></tr>
<tr><td>兼法定代表人情况</td><td></td><td></td><td></td><td></td><td></td><td></td></tr>
<tr><td rowspan="4">清理后兼职情况</td><td>总体情况</td><td></td><td></td><td></td><td></td><td></td><td></td><td rowspan="4"></td><td rowspan="4"></td><td rowspan="4"></td><td rowspan="4"></td><td rowspan="4"></td><td rowspan="4"></td><td rowspan="4"></td></tr>
<tr><td>兼任领导职务情况</td><td></td><td></td><td></td><td></td><td></td><td></td></tr>
<tr><td>兼任其他职务情况</td><td></td><td></td><td></td><td></td><td></td><td></td></tr>
<tr><td>兼法定代表人情况</td><td></td><td></td><td></td><td></td><td></td><td></td></tr>
</table>

注:1. 领导干部属公务员及参公管理人员的汇总填入此表。

2. “兼任领导职务”是指兼任社团秘书长以上职务;“其他职务”是指除领导职务以外的职务,包括名誉职务、常务理事、理事等(不包括会员)。

规范退(离)休领导干部在社会团体兼职有关情况统计表

表二:国有企事业单位领导人员

填表单位:(盖章)　　　　　　　　　　　　　　　　填表人及联系方式:

兼职人员类别及有关情况 / 清理前后情况		兼职人员类别				基本情况					审批情况	
		未列入参公管理的事业单位领导人员		国有企业及金融企业领导人员		兼职超过1个的人数	单人兼职最大数量	超过70周岁的人数	最大年龄(岁)	兼职超过两届的人数	履行过审批或备案人次	未履行过审批或备案人次
		人数	人次	人数	人次							
清理前兼职情况	总体情况											
	兼任领导职务情况											
	兼任其他职务情况											
	兼法定代表人情况											
清理后兼职情况	总体情况											
	兼任领导职务情况											
	兼任其他职务情况											
	兼法定代表人情况											

注:1. 领导干部属未列入参公管理事业单位领导人员,或国有企业及金融企业领导人员的汇总填入此表。

2. “兼任领导职务”是指兼任社团秘书长以上职务;“其他职务”是指除领导职务以外的职务,包括名誉职务、常务理事、理事等(不包括会员)。

关于规范公务员辞去公职后从业行为的意见

（中共中央组织部、人力资源和社会保障部、国家工商行政管理总局、
国家公务员局2017年4月28日印发）

为贯彻落实党中央关于全面从严治党、从严管理干部要求，加强对权力运行的制约和监督，防止出现公务员辞去公职后从业中的违纪违法现象，根据《中华人民共和国公务员法》《中国共产党纪律处分条例》等法律法规，对规范公务员辞去公职后从业行为提出如下意见。

一、本意见所规范的公务员辞去公职后从业行为，是指公务员根据本人意愿提出辞去公职，经批准依法解除公务员身份，到国有企事业以外的单位就业或自主创业。

二、各级机关中原系领导班子成员的公务员以及其他担任县处级以上职务的公务员，辞去公职后3年内，不得接受原任职务管辖地区和业务范围内的企业、中介机构或其他营利性组织的聘任，个人不得从事与原任职务管辖业务直接相关的营利性活动；其他公务员辞去公职后2年内，不得接受与原工作业务直接相关的企业、中介机构或其他营利性组织的聘任，个人不得从事与原工作业务直接相关的营利性活动。

"原任职务"或"原工作业务"，一般应包括辞去公职前3年内担任过的职务或从事过的工作业务。

三、公务员辞去公职后从业行为是否违反上述规定，由其原单位认定。省级以上具有行政审批、行业监管、执法监督等职能的机关，应当结合实际，逐步建立公务员辞去公职后从业行为限制清单。

四、公务员申请辞去公职时应当如实报告从业去向，签署承诺书，对遵守从业限制规定、保守国家秘密和工作秘密，以及在从业限制期限内主动报告从业变动情况等作出承诺。

五、公务员所在单位或上级组织（人事）部门在批准其辞去公职前要与本人谈话，了解其从业意向，提醒严格遵守从业限制规定，告知违规从业须承担的法律责任。对不符合从业限制规定的，要劝其调整从业意向；经劝说仍不调整的，不予批准其辞去公职申请。对经批准同意辞去公职的，在从业限制期限内，原单位每年至少与其联系一次，了解和核查从业情况，发现有违反规定的情形，应当

及时向公务员主管部门报告。

六、公务员辞去公职后有违规从业行为的,由公务员主管部门会同原单位责令其限期解除与接收单位的聘任关系或终止违规经营性活动;逾期不改正的,公务员主管部门要会同有关部门,对其违规从业所得数额进行调查核定,由县级以上工商、市场监管等部门依法没收,责令接收单位将该人员清退,并根据情节轻重,对接收单位处以被处罚人员违规从业所得一倍以上五倍以下罚款。违规从业人员为中共党员的,依照有关党规党纪给予相应处分。对涉嫌犯罪的,移交司法机关依法处理。

公务员主管部门会同有关部门将辞去公职人员违规从业行为纳入个人信用记录。接收单位为企业的,工商、市场监管部门将其受行政处罚情况录入企业信用信息系统。

七、建立健全公务员辞去公职后从业备案和监督检查制度。经批准同意辞去公职的公务员,由原单位报公务员主管部门备案。公务员主管部门通过专项检查、接受信访举报、了解舆情报道等方式,对各单位落实公务员辞去公职后从业规定情况进行指导和监督检查。对未按照规定审批,或未履行提醒告知、备案、了解核实等职责,导致辞去公职人员违规从业的,对单位给予通报批评,对相关负责人进行提醒、函询和诫勉,视情节轻重给予组织处理或纪律处分。

八、要准确把握和执行政策,正确对待公务员依法辞去公职行为,支持人才的合理流动,充分尊重和保障辞去公职人员合法就业和创业的权益。

九、对参照公务员法管理机关(单位)工作人员,以及公务员交流到国有企事业单位未满从业限制期限,辞去公职后从业行为的规范,参照本意见执行。

十、本意见自2017年4月28日起施行,由中央组织部、人力资源社会保障部、工商总局、国家公务员局负责解释。

党的监督保障法规制度

（一）监督

中国共产党党内监督条例

（2016年10月27日中国共产党第十八届中央委员会第六次全体会议通过）

第一章　总　　则

第一条　为坚持党的领导，加强党的建设，全面从严治党，强化党内监督，保持党的先进性和纯洁性，根据《中国共产党章程》，制定本条例。

第二条　党内监督以马克思列宁主义、毛泽东思想、邓小平理论、“三个代表”重要思想、科学发展观为指导，深入贯彻习近平总书记系列重要讲话精神，围绕统筹推进“五位一体”总体布局和协调推进“四个全面”战略布局，尊崇党章，依规治党，坚持党内监督和人民群众监督相结合，增强党在长期执政条件下自我净化、自我完善、自我革新、自我提高能力，确保党始终成为中国特色社会主义事业的坚强领导核心。

第三条　党内监督没有禁区、没有例外。信任不能代替监督。各级党组织应当把信任激励同严格监督结合起来，促使党的领导干部做到有权必有责、有责要担当，用权受监督、失责必追究。

第四条　党内监督必须贯彻民主集中制，依规依纪进行，强化自上而下的组织监督，改进自下而上的民主监督，发挥同级相互监督作用。坚持惩前毖后、治病救人，抓早抓小、防微杜渐。

第五条　党内监督的任务是确保党章党规党纪在全党有效执行，维护党的团结统一，重点解决党的领导弱化、党的建设缺失、全面从严治党不力，党的观念淡漠、组织涣散、纪律松弛，管党治党宽松软问题，保证党的组织充分履行职能、发挥核心作用,保证全体党员发挥先锋模范作用,保证党的领导干部忠诚干净担当。

党内监督的主要内容是:

(一)遵守党章党规,坚定理想信念,践行党的宗旨,模范遵守宪法法律情况;

(二)维护党中央集中统一领导,牢固树立政治意识、大局意识、核心意识、看齐意识,贯彻落实党的理论和路线方针政策,确保全党令行禁止情况;

(三)坚持民主集中制,严肃党内政治生活,贯彻党员个人服从党的组织,少数服从多数,下级组织服从上级组织,全党各个组织和全体党员服从党的全国代表大会和中央委员会原则情况;

(四)落实全面从严治党责任,严明党的纪律特别是政治纪律和政治规矩,推进党风廉政建设和反腐败工作情况;

(五)落实中央八项规定精神,加强作风建设,密切联系群众,巩固党的执政基础情况;

(六)坚持党的干部标准,树立正确选人用人导向,执行干部选拔任用工作规定情况;

(七)廉洁自律、秉公用权情况;

(八)完成党中央和上级党组织部署的任务情况。

第六条 党内监督的重点对象是党的领导机关和领导干部特别是主要领导干部。

第七条 党内监督必须把纪律挺在前面,运用监督执纪"四种形态",经常开展批评和自我批评、约谈函询,让"红红脸、出出汗"成为常态;党纪轻处分、组织调整成为违纪处理的大多数;党纪重处分、重大职务调整的成为少数;严重违纪涉嫌违法立案审查的成为极少数。

第八条 党的领导干部应当强化自我约束,经常对照党章检查自己的言行,自觉遵守党内政治生活准则、廉洁自律准则,加强党性修养,陶冶道德情操,永葆共产党人政治本色。

第九条 建立健全党中央统一领导,党委(党组)全面监督,纪律检查机关专责监督,党的工作部门职能监督,党的基层组织日常监督,党员民主监督的党内监督体系。

第二章　党的中央组织的监督

第十条 党的中央委员会、中央政治局、中央政治局常务委员会全面领导党内监督工作。中央委员会全体会议每年听取中央政治局工作报告,监督中央政治局工作,部署加强党内监督的重大任务。

第十一条 中央政治局、中央政治局常务委员会定期研究部署在全党开展学习教育,以整风精神查找问题、纠正偏差;听取和审议全党落实中央八项规定精神情况汇报,加强作风建设情况监督检查;听取中央纪律检查委员会常务委员会工作汇报;听取中央巡视情况汇报,在一届任期内实现中央巡视全覆盖。中央政治局每年召开民主生活会,进行对照检查和党性分析,研究加强自身建设措施。

第十二条 中央委员会成员必须严格遵守党的政治纪律和政治规矩,发现其他成员有违反党章、破坏党的纪律、危害党的团结统一的行为应当坚决抵制,并及时向党中央报告。对中央政治局委员的意见,署真实姓名以书面形式或者其他形式向中央政治局常务委员会或者中央纪律检查委员会常务委员会反映。

第十三条 中央政治局委员应当加强对直接分管部门、地方、领域党组织和领导班子成员的监督,定期同有关地方和部门主要负责人就其履行全面从严治党责任、廉洁自律等情况进行谈话。

第十四条 中央政治局委员应当严格执行中央八项规定,自觉参加双重组织生活,如实向党中央报告个人重要事项。带头树立良好家风,加强对亲属和身边工作人员的教育和约束,严格要求配偶、子女及其配偶不得违规经商办企业,不得违规任职、兼职取酬。

第三章　党委(党组)的监督

第十五条 党委(党组)在党内监督中负主体责任,书记是第一责任人,党委常委会委员(党组成员)和党委委员在职责范围内履行监督职责。党委(党组)履行以下监督职责:

(一)领导本地区本部门本单位党内监督工作,组织实施各项监督制度,抓好督促检查;

(二)加强对同级纪委和所辖范围内纪律检查工作的领导,检查其监督执纪问责工作情况;

(三)对党委常委会委员(党组成员)、党委委员,同级纪委、党的工作部门和直接领导的党组织领导班子及其成员进行监督;

(四)对上级党委、纪委工作提出意见和建议,开展监督。

第十六条 党的工作部门应当严格执行各项监督制度,加强职责范围内党内监督工作,既加强对本部门本单位的内部监督,又强化对本系统的日常监督。

第十七条 党内监督必须加强对党组织主要负责人和关键岗位领导干部的

监督,重点监督其政治立场、加强党的建设、从严治党,执行党的决议,公道正派选人用人,责任担当、廉洁自律,落实意识形态工作责任制情况。

上级党组织特别是其主要负责人,对下级党组织主要负责人应当平时多过问、多提醒,发现问题及时纠正。领导班子成员发现班子主要负责人存在问题,应当及时向其提出,必要时可以直接向上级党组织报告。

党组织主要负责人个人有关事项应当在党内一定范围公开,主动接受监督。

第十八条 党委(党组)应当加强对领导干部的日常管理监督,掌握其思想、工作、作风、生活状况。党的领导干部应当经常开展批评和自我批评,敢于正视、深刻剖析、主动改正自己的缺点错误;对同志的缺点错误应当敢于指出,帮助改进。

第十九条 巡视是党内监督的重要方式。中央和省、自治区、直辖市党委一届任期内,对所管理的地方、部门、企事业单位党组织全面巡视。巡视党的组织和党的领导干部尊崇党章、党的领导、党的建设和党的路线方针政策落实情况,履行全面从严治党责任、执行党的纪律、落实中央八项规定精神、党风廉政建设和反腐败工作以及选人用人情况。发现问题、形成震慑,推动改革、促进发展,发挥从严治党利剑作用。

中央巡视工作领导小组应当加强对省、自治区、直辖市党委,中央有关部委,中央国家机关部门党组(党委)巡视工作的领导。省、自治区、直辖市党委应当推动党的市(地、州、盟)和县(市、区、旗)委员会建立巡察制度,使从严治党向基层延伸。

第二十条 严格党的组织生活制度,民主生活会应当经常化,遇到重要或者普遍性问题应当及时召开。民主生活会重在解决突出问题,领导干部应当在会上把群众反映、巡视反馈、组织约谈函询的问题说清楚、谈透彻,开展批评和自我批评,提出整改措施,接受组织监督。上级党组织应当加强对下级领导班子民主生活会的指导和监督,提高民主生活会质量。

第二十一条 坚持党内谈话制度,认真开展提醒谈话、诫勉谈话。发现领导干部有思想、作风、纪律等方面苗头性、倾向性问题的,有关党组织负责人应当及时对其提醒谈话;发现轻微违纪问题的,上级党组织负责人应当对其诫勉谈话,并由本人作出说明或者检讨,经所在党组织主要负责人签字后报上级纪委和组织部门。

第二十二条 严格执行干部考察考核制度,全面考察德、能、勤、绩、廉表现,既重政绩又重政德,重点考察贯彻执行党中央和上级党组织决策部署的表现,履行管党治党责任,在重大原则问题上的立场,对待人民群众的态度,完成急难险重任务的情况。考察考核中党组织主要负责人应当对班子成员实事求是作出评价。考核评语在同本人见面后载入干部档案。落实党组织主要负责人在干部选任、考察、决策等各个环节的责任,对失察失责的应当严肃追究责任。

第二十三条 党的领导干部应当每年在党委常委会(或党组)扩大会议上述责述廉,接受评议。述责述廉重点是执行政治纪律和政治规矩、履行管党治党责任、推进党风廉政建设和反腐败工作以及执行廉洁纪律情况。述责述廉报告应当载入廉洁档案,并在一定范围内公开。

第二十四条 坚持和完善领导干部个人有关事项报告制度,领导干部应当按规定如实报告个人有关事项,及时报告个人及家庭重大情况,事先请示报告离开岗位或者工作所在地等。有关部门应当加强抽查核实。对故意虚报瞒报个人重大事项、篡改伪造个人档案资料的,一律严肃查处。

第二十五条 建立健全党的领导干部插手干预重大事项记录制度,发现利用职务便利违规干预干部选拔任用、工程建设、执纪执法、司法活动等问题,应当及时向上级党组织报告。

第四章 党的纪律检查委员会的监督

第二十六条 党的各级纪律检查委员会是党内监督的专责机关,履行监督执纪问责职责,加强对所辖范围内党组织和领导干部遵守党章党规党纪、贯彻执行党的路线方针政策情况的监督检查,承担下列具体任务:

(一)加强对同级党委特别是常委会委员、党的工作部门和直接领导的党组织、党的领导干部履行职责、行使权力情况的监督;

(二)落实纪律检查工作双重领导体制,执纪审查工作以上级纪委领导为主,线索处置和执纪审查情况在向同级党委报告的同时向上级纪委报告,各级纪委书记、副书记的提名和考察以上级纪委会同组织部门为主;

(三)强化上级纪委对下级纪委的领导,纪委发现同级党委主要领导干部的问题,可以直接向上级纪委报告;下级纪委至少每半年向上级纪委报告 1 次工作,每年向上级纪委进行述职。

第二十七条 纪律检查机关必须把维护党的政治纪律和政治规矩放在首位,坚决纠正和查处上有政策、下有对策,有令不行、有禁不止,口是心非、阳奉阴违,搞团团伙伙、拉帮结派,欺骗组织、对抗组织等行为。

第二十八条 纪委派驻纪检组对派出机关负责,加强对被监督单位领导班子及其成员、其他领导干部的监督,发现问题应当及时向派出机关和被监督单位党组织报告,认真负责调查处置,对需要问责的提出建议。

派出机关应当加强对派驻纪检组工作的领导,定期约谈被监督单位党组织主要负责人、派驻纪检组组长,督促其落实管党治党责任。

派驻纪检组应当带着实际情况和具体问题,定期向派出机关汇报工作,至少每半年会同被监督单位党组织专题研究1次党风廉政建设和反腐败工作。对能发现的问题没有发现是失职,发现问题不报告、不处置是渎职,都必须严肃问责。

第二十九条 认真处理信访举报,做好问题线索分类处置,早发现早报告,对社会反映突出、群众评价较差的领导干部情况及时报告,对重要检举事项应当集体研究。定期分析研判信访举报情况,对信访反映的典型性、普遍性问题提出有针对性的处置意见,督促信访举报比较集中的地方和部门查找分析原因并认真整改。

第三十条 严把干部选拔任用"党风廉洁意见回复"关,综合日常工作中掌握的情况,加强分析研判,实事求是评价干部廉洁情况,防止"带病提拔"、"带病上岗"。

第三十一条 接到对干部一般性违纪问题的反映,应当及时找本人核实,谈话提醒、约谈函询,让干部把问题讲清楚。约谈被反映人,可以与其所在党组织主要负责人一同进行;被反映人对函询问题的说明,应当由其所在党组织主要负责人签字后报上级纪委。谈话记录和函询回复应当认真核实,存档备查。没有发现问题的应当了结澄清,对不如实说明情况的给予严肃处理。

第三十二条 依规依纪进行执纪审查,重点审查不收敛不收手,问题线索反映集中、群众反映强烈,现在重要岗位且可能还要提拔使用的领导干部,三类情况同时具备的是重中之重。执纪审查应当查清违纪事实,让审查对象从学习党章入手,从理想信念宗旨、党性原则、作风纪律等方面检查剖析自己,审理报告应当事实清楚、定性准确,反映审查对象思想认识情况。

第三十三条 对违反中央八项规定精神的,严重违纪被立案审查开除党籍的,严重失职失责被问责的,以及发生在群众身边、影响恶劣的不正之风和腐败问题,应当点名道姓通报曝光。

第三十四条 加强对纪律检查机关的监督。发现纪律检查机关及其工作人员有违反纪律问题的,必须严肃处理。各级纪律检查机关必须加强自身建设,健全内控机制,自觉接受党内监督、社会监督、群众监督,确保权力受到严格约束。

第五章 党的基层组织和党员的监督

第三十五条 党的基层组织应当发挥战斗堡垒作用,履行下列监督职责:

(一)严格党的组织生活,开展批评和自我批评,监督党员切实履行义务,保障党员权利不受侵犯；

（二）了解党员、群众对党的工作和党的领导干部的批评和意见，定期向上级党组织反映情况，提出意见和建议；

（三）维护和执行党的纪律，发现党员、干部违反纪律问题及时教育或者处理，问题严重的应当向上级党组织报告。

第三十六条 党员应当本着对党和人民事业高度负责的态度，积极行使党员权利，履行下列监督义务：

（一）加强对党的领导干部的民主监督，及时向党组织反映群众意见和诉求；

（二）在党的会议上有根据地批评党的任何组织和任何党员，揭露和纠正工作中存在的缺点和问题；

（三）参加党组织开展的评议领导干部活动，勇于触及矛盾问题、指出缺点错误，对错误言行敢于较真、敢于斗争；

（四）向党负责地揭发、检举党的任何组织和任何党员违纪违法的事实，坚决反对一切派别活动和小集团活动，同腐败现象作坚决斗争。

第六章 党内监督和外部监督相结合

第三十七条 各级党委应当支持和保证同级人大、政府、监察机关、司法机关等对国家机关及公职人员依法进行监督，人民政协依章程进行民主监督，审计机关依法进行审计监督。有关国家机关发现党的领导干部违反党规党纪、需要党组织处理的，应当及时向有关党组织报告。审计机关发现党的领导干部涉嫌违纪的问题线索，应当向同级党组织报告，必要时向上级党组织报告，并按照规定将问题线索移送相关纪律检查机关处理。

在纪律审查中发现党的领导干部严重违纪涉嫌违法犯罪的，应当先作出党纪处分决定，再移送行政机关、司法机关处理。执法机关和司法机关依法立案查处涉及党的领导干部案件，应当向同级党委、纪委通报；该干部所在党组织应当根据有关规定，中止其相关党员权利；依法受到刑事责任追究，或者虽不构成犯罪但涉嫌违纪的，应当移送纪委依纪处理。

第三十八条 中国共产党同各民主党派长期共存、互相监督、肝胆相照、荣辱与共。各级党组织应当支持民主党派履行监督职能，重视民主党派和无党派人士提出的意见、批评、建议，完善知情、沟通、反馈、落实等机制。

第三十九条 各级党组织和党的领导干部应当认真对待、自觉接受社会监督，利用互联网技术和信息化手段，推动党务公开、拓宽监督渠道，虚心接受群众批评。新闻媒体应当坚持党性和人民性相统一，坚持正确导向，加强舆论监督，对典型案例进行剖析,发挥警示作用。

第七章　整改和保障

第四十条　党组织应当如实记录、集中管理党内监督中发现的问题和线索,及时了解核实,作出相应处理;不属于本级办理范围的应当移送有权限的党组织处理。

第四十一条　党组织对监督中发现的问题应当做到条条要整改、件件有着落。整改结果应当及时报告上级党组织,必要时可以向下级党组织和党员通报,并向社会公开。

对于上级党组织交办以及巡视等移交的违纪问题线索,应当及时处理,并在3个月内反馈办理情况。

第四十二条　党委(党组)、纪委(纪检组)应当加强对履行党内监督责任和问题整改落实情况的监督检查,对不履行或者不正确履行党内监督职责,以及纠错、整改不力的,依照《中国共产党纪律处分条例》、《中国共产党问责条例》等规定处理。

第四十三条　党组织应当保障党员知情权和监督权,鼓励和支持党员在党内监督中发挥积极作用。提倡署真实姓名反映违纪事实,党组织应当为检举控告者严格保密,并以适当方式向其反馈办理情况。对干扰妨碍监督、打击报复监督者的,依纪严肃处理。

第四十四条　党组织应当保障监督对象的申辩权、申诉权等相关权利。经调查,监督对象没有不当行为的,应当予以澄清和正名。对以监督为名侮辱、诽谤、诬陷他人的,依纪严肃处理;涉嫌犯罪的移送司法机关处理。监督对象对处理决定不服的,可以依照党章规定提出申诉。有关党组织应当认真复议复查,并作出结论。

第八章　附　　则

第四十五条　中央军事委员会可以根据本条例,制定相关规定。

第四十六条　本条例由中央纪律检查委员会负责解释。

第四十七条　本条例自发布之日起施行。

中共中央关于修改《中国共产党巡视工作条例》的决定

（2017年7月1日）

为贯彻落实党的十八届六中全会精神，深化政治巡视，进一步发挥巡视监督全面从严治党利剑作用，党中央决定对《中国共产党巡视工作条例》作如下修改。

一、将第一条修改为："为落实全面从严治党要求，严肃党内政治生活，净化党内政治生态，加强党内监督，规范巡视工作，根据《中国共产党章程》，制定本条例。"

二、将第二条第一款分为三款，原第一款修改为："党的中央和省、自治区、直辖市委员会实行巡视制度，建立专职巡视机构，在一届任期内对所管理的地方、部门、企事业单位党组织全面巡视。"

增加第二款："中央有关部委、中央国家机关部门党组（党委）可以实行巡视制度，设立巡视机构，对所管理的党组织进行巡视监督。"

增加第三款："党的市（地、州、盟）和县（市、区、旗）委员会建立巡察制度，设立巡察机构，对所管理的党组织进行巡察监督。"

原第二款为第四款，修改为："开展巡视巡察工作的党组织承担巡视巡察工作的主体责任。"

三、将第三条修改为："巡视工作以马克思列宁主义、毛泽东思想、邓小平理论、'三个代表'重要思想、科学发展观为指导，深入贯彻习近平总书记系列重要讲话精神和治国理政新理念新思想新战略，牢固树立政治意识、大局意识、核心意识、看齐意识，坚定不移维护以习近平同志为核心的党中央权威和集中统一领导，统筹推进'五位一体'总体布局和协调推进'四个全面'战略布局，贯彻新发展理念，坚定对中国特色社会主义的道路自信、理论自信、制度自信、文化自信，尊崇党章，依规治党，落实中央巡视工作方针，深化政治巡视，聚焦坚持党的领导、加强党的建设、全面从严治党，发现问题、形成震慑，推动改革、促进发展，确保党始终成为中国特色社会主义事业的坚强领导核心。"

四、将第五条第三款修改为："中央巡视工作领导小组应当加强对省、自治区、直辖市党委，中央有关部委，中央国家机关部门党组（党委）巡视工作的领导。"

五、将第十一条第一项修改为："（一）理想信念坚定，对党忠诚，在思想上政治上行动上同党中央保持高度一致;”。

六、将第十五条修改为:“巡视组对巡视对象执行《中国共产党章程》和其他党内法规,遵守党的纪律,落实全面从严治党主体责任和监督责任等情况进行监督,着力发现党的领导弱化、党的建设缺失、全面从严治党不力,党的观念淡漠、组织涣散、纪律松弛,管党治党宽松软问题:

(一)违反政治纪律和政治规矩,存在违背党的路线方针政策的言行,有令不行、有禁不止,阳奉阴违、结党营私、团团伙伙、拉帮结派,以及落实意识形态工作责任制不到位等问题;

(二)违反廉洁纪律,以权谋私、贪污贿赂、腐化堕落等问题;

(三)违反组织纪律,违规用人、任人唯亲、跑官要官、买官卖官、拉票贿选,以及独断专行、软弱涣散、严重不团结等问题;

(四)违反群众纪律、工作纪律、生活纪律,落实中央八项规定精神不力,搞形式主义、官僚主义、享乐主义和奢靡之风等问题;

(五)派出巡视组的党组织要求了解的其他问题。”

本决定自 2017 年 7 月 10 日起施行。

现将修改后的《中国共产党巡视工作条例》予以印发。

中国共产党巡视工作条例

（中共中央2017年7月修改）

第一章　总　　则

第一条　为落实全面从严治党要求，严肃党内政治生活，净化党内政治生态，加强党内监督，规范巡视工作，根据《中国共产党章程》，制定本条例。

第二条　党的中央和省、自治区、直辖市委员会实行巡视制度，建立专职巡视机构，在一届任期内对所管理的地方、部门、企事业单位党组织全面巡视。

中央有关部委、中央国家机关部门党组（党委）可以实行巡视制度，设立巡视机构，对所管理的党组织进行巡视监督。

党的市（地、州、盟）和县（市、区、旗）委员会建立巡察制度，设立巡察机构，对所管理的党组织进行巡察监督。

开展巡视巡察工作的党组织承担巡视巡察工作的主体责任。

第三条　巡视工作以马克思列宁主义、毛泽东思想、邓小平理论、"三个代表"重要思想、科学发展观为指导，深入贯彻习近平总书记系列重要讲话精神和治国理政新理念新思想新战略，牢固树立政治意识、大局意识、核心意识、看齐意识，坚定不移维护以习近平同志为核心的党中央权威和集中统一领导，统筹推进"五位一体"总体布局和协调推进"四个全面"战略布局，贯彻新发展理念，坚定对中国特色社会主义的道路自信、理论自信、制度自信、文化自信，尊崇党章，依规治党，落实中央巡视工作方针，深化政治巡视，聚焦坚持党的领导、加强党的建设、全面从严治党，发现问题、形成震慑，推动改革、促进发展，确保党始终成为中国特色社会主义事业的坚强领导核心。

第四条　巡视工作坚持中央统一领导、分级负责；坚持实事求是、依法依规；坚持群众路线、发扬民主。

第二章　机构和人员

第五条　党的中央和省、自治区、直辖市委员会成立巡视工作领导小组，分别向党中央和省、自治区、直辖市党委负责并报告工作。

巡视工作领导小组组长由同级党的纪律检查委员会书记担任，副组长一般由同级党委组织部部长担任。巡视工作领导小组组长为组织实施巡视工作的主要责任人。

中央巡视工作领导小组应当加强对省、自治区、直辖市党委，中央有关部委，中央国家机关部门党组(党委)巡视工作的领导。

第六条 巡视工作领导小组的职责是:

(一)贯彻党的中央委员会和同级党的委员会有关决议、决定;

(二)研究提出巡视工作规划、年度计划和阶段任务安排;

(三)听取巡视工作汇报;

(四)研究巡视成果的运用,分类处置,提出相关意见和建议;

(五)向同级党组织报告巡视工作情况;

(六)对巡视组进行管理和监督;

(七)研究处理巡视工作中的其他重要事项。

第七条 巡视工作领导小组下设办公室,为其日常办事机构。

中央巡视工作领导小组办公室设在中央纪律检查委员会。

省、自治区、直辖市党委巡视工作领导小组办公室为党委工作部门,设在同级党的纪律检查委员会。

第八条 巡视工作领导小组办公室的职责是:

(一)向巡视工作领导小组报告工作情况,传达贯彻巡视工作领导小组的决策和部署;

(二)统筹、协调、指导巡视组开展工作;

(三)承担政策研究、制度建设等工作;

(四)对派出巡视组的党组织、巡视工作领导小组决定的事项进行督办;

(五)配合有关部门对巡视工作人员进行培训、考核、监督和管理;

(六)办理巡视工作领导小组交办的其他事项。

第九条 党的中央和省、自治区、直辖市委员会设立巡视组,承担巡视任务。巡视组向巡视工作领导小组负责并报告工作。

第十条 巡视组设组长、副组长、巡视专员和其他职位。巡视组实行组长负责制,副组长协助组长开展工作。

巡视组组长根据每次巡视任务确定并授权。

第十一条 巡视工作人员应当具备下列条件:

(一)理想信念坚定,对党忠诚,在思想上政治上行动上同党中央保持高度一致;

(二)坚持原则,敢于担当,依法办事,公道正派,清正廉洁;

（三）遵守党的纪律，严守党的秘密；

（四）熟悉党务工作和相关政策法规，具有较强的发现问题、沟通协调、文字综合等能力；

（五）身体健康，能胜任工作要求。

第十二条 选配巡视工作人员应当严格标准条件，对不适合从事巡视工作的人员，应当及时予以调整。

巡视工作人员应当按照规定进行轮岗交流。

巡视工作人员实行任职回避、地域回避、公务回避。

第三章 巡视范围和内容

第十三条 中央巡视组的巡视对象和范围是：

（一）省、自治区、直辖市党委和人大常委会、政府、政协党组领导班子及其成员，省、自治区、直辖市高级人民法院、人民检察院党组主要负责人，副省级城市党委和人大常委会、政府、政协党组主要负责人；

（二）中央部委领导班子及其成员，中央国家机关部委、人民团体党组（党委）领导班子及其成员；

（三）中央管理的国有重要骨干企业、金融企业、事业单位党委（党组）领导班子及其成员；

（四）中央要求巡视的其他单位的党组织领导班子及其成员。

第十四条 省、自治区、直辖市党委巡视组的巡视对象和范围是：

（一）市（地、州、盟）、县（市、区、旗）党委和人大常委会、政府、政协党组领导班子及其成员，市（地、州、盟）中级人民法院、人民检察院和县（市、区、旗）人民法院、人民检察院党组主要负责人；

（二）省、自治区、直辖市党委工作部门领导班子及其成员，政府部门、人民团体党组（党委、党工委）领导班子及其成员；

（三）省、自治区、直辖市管理的国有企业、事业单位党委（党组）领导班子及其成员；

（四）省、自治区、直辖市党委要求巡视的其他单位的党组织领导班子及其成员。

第十五条 巡视组对巡视对象执行《中国共产党章程》和其他党内法规，遵守党的纪律，落实全面从严治党主体责任和监督责任等情况进行监督，着力发现党的领导弱化、党的建设缺失、全面从严治党不力，党的观念淡漠、组织涣散、纪律松弛，管党治党宽松软问题：

(一)违反政治纪律和政治规矩,存在违背党的路线方针政策的言行,有令不行、有禁不止,阳奉阴违、结党营私、团团伙伙、拉帮结派,以及落实意识形态工作责任制不到位等问题;

(二)违反廉洁纪律,以权谋私、贪污贿赂、腐化堕落等问题;

(三)违反组织纪律,违规用人、任人唯亲、跑官要官、买官卖官、拉票贿选,以及独断专行、软弱涣散、严重不团结等问题;

(四)违反群众纪律、工作纪律、生活纪律,落实中央八项规定精神不力,搞形式主义、官僚主义、享乐主义和奢靡之风等问题;

(五)派出巡视组的党组织要求了解的其他问题。

第十六条 派出巡视组的党组织可以根据工作需要,针对所辖地方、部门、企事业单位的重点人、重点事、重点问题或者巡视整改情况,开展机动灵活的专项巡视。

第四章 工作方式和权限

第十七条 巡视组可以采取以下方式开展工作:

(一)听取被巡视党组织的工作汇报和有关部门的专题汇报;

(二)与被巡视党组织领导班子成员和其他干部群众进行个别谈话;

(三)受理反映被巡视党组织领导班子及其成员和下一级党组织领导班子主要负责人问题的来信、来电、来访等;

(四)抽查核实领导干部报告个人有关事项的情况;

(五)向有关知情人询问情况;

(六)调阅、复制有关文件、档案、会议记录等资料;

(七)召开座谈会;

(八)列席被巡视地区(单位)的有关会议;

(九)进行民主测评、问卷调查;

(十)以适当方式到被巡视地区(单位)的下属地方、单位或者部门了解情况;

(十一)开展专项检查;

(十二)提请有关单位予以协助;

(十三)派出巡视组的党组织批准的其他方式。

第十八条 巡视组依靠被巡视党组织开展工作,不干预被巡视地区(单位)的正常工作,不履行执纪审查的职责。

第十九条 巡视组应当严格执行请示报告制度,对巡视工作中的重要情况和重大问题及时向巡视工作领导小组请示报告。

特殊情况下，中央巡视组可以直接向中央巡视工作领导小组组长报告，省、自治区、直辖市党委巡视组可以直接向省、自治区、直辖市党委书记报告。

第二十条 巡视期间，经巡视工作领导小组批准，巡视组可以将被巡视党组织管理的干部涉嫌违纪违法的具体问题线索，移交有关纪律检查机关或者政法机关处理；对群众反映强烈、明显违反规定并且能够及时解决的问题，向被巡视党组织提出处理建议。

第五章 工 作 程 序

第二十一条 巡视组开展巡视前，应当向同级纪检监察机关、政法机关和组织、审计、信访等部门和单位了解被巡视党组织领导班子及其成员的有关情况。

第二十二条 巡视组进驻被巡视地区（单位）后，应当向被巡视党组织通报巡视任务，按照规定的工作方式和权限，开展巡视了解工作。

巡视组对反映被巡视党组织领导班子及其成员的重要问题和线索，可以进行深入了解。

第二十三条 巡视了解工作结束后，巡视组应当形成巡视报告，如实报告了解的重要情况和问题，并提出处理建议。

对党风廉政建设等方面存在的普遍性、倾向性问题和其他重大问题，应当形成专题报告，分析原因，提出建议。

第二十四条 巡视工作领导小组应当及时听取巡视组的巡视情况汇报，研究提出处理意见，报派出巡视组的党组织决定。

第二十五条 派出巡视组的党组织应当及时听取巡视工作领导小组有关情况汇报，研究并决定巡视成果的运用。

第二十六条 经派出巡视组的党组织同意后，巡视组应当及时向被巡视党组织领导班子及其主要负责人分别反馈相关巡视情况，指出问题，有针对性地提出整改意见。

根据巡视工作领导小组要求，巡视组将巡视的有关情况通报同级党委和政府有关领导及其职能部门。

第二十七条 被巡视党组织收到巡视组反馈意见后，应当认真整改落实，并于2个月内将整改情况报告和主要负责人组织落实情况报告，报送巡视工作领导小组办公室。

被巡视党组织主要负责人为落实整改工作的第一责任人。

第二十八条 对巡视发现的问题和线索，派出巡视组的党组织作出分类处置的决定后，依据干部管理权限和职责分工，按照以下途径进行移交：

(一)对领导干部涉嫌违纪的线索和作风方面的突出问题,移交有关纪律检查机关;

(二)对执行民主集中制、干部选拔任用等方面存在的问题,移交有关组织部门;

(三)其他问题移交相关单位。

第二十九条 有关纪律检查机关、组织部门收到巡视移交的问题或者线索后,应当及时研究提出谈话函询、初核、立案或者组织处理等意见,并于3个月内将办理情况反馈巡视工作领导小组办公室。

第三十条 派出巡视组的党组织及其组织部门应当把巡视结果作为干部考核评价、选拔任用的重要依据。

第三十一条 巡视工作领导小组办公室应当会同巡视组采取适当方式,了解和督促被巡视地区(单位)整改落实工作并向巡视工作领导小组报告。

巡视工作领导小组可以直接听取被巡视党组织有关整改情况的汇报。

第三十二条 巡视进驻、反馈、整改等情况,应当以适当方式公开,接受党员、干部和人民群众监督。

第六章 纪律与责任

第三十三条 派出巡视组的党组织和巡视工作领导小组应当加强对巡视工作的领导。对领导巡视工作不力,发生严重问题的,依据有关规定追究相关责任人员的责任。

第三十四条 纪检监察机关、审计机关、政法机关和组织、信访等部门及其他有关单位,应当支持配合巡视工作。对违反规定不支持配合巡视工作,造成严重后果的,依据有关规定追究相关责任人员的责任。

第三十五条 巡视工作人员应当严格遵守巡视工作纪律。巡视工作人员有下列情形之一的,视情节轻重,给予批评教育、组织处理或者纪律处分;涉嫌犯罪的,移送司法机关依法处理:

(一)对应当发现的重要问题没有发现的;

(二)不如实报告巡视情况,隐瞒、歪曲、捏造事实的;

(三)泄露巡视工作秘密的;

(四)工作中超越权限,造成不良后果的;

(五)利用巡视工作的便利谋取私利或者为他人谋取不正当利益的;

(六)有违反巡视工作纪律的其他行为的。

第三十六条 被巡视党组织领导班子及其成员应当自觉接受巡视监督,积极配合巡视组开展工作。

党员有义务向巡视组如实反映情况。

第三十七条 被巡视地区(单位)及其工作人员有下列情形之一的,视情节轻重,对该地区(单位)领导班子主要负责人或者其他有关责任人员,给予批评教育、组织处理或者纪律处分;涉嫌犯罪的,移送司法机关依法处理:

(一)隐瞒不报或者故意向巡视组提供虚假情况的;

(二)拒绝或者不按照要求向巡视组提供相关文件材料的;

(三)指使、强令有关单位或者人员干扰、阻挠巡视工作,或者诬告、陷害他人的;

(四)无正当理由拒不纠正存在的问题或者不按照要求整改的;

(五)对反映问题的干部群众进行打击、报复、陷害的;

(六)其他干扰巡视工作的情形。

第三十八条 被巡视地区(单位)的干部群众发现巡视工作人员有本条例第三十五条所列行为的,可以向巡视工作领导小组或者巡视工作领导小组办公室反映,也可以依照规定直接向有关部门、组织反映。

第七章 附 则

第三十九条 各省、自治区、直辖市党委可以根据本条例,结合各自实际,制定实施办法。

第四十条 中国人民解放军和中国人民武装警察部队的党组织实行巡视制度的规定,由中央军委参照本条例制定。

第四十一条 本条例由中央纪委会同中央组织部解释。

第四十二条 本条例自2015年8月3日起施行。2009年7月2日中共中央印发的《中国共产党巡视工作条例(试行)》同时废止。

附:

中国共产党巡视工作条例

(中共中央2015年8月3日印发)

第一章　总　　则

第一条　为落实全面从严治党要求,加强党内监督,规范巡视工作,根据《中国共产党章程》,制定本条例。

第二条　党的中央和省、自治区、直辖市委员会实行巡视制度,建立专职巡视机构,对所管理的地方、部门、企事业单位党组织进行巡视监督,实现巡视全覆盖、全国一盘棋。

开展巡视工作的党组织承担巡视工作的主体责任。

第三条　巡视工作以马克思列宁主义、毛泽东思想、邓小平理论、"三个代表"重要思想、科学发展观为指导,深入贯彻习近平总书记系列重要讲话精神,坚持从严治党、依规治党,落实中央巡视工作方针,聚焦党风廉政建设和反腐败斗争,发现问题,形成震慑,推动党的先进性和纯洁性建设。

第四条　巡视工作坚持中央统一领导、分级负责;坚持实事求是、依法依规;坚持群众路线、发扬民主。

第二章　机构和人员

第五条　党的中央和省、自治区、直辖市委员会成立巡视工作领导小组,分别向党中央和省、自治区、直辖市党委负责并报告工作。

巡视工作领导小组组长由同级党的纪律检查委员会书记担任,副组长一般由同级党委组织部部长担任。巡视工作领导小组组长为组织实施巡视工作的主要责任人。

中央巡视工作领导小组应当加强对省、自治区、直辖市巡视工作的领导。

第六条　巡视工作领导小组的职责是:

(一)贯彻党的中央委员会和同级党的委员会有关决议、决定;

(二)研究提出巡视工作规划、年度计划和阶段任务安排;

(三)听取巡视工作汇报;

（四）研究巡视成果的运用，分类处置，提出相关意见和建议；

（五）向同级党组织报告巡视工作情况；

（六）对巡视组进行管理和监督；

（七）研究处理巡视工作中的其他重要事项。

第七条 巡视工作领导小组下设办公室，为其日常办事机构。

中央巡视工作领导小组办公室设在中央纪律检查委员会。

省、自治区、直辖市党委巡视工作领导小组办公室为党委工作部门，设在同级党的纪律检查委员会。

第八条 巡视工作领导小组办公室的职责是：

（一）向巡视工作领导小组报告工作情况，传达贯彻巡视工作领导小组的决策和部署；

（二）统筹、协调、指导巡视组开展工作；

（三）承担政策研究、制度建设等工作；

（四）对派出巡视组的党组织、巡视工作领导小组决定的事项进行督办；

（五）配合有关部门对巡视工作人员进行培训、考核、监督和管理；

（六）办理巡视工作领导小组交办的其他事项。

第九条 党的中央和省、自治区、直辖市委员会设立巡视组，承担巡视任务。巡视组向巡视工作领导小组负责并报告工作。

第十条 巡视组设组长、副组长、巡视专员和其他职位。巡视组实行组长负责制，副组长协助组长开展工作。

巡视组组长根据每次巡视任务确定并授权。

第十一条 巡视工作人员应当具备下列条件：

（一）理想信念坚定，在思想上政治上行动上同党中央保持高度一致；

（二）坚持原则，敢于担当，依法办事，公道正派，清正廉洁；

（三）遵守党的纪律，严守党的秘密；

（四）熟悉党务工作和相关政策法规，具有较强的发现问题、沟通协调、文字综合等能力；

（五）身体健康，能胜任工作要求。

第十二条 选配巡视工作人员应当严格标准条件，对不适合从事巡视工作的人员，应当及时予以调整。

巡视工作人员应当按照规定进行轮岗交流。

巡视工作人员实行任职回避、地域回避、公务回避。

第三章 巡视范围和内容

第十三条 中央巡视组的巡视对象和范围是：

(一)省、自治区、直辖市党委和人大常委会、政府、政协党组领导班子及其成员，省、自治区、直辖市高级人民法院、人民检察院党组主要负责人，副省级城市党委和人大常委会、政府、政协党组主要负责人；

(二)中央部委领导班子及其成员，中央国家机关部委、人民团体党组(党委)领导班子及其成员；

(三)中央管理的国有重要骨干企业、金融企业、事业单位党委(党组)领导班子及其成员；

(四)中央要求巡视的其他单位的党组织领导班子及其成员。

第十四条 省、自治区、直辖市党委巡视组的巡视对象和范围是：

(一)市(地、州、盟)、县(市、区、旗)党委和人大常委会、政府、政协党组领导班子及其成员，市(地、州、盟)中级人民法院、人民检察院和县(市、区、旗)人民法院、人民检察院党组主要负责人；

(二)省、自治区、直辖市党委工作部门领导班子及其成员，政府部门、人民团体党组(党委、党工委)领导班子及其成员；

(三)省、自治区、直辖市管理的国有企业、事业单位党委(党组)领导班子及其成员；

(四)省、自治区、直辖市党委要求巡视的其他单位的党组织领导班子及其成员。

第十五条 巡视组对巡视对象执行《中国共产党章程》和其他党内法规，遵守党的纪律，落实党风廉政建设主体责任和监督责任等情况进行监督，着力发现以下问题：

(一)违反政治纪律和政治规矩，存在违背党的路线方针政策的言行，有令不行、有禁不止，阳奉阴违，拉帮结派等问题；

(二)违反廉洁纪律，以权谋私、贪污贿赂、腐化堕落等问题；

(三)违反组织纪律，违规用人、拉票贿选、买官卖官，以及独断专行、软弱涣散、严重不团结等问题；

(四)违反群众纪律、工作纪律、生活纪律，搞形式主义、官僚主义、享乐主义和奢靡之风等问题；

(五)派出巡视组的党组织要求了解的其他问题。

第十六条 派出巡视组的党组织可以根据工作需要，针对所辖地方、部门、企事业单位的重点人、重点事、重点问题或者巡视整改情况，开展机动灵活的专项巡视。

第四章　工作方式和权限

第十七条　巡视组可以采取以下方式开展工作：

（一）听取被巡视党组织的工作汇报和有关部门的专题汇报；

（二）与被巡视党组织领导班子成员和其他干部群众进行个别谈话；

（三）受理反映被巡视党组织领导班子及其成员和下一级党组织领导班子主要负责人问题的来信、来电、来访等；

（四）抽查核实领导干部报告个人有关事项的情况；

（五）向有关知情人询问情况；

（六）调阅、复制有关文件、档案、会议记录等资料；

（七）召开座谈会；

（八）列席被巡视地区（单位）的有关会议；

（九）进行民主测评、问卷调查；

（十）以适当方式到被巡视地区（单位）的下属地方、单位或者部门了解情况；

（十一）开展专项检查；

（十二）提请有关单位予以协助；

（十三）派出巡视组的党组织批准的其他方式。

第十八条　巡视组依靠被巡视党组织开展工作，不干预被巡视地区（单位）的正常工作，不履行执纪审查的职责。

第十九条　巡视组应当严格执行请示报告制度，对巡视工作中的重要情况和重大问题及时向巡视工作领导小组请示报告。

特殊情况下，中央巡视组可以直接向中央巡视工作领导小组组长报告，省、自治区、直辖市党委巡视组可以直接向省、自治区、直辖市党委书记报告。

第二十条　巡视期间，经巡视工作领导小组批准，巡视组可以将被巡视党组织管理的干部涉嫌违纪违法的具体问题线索，移交有关纪律检查机关或者政法机关处理；对群众反映强烈、明显违反规定并且能够及时解决的问题，向被巡视党组织提出处理建议。

第五章　工 作 程 序

第二十一条　巡视组开展巡视前，应当向同级纪检监察机关、政法机关和组织、审计、信访等部门和单位了解被巡视党组织领导班子及其成员的有关情况。

第二十二条 巡视组进驻被巡视地区(单位)后,应当向被巡视党组织通报巡视任务,按照规定的工作方式和权限,开展巡视了解工作。

巡视组对反映被巡视党组织领导班子及其成员的重要问题和线索,可以进行深入了解。

第二十三条 巡视了解工作结束后,巡视组应当形成巡视报告,如实报告了解的重要情况和问题,并提出处理建议。

对党风廉政建设等方面存在的普遍性、倾向性问题和其他重大问题,应当形成专题报告,分析原因,提出建议。

第二十四条 巡视工作领导小组应当及时听取巡视组的巡视情况汇报,研究提出处理意见,报派出巡视组的党组织决定。

第二十五条 派出巡视组的党组织应当及时听取巡视工作领导小组有关情况汇报,研究并决定巡视成果的运用。

第二十六条 经派出巡视组的党组织同意后,巡视组应当及时向被巡视党组织领导班子及其主要负责人分别反馈相关巡视情况,指出问题,有针对性地提出整改意见。

根据巡视工作领导小组要求,巡视组将巡视的有关情况通报同级党委和政府有关领导及其职能部门。

第二十七条 被巡视党组织收到巡视组反馈意见后,应当认真整改落实,并于2个月内将整改情况报告和主要负责人组织落实情况报告,报送巡视工作领导小组办公室。

被巡视党组织主要负责人为落实整改工作的第一责任人。

第二十八条 对巡视发现的问题和线索,派出巡视组的党组织作出分类处置的决定后,依据干部管理权限和职责分工,按照以下途径进行移交:

(一)对领导干部涉嫌违纪的线索和作风方面的突出问题,移交有关纪律检查机关;

(二)对执行民主集中制、干部选拔任用等方面存在的问题,移交有关组织部门;

(三)其他问题移交相关单位。

第二十九条 有关纪律检查机关、组织部门收到巡视移交的问题或者线索后,应当及时研究提出谈话函询、初核、立案或者组织处理等意见,并于3个月内将办理情况反馈巡视工作领导小组办公室。

第三十条 派出巡视组的党组织及其组织部门应当把巡视结果作为干部考核评价、选拔任用的重要依据。

第三十一条 巡视工作领导小组办公室应当会同巡视组采取适当方式，了解和督促被巡视地区（单位）整改落实工作并向巡视工作领导小组报告。

巡视工作领导小组可以直接听取被巡视党组织有关整改情况的汇报。

第三十二条 巡视进驻、反馈、整改等情况，应当以适当方式公开，接受党员、干部和人民群众监督。

第六章 纪律与责任

第三十三条 派出巡视组的党组织和巡视工作领导小组应当加强对巡视工作的领导。对领导巡视工作不力，发生严重问题的，依据有关规定追究相关责任人员的责任。

第三十四条 纪检监察机关、审计机关、政法机关和组织、信访等部门及其他有关单位，应当支持配合巡视工作。对违反规定不支持配合巡视工作，造成严重后果的，依据有关规定追究相关责任人员的责任。

第三十五条 巡视工作人员应当严格遵守巡视工作纪律。巡视工作人员有下列情形之一的，视情节轻重，给予批评教育、组织处理或者纪律处分；涉嫌犯罪的，移送司法机关依法处理：

（一）对应当发现的重要问题没有发现的；

（二）不如实报告巡视情况，隐瞒、歪曲、捏造事实的；

（三）泄露巡视工作秘密的；

（四）工作中超越权限，造成不良后果的；

（五）利用巡视工作的便利谋取私利或者为他人谋取不正当利益的；

（六）有违反巡视工作纪律的其他行为的。

第三十六条 被巡视党组织领导班子及其成员应当自觉接受巡视监督，积极配合巡视组开展工作。

党员有义务向巡视组如实反映情况。

第三十七条 被巡视地区（单位）及其工作人员有下列情形之一的，视情节轻重，对该地区（单位）领导班子主要负责人或者其他有关责任人员，给予批评教育、组织处理或者纪律处分；涉嫌犯罪的，移送司法机关依法处理：

（一）隐瞒不报或者故意向巡视组提供虚假情况的；

（二）拒绝或者不按照要求向巡视组提供相关文件材料的；

（三）指使、强令有关单位或者人员干扰、阻挠巡视工作，或者诬告、陷害他人的；

（四）无正当理由拒不纠正存在的问题或者不按照要求整改的；

(五)对反映问题的干部群众进行打击、报复、陷害的;

(六)其他干扰巡视工作的情形。

第三十八条 被巡视地区(单位)的干部群众发现巡视工作人员有本条例第三十五条所列行为的,可以向巡视工作领导小组或者巡视工作领导小组办公室反映,也可以依照规定直接向有关部门、组织反映。

第七章 附 则

第三十九条 各省、自治区、直辖市党委可以根据本条例,结合各自实际,制定实施办法。

第四十条 中国人民解放军和中国人民武装警察部队的党组织实行巡视制度的规定,由中央军委参照本条例制定。

第四十一条 本条例由中央纪委会同中央组织部解释。

第四十二条 本条例自2015年8月3日起施行。2009年7月2日中共中央印发的《中国共产党巡视工作条例(试行)》同时废止。

领导干部报告个人有关事项规定

（中共中央办公厅、国务院办公厅2017年2月8日印发）

第一条 为贯彻全面从严治党要求，加强对领导干部的管理和监督，促进领导干部遵纪守规、廉洁从政，根据《中国共产党章程》等党内法规和国家有关法律法规，制定本规定。

第二条 本规定所称领导干部包括：

（一）各级党的机关、人大机关、行政机关、政协机关、审判机关、检察机关、民主党派机关中县处级副职以上的干部（含非领导职务干部，下同）；

（二）参照公务员法管理的人民团体、事业单位中县处级副职以上的干部，未列入参照公务员法管理的人民团体、事业单位的领导班子成员及内设管理机构领导人员（相当于县处级副职以上）；

（三）中央企业领导班子成员及中层管理人员，省（自治区、直辖市）、市（地、州、盟）管理的国有企业领导班子成员。

上述范围中已退出现职、尚未办理退休手续的人员适用本规定。

第三条 领导干部应当报告下列本人婚姻和配偶、子女移居国（境）外、从业等事项：

（一）本人的婚姻情况；

（二）本人持有普通护照以及因私出国的情况；

（三）本人持有往来港澳通行证、因私持有大陆居民往来台湾通行证以及因私往来港澳、台湾的情况；

（四）子女与外国人、无国籍人通婚的情况；

（五）子女与港澳以及台湾居民通婚的情况；

（六）配偶、子女移居国（境）外的情况，或者虽未移居国（境）外，但连续在国（境）外工作、生活一年以上的情况；

（七）配偶、子女及其配偶的从业情况，含受聘担任私营企业的高级职务，在外商独资企业、中外合资企业、境外非政府组织在境内设立的代表机构中担任由外方委派、聘任的高级职务，以及在国（境）外的从业情况和职务情况；

（八）配偶、子女及其配偶被司法机关追究刑事责任的情况。

本规定所称“子女”，包括领导干部的婚生子女、非婚生子女、养子女和有抚养关系的继子女。

本规定所称“移居国(境)外”,是指取得外国国籍或者获取国(境)外永久居留资格、长期居留许可。

第四条 领导干部应当报告下列收入、房产、投资等事项:

(一)本人的工资及各类奖金、津贴、补贴等;

(二)本人从事讲学、写作、咨询、审稿、书画等劳务所得;

(三)本人、配偶、共同生活的子女为所有权人或者共有人的房产情况,含有单独产权证书的车库、车位、储藏间等(已登记的房产,面积以不动产权证、房屋所有权证记载的为准,未登记的房产,面积以经备案的房屋买卖合同记载的为准);

(四)本人、配偶、共同生活的子女投资或者以其他方式持有股票、基金、投资型保险等的情况;

(五)配偶、子女及其配偶经商办企业的情况,包括投资非上市股份有限公司、有限责任公司,注册个体工商户、个人独资企业、合伙企业等,以及在国(境)外注册公司或者投资入股等的情况;

(六)本人、配偶、共同生活的子女在国(境)外的存款和投资情况。

本规定所称“共同生活的子女”,是指领导干部不满18周岁的未成年子女和由其抚养的不能独立生活的成年子女。

本规定所称“股票”,是指在上海证券交易所、深圳证券交易所、全国中小企业股份转让系统等发行、交易或者转让的股票。所称“基金”,是指在我国境内发行的公募基金和私募基金。所称“投资型保险”,是指具有保障和投资双重功能的保险产品,包括人身保险投资型保险和财产保险投资型保险。

第五条 领导干部应当于每年1月31日前集中报告一次上一年度本规定第三条、第四条所列事项,并对报告内容的真实性、完整性负责,自觉接受监督。

非本规定第二条所列范围的人员,拟提拔为本规定第二条所列范围的考察对象,或者拟列入第二条所列范围的后备干部人选,在拟提拔、拟列入时,应当报告个人有关事项。

本规定第二条所列范围的人员辞去公职的,在提出辞职申请时,应当一并报告个人有关事项。

第六条 年度集中报告后,领导干部发生本规定第三条所列事项的,应当在事后30日内按照规定报告。因特殊原因不能按时报告的,特殊原因消除后应当及时补报,并说明原因。

第七条 领导干部报告个人有关事项,按照干部管理权限由相应的组织(人

事)部门负责受理:

(一)中央管理的领导干部向中共中央组织部报告,报告材料由该领导干部所在单位主要负责人阅签后,由所在单位的组织(人事)部门转交。

(二)属于本单位管理的领导干部,向本单位的组织(人事)部门报告;不属于本单位管理的领导干部,向上一级党委(党组)的组织(人事)部门报告,报告材料由该领导干部所在单位主要负责人阅签后,由所在单位的组织(人事)部门转交。

领导干部因职务变动而导致受理机构发生变化的,原受理机构应当在30日内将该领导干部的所有报告材料按照干部管理权限转交新的受理机构。

第八条 领导干部在执行本规定过程中,认为有需要请示的事项,可以向受理报告的组织(人事)部门请示。受理报告的组织(人事)部门应当认真研究,及时答复。

第九条 组织(人事)部门应当每年对领导干部报告个人有关事项的情况进行汇总综合,向同级党委(党组)和上一级党委(党组)的组织(人事)部门报告。

第十条 组织(人事)部门在干部监督工作和干部选拔任用工作中,按照干部管理权限,经本机关、本单位负责人批准,可以查阅有关领导干部报告个人有关事项的材料。

纪检监察机关(机构)在履行职责时,按照干部管理权限,经本机关负责人批准,可以查阅有关领导干部报告个人有关事项的材料。

巡视机构在巡视工作期间,根据工作需要,经巡视工作领导小组负责人批准,可以查阅有关领导干部报告个人有关事项的材料。

检察机关在查办职务犯罪案件时,经本机关负责人批准,可以查阅案件涉及的领导干部报告个人有关事项的材料。

第十一条 组织(人事)部门应当按照干部管理权限,对领导干部报告个人有关事项的真实性和完整性进行查核。查核方式包括随机抽查和重点查核。

随机抽查每年集中开展一次,按照10%的比例进行。

重点查核对象包括:

(一)拟提拔为本规定第二条所列范围的考察对象;

(二)拟列入本规定第二条所列范围的后备干部人选;

(三)拟进一步使用的人选;

(四)因涉及个人报告事项的举报需要查核的;

(五)其他需要查核的。

纪检监察机关(机构)、巡视机构、检察机关在履行职责时,按照本规定第十条规定履行报批手续后,可以委托组织(人事)部门按照干部管理权限,对领导干部报告个人有关事项的真实性和完整性进行查核。

第十二条 查核发现领导干部的家庭财产明显超过正常收入的,应当要求其作出说明,必要时可以对其财产来源的合法性进行验证。

第十三条 领导干部有下列情形之一的,根据情节轻重,给予批评教育、组织调整或者组织处理、纪律处分。

(一)无正当理由不按时报告的;

(二)漏报、少报的;

(三)隐瞒不报的;

(四)查核发现有其他违规违纪问题的。

第十四条 党委(党组)及其组织(人事)部门应当把查核结果作为衡量领导干部是否忠诚老实、清正廉洁的重要参考,运用到选拔任用、管理监督等干部工作中。对未经查核提拔或者进一步使用干部,或者对查核发现的问题不按照规定处理的,应当追究党委(党组)、组织(人事)部门及其有关领导成员的责任。

第十五条 中共中央组织部和地方党委组织部牵头建立领导干部个人有关事项报告查核联系工作机制,负责组织实施和协调工作。查核联系工作机制成员单位包括审判、检察、外交(外事)、公安、民政、国土资源、住房城乡建设、人民银行、税务、工商、金融监管等单位。各成员单位承担相关信息查询职责,应当在规定时间内,如实向组织部门提供查询结果。

第十六条 组织(人事)部门和查核联系工作机制成员单位,应当严格遵守工作纪律和保密纪律,设专人妥善保管领导干部的个人有关事项报告和汇总综合、查核等材料。对违反工作纪律、保密纪律或者在查核工作中敷衍塞责、徇私舞弊的,追究有关责任人的责任。

第十七条 组织(人事)部门要加强对本规定执行情况的监督检查。

第十八条 中央军委可以根据本规定,结合中国人民解放军和中国人民武装警察部队的实际,制定有关规定。

第十九条 各省、自治区、直辖市党委可以根据本规定,结合实际制定具体办法,报中共中央组织部同意后实施。

第二十条 本规定由中共中央组织部负责解释。

第二十一条 本规定自2017年2月8日起施行。2010年5月26日印发的《关于领导干部报告个人有关事项的规定》同时废止。

关于加强干部选拔任用工作监督的意见

（中共中央组织部2014年1月21日印发）

加强干部选拔任用工作监督，是保证选贤任能、纯洁用人风气的重要举措。近些年来，各级党委（党组）和组织人事部门认真贯彻党的干部路线方针政策，加强选人用人监督，整治用人上不正之风，取得积极成效。但是，在一些地方和单位，违规用人问题仍时有发生，跑官要官、拉票贿选、买官卖官等不正之风屡禁不止，干部群众反映强烈。日前，中央颁发了新修订的《党政领导干部选拔任用工作条例》（以下简称《干部任用条例》），这既是规范干部选拔任用工作的总章程，也是加强干部选拔任用工作监督的重要依据。为了贯彻落实党要管党、从严治党方针，严明组织纪律，大力营造风清气正的用人环境，保证《干部任用条例》严格执行，经中央同意，现提出如下意见。

一、认真贯彻《干部任用条例》，严格按制度规定选人用人。各级党委（党组）和组织人事部门要不折不扣执行《干部任用条例》，严格按规定的原则、标准、条件、资格、程序和纪律办事，有规必依、执规必严。严禁违反规定程序选拔任用干部，严禁私自干预下级或原任职单位干部任用，严禁在干部考察中隐瞒或歪曲事实真相，严禁在干部档案上弄虚作假，严禁跑风漏气，严禁突击提拔调整干部，严禁封官许愿、任人唯亲、营私舞弊，严禁采取跑官要官、说情打招呼等手段为本人或他人谋取职位，严禁搞拉票等非组织活动，严禁超职数配备、超机构规格提拔干部或违规提高干部职级待遇。

二、严格把好人选廉政关，坚决防止“带病提拔”。要严格考察人选对象的党风廉政情况，认真听取纪检监察机关意见，对有问题反映应当核查但尚未核查或正在核查的，不得提交党委（党组）讨论决定，对有反映但不构成违纪的要从严掌握。对人选对象，要认真查阅个人有关事项报告情况，必要时进行核实，对不如实填报或隐瞒不报的，不得提拔任用。要严格干部档案审核，对人选干部身份、年龄、工龄、党龄、学历、经历等档案信息要仔细核查，不得放过任何疑点。对干部任职公示期间收到的有关问题反映，要按规定认真调查核实，没有查清之前，不得办理任职手续。

三、严厉查处违规用人行为，坚决整治用人上的不正之风。不论是集中换届还是日常干部选拔任用，对违反组织人事纪律的实行“零容忍”、坚决不放过，发现一起、查处一起,让那些搞不正之风的人不仅捞不到好处,而且受到严厉惩处。对跑官要官的,一律不得提拔使用,并记录在案,视情节给予批评教育或组织处理;对拉票贿选的,一律排除出人选名单或取消候选人资格,已经提拔的责令辞职或者免职、降职,贿选的还要依纪依法处理;对买官卖官的,一律先停职或免职,移送执纪执法机关处理;对违反规定作出的干部任用决定,一律宣布无效,按干部管理权限予以纠正;对说情、打招呼和私自干预下级干部选拔任用的,一律坚决抵制,视情节给予批评教育或组织处理。健全完善"12380"综合举报受理平台,坚持和完善立项督查制度,对群众反映的选人用人问题,认真查核、严肃处理。加大违规用人案件通报、曝光力度,发挥警示震慑作用。

四、建立倒查机制,强化干部选拔任用责任追究。认真落实《党政领导干部选拔任用工作责任追究办法(试行)》有关规定,凡出现"带病提拔"、突击提拔、违规破格提拔等问题,都要对选拔任用过程进行倒查,存在隐情不报、违反程序等失职渎职行为的,不仅查处当事人,而且追究责任人,一查到底、问责到人。对一个地方和单位连续发生或大面积发生违反组织人事纪律问题的,以及对违反组织人事纪律行为查处不力的,必须严肃追究党委(党组)主要领导的责任,严肃追究组织人事部门和相关部门负责人的责任。要建立干部选拔任用纪实制度,为开展倒查、追究问责提供依据。

五、加大监督检查力度,及时发现和纠正存在的问题。以贯彻落实《干部任用条例》等法规为主要内容,加强选人用人工作监督检查,着力检查程序是否合规、导向是否端正、风气是否清正、结果是否公正。要强化重点检查,对干部群众反映强烈的突出问题、举报反映多的地方和单位进行有针对性的检查;深化巡视检查,充分发挥巡视对选人用人的监督作用;开展普遍检查,每3至5年分级分类对所有有用人权的单位全面检查一遍。要注重事前监督,严格执行干部选拔任用工作有关事项报告制度,凡应报告而未报告的任用事项一律无效,防止出现违规破格提拔干部、任人唯亲、借竞争性选拔变相违规用人等问题。要加强结果监督,坚持和完善干部选拔任用"一报告两评议"、离任检查等制度,有效规范选人用人行为。

六、组工干部要坚持公道正派,严格执行组织人事纪律。各级组织人事部门要把干部选拔任用工作监督摆在突出位置来抓,干部监督机构要具体负责监督任务的组织实施,干部工作机构要结合自身职责做好有关监督工作。干部考察组要履行"一岗双责",既做好考察工作,又监督用人风气。组工干部要切实增强党性,坚持原则、公道正派、敢于担当,严格按党的政策办事、按规章制度办事、按组织程序办事,带头维护干部工作的严肃性,坚决抵制和纠正用人上的不正之风。对违反组织人事纪律的,一律清除出组工干部队伍。

关于组织人事部门对领导干部进行提醒、函询和诫勉的实施细则

（中共中央组织部 2015 年 6 月 28 日印发）

第一章 总 则

第一条 为从严管理监督干部，促进干部自觉践行"三严三实"，根据《中国共产党党内监督条例（试行）》《关于对党员领导干部进行诫勉谈话和函询的暂行办法》等党内法规，制定本细则。

第二条 各级组织人事部门在党委（党组）的领导下，按照干部管理权限，对领导干部进行提醒、函询和诫勉。

第三条 对领导干部进行提醒、函询和诫勉，应当坚持从严要求，把纪律挺在前面，抓早抓小抓苗头，防止小毛病演变成大问题；坚持关心爱护干部，注重平时教育培养，促进干部健康成长。

第二章 提 醒

第四条 组织人事部门在干部日常管理监督或者党内集中教育活动、领导班子换届、领导班子民主生活会、年度考核、巡视等工作中，对领导干部的苗头性倾向性问题以及其他需要引起注意的情况，应当及时进行提醒。

第五条 提醒对象由组织人事部门的干部工作机构或者干部监督机构提出建议名单，报本部门负责人批准后确定。

第六条 对领导干部进行提醒，一般采用谈话方式，也可以采用书面方式。

采用谈话方式进行提醒的，一般由组织人事部门负责人作为谈话人，也可以根据提醒对象的具体情况及谈话内容确定适当的谈话人。

采用书面方式进行提醒的，组织人事部门应向提醒对象发送提醒函。

第三章 函 询

第七条 组织人事部门针对信访、举报及其他途径反映领导干部政治思想、履行职责、工作作风、道德品质、廉政勤政、组织纪律等方面的问题，除进行调查核实的外，一般采用书面方式对被反映的领导干部进行函询了解。

第八条 对领导干部进行函询,由组织人事部门的干部工作机构或者干部监督机构提出意见,报本部门负责人批准后实施。

第九条 对领导干部进行函询,应当向函询对象发送函询通知书。函询对象在收到函询通知书的十五个工作日内,应当实事求是地作出书面回复。如有特殊情况不能如期回复的,应当在规定期限内说明理由。对函询问题没有说明清楚的,可以再次对其进行函询或者采取其他方式进行了解。

第十条 有下列情形之一的,组织人事部门可以委托函询对象所在单位的党委(党组)主要负责人对其进行督促,也可以会同有关单位和部门直接进行调查了解:

(一)无故不按期书面回复的;

(二)两次函询后仍未说明清楚的;

(三)从回复材料中发现存在其他问题的。

第十一条 经函询或者调查了解,函询对象确实存在问题的,应当根据相关规定进行处理。

第十二条 组织人事部门对领导干部回复组织函询的材料应认真审核,并建立函询档案管理制度,对有关材料进行留存。

第四章 诫 勉

第十三条 领导干部存在下列问题,虽不构成违纪但造成不良影响的,或者虽构成违纪但根据有关规定免予党纪政纪处分的,应当对其进行诫勉:

(一)遵守党的政治纪律、组织纪律不够严格的;

(二)执行民主集中制不够严格,个人决定应由集体决策事项或者在领导班子中闹无原则纠纷的;

(三)执行《党政领导干部选拔任用工作条例》不够严格,用人失察失误的;

(四)法治观念淡薄,不依法履行职责或者妨碍他人依法履行职责的;

(五)违反规定干预市场经济活动的;

(六)不认真落实中央八项规定精神和厉行节约反对浪费规定的;

(七)脱离实际、弄虚作假,损害群众利益和党群干群关系的;

(八)无正当理由不按时报告、不如实报告个人有关事项的;

(九)执行廉洁自律规定不严格的;

(十)纪律松弛、监管不力,对身边工作人员发生严重违纪违法行为负有责任的;

(十一)在巡视、经济责任审计中发现有违规行为的;

（十二）从事有悖社会公德、职业道德、家庭美德活动的；

（十三）其他需要进行诫勉的情形。

第十四条 对领导干部进行诫勉，由组织人事部门提出意见，报同级党委（党组）批准后实施。

第十五条 对领导干部进行诫勉，可以采用谈话方式，也可以采用书面方式。

第十六条 采用谈话方式进行诫勉的，应当根据诫勉对象的职务层次和具体岗位确定适当的谈话人。

（一）对党委（党组）主要负责人进行谈话诫勉，一般应由上一级党委（党组）负责人作为谈话人，也可以由上一级组织人事部门主要负责人作为谈话人。

（二）对党委（党组）领导班子其他成员进行谈话诫勉，一般应委托本级党委（党组）主要负责人作为谈话人，也可以由上一级组织人事部门负责人作为谈话人。

（三）对单位所属机构主要负责人进行谈话诫勉，一般应由本单位党委（党组）负责人作为谈话人。

（四）对单位其他人员进行谈话诫勉，由组织人事部门确定适当的谈话人。

第十七条 采用谈话方式进行诫勉的，谈话人应当实事求是地向诫勉对象说明诫勉的事由，提出有针对性的要求，并明确其提交书面检查的时间。谈话诫勉应当制作谈话记录，载明下列事项：

（一）诫勉对象的基本情况，包括姓名、职务等；

（二）谈话人、记录人的姓名、职务等；

（三）进行谈话诫勉的日期、地点；

（四）进行诫勉的事由；

（五）谈话具体内容。

第十八条 采用书面方式进行诫勉的，组织人事部门应当向诫勉对象发送诫勉书；同时，将诫勉事项告知诫勉对象所在单位党委（党组）主要负责人。诫勉书应当载明下列事项：

（一）诫勉对象的基本情况，包括姓名、职务等；

（二）进行诫勉的事由；

（三）对诫勉对象提出的有针对性的要求；

（四）要求诫勉对象提交书面检查的时间；

（五）进行诫勉的组织人事部门的名称；

（六）制作诫勉书的日期。

第十九条 受到诫勉的领导干部,取消当年年度考核、本任期考核评优和评选各类先进的资格,六个月内不得提拔或者重用。

第二十条 诫勉六个月后,组织人事部门应当采取适当方式,对诫勉对象的改正情况进行了解。对于没有改正或者改正不明显的,根据情节轻重,给予调离岗位、引咎辞职、责令辞职、免职、降职等组织处理。

第二十一条 组织人事部门要建立诫勉档案管理制度,对领导干部的谈话诫勉记录、诫勉书、书面检查材料等进行留存,并将有关情况作为领导干部考核、任免、奖惩的重要依据。

第五章 纪　　律

第二十二条 领导干部接受提醒、函询和诫勉时,必须认真对待、如实回答,不得隐瞒、编造、歪曲事实和回避问题;不得追查反映问题人员,更不得打击报复。对违反者,根据情节轻重,给予组织处理;构成违纪违法的,移送有关部门依纪依法处理。

第二十三条 有关工作人员对领导干部进行提醒、函询和诫勉的内容要严格保密。对失密、泄密者,按照有关规定严肃处理。

第二十四条 各级组织人事部门要敢于担当,切实履行干部管理监督职责,积极发挥提醒、函询和诫勉的警示教育作用。对不履行或者不正确履行职责的,要视情节轻重追究责任,严肃处理。

第六章 附　　则

第二十五条 本细则由中央组织部负责解释。

第二十六条 本细则自发布之日起施行。

（二）考核

省级党委和政府扶贫开发工作成效考核办法

（中共中央办公厅、国务院办公厅2016年2月9日印发）

第一条 为了确保到2020年现行标准下农村贫困人口实现脱贫，贫困县全部摘帽，解决区域性整体贫困，根据《中共中央、国务院关于打赢脱贫攻坚战的决定》，制定本办法。

第二条 本办法适用于中西部22个省（自治区、直辖市）党委和政府扶贫开发工作成效的考核。

第三条 考核工作围绕落实精准扶贫、精准脱贫基本方略，坚持立足实际、突出重点，针对主要目标任务设置考核指标，注重考核工作成效；坚持客观公正、群众认可，规范考核方式和程序，充分发挥社会监督作用；坚持结果导向、奖罚分明，实行正向激励，落实责任追究，促使省级党委和政府切实履职尽责，改进工作，坚决打赢脱贫攻坚战。

第四条 考核工作从2016年到2020年，每年开展一次，由国务院扶贫开发领导小组组织进行，具体工作由国务院扶贫办、中央组织部牵头，会同国务院扶贫开发领导小组成员单位组织实施。

第五条 考核内容包括以下几个方面：

（一）减贫成效。考核建档立卡贫困人口数量减少、贫困县退出、贫困地区农村居民收入增长情况。

（二）精准识别。考核建档立卡贫困人口识别、退出精准度。

（三）精准帮扶。考核对驻村工作队和帮扶责任人帮扶工作的满意度。

（四）扶贫资金。依据财政专项扶贫资金绩效考评办法，重点考核各省（自治区、直辖市）扶贫资金安排、使用、监管和成效等。

第六条 考核工作于每年年底开始实施，次年2月底前完成，按以下步骤进行：

（一）省级总结。各省（自治区、直辖市）党委和政府，对照国务院扶贫开发领导小组审定的年度减贫计划，就工作进展情况和取得成效形成总结报告，报送国务院扶贫开发领导小组。

(二)第三方评估。国务院扶贫开发领导小组委托有关科研机构和社会组织,采取专项调查、抽样调查和实地核查等方式,对相关考核指标进行评估。

(三)数据汇总。国务院扶贫办会同有关部门对建档立卡动态监测数据、国家农村贫困监测调查数据、第三方评估和财政专项扶贫资金绩效考评情况等进行汇总整理。

(四)综合评价。国务院扶贫办会同有关部门对汇总整理的数据和各省(自治区、直辖市)的总结报告进行综合分析,形成考核报告。考核报告应当反映基本情况、指标分析、存在问题等,作出综合评价,提出处理建议,经国务院扶贫开发领导小组审议后,报党中央、国务院审定。

(五)沟通反馈。国务院扶贫开发领导小组向各省(自治区、直辖市)专题反馈考核结果,并提出改进工作的意见建议。

第七条 考核中发现下列问题的,由国务院扶贫开发领导小组提出处理意见:

(一)未完成年度减贫计划任务的;

(二)违反扶贫资金管理使用规定的;

(三)违反贫困县约束规定,发生禁止作为事项的;

(四)违反贫困退出规定,弄虚作假、搞"数字脱贫"的;

(五)贫困人口识别和退出准确率、帮扶工作群众满意度较低的;

(六)纪检、监察、审计和社会监督发现违纪违规问题的。

第八条 考核结果由国务院扶贫开发领导小组予以通报。对完成年度计划减贫成效显著的省份,给予一定奖励。对出现本办法第七条所列问题的,由国务院扶贫开发领导小组对省级党委、政府主要负责人进行约谈,提出限期整改要求;情节严重、造成不良影响的,实行责任追究。考核结果作为对省级党委、政府主要负责人和领导班子综合考核评价的重要依据。

第九条 参与考核工作的中央部门应当严守考核工作纪律,坚持原则、公道正派、敢于担当,保证考核结果的公正性和公信力。各省(自治区、直辖市)应当及时、准确提供相关数据、资料和情况,主动配合开展相关工作,确保考核顺利进行。对不负责任、造成考核结果失真失实的,应当追究责任。

第十条 各省(自治区、直辖市)应当参照本办法,结合本地区实际制定相关办法,加强对本地区各级扶贫开发工作的考核。

第十一条 本办法由国务院扶贫办商中央组织部负责解释。

第十二条 本办法自2016年2月9日起施行。2012年1月6日印发的《扶贫开发工作考核办法(试行)》同时废止。

附件:省级党委和政府扶贫开发工作成效考核指标

附件

省级党委和政府扶贫开发工作成效考核指标

考核内容		考核指标	数据来源	完成情况
1. 减贫成效	建档立卡贫困人口减少	计划完成情况	扶贫开发信息系统	
	贫困县退出	计划完成情况	各省提供(退出计划、完成情况)	
	贫困地区农村居民收入增长	贫困地区农村居民人均可支配收入增长率(%)	全国农村贫困监测	
2. 精准识别	贫困人口识别	准确率(%)	第三方评估	
	贫困人口退出			
3. 精准帮扶	因村因户帮扶工作	群众满意度(%)	第三方评估	
4. 扶贫资金	使用管理成效	绩效考评结果	财政部、扶贫办	

生态文明建设目标评价考核办法

(中共中央办公厅、国务院办公厅 2016 年 12 月 2 日印发)

第一章　总　　则

第一条　为了贯彻落实党的十八大和十八届三中、四中、五中、六中全会精神,加快绿色发展,推进生态文明建设,规范生态文明建设目标评价考核工作,根据有关党内法规和国家法律法规,制定本办法。

第二条　本办法适用于对各省、自治区、直辖市党委和政府生态文明建设目标的评价考核。

第三条　生态文明建设目标评价考核实行党政同责,地方党委和政府领导成员生态文明建设一岗双责,按照客观公正、科学规范、突出重点、注重实效、奖惩并举的原则进行。

第四条　生态文明建设目标评价考核在资源环境生态领域有关专项考核的基础上综合开展,采取评价和考核相结合的方式,实行年度评价、五年考核。

评价重点评估各地区上一年度生态文明建设进展总体情况,引导各地区落实生态文明建设相关工作,每年开展 1 次。考核主要考查各地区生态文明建设重点目标任务完成情况,强化省级党委和政府生态文明建设的主体责任,督促各地区自觉推进生态文明建设,每个五年规划期结束后开展 1 次。

第二章　评　　价

第五条　生态文明建设年度评价(以下简称年度评价)工作由国家统计局、国家发展改革委、生态环境部会同有关部门组织实施。

第六条　年度评价按照绿色发展指标体系实施,主要评估各地区资源利用、环境治理、环境质量、生态保护、增长质量、绿色生活、公众满意程度等方面的变化趋势和动态进展,生成各地区绿色发展指数。

绿色发展指标体系由国家统计局、国家发展改革委、生态环境部会同有关部门制定,可以根据国民经济和社会发展规划纲要以及生态文明建设进展情况作相应调整。

第七条　年度评价应当在每年 8 月底前完成。

第八条 年度评价结果应当向社会公布,并纳入生态文明建设目标考核。

第三章 考 核

第九条 生态文明建设目标考核(以下简称目标考核)工作由国家发展改革委、生态环境部、中央组织部牵头,会同财政部、自然资源部、水利部、农业农村部、国家统计局、国家林草局等部门组织实施。

第十条 目标考核内容主要包括国民经济和社会发展规划纲要中确定的资源环境约束性指标,以及党中央、国务院部署的生态文明建设重大目标任务完成情况,突出公众的获得感。考核目标体系由国家发展改革委、生态环境部会同有关部门制定,可以根据国民经济和社会发展规划纲要以及生态文明建设进展情况作相应调整。

有关部门应当根据国家生态文明建设的总体要求,结合各地区经济社会发展水平、资源环境禀赋等因素,将考核目标科学合理分解落实到各省、自治区、直辖市。

第十一条 目标考核在五年规划期结束后的次年开展,并于9月底前完成。各省、自治区、直辖市党委和政府应当对照考核目标体系开展自查,在五年规划期结束次年的6月底前,向党中央、国务院报送生态文明建设目标任务完成情况自查报告,并抄送考核牵头部门。资源环境生态领域有关专项考核的实施部门应当在五年规划期结束次年的6月底前,将五年专项考核结果送考核牵头部门。

第十二条 目标考核采用百分制评分和约束性指标完成情况等相结合的方法,考核结果划分为优秀、良好、合格、不合格四个等级。考核牵头部门汇总各地区考核实际得分以及有关情况,提出考核等级划分、考核结果处理等建议,并结合领导干部自然资源资产离任审计、生态环境保护督察等结果,形成考核报告。

考核等级划分规则由考核牵头部门根据实际情况另行制定。

第十三条 考核报告经党中央、国务院审定后向社会公布,考核结果作为各省、自治区、直辖市党政领导班子和领导干部综合考核评价、干部奖惩任免的重要依据。

对考核等级为优秀、生态文明建设工作成效突出的地区,给予通报表扬;对考核等级为不合格的地区,进行通报批评,并约谈其党政主要负责人,提出限期整改要求;对生态环境损害明显、责任事件多发地区的党政主要负责人和相关负责人(含已经调离、提拔、退休的),按照《党政领导干部生态环境损害责任追究办法(试行)》等规定,进行责任追究。

第四章　实　　施

第十四条　国家发展改革委、生态环境部、中央组织部会同国家统计局等部门建立生态文明建设目标评价考核部际协作机制,研究评价考核工作重大问题,提出考核等级划分、考核结果处理等建议,讨论形成考核报告,报请党中央、国务院审定。

第十五条　生态文明建设目标评价考核采用有关部门组织开展专项考核认定的数据、相关统计和监测数据,以及自然资源资产负债表数据成果,必要时评价考核牵头部门可以对专项考核等数据作进一步核实。

因重大自然灾害等非人为因素导致有关考核目标未完成的,经主管部门核实后,对有关地区相关考核指标得分进行综合判定。

第十六条　有关部门和各地区应当切实加强生态文明建设领域统计和监测的人员、设备、科研、信息平台等基础能力建设,加大财政支持力度,增加指标调查频率,提高数据的科学性、准确性和一致性。

第五章　监　　督

第十七条　参与评价考核工作的有关部门和机构应当严格执行工作纪律,坚持原则、实事求是,确保评价考核工作客观公正、依规有序开展。各省、自治区、直辖市不得篡改、伪造或者指使篡改、伪造相关统计和监测数据,对于存在上述问题并被查实的地区,考核等级确定为不合格。对徇私舞弊、瞒报谎报、篡改数据、伪造资料等造成评价考核结果失真失实的,由纪检监察机关和组织(人事)部门按照有关规定严肃追究有关单位和人员责任;涉嫌犯罪的,依法移送司法机关处理。

第十八条　有关地区对考核结果和责任追究决定有异议的,可以向作出考核结果和责任追究决定的机关和部门提出书面申诉,有关机关和部门应当依据相关规定受理并进行处理。

第六章　附　　则

第十九条　各省、自治区、直辖市党委和政府可以参照本办法,结合本地区实际,制定针对下一级党委和政府的生态文明建设目标评价考核办法。

第二十条　本办法由国家发展改革委、生态环境部、中央组织部、国家统计局商有关部门负责解释。

第二十一条　本办法自 2016 年 12 月 2 日起施行。

中共中央组织部关于改进地方党政领导班子和领导干部政绩考核工作的通知

（2013 年 12 月 6 日）

为贯彻落实党的十八大和十八届三中全会关于改革和完善干部考核评价制度，完善发展成果考核评价体系的精神，促进各级领导干部树立正确的政绩观，推动经济社会科学发展，经中央同意，现就改进地方党政领导班子和领导干部政绩考核工作的有关问题通知如下。

1. 政绩考核要突出科学发展导向。地方党政领导班子和领导干部的年度考核、目标责任考核、绩效考核、任职考察、换届考察以及其他考核考察，要看全面工作，看经济、政治、文化、社会、生态文明建设和党的建设的实际成效，看解决自身发展中突出矛盾和问题的成效，不能仅仅把地区生产总值及增长率作为考核评价政绩的主要指标，不能搞地区生产总值及增长率排名。中央有关部门不能单纯以地区生产总值及增长率来衡量各省（自治区、直辖市）发展成效。地方各级党委政府不能简单以地区生产总值及增长率排名评定下一级领导班子和领导干部的政绩和考核等次。

2. 完善政绩考核评价指标。根据不同地区、不同层级领导班子和领导干部的职责要求，设置各有侧重、各有特色的考核指标，把有质量、有效益、可持续的经济发展和民生改善、社会和谐进步、文化建设、生态文明建设、党的建设等作为考核评价的重要内容。强化约束性指标考核，加大资源消耗、环境保护、消化产能过剩、安全生产等指标的权重。更加重视科技创新、教育文化、劳动就业、居民收入、社会保障、人民健康状况的考核。

3. 对限制开发区域不再考核地区生产总值。对限制开发的农产品主产区和重点生态功能区，分别实行农业优先和生态保护优先的绩效评价，不考核地区生产总值、工业等指标。对禁止开发的重点生态功能区，全面评价自然文化资源原真性和完整性保护情况。对生态脆弱的国家扶贫开发工作重点县取消地区生产总值考核，重点考核扶贫开发成效。

4. 加强对政府债务状况的考核。把政府负债作为政绩考核的重要指标，强化任期内举债情况的考核、审计和责任追究，防止急于求成，以盲目举债搞“政绩工程”。注重考核发展思路、发展规划的连续性，考核坚持和完善前任正确发展思路、一张好蓝图抓到底的情况,考核积极化解历史遗留问题的情况,把是否存在“新官不理旧账”“吃子孙饭”等问题作为考核评价领导班子和领导干部履职尽责的重要内容。

5. 加强对政绩的综合分析。辩证地看主观努力与客观条件、前任基础与现任业绩、个人贡献与集体作用,既看发展成果,又看发展成本与代价;既注重考核显绩,更注重考核打基础、利长远的潜绩;既考核尽力而为,又考核量力而行,全面历史辩证地评价领导班子和领导干部的政绩。注意识别和制止“形象工程”“政绩工程”,防止和纠正以高投入、高排放、高污染换取经济增长速度,防止和纠正不作为、乱作为等问题。

6. 选人用人不能简单以地区生产总值及增长率论英雄。要按照好干部的标准,根据干部的德才素质、工作需要、群众公认等情况综合评价干部,注重选拔自觉坚持和领导科学发展、成绩突出、群众公认的干部。不能简单地把经济增长速度与干部的德能勤绩廉划等号,将其作为干部提拔任用的依据,作为高配干部或者提高干部职级待遇的依据,作为末位淘汰的依据。

7. 实行责任追究。制定违背科学发展行为责任追究办法,强化离任责任审计,对拍脑袋决策、拍胸脯蛮干,给国家利益造成重大损失的,损害群众利益造成恶劣影响的,造成资源严重浪费的,造成生态严重破坏的,盲目举债留下一摊子烂账的,要记录在案,视情节轻重,给予组织处理或党纪政纪处分,已经离任的也要追究责任。

8. 规范和简化各类工作考核。加强对考核的统筹整合,切实解决多头考核、重复考核、繁琐考核等问题,简化考核程序,提高考核效率。精简各类专项业务工作考核,取消名目繁多、导向不正确的考核,防止考核过多过滥、“一票否决”泛化和基层迎考迎评负担沉重的现象。中央管理的领导班子和领导干部当年开展专项学习教育活动或换届考察、巡视的,可不再重复进行年度考核,根据年度工作情况,综合运用专项活动督导以及换届考察、巡视等成果形成年度考核意见。

各地区各部门要按照本通知精神,完善考核评价制度,抓紧清理和调整考核评价指标,废止不符合中央要求的制度规定,树立正确的考核导向,使考核由单纯比经济总量、比发展速度,转变为比发展质量、发展方式、发展后劲,引导各级领导班子和领导干部牢固树立“功成不必在我”的发展观念,做出经得起实践、人民、历史检验的政绩。

中共中央组织部、中央党的群众路线教育实践活动领导小组关于开展市县乡党委书记抓基层党建工作述职评议考核的通知

（2014年9月22日）

党的十八大提出，要落实党建工作责任制。习近平总书记多次强调，党委书记要履行好抓党建工作第一责任人的职责，述职要述党建、群众评议要评党建、年度考核要考党建、选拔任用干部要看抓党建的情况。各地认真贯彻落实中央要求，探索开展市县乡党委书记基层党建工作述职评议考核，收到好的效果，积累了有益经验，为促进各级党委特别是党委书记落实党建工作主体责任发挥了重要作用。根据《关于在第二批党的群众路线教育实践活动中进一步加强基层党组织建设的通知》（中组发〔2014〕13号）提出的在教育实践活动基本结束后，普遍开展一次市、县、乡党委书记基层党建工作述职评议考核的要求，结合教育实践活动整改落实、建章立制和总结工作，现就开展市（地、州、盟）、县（市、区、旗）和乡镇、街道党（工）委书记（以下简称“市、县、乡党委书记”）基层党建工作述职评议考核有关事项通知如下。

一、明确述职评议考核重点内容

这次市、县、乡党委书记基层党建工作述职评议考核，重点围绕落实中央部署的在第二批教育实践活动中进一步加强基层党组织建设各项任务进行。内容主要包括：（1）履行第一责任人职责，研究部署基层党建重要工作、重大活动，协调解决重点、难点问题，特别是对查摆剖析的党建工作突出问题整改落实情况；（2）整顿软弱涣散基层党组织，加强对村、社区“两委”换届的领导和指导，选好、用好、管好基层组织带头人，落实“四议两公开”等民主管理制度，加强村务监督委员会建设，严肃查处基层干部不正之风和违法违纪行为情况；（3）加强基层服务型党组织建设，推行驻村联户、结对帮扶，开展在职党员到社区报到为群众服务，发挥基层党组织战斗堡垒作用情况；（4）严格党员教育管理，落实党员组织生活制度，发挥党员先锋模范作用情况；（5）加大基层党建工作投入力度，强化基层基础保障，落实基层干部报酬待遇、基层党组织工作经费、活动场所和服务群众专项经费等情况；（6）进一步加强基层党组织建设的思路、重点和措施。

二、精心组织开展述职评议

基层党建工作述职和评议可一并进行,10 月下旬开始,市、县、乡自上而下、分级开展,分别由上一级党委或党建工作领导小组负责组织,一般在年底前结束。省委常委会或省委党建工作领导小组听取市委书记述职,市委常委会或市委党建工作领导小组听取县委书记述职,县委常委会、全委会或县委党建工作领导小组听取乡镇、街道党(工)委书记述职。同时,要根据不同层级实际,组织熟悉了解基层党建工作情况的党代会代表、人大代表、政协委员、基层党员干部和群众代表参加会议。

述职会前,市、县、乡党委要全面总结教育实践活动开展以来抓基层党建工作的情况,党委书记要认真梳理分析、广泛听取意见,在此基础上撰写述职报告,实事求是总结成绩、查找问题,明确下一步工作打算。述职报告要报上级党委主要负责同志审阅。

述职会上,党委书记述职后,上一级党委主要负责同志或党建工作领导小组负责同志要结合平时了解掌握的情况,逐一进行点评,重点指出值得肯定的经验做法、存在的突出问题和下一步努力方向,并组织参会人员进行评议,提出意见建议。对需要进一步了解的问题,与会代表可现场提问。有条件的地方,可通过电视、网络等媒体直播述职情况。

述职评议后,可将述职报告在一定范围内公开,接受基层党组织和党员群众监督,评议结果要向市、县、乡党委反馈。

三、严格考核并强化结果运用

开展市、县、乡党委书记基层党建工作考核,结合年度考核进行,时间可安排在今年年底,由上一级党委组织部门具体实施。考核的重点是深入了解党委书记基层党建工作履职情况、重点任务完成情况和整改措施落实情况。要充分利用述职评议结果,采取多种方式,广泛听取基层党组织书记和党员群众意见。考核结果要在一定范围内公布,并针对评议考核中发现的突出问题,督促抓好整改工作。

各级党委要把基层党建工作情况作为评价党委领导班子和党委书记政治上强不强、实绩好不好、作风正不正、工作称职不称职的重要标准,作为衡量教育实践活动成效的重要内容。对那些高度重视党建工作、履职尽责抓到位,评议考核中基层党员群众反映好的要充分肯定,并作为选拔任用干部的重要依据;对那些思想上不重视、工作上不研究、精力投入少、不真抓实干、不解决实际问题,甚至喊空口号、摆花架子、造“盆景”作秀,评议考核中基层党员群众反映差的要限期整改,情况严重的要严肃问责。

四、建立健全长效机制

省、市、县党委要将开展市、县、乡党委书记基层党建工作述职评议考核作为贯彻党要管党、从严治党方针的重要举措，作为落实党建工作责任制的重要抓手，作为加强和促进基层党建工作的长效机制。要结合教育实践活动建章立制工作，认真总结开展述职评议考核的有效做法和经验，建立健全市、县、乡党委书记基层党建工作述职评议考核制度，确保这项工作制度化、常态化、长效化。

每年第四季度，省、市、县各级党委都要围绕年度基层党建工作重点任务，组织开展一次市、县、乡党委书记基层党建工作述职评议考核，推动各级党委特别是党委书记把党建工作作为主业，努力形成大抓基层的鲜明导向。

五、切实加强组织领导

各级党委要认真落实基层党建工作主体责任，高度重视述职评议考核，加强统筹协调，确保这项工作健康有序开展。省区市党委要进行专题研究，作出统一部署，严格有关要求，并先行一步、带头示范。市、县、乡党委要及时跟进，抓好落实。各级党委组织部门要负起组织协调责任，抓好具体实施，并派人参加下一级党委召开的述职会。各级教育实践活动领导小组及其办公室要加强工作指导。中央巡回督导组要强化督促指导，并参加省区市党委召开的述职会。各级党委要从严从实搞好述职评议考核工作，坚决防止形式主义、走过场。

各级机关和各行业系统党组（党委）也要参照地方党委的做法，结合实际开展党组（党委）书记基层党建工作述职评议考核。

各级党委（党组）开展基层党建工作述职评议考核的情况，要向上一级党组织专题报告。

关于改进贫困县党政领导班子和领导干部经济社会发展实绩考核工作的意见

(中共中央组织部、国务院扶贫开发领导小组办公室
2014 年 12 月 11 日印发)

为贯彻落实中央关于改进贫困县考核机制和领导干部政绩考核工作的要求,引导贫困县党政领导班子和领导干部树立正确的政绩观,促进贫困县转变发展方式,加快减贫脱贫步伐,提高科学发展水平,现就改进贫困县党政领导班子和领导干部经济社会发展实绩考核工作,提出如下意见。

1. 从贫困县实际出发考核发展实绩。贫困县大多地处偏远地区,基础设施薄弱,生态环境脆弱,经济发展水平低,社会事业发展滞后,发展条件、发展方式和发展要求有自身特点。对贫困县党政领导班子和领导干部经济社会发展实绩考核,应体现贫困地区发展的特殊性和主体功能定位,不能把考核其他市县的指标简单套用到对贫困县的考核,把省(自治区、直辖市)、市(地、州、盟)经济增长速度的目标要求简单倒推为贫困县的考核目标。

2. 突出发展导向。实绩考核要突出加快发展、科学发展的要求,把发展作为解决贫困的根本出路,把尽快实现脱贫致富作为首要任务,注重考核转变发展方式、解决制约发展的突出问题的情况,通过考核明确和落实发展责任。

3. 合理设置经济发展的考核指标。增加特色优势产业指标和权重,弱化贫困县地区生产总值、工业增加值、固定资产投资等指标的考核,引导贫困县立足资源禀赋和产业基础,做好特色文章,实现差异竞争、错位发展。限制开发区域和生态脆弱的国家扶贫开发工作重点县取消地区生产总值考核,注意考核与其主体功能定位相适应、当地资源环境可承载的产业发展情况。

4. 把扶贫开发作为经济社会发展实绩考核的主要内容。把提高贫困人口生活水平、减少贫困人口数量和改善贫困地区生产生活条件作为考核评价扶贫开发成效的主要指标,着力考核通过精准扶贫、扶贫资金使用、扶贫项目实施、扶贫产业发展,增强贫困地区发展内生动力和活力,带动贫困群众持续稳定增收的情况。

5. 注重对减贫脱贫紧密关联的民生改善、社会事业发展情况的考核。坚持以人为本,着重围绕改善贫困地区群众生产生活条件,提高脱贫致富能力,考核

基础设施建设、教育、医疗卫生、住房、养老保障、公共文化服务体系建设等情况，引导贫困县着力消除群众因缺少教育和社会保障而致贫返贫的根源，促进社会公平与和谐。

6. 强化生态环境保护情况的考核。针对贫困地区多属水系源头区、生态涵养保护区的实际，加大生态文明建设的考核力度，提高生态效益、资源消耗、环境损害等指标的权重，引导贫困县正确处理经济发展、资源开发与环境保护的关系，促进经济社会发展与人口资源环境相协调。

7. 把党的建设纳入实绩考核。考核贫困县党委及其主要负责人的实绩，要把党的建设情况作为重要内容。以扶贫开发工作为重点，围绕扶贫资金使用、土地征用、矿产资源开发、重大工程项目等，考核落实主体责任，严格党风廉政建设责任制的情况；以坚持党员干部联系服务群众制度，持之以恒地解决“四风”问题，帮助群众脱贫致富为重点，考核干部队伍建设情况；以加强服务型党组织建设，切实发挥基层党组织推动发展、服务群众、凝聚人心、促进和谐作用为重点，考核基层党组织和党员队伍建设情况。要以党的建设考核推动扶贫开发工作，以扶贫开发的实际成效检验党建工作的成效。

8. 改进考核评价方法。实行分类考核，将发展基础、资源禀赋、功能定位等条件相同或相近的县划分为一个类别进行考核。既要与其他县特别是同类县进行横向比较，更要注重与自身的纵向比较，重视在原有发展基础和水平上的进步与提高，对贫困县取得的成绩进行实事求是地评价。坚持辩证地分析评价实绩，既看发展成效，又看客观条件、主观努力情况，既考量力而行，又考尽力而为，使贫困县党政领导班子和领导干部的努力程度和作风状况得到客观公正的评价。注重群众公认，把群众的切身感受和满意度作为考核评价实绩的重要依据，使实绩考核真正落到实处，让群众得到实惠。

9. 强化考核结果运用。要把考核结果与干部的年度考核、综合考核评价挂钩，作为确定年度考核等次、形成综合评价意见的重要依据，作为干部选拔任用的重要依据。对在贫困县埋头苦干并做出突出成绩的干部，提拔使用时要优先考虑；对不胜任、不称职的，要及时调整。注重选派优秀干部到贫困地区工作，选优配强贫困县领导班子。要把考核结果作为激励约束的重要依据，在评先评优、表彰奖励时，优先考虑成绩突出的领导班子和领导干部，在统筹分配各类财政扶贫资金和社会帮扶资金的基础上，对考核优秀的，给予更多的奖励和倾斜。要把考核结果作为问责的重要依据，对扶贫开发重视不够、工作不力的，要视情况进行约谈提醒、诫勉谈话，督促整改；对损害国家和群众利益造成恶劣影响的，造成资源严重浪费的，造成生态严重破坏的，要终身追责。

10. 加强组织领导。改进贫困县党政领导班子和领导干部经济社会发展实绩考核,要在各省(自治区、直辖市)党委统一领导下,由组织部门组织实施,充分发挥扶贫、发改、统计等职能部门的作用。要切实把本意见要求落实到国家扶贫开发工作重点县、集中连片特殊困难地区县党政领导班子和领导干部的考核工作中。对其他贫困地区和落后地区党政领导班子和领导干部的考核,也可参照本意见要求,结合实际进行改进完善。对承担扶贫协作任务的地区和单位领导班子和领导干部的考核,也要把完成扶贫开发任务作为衡量实绩的重要内容。要加强考核工作统筹,避免重复考核、多头考核,减少贫困县迎评迎考的负担。要认真总结经验,研究解决突出问题,及时反馈贯彻执行中的重要情况和建议。中央组织部、国务院扶贫办将适时对各地贯彻落实情况开展督促检查。

中管金融企业领导班子和领导人员综合考核评价暂行办法

(中共中央组织部2015年2月5日印发)

第一章 总 则

第一条 为加强中管金融企业领导班子建设和领导人员管理,建设党和人民需要的金融企业家队伍,推动中管金融企业持续稳定健康发展,切实履行经济责任、政治责任、社会责任,根据相关法律法规,制定本办法。

第二条 综合考核评价坚持党管干部原则,坚持德才兼备、以德为先,坚持注重实绩、群众公认,将出资人认可、市场认可和组织认可相结合,突出金融企业特点,注重经济效益和社会效益,强调风险管控和可持续发展,做到客观公正、简便易行、有效管用。

第三条 结合金融企业功能定位和领导人员岗位职责,实行分类考核,运用综合测评、定量考核、定性评价和分析研判等方法,对中管金融企业领导班子和领导人员的政治素质、履职能力、工作实绩、作风建设和廉洁从业等情况进行综合考核评价。

第四条 综合考核评价以日常管理为基础,分为年度综合考核评价和任期综合考核评价。

任期综合考核评价周期为3年,与中管金融企业经营业绩考核周期相一致。

第五条 本办法所称领导班子是指由中管金融企业领导人员组成的团队,领导人员包括:董事长、副董事长、执行董事,监事长,行长(总经理、总裁,下同)、副行长(副总经理、副总裁),党委书记、党委副书记、党委委员,纪委书记。

第六条 综合考核评价结果作为领导班子调整和领导人员选拔任用、教育培养、管理监督、薪酬分配、激励保障的重要依据。

第七条 综合考核评价工作由中央组织部组织实施。

第二章 综合考核评价内容

第八条 领导班子综合考核评价包括政治素质、经营业绩、团结协作和作风形象4项一级综合测评指标和绩效评价1项定量考核指标。

一级综合测评指标包括13项二级综合测评指标。其中,政治素质包括政治方向、党建工作、社会责任;经营业绩包括经营效益、风险管控、可持续发展、管理效能;团结协作包括民主集中、整体合力、运行机制;作风形象包括廉洁自律、联系群众、选人用人(见附件1)。

综合测评指标依据所设置的评价要点和标准进行测评(见附件2),绩效评价定量考核指标直接采用财政部评价结果。

第九条 领导班子综合测评指标的权重:经营业绩占50%;政治素质、团结协作、作风形象共占50%,所含9项二级综合测评指标权重相同。

领导班子综合考核评价得分中,综合测评得分占50%,绩效评价得分占50%。

第十条 根据金融企业功能定位和经营管理特点,分类设置经营业绩指标的评价内容和权重(见附件1、2)。

(一)对政策性银行和政策性保险企业的经营业绩考核,强调实现国家政策意图和政策性金融服务质量及管理水平,重点评价政策性金融业务发展、风险控制和财务状况等方面情况。其中,经营效益占30%,风险管控占30%,可持续发展占20%,管理效能占20%。

(二)对商业性银行和商业性保险企业的经营业绩考核,强调资产运营质量和金融服务能力,重点评价经营效益、风险控制、业务发展、管理水平和服务质量等方面情况。对保险企业还要评价在重大自然灾害等突发事件中的应急处置成效。其中,经营效益占40%,风险管控占30%,可持续发展占20%,管理效能占10%。

(三)对其他金融企业的经营业绩考核,强调资产运营质量和综合经营能力,重点评价经营效益、风险控制、业务发展和集团管控等方面情况。其中,经营效益占40%,风险管控占30%,可持续发展占15%,管理效能占15%。

第十一条 领导人员综合考核评价包括业绩、素质、能力和廉洁从业4项一级综合测评指标和11项二级综合测评指标。其中,业绩包括履职绩效、协同成效;素质包括政治素质、职业素养;能力包括科学决策、推动执行、学习创新、团队建设;廉洁从业包括廉洁自律、作风建设、依法合规(见附件3)。

综合测评指标依据所设置的评价要点和标准进行测评(见附件4)。

第十二条 领导人员综合考核评价指标的权重:业绩占50%,其中履职绩效占70%,协同成效占30%;素质、能力和廉洁从业共占50%,所含9项二级综合测评指标权重相同。

第十三条 根据岗位职责要求,有针对性地对领导人员进行综合考核评价。

（一）对董事会成员重点评价制定战略规划、科学民主决策、实施风险管控、完善公司治理和推动可持续发展等方面情况。对董事长还要评价推动董事会规范有效运作等方面情况。

（二）对监事长重点评价加强履职尽责监督、实施财务与内部控制监督、促进监事会规范建设与有效运转等方面情况。

（三）对经营班子成员重点评价落实董事会决议、实施战略规划、完成经营管理目标、推进业务转型与发展创新、加强风险控制与基础管理等方面情况。对行长还要评价组织带领经营班子、发挥经营班子成员作用等方面情况。

对未建立董事会企业的领导班子正职，按本条第一、三款相关内容进行评价。

（四）对党委成员重点评价落实从严治党责任，保证监督党和国家方针政策的贯彻执行，参与重大问题决策，落实党管干部原则和党管人才原则，加强党组织建设、党员队伍建设、反腐倡廉建设，开展思想政治工作，培育企业文化，维护职工合法权益及企业稳定等方面情况。对党委书记还要评价履行党建工作第一责任人职责、抓党建的实效，包括发挥党委领导核心作用、执行民主集中制、完善党委工作机制、确保党委落实党风廉政建设主体责任等方面情况；对党委副书记还要评价协助党委书记抓好党组织建设、党员队伍建设等方面情况；对纪委书记还要评价履行监督检查职责、推进惩防体系建设、开展反腐倡廉教育、加强廉洁自律监督、查办违纪违法案件、确保纪委落实党风廉政建设监督责任等方面情况。

对担任多个职务的领导人员，按照上述要求同时评价其所任职务的履职情况。

第三章　年度综合考核评价

第十四条　年度综合考核评价工作在任期内前两个年度的年底或者次年年初开始实施。

第十五条　企业领导班子和领导人员分别撰写述职报告，内容包括本年度履行职责、作风建设、廉洁自律情况，取得成绩和存在不足以及改进措施等。

交流任职不足半年的，提交书面述职报告，不参加年度综合考核评价，也不参加对领导班子和其他领导人员的民主测评，参加个别谈话。

第十六条　综合测评。

（一）企业内部民主测评。结合企业年度工作会等集中性会议，召开由领导班子成员、近两年退出领导岗位的原领导班子成员和中层管理人员、职工代表参加的民主测评工作会议。企业主要负责人代表领导班子述职并对本人履职情况进行述职,其他正职对本人履职情况进行述职,副职提交书面述职报告,与会人员分别对领导班子和领导人员进行民主测评。

职工代表主要从本级职代会代表,省部级以上先进模范,全国和省区市党代会代表、人大代表、政协委员,专业技术骨干中产生。人数一般不少于参加测评会议总人数的15%。

(二)非执行董事测评。建立董事会的企业,非执行董事(不含外籍董事,下同)根据日常了解情况,对领导班子和领导人员进行测评。

(三)国务院派驻监事会(以下简称外部监事会)测评。外部监事会根据监督检查了解的情况,对领导班子和领导人员进行测评。

第十七条 计算年度综合测评得分。

(一)领导班子综合测评主体的权重(见附件5)。

建立董事会的企业,领导班子成员占30%,近两年退出领导岗位的原领导班子成员和中层管理人员占55%,职工代表占10%,非执行董事占5%。未配备非执行董事的企业,非执行董事的权重按其他测评主体的权重比例进行分配。

未建立董事会的企业,领导班子成员占30%,近两年退出领导岗位的原领导班子成员和中层管理人员占50%,职工代表占10%,外部监事会占10%。

(二)领导人员综合测评主体的权重(见附件6)。

建立董事会的企业,领导班子正职占20%,领导班子副职占15%,近两年退出领导岗位的原领导班子成员和中层管理人员占50%,职工代表占10%,非执行董事占5%。未配备非执行董事的企业,非执行董事的权重按其他测评主体的权重比例进行分配。

未建立董事会的企业,领导班子正职占10%,领导班子副职占15%,近两年退出领导岗位的原领导班子成员和中层管理人员占55%,职工代表占10%,外部监事会占10%。

第十八条 个别谈话。主要了解领导班子和领导人员素质能力、履行职责、工作实绩、作风形象和廉洁自律等方面情况。参加个别谈话的人员主要包括领导班子成员和近两年退出领导岗位的原领导班子成员。根据需要,可增加部分职能部门和二级单位主要负责人、部分职工代表。建立董事会的企业,谈话范围还可以包括非执行董事。

第十九条 听取意见。未建立董事会的企业,听取外部监事会主席对领导班子和领导人员履职尽责、廉洁自律等情况的意见。根据需要,听取纪检监察机关、中央巡视组、审计和金融监管等部门意见。

第二十条 综合分析研判。根据年度综合考核评价和日常了解掌握的情况,结合金融企业的行业特点、经营管理情况和领导人员岗位职责,对领导班子和领导人员年度表现进行综合分析研判,提出加强和改进领导班子建设的意见建议。

第二十一条 反馈年度综合考核评价情况。向企业主要负责人反馈领导班子和领导人员年度综合考核评价情况,一般应当分别向企业其他领导人员反馈领导班子和本人年度综合考核评价情况。

企业领导班子和领导人员根据反馈意见,制定整改措施,并作为领导班子民主生活会的重要内容。

第二十二条 将领导班子年度综合测评得分和绩效评价得分,加权计算得出领导班子年度综合考核评价得分。

第二十三条 对年度综合考核评价情况较差的领导班子和领导人员,提出明确整改要求并限期落实整改措施,视情况进行诫勉谈话;问题严重的,进行组织调整。

对年度综合考核评价得分在本企业领导班子中连续两年排名靠后的正职和排名末位的副职,经综合分析研判确属不胜任的,进行组织调整。

领导人员年度综合考核评价不胜任的,不得领取绩效年薪。

第四章 任期综合考核评价

第二十四条 任期综合考核评价工作在任期届满当年年底或者次年年初开始实施。

第二十五条 企业领导班子和领导人员分别撰写任期述职报告,内容包括任期内履行职责、作风建设、廉洁自律情况,取得成绩和存在不足以及改进措施等,同时专项介绍本年度工作情况。

交流任职不足半年的,不参加任期综合考核评价,具体操作按照第十五条相关规定执行。

第二十六条 综合测评。按照第十六条相关规定组织开展企业内部民主测评、非执行董事或者外部监事会测评。

在企业民主测评工作会议上,企业主要负责人代表领导班子进行述职并对本人履职情况进行述职,其他领导人员进行述职。

本次综合测评结果同时作为本年度综合测评结果。

第二十七条 计算任期综合测评得分。将任期内 3 次综合测评结果,依次按照 30%、30%、40%的权重,加权计算得出任期综合测评得分。

领导人员在本企业参加过两次综合测评的,前后两次测评得分分别占 40%和 60%权重;只参加过 1 次的,该次测评得分占 100%权重。

第二十八条 个别谈话和听取意见。个别谈话主要了解任期内领导班子和领导人员素质能力、履行职责、工作实绩、作风形象和廉洁自律等方面情况。参加个别谈话的人员主要包括领导班子成员、近两年退出领导岗位的原领导班子成员、部分职能部门和二级单位主要负责人、部分职工代表。建立董事会的企业,谈话范围还包括非执行董事。

按照第十九条相关规定听取有关方面的意见。

第二十九条 社会评价。根据需要,委托相关部门或者中介机构对企业社会形象、服务质量、客户满意度等情况进行评价。

第三十条 综合分析研判和反馈。按照第二十条相关规定,对领导班子和领导人员任期表现进行综合分析研判。按照第二十一条相关规定,向企业反馈任期综合考核评价情况。

第三十一条 将领导班子任期综合测评得分和绩效评价得分,加权计算得出任期综合考核评价得分。综合分析研判任期综合考核评价总体情况,提出领导班子任期综合考核评价等级建议,形成领导班子和领导人员任期综合考核评价报告。

第三十二条 领导班子任期综合考核评价结果分为“优秀”“良好”“一般”“较差”4 个等级。

有下列情形之一的,经综合分析研判后不得评为“优秀”等级:

(一)领导班子任期内贯彻执行党的路线方针政策和国家宏观调控政策不力的;

(二)企业经营业绩较差的;

(三)企业或者领导班子成员因发生严重违纪违法案件被司法机关、纪检监察机关和审计部门等处理处罚过的;

(四)企业或者领导班子成员被金融监管部门处以重大监管处罚的;

(五)因违规决策或者决策失误给企业造成重大损失的;

(六)企业出现重大责任事故和严重影响社会稳定事件的;

(七)存在其他突出问题的。

第三十三条 领导班子任期综合考核评价结果为“优秀”的,以适当方式予以表彰;结果为“良好”的,进行勉励,并指出不足,分析原因,促其进一步改进;结果为“一般”的,限期整改,并进行适当调整;结果为“较差”的,进行组织调整。

第三十四条 领导人员任期内履行职责、工作实绩、作风形象和廉洁自律等方面表现突出的，以适当方式予以表彰，并将其综合考核评价情况作为培养使用的重要依据；表现一般的，指出问题和不足，限期改进，视具体情况进行岗位调整；表现较差确属不胜任的，解聘或者免职。

有下列情形之一的，根据具体情况进行组织处理：

（一）领导人员任期内除因不可抗力外未完成主要工作目标的；

（二）对企业重大决策失误或者重大事故负有责任的；

（三）给企业造成重大损失的；

（四）受到金融监管部门重大监管处罚的；

（五）存在违纪违法问题的；

（六）存在其他突出问题的。

领导人员任期综合考核评价不胜任的，不得领取任期激励收入。

第五章 附 则

第三十五条 地方和其他国有及国有控股金融企业领导班子和领导人员的综合考核评价，可以结合实际参照本办法制定有关办法。

第三十六条 本办法由中央组织部负责解释。

第三十七条 本办法自发布之日起施行。《中管金融企业领导班子和领导人员综合考核评价办法（试行）》（中组发〔2012〕4号）同时废止。

附件 1

中管金融企业领导班子综合测评指标和权重

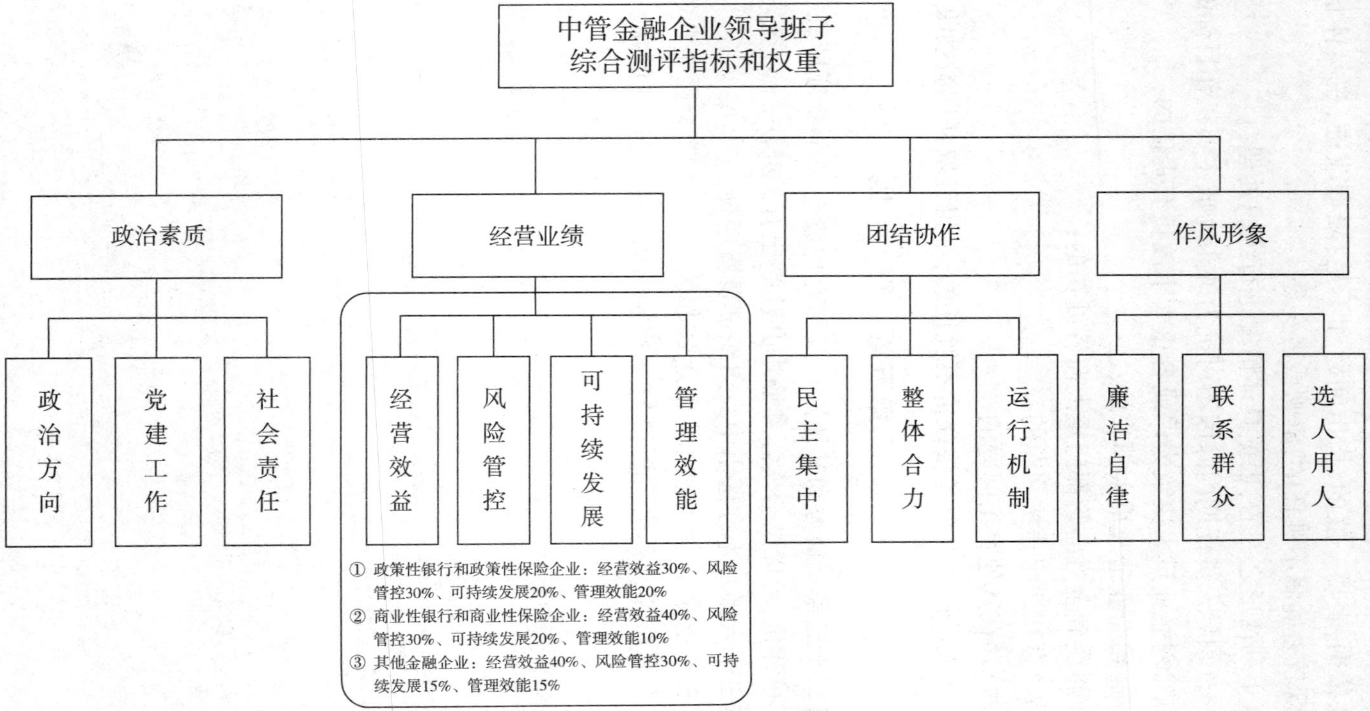

注：领导班子综合测评指标中，经营业绩占50%；政治素质、团结协作、作风形象共占50%，所含9项二级综合测评指标权重相同。

附件 2

中管金融企业领导班子综合测评指标评价要点和标准

一级指标	二级指标	评价要点和标准
政治素质	政治方向	坚持党的基本理论、基本路线、基本纲领、基本经验、基本要求，坚定中国特色社会主义道路自信、理论自信、制度自信，坚决贯彻执行党和国家方针政策，遵守党的政治纪律，在思想上政治上行动上与党中央保持高度一致；毫不动摇地坚持党的领导，确保中央对中管金融企业的控制力；自觉服从服务国家经济金融发展战略，充分发挥中管金融企业对于国民经济发展的支持和保障作用，保障国家金融安全；坚持国有金融企业改革发展的社会主义方向，认真贯彻落实全面深化改革战略部署；坚持依法治企。
	党建工作	坚持党要管党、从严治党，承担好落实好从严治党责任，坚持党建工作和中心工作一起谋划、一起部署、一起考核，防止“一手硬、一手软”；充分发挥企业党委领导核心作用，把党的政治优势、组织优势转化为企业发展优势；注重加强企业基层党组织建设，加强党务工作者队伍和党员队伍建设，有效发挥基层党组织战斗堡垒作用和党员先锋模范作用；积极培育并带头践行社会主义核心价值观，推进企业文化建设，思想政治工作扎实有效。
	社会责任	支持国家经济转型与产业升级，促进绿色、低碳、循环发展；关注民生，加大对“三农”、中小微企业等金融支持力度，优化金融服务；正确处理企业利益与公共利益的关系，正确处理企业与社会、地方的关系，实现和谐发展；坚持依法合规经营，模范遵守商业道德和行业规则，注重客户服务，维护企业商誉；在发生重大自然灾害和突发事件时及时提供支持和援助，支持社会公益事业，树立企业良好形象。
经营业绩	经营效益	注重价值创造，取得经得起实践、人民和历史检验的实绩。对政策性银行和政策性保险企业，要求企业经营状况良好；对商业性银行、商业性保险企业和其他金融企业，要求盈利能力不断增强，资产利润率、资本利润率稳步提升。
	风险管控	风险控制意识强，风险管控机制健全，各项规章制度完备，内控合规管理水平高。对政策性银行和政策性保险企业，要求兼顾服务国家战略和防范金融风险双重目标；对商业性银行和商业性保险企业，要求注重风险识别、预警、处置和化解；对其他金融企业，要求加强集团整体风险管控能力。
	可持续发展	科学制定中长期发展规划，正确处理当前和长远、显绩和潜绩的关系，避免短期行为；注重与国际先进企业对标，积极发挥行业引领作用。对政策性银行和政策性保险企业，要求切实发挥政策性金融的战略性、基础性作用，实现政策性业务健康发展和国有金融资产保值增值，推动经济社会发展的同时实现企业自身发展；对商业性银行、商业性保险企业和其他金融企业，要求注重发展质量，坚持创新驱动发展，加大产品创新、服务创新和管理创新力度，重视培育企业核心竞争力。
	管理效能	注重加强集团管控，决策机制健全，方法科学，管理效率高，执行力强；对重大问题和突发事件反应迅速、判断准确、处置有力。

续表

一级指标	二级指标	评价要点和标准
团结协作	民主集中	严肃党内政治生活，严格按照党内政治生活准则和党的各项规定办事，提高党内政治生活的政治性、原则性、战斗性；坚持民主集中制，重大决策、重要干部任免、重大项目安排和大额度资金运作事项等坚持集体研究决策；主要负责人民主意识强，能够广泛听取各方面意见建议；班子成员能够畅所欲言，充分发表意见；坚持原则，勇于开展批评和自我批评，大力开展积极健康的思想斗争，民主生活会质量高。
	整体合力	领导班子善于统揽全局，坚强有力，干事创业的氛围好；主要负责人善于团结班子成员，充分发挥班子成员作用；班子成员大局意识强，相互支持、密切配合、团结共事，领导班子整体功能得到充分发挥。
	运行机制	公司治理主体之间协调运转、有效制衡；领导班子分工合理、职责明确；工作制度和议事规则健全，运行良好，工作效率高。
作风形象	廉洁自律	严格执行党风廉政建设责任制，深入推进以完善惩治和预防腐败体系为重点的反腐倡廉建设；坚持以严的标准要求干部、以严的措施管理干部、以严的纪律约束干部，使干部心有所畏、言有所戒、行有所止；加强领导人员的法制教育和法治实践，建立重大决策终身责任追究制度和责任倒查机制；严格执行履职待遇和业务支出制度，规范领导人员从业行为；加大案件防控力度，领导班子成员无违纪违法现象。
	联系群众	贯彻落实中央八项规定精神；全心全意依靠职工群众，坚持以人为本，切实维护员工的合法权益；落实民主管理制度，支持职工群众参与民主管理；建立与企业效益相匹配的职工收入增长机制，共享改革发展成果；创造积极和谐的职业环境，员工队伍稳定、满意度高。
	选人用人	坚持党管干部原则，坚持德才兼备、以德为先，大力培养选拔信念坚定、为民服务、勤政务实、敢于担当、清正廉洁的好干部；坚持公道正派，秉公用权，以坚强党性选党性坚强的人，以好的作风选作风好的人，防止“带病提拔”；坚持党管人才原则，以造就具有国际视野的高层次创新型金融人才为重点，统筹抓好各类人才队伍建设。

附件 3

中管金融企业领导人员综合考核评价指标和权重

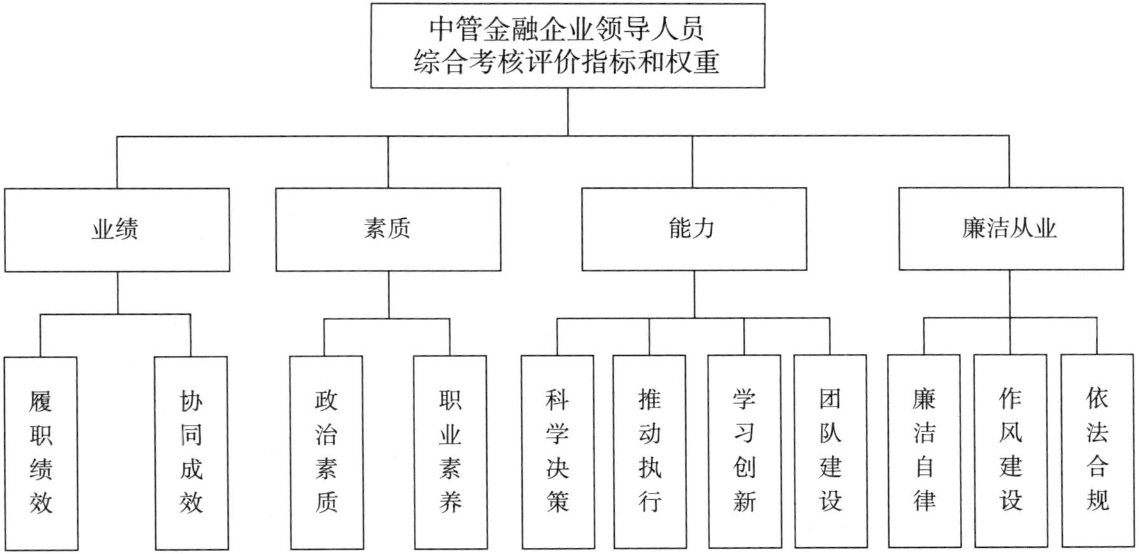

注：领导人员综合考核评价，业绩占50%，其中履职绩效占70%，协同成效占30%；素质、能力和廉洁从业共占50%，所含9项二级综合测评指标权重相同。

附件 4

中管金融企业领导人员综合测评指标评价要点和标准

一级指标	二级指标	评价要点和标准
业绩	履职绩效	**董事会成员重点评价**:制定战略规划、科学民主决策、实施风险管控、完善公司治理和推动可持续发展等方面情况。对董事长还要评价推动董事会规范有效运作等方面情况。
		监事长重点评价:加强履职尽责监督、实施财务与内部控制监督、促进监事会规范建设与有效运转等方面情况。
		经营班子成员重点评价:落实董事会决议、实施战略规划、完成经营管理目标、推进业务转型与发展创新、加强风险控制与基础管理等方面情况。对行长还要评价组织带领经营班子、发挥经营班子成员作用等方面情况。
		党委成员重点评价:落实从严治党责任,保证监督党和国家方针政策的贯彻执行,参与重大问题决策,落实党管干部原则和党管人才原则,加强党组织建设、党员队伍建设、反腐倡廉建设,开展思想政治工作,培育企业文化,维护职工合法权益及企业稳定等方面情况。对党委书记还要评价履行党建工作第一责任人职责、抓党建的实效,包括发挥党委领导核心作用、执行民主集中制、完善党委工作机制、确保党委落实党风廉政建设主体责任等方面情况;对党委副书记还要评价协助党委书记抓好党组织建设、党员队伍建设等方面情况;对纪委书记还要评价履行监督检查职责、推进惩防体系建设、开展反腐倡廉教育、加强廉洁自律监督、查办违纪违法案件、确保纪委落实党风廉政建设监督责任等方面情况。
	协同成效	积极协同配合领导班子其他成员推动工作;坚持从企业改革发展大局出发谋划和推动工作,研究讨论重大问题时积极建言献策,在推动企业整体发展中发挥建设性作用。
素质	政治素质	坚定共产主义远大理想,真诚信仰马克思主义,在思想上政治上行动上与党中央保持高度一致;认真学习贯彻中国特色社会主义理论体系特别是习近平总书记系列重要讲话精神,矢志不渝为中国特色社会主义而奋斗,努力成为中国特色社会主义金融家;在党言党、在党忧党、在党为党,把爱党、忧党、兴党、护党落实到工作生活各个环节,敢于同形形色色违反党内政治生活原则和制度的现象作斗争;牢固树立正确的是非观、义利观、权力观、事业观,坚定政治立场,明辨大是大非;遵守党的纪律特别是政治纪律、组织纪律,自觉加强党性锻炼,不断提高党性修养,坚守共产党员精神追求。
	职业素养	把发展壮大国有金融企业作为职业追求,安心、专注、迷恋国有金融企业改革发展事业;勤勉敬业,始终充满干事创业的激情和动力;风险意识强,坚持稳健审慎的经营理念,有效平衡风险管理与业务发展的关系;严守国家和企业秘密,遵守商业道德,诚信践诺,坚守职业精神。

续表

一级指标	二级指标	评价要点和标准
能力	科学决策	思路清晰、有前瞻性，善于把握国内国际经济发展趋势和行业发展规律，具有战略意识和全球视野；坚持按程序办事，坚持科学决策、民主决策、依法决策；注重调查研究，能够针对形势变化及时调整思路和对策。
	推动执行	认真贯彻落实上级精神，具备驾驭全局、应对复杂局面、解决企业改革发展稳定重点问题的能力；大胆管理，敬业守责、认真负责、勇于担责；善于优化资源配置，协调各方力量，有序推进各项工作。
	学习创新	注重学习，学以致用，积极推进企业体制创新、机制创新、管理创新，不断增强企业发展动力和核心竞争力。
	团队建设	善于抓班子、带队伍，注重发现、培养和使用人才；充分调动干部职工积极性、主动性和创造性，带领的团队凝聚力和战斗力强。
廉洁从业	廉洁自律	自觉遵守中央关于企业领导人员廉洁自律的相关规定，敬畏权力、管好权力、慎用权力；坚决抵制贪污腐败，做到清正廉洁、作风正派；严格要求自己和配偶、子女及身边工作人员，杜绝滥用职权、以权谋私等行为；主动接受组织和职工群众监督，认真执行领导人员个人有关事项报告制度和述职述廉制度。
	作风建设	自觉践行“三严三实”要求，认真贯彻落实中央八项规定精神，坚决反对形式主义、官僚主义、享乐主义和奢靡之风；带头坚守正道、弘扬正气，努力营造良好治企环境；强化宗旨意识，增强群众观点，密切联系群众，在职工群众中威信高；坚持原则、敢于担当，求真务实、真抓实干，艰苦奋斗、勤俭办企业。
	依法合规	坚持依法治企，严格遵守国家相关法律法规，合规意识强；提高法治思维和依法办事能力，不得违法行使权力，更不能以言代法、以权压法、徇私枉法；恪守领导人员从业承诺，按照企业内部规章制度和程序从事经营管理工作。

附件 5

建立董事会的中管金融企业领导班子综合测评主体权重

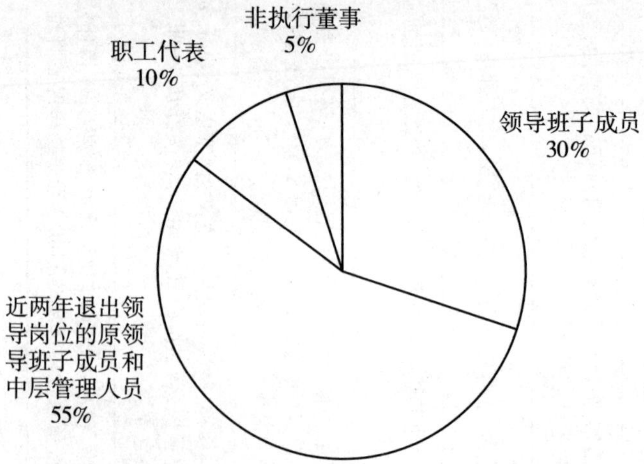

未建立董事会的中管金融企业领导班子综合测评主体权重

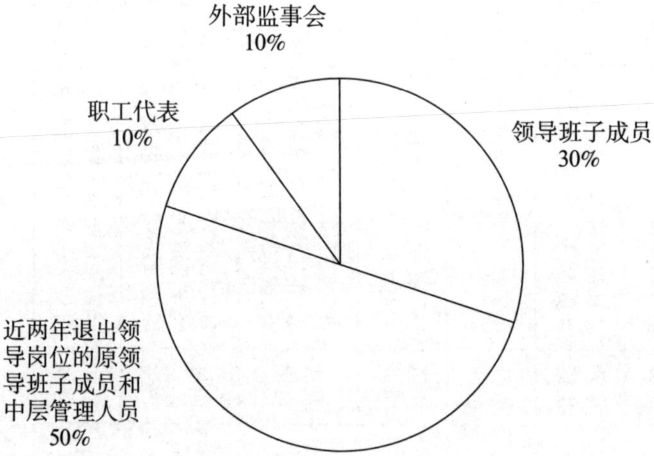

附件 6

建立董事会的中管金融企业领导人员综合测评主体权重

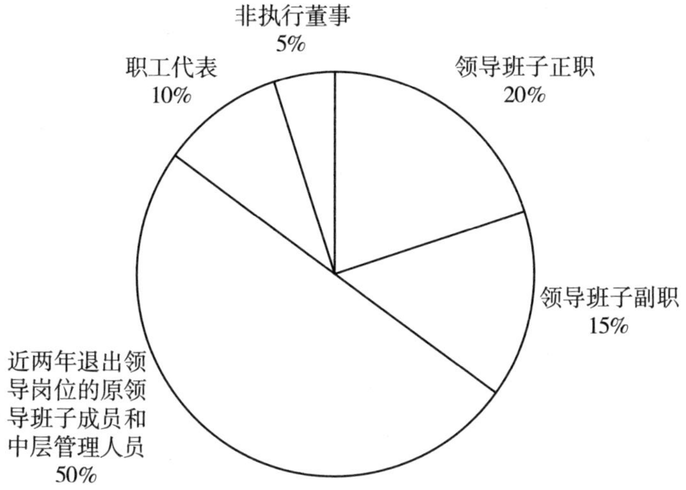

未建立董事会的中管金融企业领导人员综合测评主体权重

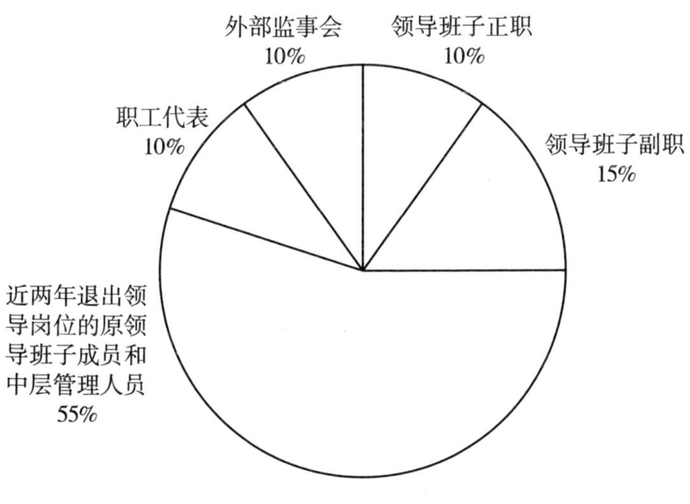

(三)奖惩

中国共产党纪律处分条例

(中共中央 2018 年 8 月 18 日印发)

第一编 总 则

第一章 指导思想、原则和适用范围

第一条 为了维护党章和其他党内法规,严肃党的纪律,纯洁党的组织,保障党员民主权利,教育党员遵纪守法,维护党的团结统一,保证党的路线、方针、政策、决议和国家法律法规的贯彻执行,根据《中国共产党章程》,制定本条例。

第二条 党的纪律建设必须坚持以马克思列宁主义、毛泽东思想、邓小平理论、"三个代表"重要思想、科学发展观、习近平新时代中国特色社会主义思想为指导,坚持和加强党的全面领导,坚决维护习近平总书记党中央的核心、全党的核心地位,坚决维护党中央权威和集中统一领导,落实新时代党的建设总要求和全面从严治党战略部署,全面加强党的纪律建设。

第三条 党章是最根本的党内法规,是管党治党的总规矩。党的纪律是党的各级组织和全体党员必须遵守的行为规则。党组织和党员必须牢固树立政治意识、大局意识、核心意识、看齐意识,自觉遵守党章,严格执行和维护党的纪律,自觉接受党的纪律约束,模范遵守国家法律法规。

第四条 党的纪律处分工作应当坚持以下原则:

(一)坚持党要管党、全面从严治党。加强对党的各级组织和全体党员的教育、管理和监督,把纪律挺在前面,注重抓早抓小、防微杜渐。

(二)党纪面前一律平等。对违犯党纪的党组织和党员必须严肃、公正执行纪律,党内不允许有任何不受纪律约束的党组织和党员。

(三)实事求是。对党组织和党员违犯党纪的行为,应当以事实为依据,以党章、其他党内法规和国家法律法规为准绳,准确认定违纪性质,区别不同情况,恰当予以处理。

(四)民主集中制。实施党纪处分,应当按照规定程序经党组织集体讨论决

定,不允许任何个人或者少数人擅自决定和批准。上级党组织对违犯党纪的党组织和党员作出的处理决定,下级党组织必须执行。

(五)惩前毖后、治病救人。处理违犯党纪的党组织和党员,应当实行惩戒与教育相结合,做到宽严相济。

第五条 运用监督执纪“四种形态”,经常开展批评和自我批评、约谈函询,让“红红脸、出出汗”成为常态;党纪轻处分、组织调整成为违纪处理的大多数;党纪重处分、重大职务调整的成为少数;严重违纪涉嫌违法立案审查的成为极少数。

第六条 本条例适用于违犯党纪应当受到党纪责任追究的党组织和党员。

第二章 违纪与纪律处分

第七条 党组织和党员违反党章和其他党内法规,违反国家法律法规,违反党和国家政策,违反社会主义道德,危害党、国家和人民利益的行为,依照规定应当给予纪律处理或者处分的,都必须受到追究。

重点查处党的十八大以来不收敛、不收手,问题线索反映集中、群众反映强烈,政治问题和经济问题交织的腐败案件,违反中央八项规定精神的问题。

第八条 对党员的纪律处分种类:

(一)警告;

(二)严重警告;

(三)撤销党内职务;

(四)留党察看;

(五)开除党籍。

第九条 对于违犯党的纪律的党组织,上级党组织应当责令其作出检查或者进行通报批评。对于严重违犯党的纪律、本身又不能纠正的党组织,上一级党的委员会在查明核实后,根据情节严重的程度,可以予以:

(一)改组;

(二)解散。

第十条 党员受到警告处分一年内、受到严重警告处分一年半内,不得在党内提升职务和向党外组织推荐担任高于其原任职务的党外职务。

第十一条 撤销党内职务处分,是指撤销受处分党员由党内选举或者组织任命的党内职务。对于在党内担任两个以上职务的,党组织在作处分决定时,应当明确是撤销其一切职务还是一个或者几个职务。如果决定撤销其一个职务,必须撤销其担任的最高职务。如果决定撤销其两个以上职务,则必须从其担任的最高职务开始依次撤销。对于在党外组织担任职务的,应当建议党外组织依照规定作出相应处理。

对于应当受到撤销党内职务处分,但是本人没有担任党内职务的,应当给予其严重警告处分。同时,在党外组织担任职务的,应当建议党外组织撤销其党外职务。

党员受到撤销党内职务处分,或者依照前款规定受到严重警告处分的,二年内不得在党内担任和向党外组织推荐担任与其原任职务相当或者高于其原任职务的职务。

第十二条 留党察看处分,分为留党察看一年、留党察看二年。对于受到留党察看处分一年的党员,期满后仍不符合恢复党员权利条件的,应当延长一年留党察看期限。留党察看期限最长不得超过二年。

党员受留党察看处分期间,没有表决权、选举权和被选举权。留党察看期间,确有悔改表现的,期满后恢复其党员权利;坚持不改或者又发现其他应当受到党纪处分的违纪行为的,应当开除党籍。

党员受到留党察看处分,其党内职务自然撤销。对于担任党外职务的,应当建议党外组织撤销其党外职务。受到留党察看处分的党员,恢复党员权利后二年内,不得在党内担任和向党外组织推荐担任与其原任职务相当或者高于其原任职务的职务。

第十三条 党员受到开除党籍处分,五年内不得重新入党,也不得推荐担任与其原任职务相当或者高于其原任职务的党外职务。另有规定不准重新入党的,依照规定。

第十四条 党的各级代表大会的代表受到留党察看以上(含留党察看)处分的,党组织应当终止其代表资格。

第十五条 对于受到改组处理的党组织领导机构成员,除应当受到撤销党内职务以上(含撤销党内职务)处分的外,均自然免职。

第十六条 对于受到解散处理的党组织中的党员,应当逐个审查。其中,符合党员条件的,应当重新登记,并参加新的组织过党的生活;不符合党员条件的,应当对其进行教育、限期改正,经教育仍无转变的,予以劝退或者除名;有违纪行为的,依照规定予以追究。

第三章 纪律处分运用规则

第十七条 有下列情形之一的,可以从轻或者减轻处分:

(一)主动交代本人应当受到党纪处分的问题的;

（二）在组织核实、立案审查过程中，能够配合核实审查工作，如实说明本人违纪违法事实的；

（三）检举同案人或者其他人应当受到党纪处分或者法律追究的问题，经查证属实的；

（四）主动挽回损失、消除不良影响或者有效阻止危害结果发生的；

（五）主动上交违纪所得的；

（六）有其他立功表现的。

第十八条 根据案件的特殊情况，由中央纪委决定或者经省（部）级纪委（不含副省级市纪委）决定并呈报中央纪委批准，对违纪党员也可以在本条例规定的处分幅度以外减轻处分。

第十九条 对于党员违犯党纪应当给予警告或者严重警告处分，但是具有本条例第十七条规定的情形之一或者本条例分则中另有规定的，可以给予批评教育、责令检查、诫勉或者组织处理，免予党纪处分。对违纪党员免予处分，应当作出书面结论。

第二十条 有下列情形之一的，应当从重或者加重处分：

（一）强迫、唆使他人违纪的；

（二）拒不上交或者退赔违纪所得的；

（三）违纪受处分后又因故意违纪应当受到党纪处分的；

（四）违纪受到党纪处分后，又被发现其受处分前的违纪行为应当受到党纪处分的；

（五）本条例另有规定的。

第二十一条 从轻处分，是指在本条例规定的违纪行为应当受到的处分幅度以内，给予较轻的处分。

从重处分，是指在本条例规定的违纪行为应当受到的处分幅度以内，给予较重的处分。

第二十二条 减轻处分，是指在本条例规定的违纪行为应当受到的处分幅度以外，减轻一档给予处分。

加重处分，是指在本条例规定的违纪行为应当受到的处分幅度以外，加重一档给予处分。

本条例规定的只有开除党籍处分一个档次的违纪行为，不适用第一款减轻处分的规定。

第二十三条 一人有本条例规定的两种以上（含两种）应当受到党纪处分的违纪行为，应当合并处理，按其数种违纪行为中应当受到的最高处分加重一档给予处分;其中一种违纪行为应当受到开除党籍处分的,应当给予开除党籍处分。

第二十四条 一个违纪行为同时触犯本条例两个以上(含两个)条款的,依照处分较重的条款定性处理。

一个条款规定的违纪构成要件全部包含在另一个条款规定的违纪构成要件中,特别规定与一般规定不一致的,适用特别规定。

第二十五条 二人以上(含二人)共同故意违纪的,对为首者,从重处分,本条例另有规定的除外;对其他成员,按照其在共同违纪中所起的作用和应负的责任,分别给予处分。

对于经济方面共同违纪的,按照个人所得数额及其所起作用,分别给予处分。对违纪集团的首要分子,按照集团违纪的总数额处分;对其他共同违纪的为首者,情节严重的,按照共同违纪的总数额处分。

教唆他人违纪的,应当按照其在共同违纪中所起的作用追究党纪责任。

第二十六条 党组织领导机构集体作出违犯党纪的决定或者实施其他违犯党纪的行为,对具有共同故意的成员,按共同违纪处理;对过失违纪的成员,按照各自在集体违纪中所起的作用和应负的责任分别给予处分。

第四章 对违法犯罪党员的纪律处分

第二十七条 党组织在纪律审查中发现党员有贪污贿赂、滥用职权、玩忽职守、权力寻租、利益输送、徇私舞弊、浪费国家资财等违反法律涉嫌犯罪行为的,应当给予撤销党内职务、留党察看或者开除党籍处分。

第二十八条 党组织在纪律审查中发现党员有刑法规定的行为,虽不构成犯罪但须追究党纪责任的,或者有其他违法行为,损害党、国家和人民利益的,应当视具体情节给予警告直至开除党籍处分。

第二十九条 党组织在纪律审查中发现党员严重违纪涉嫌违法犯罪的,原则上先作出党纪处分决定,并按照规定给予政务处分后,再移送有关国家机关依法处理。

第三十条 党员被依法留置、逮捕的,党组织应当按照管理权限中止其表决权、选举权和被选举权等党员权利。根据监察机关、司法机关处理结果,可以恢复其党员权利的,应当及时予以恢复。

第三十一条 党员犯罪情节轻微,人民检察院依法作出不起诉决定的,或者人民法院依法作出有罪判决并免予刑事处罚的,应当给予撤销党内职务、留党察看或者开除党籍处分。

党员犯罪,被单处罚金的,依照前款规定处理。

第三十二条 党员犯罪,有下列情形之一的,应当给予开除党籍处分:

(一)因故意犯罪被依法判处刑法规定的主刑(含宣告缓刑)的;

(二)被单处或者附加剥夺政治权利的;

(三)因过失犯罪,被依法判处三年以上(不含三年)有期徒刑的。

因过失犯罪被判处三年以下(含三年)有期徒刑或者被判处管制、拘役的,一般应当开除党籍。对于个别可以不开除党籍的,应当对照处分党员批准权限的规定,报请再上一级党组织批准。

第三十三条 党员依法受到刑事责任追究的,党组织应当根据司法机关的生效判决、裁定、决定及其认定的事实、性质和情节,依照本条例规定给予党纪处分,是公职人员的由监察机关给予相应政务处分。

党员依法受到政务处分、行政处罚,应当追究党纪责任的,党组织可以根据生效的政务处分、行政处罚决定认定的事实、性质和情节,经核实后依照规定给予党纪处分或者组织处理。

党员违反国家法律法规,违反企事业单位或者其他社会组织的规章制度受到其他纪律处分,应当追究党纪责任的,党组织在对有关方面认定的事实、性质和情节进行核实后,依照规定给予党纪处分或者组织处理。

党组织作出党纪处分或者组织处理决定后,司法机关、行政机关等依法改变原生效判决、裁定、决定等,对原党纪处分或者组织处理决定产生影响的,党组织应当根据改变后的生效判决、裁定、决定等重新作出相应处理。

第五章 其 他 规 定

第三十四条 预备党员违犯党纪,情节较轻,可以保留预备党员资格的,党组织应当对其批评教育或者延长预备期;情节较重的,应当取消其预备党员资格。

第三十五条 对违纪后下落不明的党员,应当区别情况作出处理:

(一)对有严重违纪行为,应当给予开除党籍处分的,党组织应当作出决定,开除其党籍;

(二)除前项规定的情况外,下落不明时间超过六个月的,党组织应当按照党章规定对其予以除名。

第三十六条 违纪党员在党组织作出处分决定前死亡,或者在死亡之后发现其曾有严重违纪行为,对于应当给予开除党籍处分的,开除其党籍;对于应当给予留党察看以下(含留党察看)处分的,作出违犯党纪的书面结论和相应处理。

第三十七条 违纪行为有关责任人员的区分:

(一)直接责任者,是指在其职责范围内,不履行或者不正确履行自己的职责,对造成的损失或者后果起决定性作用的党员或者党员领导干部。

(二)主要领导责任者,是指在其职责范围内,对直接主管的工作不履行或者不正确履行职责,对造成的损失或者后果负直接领导责任的党员领导干部。

(三)重要领导责任者,是指在其职责范围内,对应管的工作或者参与决定的工作不履行或者不正确履行职责,对造成的损失或者后果负次要领导责任的党员领导干部。

本条例所称领导责任者,包括主要领导责任者和重要领导责任者。

第三十八条 本条例所称主动交代,是指涉嫌违纪的党员在组织初核前向有关组织交代自己的问题,或者在初核和立案审查其问题期间交代组织未掌握的问题。

第三十九条 计算经济损失主要计算直接经济损失。直接经济损失,是指与违纪行为有直接因果关系而造成财产损失的实际价值。

第四十条 对于违纪行为所获得的经济利益,应当收缴或者责令退赔。

对于违纪行为所获得的职务、职称、学历、学位、奖励、资格等其他利益,应当由承办案件的纪检机关或者由其上级纪检机关建议有关组织、部门、单位按照规定予以纠正。

对于依照本条例第三十五条、第三十六条规定处理的党员,经调查确属其实施违纪行为获得的利益,依照本条规定处理。

第四十一条 党纪处分决定作出后,应当在一个月内向受处分党员所在党的基层组织中的全体党员及其本人宣布,是领导班子成员的还应当向所在党组织领导班子宣布,并按照干部管理权限和组织关系将处分决定材料归入受处分者档案;对于受到撤销党内职务以上(含撤销党内职务)处分的,还应当在一个月内办理职务、工资、工作及其他有关待遇等相应变更手续;涉及撤销或者调整其党外职务的,应当建议党外组织及时撤销或者调整其党外职务。特殊情况下,经作出或者批准作出处分决定的组织批准,可以适当延长办理期限。办理期限最长不得超过六个月。

第四十二条 执行党纪处分决定的机关或者受处分党员所在单位,应当在六个月内将处分决定的执行情况向作出或者批准处分决定的机关报告。

党员对所受党纪处分不服的,可以依照党章及有关规定提出申诉。

第四十三条 本条例总则适用于有党纪处分规定的其他党内法规,但是中共中央发布或者批准发布的其他党内法规有特别规定的除外。

第二编　分　　则

第六章　对违反政治纪律行为的处分

第四十四条　在重大原则问题上不同党中央保持一致且有实际言论、行为或者造成不良后果的，给予警告或者严重警告处分；情节较重的，给予撤销党内职务或者留党察看处分；情节严重的，给予开除党籍处分。

第四十五条　通过网络、广播、电视、报刊、传单、书籍等，或者利用讲座、论坛、报告会、座谈会等方式，公开发表坚持资产阶级自由化立场、反对四项基本原则，反对党的改革开放决策的文章、演说、宣言、声明等的，给予开除党籍处分。

发布、播出、刊登、出版前款所列文章、演说、宣言、声明等或者为上述行为提供方便条件的，对直接责任者和领导责任者，给予严重警告或者撤销党内职务处分；情节严重的，给予留党察看或者开除党籍处分。

第四十六条　通过网络、广播、电视、报刊、传单、书籍等，或者利用讲座、论坛、报告会、座谈会等方式，有下列行为之一，情节较轻的，给予警告或者严重警告处分；情节较重的，给予撤销党内职务或者留党察看处分；情节严重的，给予开除党籍处分：

（一）公开发表违背四项基本原则，违背、歪曲党的改革开放决策，或者其他有严重政治问题的文章、演说、宣言、声明等的；

（二）妄议党中央大政方针，破坏党的集中统一的；

（三）丑化党和国家形象，或者诋毁、诬蔑党和国家领导人、英雄模范，或者歪曲党的历史、中华人民共和国历史、人民军队历史的。

发布、播出、刊登、出版前款所列内容或者为上述行为提供方便条件的，对直接责任者和领导责任者，给予严重警告或者撤销党内职务处分；情节严重的，给予留党察看或者开除党籍处分。

第四十七条　制作、贩卖、传播第四十五条、第四十六条所列内容之一的书刊、音像制品、电子读物、网络音视频资料等，情节较轻的，给予警告或者严重警告处分；情节较重的，给予撤销党内职务或者留党察看处分；情节严重的，给予开除党籍处分。

私自携带、寄递第四十五条、第四十六条所列内容之一的书刊、音像制品、电子读物等入出境，情节较重的，给予警告或者严重警告处分；情节严重的，给予撤销党内职务、留党察看或者开除党籍处分。

第四十八条　在党内组织秘密集团或者组织其他分裂党的活动的，给予开除党籍处分。

参加秘密集团或者参加其他分裂党的活动的,给予留党察看或者开除党籍处分。

第四十九条 在党内搞团团伙伙、结党营私、拉帮结派、培植个人势力等非组织活动,或者通过搞利益交换、为自己营造声势等活动捞取政治资本的,给予严重警告或者撤销党内职务处分;导致本地区、本部门、本单位政治生态恶化的,给予留党察看或者开除党籍处分。

第五十条 党员领导干部在本人主政的地方或者分管的部门自行其是,搞山头主义,拒不执行党中央确定的大政方针,甚至背着党中央另搞一套的,给予撤销党内职务、留党察看或者开除党籍处分。

落实党中央决策部署不坚决,打折扣、搞变通,在政治上造成不良影响或者严重后果的,给予警告或者严重警告处分;情节严重的,给予撤销党内职务、留党察看或者开除党籍处分。

第五十一条 对党不忠诚不老实,表里不一,阳奉阴违,欺上瞒下,搞两面派,做两面人,情节较轻的,给予警告或者严重警告处分;情节较重的,给予撤销党内职务或者留党察看处分;情节严重的,给予开除党籍处分。

第五十二条 制造、散布、传播政治谣言,破坏党的团结统一的,给予警告或者严重警告处分;情节较重的,给予撤销党内职务或者留党察看处分;情节严重的,给予开除党籍处分。

政治品行恶劣,匿名诬告,有意陷害或者制造其他谣言,造成损害或者不良影响的,依照前款规定处理。

第五十三条 擅自对应当由党中央决定的重大政策问题作出决定、对外发表主张的,对直接责任者和领导责任者,给予严重警告或者撤销党内职务处分;情节严重的,给予留党察看或者开除党籍处分。

第五十四条 不按照有关规定向组织请示、报告重大事项,情节较重的,给予警告或者严重警告处分;情节严重的,给予撤销党内职务或者留党察看处分。

第五十五条 干扰巡视巡察工作或者不落实巡视巡察整改要求,情节较轻的,给予警告或者严重警告处分;情节较重的,给予撤销党内职务或者留党察看处分;情节严重的,给予开除党籍处分。

第五十六条 对抗组织审查,有下列行为之一的,给予警告或者严重警告处分;情节较重的,给予撤销党内职务或者留党察看处分;情节严重的,给予开除党籍处分:

(一)串供或者伪造、销毁、转移、隐匿证据的;

（二）阻止他人揭发检举、提供证据材料的；

（三）包庇同案人员的；

（四）向组织提供虚假情况，掩盖事实的；

（五）有其他对抗组织审查行为的。

第五十七条 组织、参加反对党的基本理论、基本路线、基本方略或者重大方针政策的集会、游行、示威等活动的，或者以组织讲座、论坛、报告会、座谈会等方式，反对党的基本理论、基本路线、基本方略或者重大方针政策，造成严重不良影响的，对策划者、组织者和骨干分子，给予开除党籍处分。

对其他参加人员或者以提供信息、资料、财物、场地等方式支持上述活动者，情节较轻的，给予警告或者严重警告处分；情节较重的，给予撤销党内职务或者留党察看处分；情节严重的，给予开除党籍处分。

对不明真相被裹挟参加，经批评教育后确有悔改表现的，可以免予处分或者不予处分。

未经组织批准参加其他集会、游行、示威等活动，情节较轻的，给予警告或者严重警告处分；情节较重的，给予撤销党内职务或者留党察看处分；情节严重的，给予开除党籍处分。

第五十八条 组织、参加旨在反对党的领导、反对社会主义制度或者敌视政府等组织的，对策划者、组织者和骨干分子，给予开除党籍处分。

对其他参加人员，情节较轻的，给予警告或者严重警告处分；情节较重的，给予撤销党内职务或者留党察看处分；情节严重的，给予开除党籍处分。

第五十九条 组织、参加会道门或者邪教组织的，对策划者、组织者和骨干分子，给予开除党籍处分。

对其他参加人员，情节较轻的，给予警告或者严重警告处分；情节较重的，给予撤销党内职务或者留党察看处分；情节严重的，给予开除党籍处分。

对不明真相的参加人员，经批评教育后确有悔改表现的，可以免予处分或者不予处分。

第六十条 从事、参与挑拨破坏民族关系制造事端或者参加民族分裂活动的，对策划者、组织者和骨干分子，给予开除党籍处分。

对其他参加人员，情节较轻的，给予警告或者严重警告处分；情节较重的，给予撤销党内职务或者留党察看处分；情节严重的，给予开除党籍处分。

对不明真相被裹挟参加，经批评教育后确有悔改表现的，可以免予处分或者不予处分。

有其他违反党和国家民族政策的行为，情节较轻的，给予警告或者严重警告处分;情节较重的,给予撤销党内职务或者留党察看处分;情节严重的,给予开除党籍处分。

第六十一条 组织、利用宗教活动反对党的路线、方针、政策和决议,破坏民族团结的,对策划者、组织者和骨干分子,给予开除党籍处分。

对其他参加人员,给予撤销党内职务或者留党察看处分;情节严重的,给予开除党籍处分。

对不明真相被裹挟参加,经批评教育后确有悔改表现的,可以免予处分或者不予处分。

有其他违反党和国家宗教政策的行为,情节较轻的,给予警告或者严重警告处分;情节较重的,给予撤销党内职务或者留党察看处分;情节严重的,给予开除党籍处分。

第六十二条 对信仰宗教的党员,应当加强思想教育,经党组织帮助教育仍没有转变的,应当劝其退党;劝而不退的,予以除名;参与利用宗教搞煽动活动的,给予开除党籍处分。

第六十三条 组织迷信活动的,给予撤销党内职务或者留党察看处分;情节严重的,给予开除党籍处分。

参加迷信活动,造成不良影响的,给予警告或者严重警告处分;情节较重的,给予撤销党内职务或者留党察看处分;情节严重的,给予开除党籍处分。

对不明真相的参加人员,经批评教育后确有悔改表现的,可以免予处分或者不予处分。

第六十四条 组织、利用宗族势力对抗党和政府,妨碍党和国家的方针政策以及决策部署的实施,或者破坏党的基层组织建设的,对策划者、组织者和骨干分子,给予开除党籍处分。

对其他参加人员,给予撤销党内职务或者留党察看处分;情节严重的,给予开除党籍处分。

对不明真相被裹挟参加,经批评教育后确有悔改表现的,可以免予处分或者不予处分。

第六十五条 在国(境)外、外国驻华使(领)馆申请政治避难,或者违纪后逃往国(境)外、外国驻华使(领)馆的,给予开除党籍处分。

在国(境)外公开发表反对党和政府的文章、演说、宣言、声明等的,依照前款规定处理。

故意为上述行为提供方便条件的,给予留党察看或者开除党籍处分。

第六十六条 在涉外活动中,其言行在政治上造成恶劣影响,损害党和国家尊严、利益的,给予撤销党内职务或者留党察看处分;情节严重的,给予开除党籍处分。

第六十七条 不履行全面从严治党主体责任、监督责任或者履行全面从严治党主体责任、监督责任不力,给党组织造成严重损害或者严重不良影响的,对直接责任者和领导责任者,给予警告或者严重警告处分;情节严重的,给予撤销党内职务或者留党察看处分。

第六十八条 党员领导干部对违反政治纪律和政治规矩等错误思想和行为不报告、不抵制、不斗争,放任不管,搞无原则一团和气,造成不良影响的,给予警告或者严重警告处分;情节严重的,给予撤销党内职务或者留党察看处分。

第六十九条 违反党的优良传统和工作惯例等党的规矩,在政治上造成不良影响的,给予警告或者严重警告处分;情节较重的,给予撤销党内职务或者留党察看处分;情节严重的,给予开除党籍处分。

第七章 对违反组织纪律行为的处分

第七十条 违反民主集中制原则,有下列行为之一的,给予警告或者严重警告处分;情节严重的,给予撤销党内职务或者留党察看处分:

(一)拒不执行或者擅自改变党组织作出的重大决定的;

(二)违反议事规则,个人或者少数人决定重大问题的;

(三)故意规避集体决策,决定重大事项、重要干部任免、重要项目安排和大额资金使用的;

(四)借集体决策名义集体违规的。

第七十一条 下级党组织拒不执行或者擅自改变上级党组织决定的,对直接责任者和领导责任者,给予警告或者严重警告处分;情节严重的,给予撤销党内职务或者留党察看处分。

第七十二条 拒不执行党组织的分配、调动、交流等决定的,给予警告、严重警告或者撤销党内职务处分。

在特殊时期或者紧急状况下,拒不执行党组织决定的,给予留党察看或者开除党籍处分。

第七十三条 有下列行为之一,情节较重的,给予警告或者严重警告处分:

(一)违反个人有关事项报告规定,隐瞒不报的;

(二)在组织进行谈话、函询时,不如实向组织说明问题的;

(三)不按要求报告或者不如实报告个人去向的;

(四)不如实填报个人档案资料的。

篡改、伪造个人档案资料的,给予严重警告处分;情节严重的,给予撤销党内职务或者留党察看处分。

隐瞒入党前严重错误的,一般应当予以除名;对入党后表现尚好的,给予严重警告、撤销党内职务或者留党察看处分。

第七十四条 党员领导干部违反有关规定组织、参加自发成立的老乡会、校友会、战友会等,情节严重的,给予警告、严重警告或者撤销党内职务处分。

第七十五条 有下列行为之一的,给予警告或者严重警告处分;情节较重的,给予撤销党内职务或者留党察看处分;情节严重的,给予开除党籍处分:

(一)在民主推荐、民主测评、组织考察和党内选举中搞拉票、助选等非组织活动的;

(二)在法律规定的投票、选举活动中违背组织原则搞非组织活动,组织、怂恿、诱使他人投票、表决的;

(三)在选举中进行其他违反党章、其他党内法规和有关章程活动的。

搞有组织的拉票贿选,或者用公款拉票贿选的,从重或者加重处分。

第七十六条 在干部选拔任用工作中,有任人唯亲、排斥异己、封官许愿、说情干预、跑官要官、突击提拔或者调整干部等违反干部选拔任用规定行为,对直接责任者和领导责任者,情节较轻的,给予警告或者严重警告处分;情节较重的,给予撤销党内职务或者留党察看处分;情节严重的,给予开除党籍处分。

用人失察失误造成严重后果的,对直接责任者和领导责任者,依照前款规定处理。

第七十七条 在干部、职工的录用、考核、职务晋升、职称评定和征兵、安置复转军人等工作中,隐瞒、歪曲事实真相,或者利用职权或者职务上的影响违反有关规定为本人或者其他人谋取利益的,给予警告或者严重警告处分;情节较重的,给予撤销党内职务或者留党察看处分;情节严重的,给予开除党籍处分。

弄虚作假,骗取职务、职级、职称、待遇、资格、学历、学位、荣誉或者其他利益的,依照前款规定处理。

第七十八条 侵犯党员的表决权、选举权和被选举权,情节较重的,给予警告或者严重警告处分;情节严重的,给予撤销党内职务处分。

以强迫、威胁、欺骗、拉拢等手段,妨害党员自主行使表决权、选举权和被选举权的,给予撤销党内职务、留党察看或者开除党籍处分。

第七十九条 有下列行为之一的,给予警告或者严重警告处分;情节较重的,给予撤销党内职务或者留党察看处分;情节严重的,给予开除党籍处分:

(一)对批评、检举、控告进行阻挠、压制,或者将批评、检举、控告材料私自扣

压、销毁,或者故意将其泄露给他人的;

(二)对党员的申辩、辩护、作证等进行压制,造成不良后果的;

(三)压制党员申诉,造成不良后果的,或者不按照有关规定处理党员申诉的;

(四)有其他侵犯党员权利行为,造成不良后果的。

对批评人、检举人、控告人、证人及其他人员打击报复的,从重或者加重处分。

党组织有上述行为的,对直接责任者和领导责任者,依照第一款规定处理。

第八十条 违反党章和其他党内法规的规定,采取弄虚作假或者其他手段把不符合党员条件的人发展为党员,或者为非党员出具党员身份证明的,对直接责任者和领导责任者,给予警告或者严重警告处分;情节严重的,给予撤销党内职务处分。

违反有关规定程序发展党员的,对直接责任者和领导责任者,依照前款规定处理。

第八十一条 违反有关规定取得外国国籍或者获取国(境)外永久居留资格、长期居留许可的,给予撤销党内职务、留党察看或者开除党籍处分。

第八十二条 违反有关规定办理因私出国(境)证件、前往港澳通行证,或者未经批准出入国(边)境,情节较轻的,给予警告或者严重警告处分;情节较重的,给予撤销党内职务处分;情节严重的,给予留党察看处分。

第八十三条 驻外机构或者临时出国(境)团(组)中的党员擅自脱离组织,或者从事外事、机要、军事等工作的党员违反有关规定同国(境)外机构、人员联系和交往的,给予警告、严重警告或者撤销党内职务处分。

第八十四条 驻外机构或者临时出国(境)团(组)中的党员,脱离组织出走时间不满六个月又自动回归的,给予撤销党内职务或者留党察看处分;脱离组织出走时间超过六个月的,按照自行脱党处理,党内予以除名。

故意为他人脱离组织出走提供方便条件的,给予警告、严重警告或者撤销党内职务处分。

第八章 对违反廉洁纪律行为的处分

第八十五条 党员干部必须正确行使人民赋予的权力,清正廉洁,反对任何滥用职权、谋求私利的行为。

利用职权或者职务上的影响为他人谋取利益,本人的配偶、子女及其配偶等亲属和其他特定关系人收受对方财物,情节较重的,给予警告或者严重警告处分;情节严重的,给予撤销党内职务、留党察看或者开除党籍处分。

第八十六条 相互利用职权或者职务上的影响为对方及其配偶、子女及其配偶等亲属、身边工作人员和其他特定关系人谋取利益搞权权交易的,给予警告或者严重警告处分;情节较重的,给予撤销党内职务或者留党察看处分;情节严重的,给予开除党籍处分。

第八十七条 纵容、默许配偶、子女及其配偶等亲属、身边工作人员和其他特定关系人利用党员干部本人职权或者职务上的影响谋取私利,情节较轻的,给予警告或者严重警告处分;情节较重的,给予撤销党内职务或者留党察看处分;情节严重的,给予开除党籍处分。

党员干部的配偶、子女及其配偶等亲属和其他特定关系人不实际工作而获取薪酬或者虽实际工作但领取明显超出同职级标准薪酬,党员干部知情未予纠正的,依照前款规定处理。

第八十八条 收受可能影响公正执行公务的礼品、礼金、消费卡和有价证券、股权、其他金融产品等财物,情节较轻的,给予警告或者严重警告处分;情节较重的,给予撤销党内职务或者留党察看处分;情节严重的,给予开除党籍处分。

收受其他明显超出正常礼尚往来的财物的,依照前款规定处理。

第八十九条 向从事公务的人员及其配偶、子女及其配偶等亲属和其他特定关系人赠送明显超出正常礼尚往来的礼品、礼金、消费卡和有价证券、股权、其他金融产品等财物,情节较重的,给予警告或者严重警告处分;情节严重的,给予撤销党内职务或者留党察看处分。

第九十条 借用管理和服务对象的钱款、住房、车辆等,影响公正执行公务,情节较重的,给予警告或者严重警告处分;情节严重的,给予撤销党内职务、留党察看或者开除党籍处分。

通过民间借贷等金融活动获取大额回报,影响公正执行公务的,依照前款规定处理。

第九十一条 利用职权或者职务上的影响操办婚丧喜庆事宜,在社会上造成不良影响的,给予警告或者严重警告处分;情节严重的,给予撤销党内职务处分;借机敛财或者有其他侵犯国家、集体和人民利益行为的,从重或者加重处分,直至开除党籍。

第九十二条 接受、提供可能影响公正执行公务的宴请或者旅游、健身、娱乐等活动安排,情节较重的,给予警告或者严重警告处分;情节严重的,给予撤销党内职务或者留党察看处分。

第九十三条 违反有关规定取得、持有、实际使用运动健身卡、会所和俱乐部会员卡、高尔夫球卡等各种消费卡，或者违反有关规定出入私人会所，情节较重的，给予警告或者严重警告处分；情节严重的，给予撤销党内职务或者留党察看处分。

第九十四条 违反有关规定从事营利活动，有下列行为之一，情节较轻的，给予警告或者严重警告处分；情节较重的，给予撤销党内职务或者留党察看处分；情节严重的，给予开除党籍处分：

（一）经商办企业的；

（二）拥有非上市公司（企业）的股份或者证券的；

（三）买卖股票或者进行其他证券投资的；

（四）从事有偿中介活动的；

（五）在国（境）外注册公司或者投资入股的；

（六）有其他违反有关规定从事营利活动的。

利用参与企业重组改制、定向增发、兼并投资、土地使用权出让等决策、审批过程中掌握的信息买卖股票，利用职权或者职务上的影响通过购买信托产品、基金等方式非正常获利的，依照前款规定处理。

违反有关规定在经济组织、社会组织等单位中兼职，或者经批准兼职但获取薪酬、奖金、津贴等额外利益的，依照第一款规定处理。

第九十五条 利用职权或者职务上的影响，为配偶、子女及其配偶等亲属和其他特定关系人在审批监管、资源开发、金融信贷、大宗采购、土地使用权出让、房地产开发、工程招投标以及公共财政支出等方面谋取利益，情节较轻的，给予警告或者严重警告处分；情节较重的，给予撤销党内职务或者留党察看处分；情节严重的，给予开除党籍处分。

利用职权或者职务上的影响，为配偶、子女及其配偶等亲属和其他特定关系人吸收存款、推销金融产品等提供帮助谋取利益的，依照前款规定处理。

第九十六条 党员领导干部离职或者退（离）休后违反有关规定接受原任职务管辖的地区和业务范围内的企业和中介机构的聘任，或者个人从事与原任职务管辖业务相关的营利活动，情节较轻的，给予警告或者严重警告处分；情节较重的，给予撤销党内职务处分；情节严重的，给予留党察看处分。

党员领导干部离职或者退（离）休后违反有关规定担任上市公司、基金管理公司独立董事、独立监事等职务，情节较轻的，给予警告或者严重警告处分；情节较重的，给予撤销党内职务处分；情节严重的，给予留党察看处分。

第九十七条 党员领导干部的配偶、子女及其配偶，违反有关规定在该党员领导干部管辖的地区和业务范围内从事可能影响其公正执行公务的经营活动，或者在该党员领导干部管辖的地区和业务范围内的外商独资企业、中外合资企业中担任由外方委派、聘任的高级职务或者违规任职、兼职取酬的,该党员领导干部应当按照规定予以纠正;拒不纠正的,其本人应当辞去现任职务或者由组织予以调整职务;不辞去现任职务或者不服从组织调整职务的,给予撤销党内职务处分。

第九十八条 党和国家机关违反有关规定经商办企业的,对直接责任者和领导责任者,给予警告或者严重警告处分;情节严重的,给予撤销党内职务处分。

第九十九条 党员领导干部违反工作、生活保障制度,在交通、医疗、警卫等方面为本人、配偶、子女及其配偶等亲属和其他特定关系人谋求特殊待遇,情节较重的,给予警告或者严重警告处分;情节严重的,给予撤销党内职务或者留党察看处分。

第一百条 在分配、购买住房中侵犯国家、集体利益,情节较轻的,给予警告或者严重警告处分;情节较重的,给予撤销党内职务或者留党察看处分;情节严重的,给予开除党籍处分。

第一百零一条 利用职权或者职务上的影响,侵占非本人经管的公私财物,或者以象征性地支付钱款等方式侵占公私财物,或者无偿、象征性地支付报酬接受服务、使用劳务,情节较轻的,给予警告或者严重警告处分;情节较重的,给予撤销党内职务或者留党察看处分;情节严重的,给予开除党籍处分。

利用职权或者职务上的影响,将本人、配偶、子女及其配偶等亲属应当由个人支付的费用,由下属单位、其他单位或者他人支付、报销的,依照前款规定处理。

第一百零二条 利用职权或者职务上的影响,违反有关规定占用公物归个人使用,时间超过六个月,情节较重的,给予警告或者严重警告处分;情节严重的,给予撤销党内职务处分。

占用公物进行营利活动的,给予警告或者严重警告处分;情节较重的,给予撤销党内职务或者留党察看处分;情节严重的,给予开除党籍处分。

将公物借给他人进行营利活动的,依照前款规定处理。

第一百零三条 违反有关规定组织、参加用公款支付的宴请、高消费娱乐、健身活动,或者用公款购买赠送或者发放礼品、消费卡(券)等,对直接责任者和领导责任者,情节较轻的,给予警告或者严重警告处分;情节较重的,给予撤销党内职务或者留党察看处分;情节严重的,给予开除党籍处分。

第一百零四条 违反有关规定自定薪酬或者滥发津贴、补贴、奖金等,对直接责任者和领导责任者,情节较轻的,给予警告或者严重警告处分;情节较重的,给予撤销党内职务或者留党察看处分;情节严重的,给予开除党籍处分。

第一百零五条 有下列行为之一,对直接责任者和领导责任者,情节较轻的,给予警告或者严重警告处分;情节较重的,给予撤销党内职务或者留党察看处分;情节严重的,给予开除党籍处分:

(一)公款旅游或者以学习培训、考察调研、职工疗养等为名变相公款旅游的;

(二)改变公务行程,借机旅游的;

(三)参加所管理企业、下属单位组织的考察活动,借机旅游的。

以考察、学习、培训、研讨、招商、参展等名义变相用公款出国(境)旅游的,依照前款规定处理。

第一百零六条 违反公务接待管理规定,超标准、超范围接待或者借机大吃大喝,对直接责任者和领导责任者,情节较重的,给予警告或者严重警告处分;情节严重的,给予撤销党内职务处分。

第一百零七条 违反有关规定配备、购买、更换、装饰、使用公务交通工具或者有其他违反公务交通工具管理规定的行为,对直接责任者和领导责任者,情节较重的,给予警告或者严重警告处分;情节严重的,给予撤销党内职务或者留党察看处分。

第一百零八条 违反会议活动管理规定,有下列行为之一,对直接责任者和领导责任者,情节较重的,给予警告或者严重警告处分;情节严重的,给予撤销党内职务处分:

(一)到禁止召开会议的风景名胜区开会的;

(二)决定或者批准举办各类节会、庆典活动的。

擅自举办评比达标表彰活动或者借评比达标表彰活动收取费用的,依照前款规定处理。

第一百零九条 违反办公用房管理等规定,有下列行为之一,对直接责任者和领导责任者,情节较重的,给予警告或者严重警告处分;情节严重的,给予撤销党内职务处分:

(一)决定或者批准兴建、装修办公楼、培训中心等楼堂馆所的;

(二)超标准配备、使用办公用房的;

(三)用公款包租、占用客房或者其他场所供个人使用的。

第一百一十条 搞权色交易或者给予财物搞钱色交易的,给予警告或者严重警告处分;情节较重的,给予撤销党内职务或者留党察看处分;情节严重的,给予开除党籍处分。

第一百一十一条 有其他违反廉洁纪律规定行为的,应当视具体情节给予警告直至开除党籍处分。

第九章 对违反群众纪律行为的处分

第一百一十二条 有下列行为之一,对直接责任者和领导责任者,情节较轻的,给予警告或者严重警告处分;情节较重的,给予撤销党内职务或者留党察看处分;情节严重的,给予开除党籍处分:

(一)超标准、超范围向群众筹资筹劳、摊派费用,加重群众负担的;

(二)违反有关规定扣留、收缴群众款物或者处罚群众的;

(三)克扣群众财物,或者违反有关规定拖欠群众钱款的;

(四)在管理、服务活动中违反有关规定收取费用的;

(五)在办理涉及群众事务时刁难群众、吃拿卡要的;

(六)有其他侵害群众利益行为的。

在扶贫领域有上述行为的,从重或者加重处分。

第一百一十三条 干涉生产经营自主权,致使群众财产遭受较大损失的,对直接责任者和领导责任者,给予警告或者严重警告处分;情节严重的,给予撤销党内职务或者留党察看处分。

第一百一十四条 在社会保障、政策扶持、扶贫脱贫、救灾救济款物分配等事项中优亲厚友、明显有失公平的,给予警告或者严重警告处分;情节较重的,给予撤销党内职务或者留党察看处分;情节严重的,给予开除党籍处分。

第一百一十五条 利用宗族或者黑恶势力等欺压群众,或者纵容涉黑涉恶活动、为黑恶势力充当"保护伞"的,给予撤销党内职务或者留党察看处分;情节严重的,给予开除党籍处分。

第一百一十六条 有下列行为之一,对直接责任者和领导责任者,情节较重的,给予警告或者严重警告处分;情节严重的,给予撤销党内职务或者留党察看处分:

(一)对涉及群众生产、生活等切身利益的问题依照政策或者有关规定能解决而不及时解决,庸懒无为、效率低下,造成不良影响的;

(二)对符合政策的群众诉求消极应付、推诿扯皮,损害党群、干群关系的;

(三)对待群众态度恶劣、简单粗暴,造成不良影响的;

(四)弄虚作假,欺上瞒下,损害群众利益的;

(五)有其他不作为、乱作为等损害群众利益行为的。

第一百一十七条 盲目举债、铺摊子、上项目,搞劳民伤财的"形象工程"、

“政绩工程”,致使国家、集体或者群众财产和利益遭受较大损失的,对直接责任者和领导责任者,给予警告或者严重警告处分;情节严重的,给予撤销党内职务、留党察看或者开除党籍处分。

第一百一十八条 遇到国家财产和群众生命财产受到严重威胁时,能救而不救,情节较重的,给予警告、严重警告或者撤销党内职务处分;情节严重的,给予留党察看或者开除党籍处分。

第一百一十九条 不按照规定公开党务、政务、厂务、村(居)务等,侵犯群众知情权,对直接责任者和领导责任者,情节较重的,给予警告或者严重警告处分;情节严重的,给予撤销党内职务或者留党察看处分。

第一百二十条 有其他违反群众纪律规定行为的,应当视具体情节给予警告直至开除党籍处分。

第十章 对违反工作纪律行为的处分

第一百二十一条 工作中不负责任或者疏于管理,贯彻执行、检查督促落实上级决策部署不力,给党、国家和人民利益以及公共财产造成较大损失的,对直接责任者和领导责任者,给予警告或者严重警告处分;造成重大损失的,给予撤销党内职务、留党察看或者开除党籍处分。

贯彻创新、协调、绿色、开放、共享的发展理念不力,对职责范围内的问题失察失责,造成较大损失或者重大损失的,从重或者加重处分。

第一百二十二条 有下列行为之一,造成严重不良影响,对直接责任者和领导责任者,情节较轻的,给予警告或者严重警告处分;情节较重的,给予撤销党内职务或者留党察看处分;情节严重的,给予开除党籍处分:

(一)贯彻党中央决策部署只表态不落实的;

(二)热衷于搞舆论造势、浮在表面的;

(三)单纯以会议贯彻会议、以文件落实文件,在实际工作中不见诸行动的;

(四)工作中有其他形式主义、官僚主义行为的。

第一百二十三条 党组织有下列行为之一,对直接责任者和领导责任者,情节较重的,给予警告或者严重警告处分;情节严重的,给予撤销党内职务或者留党察看处分:

(一)党员被依法判处刑罚后,不按照规定给予党纪处分,或者对违反国家法律法规的行为,应当给予党纪处分而不处分的;

(二)党纪处分决定或者申诉复查决定作出后,不按照规定落实决定中关于被处分人党籍、职务、职级、待遇等事项的;

(三)党员受到党纪处分后,不按照干部管理权限和组织关系对受处分党员开展日常教育、管理和监督工作的。

第一百二十四条 因工作不负责任致使所管理的人员叛逃的,对直接责任者和领导责任者,给予警告或者严重警告处分;情节严重的,给予撤销党内职务处分。

因工作不负责任致使所管理的人员出走,对直接责任者和领导责任者,情节较重的,给予警告或者严重警告处分;情节严重的,给予撤销党内职务处分。

第一百二十五条 在上级检查、视察工作或者向上级汇报、报告工作时对应当报告的事项不报告或者不如实报告,造成严重损害或者严重不良影响的,对直接责任者和领导责任者,给予警告或者严重警告处分;情节严重的,给予撤销党内职务或者留党察看处分。

在上级检查、视察工作或者向上级汇报、报告工作时纵容、唆使、暗示、强迫下级说假话、报假情的,从重或者加重处分。

第一百二十六条 党员领导干部违反有关规定干预和插手市场经济活动,有下列行为之一,造成不良影响的,给予警告或者严重警告处分;情节较重的,给予撤销党内职务或者留党察看处分;情节严重的,给予开除党籍处分:

(一)干预和插手建设工程项目承发包、土地使用权出让、政府采购、房地产开发与经营、矿产资源开发利用、中介机构服务等活动的;

(二)干预和插手国有企业重组改制、兼并、破产、产权交易、清产核资、资产评估、资产转让、重大项目投资以及其他重大经营活动等事项的;

(三)干预和插手批办各类行政许可和资金借贷等事项的;

(四)干预和插手经济纠纷的;

(五)干预和插手集体资金、资产和资源的使用、分配、承包、租赁等事项的。

第一百二十七条 党员领导干部违反有关规定干预和插手司法活动、执纪执法活动,向有关地方或者部门打听案情、打招呼、说情,或者以其他方式对司法活动、执纪执法活动施加影响,情节较轻的,给予严重警告处分;情节较重的,给予撤销党内职务或者留党察看处分;情节严重的,给予开除党籍处分。

党员领导干部违反有关规定干预和插手公共财政资金分配、项目立项评审、政府奖励表彰等活动,造成重大损失或者不良影响的,依照前款规定处理。

第一百二十八条 泄露、扩散或者打探、窃取党组织关于干部选拔任用、纪律审查、巡视巡察等尚未公开事项或者其他应当保密的内容的,给予警告或者严重警告处分;情节较重的,给予撤销党内职务或者留党察看处分;情节严重的,给予开除党籍处分。

私自留存涉及党组织关于干部选拔任用、纪律审查、巡视巡察等方面资料，情节较重的，给予警告或者严重警告处分；情节严重的，给予撤销党内职务处分。

第一百二十九条 在考试、录取工作中，有泄露试题、考场舞弊、涂改考卷、违规录取等违反有关规定行为的，给予警告或者严重警告处分；情节较重的，给予撤销党内职务或者留党察看处分；情节严重的，给予开除党籍处分。

第一百三十条 以不正当方式谋求本人或者其他人用公款出国（境），情节较轻的，给予警告处分；情节较重的，给予严重警告处分；情节严重的，给予撤销党内职务处分。

第一百三十一条 临时出国（境）团（组）或者人员中的党员，擅自延长在国（境）外期限，或者擅自变更路线的，对直接责任者和领导责任者，给予警告或者严重警告处分；情节严重的，给予撤销党内职务处分。

第一百三十二条 驻外机构或者临时出国（境）团（组）中的党员，触犯驻在国家、地区的法律、法令或者不尊重驻在国家、地区的宗教习俗，情节较重的，给予警告或者严重警告处分；情节严重的，给予撤销党内职务、留党察看或者开除党籍处分。

第一百三十三条 在党的纪律检查、组织、宣传、统一战线工作以及机关工作等其他工作中，不履行或者不正确履行职责，造成损失或者不良影响的，应当视具体情节给予警告直至开除党籍处分。

第十一章 对违反生活纪律行为的处分

第一百三十四条 生活奢靡、贪图享乐、追求低级趣味，造成不良影响的，给予警告或者严重警告处分；情节严重的，给予撤销党内职务处分。

第一百三十五条 与他人发生不正当性关系，造成不良影响的，给予警告或者严重警告处分；情节较重的，给予撤销党内职务或者留党察看处分；情节严重的，给予开除党籍处分。

利用职权、教养关系、从属关系或者其他相类似关系与他人发生性关系的，从重处分。

第一百三十六条 党员领导干部不重视家风建设，对配偶、子女及其配偶失管失教，造成不良影响或者严重后果的，给予警告或者严重警告处分；情节严重的，给予撤销党内职务处分。

第一百三十七条 违背社会公序良俗，在公共场所有不当行为，造成不良影响的，给予警告或者严重警告处分；情节较重的，给予撤销党内职务或者留党察看处分；情节严重的，给予开除党籍处分。

第一百三十八条 有其他严重违反社会公德、家庭美德行为的,应当视具体情节给予警告直至开除党籍处分。

第三编 附 则

第一百三十九条 各省、自治区、直辖市党委可以根据本条例,结合各自工作的实际情况,制定单项实施规定。

第一百四十条 中央军事委员会可以根据本条例,结合中国人民解放军和中国人民武装警察部队的实际情况,制定补充规定或者单项规定。

第一百四十一条 本条例由中央纪律检查委员会负责解释。

第一百四十二条 本条例自2018年10月1日起施行。

本条例施行前,已结案的案件如需进行复查复议,适用当时的规定或者政策。尚未结案的案件,如果行为发生时的规定或者政策不认为是违纪,而本条例认为是违纪的,依照当时的规定或者政策处理;如果行为发生时的规定或者政策认为是违纪的,依照当时的规定或者政策处理,但是如果本条例不认为是违纪或者处理较轻的,依照本条例规定处理。

附：

中国共产党纪律处分条例

（中共中央2015年10月18日印发）

第一编　总　　则

第一章　指导思想、原则和适用范围

第一条　为维护党的章程和其他党内法规，严肃党的纪律，纯洁党的组织，保障党员民主权利，教育党员遵纪守法，维护党的团结统一，保证党的路线、方针、政策、决议和国家法律法规的贯彻执行，根据《中国共产党章程》，制定本条例。

第二条　本条例以马克思列宁主义、毛泽东思想、邓小平理论、"三个代表"重要思想、科学发展观为指导，深入贯彻习近平总书记系列重要讲话精神，落实全面从严治党战略部署。

第三条　党章是最根本的党内法规，是管党治党的总规矩。党的纪律是党的各级组织和全体党员必须遵守的行为规则。党组织和党员必须自觉遵守党章，严格执行和维护党的纪律，自觉接受党的纪律约束，模范遵守国家法律法规。

第四条　党的纪律处分工作应当坚持以下原则：

（一）党要管党、从严治党。加强对党的各级组织和全体党员的教育、管理和监督，把纪律挺在前面，注重抓早抓小。

（二）党纪面前一律平等。对违犯党纪的党组织和党员必须严肃、公正执行纪律，党内不允许有任何不受纪律约束的党组织和党员。

（三）实事求是。对党组织和党员违犯党纪的行为，应当以事实为依据，以党章、其他党内法规和国家法律法规为准绳，准确认定违纪性质，区别不同情况，恰当予以处理。

（四）民主集中制。实施党纪处分，应当按照规定程序经党组织集体讨论决定，不允许任何个人或者少数人擅自决定和批准。上级党组织对违犯党纪的党组织和党员作出的处理决定，下级党组织必须执行。

（五）惩前毖后、治病救人。处理违犯党纪的党组织和党员，应当实行惩戒与教育相结合，做到宽严相济。

第五条 本条例适用于违犯党纪应当受到党纪追究的党组织和党员。

第二章 违纪与纪律处分

第六条 党组织和党员违反党章和其他党内法规,违反国家法律法规,违反党和国家政策,违反社会主义道德,危害党、国家和人民利益的行为,依照规定应当给予纪律处理或者处分的,都必须受到追究。

第七条 对党员的纪律处分种类:

(一)警告;

(二)严重警告;

(三)撤销党内职务;

(四)留党察看;

(五)开除党籍。

第八条 对严重违犯党纪的党组织的纪律处理措施:

(一)改组;

(二)解散。

第九条 党员受到警告处分一年内、受到严重警告处分一年半内,不得在党内提升职务和向党外组织推荐担任高于其原任职务的党外职务。

第十条 撤销党内职务处分,是指撤销受处分党员由党内选举或者组织任命的党内职务。对于在党内担任两个以上职务的,党组织在作处分决定时,应当明确是撤销其一切职务还是某个职务。如果决定撤销其某个职务,必须撤销其担任的最高职务。如果决定撤销其两个以上职务,则必须从其担任的最高职务开始依次撤销。对于在党外组织担任职务的,应当建议党外组织依照规定作出相应处理。

对于应当受到撤销党内职务处分,但是本人没有担任党内职务的,应当给予其严重警告处分。其中,在党外组织担任职务的,应当建议党外组织撤销其党外职务。

党员受到撤销党内职务处分,或者依照前款规定受到严重警告处分的,二年内不得在党内担任和向党外组织推荐担任与其原任职务相当或者高于其原任职务的职务。

第十一条 留党察看处分,分为留党察看一年、留党察看二年。对于受到留党察看处分一年的党员,期满后仍不符合恢复党员权利条件的,应当延长一年留党察看期限。留党察看期限最长不得超过二年。

党员受留党察看处分期间,没有表决权、选举权和被选举权。留党察看期间,确有悔改表现的,期满后恢复其党员权利;坚持不改或者又发现其他应当受到党纪处分的违纪行为的,应当开除党籍。

党员受到留党察看处分,其党内职务自然撤销。对于担任党外职务的,应当建议党外组织撤销其党外职务。受到留党察看处分的党员,恢复党员权利后二年内,不得在党内担任和向党外组织推荐担任与其原任职务相当或者高于其原任职务的职务。

第十二条 党员受到开除党籍处分,五年内不得重新入党。另有规定不准重新入党的,依照规定。

第十三条 党的各级代表大会的代表受到留党察看以上(含留党察看)处分的,党组织应当终止其代表资格。

第十四条 对于严重违犯党纪、本身又不能纠正的党组织领导机构,应当予以改组。受到改组处理的党组织领导机构成员,除应当受到撤销党内职务以上(含撤销党内职务)处分的外,均自然免职。

第十五条 对于全体或者多数党员严重违犯党纪的党组织,应当予以解散。对于受到解散处理的党组织中的党员,应当逐个审查。其中,符合党员条件的,应当重新登记,并参加新的组织过党的生活;不符合党员条件的,应当对其进行教育、限期改正,经教育仍无转变的,予以劝退或者除名;有违纪行为的,依照规定予以追究。

第三章　纪律处分运用规则

第十六条 有下列情形之一的,可以从轻或者减轻处分:

(一)主动交代本人应当受到党纪处分的问题的;

(二)检举同案人或者其他人应当受到党纪处分或者法律追究的问题,经查证属实的;

(三)主动挽回损失、消除不良影响或者有效阻止危害结果发生的;

(四)主动上交违纪所得的;

(五)有其他立功表现的。

第十七条 根据案件的特殊情况,由中央纪委决定或者经省(部)级纪委(不含副省级市纪委)决定并呈报中央纪委批准,对违纪党员也可以在本条例规定的处分幅度以外减轻处分。

第十八条 对于党员违犯党纪应当给予警告或者严重警告处分,但是具有本条例第十六条规定的情形之一或者本条例分则中另有规定的,可以给予批评教育或者组织处理,免予党纪处分。对违纪党员免予处分,应当作出书面结论。

第十九条 有下列情形之一的,应当从重或者加重处分:

(一)在纪律集中整饬过程中,不收敛、不收手的;

(二)强迫、唆使他人违纪的;

(三)本条例另有规定的。

第二十条 故意违纪受处分后又因故意违纪应当受到党纪处分的,应当从重处分。

党员违纪受到党纪处分后,又被发现其受处分前的违纪行为应当受到党纪处分的,应当从重处分。

第二十一条 从轻处分,是指在本条例规定的违纪行为应当受到的处分幅度以内,给予较轻的处分。

从重处分,是指在本条例规定的违纪行为应当受到的处分幅度以内,给予较重的处分。

第二十二条 减轻处分,是指在本条例规定的违纪行为应当受到的处分幅度以外,减轻一档给予处分。

加重处分,是指在本条例规定的违纪行为应当受到的处分幅度以外,加重一档给予处分。

本条例规定的只有开除党籍处分一个档次的违纪行为,不适用第一款减轻处分的规定。

第二十三条 一人有本条例规定的两种以上(含两种)应当受到党纪处分的违纪行为,应当合并处理,按其数种违纪行为中应当受到的最高处分加重一档给予处分;其中一种违纪行为应当受到开除党籍处分的,应当给予开除党籍处分。

第二十四条 一个违纪行为同时触犯本条例两个以上(含两个)条款的,依照处分较重的条款定性处理。

一个条款规定的违纪构成要件全部包含在另一个条款规定的违纪构成要件中,特别规定与一般规定不一致的,适用特别规定。

第二十五条 二人以上(含二人)共同故意违纪的,对为首者,从重处分,本条例另有规定的除外;对其他成员,按照其在共同违纪中所起的作用和应负的责任,分别给予处分。

对于经济方面共同违纪的,按照个人所得数额及其所起作用,分别给予处分。对违纪集团的首要分子,按照集团违纪的总数额处分;对其他共同违纪的为首者,情节严重的,按照共同违纪的总数额处分。

教唆他人违纪的,应当按照其在共同违纪中所起的作用追究党纪责任。

第二十六条 党组织领导机构集体作出违犯党纪的决定或者实施其他违犯

党纪的行为，对具有共同故意的成员，按共同违纪处理；对过失违纪的成员，按照各自在集体违纪中所起的作用和应负的责任分别给予处分。

第四章 对违法犯罪党员的纪律处分

第二十七条 党组织在纪律审查中发现党员有贪污贿赂、失职渎职等刑法规定的行为涉嫌犯罪的，应当给予撤销党内职务、留党察看或者开除党籍处分。

第二十八条 党组织在纪律审查中发现党员有刑法规定的行为，虽不涉及犯罪但须追究党纪责任的，应当视具体情节给予警告直至开除党籍处分。

第二十九条 党组织在纪律审查中发现党员有其他违法行为，影响党的形象，损害党、国家和人民利益的，应当视情节轻重给予党纪处分。

对有丧失党员条件，严重败坏党的形象行为的，应当给予开除党籍处分。

第三十条 党员受到党纪追究，涉嫌违法犯罪的，应当及时移送有关国家机关依法处理。需要给予行政处分或者其他纪律处分的，应当向有关机关或者组织提出建议。

第三十一条 党员被依法逮捕的，党组织应当按照管理权限中止其表决权、选举权和被选举权等党员权利。根据司法机关处理结果，可以恢复其党员权利的，应当及时予以恢复。

第三十二条 党员犯罪情节轻微，人民检察院依法作出不起诉决定的，或者人民法院依法作出有罪判决并免予刑事处罚的，应当给予撤销党内职务、留党察看或者开除党籍处分。

党员犯罪，被单处罚金的，依照前款规定处理。

第三十三条 党员犯罪，有下列情形之一的，应当给予开除党籍处分：

（一）因故意犯罪被依法判处刑法规定的主刑（含宣告缓刑）的；

（二）被单处或者附加剥夺政治权利的；

（三）因过失犯罪，被依法判处三年以上（不含三年）有期徒刑的。

因过失犯罪被判处三年以下（含三年）有期徒刑或者被判处管制、拘役的，一般应当开除党籍。对于个别可以不开除党籍的，应当对照处分党员批准权限的规定，报请再上一级党组织批准。

第三十四条 党员依法受到刑事责任追究的，党组织应当根据司法机关的生效判决、裁定、决定及其认定的事实、性质和情节，依照本条例规定给予党纪处分或者组织处理。

党员依法受到行政处罚、行政处分，应当追究党纪责任的，党组织可以根据生效的行政处罚、行政处分决定认定的事实、性质和情节，经核实后依照本条例规定给予党纪处分或者组织处理。

党员违反国家法律法规,违反企事业单位或者其他社会组织的规章制度受到其他纪律处分,应当追究党纪责任的,党组织在对有关方面认定的事实、性质和情节进行核实后,依照本条例规定给予党纪处分或者组织处理。

党组织作出党纪处分或者组织处理决定后,司法机关、行政机关等依法改变原生效判决、裁定、决定等,对原党纪处分或者组织处理决定产生影响的,党组织应当根据改变后的生效判决、裁定、决定等重新作出相应处理。

第五章　其他规定

第三十五条　预备党员违犯党纪,情节较轻,可以保留预备党员资格的,党组织应当对其批评教育或者延长预备期;情节较重的,应当取消其预备党员资格。

第三十六条　对违纪后下落不明的党员,应当区别情况作出处理:

(一)对有严重违纪行为,应当给予开除党籍处分的,党组织应当作出决定,开除其党籍;

(二)除前项规定的情况外,下落不明时间超过六个月的,党组织应当按照党章规定对其予以除名。

第三十七条　违纪党员在党组织作出处分决定前死亡,或者在死亡之后发现其曾有严重违纪行为,对于应当给予开除党籍处分的,开除其党籍;对于应当给予留党察看以下(含留党察看)处分的,作出书面结论,不再给予党纪处分。

第三十八条　违纪行为有关责任人员的区分:

(一)直接责任者,是指在其职责范围内,不履行或者不正确履行自己的职责,对造成的损失或者后果起决定性作用的党员或者党员领导干部。

(二)主要领导责任者,是指在其职责范围内,对直接主管的工作不履行或者不正确履行职责,对造成的损失或者后果负直接领导责任的党员领导干部。

(三)重要领导责任者,是指在其职责范围内,对应管的工作或者参与决定的工作不履行或者不正确履行职责,对造成的损失或者后果负次要领导责任的党员领导干部。

本条例所称领导责任者,包括主要领导责任者和重要领导责任者。

第三十九条　本条例所称主动交代,是指涉嫌违纪的党员在组织初核前向有关组织交代自己的问题,或者在初核和立案调查其问题期间交代组织未掌握的问题。

在初核、立案调查过程中,涉嫌违纪的党员能够配合调查工作,如实坦白组织已掌握的其本人主要违纪事实的,可以从轻处分。

第四十条 计算经济损失主要计算直接经济损失。直接经济损失,是指与违纪行为有直接因果关系而造成财产损毁的实际价值。

第四十一条 对于违纪行为所获得的经济利益,应当收缴或者责令退赔。

对于违纪行为所获得的职务、职称、学历、学位、奖励、资格等其他利益,应当由承办案件的纪检机关或者由其上级纪检机关建议有关组织、部门、单位按照规定予以纠正。

对于依照本条例第三十六条、第三十七条规定处理的党员,经调查确属其实施违纪行为获得的利益,依照本条规定处理。

第四十二条 党纪处分决定作出后,应当在一个月内向受处分党员所在党的基层组织中的全体党员及其本人宣布,并按照干部管理权限和组织关系将处分决定材料归入受处分者档案;对于受到撤销党内职务以上(含撤销党内职务)处分的,还应当在一个月内办理职务、工资等相应变更手续;涉及撤销或者调整其党外职务的,应当建议党外组织及时撤销或者调整其党外职务。特殊情况下,经作出或者批准作出处分决定的组织批准,可以适当延长办理期限。办理期限最长不得超过六个月。

第四十三条 执行党纪处分决定的机关或者受处分党员所在单位,应当在六个月内将处分决定的执行情况向作出或者批准处分决定的机关报告。

第四十四条 本条例总则适用于有党纪处分规定的其他党内法规,但是中共中央发布或者批准发布的其他党内法规有特别规定的除外。

第二编　分　　则

第六章　对违反政治纪律行为的处分

第四十五条 通过信息网络、广播、电视、报刊、书籍、讲座、论坛、报告会、座谈会等方式,公开发表坚持资产阶级自由化立场、反对四项基本原则,反对党的改革开放决策的文章、演说、宣言、声明等的,给予开除党籍处分。

发布、播出、刊登、出版前款所列文章、演说、宣言、声明等或者为上述行为提供方便条件的,对直接责任者和领导责任者,给予严重警告或者撤销党内职务处分;情节严重的,给予留党察看或者开除党籍处分。

第四十六条 通过信息网络、广播、电视、报刊、书籍、讲座、论坛、报告会、座谈会等方式,有下列行为之一,情节较轻的,给予警告或者严重警告处分;情节较重的,给予撤销党内职务或者留党察看处分;情节严重的,给予开除党籍处分:

(一)公开发表违背四项基本原则,违背、歪曲党的改革开放决策,或者其他有严重政治问题的文章、演说、宣言、声明等的;

(二)妄议中央大政方针,破坏党的集中统一的;

(三)丑化党和国家形象,或者诋毁、诬蔑党和国家领导人,或者歪曲党史、军史的。

发布、播出、刊登、出版前款所列内容或者为上述行为提供方便条件的,对直接责任者和领导责任者,给予严重警告或者撤销党内职务处分;情节严重的,给予留党察看或者开除党籍处分。

第四十七条 制作、贩卖、传播第四十五条、第四十六条所列内容之一的书刊、音像制品、电子读物、网络音视频资料等,情节较轻的,给予警告或者严重警告处分;情节较重的,给予撤销党内职务或者留党察看处分;情节严重的,给予开除党籍处分。

私自携带、寄递第四十五条、第四十六条所列内容之一的书刊、音像制品、电子读物等入出境,情节较重的,给予警告或者严重警告处分;情节严重的,给予撤销党内职务、留党察看或者开除党籍处分。

第四十八条 组织、参加反对党的基本理论、基本路线、基本纲领、基本经验、基本要求或者重大方针政策的集会、游行、示威等活动的,或者以组织讲座、论坛、报告会、座谈会等方式,反对党的基本理论、基本路线、基本纲领、基本经验、基本要求或者重大方针政策,造成严重不良影响的,对策划者、组织者和骨干分子,给予开除党籍处分。

对其他参加人员或者以提供信息、资料、财物、场地等方式支持上述活动者,情节较轻的,给予警告或者严重警告处分;情节较重的,给予撤销党内职务或者留党察看处分;情节严重的,给予开除党籍处分。

对不明真相被裹挟参加,经批评教育后确有悔改表现的,可以免予处分或者不予处分。

未经组织批准参加其他集会、游行、示威等活动,情节较轻的,给予警告或者严重警告处分;情节较重的,给予撤销党内职务或者留党察看处分;情节严重的,给予开除党籍处分。

第四十九条 组织、参加旨在反对党的领导、反对社会主义制度或者敌视政府等组织的,对策划者、组织者和骨干分子,给予开除党籍处分。

对其他参加人员,情节较轻的,给予警告或者严重警告处分;情节较重的,给予撤销党内职务或者留党察看处分;情节严重的,给予开除党籍处分。

第五十条 组织、参加会道门或者邪教组织的,对策划者、组织者和骨干分子,给予开除党籍处分。

对其他参加人员,情节较轻的,给予警告或者严重警告处分;情节较重的,给予撤销党内职务或者留党察看处分;情节严重的,给予开除党籍处分。

对不明真相的参加人员,经批评教育后确有悔改表现的,可以免予处分或者不予处分。

第五十一条 在党内组织秘密集团或者组织其他分裂党的活动的,给予开除党籍处分。

参加秘密集团或者参加其他分裂党的活动的,给予留党察看或者开除党籍处分。

第五十二条 在党内搞团团伙伙、结党营私、拉帮结派、培植私人势力或者通过搞利益交换、为自己营造声势等活动捞取政治资本的,给予严重警告或者撤销党内职务处分;情节严重的,给予留党察看或者开除党籍处分。

第五十三条 有下列行为之一的,对直接责任者和领导责任者,给予严重警告或者撤销党内职务处分;情节严重的,给予留党察看或者开除党籍处分:

(一)拒不执行党和国家的方针政策以及决策部署的;

(二)故意作出与党和国家的方针政策以及决策部署相违背的决定的;

(三)擅自对应当由中央决定的重大政策问题作出决定和对外发表主张的。

第五十四条 挑拨民族关系制造事端或者参加民族分裂活动的,对策划者、组织者和骨干分子,给予开除党籍处分。

对其他参加人员,情节较轻的,给予警告或者严重警告处分;情节较重的,给予撤销党内职务或者留党察看处分;情节严重的,给予开除党籍处分。

对不明真相被裹挟参加,经批评教育后确有悔改表现的,可以免予处分或者不予处分。

有其他违反党和国家民族政策的行为,情节较轻的,给予警告或者严重警告处分;情节较重的,给予撤销党内职务或者留党察看处分;情节严重的,给予开除党籍处分。

第五十五条 组织、利用宗教活动反对党的路线、方针、政策和决议,破坏民族团结的,对策划者、组织者和骨干分子,给予留党察看或者开除党籍处分。

对其他参加人员,情节较轻的,给予警告或者严重警告处分;情节较重的,给予撤销党内职务或者留党察看处分;情节严重的,给予开除党籍处分。

对不明真相被裹挟参加,经批评教育后确有悔改表现的,可以免予处分或者不予处分。

有其他违反党和国家宗教政策的行为,情节较轻的,给予警告或者严重警告处分;情节较重的,给予撤销党内职务或者留党察看处分;情节严重的,给予开除党籍处分。

第五十六条 组织、利用宗族势力对抗党和政府,妨碍党和国家的方针政策以及决策部署的实施,或者破坏党的基层组织建设的,对策划者、组织者和骨干分子,给予留党察看或者开除党籍处分。

对其他参加人员,情节较轻的,给予警告或者严重警告处分;情节较重的,给予撤销党内职务或者留党察看处分;情节严重的,给予开除党籍处分。

对不明真相被裹挟参加,经批评教育后确有悔改表现的,可以免予处分或者不予处分。

第五十七条 对抗组织审查,有下列行为之一的,给予警告或者严重警告处分;情节较重的,给予撤销党内职务或者留党察看处分;情节严重的,给予开除党籍处分:

(一)串供或者伪造、销毁、转移、隐匿证据的;

(二)阻止他人揭发检举、提供证据材料的;

(三)包庇同案人员的;

(四)向组织提供虚假情况,掩盖事实的;

(五)有其他对抗组织审查行为的。

第五十八条 组织迷信活动的,给予撤销党内职务或者留党察看处分;情节严重的,给予开除党籍处分。

参加迷信活动,造成不良影响的,给予警告或者严重警告处分;情节较重的,给予撤销党内职务或者留党察看处分;情节严重的,给予开除党籍处分。

对不明真相的参加人员,经批评教育后确有悔改表现的,可以免予处分或者不予处分。

第五十九条 在国(境)外、外国驻华使(领)馆申请政治避难,或者违纪后逃往国(境)外、外国驻华使(领)馆的,给予开除党籍处分。

在国(境)外公开发表反对党和政府的文章、演说、宣言、声明等的,依照前款规定处理。

故意为上述行为提供方便条件的,给予留党察看或者开除党籍处分。

第六十条 在涉外活动中,其言行在政治上造成恶劣影响,损害党和国家尊严、利益的,给予撤销党内职务或者留党察看处分;情节严重的,给予开除党籍处分。

第六十一条 党员领导干部对违反政治纪律和政治规矩等错误思想和行为放任不管,搞无原则一团和气,造成不良影响的,给予警告或者严重警告处分;情节严重的,给予撤销党内职务或者留党察看处分。

第六十二条 违反党的优良传统和工作惯例等党的规矩,在政治上造成不良影响的,给予警告或者严重警告处分;情节较重的,给予撤销党内职务或者留党察看处分;情节严重的,给予开除党籍处分。

第七章 对违反组织纪律行为的处分

第六十三条 违反民主集中制原则,拒不执行或者擅自改变党组织作出的重大决定,或者违反议事规则,个人或者少数人决定重大问题的,给予警告或者严重警告处分;情节严重的,给予撤销党内职务或者留党察看处分。

第六十四条 下级党组织拒不执行或者擅自改变上级党组织决定的,对直接责任者和领导责任者,给予警告或者严重警告处分;情节严重的,给予撤销党内职务或者留党察看处分。

第六十五条 拒不执行党组织的分配、调动、交流等决定的,给予警告、严重警告或者撤销党内职务处分。

在特殊时期或者紧急状况下,拒不执行党组织决定的,给予留党察看或者开除党籍处分。

第六十六条 不按照有关规定或者工作要求,向组织请示报告重大问题、重要事项的,给予警告或者严重警告处分;情节严重的,给予撤销党内职务或者留党察看处分。

不按要求报告或者不如实报告个人去向,情节较重的,给予警告或者严重警告处分。

第六十七条 有下列行为之一,情节较重的,给予警告或者严重警告处分:

(一)违反个人有关事项报告规定,不报告、不如实报告的;

(二)在组织进行谈话、函询时,不如实向组织说明问题的;

(三)不如实填报个人档案资料的。

篡改、伪造个人档案资料的,给予严重警告处分;情节严重的,给予撤销党内职务或者留党察看处分。

隐瞒入党前严重错误的,一般应当予以除名;对入党后表现尚好的,给予严重警告、撤销党内职务或者留党察看处分。

第六十八条 党员领导干部违反有关规定组织、参加自发成立的老乡会、校友会、战友会等,情节严重的,给予警告、严重警告或者撤销党内职务处分。

第六十九条 诬告陷害他人意在使他人受纪律追究的,给予警告或者严重警告处分;情节较重的,给予撤销党内职务或者留党察看处分;情节严重的,给予开除党籍处分。

第七十条 侵犯党员的表决权、选举权和被选举权,情节较重的,给予警告或者严重警告处分;情节严重的,给予撤销党内职务处分。

以强迫、威胁、欺骗、拉拢等手段,妨害党员自主行使表决权、选举权和被选举权的,给予撤销党内职务、留党察看或者开除党籍处分。

第七十一条 有下列行为之一的,给予警告或者严重警告处分;情节较重的,给予撤销党内职务或者留党察看处分;情节严重的,给予开除党籍处分:

(一)对批评、检举、控告进行阻挠、压制,或者将批评、检举、控告材料私自扣压、销毁,或者故意将其泄露给他人的;

(二)对党员的申辩、辩护、作证等进行压制,造成不良后果的;

(三)压制党员申诉,造成不良后果的,或者不按照有关规定处理党员申诉的;

(四)有其他侵犯党员权利行为,造成不良后果的。

对批评人、检举人、控告人、证人及其他人员打击报复的,依照前款规定从重或者加重处分。

党组织有上述行为的,对直接责任者和领导责任者,依照第一款规定处理。

第七十二条 有下列行为之一的,给予警告或者严重警告处分;情节较重的,给予撤销党内职务或者留党察看处分;情节严重的,给予开除党籍处分:

(一)在民主推荐、民主测评、组织考察和党内选举中搞拉票、助选等非组织活动的;

(二)在法律规定的投票、选举活动中违背组织原则搞非组织活动,组织、怂恿、诱使他人投票、表决的;

(三)在选举中进行其他违反党章、其他党内法规和有关章程活动的。

第七十三条 在干部选拔任用工作中,违反干部选拔任用规定,对直接责任者和领导责任者,情节较轻的,给予警告或者严重警告处分;情节较重的,给予撤销党内职务或者留党察看处分;情节严重的,给予开除党籍处分。

用人失察失误造成严重后果的,对直接责任者和领导责任者,依照前款规定处理。

第七十四条 在干部、职工的录用、考核、职务晋升、职称评定和征兵、安置复转军人等工作中,隐瞒、歪曲事实真相,或者利用职权或者职务上的影响违反有关规定为本人或者其他人谋取利益的,给予警告或者严重警告处分;情节较重的,给予撤销党内职务或者留党察看处分;情节严重的,给予开除党籍处分。

弄虚作假,骗取职务、职级、职称、待遇、资格、学历、学位、荣誉或者其他利益的，依照前款规定处理。

第七十五条 违反党章和其他党内法规的规定，采取弄虚作假或者其他手段把不符合党员条件的人发展为党员，或者为非党员出具党员身份证明的，对直接责任者和领导责任者，给予警告或者严重警告处分；情节严重的，给予撤销党内职务处分。

违反有关规定程序发展党员的，对直接责任者和领导责任者，依照前款规定处理。

第七十六条 违反有关规定取得外国国籍或者获取国（境）外永久居留资格、长期居留许可的，给予撤销党内职务、留党察看或者开除党籍处分。

第七十七条 违反有关规定办理因私出国（境）证件、前往港澳通行证，或者未经批准出入国（边）境，情节较轻的，给予警告或者严重警告处分；情节较重的，给予撤销党内职务处分；情节严重的，给予留党察看处分。

第七十八条 驻外机构或者临时出国（境）团（组）中的党员擅自脱离组织，或者从事外事、机要、军事等工作的党员违反有关规定同国（境）外机构、人员联系和交往的，给予警告、严重警告或者撤销党内职务处分。

第七十九条 驻外机构或者临时出国（境）团（组）中的党员，脱离组织出走时间不满六个月又自动回归的，给予撤销党内职务或者留党察看处分；脱离组织出走时间超过六个月的，按照自行脱党处理，党内予以除名。

故意为他人脱离组织出走提供方便条件的，给予警告、严重警告或者撤销党内职务处分。

第八章 对违反廉洁纪律行为的处分

第八十条 利用职权或者职务上的影响为他人谋取利益，本人的配偶、子女及其配偶等亲属和其他特定关系人收受对方财物，情节较重的，给予警告或者严重警告处分；情节严重的，给予撤销党内职务、留党察看或者开除党籍处分。

第八十一条 相互利用职权或者职务上的影响为对方及其配偶、子女及其配偶等亲属、身边工作人员和其他特定关系人谋取利益搞权权交易的，给予警告或者严重警告处分；情节较重的，给予撤销党内职务或者留党察看处分；情节严重的，给予开除党籍处分。

第八十二条 纵容、默许配偶、子女及其配偶等亲属和身边工作人员利用党员干部本人职权或者职务上的影响谋取私利，情节较轻的，给予警告或者严重警告处分；情节较重的，给予撤销党内职务或者留党察看处分；情节严重的，给予开除党籍处分。

党员干部的配偶、子女及其配偶不实际工作而获取薪酬或者虽实际工作但领取明显超出同职级标准薪酬,党员干部知情未予纠正的,依照前款规定处理。

第八十三条 收受可能影响公正执行公务的礼品、礼金、消费卡等,情节较轻的,给予警告或者严重警告处分;情节较重的,给予撤销党内职务或者留党察看处分;情节严重的,给予开除党籍处分。

收受其他明显超出正常礼尚往来的礼品、礼金、消费卡等的,依照前款规定处理。

第八十四条 向从事公务的人员及其配偶、子女及其配偶等亲属和其他特定关系人赠送明显超出正常礼尚往来的礼品、礼金、消费卡等,情节较重的,给予警告或者严重警告处分;情节严重的,给予撤销党内职务或者留党察看处分。

第八十五条 利用职权或者职务上的影响操办婚丧喜庆事宜,在社会上造成不良影响的,给予警告或者严重警告处分;情节严重的,给予撤销党内职务处分。

在操办婚丧喜庆事宜中,借机敛财或者有其他侵犯国家、集体和人民利益行为的,依照前款规定从重或者加重处分,直至开除党籍。

第八十六条 接受可能影响公正执行公务的宴请或者旅游、健身、娱乐等活动安排,情节较重的,给予警告或者严重警告处分;情节严重的,给予撤销党内职务或者留党察看处分。

第八十七条 违反有关规定取得、持有、实际使用运动健身卡、会所和俱乐部会员卡、高尔夫球卡等各种消费卡,或者违反有关规定出入私人会所,情节较重的,给予警告或者严重警告处分;情节严重的,给予撤销党内职务或者留党察看处分。

第八十八条 违反有关规定从事营利活动,有下列行为之一,情节较轻的,给予警告或者严重警告处分;情节较重的,给予撤销党内职务或者留党察看处分;情节严重的,给予开除党籍处分:

(一)经商办企业的;

(二)拥有非上市公司(企业)的股份或者证券的;

(三)买卖股票或者进行其他证券投资的;

(四)从事有偿中介活动的;

(五)在国(境)外注册公司或者投资入股的;

(六)有其他违反有关规定从事营利活动的。

利用职权或者职务上的影响,为本人配偶、子女及其配偶等亲属和其他特定关系人的经营活动谋取利益的,依照前款规定处理。

违反有关规定在经济实体、社会团体等单位中兼职，或者经批准兼职但获取薪酬、奖金、津贴等额外利益的，依照第一款规定处理。

第八十九条 党员领导干部离职或者退（离）休后违反有关规定接受原任职务管辖的地区和业务范围内的企业和中介机构的聘任，或者个人从事与原任职务管辖业务相关的营利活动，情节较轻的，给予警告或者严重警告处分；情节较重的，给予撤销党内职务处分；情节严重的，给予留党察看处分。

党员领导干部离职或者退（离）休后违反有关规定担任上市公司、基金管理公司独立董事、独立监事等职务，情节较轻的，给予警告或者严重警告处分；情节较重的，给予撤销党内职务处分；情节严重的，给予留党察看处分。

第九十条 党员领导干部的配偶、子女及其配偶，违反有关规定在该党员领导干部管辖的区域或者业务范围内从事可能影响其公正执行公务的经营活动，或者在该党员领导干部管辖的区域或者业务范围内的外商独资企业、中外合资企业中担任由外方委派、聘任的高级职务的，该党员领导干部应当按照规定予以纠正；拒不纠正的，其本人应当辞去现任职务或者由组织予以调整职务；不辞去现任职务或者不服从组织调整职务的，给予撤销党内职务处分。

第九十一条 党和国家机关违反有关规定经商办企业的，对直接责任者和领导责任者，给予警告或者严重警告处分；情节严重的，给予撤销党内职务处分。

第九十二条 党员领导干部违反工作、生活保障制度，在交通、医疗、警卫等方面为本人、配偶、子女及其配偶等亲属和其他特定关系人谋求特殊待遇，情节较重的，给予警告或者严重警告处分；情节严重的，给予撤销党内职务或者留党察看处分。

第九十三条 在分配、购买住房中侵犯国家、集体利益，情节较轻的，给予警告或者严重警告处分；情节较重的，给予撤销党内职务或者留党察看处分；情节严重的，给予开除党籍处分。

第九十四条 利用职权或者职务上的影响，侵占非本人经管的公私财物，或者以象征性地支付钱款等方式侵占公私财物，或者无偿、象征性地支付报酬接受服务、使用劳务，情节较轻的，给予警告或者严重警告处分；情节较重的，给予撤销党内职务或者留党察看处分；情节严重的，给予开除党籍处分。

利用职权或者职务上的影响，将本人、配偶、子女及其配偶等亲属应当由个人支付的费用，由下属单位、其他单位或者他人支付、报销的，依照前款规定处理。

第九十五条 利用职权或者职务上的影响，违反有关规定占用公物归个人使用，时间超过六个月，情节较重的，给予警告或者严重警告处分；情节严重的，给予撤销党内职务处分。

占用公物进行营利活动的,给予警告或者严重警告处分;情节较重的,给予撤销党内职务或者留党察看处分;情节严重的,给予开除党籍处分。

将公物借给他人进行营利活动的,依照前款规定处理。

第九十六条 违反有关规定组织、参加用公款支付的宴请、高消费娱乐、健身活动,或者用公款购买赠送、发放礼品,对直接责任者和领导责任者,情节较轻的,给予警告或者严重警告处分;情节较重的,给予撤销党内职务或者留党察看处分;情节严重的,给予开除党籍处分。

第九十七条 违反有关规定自定薪酬或者滥发津贴、补贴、奖金等,对直接责任者和领导责任者,情节较轻的,给予警告或者严重警告处分;情节较重的,给予撤销党内职务或者留党察看处分;情节严重的,给予开除党籍处分。

第九十八条 有下列行为之一,对直接责任者和领导责任者,情节较轻的,给予警告或者严重警告处分;情节较重的,给予撤销党内职务或者留党察看处分;情节严重的,给予开除党籍处分:

(一)用公款旅游、借公务差旅之机旅游或者以公务差旅为名变相旅游的;

(二)以考察、学习、培训、研讨、招商、参展等名义变相用公款出国(境)旅游的。

第九十九条 违反公务接待管理规定,超标准、超范围接待或者借机大吃大喝,对直接责任者和领导责任者,情节较重的,给予警告或者严重警告处分;情节严重的,给予撤销党内职务处分。

第一百条 违反有关规定配备、购买、更换、装饰、使用公务用车或者有其他违反公务用车管理规定的行为,对直接责任者和领导责任者,情节较重的,给予警告或者严重警告处分;情节严重的,给予撤销党内职务或者留党察看处分。

第一百零一条 违反会议活动管理规定,有下列行为之一,对直接责任者和领导责任者,情节较重的,给予警告或者严重警告处分;情节严重的,给予撤销党内职务处分:

(一)到禁止召开会议的风景名胜区开会的;

(二)决定或者批准举办各类节会、庆典活动的。

擅自举办评比达标表彰活动或者借评比达标表彰活动收取费用的,依照前款规定处理。

第一百零二条 违反办公用房管理规定,有下列行为之一,对直接责任者和领导责任者,情节较重的,给予警告或者严重警告处分;情节严重的,给予撤销党内职务处分:

(一)决定或者批准兴建、装修办公楼、培训中心等楼堂馆所,超标准配备、使用办公用房的;

(二)用公款包租、占用客房或者其他场所供个人使用的。

第一百零三条 搞权色交易或者给予财物搞钱色交易的,给予警告或者严重警告处分;情节较重的,给予撤销党内职务或者留党察看处分;情节严重的,给予开除党籍处分。

第一百零四条 有其他违反廉洁纪律规定行为的,应当视具体情节给予警告直至开除党籍处分。

第九章 对违反群众纪律行为的处分

第一百零五条 有下列行为之一,对直接责任者和领导责任者,情节较轻的,给予警告或者严重警告处分;情节较重的,给予撤销党内职务或者留党察看处分;情节严重的,给予开除党籍处分:

(一)超标准、超范围向群众筹资筹劳、摊派费用,加重群众负担的;

(二)违反有关规定扣留、收缴群众款物或者处罚群众的;

(三)克扣群众财物,或者违反有关规定拖欠群众钱款的;

(四)在管理、服务活动中违反有关规定收取费用的;

(五)在办理涉及群众事务时刁难群众、吃拿卡要的;

(六)有其他侵害群众利益行为的。

第一百零六条 干涉群众生产经营自主权,致使群众财产遭受较大损失的,对直接责任者和领导责任者,给予警告或者严重警告处分;情节严重的,给予撤销党内职务或者留党察看处分。

第一百零七条 在社会保障、政策扶持、救灾救济款物分配等事项中优亲厚友、明显有失公平的,给予警告或者严重警告处分;情节严重的,给予撤销党内职务或者留党察看处分。

第一百零八条 有下列行为之一,对直接责任者和领导责任者,情节较重的,给予警告或者严重警告处分;情节严重的,给予撤销党内职务或者留党察看处分:

(一)对涉及群众生产、生活等切身利益的问题依照政策或者有关规定能解决而不及时解决,造成不良影响的;

(二)对符合政策的群众诉求消极应付、推诿扯皮,损害党群、干群关系的;

(三)对待群众态度恶劣、简单粗暴,造成不良影响的;

(四)弄虚作假,欺上瞒下,损害群众利益的。

第一百零九条 不顾群众意愿,盲目铺摊子、上项目,致使国家、集体或者群众财产和利益遭受较大损失的,对直接责任者和领导责任者,给予警告或者严重警告处分;情节严重的,给予撤销党内职务或者留党察看处分。

第一百一十条 遇到国家财产和群众生命财产受到严重威胁时,能救而不救,情节较重的,给予警告、严重警告或者撤销党内职务处分;情节严重的,给予留党察看或者开除党籍处分。

第一百一十一条 不按照规定公开党务、政务、厂务、村(居)务等,侵犯群众知情权,对直接责任者和领导责任者,情节较重的,给予警告或者严重警告处分;情节严重的,给予撤销党内职务或者留党察看处分。

第一百一十二条 有其他违反群众纪律规定行为的,应当视具体情节给予警告直至开除党籍处分。

第十章 对违反工作纪律行为的处分

第一百一十三条 党组织负责人在工作中不负责任或者疏于管理,有下列情形之一,给党、国家和人民利益以及公共财产造成较大损失的,对直接责任者和领导责任者,给予警告或者严重警告处分;造成重大损失的,给予撤销党内职务、留党察看或者开除党籍处分:

(一)不传达贯彻、不检查督促落实党和国家的方针政策以及决策部署,或者作出违背党和国家方针政策以及决策部署的错误决策的;

(二)本地区、本部门、本系统和本单位发生公开反对党的基本理论、基本路线、基本纲领、基本经验、基本要求或者党和国家方针政策以及决策部署行为的。

第一百一十四条 党组织不履行全面从严治党主体责任或者履行全面从严治党主体责任不力,造成严重损害或者严重不良影响的,对直接责任者和领导责任者,给予警告或者严重警告处分;情节严重的,给予撤销党内职务或者留党察看处分。

第一百一十五条 党组织有下列行为之一,对直接责任者和领导责任者,情节较重的,给予警告或者严重警告处分;情节严重的,给予撤销党内职务或者留党察看处分:

(一)党员被依法判处刑罚后,不按照规定给予党纪处分,或者对违反国家法律法规的行为,应当给予党纪处分而不处分的;

(二)党纪处分决定或者申诉复查决定作出后,不按照规定落实决定中关于被处分人党籍、职务、职级、待遇等事项的;

(三)党员受到党纪处分后,不按照干部管理权限和组织关系对受处分党员开展日常教育、管理和监督工作的。

第一百一十六条 因工作不负责任致使所管理的人员叛逃的,对直接责任者和领导责任者,给予警告或者严重警告处分;情节严重的,给予撤销党内职务处分。

因工作不负责任致使所管理的人员出走,对直接责任者和领导责任者,情节较重的,给予警告或者严重警告处分;情节严重的,给予撤销党内职务处分。

第一百一十七条 在上级单位检查、视察工作或者向上级单位汇报、报告工作时对应当报告的事项不报告或者不如实报告,造成严重损害或者严重不良影响的,对直接责任者和领导责任者,给予警告或者严重警告处分;情节严重的,给予撤销党内职务或者留党察看处分。

第一百一十八条 党员领导干部违反有关规定干预和插手市场经济活动,有下列行为之一,造成不良影响的,给予警告或者严重警告处分;情节较重的,给予撤销党内职务或者留党察看处分;情节严重的,给予开除党籍处分:

(一)干预和插手建设工程项目承发包、土地使用权出让、政府采购、房地产开发与经营、矿产资源开发利用、中介机构服务等活动的;

(二)干预和插手国有企业重组改制、兼并、破产、产权交易、清产核资、资产评估、资产转让、重大项目投资以及其他重大经营活动等事项的;

(三)干预和插手批办各类行政许可和资金借贷等事项的;

(四)干预和插手经济纠纷的;

(五)干预和插手集体资金、资产和资源的使用、分配、承包、租赁等事项的。

第一百一十九条 党员领导干部违反有关规定干预和插手司法活动、执纪执法活动,向有关地方或者部门打招呼、说情,或者以其他方式对司法活动、执纪执法活动施加影响,情节较轻的,给予严重警告处分;情节较重的,给予撤销党内职务或者留党察看处分;情节严重的,给予开除党籍处分。

党员领导干部违反有关规定干预和插手公共财政资金分配、项目立项评审、政府奖励表彰等活动,造成重大损失或者不良影响的,依照前款规定处理。

第一百二十条 泄露、扩散或者窃取党组织关于干部选拔任用、纪律审查等尚未公开事项或者其他应当保密的内容的,给予警告或者严重警告处分;情节较重的,给予撤销党内职务或者留党察看处分;情节严重的,给予开除党籍处分。

私自留存涉及党组织关于干部选拔任用、纪律审查等方面资料,情节较重的,给予警告或者严重警告处分;情节严重的,给予撤销党内职务处分。

第一百二十一条 在考试、录取工作中,有泄露试题、考场舞弊、涂改考卷、违规录取等违反有关规定行为的,给予警告或者严重警告处分;情节较重的,给予撤销党内职务或者留党察看处分;情节严重的,给予开除党籍处分。

第一百二十二条 以不正当方式谋求本人或者其他人用公款出国(境),情节较轻的,给予警告处分;情节较重的,给予严重警告处分;情节严重的,给予撤销党内职务处分。

第一百二十三条 临时出国(境)团(组)或者人员中的党员,擅自延长在国(境)外期限,或者擅自变更路线的,对直接责任者和领导责任者,给予警告或者严重警告处分;情节严重的,给予撤销党内职务处分。

第一百二十四条 驻外机构或者临时出国(境)团(组)中的党员,触犯驻在国家、地区的法律、法令或者不尊重驻在国家、地区的宗教习俗,情节较重的,给予警告或者严重警告处分;情节严重的,给予撤销党内职务、留党察看或者开除党籍处分。

第一百二十五条 在党的纪律检查、组织、宣传、统一战线工作以及机关工作等其他工作中,不履行或者不正确履行职责,造成损失或者不良影响的,应当视具体情节给予警告直至开除党籍处分。

第十一章　对违反生活纪律行为的处分

第一百二十六条 生活奢靡、贪图享乐、追求低级趣味,造成不良影响的,给予警告或者严重警告处分;情节严重的,给予撤销党内职务处分。

第一百二十七条 与他人发生不正当性关系,造成不良影响的,给予警告或者严重警告处分;情节较重的,给予撤销党内职务或者留党察看处分;情节严重的,给予开除党籍处分。

利用职权、教养关系、从属关系或者其他相类似关系与他人发生性关系的,依照前款规定从重处分。

第一百二十八条 违背社会公序良俗,在公共场所有不当行为,造成不良影响的,给予警告或者严重警告处分;情节较重的,给予撤销党内职务或者留党察看处分;情节严重的,给予开除党籍处分。

第一百二十九条 有其他严重违反社会公德、家庭美德行为的,应当视具体情节给予警告直至开除党籍处分。

第三编　附　　则

第一百三十条 各省、自治区、直辖市党委可以根据本条例,结合各自工作的实际情况,制定单项实施规定。

第一百三十一条 中央军事委员会可以根据本条例,结合中国人民解放军和中国人民武装警察部队的实际情况，制定补充规定或者单项规定。

第一百三十二条 本条例由中央纪律检查委员会负责解释。

第一百三十三条 本条例自 2016 年 1 月 1 日起施行。

本条例施行前，已结案的案件如需进行复查复议，适用当时的规定或者政策。尚未结案的案件，如果行为发生时的规定或者政策不认为是违纪，而本条例认为是违纪的，依照当时的规定或者政策处理；如果行为发生时的规定或者政策认为是违纪的，依照当时的规定或者政策处理，但是如果本条例不认为是违纪或者处理较轻的，依照本条例规定处理。

中国共产党问责条例

(中共中央2019年8月25日印发)

第一条 为了坚持党的领导,加强党的建设,全面从严治党,保证党的路线方针政策和党中央重大决策部署贯彻落实,规范和强化党的问责工作,根据《中国共产党章程》,制定本条例。

第二条 党的问责工作坚持以马克思列宁主义、毛泽东思想、邓小平理论、"三个代表"重要思想、科学发展观、习近平新时代中国特色社会主义思想为指导,增强"四个意识",坚定"四个自信",坚决维护习近平总书记党中央的核心、全党的核心地位,坚决维护党中央权威和集中统一领导,围绕统筹推进"五位一体"总体布局和协调推进"四个全面"战略布局,落实管党治党政治责任,督促各级党组织、党的领导干部负责守责尽责,践行忠诚干净担当。

第三条 党的问责工作应当坚持以下原则:

(一)依规依纪、实事求是;

(二)失责必问、问责必严;

(三)权责一致、错责相当;

(四)严管和厚爱结合、激励和约束并重;

(五)惩前毖后、治病救人;

(六)集体决定、分清责任。

第四条 党委(党组)应当履行全面从严治党主体责任,加强对本地区本部门本单位问责工作的领导,追究在党的建设、党的事业中失职失责党组织和党的领导干部的主体责任、监督责任、领导责任。

纪委应当履行监督专责,协助同级党委开展问责工作。纪委派驻(派出)机构按照职责权限开展问责工作。

党的工作机关应当依据职能履行监督职责,实施本机关本系统本领域的问责工作。

第五条 问责对象是党组织、党的领导干部,重点是党委(党组)、党的工作机关及其领导成员,纪委、纪委派驻(派出)机构及其领导成员。

第六条 问责应当分清责任。党组织领导班子在职责范围内负有全面领导责任,领导班子主要负责人和直接主管的班子成员在职责范围内承担主要领导责任，参与决策和工作的班子成员在职责范围内承担重要领导责任。

对党组织问责的，应当同时对该党组织中负有责任的领导班子成员进行问责。

党组织和党的领导干部应当坚持把自己摆进去、把职责摆进去、把工作摆进去，注重从自身找问题、查原因，勇于担当、敢于负责，不得向下级党组织和干部推卸责任。

第七条　党组织、党的领导干部违反党章和其他党内法规，不履行或者不正确履行职责，有下列情形之一，应当予以问责：

（一）党的领导弱化，“四个意识”不强，“两个维护”不力，党的基本理论、基本路线、基本方略没有得到有效贯彻执行，在贯彻新发展理念，推进经济建设、政治建设、文化建设、社会建设、生态文明建设中，出现重大偏差和失误，给党的事业和人民利益造成严重损失，产生恶劣影响的；

（二）党的政治建设抓得不实，在重大原则问题上未能同党中央保持一致，贯彻落实党的路线方针政策和执行党中央重大决策部署不力，不遵守重大事项请示报告制度，有令不行、有禁不止，阳奉阴违、欺上瞒下，团团伙伙、拉帮结派问题突出，党内政治生活不严肃不健康，党的政治建设工作责任制落实不到位，造成严重后果或者恶劣影响的；

（三）党的思想建设缺失，党性教育特别是理想信念宗旨教育流于形式，意识形态工作责任制落实不到位，造成严重后果或者恶劣影响的；

（四）党的组织建设薄弱，党建工作责任制不落实，严重违反民主集中制原则，不执行领导班子议事决策规则，民主生活会、“三会一课”等党的组织生活制度不执行，领导干部报告个人有关事项制度执行不力，党组织软弱涣散，违规选拔任用干部等问题突出，造成恶劣影响的；

（五）党的作风建设松懈，落实中央八项规定及其实施细则精神不力，“四风”问题得不到有效整治，形式主义、官僚主义问题突出，执行党中央决策部署表态多调门高、行动少落实差，脱离实际、脱离群众，拖沓敷衍、推诿扯皮，造成严重后果的；

（六）党的纪律建设抓得不严，维护党的政治纪律、组织纪律、廉洁纪律、群众纪律、工作纪律、生活纪律不力，导致违规违纪行为多发，造成恶劣影响的；

（七）推进党风廉政建设和反腐败斗争不坚决、不扎实，削减存量、遏制增量不力，特别是对不收敛、不收手，问题线索反映集中、群众反映强烈，政治问题和经济问题交织的腐败案件放任不管，造成恶劣影响的；

（八）全面从严治党主体责任、监督责任落实不到位，对公权力的监督制约不力,好人主义盛行,不负责不担当,党内监督乏力,该发现的问题没有发现,发现问题不报告不处置,领导巡视巡察工作不力,落实巡视巡察整改要求走过场、不到位,该问责不问责,造成严重后果的;

(九)履行管理、监督职责不力,职责范围内发生重特大生产安全事故、群体性事件、公共安全事件,或者发生其他严重事故、事件,造成重大损失或者恶劣影响的;

(十)在教育医疗、生态环境保护、食品药品安全、扶贫脱贫、社会保障等涉及人民群众最关心最直接最现实的利益问题上不作为、乱作为、慢作为、假作为,损害和侵占群众利益问题得不到整治,以言代法、以权压法、徇私枉法问题突出,群众身边腐败和作风问题严重,造成恶劣影响的;

(十一)其他应当问责的失职失责情形。

第八条 对党组织的问责,根据危害程度以及具体情况,可以采取以下方式:

(一)检查。责令作出书面检查并切实整改。

(二)通报。责令整改,并在一定范围内通报。

(三)改组。对失职失责,严重违犯党的纪律、本身又不能纠正的,应当予以改组。

对党的领导干部的问责,根据危害程度以及具体情况,可以采取以下方式:

(一)通报。进行严肃批评,责令作出书面检查、切实整改,并在一定范围内通报。

(二)诫勉。以谈话或者书面方式进行诫勉。

(三)组织调整或者组织处理。对失职失责、危害较重,不适宜担任现职的,应当根据情况采取停职检查、调整职务、责令辞职、免职、降职等措施。

(四)纪律处分。对失职失责、危害严重,应当给予纪律处分的,依照《中国共产党纪律处分条例》追究纪律责任。

上述问责方式,可以单独使用,也可以依据规定合并使用。问责方式有影响期的,按照有关规定执行。

第九条 发现有本条例第七条所列问责情形,需要进行问责调查的,有管理权限的党委(党组)、纪委、党的工作机关应当经主要负责人审批,及时启动问责调查程序。其中,纪委、党的工作机关对同级党委直接领导的党组织及其主要负责人启动问责调查,应当报同级党委主要负责人批准。

应当启动问责调查未及时启动的,上级党组织应当责令有管理权限的党组织启动。根据问题性质或者工作需要,上级党组织可以直接启动问责调查,也可以指定其他党组织启动。

对被立案审查的党组织、党的领导干部问责的,不再另行启动问责调查程序。

第十条 启动问责调查后,应当组成调查组,依规依纪依法开展调查,查明党组织、党的领导干部失职失责问题,综合考虑主客观因素,正确区分贯彻执行党中央或者上级决策部署过程中出现的执行不当、执行不力、不执行等不同情况,精准提出处理意见,做到事实清楚、证据确凿、依据充分、责任分明、程序合规、处理恰当,防止问责不力或者问责泛化、简单化。

第十一条 查明调查对象失职失责问题后,调查组应当撰写事实材料,与调查对象见面,听取其陈述和申辩,并记录在案;对合理意见,应当予以采纳。调查对象应当在事实材料上签署意见,对签署不同意见或者拒不签署意见的,调查组应当作出说明或者注明情况。

调查工作结束后,调查组应当集体讨论,形成调查报告,列明调查对象基本情况、调查依据、调查过程,问责事实,调查对象的态度、认识及其申辩,处理意见以及依据,由调查组组长以及有关人员签名后,履行审批手续。

第十二条 问责决定应当由有管理权限的党组织作出。

对同级党委直接领导的党组织,纪委和党的工作机关报经同级党委或者其主要负责人批准,可以采取检查、通报方式进行问责。采取改组方式问责的,按照党章和有关党内法规规定的权限、程序执行。

对同级党委管理的领导干部,纪委和党的工作机关报经同级党委或者其主要负责人批准,可以采取通报、诫勉方式进行问责;提出组织调整或者组织处理的建议。采取纪律处分方式问责的,按照党章和有关党内法规规定的权限、程序执行。

第十三条 问责决定作出后,应当及时向被问责党组织、被问责领导干部及其所在党组织宣布并督促执行。有关问责情况应当向纪委和组织部门通报,纪委应当将问责决定材料归入被问责领导干部廉政档案,组织部门应当将问责决定材料归入被问责领导干部的人事档案,并报上一级组织部门备案;涉及组织调整或者组织处理的,相应手续应当在 1 个月内办理完毕。

被问责领导干部应当向作出问责决定的党组织写出书面检讨,并在民主生活会、组织生活会或者党的其他会议上作出深刻检查。建立健全问责典型问题通报曝光制度,采取组织调整或者组织处理、纪律处分方式问责的,应当以适当方式公开。

第十四条 被问责党组织、被问责领导干部及其所在党组织应当深刻汲取教训,明确整改措施。作出问责决定的党组织应当加强督促检查,推动以案促改。

第十五条 需要对问责对象作出政务处分或者其他处理的,作出问责决定的党组织应当通报相关单位,相关单位应当及时处理并将结果通报或者报告作出问责决定的党组织。

第十六条 实行终身问责,对失职失责性质恶劣、后果严重的,不论其责任人是否调离转岗、提拔或者退休等,都应当严肃问责。

第十七条 有下列情形之一的,可以不予问责或者免予问责:

(一)在推进改革中因缺乏经验、先行先试出现的失误,尚无明确限制的探索性试验中的失误,为推动发展的无意过失;

(二)在集体决策中对错误决策提出明确反对意见或者保留意见的;

(三)在决策实施中已经履职尽责,但因不可抗力、难以预见等因素造成损失的。

对上级错误决定提出改正或者撤销意见未被采纳,而出现本条例第七条所列问责情形的,依照前款规定处理。上级错误决定明显违法违规的,应当承担相应的责任。

第十八条 有下列情形之一,可以从轻或者减轻问责:

(一)及时采取补救措施,有效挽回损失或者消除不良影响的;

(二)积极配合问责调查工作,主动承担责任的;

(三)党内法规规定的其他从轻、减轻情形。

第十九条 有下列情形之一,应当从重或者加重问责:

(一)对党中央、上级党组织三令五申的指示要求,不执行或者执行不力的;

(二)在接受问责调查和处理中,不如实报告情况,敷衍塞责、推卸责任,或者唆使、默许有关部门和人员弄虚作假,阻扰问责工作的;

(三)党内法规规定的其他从重、加重情形。

第二十条 问责对象对问责决定不服的,可以自收到问责决定之日起 1 个月内,向作出问责决定的党组织提出书面申诉。作出问责决定的党组织接到书面申诉后,应当在 1 个月内作出申诉处理决定,并以书面形式告知提出申诉的党组织、领导干部及其所在党组织。

申诉期间,不停止问责决定的执行。

第二十一条 问责决定作出后,发现问责事实认定不清楚、证据不确凿、依据不充分、责任不清晰、程序不合规、处理不恰当,或者存在其他不应当问责、不精准问责情况的,应当及时予以纠正。必要时,上级党组织可以直接纠正或者责令作出问责决定的党组织予以纠正。

党组织、党的领导干部滥用问责，或者在问责工作中严重不负责任，造成不良影响的，应当严肃追究责任。

第二十二条 正确对待被问责干部，对影响期满、表现好的干部，符合条件的，按照干部选拔任用有关规定正常使用。

第二十三条 本条例所涉及的审批权限均指最低审批权限，工作中根据需要可以按照更高层级的审批权限报批。

第二十四条 纪委派驻（派出）机构除执行本条例外，还应当执行党中央以及中央纪委相关规定。

第二十五条 中央军事委员会可以根据本条例制定相关规定。

第二十六条 本条例由中央纪律检查委员会负责解释。

第二十七条 本条例自 2019 年 9 月 1 日起施行。2016 年 7 月 8 日中共中央印发的《中国共产党问责条例》同时废止。此前发布的有关问责的规定，凡与本条例不一致的，按照本条例执行。

附:

中国共产党问责条例

(中共中央2016年7月8日印发)

第一条 为全面从严治党,规范和强化党的问责工作,根据《中国共产党章程》,制定本条例。

第二条 党的问责工作以马克思列宁主义、毛泽东思想、邓小平理论、“三个代表”重要思想、科学发展观为指导,深入贯彻习近平总书记系列重要讲话精神,围绕协调推进“四个全面”战略布局,坚持党的领导,加强党的建设,全面从严治党,做到有权必有责、有责要担当、失责必追究,落实党组织管党治党政治责任,督促党的领导干部践行忠诚干净担当。

第三条 党的问责工作应当坚持的原则:依规依纪、实事求是,失责必问、问责必严,惩前毖后、治病救人,分级负责、层层落实责任。

第四条 党的问责工作是由党组织按照职责权限,追究在党的建设和党的事业中失职失责党组织和党的领导干部的主体责任、监督责任和领导责任。

问责对象是各级党委(党组)、党的工作部门及其领导成员,各级纪委(纪检组)及其领导成员,重点是主要负责人。

第五条 问责应当分清责任。党组织领导班子在职责范围内负有全面领导责任,领导班子主要负责人和直接主管的班子成员承担主要领导责任,参与决策和工作的班子其他成员承担重要领导责任。

第六条 党组织和党的领导干部违反党章和其他党内法规,不履行或者不正确履行职责,有下列情形之一的,应当予以问责:

(一)党的领导弱化,党的理论和路线方针政策、党中央的决策部署没有得到有效贯彻落实,在推进经济建设、政治建设、文化建设、社会建设、生态文明建设中,或者在处置本地区本部门本单位发生的重大问题中领导不力,出现重大失误,给党的事业和人民利益造成严重损失,产生恶劣影响的;

(二)党的建设缺失,党内政治生活不正常,组织生活不健全,党组织软弱涣散,党性教育特别是理想信念宗旨教育薄弱,中央八项规定精神不落实,作风建设流于形式,干部选拔任用工作中问题突出,党内和群众反映强烈,损害党的形象,削弱党执政的政治基础的;

（三）全面从严治党不力，主体责任、监督责任落实不到位，管党治党失之于宽松软，好人主义盛行、搞一团和气，不负责、不担当，党内监督乏力，该发现的问题没有发现，发现问题不报告不处置、不整改不问责，造成严重后果的；

（四）维护党的政治纪律、组织纪律、廉洁纪律、群众纪律、工作纪律、生活纪律不力，导致违规违纪行为多发，特别是维护政治纪律和政治规矩失职，管辖范围内有令不行、有禁不止，团团伙伙、拉帮结派问题严重，造成恶劣影响的；

（五）推进党风廉政建设和反腐败工作不坚决、不扎实，管辖范围内腐败蔓延势头没有得到有效遏制，损害群众利益的不正之风和腐败问题突出的；

（六）其他应当问责的失职失责情形。

第七条 对党组织的问责方式包括：

（一）检查。对履行职责不力、情节较轻的，应当责令其作出书面检查并切实整改。

（二）通报。对履行职责不力、情节较重的，应当责令整改，并在一定范围内通报。

（三）改组。对失职失责，严重违反党的纪律、本身又不能纠正的，应当予以改组。

对党的领导干部的问责方式包括：

（一）通报。对履行职责不力的，应当严肃批评，依规整改，并在一定范围内通报。

（二）诫勉。对失职失责、情节较轻的，应当以谈话或者书面方式进行诫勉。

（三）组织调整或者组织处理。对失职失责、情节较重，不适宜担任现职的，应当根据情况采取停职检查、调整职务、责令辞职、降职、免职等措施。

（四）纪律处分。对失职失责应当给予纪律处分的，依照《中国共产党纪律处分条例》追究纪律责任。

上述问责方式，可以单独使用，也可以合并使用。

第八条 问责决定应当由党中央或者有管理权限的党组织作出。其中对党的领导干部，纪委（纪检组）、党的工作部门有权采取通报、诫勉方式进行问责；提出组织调整或者组织处理的建议；采取纪律处分方式问责，按照党章和有关党内法规规定的权限和程序执行。

第九条 问责决定作出后，应当及时向被问责党组织或者党的领导干部及其所在党组织宣布并督促执行。有关问责情况应当向组织部门通报，组织部门应当将问责决定材料归入被问责领导干部个人档案，并报上一级组织部门备案；涉及组织调整或者组织处理的，应当在一个月内办理完毕相应手续。

受到问责的党的领导干部应当向问责决定机关写出书面检讨,并在民主生活会或者其他党的会议上作出深刻检查。建立健全问责典型问题通报曝光制度,采取组织调整或者组织处理、纪律处分方式问责的,一般应当向社会公开。

第十条 实行终身问责,对失职失责性质恶劣、后果严重的,不论其责任人是否调离转岗、提拔或者退休,都应当严肃问责。

第十一条 各省、自治区、直辖市党委,中央各部委,中央国家机关各部委党组(党委),可以根据本条例制定实施办法。

中央军事委员会可以根据本条例制定相关规定。

第十二条 本条例由中央纪律检查委员会负责解释。

第十三条 本条例自 2016 年 7 月 8 日起施行。此前发布的有关问责的规定,凡与本条例不一致的,按照本条例执行。

党政领导干部生态环境损害责任追究办法(试行)

(中共中央办公厅、国务院办公厅2015年8月9日印发)

第一条 为贯彻落实党的十八大和十八届三中、四中全会精神,加快推进生态文明建设,健全生态文明制度体系,强化党政领导干部生态环境和资源保护职责,根据有关党内法规和国家法律法规,制定本办法。

第二条 本办法适用于县级以上地方各级党委和政府及其有关工作部门的领导成员,中央和国家机关有关工作部门领导成员;上列工作部门的有关机构领导人员。

第三条 地方各级党委和政府对本地区生态环境和资源保护负总责,党委和政府主要领导成员承担主要责任,其他有关领导成员在职责范围内承担相应责任。

中央和国家机关有关工作部门、地方各级党委和政府的有关工作部门及其有关机构领导人员按照职责分别承担相应责任。

第四条 党政领导干部生态环境损害责任追究,坚持依法依规、客观公正、科学认定、权责一致、终身追究的原则。

第五条 有下列情形之一的,应当追究相关地方党委和政府主要领导成员的责任:

(一)贯彻落实中央关于生态文明建设的决策部署不力,致使本地区生态环境和资源问题突出或者任期内生态环境状况明显恶化的;

(二)作出的决策与生态环境和资源方面政策、法律法规相违背的;

(三)违反主体功能区定位或者突破资源环境生态红线、城镇开发边界,不顾资源环境承载能力盲目决策造成严重后果的;

(四)作出的决策严重违反城乡、土地利用、生态环境保护等规划的;

(五)地区和部门之间在生态环境和资源保护协作方面推诿扯皮,主要领导成员不担当、不作为,造成严重后果的;

(六)本地区发生主要领导成员职责范围内的严重环境污染和生态破坏事件,或者对严重环境污染和生态破坏(灾害)事件处置不力的;

(七)对公益诉讼裁决和资源环境保护督察整改要求执行不力的;

(八)其他应当追究责任的情形。

有上述情形的,在追究相关地方党委和政府主要领导成员责任的同时,对其他有关领导成员及相关部门领导成员依据职责分工和履职情况追究相应责任。

第六条 有下列情形之一的,应当追究相关地方党委和政府有关领导成员的责任:

(一)指使、授意或者放任分管部门对不符合主体功能区定位或者生态环境和资源方面政策、法律法规的建设项目审批(核准)、建设或者投产(使用)的;

(二)对分管部门违反生态环境和资源方面政策、法律法规行为监管失察、制止不力甚至包庇纵容的;

(三)未正确履行职责,导致应当依法由政府责令停业、关闭的严重污染环境的企业事业单位或者其他生产经营者未停业、关闭的;

(四)对严重环境污染和生态破坏事件组织查处不力的;

(五)其他应当追究责任的情形。

第七条 有下列情形之一的,应当追究政府有关工作部门领导成员的责任:

(一)制定的规定或者采取的措施与生态环境和资源方面政策、法律法规相违背的;

(二)批准开发利用规划或者进行项目审批(核准)违反生态环境和资源方面政策、法律法规的;

(三)执行生态环境和资源方面政策、法律法规不力,不按规定对执行情况进行监督检查,或者在监督检查中敷衍塞责的;

(四)对发现或者群众举报的严重破坏生态环境和资源的问题,不按规定查处的;

(五)不按规定报告、通报或者公开环境污染和生态破坏(灾害)事件信息的;

(六)对应当移送有关机关处理的生态环境和资源方面的违纪违法案件线索不按规定移送的;

(七)其他应当追究责任的情形。

有上述情形的,在追究政府有关工作部门领导成员责任的同时,对负有责任的有关机构领导人员追究相应责任。

第八条 党政领导干部利用职务影响,有下列情形之一的,应当追究其责任:

(一)限制、干扰、阻碍生态环境和资源监管执法工作的;

(二)干预司法活动,插手生态环境和资源方面具体司法案件处理的;

(三)干预、插手建设项目,致使不符合生态环境和资源方面政策、法律法规的建设项目得以审批（核准）、建设或者投产（使用）的；

（四）指使篡改、伪造生态环境和资源方面调查和监测数据的；

（五）其他应当追究责任的情形。

第九条 党委及其组织部门在地方党政领导班子成员选拔任用工作中，应当按规定将资源消耗、环境保护、生态效益等情况作为考核评价的重要内容，对在生态环境和资源方面造成严重破坏负有责任的干部不得提拔使用或者转任重要职务。

第十条 党政领导干部生态环境损害责任追究形式有：诫勉、责令公开道歉；组织处理，包括调离岗位、引咎辞职、责令辞职、免职、降职等；党纪政纪处分。

组织处理和党纪政纪处分可以单独使用，也可以同时使用。

追责对象涉嫌犯罪的，应当及时移送司法机关依法处理。

第十一条 各级政府负有生态环境和资源保护监管职责的工作部门发现有本办法规定的追责情形的，必须按照职责依法对生态环境和资源损害问题进行调查，在根据调查结果依法作出行政处罚决定或者其他处理决定的同时，对相关党政领导干部应负责任和处理提出建议，按照干部管理权限将有关材料及时移送纪检监察机关或者组织（人事）部门。需要追究党纪政纪责任的，由纪检监察机关按照有关规定办理；需要给予诫勉、责令公开道歉和组织处理的，由组织（人事）部门按照有关规定办理。

负有生态环境和资源保护监管职责的工作部门、纪检监察机关、组织（人事）部门应当建立健全生态环境和资源损害责任追究的沟通协作机制。

司法机关在生态环境和资源损害等案件处理过程中发现有本办法规定的追责情形的，应当向有关纪检监察机关或者组织（人事）部门提出处理建议。

负责作出责任追究决定的机关和部门，一般应当将责任追究决定向社会公开。

第十二条 实行生态环境损害责任终身追究制。对违背科学发展要求、造成生态环境和资源严重破坏的，责任人不论是否已调离、提拔或者退休，都必须严格追责。

第十三条 政府负有生态环境和资源保护监管职责的工作部门、纪检监察机关、组织（人事）部门对发现本办法规定的追责情形应当调查而未调查，应当移送而未移送，应当追责而未追责的，追究有关责任人员的责任。

第十四条 受到责任追究的人员对责任追究决定不服的，可以向作出责任追究决定的机关和部门提出书面申诉。作出责任追究决定的机关和部门应当依据有关规定受理并作出处理。

申诉期间,不停止责任追究决定的执行。

第十五条 受到责任追究的党政领导干部,取消当年年度考核评优和评选各类先进的资格。

受到调离岗位处理的,至少一年内不得提拔;单独受到引咎辞职、责令辞职和免职处理的,至少一年内不得安排职务,至少两年内不得担任高于原任职务层次的职务;受到降职处理的,至少两年内不得提升职务。同时受到党纪政纪处分和组织处理的,按照影响期长的规定执行。

第十六条 乡(镇、街道)党政领导成员的生态环境损害责任追究,参照本办法有关规定执行。

第十七条 各省、自治区、直辖市党委和政府可以依据本办法制定实施细则。国务院负有生态环境和资源保护监管职责的部门应当制定落实本办法的具体制度和措施。

第十八条 本办法由中央组织部、监察部负责解释。

第十九条 本办法自 2015 年 8 月 9 日起施行。

干部人事档案造假问题处理办法(试行)

(中共中央组织部2015年11月18日印发)

第一条 为贯彻全面从严治党、从严管理监督干部的要求,坚决整治干部人事档案造假问题,维护干部人事档案的真实性、严肃性,提升干部工作的公信力,根据《中华人民共和国档案法》《党政领导干部选拔任用工作条例》《干部档案工作条例》等法律法规,制定本办法。

第二条 本办法适用于对公务员、参照公务员法管理人员、国有企业和事业单位领导人员等档案造假行为的处理。

第三条 对干部人事档案造假问题进行处理,坚持实事求是、准确定性,坚持区别情况、恰当处理,坚持宽严相济、惩教结合。

第四条 本办法所称干部人事档案造假,是指以谋取不正当利益为目的,采取篡改、伪造等手段,造成干部信息失真失实的行为。

第五条 有下列情形之一的,认定为干部人事档案造假行为:

(一)篡改、伪造出生时间、参加工作时间、入党时间、学习经历、工作履历、民族成份等信息的;

(二)篡改、伪造公务员(干部)、企事业单位人员身份等材料的;

(三)篡改、伪造学历、学位等材料的;

(四)篡改、伪造评(聘)专业技术职称(职务)等材料的;

(五)篡改、伪造加入中国共产党或者民主党派等材料的;

(六)篡改、伪造党代会代表、人大代表、政协委员等材料的;

(七)篡改、伪造录(聘)用、招工、入伍、转业安置、工资待遇等材料的;

(八)篡改、伪造考核、考察、任免、鉴定、政审等材料的;

(九)篡改、伪造评先评优、奖励等材料的;

(十)擅自抽取、撤换、添加、销毁档案材料的;

(十一)冒用、顶替他人身份等材料,在入学、入伍、招工、招录等方面谋取不正当利益的;

(十二)存在其他篡改、伪造情形的。

第六条 有下列情形之一的,对当事人进行处理:

(一)直接或者请托他人对本人档案材料实施造假的;

(二)本人亲属、特定关系人及其他有关人员对本人档案材料实施造假,本人知情、默许,或者当时不知情但知情后未及时向组织报告的;

(三)对档案中有关问题,拒不配合组织调查,不如实说明情况或者提供虚假情况的;

(四)存在其他违规违纪违法情形的。

第七条 有下列情形之一的,对直接责任人(包括干部人事档案材料形成部门、干部工作机构、干部人事档案工作机构的有关人员和其他参与造假人员)进行处理:

(一)接受他人请托或者利用职务、工作上的便利,直接实施造假的;

(二)违规查阅、借阅、转递档案等,为他人造假提供方便的;

(三)不认真履行职责,对发现存在明显问题的档案材料不及时报告、不按照规定处理的;

(四)在干部人事档案造假问题调查工作中,隐瞒、歪曲事实真相,提供虚假材料或者销毁有关证据的;

(五)存在其他违规违纪违法情形的。

第八条 有下列情形之一的,对有关领导人员进行处理:

(一)授意、指使或者纵容、默许有关部门和人员实施档案造假行为的;

(二)干扰、阻挠有关部门对档案造假问题进行调查、处理的;

(三)拒不执行上级处理意见或者违规变通处理的;

(四)本地区本单位档案造假问题突出,且查处不力的;

(五)存在其他违规违纪违法情形的。

第九条 有本办法第六条、第七条、第八条所列情形的,应对当事人和有关人员给予相应的组织处理。情节较轻的,给予批评教育、责令书面检查、诫勉处理;情节较重的,给予停职检查、调离岗位、限制提拔使用处理;情节严重或者干部群众反映强烈、造成恶劣影响的,给予引咎辞职、责令辞职、免职、降职处理。

干部人事档案造假行为涉嫌违纪的,由纪检监察机关依据《中国共产党纪律处分条例》等有关规定处理;涉嫌违法犯罪的,由司法机关依据有关法律规定处理。

本办法施行前,已经作出结论如需进行复查复议的,适用当时的规定或者政策。尚未作出结论的,如果行为发生时的规定或者政策不认为是违规的,依照当时的规定或者政策处理;如果行为发生时的规定或者政策认为是违规的,而本办法不认为是违规或者处理较轻的,依照本办法规定处理。

第十条 通过干部人事档案造假获取的不正当利益,经组织审查认定后,依据有关规定予以纠正、撤销或者取消。

第十一条 在干部选拔任用工作中,应当严格审核干部人事档案,凡发现涉嫌造假的,一律暂停选任程序,进行调查核实;问题未查清前不得提拔或者重用。

第十二条 对干部人事档案造假问题进行处理,应当在深入调查核实、仔细甄别鉴定的基础上,必要时听取本人陈述,经集体研究决定。坚持具体问题具体分析,将篡改、伪造档案材料的行为与“填写不一致”“信息勘误纠正”等情况严格区分开来,确保处理结果客观公正。

第十三条 领导干部因干部人事档案造假问题受到组织处理或者党纪、政纪处分的,其影响期按照有关规定执行。

第十四条 本办法由中共中央组织部负责解释。

第十五条 本办法自 2015 年 11 月 18 日起施行。

(四)机关运行保障

关于加强和改进新形势下档案工作的意见

(中共中央办公厅、国务院办公厅2014年2月27日印发)

档案作为党和国家各项工作和人民群众各方面情况的真实记录,是促进我国各项事业科学发展、维护党和国家及人民群众根本利益的重要依据。档案工作是党和国家工作中不可缺少的基础性工作,做好档案工作是各地区各部门各单位的重要职责。

当前,面对新形势新任务新要求,档案工作还存在一些不适应的地方,主要是:一些地区和部门不够重视档案工作,档案事业发展的保障条件需要进一步改善,档案收集模式、管理手段、服务机制需要进一步创新,档案干部队伍素质需要进一步提高。做好新形势下档案工作,对于推动经济社会科学发展、维护国家安全和社会稳定、维护人民群众合法权益、提高党的执政能力和政府管理水平,具有重要意义。要深入贯彻落实党的十八大和十八届三中全会精神,以邓小平理论、"三个代表"重要思想、科学发展观为指导,以建立健全覆盖人民群众的档案资源体系、方便人民群众的档案利用体系、确保档案安全保密的档案安全体系为目标,进一步完善档案工作体制机制,加大对档案工作的支持保障力度,推动档案事业科学发展。

一、完善档案工作体制机制

(一)坚持统一领导、分级管理原则。县级以上各级档案行政管理部门既监督指导本行政区域内党的机关的档案工作,又监督指导本行政区域内政府机关和其他单位的档案工作;各级国家综合档案馆既集中管理本级党的机关的档案,又集中管理本级政府机关和其他单位的档案。坚持并不断完善党委和政府领导、档案部门归口负责、各方面共同参与的档案工作体制,确保分工明确、各司其职,密切配合、形成合力,促进档案事业协调发展。

(二)切实提高档案行政管理部门依法履职能力。各级党委和政府要为本级档案行政管理部门依法履行档案行政执法职能提供条件,提高其执法监督指导能力。支持档案行政管理部门依法管理本行政区域内机关、单位的档案事务,严肃查处各类档案违法案件。县级以上各级档案行政管理部门要积极指导国有企业开展档案工作,引导、帮助非公有制经济组织和社会组织做好档案工作;积极创建基层档案管理新模式,拓展档案工作新领域。

（三）扎实推进各级国家综合档案馆建设。各级国家综合档案馆要依法集中接收保管本级党政机关、企事业单位、社会组织的各类档案（包括电子档案,下同）及政府公报等政府公开信息,同时不断扩大档案接收范围,接收本级各单位所属机构的档案;按规定向社会提供利用,切实提高档案公共服务能力。县级以上党委和政府是本级国家综合档案馆的建设主体,要按照《档案馆建设标准》和《档案馆建筑设计规范》要求,把国家综合档案馆建成面积达标、设施完善、功能齐全、安全保密、服务便捷、节能环保的档案保管基地、爱国主义教育基地、档案利用中心、政府公开信息查阅中心、电子文件备份中心,消除“无库馆”、“危房馆”现象。统筹规划、科学设置并严格审批建立同级专业档案馆,明确规定档案接收范围,防止重复建设和资源分散。有条件的国家综合档案馆要通过整合档案目录、档案信息、档案实体和设置分馆等形式,整合本级其他专业档案馆的档案资源。各级专业档案馆接受同级档案行政管理部门的监督指导。

（四）建立档案室工作新格局。各级党政机关、企事业单位（包括境外派出机构）、社会组织,要根据工作实际需要,加强档案管理工作,做好本单位本系统的文件收集、整理、归档工作,集中收集保管本单位各类档案并提供利用,开展档案数字化、档案编研、档案业务交流、人员培训等,按规定向同级国家档案馆移交档案。有条件的地方要对机关档案机构和人员进行有效整合,进一步降低行政成本,提高工作效能。各级党政机关、企事业单位要大力支持档案部门加强统筹协调和业务指导,确保归档文件材料符合要求;把档案信息化纳入本单位信息化建设整体规划,统一部署、同步实施,确保档案部门实现对电子文件形成、积累和归档的全程监督指导。村、社区及其区域内的非公有制经济组织、社会组织要设立档案室或指定专人负责档案工作,收集保管本单位档案并提供利用。

（五）规范并支持社会力量参与档案事务。充分发挥档案学会等社会组织的作用。推广政府购买服务,凡属事务性管理服务,引入竞争机制,通过合同、委托等方式向社会购买。规范并支持档案中介机构、专业机构参与档案事务;支持企业、社会组织和个人依法设立档案事业发展基金;支持有条件的家庭建立家庭档案;支持个人保管、展示其收藏的档案,并向国家档案馆捐赠或寄存档案,对捐赠重要、珍贵档案的,给予一定奖励。家庭或个人档案中对国家和社会具有保存价值或应当保密的档案,档案行政管理部门要依法加强监督和管理。

二、建立健全覆盖人民群众的档案资源体系

（六）加大档案收集整理力度。各地区各部门各单位要把档案工作与其他工作同规划、同部署、同落实,做到全面覆盖。各级党委和政府成立专项工作机构或协调机构时,根据需要吸收档案部门参加,确保建立档案与开展专项工作同步进行。县级以上各级档案行政管理部门要加强对档案收集整理工作的监督指导,特别是对重点工作、重大活动、重大建设项目、重大科研项目、重大生态保护项目以及新领域、新专业、新机构、新社会组织等,要监督指导有关方面及时建立档案工作制度。

(七)完善归档制度。各单位档案机构要认真履行职责,建立健全文件材料归档制度,及时制定或修订本单位各类文件材料的归档范围和保管期限表,报同级档案行政管理部门审核后实施,做到应归尽归、应收尽收。凡是应归档的文件材料(包括应归档的电子文件及传统载体的照片、录音、录像等),要向本单位档案机构移交,任何部门和个人不得据为己有或拒绝归档。对损毁、丢失档案的,档案行政管理部门要依法查处,并督促档案形成单位积极予以补救。

(八)重视做好民生档案工作。县级以上各级档案行政管理部门要研究制定民生档案归档范围、管理办法,监督指导民生档案的收集归档。各单位档案机构要把与人民群众切身利益密切相关的各类文件材料收集归档,并按有关规定管理、提供利用和移交。各级国家档案馆要积极接收各类民生档案,把民生档案纳入国家档案资源体系。

(九)科学整合档案信息资源。建立以档案行政管理部门为主导、各行业主管部门密切配合、档案馆(室)集中统一管理的档案资源管理架构。在机构改革、企业改制、行政区划调整等过程中,有关部门要会同档案行政管理部门及时规范档案流向,妥善进行档案处置,严防档案流失。对处置不善、造成档案流失的,依法追究有关单位和人员责任。档案行政管理部门要统筹规划,支持和鼓励打破部门和条块分割,整合同一单位内不同部门、同一地区各档案馆(室)及不同地区档案馆(室)的档案资源,推动档案资源科学配置和高效利用。

三、建立健全方便人民群众的档案利用体系

(十)创新服务形式。各级党委和政府要把提供档案信息服务作为公共服务的一部分,统筹安排档案服务、政府公开信息服务和其他公共服务,努力提供一站式服务,做到便民利民。各级国家档案馆要严格按照档案法积极开展档案鉴定工作并开放应开放的档案。各档案馆(室)要依法做好档案查阅服务,改进查阅方式,简化利用手续,免除利用收费,最大限度满足利用者需求;拓展服务渠道,紧紧围绕党委、政府、本单位和其他单位及人民群众的需要,主动开发档案资源,积极提供档案信息服务,通过报送或推介相关档案信息、编辑出版档案选编、举办档案展览、制作电视节目、发布网络视频、发行音像制品、送档案信息进农村和社区等多种形式，全方位为社会提供档案信息服务。提供涉密档案信息服务要严格遵守保密规定。

（十一）强化服务功能。在服务对象上，既为有关部门和单位服务，又为广大人民群众服务；既为城市发展和市民服务，又为新农村建设和农民服务。在服务内容上，既做好帮助有关单位建立和管理档案的服务，又做好为社会各方面提供档案利用及政府公开信息、其他信息的服务，特别要积极把涉及民生的各类档案、信息及时整理、鉴定出来，优先提供利用，更好为维护人民群众合法权益提供支持。

（十二）加大开发力度。各档案馆（室）要加强对档案信息的分析研究、综合加工、深度开发，提供深层次、高质量档案信息产品，不断挖掘档案的价值，努力把"死档案"变成"活信息"、把"档案库"变成"思想库"，更好为各级党委和政府决策、管理提供参考。

（十三）加快推进传统载体档案数字化。各地区各部门各单位要把数字档案馆（室）建设列入信息化建设整体规划，从人力、财力、物力上统筹安排，切实推进档案存储数字化和利用网络化。各档案馆（室）要大力开展传统载体档案数字化工作，及时以数字化档案代替原件提供利用，对已实现数字化的档案原件妥善保管，一般不再提供利用。采取措施严防数字化过程中信息丢失、外泄和秘密泄露，对涉密档案进行数字化要严格遵守保密规定。

（十四）促进资源共享。各级党委和政府要以实现档案信息资源社会共享为目标，统筹协调，充分利用已有的信息传输网络和平台，积极推进城乡档案信息资源共享，支持档案馆（室）把可公开的各类档案、信息上传网络，开展远程利用。国家档案行政管理部门要搭建全国开放档案平台，并与政府公开信息系统对接，实现资源共享，逐步把各级国家综合档案馆已开放的档案以及各级政府的公开信息上传到平台上，真正建立起方便人民群众的档案利用体系，使档案公共服务惠及广大人民群众。要建立健全档案信息公开发布保密审查制度，严格档案信息公开保密审查，确保公开的档案信息不涉及国家秘密和个人隐私。

四、建立健全确保档案安全保密的档案安全体系

（十五）加大安全保密执法检查力度。建立健全人防、物防、技防三位一体的档案安全防范体系。县级以上各级档案行政管理部门要会同有关部门，经常对档案馆（室）进行安全保密执法检查，发现隐患及时督促整改。对发生档案安全事故的，依法追究有关领导和责任人的责任。各档案馆（室）要建立健全并严格执行各项规章制度，经常开展档案安全保密自查，及时发现和排除隐患，堵塞漏洞，严防档案损毁和失泄密事件发生。

(十六)建立完善档案安全应急管理制度。各地区各部门各单位要建立档案安全应急处置协调机制和档案安全应急管理制度,制定应急预案,把档案馆(室)列入重点保护范围,确保档案安全受到危害时得到优先抢救和妥善处置,把损失降到最低限度。

(十七)切实改善档案保管保密条件。严格按照有关规范和标准加快改造或新建、扩建档案库房,进一步提高档案库房的安全防灾标准,采用先进的安全保密技术、设备和材料,改善档案保管保密条件,确保档案安全保密。

(十八)对重要档案实行异地异质备份保管。县以上各级国家综合档案馆要对同级党政机关、企事业单位、社会组织的重要档案(包括新闻类电影、电视片、照片、录音、录像等音像档案)实行异地备份保管,对重要电子档案实行异地异质备份保管,确保党和国家重要档案绝对安全。

(十九)保障档案信息安全。建立标准,采取措施,确保电子文件、电子档案长期保存和利用。按照国家规定建立档案信息管理系统安全保密防护体系,推进档案信息系统安全等级保护和分级保护工作。进一步完善数字档案馆测评标准,严格执行档案安全保密管理制度,对上网文件、档案进行严格审查,严防把涉密文件、档案传输到非涉密网络上。加强对涉密信息系统、涉密计算机和涉密载体的安全保密管理,按照涉及国家秘密的信息系统分级保护要求,严防文件、档案在传输过程中失泄密。对涉密档案、重要档案的存储介质进行检验和认证,确保长期可用。

五、加大对档案工作的支持保障力度

(二十)加强对档案工作的领导。各地区各部门各单位要指定专人分管档案工作,切实把档案工作纳入本地区经济社会发展规划,纳入本部门本单位事业发展规划和年度工作计划,列入工作考核检查的内容;定期听取档案部门工作汇报,定期进行督促检查,及时研究并协调解决档案工作中的重大问题,为档案工作顺利开展提供人力、财力、物力等方面保障,推动档案事业发展同经济社会发展相协调。

(二十一)完善档案事业投入机制。各级党委和政府要把档案馆建设纳入基础设施建设项目,统筹规划,统一建设。按照部门预算编制和管理有关规定,科学合理核定档案工作经费,将档案馆(室)在档案资料征集、抢救保护、安全保密、数字化、现代化管理、提供利用、编纂、陈列展览及设备购置和维护等方面的经费列入同级财政预算。加强对档案科研和教育工作的支持。加强对档案项目经费的审计督查和绩效考核,确保专款专用、科学使用。

(二十二)加强档案干部队伍建设。各地区各部门各单位要把档案干部培训、交流、使用列入干部培养和选拔任用统一规划，统筹安排，为档案干部学习培训、下基层挂职锻炼、交流任职等创造条件，不断提高档案干部队伍素质；为档案部门配备坚强有力的领导班子；关心档案干部成长，切实帮助他们解决各种实际问题和后顾之忧，保持档案干部队伍稳定。要用中国特色社会主义理论体系武装档案干部头脑，鼓励他们埋头苦干、乐于奉献、锐意进取；建立科学的引才育才机制，引进和培养档案专业人才；积极运用远程教育开展档案干部继续教育，让广大档案干部接受专业培训，努力造就一支政治强、业务精、作风硬、纪律严的高素质档案干部队伍。

（二十三）加强档案宣传工作。充分利用各级各类新闻媒体，大力宣传档案部门贯彻党和国家方针政策的新举措、档案工作服务社会的新成绩、档案工作者投身现代化建设的时代精神。充分挖掘档案资源的现实和历史价值，设计宣传主题，创新宣传形式，推出一批有档案特色、有社会影响力、为人民群众喜闻乐见的档案宣传精品力作，为档案事业科学发展提供强大舆论支持。加强档案工作对外交流，不断提高我国档案工作在国际上的影响力。

关于加强党政机关网站安全管理的通知

(中央网络安全和信息化领导小组办公室2014年5月9日印发)

为提高党政机关网站安全防护水平,保障和促进党政机关网站建设,经中央网络安全和信息化领导小组同意,现就加强党政机关网站安全管理通知如下。

一、充分认识加强党政机关网站安全管理的重要性和紧迫性

随着信息技术的广泛深入应用,特别是电子政务的不断发展,党政机关网站作用日益突出,已经成为宣传党的路线方针政策、公开政务信息的重要窗口,成为各级党政机关履行社会管理和公共服务职能、为民办事和了解掌握社情民意的重要平台。近年来,各地区各部门按照党中央、国务院的要求,在推进党政机关网站建设的同时,认真做好网站安全管理工作,保证了党政机关网站作用的发挥。但也要看到,当前党政机关网站安全管理工作中还存在一些亟待解决的问题,主要表现为:管理制度不健全,开办审批不严格,一些不具备资格的机构注册开办党政机关网站,还有一些不法分子仿冒党政机关网站,严重影响党和政府形象,侵害公众利益;一些单位对网站安全管理重视不够,安全投入相对不足,安全防护手段滞后,安全保障能力不强,网站被攻击、内容被篡改以及重要敏感信息泄露等事件时有发生;一些网站信息发布、转载、链接管理制度不严格,信息内容缺乏严肃性,保密审查制度不落实;党政机关电子邮件安全管理要求不明确,人员安全意识不强,邮件系统被攻击利用、通过电子邮件传输国家秘密信息等问题比较严重,威胁国家网络安全。

随着党政机关网站承载的业务不断增加,涉及政务信息、商业秘密和个人信息的内容越来越多,党政机关网站及电子邮件系统日益成为不法分子和各种犯罪组织的重点攻击对象,安全管理面临更大挑战。各级党政机关要充分认识加强党政机关网站安全管理的重要性和紧迫性,保持清醒头脑,克服麻痹思想,采取有效措施,确保党政机关网站安全运行、健康发展。

二、严格党政机关网站的开办审核

明确党政机关网站开办条件和审核要求。各级党政机关以及人大、政协、法院、检察院等机关和部门,开办的党政机关网站主要任务是宣传党和国家方针政策、发布政务信息、开展网上办事。不具有行政管理职能的事业单位原则上不得开办党政机关网站,企业、个人以及其他社会组织不得开办党政机关网站。党政机关网站要使用以“. gov. cn”、“. 政务. cn”或“. 政务”为结尾的域名，并及时备案。规范党政机关网站域名和网站名称。各省、自治区、直辖市机构编制部门会同同级党委网络安全和信息化领导小组办公室负责党政机关网站开办审核工作，2015 年前，要组织完成党政机关网站开办资格复核。中央机构编制委员会办公室电子政务中心、中国互联网络信息中心配合做好党政机关网站开办审核和资格复核工作，不受理未通过审核的域名注册申请，及时清理没有通过资格复核的已注册党政机关网站域名。

加强党政机关网站建设的统筹规划和资源共享。中央和国家机关各部委要统筹规划本部门及直属机构的党政机关网站建设。提倡各地区采取集约化模式建设党政机关网站，县级党政机关各部门以及乡镇党政机关可利用上级党政机关网站平台，原则上不单独建设党政机关网站。

为党政机关提供网站和邮件服务的数据中心、云计算服务平台等要设在境内。采购和使用社会力量提供的网站和电子邮件等服务时，应进行网络安全审查，加强安全监管。

三、严格党政机关网站信息发布、转载和链接管理

党政机关网站发布的信息主要是本地区本部门本系统的有关政策规定、政务信息、办事指南、便民服务信息等。各地区各部门要建立健全网站信息发布审核和保密审查制度，明确审核审查程序，指定机构和人员负责审核审查工作，建立审核审查记录档案，确保信息内容的准确性、真实性和严肃性，确保信息内容不涉及国家秘密和内部敏感信息。发布政务信息要严格执行有关规定，信息发布审查过程中，要充分考虑各种信息之间的关联性，防止由于数据汇聚泄露国家秘密或内部敏感信息。党政机关网站原则上不承担与本地区本部门本系统无关的新闻信息采集和发布义务，不得发布广告等经营性信息，严禁发布违反国家规定的信息以及低俗、庸俗、媚俗信息内容。

党政机关网站转载的信息应与政务等履行职能的活动相关，并评估内容的真实性和客观性，充分考虑知识产权保护等问题。加强网站链接管理，定期检查链接的有效性和适用性。需要链接非党政机关网站的，须经本单位分管网站安全工作的负责同志批准，链接的资源应与政务等履行职能的活动相关，或者属于便民服务的范围。采取技术措施，做到在用户点击链接离开党政机关网站时予以明确提示。

四、强化党政机关网站应用安全管理

积极利用新技术提升党政机关网站服务能力和水平，充分考虑可能带来的安全风险和隐患，有针对性地采取防范措施。网站开通前要进行安全测评，新增栏目、功能要进行安全评估。加强对网站系统软件、管理软件、应用软件的安全配置管理,做好安全防护工作,消除安全隐患。

加强党政机关网站中留言评论等互动栏目管理,按照信息发布审核和保密审查的要求,对拟发布内容进行审核审查。严格对博客、微博等服务的管理,博客、微博申请注册人员原则上应限于本单位工作人员,信息发布要署实名,内容应与所从事的工作相关。党政机关网站原则上不开办对社会开放的论坛等服务,确需开办的要严格报批并加强管理。

严格遵守相关规定、标准和协议要求,加强党政机关网站中重要政务信息、商业秘密和个人信息的保护,防止未经授权使用、修改和泄露。

五、建立党政机关网站标识制度

建立和规范党政机关网站标识,有助于公众识别、区分党政机关网站和非党政机关网站,发现和打击仿冒党政机关网站,有助于保证党政机关网站的权威性、严肃性。中央机构编制委员会办公室会同有关部门抓紧设计党政机关网站统一标识,组织制定党政机关网站标识使用规范。党政机关网站标识应按要求放置,非党政机关网站不得使用。

加大对仿冒党政机关网站行为的监测力度。科技部、工业和信息化部要组织研制专门技术工具,自动监测发现盗用党政机关网站标识行为和仿冒的党政机关网站。国家互联网信息办公室要组织网络等媒体加强宣传教育,提高公众识别真假党政机关网站的能力。违法和不良信息举报中心受理仿冒党政机关网站举报并组织处置,各单位发现仿冒党政机关网站以及攻击破坏党政机关网站的行为要及时报告;涉嫌违法犯罪的,由公安机关依法处理。

六、加强党政机关电子邮件安全管理

党政机关工作人员要利用本单位网站邮箱等专用电子邮件系统处理业务工作。严格党政机关专用电子邮件系统注册审批与登记,各单位网站邮箱原则上只限于本单位工作人员注册使用,人员离职后应注销电子邮件账号。各地方可通过统一建设、共享使用的模式,建设党政机关专用电子邮件系统,为本地区党政机关提供电子邮件服务。

加强电子邮件系统安全防护,综合运用管理和技术措施保障邮件安全。严格电子邮件使用管理,明确电子邮件账号、密码管理要求,不得使用简单密码或长期不更换密码,有条件的单位,应使用数字证书等手段提高邮件账户安全性,防止电子邮件账号被攻击盗用。严禁通过互联网电子邮箱办理涉密业务,存储、处理、转发国家秘密信息和重要敏感信息。

七、加强党政机关网站技术防护体系建设

各地区各部门在规划建设党政机关网站时,应按照同步规划、同步建设、同步运行的要求,参照国家有关标准规范,从业务需求出发,建立以网页防篡改、域名防劫持、网站防攻击以及密码技术、身份认证、访问控制、安全审计等为主要措施的网站安全防护体系。切实落实信息安全等级保护等制度要求,做好党政机关网站定级、备案、建设、整改和管理工作,加强党政机关网站移动应用安全管理,提高网站防篡改、防病毒、防攻击、防瘫痪、防泄密能力。

制定完善党政机关网站安全应急预案,明确应急处置流程、处置权限,落实应急技术支撑队伍,强化技能训练,开展网站应急演练,提高应急处置能力。合理建设或利用社会专业灾备设施,做好党政机关网站灾备工作。采取有效措施提高党政机关网站域名解析安全保障能力。统筹组织专业技术力量对中央和国家机关网站开展日常安全监测,各省、自治区、直辖市党委网络安全和信息化领导小组办公室要结合本地实际,组织开展对本地区重点党政机关网站的安全监测。工业和信息化部指导电信运营企业为党政机关网站安全运行提供通信保障。公安机关要加大对攻击破坏党政机关网站等违法犯罪行为的依法打击力度。国家标准委要加快制定完善有关网站、电子邮件的国家信息安全技术和管理标准。

八、加强对党政机关网站安全管理工作的组织领导

进一步明确和落实安全管理责任。各地区各部门要按照谁主管谁负责、谁运行谁负责的原则,切实承担起本地区本部门党政机关网站安全管理责任,指定一名负责同志分管相关工作,加强对网站安全的领导,明确负责网站的信息审核、保密审查、运行维护、应用管理等业务的机构和人员。加强对领导干部和工作人员的教育培训,提高安全利用网站和电子邮件的意识和技能。中央和地方网络安全和信息化领导小组办事机构要做好党政机关网站安全工作的协调、指导和督促检查。各级财政部门,立足现有经费渠道,对党政机关网站安全管理相关工作给予保障。

加大党政机关网站、电子邮件系统的安全检查力度,中央和国家机关各部门网站和省市两级党政机关门户网站、电子邮件系统等每半年进行一次全面的安全检查和风险评估。各级保密行政管理部门要加强对党政机关网站和电子邮件系统信息涉密情况的检查监管。对违反制度规定、有章不循、有禁不止,造成泄密和安全事件的要依法依纪追究当事人和有关领导的责任。

军队网站和电子邮件安全管理工作,由军队有关部门根据本通知精神另行规定。

中共中央组织部关于进一步从严管理干部档案的通知

(2014 年 6 月 12 日)

干部档案是历史地、全面地考察了解干部的重要依据,体现了干部的基本诚信,也反映了组织人事部门的管理水平。一段时间以来,少数干部为了个人目的在档案上弄虚作假,有的组织人事部门审核把关不严,致使涂改伪造年龄、学历、身份等问题不时出现,造成了不良影响。为落实中央从严管理干部的要求,坚决整治干部档案工作中的不正之风,严明组织人事纪律,现就进一步加强干部档案从严管理通知如下。

一、严禁干部档案弄虚作假。 干部档案真实性是干部工作严肃性的基本保证,涂改伪造干部档案属于违法违纪行为。各地区各部门要严格执行《党政领导干部选拔任用工作条例》《干部档案工作条例》等有关规定,严禁涂改干部档案,严禁在干部年龄、工龄、党龄、学历、经历和身份(以下简称"三龄二历一身份")等方面弄虚作假。各级干部要自觉讲诚信、懂规矩、守纪律,严肃对待个人档案,如实填写有关材料,确保档案信息真实准确。

二、严格实行干部档案任前审核制度。 各级组织人事部门要按照干部管理权限和"谁管理、谁把关,谁考察、谁审核,谁签字、谁负责"原则,对拟选拔任用干部、交流任职干部、军队转业干部和新进干部队伍人员的档案进行严格审核,重点审核"三龄二历一身份"等内容。发现档案涂改、材料和信息涉嫌造假的,要立即查核,未核准前一律暂缓考察并停止任职、录用程序。特别要严格执行《关于认真做好干部出生日期管理工作的通知》(组通字〔2006〕41 号),在办理干部录用、任免等事项时,要对干部的出生日期进行认真核对、确保无误,凡已经组织认定而干部本人又要求更改出生日期的,均不再办理。

三、严格审核干部任前公示信息。 按照《关于严格审核干部任前公示信息的通知》(组厅字〔2012〕36 号)要求,干部选任部门要认真审核干部任前公示信息,发现有疑义的要立即查核,未核准前不得公示;经查核没有问题但有特殊情况可能引起公众质疑的,公示时应作必要说明。

四、严格干部档案日常管理。 干部档案材料形成部门要认真核对有关信息,确保归档材料真实准确、规范完整,杜绝假材料。干部档案使用部门要严格遵守查借阅纪律，严禁在查借阅过程中涂改、抽取、撤换、添加档案材料；借阅的档案要妥善管理，严禁擅自转借。干部档案管理部门要坚持从严管档，逐份审核归档材料；严格查借阅审批手续，查借阅归还的档案要逐卷逐页审核；严格干部档案转递制度，严禁将档案交个人自带或转递。组织人事部门要加强与纪检监察、政法、人社、教育等相关部门和军队的协调联系，共同研究解决干部档案管理中的薄弱环节和突出问题，制定完善相关政策。要创新干部档案管理的方法和手段，积极推进干部档案数字化，不断提高管档工作水平。

五、严格落实干部档案工作责任制。干部选任部门负有档案使用把关责任，发现干部档案涂改造假、重要信息记载不一致等问题，要立即报告、认真核实、及时处理。干部档案管理部门负有业务把关责任，在档案和材料接收、查借阅、转递、保管等环节，要严格制度、全程把关、不留死角。严格执行《党政领导干部选拔任用工作责任追究办法（试行）》《档案管理违法违纪行为处分规定》等规定，凡发现干部档案弄虚作假的都要全程倒查，存在隐情不报、把关不严等失职渎职行为的，不仅查处当事人，而且追究相关责任人的责任。

六、从严加强干部档案队伍建设。各级组织人事部门要按照《干部档案工作条例》规定，坚持标准、严把入口，选配政治可靠、作风正派、责任心强、业务素质好的中共党员从事干部档案工作；根据工作需要，及时充实力量、优化结构，保持队伍相对稳定。要强化党性教育和纪律约束，着力引导干部档案工作人员坚持原则、公道正派、敢于担当，切实增强事业心和责任感，坚决抵制各种不正之风。要加强业务培训，提高干部档案工作人员业务水平和工作能力。要把从严管理与关心爱护结合起来，从思想、学习、工作、生活等方面关心干部档案工作人员，及时帮助解决实际困难，充分调动他们的积极性，努力建设一支爱岗敬业、默默奉献、富有“安、专、迷”精神的干部档案队伍。

(五)制度建设保障

中共中央关于加强党内法规制度建设的意见

(2016年12月13日)

治国必先治党,治党务必从严,从严必依法度。加强党内法规制度建设,是全面从严治党、依规治党的必然要求,是建设中国特色社会主义法治体系的重要内容,是推进国家治理体系和治理能力现代化的重要保障,事关党长期执政和国家长治久安。为贯彻落实以习近平同志为核心的党中央关于全面从严治党、依规治党的重大决策部署,现就加强党内法规制度建设提出以下意见。

一、总体要求

(一)指导思想。加强党内法规制度建设,要全面贯彻党的十八大和十八届三中、四中、五中、六中全会精神,以马克思列宁主义、毛泽东思想、邓小平理论、"三个代表"重要思想、科学发展观为指导,深入贯彻习近平总书记系列重要讲话精神,紧紧围绕统筹推进"五位一体"总体布局和协调推进"四个全面"战略布局,牢固树立新发展理念,坚持以党章为根本遵循,坚持思想建党和制度治党相结合,坚持从管党治党、治国理政实际出发,坚持制定和实施并重,改革创新、与时俱进,把中央要求、群众期盼、实践需要和新鲜经验结合起来,扎实推进党的工作和党的建设制度化、规范化、程序化,为保持党的先进性和纯洁性,提高党的执政能力和领导水平、增强抵御风险和拒腐防变能力提供坚强法规制度保证,确保党始终成为中国特色社会主义事业坚强领导核心。

(二)总体目标。到建党100周年时,形成比较完善的党内法规制度体系、高效的党内法规制度实施体系、有力的党内法规制度建设保障体系,党依据党内法规管党治党的能力和水平显著提高。

——党内法规制度体系健全。适应全面从严治党、依规治党需要,形成内容科学、程序严密、配套完备、运行有效的党内法规制度体系,并随着实践发展不断加以丰富和完善。

——党内法规制度实施到位。广大党员特别是领导干部法规意识明显增强,党规党纪严于国法的要求有效落实,党内法规制度得到严格遵守和执行,真正成为党员干部的硬约束。

——党内法规制度建设保障有力。党内法规工作领导体制机制健全完善，工作布局、工作力量与推进依规治党的任务要求相适应，理论研究、人才培养明显加强，推动党内法规事业持续发展。

二、加快构建完善的党内法规制度体系

（三）健全基础主干中央党内法规制度。党内法规制度体系，是以党章为根本，以民主集中制为核心，以准则、条例等中央党内法规为主干，由各领域各层级党内法规制度组成的有机统一整体。要坚持目标导向和问题导向，按照“规范主体、规范行为、规范监督”相统筹相协调原则，完善以“1+4”为基本框架的党内法规制度体系，即在党章之下分为党的组织法规制度、党的领导法规制度、党的自身建设法规制度、党的监督保障法规制度4大板块。未来几年，在已有党内法规的基础上，重点研究和出台以下方面的党内法规：

1. 完善党的组织法规制度，全面规范党的各级各类组织的产生和职责，夯实管党治党、治国理政的组织制度基础。研究制定党的中央委员会工作条例、党的纪律检查委员会工作条例，健全党的基层组织工作等方面的法规制度。

2. 完善党的领导法规制度，加强和改进党对各方面工作的领导，为党发挥总揽全局、协调各方领导核心作用提供制度保证。研究制定党的宣传工作、群团工作、人才工作、政法工作、外事工作等方面的条例。坚持党对军队的绝对领导，制定修订军队政治工作条例等法规制度。

3. 完善党的自身建设法规制度，加强党的思想建设、组织建设、作风建设、反腐倡廉建设，深化党的建设制度改革，增强党的创造力、凝聚力、战斗力。制定新形势下党内政治生活若干准则的配套法规制度，在维护全党思想统一和密切党同人民群众血肉联系方面分别研究制定相关法规，制定思想政治工作条例、党史工作条例，完善干部人事工作、作风建设、反腐倡廉建设等方面的法规制度。

4. 完善党的监督保障法规制度，切实规范对党组织工作、活动和党员行为的监督、考核、奖惩、保障等，确保行使好党和人民赋予的权力。巩固和完善党内监督、巡视、问责、党纪处分等方面法规制度建设成果，制定修订党内功勋荣誉表彰、党务公开、党员权利保障等方面的条例，健全容错纠错机制，完善机关运行保障方面的法规制度。

（四）健全部门和地方党内法规制度。中央纪委、中央各部门和各省区市党委要按照党中央决策部署，统筹谋划、积极推进本系统本地区党内法规制度建设。对中央党内法规制度明确要求配套的，要及时制定细化具体、针对性和可操作性强的法规制度。对中央党内法规制度暂未明确规定的，可在符合中央精神前提下，按照职责权限积极探索、先行先试。

不具有党内法规制定权的党组织制定的规范党组织工作、活动和党员行为的规范性文件,是党内法规制度体系的重要补充。有关党组织要认真贯彻落实党中央以及上级党组织决策部署和党内法规制度规定,紧密结合实际制定规范性文件。探索赋予副省级城市和省会城市党委在基层党建、作风建设等方面的党内法规制定权。

(五)坚持立改废释并举。要按照构建完善的党内法规制度体系的要求,科学编制党内法规制度制定工作五年规划和年度计划,明确党内法规制度体系建设的目标、任务、时间要求等。抓紧制定出台一批新的党内法规制度,补齐补足制度短板。调整完善一批已有的党内法规制度,解决一些领域党内法规制度失之于散、碎片化问题。及时修改、废止滞后于实践发展的党内法规制度,对相关联的党内法规制度探索开展一揽子修订。加大党内法规制度解释力度。每5年组织开展1次党内法规制度集中清理,完善即时清理机制,适时开展专项清理。

(六)提高制定质量。制定党内法规制度必须牢牢抓住质量这个关键,保证每项党内法规制度都立得住、行得通、管得了。

方向要正确。牢固树立政治意识、大局意识、核心意识、看齐意识,贯彻党的理论和路线方针政策,确保法规制度体现党的意志、符合中央精神。部门和地方制定法规制度,要立足党和国家工作大局,维护党内法规制度体系完整统一,同中央党内法规制度保持一致,不能随意变通、搞部门本位和地方保护。

内容要科学。坚持科学立规、民主立规,深入调查研究、广泛听取意见,确保法规制度于法周延、于事有效、务实管用、简便易行。探索通过网络等渠道公开征求对党内法规草案的意见。要坚持问题导向突出针对性,切合实际增强可行性,力求明确具体强化可操作性。制定党内法规制度制定技术规范。

程序要规范。严格党内法规制度制定权限和审批程序,准则一般由党的中央委员会全体会议审议批准,条例一般由中央政治局会议审议批准,其他中央党内法规一般由中央政治局常委会会议审议批准;中央纪委、中央各部门和各省区市党委制定的党内法规,一般由会议审议批准。完善前置审核机制,党内法规草案未经党内法规工作机构前置审核的,不得提请会议审议。

三、提高党内法规制度执行力

(七)坚持以上率下。从各级领导机关和党员领导干部做起,以身作则、严格要求,带头尊规学规守规用规。实行党内法规制度执行责任制,做到一级抓一级,层层抓落实。党员领导干部要敢于负责、勇于担当,切实抓好分管领域、分管部门的党内法规制度贯彻落实工作。

(八)加强学习教育。加大党内法规宣讲解读力度。将党内法规制度作为各级党委(党组)中心组学习重要内容,纳入党校、行政学院、干部学院必修课程。探索建立党员领导干部任前党内法规知识考试制度。创新学习方式,用好党员远程教育网、微信公众号等平台,推动广大党员学习党内法规制度常态化。将重要党内法规纳入法治宣传规划内容。加大公开力度,建立健全党内法规制度统一发布平台。做好党内法规制度降密、解密和汇编出版工作。

(九)强化监督检查。将党内法规制度实施情况作为各级党委督促检查、巡视巡察的重要内容,对重要党内法规制度实施情况开展定期督查、专项督查。监督检查结果要在一定范围内通报,必要时可在新闻媒体公布,接受社会监督。畅通党员群众对违规违纪、执规不严等行为的反映和检举渠道。加大责任追究和惩处力度,严肃查处违反和破坏党内法规制度的行为。

(十)加强备案审查。完善备案审查制度,建立贯通上下的备案工作体系,各省区市要按照下备一级原则下备至县级,中央纪委、中央各部门可建立本系统备案制度。把党组(党委)规范性文件纳入备案审查范围。建立健全备案审查衔接联动机制。建立备案工作考核通报制度。建立健全党内法规执行情况、实施效果评估制度,对准则、条例等重要党内法规,要适时进行评估。

四、加强组织领导

(十一)落实领导责任。党内法规制度建设在党中央统一领导下进行,日常工作由中央书记处负责,中央办公厅按照中央要求做好统筹协调工作。中央纪委要认真履行监督执纪问责的工作职责,切实维护党章和其他党内法规。中央各部门和地方各级党委要认真抓好职责范围内的党内法规制度建设工作,与党建其他工作一同部署、抓好落实。

(十二)完善体制机制。地方党委要建立健全党内法规工作联席会议机制,着力构建党委统一领导、办公厅(室)统筹协调、部门分工负责、各方面共同参与的工作格局,形成党内法规制度建设的合力。加强党内法规工作机构建设,充实配强工作力量。省区市党委根据工作需要设立党内法规工作机构,承担党内法规制度规划计划、起草审核、备案清理、督促指导和服务党委领导立法、法律顾问等职责。中央纪委机关、中央各部门根据工作需要设立党内法规工作机构。市、县级党委应有专门机构或专门力量承担党内法规制度建设相关工作。

(十三)加强队伍建设。制定党内法规人才发展规划,建设党内法规专门工作队伍、理论研究队伍、后备人才队伍。坚持把思想政治建设摆在首位,加强理想信念和党性教育,强化业务能力建设,加大党内法规人才培养选拔力度,优化专业和经历结构,着力打造一支对党绝对忠诚、综合素质高、专业能力强、勇于担当负责、甘于吃苦奉献的党内法规专门工作队伍。加强党内法规理论研究,适时成立全国党内法规研究会,支持有条件的党校、行政学院、高等学校、科研院所设立党内法规研究基地或研究中心;在马克思主义理论研究和建设工程、国家哲学社会科学规划中增加党内法规研究项目;实施党内法规理论研究人才支持计划,培养选拔一批国家级领军人才、专家级骨干人才、优秀专业人才;建立党内法规专家库。建立后备人才培养机制,抓紧在相关学科设置党内法规研究方向、开展研究生教育,将党内法规知识纳入高等学校思想政治教育课程,支持有条件的高等学校与党内法规工作机构联合培养党内法规专门人才。组织编写专门教材。实施教学科研机构与党内法规工作机构人员互聘计划。

(十四)强化工作保障。健全考核评价机制,把党内法规制度建设情况作为考核评价领导班子和领导干部的重要内容。完善激励机制,定期表彰全国党内法规工作先进单位和先进个人。加强上级对下级的业务指导,提升党内法规工作水平。把党内法规制度建设信息化纳入党委系统信息化建设规划,建设全国党内法规工作专网,建立党内法规数据库。各级党委要为党内法规工作机构及其人员开展工作创造条件,将党内法规工作经费纳入同级财政预算。

各地区各部门要结合实际,认真抓好本意见的贯彻落实。中央办公厅适时对本意见实施情况开展督促检查。

军队党内法规制度建设工作,由中央军委根据本意见精神作出部署。

中国共产党党内法规解释工作规定

（中共中央办公厅2015年7月6日印发）

第一条 为了加强和规范党内法规解释工作，提高党内法规执行力，根据《中国共产党党内法规制定条例》，制定本规定。

第二条 党内法规需要进一步明确条款具体含义或适用条款的，应当进行解释。

第三条 党的中央组织可以对其制定的党内法规进行解释，也可以在其制定的党内法规中授权有关部委进行解释。授权多个部委进行解释的，牵头单位应当会同有关部委统一作出解释，不得各自解释。

中央纪律检查委员会、中央各部门对其制定的党内法规进行解释，不得授权内设机构进行解释，但是具体解释工作可以由内设机构承担。

省、自治区、直辖市党委对其制定的党内法规进行解释，不得授权部、委、厅、局等进行解释，但是具体解释工作可以由部、委、厅、局等承担。

第四条 解释党内法规应当遵循《中国共产党党内法规制定条例》第七条规定的党内法规制定原则，忠实于党内法规原意，适应党的事业发展需要和党的建设实际，不得违背党内法规的制定目的和基本精神。

第五条 党内法规解释，可以使用“解释”“批复”“答复”等名称。

对党内法规执行过程中具有普遍性的问题作出解释，使用“解释”的名称。

基于下一级党的机关或党组（党委）的请示就具体问题作出解释，使用“批复”的名称。

基于同级党的机关或党组（党委）等的请求就具体问题作出解释，使用“答复”的名称。

第六条 解释机关可以根据工作需要主动对党内法规作出解释，也可以基于党的机关或党组（党委）的书面请示、请求等作出解释。关于党内法规解释的请示，应当逐级向解释机关提出，不得越级提出。

是否对党内法规作出解释，一般由解释机关的法规工作机构提出意见，报解释机关负责同志审批。决定作出解释的，由解释机关办公厅（室）统一登记，交相关单位承办。决定不予解释的，一般应当在收到请示、请求后15日内给予答复。

第七条 承办单位应当在调查研究的基础上提出党内法规解释草案，并征求相关单位意见。

第八条 党内法规解释草案在报批前,应当由解释机关的法规工作机构进行审核。

第九条 党内法规解释草案的审批,采取会议审议批准的方式或按程序报解释机关主要负责同志审批。

有关部委根据授权提出的中央党内法规解释草案,还应当按程序报中央审批。

第十条 使用"解释"名称的党内法规解释,应当以普发性文件形式发布:

(一)党的中央组织作出的党内法规解释,一般采用中共中央办公厅文件形式发布。

(二)中央纪律检查委员会、中央各部门经授权对中央党内法规作出的解释,一般采用中央纪律检查委员会、中央各部门文件形式发布;对其自身制定的党内法规作出的解释,一般采用中央纪律检查委员会办公厅、中央各部门办公厅(室)文件形式发布。

(三)省、自治区、直辖市党委作出的党内法规解释,一般采用省、自治区、直辖市党委办公厅文件形式发布。

第十一条 使用"批复""答复"名称的党内法规解释,一般应当以解释机关办公厅(室)名义、采用书面形式作出,统一发文字号,视情抄送有关地方或部门,但是中央纪律检查委员会、中央各部门经授权作出、使用"批复""答复"名称的中央党内法规解释,一般应当以中央纪律检查委员会、中央各部门名义作出。

"批复""答复"应当在收到书面请示、请求后30日内作出。情况复杂的,经解释机关负责同志批准,可以适当延长时限,但是延长时限一般不得超过30日。

解释机关可以定期汇编"批复""答复",并送有关地方或部门。

第十二条 党内法规的解释同党内法规具有同等效力。

党内法规解释自其规定之日起生效;未规定生效日期的,自发布之日起生效。

第十三条 中央纪律检查委员会、中央各部门和省、自治区、直辖市党委对其制定的党内法规作出的解释,应当按照《中国共产党党内法规和规范性文件备案规定》报送中央备案。

第十四条 解释机关应当适时对党内法规解释进行清理,并根据清理情况作出相应处理。

第十五条 党内规范性文件的解释,参照本规定精神执行。

第十六条 军队党内法规的解释,由中央军事委员会及其总政治部参照本规定执行。

第十七条 本规定由中央办公厅负责解释。

第十八条 本规定自2015年7月6日起施行。